CNB 518 고린도전후서 구속사 강해
성경신학적 관점 본문 이해

고린도전후서

이 광 호

2012년

칼빈아카데미

지은이 | 이광호

영남대학교와 경북대학교 대학원에서 법학과 서양사학을 공부했으며, 고려신학대학원(M.Div)과 ACTS(Th.M)에서 신학일반과 조직신학을 공부했으며, 대구 효성카톨릭대학교(Ph.D)에서 비교종교학을 연구하였다.
고신대학교, 고려신학대학원, 홍은개혁신학연구원에서 교수로 사역했으며 지금은 영남신학대학교, 조에성경신학원, 브니엘신학원 등에서 후진들을 양성하고 있다.
실로암교회에서 목회하고 있으며, 이슬람 전문선교단체인 국제 WIN선교회 회장, 달구벌기독학술연구회 회장으로 봉사하고 있다.

저서

- 성경에 나타난 성도의 사회참여(1990)
- 갈라디아서 강해(1990)
- 더불어 나누는 즐거움(1995)
- 기독교관점에서 본 세계문화사(1998)
- 세계 선교의 새로운 과제들(1998)
- 이슬람과 한국의 민간신앙(1998)
- 아빠, 교회 그만하고 수펴하자요(1995)
- 교회와 신앙(2002)
- 한국교회 무엇을 개혁할 것인가(2004)
- CNB 501 에세이 산상수훈(2005)
- CNB 502 예수님 생애 마지막 7일(2006)
- CNB 503 구약신학의 구속사적 이해(2006)
- CNB 504 신약신학의 구속사적 이해(2006)
- CNB 505 창세기(2007)
- CNB 506 바울의 생애와 바울서신(2007)
- CNB 507 손에 잡히는 신앙생활(2007)
- CNB 508 아름다운 신앙생활(2007)
- CNB 509 열매 맺는 신앙생활(2007)
- CNB 510 웨스트민스터 신앙고백(2008)
- CNB 511 사무엘서(2010)
- CNB 512 요한복음(2009)
- CNB 513 요한계시록(2009)
- CNB 514 로마서(2010)
- CNB 515 야고보서(2010)
- CNB 516 다니엘서(2011)
- CNB 517 열왕기상하(2012)

역서

- 모슬렘 세계에 예수 그리스도를 심자(Charles R. Marsh, 1985년, CLC)
- 예수님의 수제자들(F. F. Bruce, 1988년, CLC)
- 치유함을 받으라(Colin Urquhart, 1988년, CLC)

홈페이지 http://siloam-church.org

고린도전후서

CNB 518

고린도전후서

A Study of The Corinthians I, II
by Kwangho Lee

Published by Calvinacademy Publishing House

초판 인쇄 | 2012년 4월 3일
초판 발행 | 2012년 4월 5일

발행처 | 칼빈아카데미
주소 | 서울시 구로구 구로5동 26번지 신도림 포스빌 1702호
전화 | 02-865-9120
등록번호 | 제12-614호
등록일자 | 2008년 12월 17일

발행인 | 장수민
지은이 | 이광호
편집주간 | 송영찬
편집 | 신명기
디자인 | 조혜진

총판 | (주) 비전북출판유통
주소 | 경기도 고양시 일산구 장항동 568-17호 (우) 411-834)
전화 | 031-907-3927(대) 팩스 031-905-3927

값은 표지에 있습니다.
파손된 책은 구입처나 출판사에서 교환해 드립니다.
ISBN 89-91650-57-2 93230

Printed in Korea

고린도전후서

A Study of The Corinthians I, II

CNB 시리즈
서 문

CNB The Church and The Bible 시리즈는 개혁신앙의 교회관과 성경신학적 구속사 해석에 근거한 신 · 구약 성경 연구 시리즈이다.

이 시리즈는 보다 정확한 성경 본문 해석을 바탕으로 역사적 개혁 교회의 면모를 조명하고 우리 시대의 교회가 마땅히 추구해야 할 방향을 제시함으로써 교회의 삶과 문화를 창달하는 것을 그 목적으로 하고 있다.

따라서 이 시리즈는 진지하게 성경을 연구하며 본문이 제시하는 메시지에 충실하고 있다. 그렇다고 이 시리즈가 다분히 학문적이거나 또는 적용이라는 의미에 국한되지 않는다. 학구적인 자세는 변함 없지만 궁극적으로 하나님의 나라를 지향함에 있어 개혁주의 교회관을 분명히 하기 위해 보다 더 관심을 가진다는 의미이다.

본 시리즈의 집필자들은 이미 신 · 구약 계시로써 말씀하셨던 하나님께서 지금도 말씀하고 계시며, 몸된 교회의 머리이자 영원한 왕이신 그리스도께서 지금도 통치하시며, 태초부터 모든 성도들을 부르시어 복음으로 성장하게 하시는 성령께서 지금도 구원 사역을 성취하심으로써 창세로부터 종말에 이르기까지 거룩한 나라로서 교회가 여전히 존재하고 있음을 그 무엇보다도 중요하게 여기고 있다.

아무쪼록 이 시리즈를 통해 계시에 근거한 바른 교회관과 성경관을 가지고 이 땅에 진정한 그리스도인의 삶과 문화가 확장되기를 바라는 바이다.

시리즈 편집인

김영철 목사, 미문(美聞)교회 목사, Th.M.
송영찬 목사, 기독교개혁신보 편집국장, M.Div.
오광만 목사, 대한신학대학원대학교 교수, Ph.D.
이광호 목사, 실로암교회 목사, Ph.D.

목 차

〈고린도전서〉

〈고린도후서〉

제1부
고린도전서

13

머리말

사도 바울이 에베소에 머물며 고린도전서를 기록할 당시 고린도 교회에는 심각한 문제들이 산재해 있었다. 따라서 고린도전서는 다른 여러 서신들과 비교해 볼 때 매우 특이한 내용들을 많이 담고 있다. 그 가운데는 일반적으로 상상하기 어려운 부끄러운 문제들이 낱낱이 공개되어 있다.

또한 성경본문에 기록된 다양한 신학적 내용들은 고린도 교회뿐 아니라 1세기 당시 전 로마제국 영토 내에 흩어져 있던 교회들의 형편들을 간접적으로 보여준다. 나아가 서신을 통해 계시된 모든 말씀은 역사상 존재하는 지상의 모든 교회들에 수용되어 적용되어야 할 진리의 내용들이다.

고린도 교회에는 특정 지도자들의 이름을 임의로 앞세운 다양한 파당들이 존재했으며, 유대인들의 이단사상을 가지고 있던 바리새파와 사두개파의 불건전한 신학사상도 막대한 영향을 끼치고 있었다. 어리석은 교인들은 계시된 하나님의 말씀이 아니라 그런 것들을 통해 자기의 정당성을 내세우고자 했다. 바울은 그런 자들의 잘못된 지혜가 얼마나 허망한지 명확하게 지적하고 있다.

음행, 세상법정 소송, 왜곡된 혼인관, 우상제물 등은 고린도 교회를 심각하게 흔들고 있었다. 물론 그런 것들은 정도의 차이가 있었을지라도 당시 많은 교회들이 직면하고 있던 문제였을 것이 분명하다. 바울은 그런 문제들을 구체적으로 지적하면서 모든 것을 하나님의 뜻에 따라 올바르게 해결해 나가도록 요구했다.

또한 고린도전서는 교회의 본질과 조직에 연관된 매우 중요한 교훈을 주고 있다. 세례와 성찬, 성도의 순결, 교회와 가정에서의 남녀간 질서, 은사와 직분 등은 교회가 보존해야 할 필수적인 요건들이다. 그 가운데서 부활과 영생을 소유한 성도들은 서로간 돌아보며 하나님의 몸된 교회를 세워나가게 된다.

이 책을 접하는 독자들은 성경에 기록된 내용들을 구체적으로 확인하는 가운데 계시된 하나님의 말씀에 대한 균형잡힌 지식을 얻게 되기를 원한다. 우리가 분명히 이해해야 할 바는 당시 고린도 교회가 일반적으로 상상할 수 없는 심각한 문제들을 가지고 있었지만 현대의 대다수 교회들과는 비교가 되지 않을 만큼 성숙한 교회였다는 사실이다.

계시된 하나님의 말씀에 대한 고린도 교회 성도들의 순종하는 자세는 놀라울 정도이다. 고린도 교회는 엄청난 문제들을 껴안고 있었음에도 불구하고 겉보기에 그럴듯한 모습을 보이는 현대 교회들과는 비교가 되지 않는 순수함을 간직하고 있었다. 그들은 우리시대 교회가 상실한 '듣는 귀'와 '순종하는 자세'를 소유하고 있었던 것이다. 오늘날 우리에게 진정으로 필요한 것은 외형의 성장이나 겉꾸밈이 아니라 하나님의 말씀을 듣는 귀와 그에 온전히 순종하는 자세이다.

말세지말末世之末에 처한 교회는 고린도전서를 통해 주님의 세미한 음성을 들으며 우리 가운데 교회를 어지럽히는 사악한 문제들을 철저하게 제거할 수 있어야 한다. 하나님의 말씀을 듣고 그에 온전히 순종하고자 하는 기본적인 성도의 자세를 가져야만 하는 것이다. 그렇게 함으로써 주님께서 재림하실 때 그를 맞이하는 순결한 신부로서의 모습을 가다듬지 않으면 안 된다.

우리는 이를 위해 하나님의 도우심을 간절히 바란다. 구원받은 성도들이지만 여전히 연약한 속성을 지닌 인간들로서 할 수 있는 것은 아무것도 없다. 하나님의 놀라운 은혜가 임할 때 우리에게 영원한 승리의 깃발이 들리워지게 된다. 성령 하나님의 도우심을 힘입어 기록된 계시의 말씀을 주의 깊게 살핌으로써 이땅에 주님의 교회가 온전히 서가게 되기를 바라는 마음 간절하다.

실로암교회 서재에서

이 광 호 목사

제1장
고린도 교회와 보편교회의 정체성

(고전 1:1-9)

1. 바울과 고린도 교회

바울은 에베소에 머물고 있으면서 고린도 교회에 편지를 쓰고 있다(고전 16:8). 고린도 교회와 고린도 지역은 바울에게 매우 특별한 곳이다.

사도 바울은 흔히 일컫는 두 번째 전도여행을 하면서 빌립보 지역과 데살로니가, 그리고 베뢰아 지역을 방문했다. 그는 그 지역들에 있는 유대인 회당에 들어가[1] 수십 년 전 팔레스틴에서 출생했다가 십자가 사역을 감당하신 예수가 구약성경에서 약속하신 그리스도라는 사실을 증거했다.

그러나 바울은 그것을 증거한다는 이유로 유대인들로부터 엄청난 박해를 당해야만 했다. 극렬한 유대인들 가운데는 그를 죽이려는 자들마저 생겨났다. 결국 마게도니아 지역에 있는 성도들은 그를 남쪽 지역으

---

1) 바울은 하나님의 말씀을 전파할 때 아무나 붙잡고 '예수를 믿으라'며 하나님의 말씀을 증거했던 것이 아니다. 당시 온 세상에 흩어져 살고 있으면서 '회당'에 모여 하나님을 경배하며 메시아를 기다리던 유대인들을 비롯한 경건한 자들에게 메시아가 이미 이땅에 오셔서 구약성경이 예언한 대로 거룩한 사역을 완성하셨음을 증거했다. 이러한 복음전파의 원리는 오늘날 우리시대 교회에도 잘 적용되어야 한다.

로 내려가도록 했다. 그리하여 바울은 아테네에 도착해 여러 철학자들[2]을 만나 교회를 위한 변론을 하기도 했다(행 17:18,19).

그후 바울은 고린도에 도착해 동역자들인 브리스길라와 아굴라 부부를 만났다. 그들은 AD 40년대 후반에 있었던 로마황제 클라우디우스(Claudius)의 기독교인들에 대한 로마추방령으로 말미암아 그것을 피해 고린도로 왔던 것이다(행 18:2). 바울과 브리스길라 부부는 장막을 만드는 직업(tent-maker)을 가지고 있었으므로 같이 머물면서 생활한다. 바울은 고린도지역에 머무는 동안 하나님의 몸된 교회를 세우는 일을 위해 최선을 다했다.

하지만 바울은 고린도 지역에서 심한 고난을 당했다. 유대인들은 그를 로마인의 법정에 끌고 가 세상을 어지럽히는 위험한 인물이라며 고소하기까지 했다. 당시 그 지역 총독이었던 갈리오(Gallio)는 그것이 유대인들의 관습에 관한 문제라며 재판을 진행하지 않고 유대인들이 알아서 처리하도록 맡겼다.

그러나 유대인들은 로마시민권을 가진 바울에게 함부로 할 수 없었다. 그 대신 유대인들의 중요한 종교 지도자로 있으면서 바울의 가르침을 따르던 소스데네(Sosthenes)가 심한 고통을 당했다. 헬라파 유대인들은 당시 회당장(the chief ruler of the synagogue)이었던 소스데네에게 폭행을 가했던 것이다(행 18:17).

그런 우여곡절을 겪는 가운데 바울은 1년 6개월 동안 고린도 지역에 머물면서 하나님의 말씀을 증거하게 된다(행 18:11). 그후 바울은 그곳을

---

2) 아테네를 방문한 바울은 회당에서 유대인들을 만나 복음을 변론했으며, 또한 금욕주의 사상을 가지고 있던 스토아 철학자들과 쾌락주의를 추구하던 에피쿠로스 철학자들에게 진리를 변증했다. 그가 그렇게 했던 것은 복음전파와 더불어 하나님의 교회에 속한 성도들을 보호하고자 하는 의도 때문이었다.

떠나게 되지만 고린도 교회는 항상 바울의 마음속 깊숙이 자리잡고 있었다.

그 이후 고린도 교회의 복잡한 소식을 들은 바울은 하나님의 계시에 따라 고린도전서를 썼다. 그리고는 그 편지를 디모데편으로 고린도 교회에 보내게 된다(고전 4:17; 16:10). 그는 고린도 교회로 하여금 디모데의 가르침을 잘 받아들이도록 당부했다. 그리고 그가 아무런 위협이나 부담감을 느끼지 않도록 각별한 신경을 써달라고 했다. 이는 디모데를 위한 배려를 요구하는 것이었을 뿐 아니라 사도적 권위를 가진 형제를 신실하게 대함으로써 고린도 교회가 유익을 얻도록 하기 위해서였다.

2. 성경과 교회(1-3)

바울은 서신 가운에서 자신이 그리스도 예수로부터 보냄을 받은 '사도'(apostle)라는 사실을 먼저 밝혔다. 그런데 바울이 사도가 된 것은 자신의 종교적인 열정으로 말미암은 것이 아니었다. 즉 바울은 사도가 되기 위해 열심히 공부하고 어떤 노력을 한 것이 아니었다. 바울이 사도가 된 것은 전적인 하나님의 뜻에 따른 것이었으며 예수 그리스도의 부르심에 의한 것이었다.

여기서 '하나님의 뜻'이란 '하나님의 의지'를 말한다. '뜻'과 '의지'는 거의 동일한 의미이지만 내적인 의미와 그 강도에 있어서는 엄청난 차이가 난다. 즉 '뜻'이 소극적 의미를 지닌다면 '의지'는 적극적인 의미를 지니고 있는 것이다. 따라서 우리는 바울이 그리스도의 사도가 된 것은 적극적인 의미를 지닌 '하나님의 의지'(the will of God)로 번역하는 것이 바람직하다.

하나님께서 자신의 의지에 따라 바울을 사도로 세우신 것은 계획하고 있는 바 하나님 자신의 중요한 의도가 있기 때문이다. 이는 나중 허락되는 교회의 직분에 있어서도 동일한 관점에서 이해되고 적용되어야 한다. 우리는 교회에 직분자들이 세워지는 것이 하나님의 분명한 의지와 연관되어 있음을 기억해야 하는 것이다.

바울은 고린도전서의 서두에서 자신의 사도직에 관한 언급을 하면서 형제 소스데네(Sosthenes)와 더불어 편지를 쓰고 있음을 밝혔다. 이는 그 편지가 단순히 개인적인 권면이나 명령이 아니라 공적인 의미를 내포하고 있음을 분명히 드러내고 있다. 소스데네는 그전에 고린도에 있던 유대인 회당(synagogue)의 최고 지도자였다. 그는 바울 때문에 고린도에서 유대인들로부터 심한 폭행과 고통을 당했지만 지금은 바울과 함께 에베소에 거하고 있었던 것이다.

고린도전서가 바울의 개인적인 편지가 아니라 교회에 보내는 공적인 서신이라는 점은 매우 중요하다. 따라서 바울은 고린도 교회를 향해 개인적인 의도에 따라 마음대로 말하지 않는다. 그는 하나님의 계시를 교회 가운데 신실하게 전달할 따름이다. 물론 그는 하나님의 말씀을 전달하는 가운데 나타나는 진정한 의미가 자신과 자신이 속한 교회에 온전히 적용되어야 함을 잘 알고 있었을 것이 틀림없다.

이어 사도 바울은 편지를 받는 수신자가 고린도에 있는 하나님의 교회임을 밝히고 있다. 그 교회는 일반적인 종교적인 회합이 아니라 '하나님의 교회' 이다. 이는 교회의 소속, 즉 교회에 대한 소유권을 말해준다. 따라서 교회의 진정한 주인은 하나님 한 분밖에 없으며 다른 어느 누구도 교회의 주인이 될 수 없다.

성경은 교회를 하나님께서 거룩한 자기피로 값주고 사셨음을 분명히 밝히고 있다(행 20:28). 이런 점에서 바울은 또한 성도들의 정체성에 대해 말하고 있다. 교회에 속한 성도들은 그리스도 예수 안에서 거룩하게 된 자들이다. 이는 예수 그리스도의 십자가 사역과 밀접하게 연관되며 십자가에서 흘린 그의 보배로운 피로 말미암아 거룩하게 된 것을 의미한다. 따라서 참된 교회는 '그리스도 예수 안에'(in Christ Jesus) 존재할 뿐이며 그리스도와 상관없는 그 바깥에는 결코 존재할 수 없다.

나아가 바울은 본문 가운데서 보편교회에 관련된 언급을 하고 있다. 그는 고린도 교회에 편지를 쓰면서 그 편지를 받는 대상에는 각처(in every place)에서 주 예수 그리스도의 이름을 부르는 모든 자들 역시 포함되어 있음을 말했다. 이는 의미상 오늘날 우리시대의 교회들도 그에 포함된다. 21세기에 살고 있는 우리가 고린도전서를 살피는 것은 이 말씀이 곧 우리에게 주어진 말씀이기 때문이다. 모든 성도들은 지교회에 속해 있지만 원천적으로는 보편교회에 속해 있다.[3)]

바울은 인사 형식의 문안을 통해 예수 그리스도의 이름을 부르는 모든 자들에게 성부 하나님과 예수 그리스도로부터 은혜와 평강이 임하기를 기원했다. 여기서 '예수 그리스도의 이름을 부른다는 말' 은 과연 무슨 뜻인가? 이는 예수님의 이름을 입술을 통해 열심히 호칭한다는 말이 아니다.

복음서에는 입술로 주님의 이름을 부지런히 호칭하는 것이 아무런 의미가 없다고 하신 예수님의 말씀이 기록되어 있다. 즉 아무리 주님의 이름을 큰 소리로 부르고 오랜 시간을 들여 되풀이해 그렇게 한다고 해도 그것 자체가 구원의 보증이 되는 것은 아니다. 예수님께서는 그것을 오해하는 자들을 염두에 두고 말씀하셨다.

---

3) 원칙적으로 성도들은 개 교회에 속한 것이 아니라 보편교회에 속해 있다. 나아가 개 교회들 역시 독립적이지 않고 보편교회에 속해 있어야 한다. (이는 마치 한 개인이 특정한 도시의 한 동네에 속해 있지만 본질적으로는 주권국가인 대한민국에 속해 있는 것과 마찬가지다.) 그러므로 우리는 개교회주의의 위험을 인식해야 한다. 사람들은 교회의 주인이 하나님이라 말하면서 실제로는 자기가 주인인 것처럼 행세하는 경우가 많다. 따라서 모든 참된 교회들은 항상 흩어진 다른 교회의 조언에 관심을 기울여야 한다. 동시에 연약하거나 잘못된 길을 걷는 교회들에 대해서는 책망함으로써 그들을 도와주어야 한다. 지상에 흩어져 존재하는 교회들에 무관심하다면 그것은 이기적인 개교회주의로 인한 것이다.

"나더러 주여 주여 하는 자마다 천국에 다 들어갈 것이 아니요 다만 하늘에 계신 내 아버지의 뜻대로 행하는 자라야 들어가리라"(마 7:21)

중요한 것은 하늘에 계신 하나님의 뜻에 순종하는 자들에게 천국이 약속되어 있다는 사실이다. 그것은 단순히 주님의 이름을 호칭하며 부름으로써 천국이 허락되는 것이 아님을 말해주고 있다. 입술로 열심히 주님의 이름을 부르는 것은 도리어 본인과 주변의 이웃들에게 자기의 신앙을 오해케 하는 걸림돌이 될 따름이다. 즉 온전한 신앙을 갖추지 못하고 있으면서 겉으로 드러나는 종교적인 행위를 통해 그것이 마치 훌륭한 신앙인 양 착각하게 만드는 것이다.

사도 바울이 고린도 교회에 편지하면서 '주 되신 예수 그리스도의 이름을 부르는 모든 자들'(고전 1:2)이라고 말한 것은 그런 의미가 아니다. 그는 로마에 있는 교회들에 편지하면서도 그에 관한 언급을 하고 있다. 이는 물론 구약시대부터 계시되어 온 말씀으로서, 오순절 성령강림이 있은 후 사도 베드로가 인용하며 선포했던 내용과 동일하다.

"누구든지 주의 이름을 부르는 자는 구원을 얻으리라"(롬 10:13; 행 2:21; 욜 2:32)

이 말씀은 주님의 이름을 열심히 호칭해 부르라는 뜻이 아니다. 도리어 이 세상에 아무런 소망이 없음과 예수 그리스도께만 진정한 생명이 있는 줄 알고 오직 그에게 의지해야 함을 의미하고 있다. 즉 이 세상에는 아무런 소망이 없다는 사실을 진정으로 깨닫는 자들이 생명의 근원이신 주님의 이름을 간절히 부르게 된다.

그리고 사도 바울은 성부 하나님과 예수 그리스도로부터 은혜와 평강이 임하기를 원한다고 말했다. 우리가 여기서 분명히 이해해야 할 바는 이 말이 단순한 염원이 아니라는 사실이다. 인간들은 때로 남들이 듣기 좋은 말로 은혜와 평강을 빈다고 말하지만 바울의 이 말은 그렇지 않다.

참된 교회에 속한 모든 하나님의 자녀들에게는 하나님으로 말미암는 참된 은혜와 평강이 존재하게 된다. 그것은 단순한 기대가 아니라 당연히 존재하는 현실적인 형편이다. 즉 하나님의 참된 자녀들과 성부와 성자 하나님으로 말미암은 참된 은혜와 평강은 결코 분리될 수 없다.

물론 여기서 말하는 은혜와 평강은 타락한 이 세상에서 얻을 수 있거나 경험할 수 있는 성질의 것이 아니다. 하나님을 떠나 죄악으로 가득찬 세상에는 그런 것들이 원천적으로 존재하지 않는다. 그러므로 예수님께서는 자신이 주는 평안은 세상의 것과 전혀 다르다는 사실을 분명히 말씀하셨다.

> "평안을 너희에게 끼치노니 곧 나의 평안을 너희에게 주노라 내가 너희에게 주는 것은 세상이 주는 것 같지 아니하니라 너희는 마음에 근심도 말고 두려워하지도 말라"(요 14:27)

하나님께서 주시는 은혜와 평안은, 성도들이 이 세상에서 만족스럽게 살아가도록 하는 방편이 되지 못한다. 이 세상은 하나님을 알지 못하는 사람들이 오히려 세속적인 목적을 추구하는 가운데 상당한 만족을 느끼며 살아갈 수 있는 영역이다. 따라서 그들 가운데 성공하고 출세하는 사람들이 많이 등장하게 된다.

그러나 하나님의 자녀들은 그렇지 않다. 신실한 성도들은 세상에서 고통을 당하고 어렵게 살아갈 수밖에 없는 형편에 처하기도 한다. 그러므로 예수님께서는 제자들에게 위의 말씀을 하시면서 '마음에 근심도 말고 두려워하지도 말라' 고 하셨다. 이는 하나님으로부터 온 은혜와 평강을 소유한 자들에게는 도리어 세상에서 근심되고 두려움에 빠질 만한 일들이 닥치게 됨을 말해주고 있다. 바울이 고린도 교회를 향해 언약 가운데서 기원하는 은혜와 평강은 바로 그런 것이다.

3. 보편교회에 대한 바울의 교훈(1:4-9)

(1) 성도의 영적인 교제

사도 바울은 그리스도 예수 안에서 교회에 허락된 하나님의 은혜로 인해 그들을 기억하며 하나님께 감사한다고 말했다. 즉 그들 곧 교회가 그의 감사의 근거가 된다는 것이다. 이는 교회와 교회 사이에 존재하는 성도의 교제를 보여주고 있다. 우리가 관심 있게 이해해야 할 바는 그 교제의 끈이 하나님께 연결되어 있다는 사실이다. 즉 교회에 허락된 하나님의 놀라운 은혜를 교회들이 기억하며 하나님께 감사한다는 것이다.

우리는 바울의 이 말에서 지상교회 가운데 마땅히 나누어져야 할 성도의 교제를 기억하게 된다. 이는 단순히 지교회 안에서의 교제뿐 아니라 흩어진 교회들과의 영적인 교제를 포함한다. 물론 교회 안에서 함께 삶을 나누는 성도들과의 교제는 매우 중요하다. 이는 우리에게 있어야 할 지극히 당연한 일이다.

그런데 우리가 한걸음 더 나아가 기억해야 할 바는 서로 알고 지내는 지교회 내의 성도들뿐 아니라 지상에 흩어져 존재하는 여러 교회와 성도들 역시 교제의 끈에 연결되어 있다는 사실이다. 한국의 여러 지역에 존재하는 교회들뿐 아니라 전 세계에 흩어져 있는 교회들도 우리의 교제의 대상이다. 이는 물론 '교회'라는 허울만 가지고 있는 다양한 종교집단들을 두고 말하지는 않는다.

우리가 언급하는 교제의 대상이 되는 교회와 성도들이란 보편교회에 속한 참된 하나님의 백성들을 말한다. 서로 언어가 통하지 않고 여러 여건상 한 번도 만나본 적이 없다 할지라도 그들은 여전히 예수 그리스도 안에서 우리의 교제의 대상이 되며 사실상 영적인 교제를 나누고 있는 것이다.

우리가 이렇게 말할 수 있는 중요한 직접적인 근거는 바울이 에베소에 있는 교회 가운데 있으면서 고린도 교회 성도들과 그리스도 안에서 교제를 나누고 있기 때문이다. 이는 바울의 개인적인 인간관계뿐 아니라 에베소 교회와 고린도 교회 사이에 영적인 교제가 이루어지고 있었음을 말해준다. 고린도 지역에 있는 교회의 성도들과 에베소 지역의 성도들 중에는 상호간 일면식一面識도 없는 자들이 많았겠지만 사도 바울을 통해 영적인 교제 가운데 있었던 것이다.

이와 마찬가지로 오늘날 우리도 전 세계에 흩어진 여러 건전한 교회에 속한 성도들과 일면식조차 없다 할지라도 서로간 바울을 비롯한 여러 사도들과 구약시대의 선지자들의 가르침을 중심으로 하여 영적인 교제를 나누고 있다. 그러므로 서로 전혀 알지 못하지만 지상에 흩어진 여러 교회들과 성도들을 기억하며 그들이 우리의 감사의 제목이 되어야 하는 것이다. 세상에서 처한 환경이 다를지라도 예수 그리스도 안에서 한 형제가 되어 영원한 천국을 바라보며 살아가는 성도들이 존재한다는 사실은 우리에게 커다란 위로가 되며 하나님께 감사할 제목이 되는 것이다.

(2) 모든 구변口辯과 지식知識에 풍족한 교회

사도 바울은 또한 고린도 교회의 성도들에 대해 항상 감사하는 구체적인 몇 가지 내용들을 말하고 있다. 이는 고린도 교회뿐 아니라 지상의 모든 교회들이 기본적으로 갖추어야 할 내용이기도 하다. 즉 예수님의 재림을 눈앞에 두고 있는 오늘날의 교회들 역시 그에 관한 것들을 마땅히 갖추어야 한다.

그 가운데 가장 미리 언급되고 있는 것은 고린도 교회가 그리스도 안에서 '모든 구변'과 '모든 지식'에 풍부하다는 점이다(고전 1:5). 바울은 그것이 교회에 속한 성도들이 그리스도 안에서 소유해야 할 가장 기본적인 내용인 것으로 말하고 있다. 그렇다면 바울이 말하고 있는 구변(speech)과 지식(knowledge)은 과연 무엇을 의미하는 것인가?

이것이 말주변이나 일반적인 지식을 말하는 것이 아님은 분명하다. 바울은 도리어 그것들을 철저히 견제하고 있기 때문이다(고전 2:1; 8:1). 그럼에도 불구하고 본문 가운데서 바울이 고린도 교회 성도들의 구변과 지식의 풍부함을 감사의 조건으로 생각한 것은 그것이 진리와 연관되어 있었기 때문이다.

즉 고린도전서 1장 5절에서 말하는 '지식'이란 '하나님의 말씀에 대한 풍성한 지식'이다. 이는 세상에서 얻을 수 있는 지식이 아니다. 성경에 계시된 말씀을 통해 얻게 되는 지식은 교회를 건강하게 한다. 그것은 그리스도 안에 존재하는 것이다.

그리고 같은 본문에서 언급하는 '구변'이란 '변증'을 말하고 있다. 성도들은 진리를 허물고자 하는 자들의 훼방을 말씀을 통해 변증함으로써 교회를 온전히 세워가게 된다. 올바른 변증을 할 수 있는 배경은 세련된 말솜씨가 아니라 올바른 지식에 근거한다. 바울은 고린도 교회와 흩어져 있는 성도들이 소유한 참된 지식과 구변을 통한 변증이 얼마나 소중한지 잘 알고 있었던 것이다,

이에 대해서는 오늘날 우리도 마찬가지다. 즉 우리 역시 하나님으로부터 계시된 말씀에 대한 올바르고 풍성한 지식을 소유해야 한다. 그리고 그것을 통해 정확한 변증을 할 수 있어야만 한다. 그것은 지상에 세워진 하나님의 교회를 온전히 세우고 지켜가기 위한 소중한 방편이 되기 때문이다.

또한 바울은 고린도 교회 가운데 그리스도의 증거가 견고하게 정착되어 있음에 대해 감사했다(고전 1:6). 이는 예수가 곧 구약에 약속된 그리

스도임을 확실히 증거하고 있음을 의미하고 있다. 하지만 어리석은 자들은 나사렛 예수가 아닌 엉뚱한 데서 그리스도를 찾는 어리석음을 범하고 있다.

1세기 당시의 많은 유대 지도자들은 예수님을 두 눈으로 똑똑히 보고도 그를 그리스도로 알아보지 못했다. 현대의 유대교인들 역시 예전과 전혀 다르지 않다. 나아가 우리시대의 기독교 안으로 몰래 들어온 배도자들은 그리스도를 다양한 여러 종교들에서 찾으려 한다. 그런 자들은 '종교다원주의자'(christ-pluralism)가 되어 나사렛 예수가 하나님께서 보내신 유일한 그리스도라는 사실을 의도적으로 거부하고 있다.

그러나 참된 교회에 속한 하나님의 자녀들은 예수님이 구약시대부터 줄곧 예언되어 오던 그리스도라는 확실한 증거를 소유하고 있다. 그에 대한 믿음이 교회 가운데 확고하게 뿌리내리고 있어야 한다. 이는 성도들의 신앙이 개인적인 결단을 넘어 참된 교회에 예속되어 있어야 함을 말해준다.

(3) 예수 그리스도의 재림과 마지막 심판의 날

참된 교회에 속한 성도들은 하나님으로부터 모든 필요한 은사들을 받게 된다(고전 1:7). 그 은사들은 지상에 하나님의 몸된 교회를 세우고 보증하기 위해 허락된 것이다. 그것은 하나님에 의해 풍족히 주어지게 되므로 아무런 부족함이 없다. 그래서 교회와 성도들은 흔들림 없이 주님의 재림을 기다리게 된다. 그것이 성도들의 진정한 소망이 되며 그것으로 인해 고통 가운데 있지만 악한 세상을 능히 이겨나갈 수 있다.

따라서 하나님의 성도들은 이 세상에 미련을 두는 것이 아니라 항상 영원한 천국을 바라보며 살아간다. 그들은 예수 그리스도의 지상 재림과 더불어 하나님의 심판의 날이 도래하리라는 사실을 알고 기다린다. 그것은 최종적인 완벽한 구원과 더불어 궁극적인 심판이 임하게 될 것을 말해준다.

하나님께서는 창세전에 택하신 자기 자녀들이 심판의 날에 아무런 책망할 것이 없도록 끝까지 지켜주신다.[4] 그날 의인들은 영원한 구원을 허락받게 될 것이며 악인들은 영원한 형벌에 처해지게 된다. 이는 세상 마지막 날 모든 사람들이 부활의 몸을 입게 될 것인데 그 가운데 어떤 사람들은 생명의 부활로 또 다른 어떤 사람들은 심판의 부활로 살아나게 될 것을 말해주고 있다. 예수님께서는 제자들에게 그에 대한 분명한 말씀을 하셨다.

> "선한 일을 행한 자는 생명의 부활로, 악한 일을 행한 자는 심판의 부활로 나오리라"(요 5:29)

이는 세상의 마지막에 있게 될 최종심판에 연관된 예수님의 말씀이다. 사도 바울은 예수님의 그 말씀을 잘 알고 있었을 것이 틀림없다. 그러므로 종말의 때 있게 될 하나님의 심판을 언급하며 하나님께서 자기 자녀들에 대해서는 그리스도 안에서 책망할 것이 없도록 끝까지 견고하게 지키시리라고 했던 것이다.

바울은 또한 하나님께서 그리스도와 교제하도록 하기 위해 교회에 속한 성도들을 부르셨음을 말하고 있다(고전 1:9). 이는 인간들이 자발적으로 하나님 앞으로 나온 것이 아니라 하나님의 부르심에 의해 나오게 되었음을 말해준다. 그 부르심을 통해 하나님의 자녀들이 성자이신 예수 그리스도와 더불어 교제할 수 있는 은혜가 베풀어졌다. 언약에 따라 그 일을 진행하신 하나님은 우리가 믿어야만 할 분이다.

---

4) 우리는 성경의 교훈을 통해 성도의 견인을 믿는다. 약속에 신실하신 하나님께서는 창세전에 택하신 자기 자녀들을 결단코 버리시지 않는다. 예수 그리스도의 십자가 사역을 통해 하나님을 '아바 아버지'라 부름으로써 부모-자녀 관계가 확립된 자들은 끝까지 하나님의 보호를 받게 되는 것이다.

4. 보편교회에 속한 모든 참된 교회

오늘날 우리시대의 참된 교회들은 다른 여러 교회들과 더불어 고린도 교회에 연결되어 있다. 그러므로 바울이 보낸 편지는 우리에게 주어진 편지이다. 즉 고린도 교회에 주어진 성경을 '내' 가 읽는 것이 아니라 고린도 교회를 비롯한 세상의 모든 교회를 향해 쓴 바울의 공적인 서신을 '우리 교회' 가 읽는 것이다.

사도 바울은 고린도 교회에 산재한 여러 문제들이 있다는 사실을 잘 알고 있었다. 교만한 자들의 파당문제, 세상의 지혜에 오염된 문제, 간음문제, 세상법정 소송문제, 우상제물문제, 여성의 지위문제, 성찬에 관한 문제, 은사에 관한 문제, 부활에 관한 잘못된 해석 문제 등이 그것들이다. 바울은 또한 자신의 사도직에 관한 문제와 더불어 고린도 교회 성도들의 안일한 신앙에 대해 강하게 책망하고 있다.

이러한 점들은 비록 고린도 교회뿐 아니라 당시 모든 교회들에 어느 정도 일어나고 있었던 문제들이다. 그 가운데 우리가 특별히 관심을 기울여야 할 부분은 은사에 관한 내용들이다. 자칫 잘못하면 이러한 문제들이 고린도 교회에만 특징적으로 존재했던 것으로 오해할 수 있다. 그러나 우리는 그렇게 말할 수 없다. 당시 세계에 흩어져 있던 모든 교회들은 은사에 대해 고린도 교회와 동일한 깨달음과 더불어 그것을 적용해야만 했다.

이는 물론 '사도교회 시대' 의 특성과 더불어 생각해야만 할 사안들이다. 사도교회 시대란 예수 그리스도의 십자가 사역으로부터 예루살렘 성전이 파괴된 AD 70년까지의 시대를 일컫는다.[5] 그 시대는 하나님의 특별계시가 지속되고 있던 시기였다. 그러나 그 시대가 끝나고 보편교회 시대가 도래하게 되면 특별계시가 종료된다.

---

5) 이광호, 『신약신학의 구속사적 이해』(서울: 도서출판 깔뱅), pp.260-265.

따라서 고린도전서에 기록된 특별한 은사들은 사도시대 이후에 따르는 보편교회가 되면 제도적으로 완성된 모습을 갖춘 교회 가운데 달리 이해되고 받아들여져야 한다.[6] 즉 고린도전서에 나타난 여러 은사들 중에 많은 부분은 사도교회를 통해 보편교회의 기초를 놓는 역할을 하기 때문이다. 우리는 고린도전서를 읽으면서 이에 대한 이해를 분명히 하는 가운데 교회를 위한 하나님의 뜻을 알아가야 한다.

---

6) 이에 대해서는 구약시대 이스라엘 백성들이 출애굽하여 거주했던 '시내광야에서의 40년' 을 기억하면 쉽게 이해할 수 있다. 그 시기는 구름기둥과 불기둥이 떠나지 않았으며 백성들은 날마다 만나와 메추라기를 먹던 시기였다. 그리고 그때는 사람들의 신발이 닳지 않고 의복이 떨어지지 않던 특별한 시기였다. 그러나 시내광야에서 가나안 땅에 들어갔을 때 시내광야에서 있었던 모든 특별계시들은 끝이 났다. 더 이상 구름기둥과 불기둥이 존재하지 않았으며 날마다 공급되던 만나와 메추라기도 공급되지 않았다. 하지만 그 시기의 모든 기적들은 그 이후 이스라엘 백성들의 신앙적인 삶의 기초가 되었다. 이처럼 사도교회 시대와 보편교회 시대에 대해서도 그와 유사한 관점에서 설명될 수 있다. 사도교회 시대에는 다양한 이적들과 특별한 은사들이 하나님의 특별계시로 존재했지만 보편교회 시대에는 그 모든 것이 종료되었다. 그러나 사도교회 시대와 그때 존재했던 모든 특별계시들은 그후의 보편교회를 위한 신앙적인 기초가 되었다. 이런 차원에서 볼 때 사도교회 시대의 모든 특별계시들은 오늘날 우리시대 교회에서도 그 의미상 여전히 본질적인 효력을 발생하고 있다.

제2장
교회의 본질과 참된 지혜

(고전 1:10-31)

1. 교회 연합에 대한 당위성(1:10-13)

기독교 역사 가운데는 교회의 분열이 끊임없이 일어났다. 그러나 하나님께서는 결코 자신의 교회가 여러 갈래로 분열되는 것을 원치 않으신다. 그럼에도 불구하고 교회가 갈라지게 되는 것은 세상의 지혜를 앞세우는 자들이 종교적인 욕망을 자제하지 않기 때문에 나타나는 잘못된 현상이다.

고린도 교회에도 그런 안타까운 일이 발생했다. 하나님의 뜻을 구하고 하나님의 음성을 듣기보다 세상에서 익힌 이성과 경험에 따른 판단들을 현실에 옮겼기 때문이다. 범죄한 인간들은 어떤 문제가 발생하면 항상 자신의 잘못이라 말하지 않고 다른 누구에겐가 핑계를 댄다. 이는 처음 사람 아담부터 그랬었다.

그러므로 우리가 알 수 있는 점은 잘못된 교회 분열은 죄에 빠진 인간들의 악한 성품에 기인한다는 사실이다. 따라서 바울은 분열된 고린도 교회로 하여금 다시 연합하도록 요구했다. 그는 예수 그리스도의 이름으로 권면하면서 교회 가운데 분쟁을 일으키지 말고 동일한 마음과 뜻으로 온전히 연합하도록 당부했던 것이다.

> "형제들아 내가 우리 주 예수 그리스도의 이름으로 너희를 권하노니 다 같은 말을 하고 너희 가운데 분쟁이 없이 같은 마음과 같은 뜻으로 온전히 합하라"(고전 1:10)

바울은 고린도 교회에 파벌이 생겨 분열된 사실을 가슴 아프게 받아들이고 있었다. 글로에의 집[7]에 속한 성도가 에베소에 있는 바울을 방문해서 교회에 심각한 분쟁이 일어나고 있다는 사실을 알려주었다. 전체적인 내용을 고려해 볼 때 그 성도는 단순히 그 사실을 바울에게 알리는 것을 목적으로 삼았던 것이 아니라 그에게 그 문제들을 해결해주도록 요청했던 것으로 보인다. 이는 바울이 고린도 교회에 편지를 쓰면서 그점을 맨 앞부분에 언급한 것을 보아 충분히 짐작할 수 있다.

당시 고린도 교회에는 적어도 네 개의 파벌이 형성되어 있었다. 그것은 바울파, 아볼로파, 게바파(베드로파), 그리고 그리스도파였다. 바울과 아볼로, 베드로는 고린도 교회와 직접 연관이 있던 자들이었다. 바울은 그전에 1년 6개월간 고린도 지역에 머물면서 교회를 세웠고(행 18:1), 아볼로는 바울 다음에 고린도 교회 가운데서 말씀을 가르치며 목회를 했었다(행 18:27; 고전 3:6). 그리고 베드로는 로마로 가는 길에 고린도를 방

---

7) 사도교회 시대에 있어서 '집' 이라는 용어는 많은 경우 흩어진 지교회를 지칭하는 말로 사용되었다. 고린도전서에는 '글로에의 집' 이외에도 '스데바나의 집' (고전 1:16)이 언급되고 있으며, 신약성경의 다른 곳에는 '눔바와 그 여자의 집에 있는 교회' (골 4:15), 빌레몬의 집에 있는 교회 '(몬 1:2), '가이사의 집' (빌 4:22) 등이 언급되고 있다. 따라서 사도요한이 교훈했던, "누구든지 이 교훈을 가지지 않고 너희에게 나아가거든 그를 집에 들이지도 말고 인사도 말라"(요이 1:10)는 말은 개인 가정집이라는 말보다는 교회당으로 이해하는 것이 타당하다. 가족 가운데 잘못된 신앙사상을 가진 사람이 있다면 어떻게 할 것인가? 사도들은 이단자들로 하여금 교회당에 자유롭게 드나들게 하면 어린 성도들이 미혹에 빠질 우려가 없지 않기 때문에 철저히 경계하도록 요구했던 것이다.

문해 일정기간 머물렀던 것으로 보인다(고전 9:5).

이러한 이유로 고린도 교회 성도들은 인간적인 친분관계로 인해 분열되었던 것 같다. 우리가 자칫 잘못 생각하면 그 네 파당 가운데 '그리스도파' 라고 자부하는 사람들이 가장 신앙이 좋았던 것으로 여길 수 있지만 그렇게 말할 수만은 없다. 그들은 바울, 아볼로, 베드로 등 세 사람과 개별적인 친분이 없는 사람들로서 또 다른 파당을 형성하고 있었던 것으로 보인다.

그런데 우리가 여기서 주의 깊게 생각해보아야 할 바는 그들이 한 지교회 안에서 네 개의 파벌로 분열된 것으로 보이지 않는다는 사실이다. 즉 그들은 서로 다른 네 장소에서 회집하는 지교회에 속한 성도의 무리로 보인다. 고린도 지역에는 '글로에의 집에서 모이는 교회' (고전 1:11)와 '스데바나의 집에서 모이는 교회' (고전 1:16) 이외에 또 다른 지도자들을 중심으로 하여 모이는 교회들이 있었다. 그런 상황 가운데서 그들은 각각 다른 인물들을 내세워 파벌을 형성했던 것이다.

사도 바울은 그런 형편에 빠진 고린도 교회의 성도들을 향해 심한 책망을 하고 있다. 교회 가운데는 십자가에 달리신 예수 그리스도 이외에 달리 앞세울 만한 인물이 있을 수 없다며 강하게 질책했던 것이다. 만일 특정한 인간을 종교적으로 영웅화한다면 그것은 우상을 만드는 행위와 전혀 다르지 않다.

그는 또한 한 분이신 그리스도가 어떻게 분열될 수 있느냐고 따져 물었다. 오직 그리스도께서 저들을 위해 십자가에 못박히셨으며 그리스도의 이름으로 세례를 줄 뿐 다른 어느 누구도 그리스도와 그의 이름을 대신할 수 없다는 것이었다. 따라서 교회를 통해 높임을 받을 수 있는 존재는 예수 그리스도 한 분밖에 없다.

우리는 또한 여기서 매우 깊은 주의를 기울여 생각해야 보아야 할 점이 있다. 그것은 교회의 '분열' 分裂과 진리보존을 위한 '분리' 分離의 차이에 관한 문제이다. 이기적인 목적과 이유로 인한 분열이라면 악한 것이다. 그러나 하나님의 진리를 온전히 보존하기 위해 발생하는 분리는 마땅히 일어나야 한다. 그러므로 사도 바울은 로마에 있는 교회에 편지하면서 그에 대한 분명한 언급을 하고 있다.[8)]

> "형제들아 내가 너희를 권하노니 너희 교훈을 거스려 분쟁을 일으키고 거치게 하는 자들을 살피고 저희에게서 떠나라 이같은 자들은 우리 주 그리스도를 섬기지 아니하고 다만 자기의 배만 섬기나니 공교하고 아첨하는 말로 순진한 자들의 마음을 미혹하느니라"(롬 16:17,18)

하나님의 교훈을 버리고 인간적인 지혜를 내세우는 자들은 악한 배도에 빠진 자들이다. 그런 자들은 입술에 떠올리는 신앙적인 언술과는 달리 인간적인 목적을 추구하기 위해 순진한 성도들의 마음을 미혹한다. 참된 교회는 저들을 주의 깊게 살펴 교제를 끊고 저들로부터 떠나야만 한다.

따라서 진리를 중심에 두지 않는 무조건적인 정치적 교회연합을 추구하는 것은 또 다른 영적인 간음행위에 지나지 않는다. 우리시대에 들어와 교회의 분열만큼이나 위험한 것은 무분별한 연합이다. 올바른 믿음과 그에 대한 고백을 뒤로한 채 형식상의 연합을 시도해서는 안 된다. 그것은 겉으로는 사랑과 화해를 앞세우고 있지만 실상은 더욱 악한 종교정치적인 욕망으로 인해 발생하는 것이다.

그런 형태의 기독교 정치를 배경으로 한 연합은 혼합주의를 불러오게 되며 진정한 신앙을 뿌리채 뒤흔들게 된다. 나아가 어린 성도들을 미혹하여 진리로부터 떠나게 만든다. 사도 바울이 로마에 있는 교회에 편지

8) 바울은 고린도 교회의 분열로 인해 뼈저린 고통을 경험했으면서 로마 교회에 편지를 보내며 정당한 분리를 요구하고 있다. 우리 역시 인간들의 종교적인 욕망으로 인한 분열은 피해야 하지만, 진리를 온전히 보존하기 위해서는 거짓된 무리들로부터 마땅히 분리되어야 한다.

하면서 하나님의 교훈을 떠난 악한 자들을 살펴 그들로부터 떠나라고 한 이유는 바로 거기 있다.

2. '세례'와 '복음선포'(preach)(13-18)

바울은 인간들의 이기적인 욕망으로 인해 하나님의 교회를 분열시키고 있는 자들을 책망하며 자신에게 연관된 사실을 두고 그에 관한 언급을 했다. 그는 고린도 교회에 자신을 따르는 파당을 형성한 교인들이 있다는 사실을 알고 그점을 지적하고 있다. 바울은 자신을 예로 들어 설명하면서 아볼로나 베드로를 핑계대어 파벌을 형성한 자들에 대해서도 동일한 책망을 했다.

사도 바울은 고린도 교회를 위한 자신의 공로가 전혀 없음을 말하고 있다. 그는 저들을 위해 십자가에 못박히지 않았음을 언급하면서 인간들 가운데 하나님의 몸된 교회를 위해 특별히 은혜를 베푼 자가 있지 않다는 사실을 강조해 말했다. 하나님의 몸된 교회 가운데 특정한 인간의 '공로'를 내세운다는 것은 말이 될 수 없다.

그리고 바울은 자기가 많은 사람들에게 세례를 베풀지 않았음에 대해 감사한다는 사실을 고백했다. 그는 고린도 교회에서 일 년 반 동안 목회를 하면서 그리스보와 가이오, 그리고 스데바나의 집에 속한 소수의 사람들에게만 세례를 베풀었을 따름이다. 이는 결코 세례가 중요하지 않다고 말하는 것이 아니다.

성도의 세례행위 자체가 영원한 구원을 보증하는 본질적인 의미를 지니지는 않는다. 바울이 자기가 많은 사람들에게 세례를 베풀지 않은 사실을 감사하게 생각한다고 언급한 이유는 분명하다. 그것은 그가 만일 더 많은 사람들에게 세례를 베풀었다면 인간적인 감정으로써 자신을 따르려고 하는 자들이 많아져 그와 같은 분열이 더욱 심화되었을지 모른다는 사실을 말했던 것이다.

그럼에도 불구하고 우리시대에는 많은 사람에게 세례 베푸는 행위를 자랑거리로 삼는 자들이 상당수 있다. 그것은 개별적인 종교지도자들뿐 아니라 공교회를 이루고 있는 교단 역시 마찬가지다. 그런 생각을 하는 자들은 대개 세례의 진정한 의미를 알지 못한다. 이에 대해서는 우리시대 하나님을 능멸하는 타락한 교회들이 귀담아 들어야 한다.

한국교회의 극한 타락상 가운데 하나는 소위 진중세례陣中洗禮라고 하는 악습이다.[9] 그것은 하나님의 교회를 허물게 하는 행동이다. 안타까운 사실은 무지하고 어리석은 기독교 지도자들이 그에 대한 실상을 전혀 깨닫지 못하고 있다는 점이다. 그에 참여하는 자들은 소위 전도목적이라는 명분을 갖다붙이면서 진정한 교육과 고백이 없는 상태에서 한 번도 신앙적인 교제를 나누어 본적이 없는 수천 명이나 되는 군인들에게 한꺼번에 세례를 베푸는 것이다.

그것은 분명코 악하기 그지없는 영적인 간음행위에 해당된다. 그럼에도 불구하고 한국의 거의 대다수 교단들과 지도자들은 서로 앞장서듯 틈나는 대로 진중세례식을 주관하고 있다. 그것이 전도를 위해 그렇게 장려할 만한 일이라면, 바울은 과연 그걸 몰라서 그렇게 하지 않았을까?

세례는 교회의 울타리와도 같다. 그 울타리가 무너지면 아무나 들어와 울타리 내부를 엉망진창으로 만들어버리게 된다. 한국교회에 있어서는 비단 진중세례뿐 아니라 일반 세례에 있어서도 그 진정한 의미가 거의 상실되어 버렸다.

세례를 베풀기 위해서는 교회의 장로회의 확인과 전체 회중의 확실한 보증이 있어야 한다. 즉 장로회를 통한 정당한 교육이 있어야 하며, 그에 따른 마땅한 고백이 뒤따라야 한다. 교회의 기본적인 교육과 더불어

---

9) 이광호, 『손에 잡히는 신앙생활』(서울: 도서출판 깔뱅), pp.148-151.

세례를 받게 되는 성도의 고백을 통해 비로소 교회 앞에서 말씀 사역자인 교사에 의해 세례가 베풀어지게 되는 것이다.

그 세례는 교회 가운데 항상 지속되는 성찬의 교제를 전제하며 약속한다. 따라서 세례를 받은 성도들은 매주일 행해지는 성찬에 참여하면서 하나님의 언약에 동참하게 된다. 공예배 시간에 행해지는 지속적인 성찬에 대한 약속이 없는 상태에서 인간들의 종교심에 의해 아무렇게나 베풀어지는 세례는 참된 교회를 모독하는 행위임을 잊어서는 안 된다.

사도 바울은 자신의 사역이 다른 사람들에게 세례를 베푸는 행위에 있는 것이 아니라 그리스도의 십자가로 인한 복음을 선포하는 것임을 말했다. 바울에게 있어서 가장 중요한 것은 그리스도의 십자가가 헛되지 않게 하는 것이다. 즉 교회 가운데 그리스도의 십자가보다 더 소중한 것은 있을 수 없다.

교회에서는 형식적인 것이 복음의 본질을 능가해서는 안 된다. 본질을 보존하기 위해 형식을 필히 요구하지만 그에 대한 분별이 필요하다. 세례는 교회에서 결코 없어서는 안 될 중요한 표지임에 틀림없다. 그럼에도 불구하고 그것이 본질자체는 아니다. 즉 세례가 곧 구원의 절대적인 표징이 될 수는 없는 것이다. 이는 바울뿐 아니라 하나님의 교회와 그에 속한 모든 성도들이 동일하게 받아들여야 할 내용이다.

> "그리스도께서 나를 보내심은 세례를 주게 하려 하심이 아니요 오직 복음을 전케 하려 하심이니 말의 지혜로 하지 아니함은 그리스도의 십자가가 헛되지 않게 하려 함이라 십자가의 도가 멸망하는 자들에게는 미련한 것이요 구원을 얻는 우리에게는 하나님의 능력이라"(고전 1:17,18)

사도 바울은 하나님께서 자신을 보내셨음을 말하고 있다. 이는 그가 인간적인 판단이나 열정에 의해 사도직을 감당하는 것이 아니라는 의미이다. 우리는 이 말을 매우 신중하게 이해해야 한다. 바울의 이 말은 교회의 교사인 목사들에게는 특별히 적용되어야 할 내용이다. 이는 교사의 직분은 특별히 하나님의 말씀을 교회에 전달하는 중요한 사명을 부여받고 있기 때문이다.

특별한 임무를 부여받은 성도들은 항상 자기에게 일을 맡기신 분의 뜻을 기억해야 한다. 무엇 때문에 자신을 보냈으며 무엇을 가르치고 전하도록 요구하시는지 알아야 하는 것이다. 만일 하나님께서 보내시지 않았는데 보냄을 받았다고 주장하는 자가 있다면 그는 '종교적 사기꾼'에 지나지 않는다. 그런 자들은 자기 마음대로 와서 개인적인 목적을 추구하기 위해 교회와 성도들을 속인다.

또한 하나님의 보내심을 받았음에도 불구하고 보낸 분의 요구를 무시하고 제 맘대로 가르친다면 '배도자' 가 된다. 사실 이 말은 가르치는 교사인 목사들뿐 아니라 모든 직분자들이 귀담아 들어야 한다. 교회에서 사기꾼이 되는 것도 문제이지만 의도적으로 보내신 분의 뜻을 멸시하는 행위도 엄청난 문제가 되기 때문이다.

바울은 고린도 교회에 속한 성도들에게 하나님께서 자신을 보내신 것은 세례를 베풀도록 하기 위해서가 아니라 하나님의 복음을 선포하도록 하기 위함임을 밝혔다. 그러므로 그는 하나님의 복음을 선포할 때 인간적인 지혜로 하지 않는다는 사실을 강조해 말하고 있다. 인간들의 지혜가 동원되면 그리스도의 십자가가 헛된다는 것이었다. 이는 인간의 지혜가 하나님의 능력을 무시하는 역할을 하기 때문이다.

사도 바울은 여기서 매우 중요한 교훈을 주고 있다. 하나님께서는 결코 인간들의 지혜를 보조수단으로 삼지 않으신다. 이는 오늘날 우리가 매우 신중하게 받아들여야 할 교훈이다. 어리석은 인간들은 자신의 지혜가 하나님을 위해 상당한 역할을 하는 것으로 착각하고 있다. 그것은 타락한 인간들의 오만한 성품에서 나오는 것이다.

하나님께서 영원한 구속을 이루기 위해 허락하신 예수 그리스도의 십자가 사역이 곧 복음의 핵심이다. 그 십자가의 도는 어떤 사람에게는 구원을 제공하는 놀라운 하나님의 은혜가 되지만, 다른 어떤 사람들에게는 무서운 심판의 도구가 된다. 그러므로 바울은 십자가의 도가 멸망하는 자들에게는 미련한 것이요 구원을 얻는 성도들에게는 '하나님의 능력' 이 된다고 말했다.

고린도전서 1장 18절에서 말하는 '하나님의 능력' 은 '하나님의 세력' 즉 'the power of God' 을 의미한다. '능력'(ability)이란 말과 '세력'(power)이란 말은 의미상 상당한 차이가 난다. '능력' 이 무언가를 행할 수 있는 내적인 힘을 의미한다면, '세력' 은 다른 세력을 제압하여 억누르는 힘을 의미한다. 따라서 '십자가의 도' 는 자기 자녀들을 사탄의 세력으로부터 구출해내는 '하나님의 세력' 을 의미하고 있는 것이다.

그와 연관된 기록은 성경전체에 걸쳐 설명되고 있다. 특히 베드로는 그의 첫 번째 서신에서 그에 관한 명백한 기록을 하고 있다. 그것은 그리스도의 십자가 사역과 직접 관련되는 것이다. 베드로는 구약성경 이사야서 8장 14절과 28장 16절을 인용하며 다음과 같이 말하고 있다.

> "성경에 기록하였으되 보라 내가 택한 보배롭고 요긴한 모퉁이돌을 시온에 두노니 저를 믿는 자는 부끄러움을 당치 아니하리라 하였으니 그러므로 믿는 너희에게는 보배이나 믿지 아니하는 자에게는 건축자들의 버린 그 돌이 모퉁이의 머릿돌이 되고 또한 부딪히는 돌과 거치는 반석이 되었다 하니라 저희가 말씀을 순종치 아니하므로 넘어지나니 이는 저희를 이렇게 정하신 것이라"(벧전 2:6-8)

베드로는 구약성경에 기록된 말씀을 인용하면서 하나님의 아들인 예수 그리스도를 건축을 위한 보배롭고 요긴한 모퉁이돌로 묘사하고 있다. 하나님께서는 그 돌을 시온 곧 예루살렘에 두시게 된다. 그 돌이 미련한 자들에게는 아무런 값어치 없는 돌로 보인다. 그런데 문제는 돌의 성질을 가장 잘 알고 건축을 위해 그것을 사용하는 건축자들이 그 돌의 진가眞價를 알아보지 못한다는 사실이다.

따라서 그들은 그 보배로운 돌을 바깥에 내다버리게 된다. 일반적인 전문가들이 충분히 살펴보고 쓸 만한 가치가 없는 것으로 판단하여 내다버린 그 돌의 진정한 가치를 누가 어떻게 알아본다는 말인가? 그것은 하나님의 자녀들만 알아보게 된다. 그에 대한 감정은 경험이 많은 노련한 전문가의 몫이 아니라 전적인 하나님의 은혜로 말미암는다.

세상의 지혜로운 건축 전문가들이 알아보지 못한 그 돌이 건축을 위해서 절대로 없어서는 안 될 머릿돌이 되었다. 그 돌은 인간들의 삶을 영생과 영멸을 가르는 기능을 하게 된다. 그 돌이 인간의 지혜를 의지한 자들에게는 무서운 파괴력을 지닌 돌이 되고 하나님의 자녀들에게는 생명을 허락하는 보배로운 돌이 되는 것이다.

하나님의 뜻을 온전히 따르지 않고 그의 말씀에 불순종하는 자들 앞에는 예수 그리스도로 말미암는 두려운 파멸이 놓여 있다. 하나님을 거부하는 자들에게는 영원한 멸망이 따를 수밖에 없다. 그것은 지상의 다양한 상황에 따라 발생하는 문제가 아니라 하나님께서 창세전에 작정하신 일이 성취되는 것을 보여준다.

3. 참된 지혜와 어리석은 자들의 지혜 (18-21)

앞에서 사도 베드로의 편지를 통해 살펴본 것처럼 인간들의 지혜라는 것은 아무런 의미가 없다. 아무리 탁월한 전문가들이라 할지라도 인간의 지혜로는 결코 참된 진리를 알아볼 수 없기 때문이다. 한평생 건축에 종사하고 그 분야에 전문적인 능력을 가지고 있다 할지라도 그들은 영원한 모퉁이돌이 되는 그 돌을 알아보지 못한다. 그것은 타락한 인간들에게는 감추어진 하나님의 비밀이기 때문이다.

사도 바울은 그에 대해 분명히 말하고 있다. '십자가의 도'가 멸망하는 자들에게는 단순히 아무런 의미가 없다는 소극적인 의미 정도가 아니라 저들을 심판하는 무서운 도구가 된다는 것이다. 그러나 하나님의 자녀들에게는 저들을 죄악세상으로부터 구출해내는 엄청난 세력(power)이 된다. 동일한 십자가가 사람에 따라 구원과 심판이라는 정반대의 기능을 하게 되는 것이다.

그러므로 바울은 세상에서 발생하는 인간들의 지혜가 도리어 하나님을 대적하게 된다는 사실을 언급하고 있다(고전 1:19). 그는 구약성경에 기록된 이사야 선지자의 글을 인용하며 그점을 말했다(사 29:14). 교회는 인간의 지혜를 앞세우는 자들의 어리석음을 깨닫지 않으면 안 된다.

따라서 하나님께서는 인간적으로 지혜롭고 총명한 자들의 모든 것들을 심판하신다. 스스로 그렇게 생각하든지 다른 인간들이 인정해주든지 온 세상 사람들이 그들의 지혜와 총명에 환호를 보내든지 그 어떤 경우라 할지라도 그것은 하나님을 대적하는 편에 서 있다. 타락한 인간들의 두뇌에서 발생하는 모든 지혜와 총명은 궁극적인 측면에서 본다면 아무런 가치가 없다.

그런데 문제는 세상에 존재하는 그런 류의 지혜와 총명을 하나님의 교회 가운데로 끌어들이려는 어리석은 자들이 있다는 사실이다. 사도 바울은 그점에 대해 견제와 더불어 심한 책망을 하고 있다. 타락한 이 세상에 지혜 있는 자가 어디 있으며 탁월한 선비(학자)와 유능한 변사(변론가)가 어디 있느냐는 것이었다.

이 세상의 모든 인간들이 그것을 인정한다고 할지라도 하나님께서는 그들의 지혜와 총명을 전혀 인정하지 않으신다. 하나님을 알지 못하는 자들은 그것이 인류를 위해 엄청난 유익을 끼치는 것으로 판단하기도 한다. 그러나 하나님은 세상의 지혜라고 주장하는 것들을 도리어 미련케 하신다. 그것은 하나님을 찾거나 의지하는 마음을 없애는 교만의 원천이 되기 때문이다.

교회에 속한 하나님의 백성들은 그점에 대한 분명한 깨달음을 가져야 한다. 인간들의 지혜로서는 결코 하나님을 알아갈 수 없다. 진정한 지혜는 하나님께서 자기 자녀들에게 허락하시는 계시를 통해 드러나게 된다. 나아가 그는 복음 선포라는 미련한 방편을 통해 믿는 성도들을 구원하기를 기뻐하신다.

> "하나님의 지혜에 있어서는 이 세상이 자기 지혜로 하나님을 알지 못하는 고로 하나님께서 '전도의 미련한 것' 으로 믿는 자들을 구원하시기를 기뻐하셨도다"(고전 1:21)

우리는 바울이 기록하고 있는 이 말의 진정한 의미를 올바르게 깨달아야 한다. 바울이 언급한 '전도의 미련한 것' (the foolishness of preaching)이란 과연 무엇을 뜻하고 있는가? 복음 선포(preaching)가 미련하다는 말인가?

이 말은 세상에서 지혜롭다고 생각하는 자들을 염두에 두고 기록한 것이다. 하나님을 알지 못하는 자들은 하나님의 말씀을 어리석은 것이라 판단한다. 저들의 눈에는 이 세상을 살아가는 데 특별한 유익이 되지 않는 것으로 판단되는 복음의 내용을 진리라고 믿는 자들이 어리석게 보일 것이 틀림없다.

하나님께서는 바로 그 말씀이 교회 가운데 선포(preaching)되도록 하셨다. 하나님의 자녀들은 그 말씀을 믿음으로써 구원을 받게 된다. 그것은 우리를 죄 가운데서 구원하시기를 기뻐하시는 하나님의 놀라운 은혜이다. 그러나 하나님을 모르는 자들은 선포되는 말씀을 어리석은 자들이나 믿는 것이라 생각하며 배척하게 된다. 그것이 곧 그들에 대한 하나님의 심판이 되는 것이다.

4. 유대인과 헬라인 : 표적과 지혜 (22-25)

바울은, 이 세상에서 자부심을 가지고 살아가지만 실상은 어리석은 인간들의 대표적인 부류를 형성하고 있는 자들을 예로 들어 설명하고 있다. 거기에는 고린도 교회 성도들로 하여금 절대로 그런 자들을 본받지 말고, 교회 안에 그런 풍조가 조성되지 않도록 주의시키는 의미가 내포되어 있다. 이는 우리시대 교회 역시 그에 대해 민감하게 살펴 경계해야 함을 말해준다.

사도 바울은 표적(sign)을 구하는 유대인들과 지혜(wisdom)를 추구하는 헬라인들에 대해 언급하고 있다. 우리시대의 사조와 용어로 말하자면 유대인들은 경험주의를 추구하며 헬라인들은 이성주의를 추구한다. 즉 경험주의자들은 실증적 확인이 없는 사실은 무가치한 것으로 판단한다. 이에 반해 이성주의자들은 실증이 경험에서 나오는 것이 아니라 인간들의 지혜로부터 확인될 수 있다고 믿는다.

그러므로 어리석은 유대인들은 신앙에 대해서도 손으로 만져보고 눈으로 확인할 수 있어야 한다고 생각했다. 그리고 헬라인들은 이성적으로 동의할 수 있는 내용이어야만 신앙할 수 있는 것으로 여기고 있었다. 그런 자들은 하나님의 사역을 인간들의 판단으로 가늠하기 위해 부단한 애를 쓰지만 결국은 진리에 도달할 수 없다.

그러나 하나님의 자녀들은, 유대인들이 찾는 표적을 찾아 헤매거나 헬라인들이 추구하는 지혜에 의존하지 않는다. 교회에 속한 성도들은 창세전부터 말씀하신 하나님의 언약을 믿고 그에 순종하게 된다. 즉 인간들의 경험이나 이성에 따른 종교적인 판단이 아니라 하나님의 약속에 따라 이 세상에 오신 예수 그리스도의 사역을 받아들이게 되는 것이다.

언약에 따른 신앙행위는 경험주의와 이성주의를 추구하는 자들에게 미련한 모습으로 보일 수밖에 없다. 그렇지만 유대인이든 헬라인이든 하나님의 부르심을 입은 성도들에게는 십자가의 복음이 곧 죄인들을 구원하시는 하나님의 놀라운 세력(power)이 된다. 반면에 인간들이 아무리 지혜롭고 잘난척하며 서로간 대단한 것인 양 격려한다고 할지라도 세상의 것들은 하나님 보시기에는 형편없이 미약한 것에 지나지 않는다.

죄에 빠진 악한 인간들은 자신의 이성과 경험을 통해 하나님의 능력을 확인하고 이성적으로 납득할 수 있는 신앙을 가지기를 원한다. 하지만 그것은 타락한 인간의 욕망으로 말미암는 것이다. 그런 잘못된 신앙을 가진 자들은 종교를 내세운 은사주의나 불건전한 신비주의를 추구하게 된다. 그러나 참된 신앙을 소유한 성도들은 성경에 기록된 하나님의 언약에 따라 교회와 더불어 온전한 신앙생활을 영위하게 된다.

5. 하나님의 백성들이 모인 교회 : 계시된 말씀을 통한 진리(26-29)

사도 바울은 본문 가운데서 지상에 존재하는 하나님의 교회에 관한 언급을 하고 있다. 그는 고린도 교회 성도들에게 교회 안에 어떤 유형의 사람들이 모여 있는지 살펴보라고 했다. 그는 하나님의 교회에 속한 성도가 되기 위한 조건으로서 인간적인 어떤 것도 필요로 하지 않는다는 사실을 강조해 말했다. 외부적인 조건은 물론 개인적으로 처한 내적인 형편 역시 마찬가지다.

세상에 존재하는 각양각색의 집단과 모임에 가입하기 위해서는 세상적인 조건이 따른다. 특별한 지위를 가지거나 부자여야만 가입할 수 있다든지 건강해야 한다든지 인간들이 제시하는 나름대로의 다양한 조건들이 따른다. 그에 부합한 조건이 충족되지 않으면 그 집단에 들어갈 수 없다.

일반 직장이나 취미생활을 하는 동호회, 나아가 학생들이 공부하는 학교 역시 그렇다. 아무리 그 집단에 들어가고 싶어도 외형적인 조건이 갖추어지지 않으면 그 모임에 속할 수 없다. 나아가 그 모임들은 하나의 조건뿐만 아니라 복합적인 조건들을 동시에 요구하는 것이 일반적이다. 이 세상에 존재하는 모든 모임들은 예외 없이 나름대로의 외적인 자격과 조건을 요구하고 있는 것이다.

그러나 하나님의 교회는 전혀 그렇지 않다. 거기에는 어떤 세상적인 조건도 필요로 하지 않는다. 교회 안에는 외부적 조건이나 개인적인 형편으로 인해 잘나고 못난 사람이 있는 것이 아니다.[10] 교회는 오직 하나님의 부르심을 받은 성도들이 신앙공동체에 참여함으로써 천상의 나라에 연결된 새로운 나라를 구성하게 되는 것이다.

바울은 고린도 교회 성도들에게 그점을 상기시키며 교회 가운데 육체를 따라 지혜 있고 세상에서 유능한 자들, 그리고 문벌 좋은 자들이 많은지 살펴보라고 했다. 당시 고린도 교회 안에는 그런 자들이 많지 않았던 것이다. 설령 그런 자들이 다수 있다고 해도 외적인 형편 자체가 교회안의 성도들간에 아무런 의미를 발생시키지 않는다는 것이었다.

하나님의 심오한 뜻은 인간들의 생각과 전혀 다르다. 그는 세상에서 미련하다고 하는 자들을 택해 스스로 지혜있는 것으로 착각하는 자들을 부끄럽게 하신다. 그리고 세상에서 약한 자들을 택함으로써 강한 자들의 힘이 아무것도 아님을 보여주신다. 또한 사람들이 멸시하고 천대하는 자들을 택해 교만한 자들을 창피하게 하신다.

그렇게 함으로써 이 세상의 어느 누구도 감히 하나님 앞에서 자랑하지 못하도록 만드신다. 현재의 형편이 어떻든지 간에 그것이 하나님 앞에서는 전혀 내세울 만한 것이 되지 못한다. 건강하든지 병약하든지, 학력이 높든지 낮든지, 부유하든지 가난하든지 그런 것들은 본질적인 문제가 될 수 없다. 나아가 세상에서의 성공과 실패 자체가 하나님 앞에서 어떤 의미와 효력을 발생시키지 않는다.

소중한 것은, 성도의 삶이 어떤 현실적인 상황에 처해 있더라도 항상 하나님 앞에서 겸손하고 신실한 자세를 유지해야 한다는 사실이다. 그

---

10) 어떠한 조건도 필요로 하지 않은 공동체에는 교회와 가정, 그리고 국가가 있다. 그러므로 개혁주의 신학에서는 이 셋을 하나님께서 관여하시는 특별한 집합체로 이해한다. 따라서 교회는 물론이거니와 가정에서도 외형적인 조건을 따지지 않는다. 나아가 원리적으로 볼 때 국가도 그런 조건을 따져 자기 백성으로 인정하는 것이 아니다. 이는 우리가 신앙생활을 하면서 매우 중요하게 이해해야 할 내용이다.

것이 하나님의 자녀들에게 허락된 진정한 은혜가 된다. 우리는 현재 처한 형편에 상관없이 어떤 경우에도 교만해서는 안 되며, 나태하고 게을러서도 안 된다. 그런 습성들은 인간의 오만한 죄로 말미암은 것이기 때문이다.

6. "코람데오"(Coram Deo) (29-31)

하나님의 자녀들은 항상 거룩하신 하나님 앞에 서 있다. 그리고 그 앞에서 겸손하게 살아간다. '하나님 앞에'(Coram Deo) 존재한다는 사실은 자신의 더러운 죄와 무능함이 낱낱이 드러나고 있음을 의미한다. 즉 단순히 하나님 앞에서 열심히 성실하게 살아야겠다는 종교적인 의지를 말하는 것이 아니다.

그러므로 하나님 앞에 서 있는 성도들에게는 하나님께 자랑할 만한 것이 있을 수 없다. 인간이 완전히 부패하고 전적으로 무능한 것은 단 하나라도 그 앞에 내세울 만한 것이 없음을 말하고 있는 것이다. 타락한 인간 자체로서는 하나님의 심판을 받아 그 앞에서 그대로 타버릴 수밖에 없는 처참한 존재에 지나지 않는다.

그러나 하나님께서 은혜를 베푸심으로 인해 성도들은 그 앞에서 감사하며 찬양과 경배를 드리게 된다. 그것은 인간들의 지혜에 따른 결단이 아니라 십자가 사역을 담당하신 그리스도 예수 안에 있기 때문에 가능해진 일이다. 나아가 그것은 인간들의 자력自力이 아니라 성령 하나님의 도우심으로 인해 실천이 이루어지게 된다.

교회는 하나님의 구속救贖을 받은 성도들의 특별한 공동체이다. 그들에게는 하나님으로 말미암는 참된 지혜와 의로움과 거룩함이 십자가를 지신 예수 그리스도를 통해 허락되었다. 그것은 인간의 노력에 의해 쟁취되는 것이 아니라 전적인 하나님의 은혜로 인해 주어진다는 점을 잊어서는 안 된다. 따라서 인간들에게는 하나님 앞에서 감히 자랑할 만한 것이 아무것도 없다. 구약성경 예레미야서에는 그에 대한 분명한 언급을 하고 있다.

> "여호와께서 이같이 말씀하시되 지혜로운 자는 그 지혜를 자랑치 말라 용사는 그 용맹을 자랑치 말라 부자는 그 부함을 자랑치 말라 자랑하는 자는 이것으로 자랑할찌니 곧 명철하여 나를 아는 것과 나 여호와는 인애와 공평과 정직을 땅에 행하는 자인줄 깨닫는 것이라 나는 이 일을 기뻐하노라 여호와의 말이니라"(렘 9:23,24)

사도 바울은 예레미야 선지자가 기록한 교훈을 기억하며 고린도 교회 성도들에게 그에 대한 교훈을 준 것이 분명하다. 그는 '자랑하는 자는 주 안에서 자랑하라' 고 하면서 구약성경을 인용했던 것이다(고전 1:31). 이 말은 우리가 여간 주의 깊게 이해하지 않으면 안 된다. 자칫 잘못하면 '주 안에서 자랑하라' 는 말을 기독교와 연관된 일을 열심히 하고 그것을 행한 자신을 다른 사람들 앞에 자랑하라는 말로 착각할 수 있기 때문이다.

그러나 바울이 하고자 한 말은 결코 그런 의미가 아니다. 그는 도리어 이 세상의 것들을 가지고는 자랑할 만한 것이 아무것도 없음을 말하고 있다. 예레미야 선지자가 기록한 것처럼 인간들이 가진 지혜와 용맹과 부는 결코 자랑거리가 되지 못한다. 어리석은 자들은 엉뚱한 자랑거리들을 만들려 애쓰다가 스스로 넘어지게 된다.

그러나 참 지혜로운 자들에게는 여호와 하나님과 그의 사역을 올바르게 깨닫는 것이 진정한 자랑이 된다. 그에 대한 구체적인 내용은 하나님을 아는 것과 하나님께서 인애와 공평과 정직을 땅에 행하시는 분인 줄 깨닫는 것이다. 그것은 곧 지상에 임하게 될 하나님의 구원과 심판을 의미하고 있다.

하나님께서는 인간들이 세상에서 자신을 위한 자랑거리들을 많이 만들어내는 것을 원하시지 않는다. 그것은 하나님 앞에서 감히 자신을 내세우고자 하는 오만한 행동에 지나지 않기 때문이다. 교회에 속한 성도들이 하나님에 대한 올바른 지식을 가지고 그의 은혜의 사역을 깨닫는 가운데 신앙적인 삶을 살 때 하나님은 그것을 기쁨으로 받아들이신다. 우리는 항상 그에 넘어서지 않도록 주의하는 가운데 하나님의 뜻에 온전히 순종하는 겸손한 자세를 유지해야 한다.

제3장
하나님의 말씀의 능력에 대한 바울의 고백

(고전 2:1-16)

1. 달변達辯의 위험과 하나님의 권능 (1,2)

인간의 언어는 인생을 살아가는 데 매우 중요한 도구가 된다. 사람들은 구변이 좋은 것을 자랑으로 여기기도 하고 부러워하기도 한다. 어떤 내용을 다른 사람들에게 전달하고, 자신의 의사를 남에게 설득시켜내는 언술은 여간 중요하지 않다. 원만한 인간관계를 형성하고 다른 사람들과 의사소통을 하기 위해 언어사용은 필수적이다.

그런데 사도 바울은 하나님에 관한 증거를 전할 때 '말과 지혜의 아름다운 것' 으로 하지 않았음을 고백하고 있다. 여기서 우리를 다소 당혹스럽게 하는 것은 하나님의 말씀이라는 절대적인 내용을 교회 가운데 전달하는데, 바울이 말과 지혜의 아름다운 것으로 하지 않았다고 말한 점이다. 좋은 내용이라면 인간의 모든 지혜를 동원하여 사람들에게 그것을 전해야 하는 것 아닌가!

바울이 그런 말을 한 것은 하나님의 말씀을 증거할 때 미사여구美辭麗句를 섞지 않고, 진리를 설명하기 위해 인위적인 방편들을 사용하지 않았음을 의미하고 있다. 하나님의 말씀이 가지는 자체적인 능력이 부족해서 인간들의 눈에 보기에 그럴듯한 지혜와 달변을 보조수단으로 사용해야만 하는 것이 아니다. 이는 살아있는 하나님의 말씀이 지닌 절대적인 능력이 있음을 말해준다. 히브리서 기자는 그에 대한 분명한 기록을 하고 있다.

> "하나님의 말씀은 살았고 운동력이 있어 좌우에 날선 어떤 검보다도 예리하여 혼과 영과 및 관절과 골수를 찔러 쪼개기까지 하며 또 마음의 생각과 뜻을 감찰하나니 지으신 것이 하나라도 그 앞에 나타나지 않음이 없고 오직 만물이 우리를 상관하시는 자의 눈앞에 벌거벗은 것 같이 드러나느니라"(히 4:12,13)

계시된 하나님의 말씀은 그 자체로서 진정한 생명력을 지니고 있다. 그것은 인간들이 알고 있는 어떤 칼보다 예리하며 강력하다. 그것은 인간들의 신체적인 모든 부위들을 예리하게 분리해낼 뿐 아니라 사람들의 눈에 보이지 않는 정신적인 부분에 관한 것들까지도 완전히 분해해 버린다. 그러므로 죄로 인해 오염된 우주 만물의 모든 형편들이 하나님 앞에 낱낱이 드러나게 되는 것이다.

사도 바울은 그에 대한 모든 내용들을 잘 알고 있었다. 그는 죄에 빠진 인간으로부터 발생하는 아무것도 의지하지 않고 오직 하나님에 대한 절대적인 신앙을 소유하고 있던 인물이었다. 따라서 그에게는 항상 예수 그리스도와 그의 십자가 사역이 삶의 가장 중심에 위치해 있었다. 따라서 그는 성경을 통한 하나님의 뜻이 가감 없이 그대로 드러나야 한다는 사실을 고백적으로 언급하고 있는 것이다.

우리는 바울의 말 가운데 매우 깊은 주의를 기울여야 할 점이 있다. 그가 예수 그리스도와 십자가에 못박힌 그의 사역 외에는 아무것도 알지 않기로 작정했음을 고백하고 있기 때문이다. 이는 바울이 소유한 신앙의 본질적인 내용을 잘 보여주고 있다.

사도 바울은 여기서 고린도 교회 성도들에게 입술로 예수님의 이름을 부지런히 입에 올리며 십자가에 관한 용어를 되풀이해서 언급하라고 말하지 않는다. 도리어 예수 그리스도와 그의 십자가 사역이 인생의 전부임을 깨닫도록 권면하고 있다. 따라서 교회 가운데 선포되는 하나님의 말씀 가운데는 항상 메시아와 그에 관한 예언과 모든 사역이 가장 중심에 자리잡고 있다. 그것은 인간들의 지혜와 언변이 아니라 하나님의 권능을 통해 교회 가운데 보존되어야만 한다.

2. 공포에 떨었던 바울의 고백 (3-5)

우리는 흔히 복음을 증거하는 사람은 담대하여 두려움이 없이 평안한 자세를 지니고 있어야 하는 것으로 말한다. 하나님이 함께 계시는데 두려울 것이 무엇이 있느냐는 것이다. 그래서 아무런 공포감이 없이 용감한 것을 두고 하나님에 대한 믿음이 강한 것으로 말하기도 한다. 그러나 그것은 올바른 말이라 할 수 없다.

물론 특별한 위험이나 박해가 없는 평온한 시대에는 별다른 두려움이 없이 하나님의 말씀을 증거할 수 있다. 그렇지만 역사상 존재하는 모든 성도들에게 있어서 항상 그런 것은 아니다. 시대와 형편에 따라서는 도리어 인간적인 연약함으로 인해 견디기 힘든 고통의 지경에 빠지기도 한다. 예수님께서도 십자가에 달리시기 전 겟세마네 동산에서 기도하실 때 그에 대한 두려운 마음을 드러내셨다(마 26:36-39).

그럼에도 불구하고 두려움과 겁 없는 것 자체가 마치 신앙이 좋은 것으로 말하는 자들이 종종 있다. 하지만 그것은 자신의 신앙을 드러내 보이고자 하는 미숙함 때문이다. 지상에 살아가는 성도들은 하나님으로 인해 담대함을 가지게 되지만 그것이 일반적인 두려움 자체를 완전히 없애버리는 것은 아니다.

성경에는 '두려워하지 말라' 는 기록이 많이 나타나는 것이 사실이다. 이는 구약성경과 신약성경에 전반적으로 나타나고 있다. 그 가운데 구약성경 이사야서와 신약성경 요한복음과 계시록에 기록된 내용들은 우리에게 가장 익숙한 구절들이다.

> "두려워 말라 내가 너와 함께 함이니라 놀라지 말라 나는 네 하나님이 됨이니라 내가 너를 굳세게 하리라 참으로 너를 도와주리라 참으로 나의 의로운 오른손으로 너를 붙들리라"(사 41:10);
>
> "평안을 너희에게 끼치노니 곧 나의 평안을 너희에게 주노라 내가 너희에게 주는 것은 세상이 주는 것 같지 아니하니라 너희는 마음에 근심도 말고 두려워하지도 말라"(요 14:27);
>
> "네가 장차 받을 고난을 두려워 말라 볼찌어다 마귀가 장차 너희 가운데서 몇 사람을 옥에 던져 시험을 받게 하리니 너희가 십일 동안 환난을 받으리라 네가 죽도록 충성하라 그리하면 내가 생명의 면류관을 네게 주리라"(계 2:10)

이 성경구절들 가운데는 하나님의 자녀들에게 '두려워 말라' 는 요구를 하고 있다. 우리는 이 말씀들의 진정한 의미를 잘 깨달아야 한다. 즉 하나님께서 자기 자녀들에게 '두려워하지 말라' 고 말씀하신 것은 두려워할 만한 불안한 형편에 놓이게 된다는 사실을 보여주고 있다. 이 세상에 살아가는 하나님의 백성들은 아무것도 두렵지 않은 것이 아니라 도리어 심각한 두려움에 빠진다는 것이다.

그렇지만 하나님께서는 성도들에게 그 두려움으로 인해 낙심하지 말고, 천국에 소망을 둠으로써 진정한 평안을 찾으라고 말씀하신다. 세상으로부터 임하는 공포분위기가 조성되고 위협과 협박이 있을지라도 하나님의 약속을 바라보며 인내하라는 것이다. 하나님을 믿고 신뢰하는 성도들은 마땅히 그런 자세를 가져야만 한다. 사도 바울 역시 고린도 지역에 머물고 있을 때 그런 공포분위기에 직면해 있었다.

바울은 고린도 교회를 향해 편지를 쓰면서 자신이 과거 고린도에 거할 때, 연약하여 두려워하며 심한 공포에 떨었다는 사실을 고백하고 있다. 이는 그에게 실제적으로 임했던 공포분위기에 대한 것을 말해준다. 그에 대해서는 당시 고린도 교회 성도들도 상당부분 알고 있었을 것이 틀림없다. 우리는 바울이 겪어야 했던 공포분위기가 일시적으로 발생했던 것이 아니라 상시적인 상태였을 것이란 점을 기억해야 한다. 즉 바울은 어떤 특별한 사건으로 인해 순간적인 공포감에 빠졌던 것이 아니라 늘 불안한 상태가 지속되는 가운데서 두려운 마음을 가지고 있었던 것이다.

그렇다면 바울은 과연 누구 때문에, 그리고 무엇 때문에 그런 심각한 공포감을 느껴야만 했을까? 그 주된 이유는, 예수 그리스도를 증거하는 바울을 못마땅하게 여기는 배도에 빠진 유대인들 때문이었음이 분명하다. 바울은 가는 곳마다 사람들로부터 극진한 환영을 받았던 것이 아니라 도리어 극한 경계의 대상이 되었다.

악한 유대인들 가운데는 그를 모함하여 로마제국의 당국에 고발하기를 일삼았다. 그리고 더욱 극렬한 유대인들은 그를 죽이기 위해 온갖 다양한 방법들을 강구했다. 그들은 바울을 단순히 말로 위협하고 주먹으로 폭행하려고 했던 것이 아니라 기회를 잡아 그의 생명을 박탈하려 했던 것이다.

사도 바울은 첫 번째 고린도 지역에 도착하기 전 빌립보 감옥에 갇혀 심한 고생을 한 적이 있다(행 16:24). 출옥하고 나서는 그곳을 떠나 데살로니가 지역으로 갔다. 그는 데살로니가에 있는 유대인 회당에 들어가 성경을 강론하며 약속된 메시아가 오셔서 예루살렘에서 그의 모든 사역을 이룩하셨음을 증거하기를 주저하지 않았다. 그 사실을 알게 된 유대인들 가운데 불량한 자들은 그를 찾아 폭행하려 했다. 그들은 바울의 복음 선포 사역을 적극적으로 방해하고자 했던 것이다.

그러자 데살로니가의 믿는 형제들은 그 위험한 상황을 파악하고 밤중에 바울을 베뢰아로 피신시켰다. 그곳에서도 바울은 유대인 회당을 찾아가 예수 그리스도의 복음을 증거했다. 메시아에 관한 그의 증거를 들은 사람들 가운데 많은 사람들은 그의 말을 받아들여 예수 그리스도를 믿었다. 그렇지만 또 다른 유대인들은 도리어 무리를 동원해 그에게 위해危害를 가하고자 했다. 그로 인해 바울은 또다시 형제들의 보냄을 받아 데살로니가에서 배를 타고 아테네를 거쳐 고린도에 도착하게 되었던 것이다.

물론 그전에도 바울의 주변에는 항상 그를 해하려던 대적자들이 숱하게 많이 있어 왔다. 대개의 경우는 단순히 우발적인 감정에 의한 도발이 아니라 상당히 조직적인 행동이었다. 즉 바울이 어느 지역으로 갔다는 사실을 알게 되면 그 지역에 살고 있던 유대인들에게 통지해 알렸다. 그리고는 그가 유대교에 대항하는 위험한 인물이라는 사실을 전하면서 그에게 해를 가하도록 했다.

바울은 그런 위협적인 환경 가운데서 인간적인 연약함으로 인해 두려움에 빠져 심히 떨었던 것이다. 바울은 그 사실을 말하면서 자기가 고린도에 있으면서 사사로운 목적이나 이익을 추구하지 않았음을 밝히고 있다. 그가 고린도에 머물렀던 유일한 이유는 그들에게 참된 복음을 선포하기 위해서였다. 만일 자신의 개인적인 목적을 위해서였다면 결코 그런 끔직한 공포분위기 가운데서 하나님의 말씀을 증거할 수 없었을 것이다.

사도 바울은 그런 힘든 여건에 처해 있으면서 오직 하나님의 능력으로 복음을 선포했음을 전하고 있다. 그는 고린도 교회 성도들에게 언어(speech)를 통해 하나님의 말씀을 선포(preaching)했다. 하지만 그때 인간의 두뇌에서 나온 세상적인 지혜의 설득하는 언술(persuasive words of wisdom)로 하지 않고 성령의 증거와 권능(demonstration of the Spirit and of power) 안에서 말씀을 증거했다.

바울이 그렇게 했던 까닭은 고린도 교회 성도들의 믿음이 타락한 인간들의 지혜 가운데 있지 않고 전능하신 하나님의 권능 아래 존재하도록 하기 위해서였다. 즉 바울은 인간의 지혜로 하나님의 복음을 선포하지 않음으로써, 그들로 하여금 인간의 지혜안에 저들의 믿음을 가두어 둘 것이 아니라 전능하신 하나님의 권능 안에 믿음을 두고 살아가도록 했다. 즉 그가 극한 공포분위기 가운데 있으면서도 하나님의 능력을 의지해 복음을 증거했던 것은 교회를 올바르게 세우기 위해서였던 것이다.

3. 비밀리에 존재하는 참된 지혜의 비밀 (6-10)

사도 바울은 타락한 세상에 존재하는 지혜와는 전혀 다른 참된 지혜에 대한 언급을 하고 있다. 그 지혜는 오염된 세상 가운데서는 결코 찾아볼 수 없다. 그것은 세상에서 똑똑하고 잘난 인간들이나 유능한 행정 관원들이 소유하고 있는 것이 아니다. 이 세상에서 아무리 대단하고 탁월한 능력을 소유한 자가 있다 할지라도 하나님을 알지 못한다면 참된 지혜와는 전혀 무관한 사람들이다.

세상에서는 그런 인물들이 자타가 인정하는 지혜로운 자로 받아들여져 다른 사람들을 가르친다. 많은 사람들은 그들로부터 이 세상을 살아가는데 유익이 될 만한 지혜를 배우고자 한다. 물론 세상에서는 탁월한 그들의 가르침이 세파世波를 해치고 자신의 목적을 추구하며 살아가는데 상당한 도움을 줄 것이 분명하다.

그런데 문제는, 우리시대에 와서 하나님께 속한 성도들마저 세상에 속한 자들로부터 지혜를 배우려고 한다는 점이다. 이는 단순한 지식의 습득이 아니라 세상에 대응하며 살아가는 방편을 의미하고 있다. 세상의 지식을 습득하는 것과 세상의 지혜를 배우는 것 사이에는 엄청난 차이가 있는 것이다.

우리는 여기서 현실에 대한 좀 더 구체적인 내용을 반성적으로 되새겨 보아야 한다. 그것은 세속국가에 존재하는 일반학교 교육에 연관된 문제이다. 현대교회 내부에서도 일부 경건한 성도들 가운데는 그로 말

미암은 학교교육에 관한 논의를 지속하고 있다.[11)]

교회와 성도들은 이에 대해 매우 분명한 이해를 하지 않으면 안 된다. 이를 위해서 우리는 '지혜'와 '지식'을 나누어 생각할 필요가 있다. 성도의 자녀들이 일반학교에 가는 것은 일반적인 지식을 습득하기 위한 것이며 참된 지혜를 배우고자 하는 것이 아니다. 진정한 하나님의 지혜는 오직 교회에만 존재하기 때문이다.

따라서 하나님의 자녀들은 교회를 통해 모든 진리와 지혜를 배우고 익혀야 한다. 교회가 성도들에게 말씀을 통해 천상의 지혜를 가르치는 유일한 학교이기 때문이다. 세상의 지혜를 배우려는 잘못된 욕망은 하나님의 지혜를 잠식하거나 소멸시키는 악한 역할을 하게 된다는 사실을 기억하지 않으면 안 된다.

분명한 점은 세상의 지혜가 교회와 그에 속한 성도들에게는 아무런 지혜가 될 수 없다는 사실이다. 하나님의 백성들이 소유해야 할 참된 지혜는 타락한 세상에서 성공하여 남부럽지 않게 살아가는 것이 아니다. 도리어 성숙한 성도들은 세상으로부터 미련하다는 말을 듣고 하나님을 아는 지식으로 말미암아 엄청난 박해를 받으면서도 진리 안에서 참된 지혜를 가지고 살아가야 한다.

그러므로 이 세상에 속한 자들 가운데 아무리 그럴듯하게 보이는 사람이 있다고 할지라도 그들에게는 진정한 지혜가 존재할 수 없다. 우리는 하나님에 대한 무지의 상태에서 발생하는 세상의 것을 두고 지혜라

---

11) 개혁주의 교회에서는 교회, 가정, 학교를 매우 중시하고 있다. 교회에 속한 어린이들이 교회와 가정과 학교에서 배우며 공부하는 모든 내용은 신앙과 일치해야 하기 때문이다. 그러나 우리의 현실은 전혀 그렇지 못하다. 일반 학교에서는 교회와 정반대로 가르치는 경우가 허다하다. 예를 들어 진화론 문제라든지 구석기 시대의 존재에 관한 문제가 그렇다. 그 이외에도 기본적인 가치를 달리하는 경우는 엄청나게 많다. 그에 대한 문제점을 인식하고 있는 성도들은 기독교 대안학교를 설립해 어린이들을 세속학교에 보내지 않고 교회의 정신으로 교육하고자 하는 것이다.

말하지 않는다. 즉 그들의 지혜는 세상에서는 대단한 것으로 비쳐지고 인식될지 모르지만 하나님 보시기에는 아무것도 아닌 것이다. 그것은 결코 영원한 참된 지혜가 될 수 없기 때문이다.

하나님을 진정으로 알지 못하는 자들은 이러한 사실에 대해 전혀 동의하지 않는다. 나아가 신앙이 어린 교인들과 잘못된 기독교 신앙을 가진 지도자들 중에도 이에 대한 것을 인정하지 않는 경우가 많다. 도리어 그런 사람들은 교회와 하나님을 믿는 성도들에게만 진정한 지혜가 있다고 말하면 교만한 것이라 책망하기까지 한다. 세상에 있는 지혜도 인정해야 한다는 것이다.

그러므로 사도 바울은 그 사실을 '성숙한 성도들 가운데서' 말한다는 사실을 밝히고 있다(고전 2:6). 교회가 말하는 진정한 지혜란 창조와 타락 이래 구약시대부터 비밀로 감추어져 왔던 하나님의 지혜이다. 그것은 그리스도와 연관되는 것으로서 성도들에게 영광을 허락하시기 위해 하나님께서 창세전에 작정해두신 것이었다. 이제 지상의 교회 가운데 분명하게 드러나게 된 그 참된 비밀은 이 세상에서 여전히 비밀리에 존재하게 된다. 바울은 골로새 교회에 보내는 편지에서 그점을 좀 더 구체적으로 기록하고 있다.

> "이 비밀은 만세와 만대로부터 옴으로 감취었던 것인데 이제는 그의 성도들에게 나타났고 하나님이 그들로 하여금 이 비밀의 영광이 이방인 가운데 어떻게 풍성한 것을 알게 하려하심이라 이 비밀은 너희 안에 계신 그리스도시니 곧 영광의 소망이니라"(골 1:26,27)

따라서 이 세상은 참된 지혜에 대해 아무런 지식도 가질 수 없다. 즉 하나님의 지혜와 세상의 지혜 사이에는 완전히 분리되어 있어서 상호간 아무런 연결고리가 존재하지 않는다. 아무리 유명하고 자타가 인정하는 대단한 능력을 소유한 인물이라 할지라도 스스로 그 진리를 알 수 있는 사람은 아무도 없다.

만일 그에 대한 약간의 지혜라도 있었더라면 인간들이 감히 영광의 존재이신 하나님의 아들을 십자가에 못박지 않았을 것이 틀림없다. 하지만 그들은 진리에 대해 아무것도 알지 못했기 때문에 하나님을 향해 무서운 죄악을 저지르게 되었다. 악한 인간들은 하나님의 아들을 모독하고 십자가의 고통에 빠뜨리면서 도리어 마땅히 해야 할 일을 행한 듯 오만한 태도를 보였던 것이다.

하나님의 구원과 무관한 인간들은 교회와 그에 속한 성도들과는 전혀 다른 눈을 가지고 있다. 그들은 예수 그리스도에 대해 나름대로 많은 정보들을 소유하고 있다. 그들 가운데는 예수님을 성인聖人으로 인정해 존경한다는 자들이 많다. 또한 엉뚱하게도 예수님을 윤리적으로 본받고자 하는 자들마저 없지 않다. 하지만 그들은 그가 베푸시는 참된 지혜에 대해서는 상상도 하지 못한다.

> "기록된 바 하나님이 자기를 사랑하는 자들을 위하여 예비하신 모든 것은 눈으로 보지 못하고 귀로도 듣지 못하고 사람의 마음으로도 생각지 못하였다 함과 같으니라"(고전 2:9)

사도 바울은 하나님의 지혜를 언급하면서 구약성경에 기록된 말씀을 인용하고 있다. 하나님과 무관한 불신자들은 참된 진리에 대해 아무런 지식도 가질 수 없다는 사실을 분명히 언급했다. 영원한 진리를 알 수 있는 참된 지혜는 오직 하나님으로 말미암는다. 그것은 성령 하나님의 도우심에 의해 교회에 허락되었다. 즉 하나님의 세계에 관한 참된 지혜는 성령을 통해 자기 백성들에게 주어지는 것이다.

4. 교회가 소유한 지식(11-16)

무서운 죄에 빠져 타락한 인간들은 하나님에 대해 전혀 알 수 없다. 자연적인 인간으로서는 하나님에 대한 참된 개념 자체를 가질 수 없는 것이다. 바울은 그점을 설명하기 위해 사람의 사정에 관해서는 사람의 속에 있는 영(spirit)만 알 수 있다는 사실을 말했다. 이는 인간이 소유한 사정을 결코 다른 동물이나 식물 등의 생명체가 그 구체적인 내용을 알 수 없다는 것이다.

이처럼 하나님에 대해서도 하나님 이외에는 아무도 하나님의 진정한 뜻을 알 수 없다. 그런데 하나님만 알고 계시는 그에 관한 지식이 하나님의 영을 받은 성도들에게는 은혜로 허락되었다. 여기 언급된 하나님의 영이란 성령(Holy Spirit)을 의미하고 있다.

하나님의 자녀가 된 자들은 이제 세상의 영 즉 세상의 정신(spirit)을 받지 않고 오직 하나님으로부터 온 성령을 받은 존재가 되었다. 따라서 우리는 하나님의 성령을 통해 참된 지혜를 알게 된 것이다. 이는 하나님께서 자기 자녀들에게 특별히 베푸신 은혜로써 영원한 진리를 알게 하셨음을 말해주고 있다. 지상에 존재하는 교회와 그에 속한 성도들은 참된 지식을 소유함으로써 더 이상 세상의 편에 속한 자들이 아니다.

여기서 우리는 하나님의 성령을 받은 자들과 타락한 세상의 영을 가진 자들 사이에 존재하는 분명한 차이를 보게 된다. 이는 외관상 동일한 인간의 모습을 지닌 채 살아가고 있지만 본질은 근원적으로 다르다는 사실을 말해준다. 이 말은 '하나님의 형상'과 연관되는 것으로서, 세상의 영을 가진 상태에서는 결코 하나님의 성령과 그의 사역을 알거나 이해할 수 없다.[12)]

그러므로 바울은 인간의 지혜에 따른 언술이 아니라 성령께서 가르쳐 주신 말씀으로 진리를 증거한다는 사실을 강조해 말하고 있다. 신령한 일은 오직 신령한 것으로 분별할 수 있으며 타락한 세상의 영을 지닌 인

---

12) 이는 '하나님의 형상'과 연관되는 문제이다. 하나님의 형상을 소유한 자들은 하나님의 영을 지닌 자들이며, 범죄한 아담의 형상을 지닌 자들은 세상의 영을 지닌 자들이다: 이광호, 『구약신학의 구속사적 이해』(서울: 도서출판 깔뱅, 2006), pp.40-71. 참조.

간들의 지혜로는 결코 진리를 분별할 수 없기 때문이다. 즉 하나님의 성도들은 세상을 판단할 수 있지만 세상에 속한 자들은 하나님과 그의 교회를 판단할 수 없는 것이다.

> "신령한 자는 모든 것을 판단하나 자기는 아무에게도 판단을 받지 아니하느니라"(고전 2:15)

하나님께 속한 신령한 자들과 아담의 범죄로 인해 세상에 속한 자들 사이에는 본질적인 차이가 난다. 하나님이 아니라 인간의 육신에 속한 사람들은 성령의 사역과 전혀 상관이 없다. 그런 자들은 하나님께서 작정하시고 행하시는 일들을 깨닫지 못한다. 나아가 성도들이 하나님의 말씀에 순종하는 것을 보면서 도리어 미련하게 여길 따름이다. 그들은 하나님으로부터 온 지혜가 아닌 인간들의 지혜를 통해 영원한 세계를 알아가려 하지만 하나님의 신령한 것에 대해서는 아무런 분별력이 없다.

이에 반해 하나님의 몸된 교회에 속해 온전한 신앙을 소유한 성도들은 신령한 자가 되어 분별력을 가지게 되며 세상의 모든 것들을 판단할 수 있는 천상의 지혜를 가지게 된다. 그들은 이 세상에 존재하는 만물들과 발생하는 모든 사건들을 계시된 하나님의 말씀을 통해 해석하며 판단한다. 물론 그것은 개별 성도들의 종교적인 이성과 경험에 의존하는 것이 아니라 하나님의 몸된 교회에 허락된 특별한 권능이다.

그렇지만 참된 교회와 성도들은 결코 세상으로부터 판단을 받지 않는다. 참된 지혜를 가지지 못한 세상이 하나님의 놀라운 지혜를 소유한 성도들을 판단한다는 것은 불가능한 일이다. 그 이유는 하나님께 속한 자들과 세상에 속한 자들 사이에는 근본적으로 격을 달리하고 있기 때문이다.

어떤 인간이 감히 하나님의 거룩한 뜻을 알아 그를 가르칠 수 있겠는가? 물론 그런 자들은 아예 세상에 존재할 수 없다. 그런데 바울은, 하나님의 자녀들은 예수 그리스도의 마음(the mind of Christ)을 소유하고 있다는 놀라운 사실을 언급하고 있다(고전 2:16). 이는 교회에 속해 참된 지혜를 소유한 성도들의 위상은, 타락한 세상의 이성과 경험에 익숙한 자들과 격이 전혀 다르다는 사실을 말해주고 있는 것이다.

제4장
하나님의 밭, 하나님의 집, 하나님의 성전

(고전 3:1-23)

1. 육신에 속한 어린아이 같은 자들 (1-9)

성숙하지 못한 어린아이들은 항상 자기중심적이다. 이는 남을 배려할 수 있는 힘이 부족하다는 사실을 말해주고 있다. 또한 아이들은 모든 것을 주관적으로 해석하고 적용하려 한다. 그래서 즉각적인 반응을 하는 것이 일반적이다. 조금만 좋으면 모든 것이 자기 세상이라도 되는 양 여기고 조금만 힘들면 낙심에 빠지게 되는 것이다.

나아가 어린아이들은 음식을 씹어 삼키는 능력이 부족하며 소화력도 약하다. 아무리 건강에 좋은 귀한 음식이라 할지라도 아이들은 그것을 자연스럽게 씹어 먹을 수 없다. 도리어 어른들에게 좋은 식품이라 해서 아이들에게 그것을 억지로 먹이게 되면 소화불량에 걸릴 우려가 있다.

그리하여 소화를 제대로 시켜내지 못하게 되면 음식으로 인해 유익을 얻게 되는 것이 아니라 도리어 심각한 손해를 보게 된다. 건강을 위해 먹는 음식이 건강에 도움이 되는 것이 아니라 해가 될 수 있는 것이다. 이는 물론 음식물 자체에 문제가 있는 것이 아니라 단단한 음식을 씹어 삼킬 수 없고 소화력이 부족한 사람에게 문제가 있다. 그러므로 어린아이들은 시간이 지나감에 따라 점차 성장해 가야 한다.

사도 바울은 고린도 교회가 영적으로 성장해 가지 않은 안타까운 사실에 대해 지적하고 있다. 그는 고린도 교회의 성도들이 여전히 어린아이들과 같다고 지적했다. 그들을 성숙한 성도인 신령한 자들(spiritual men)을 대하는 것같이 대할 수 없다는 것이다(고전 3:1). 여기서 말하는 '신령한 자들' 이란 '영적인 사람' 이라는 의미로서 성령 하나님께 온전히 속한 성도들(Holy Spiritual men)을 지칭한다.

이는 결코 일반적으로 생각하는 종교적인 사람을 의미하지 않는다. 겉보기에 종교성이 풍부하게 보이는 자들 가운데 도리어 진정한 영적인 인물이 아닌 경우가 많다. 고린도 교회에는 그런 인물들이 많았던 것으로 보인다. 그래서 바울은 그들을 육신에 속한 자와 같이 대할 수밖에 없는 안타까운 심정을 표현하고 있다.

사도 바울은 과거 고린도에서 그들과 함께 거할 때 저들에게 영적으로 단단한 밥을 먹이지 않고 부드러운 젖으로 먹였다. 그들이 밥을 먹을 만큼 성숙하지 못했기 때문이다. 그런데 그로부터 상당한 세월이 흘렀으면 이제 그들은 밥을 먹을 만큼 성장해 있어야 했다. 그것이 자연스런 성장과정이다. 그렇지만 그들은 여전히 어린아이처럼 미숙한 상태에 머물러 있었으며 성숙한 신앙인으로 자라나지 못하고 있었다.

이는 단순히 개별 성도들에게 국한된 문제라기보다 교회적인 의미임을 주의 깊게 이해해야 한다. 물론 개인 성도들은 교회가 온전히 성장해 감에 따라 자연스럽게 그에 참여하게 된다. 다시 말해 교회가 올바르게 성장해가지 않은 상태에서 개별 성도들이 올바르게 성장할 수 없다.

우리가 여기서 분명히 이해해야 할 바는 '신앙성장' 이라는 말이 종교적인 경험의 축적을 의미하지 않는다는 사실이다. 목사, 장로, 집사 등의 직분을 가지고 수십 년간 교회에 다녔다는 경력이나 연령 따위가 신앙성장을 보증하지 않는다. 목사가 되고 장로가 되어 오랜 세월 동안 종교적인 일에 열정적으로 가담했다고 할지라도 신앙이 어린아이 같은 사람들은 얼마든지 있다. 도리어 영적으로 어린아이면서도 마치 어른인 양 행세하는 경우를 많이 볼 수 있다.[13]

중요한 사실은 신앙의 성장은 일차적으로 교회공동체에 연관된다는 점이다. 즉 성숙한 교회에 속한 성도들은 그 성숙함에 참여하게 될 것이며, 미숙한 교회에 속한 사람들은 겉보기에 어떤 모습을 띠고 있든지 간에 영적인 어린아이에 지나지 않는다. 성숙한 교회에 속하지 않은 성숙한 교인은 있을 수 없는 것이다.

사도 바울은 고린도 교회 성도들의 미숙함이 인간적인 지혜와 판단에 기인하고 있다는 사실을 이와 더불어 말하고 있다. 그것은 결국 인본적인 이성과 경험에 의존하게 하며 하나님의 진리의 말씀보다 주관적인 신앙에 얽매이도록 한다. 그러한 신앙은 교회 내부에서 자기중심적인 불건전한 파당을 일으키게 된다. 바울은 그런 형태의 신앙적인 삶을 육신에 속한 것이라 지적하고 있다.

성경에 순종하지 않고 자신의 종교적인 판단에 의존하는 자들은 저마다 자신의 주장에 따른 시기와 분쟁에 노출될 수밖에 없다(고전 3:3). 이성과 경험을 중심으로 한 자기중심적인 사고를 버리지 못하고 있기 때문이다. 그들은 교회에 출석하고 있으면서도 육신에 속하여 하나님을 알지 못하는 불신자들이 소유한 세상의 지혜를 따라 사고하며 행동하는 것을 당연한 듯이 생각한다.

그러므로 그런 미숙한 신앙을 소유한 고린도 교회 성도들은 저마다 바울파, 아볼로파, 게바파, 그리스도파라고 하는 주관적인 입장을 가지고 있었다. 그런 사고 자체가 전적으로 잘못되었음에도 불구하고 그들은 한결같이 자기가 옳다는 생각을 버리지 못했다. 따라서 바울은 하나

---

13) 성숙하지 못한 어린 청소년들이 어른들의 행동을 따라 행하면서 자기가 마치 어른이 된 것처럼 여기는 경우를 종종 본다. 그들은 어른들의 행동을 따라 담배를 피우거나 술을 마시면서 어른인 양 으스대는 것이다. 교회 안에서도 실제로는 어린아이에 지나지 않는 사람들이 자기의 경험을 통해 스스로 어른인 양 행동하는 것을 쉽게 보게 된다.

님의 거룩한 교회 안에서는 결코 그런 파당들이 존재해서는 안 된다는 사실을 분명히 말하고 있다.

참된 교회 안에는 인간적인 측면에서 보아 다른 성도들보다 상대적으로 더 나은 대우를 받을 수 있는 인물이 아무도 없다. 이는 한 가정 안에서 불평등한 차등대우가 있을 수 없는 것과 유사한 이치이다. 물론 교회에 속한 모든 성도들이 서로간 존중하며 진솔한 삶을 나누는 것은 반드시 있어야 할 소중한 일이다. 그렇지만 인간적인 판단과 편견에 따라 특정 개인을 높이려는 행위는 결코 있어서는 안 된다.

사도 바울은 그런 양상을 보이고 있는 고린도 교회의 성도들을 향해 강하게 질책하고 있다. 우리는 여기서 매우 중요한 의미를 발견해야만 한다. 그것은 하나님의 말씀을 완벽하게 증거하는 사도들마저 특별히 높임을 받을 수 있는 대상이 아니라 말하고 있기 때문이다. 사도로 부르심을 입은 바울조차도 자신을 특별히 높이는 일을 하지 못하도록 경계했는데 그 이외의 사람들에 대해서야 두말할 나위가 없다.[14)]

따라서 우리시대의 교회 가운데 성도들 상호간에 서로 존중하는 의미를 넘어 특정한 개인을 구분하여 높이는 일은 근절되어야 한다. 과거에 살았던 훌륭한 믿음의 선배들조차도 교회 안에서 특별히 인정받는 영웅이 될 수 없다.[15)] 하물며 이 세상에 살아있는 유명한 자들에 대해서는

---

14) 사도 바울은 디모데에게 편지하면서 "잘 다스리는 장로들을 배나 존경할 자로 알되 말씀과 가르침에 수고하는 이들을 더할 것이니라"(딤전 5:17)고 말했다. 이는 직분자들에 대한 성도의 기본적인 자세를 교훈하고 있다. 즉 이 말은 교회에서 사람에 따라 차등대우를 받을 수 있음을 의미하는 것은 아니다.

15) 우리시대에는 과거에 죽은 믿음의 선배들을 어느 정도 영웅화하여 특별히 기념하는 것을 종종 보게 되는데 그것은 마땅히 없어져야 할 폐습이다. 우리는 구약시대의 선지자들과 신약시대의 사도들조차도 특별히 기념하지 않는다는 사실을 염두에 두지 않으면 안 된다. 그리고 과거에 살았던 소위 기독교 위인들이라 알려진 인물들 가운데는 성경을 통한 신앙 검증이 되지 않은 자들이 무수히 많다. 그런 인물들은 기독교의 세속적인 틀 가운데서 영웅적인 모습을 보였을 뿐 성경 말씀에 온전히 순종한 자들이 아니었다.

더욱 그렇다.

사도 바울은 그점을 분명히 설명하기 위해 바울과 아볼로가 중요한 것이 아니라 그들이 전한 하나님과 그의 복음이 중요함을 강조해 말하고 있다. 즉 바울과 아볼로가 교회에서 높임을 받아서는 절대로 안 된다는 것이었다. 그들은 하나님께서 마땅히 감당해야 할 일을 맡겨 보내신 사역자들일 따름이다.

그렇다고 해서 교회 가운데 허락된 직분과 은사에 따른 성도들의 개별적인 역할마저 무시되어야 한다는 것은 아니다. 모든 성도들이 전부 동일한 일을 하는 것이 아니라 제각각 하나님께서 허락하신 은사대로 교회를 세우는 일에 참여하게 된다. 사도들의 직임에 있어서도 그와 마찬가지다. 그래서 바울은 그에 대해, 자신은 심었으며 아볼로는 물을 주었다는 사실을 언급하고 있다.

그전에 바울은 갈라디아 교회에 편지하면서 사도직에 있어서도 각각 은사적 특성이 있음을 말한 적이 있다. 베드로는 유대인을 위한 사도이며 자신은 이방인을 위한 사도라고 말했던 것이다. 이는 사도들의 사역도 하나님의 뜻 가운데 이루어지는 순종의 사역임을 보여주고 있다.

> "베드로에게 역사하사 그를 할례자의 사도로 삼으신 이가 또한 내게 역사하사 나를 이방인에게 사도로 삼으셨느니라 또 내게 주신 은혜를 알므로 기둥 같이 여기는 야고보와 게바와 요한도 나와 바나바에게 교제의 악수를 하였으니 이는 우리는 이방인에게로, 저희는 할례자에게로 가게 하려 함이라"(갈 2:8,9)

성도들의 모든 사역은 하나님의 경륜 가운데 이루어진다. 그러므로 최종적인 모든 일은 진정으로 하나님께 달려 있다. 베드로를 유대인의 사도로 삼으시고 바울을 이방인의 사도로 삼으신 분은 하나님이시다. 즉 베드로와 바울이 저들의 개인적인 취향에 따라 스스로 그렇게 결정하지 않았다. 사도들은 저들에게 허락되고 요구된 사역에 온전히 순종함으로 참여했던 것이다.

이방인을 위한 사도로 부르심을 받은 바울이 또다시 은사에 따른 다양한 역할이 있음을 말했던 것은 인간이 높임의 대상이 아니라는 점을 강조하기 위해서였다. 그는 심은 자와 물주는 자는 다르지만 자라나게 하시는 이는 오직 하나님이심을 언급했다. 바울은 여기서 심은 자와 물주는 자에게 공로가 있음을 말하려는 것이 아니라 도리어 아무런 공로가 없음을 강조하고 있다는 사실을 기억해야 한다.

바울과 아볼로 같은 이들은 하나님의 말씀에 수종드는 사역자들이다. 그들 사이에 누가 더 중요하고 덜 중요하다는 차별 개념은 없다. 그들은 제각각 자기의 봉사에 따라 하나님으로부터 '상'을 받게 된다. 여기서 말하는 '상'이란 삯을 받게 됨을 의미한다. 이는 우리가 일반적으로 생각하는 상(prize)이 아니라 보상(reward)을 말하고 있다. 그것은 하나님의 사역자들이 궁극적으로 받게 되는 신령한 보상이 있음을 의미하는 것이다.

2. 하나님의 성전인 교회 (9-17)

사도 바울은 이제 하나님의 성전인 교회에 관한 언급을 하고 있다. 하나님의 교회가 어떻게 지상에 세워지며 자라가야 하는지 말했던 것이다. 여기서 우리가 관심을 기울여야 할 점은 교회가 저절로 생겨나는 것이 아니라 하나님과 그의 동역자들에 의해 세워지게 된다는 사실이다.

> "우리는 하나님의 동역자들이요 너희는 하나님의 밭이요 하나님의 집이니라"(고전 3:9)

바울은 사도들을 '하나님의 동역자'(God' s fellow workers)라 표현하고 있다(고전 3:9). 그는, 개인이 아니라 복수의 의미를 지닌 '우리'가 하나님의 동역자임을 밝혔다. 여기서 '우리' 란 말은 좁게는 바울과 바나바를 지칭하고 있으며, 넓게는 베드로를 비롯한 다른 여러 사도들을 포함하고 있다. 따라서 바울은 위 본문 가운데서 '우리' 와 '너희' 를 분명히 구분짓고 있다. 우리가 이 말씀 가운데서 주의 깊게 생각해야 할 바는 바울이 말한 '우리' 라는 용어가 오늘날 우리시대의 모든 직분자들을 직접 포함하는 것이 아니란 사실이다.[16)]

따라서 바울이 언급한 '우리' 란 말은 제한적인 의미로서 하나님의 계시를 받는 '사도들' 로 이해해야 하며 그 이후 시대의 모든 직분자들을 직접 일컫지 않는다. 즉 보편교회 시대의 교사 직분자로 세워진 목사들은, 바울이 말한 직접적인 '하나님의 동역자' 라 말할 수 없다. 하지만 사도교회 시대 이후에 세워진 목사들은 바울이 말하고 있는 동역자에 연관된 영적이며 정신적인 의미를 상속받는 가운데서 허락된 직분을 감당해야만 한다.

사도 바울은 또한 고린도 교회를 향해 '너희는 하나님의 밭이요 하나님의 집' 이라 언급했다(고전 3:9). 이는 비단 고린도 교회뿐 아니라 지상에 존재하는 모든 참된 교회들을 포함하고 있다. 따라서 바울을 비롯한 모든 사도들은 하나님의 교회 가운데서 일하는 '하나님의 동역자들' 이었던 것이다. 이는 사도들의 사역이 오늘날 우리시대의 교회 가운데도 여전히 절대적인 영향을 미치고 있음을 말해준다.

그리고 바울은 자신을 하나님의 교회를 설립한 '지혜로운 건축자' 로 묘사하고 있다. 우리가 각별히 눈여겨보아야 할 점은 바울을 비롯한 사도들이 교회를 세워가는 건축자로 언급되고 있다는 사실이다. 물론 그것은 인간적인 지혜와 경험으로 말미암는 것이 아니라 전적인 하나님의

16) 우리는 바울을 포함한 사도들을 특별한 위치에 있었던 자들임을 안다. 보편교회 시대의 직분자들은 바울이 말한 '우리' 에 직접 포함되지는 않지만 그들의 정신을 이어받아야 할 자들이다. 그러나 그가 교회를 언급할 때는 오늘날 우리시대의 교회 역시 의미상 그에 포함되어 있음을 기억해야 한다.

은혜로 말미암는 것이다.

바울을 비롯한 사도들이 하나님의 사역자로서 지혜로운 건축자가 되어 교회의 터를 닦아두었다는 사실은 매우 중요한 의미를 지니고 있다. 그 터 위에, 역사 가운데 살아가는 여러 성도들이 영전인 구조물들을 건립해 나가게 된다. 하지만 사도들이 닦은 터 위에 자의적인 판단에 따라 아무렇게나 건물을 세우려 해서는 안 된다. 교회에 속한 모든 성도들은 하나님의 말씀에 따른 깊은 주의를 기울여 신중하게 건축해 나가야 한다.

그러므로 하나님의 몸된 교회의 터는 아무나 닦을 수 없으며 닦으려 해서도 안 된다. 그것은 오직 사도들이 감당해야 할 사역이다. 바울은 그 터가 십자가 사역을 완성하신 예수 그리스도를 지칭하고 있음을 밝혔다. 이 말은 교회의 기초가 되는 예수 그리스도에 대한 올바른 이해와 해석이 사도들로 말미암는다는 사실을 보여준다. 따라서 십자가에 달리신 예수 그리스도와 그에 대한 성경적인 증거가 곧 교회의 기본적인 터가 되는 것이다.

이 모든 것들은 교회의 유기성과 역동성을 드러내 보여주고 있다. 즉 교회는 처음부터 정체된 상태로 일시에 제시된 것이 아니라 역사 가운데 끊임없이 세워져 나가야 한다. 그리고 말씀을 통해 사도들의 교훈을 상속받은 기본적인 원리에 따라 교회에 속한 성도들이 함께 하나님의 몸된 교회를 세워나가게 된다.

따라서 하나님의 자녀들은 동일한 본질로써 다양한 환경 가운데 지상의 교회를 세워나간다. 이는 시대에 따른 역사적 배경과 지역에 따른 상이한 여건들이 존재한다는 사실을 시사하고 있다. 물론 우리에게 있어서 항상 가장 중요한 것은 거룩한 말씀에 근거한 진리의 본질적인 내용이다.

바울은 이처럼 교회를 세워나가는 것을 일반 건축에 비유하며 설명하고 있다. 누구든지 건축을 하기 위해서는 다양한 자재들을 사용하게 된다. 금, 은, 보석을 사용하기도 하며, 나무, 풀, 짚을 사용하기도 한다. 여기서 말하고자 하는 점은, 그 가운데 어떤 자재들은 진정으로 소중한 값어치를 지니고 있지만 또 다른 어떤 자재들은 전혀 그렇지 않다는 사실을 말해준다. 건축물이 외형상 겉보기에 얼마나 화려한가 하는 것은 그다지 중요하지 않다. 중요한 것은 그 건축물이 얼마나 소중한 자재들을 사용했는가 하는 점과, 탄탄하게 지어졌는가 하는 사실이다. 이는 겉보기에 아무리 그럴듯해보여도 전혀 쓸모없는 잘못된 건축이 이루어질 수 있음을 말해주고 있는 것이다.

그러므로 사도 바울은 나중이 되면 모든 건축물들에 대한 공력功力 즉 일한 결과가 드러나게 될 것이라 언급했다. 이는 모든 건축물들이 불로써 시험하게 될 날이 이르게 되리라는 사실을 의미한다. 그 건축물을 불로 태웠을 때 파괴되지 않고 그대로 남아 있는 건축물은 좋은 건축물이지만 불에 의해 타버리고 아무것도 남는 것이 없다면 그 건축물은 외견상 그럴듯해 보이지만 실상은 아무런 의미가 없다는 것이다. 이는 건축물 자체뿐 아니라 그 건축에 참여한 자들의 노력의 가치를 동시에 언급하고 있다.

지상에 세워지는 역사상 여러 교회들에 있어서도 이와 마찬가지다. 하나님의 불은 교회와 성도들을 태우신다. 하나님께서 최종 심판을 행하실 때 그 모든 것이 백일하에 드러난다. 불로써 그것을 태웠을 때 하나님의 말씀에 순종한 결과가 그대로 남아 있으면 온전한 교회로서 하나님으로부터 보상을 받게 된다. 그러나 그것이 불타버리게 되면 하나님의 무서운 진노가 임하게 된다. 이는 숱한 종교인들이 지상에서 교회를 세우고 건축한다면서 기울인 온갖 노력들이 아무런 의미없는 것이었음이 만천하에 드러나게 됨을 보여준다.

그런데 바울은 성경본문에서 하나님의 놀라운 사랑과 은혜를 동시에 보여준다. 그것은 지상교회 가운데서 성도들의 편에 서서 올바른 사역을 감당치 못했지만 구원을 받게 될 자들에 대한 언급을 하고 있기 때문이다. 그런 자들은 창세전에 선택받은 하나님의 자녀들로서 세상을 착각하며 산 자들이다. 바울은 그런 자들에 대해 말하고 있다.

> "누구든지 공력이 불타면 해를 받으리니 그러나 자기는 구원을 얻되 불 가운데서 얻은 것 같으리라"(고전 3:15)

이 말은 과연 무엇을 의미하고 있는가? 이는 지상에서 기독교란 이름을 붙인 잘못된 종교집단들은 불타게 되지만, 그 가운데 있는 선택받은 사람은 하나님에 의해 구원받게 된다는 의미이다. 그가 불 가운데서 얻는 것과 같이 구원받는다는 의미는 마치 위기를 탈출해 나오듯이 극적인 구원이 저들에게 임하게 됨을 말해준다.

그리고 사도 바울은 그 말과 더불어 지상에 세워진 하나님의 참된 교회의 소중함을 밝히고 있다. 교회가 소중한 것은 하나님께서 존재하시는 거룩한 영역이기 때문이다. 따라서 바울은 하나님의 교회를 거룩한 성전이라 칭하고 있다.

> "너희가 하나님의 성전인 것과 하나님의 성령이 너희 안에 거하시는 것을 알지 못하느뇨 누구든지 하나님의 성전을 더럽히면 하나님이 그 사람을 멸하시리라 하나님의 성전은 거룩하니 너희도 그러하니라"(고전 3:16,17);
>
> "Don't you know that you yourselves are God's temple and that God's Spirit lives in you? If anyone destroys God's temple, God will destroy him; for God's temple is sacred, and you are that temple"(1Cor. 3:16,17)

바울은 여기서 '너희'(you)가 '하나님의 성전'(God's temple)이라 말하고 있다. 이 본문에 기록된 복수 의미를 지닌 '너희'란 단어는 단순히 성도들 각 개인을 제한적으로 말하는 것이 아니라 하나님의 교회를 의미한다. 즉 개인 성도들이 모이는 교회공동체를 염두에 두고 언급하고 있는 것이다.

따라서 이 본문에서는, 우리가 하나님의 성전인 것이 성도들 개인의 몸에 국한하여 언급하고 있지 않다. 이는 하나님의 몸된 교회공동체를 일컫고 있다. 즉 개인 성도들의 몸이 연합하여 하나의 성전을 이루고 있으며 그 교회공동체가 하나님의 성전인 것이다. 그러므로 '하나님의 성령께서 너희 안에 거하신다' 는 말의 의미도 성도들 개인의 몸 안에 거하신다는 의미로 제한되지 않는다. 그 말은 하나님께서 자기 피로 값주고 사신 거룩한 교회 가운데 거하고 계심을 의미하고 있다.

물론 모든 성도들은 하나님의 성전인 교회를 구성하고 있는 기본 단위가 된다. 이는 마치 벽돌을 비롯한 여러 종류의 자재들이 하나로 엮어져 한 건축물로 세워져 있는 것과 마찬가지다. 이처럼 각 개인 성도들이 제각각 거룩한 성전인 교회를 이루는 기본 요소가 되어 있는 것이다.

그러므로 전체 교회가 거룩하기 위해서 교회를 구성하고 있는 각 성도들이 거룩해야 하는 것은 지극히 당연하다. 다시 말해 성전을 구성하고 있는 개인 성도들이 부정하고 더러운 상태에서 교회가 거룩함을 유지할 수 없다. 즉 세상에 속한 불결한 인간들이 모여 하나님의 거룩한 성전을 구성할 수 없는 것이다.

따라서 사도 바울은 하나님의 거룩한 성전을 더럽히는 자들에 대해 엄중한 경고를 했다. 이는 하나님의 몸된 교회를 더럽히는 악한 자들을 향한 경고이다. 즉 단순히 개인적으로 자신의 몸을 더럽힌 자들에 대한 말이 아니라 거룩한 하나님의 교회를 더럽힌 자들에게 하나님의 무서운 심판이 임하게 되리라는 것이다. 이는 물론 개인의 몸을 자신의 것으로 알고 무분별하게 더럽힘으로써 전체 교회가 더러워질 수 있음을 내포하고 있다.

사도 바울은 또한 교회의 거룩성에 대해 매우 중요한 입장을 보였다.

'하나님의 성전' 이 거룩해야 하는 것처럼 '하나님의 교회' 역시 거룩해야 한다는 것이다. 우리는 구약시대 예루살렘 성전이 하나님의 거룩한 집이었다는 사실을 기억하고 있다. 그 성전에는 아무나 출입할 수 없었으며 반드시 지켜야 할 엄격한 규례가 있었다.

하나님께서는 그 성전을 통해 예수 그리스도를 예표하는 그림자로서 제사장들이 규례에 따라 드리는 제사를 받으셨다. 이스라엘 백성들은 그에 대한 분명한 깨달음을 전체적으로 소유하고 있어야만 했다. 거룩한 하나님께서는 그 성전에 거하시면서 택하신 민족 가운데 자신의 거룩한 뜻을 드러내셨던 것이다.

이와 같이 하나님께서는 신약시대에도 자신의 거룩한 성전인 교회를 통해 자신을 온전히 드러내신다. 그리고 그 성전을 이루고 있는 자기 백성들을 통해 찬송과 경배를 받으시기를 기뻐하신다. 그러므로 하나님을 섬기는 거룩한 교회를 어지럽히는 자들은 하나님의 무서운 진노와 심판을 피할 수 없다.

3. 하나님의 소유된 자의 기본적인 자세 (18-25)

사도 바울은 모든 성도들이 마땅히 가져야 할 신앙적 사고의 기초가 되는 매우 중요한 언급을 하고 있다. 그것은 아무도 '자기 자신을 속이지 말라' 는 명령이다. 이 말은 단순히 거짓말하지 말라는 의미와는 다르다. 자기를 속이는 행위는 스스로 자기에 대해 착각하는 것을 의미한다. 즉 타락한 인간의 몸을 입고 있는 상태에서 자기를 지혜로운 자로 인식한다는 것 자체가 벌써 자기를 속이는 행위라는 것이다.

> "아무도 자기를 속이지 말라 너희 중에 누구든지 이 세상에서 지혜 있는 줄로 생각하거든 미련한 자가 되어라 그리하여야 지혜로운 자가 되리라"(고전 3:18)

우리는 여기서 일반적인 논법論法을 떠올리게 된다. 바울은 이 세상에서 지혜로운 자가 되고자 원하는 자라면 반드시 미련한 자가 되어야 함을 말한다. 이는 과연 지혜로운 자가 되기 위한 필수과정으로서 겸손한 자세를 지닌 미련한 자가 되라는 뜻일까? 즉 지혜로운 자가 되기 위해서는 먼저 미련하게 되는 절차를 밟아야만 한다는 것을 의미할까?

이 말씀 가운데 나타나고 있는 바는, 진정으로 지혜로운 자가 되기 위해서 미련한 자가 되면 비로소 지혜로운 자가 될 수 있다는 말과 다르다. 이는 도리어 자기에게는 아무런 지혜가 없으므로 미련하다는 사실을 진정으로 깨닫게 되어 하나님을 의지한다면 그것이 전부임을 말해주고 있다. 즉 지혜로운 자가 되기 위해 애쓸 필요 없이 자기가 미련하다는 사실만 분명히 깨달으면 된다. 더 이상을 바라면서 추구하는 것은 자기 인생을 꾸미려는 인간의 욕망에 지나지 않는다.

하나님의 자녀가 자신의 미련함을 진정으로 깨닫게 된다면, 그 다음의 모든 일은 성령께서 감당하시게 된다. 다시 말해 자신이 미련한 사실을 깨달은 후 비로소 자기가 지혜로운 자처럼 행세한다면 여전히 미련한 인간의 범주를 벗어나지 못하는 것이다. 따라서 죄인의 굴레를 쓰고 있는 인간 스스로는 항상 미련한 존재에 지나지 않는다.

타락한 이 세상에서 발생하는 지혜란 하나님 보시기에는 미련한 것 즉 어리석은 것일 따름이다. 그 가운데서 스스로 지혜롭다고 판단하는 자들은 결국 자기의 미련한 꾀에 넘어가게 된다. 하나님께서는 세상에서 지혜롭다고 생각하는 자들을 자기 꾀에 넘어가도록 하신다(고전 3:19,20). 그는 스스로 지혜롭다고 생각하는 인간들의 모든 것이 허망하다는 사실을 잘 알고 계시는 것이다.

그럼에도 불구하고 세상에서 확립한 이성과 경험에 익숙한 어리석은 인간들은 자기를 지혜롭다고 여기며 그것이 매우 값어치 있는 것으로 착각하며 살아간다. 문제는 불신자들뿐 아니라 하나님의 교회에 속한 자들 가운데도 그런 사람들이 많이 있다는 사실이다. 그러나 그런 교인들은 신앙이 매우 어린 자들이거나 신앙이 없는 자들이다. 외견상 그들의 종교적인 경험이 얼마나 풍부한가 하는 것은 아무런 의미가 없다. 나아가 얼마나 많은 기독교적 활동을 하는가 하는 것도 별다른 의미를 발생시키지 않는다.

만일 그들이 계시된 말씀을 좇아 하나님 앞에서 올바른 신앙생활을 한다면 자신이 지혜롭지 못하고 어리석은 자라는 사실을 더욱 절실히 깨닫게 된다. 그것이 곧 성도들의 신앙성장에 연관된다. 어린 교인들은 자기를 하나님 앞에서 지혜로운 자로 만들어가기 위해 애쓰지만 그것은 허사에 지나지 않는다.

하나님의 자녀들에게는 세상에서 자랑할 만한 것이 아무것도 없다. 우리가 자랑할 만한 유일한 값어치가 있는 것은 예수 그리스도의 십자가밖에 없다. 이는 하나님께서 이룩하신 그 십자가 사역만이 죄에 빠져 신음하는 불쌍한 인간들을 구원할 수 있는 유일한 방편이 되기 때문이다.

그러므로 사도 바울은, 만물이 십자가 사역으로 인해 세워진 예수 그리스도의 몸된 교회에 속해 있음을 말하고 있다. 이는 지상교회에 허락된 매우 중요한 권능이다. 이에 대한 온전한 깨달음이 없이는 하나님께서 값주고 사신 교회의 진정한 의미에 참여할 수 없다.

따라서 바울은, 고린도 교회 성도들이 파당으로 나뉘어 전면에 내세우고 있는 바울이나 아볼로나 게바 역시 교회에 속한 한 형제들이라는 사실을 강조했다. 나아가 온 세계와 생명과 사망, 그리고 현재의 것이나 장래의 것이나 전부 교회의 통치 아래 있음을 천명했다. 모든 것들은 교회의 머리이자 주인이신 예수 그리스도의 관할 아래 있으며, 그리스도는 또한 하나님께 속해 있는 것이다. 하나님의 백성들은 그의 몸된 교회에 허락된 이 놀라운 진리를 올바르게 깨닫지 않으면 안 된다.

제5장
교회와 하나님 나라

(고전 4:1-21)

1. 사도직분의 성격 (1)

(1) '그리스도의 일군'

사도 바울은 고린도전서 4장 1절 본문에서 '우리' 라는 말을 통해 자기를 비롯한 사도들을 '그리스도의 일군' 이라 칭하고 있다. 이 말은 그들이 누구를 위해 일하는 자들인가 하는 점을 분명히 밝히고 있는 것이다. 즉 그들은 개인적인 목적을 두고 일하는 사람들이 아니라 오직 주님께서 맡기신 일을 순종함으로써 수행하는 자들이다.

우리는 성경에 나타나는 모든 신실한 믿음의 선배들이 하나님의 참된 일군이라는 사실을 잘 알고 있다. 그들은 한결같이 하나님께서 요구하신 명령에 온전히 순종한 자들이다. 하나님께서 맡기신 신령한 일을 뒤로 하고 개인의 사사로운 종교적인 목적을 추구하거나 하나님이 원하시지 않는 인간적인 방법으로 일을 전개해 나간다고 하면 결코 성실한 일군이라 할 수 없다.

이에 대해서는 오늘날 우리시대에 있어서도 그와 동일한 적용이 가능하다. 지금도 교회에서 다양한 직분들을 맡고 있는 자들은 한결같이 자신이 하나님의 일을 맡은 일군이라는 말을 한다. 하나님께서 자기에게 신령한 일을 맡기셨다는 것이다. 그러나 그것은 단순히 말로만 끝나게 될 성질이 아니다. 그에 대한 실제적인 적용이 없다면 위험한 위선에 지나지 않는다.

그러므로 어떤 사람이 하나님과 그리스도를 핑계대면서 신앙이라는 명분을 앞세워 자기가 원하는 종교적인 활동을 전개하거나 개인적인 목적을 추구한다면 그것은 여간 잘못된 일이 아니다. 이는 일반적인 신앙생활을 두고 말하는 것이 아니라 직분에 대한 잘못된 적용에 연관된 문제들을 내포하고 있다. 그런 사람들은 예수 그리스도를 위한 참된 일군이 아니라 도리어 그리스도를 핑계 댄 종교사업가에 지나지 않는다. 하나님을 핑계 대면서 개인적인 유익을 도모하는 일이 얼마나 악한 행위인가 하는 점을 깨닫는 것은 매우 중요하다.

(2) '하나님의 비밀을 맡은 자'

바울은 또한 사도들이 하나님의 놀라운 비밀을 맡은 자들이란 사실을 언급하고 있다. 하나님의 비밀은 절대적인 내용으로서 아무렇게나 이 세상에 누설되지 않는다. 그 비밀은 사도들의 사역에 의해 마땅히 알아야 할 성도들에게 비밀리에 전달된다.

우리가 말하고 있는 바 비밀이란 매우 중요한 내용을 내포하고 있다. 특별한 의미가 없고 보잘것없는 내용이라면 그것을 굳이 비밀이라 말할 이유가 없다. 반드시 지켜야만 할 소중한 내용이 아니라면 구태여 그것을 비밀이라며 주의 깊게 간수할 사람은 아무도 없는 것이다.

사도 바울은 이와 연관된 의미를 그의 여러 서신들에서 언급하고 있다(엡 3:4; 6:19; 골 1:25-27; 딤전 3:16). 특히 골로새 교회에 보내는 그의 편지에서 그 의미가 명확하게 드러난다. 그는 자신이 교회의 일군이 된 의미를 하나님께서 허락하신 비밀과 연관지어 설명했다. 그 비밀은 창세 전부터 예언되어 세상에서는 비밀로 감춰진 내용으로서, 그 핵심은 인간의 몸을 입고 이 세상에 오셔서 교회 가운데 존재하시는 예수 그리스도라는 것이다.

> "내가 교회 일군된 것은 하나님이 너희를 위하여 내게 주신 경륜을 따라 하나님의 말씀을 이루려 함이니라 이 비밀은 만세와 만대로부터 옴으로 감취었던 것인데 이제는 그의 성도들에게 나타났고 하나님이 그들로 하여금 이 비밀의 영광이 이방인 가운데 어떻게 풍성한 것을 알게 하려 하심이라 이 비밀은 너희 안에 계신 그리스도시니 곧 영광의 소망이니라"(골 1:25-27)

타락한 세상에 대한 심판주가 되실 예수 그리스도에 관한 예언은 창세기 3장 15절에 기록되어 있다. 그 말씀은 하나님께서 범죄한 인간에게 허락하신 은혜의 본질이다. 그것은 하나님의 백성들에게는 소망의 근거가 되지만 나머지 인간들에게는 심판의 근거가 된다. 바울은 하나님의 자녀들에게 특별히 약속된 비밀인 그 놀라운 영광의 소망이 지상의 교회 가운데 허락되었음을 말하고 있는 것이다.

하나님의 몸된 교회가 소유한 이 놀랍고 신비로운 비밀과 그에 따른 의미는 교회의 존재의미를 분명히 드러내고 있다. 하나님의 자녀로서 부르심을 입은 모든 성도들은 교회에 속해 그 비밀을 공유하게 되는 특권을 누리게 된다. 그러므로 그 비밀은 교회와 그에 속한 모든 성도들이 주의를 기울여 잘 간직해야만 할 보배로운 것이다.

그리고 우리는 '비밀의 누설' 과 '비밀의 전달' 이 가지는 의미를 잘 이해해야 할 필요가 있다. 비밀의 누설은 왜곡된 채 외부로 잘못 전해질 가능성이 많다. 그것은 유언비어가 되어 종교적인 여론이 형성될 수 있으며 비밀의 내용이 변질되어 전혀 다른 형태로 알려질 우려가 있기 때문이다.

그러나 예수 그리스도와 연관된 하나님의 복음은 무책임하게 아무렇게나 누설되어서는 안 된다. 그것은 사도들과 직분자들에 의해 교회 가운데 정확하게 전달되어야 한다. 그리고 그 비밀은 성도들에게 분명하고 확실하게 알려지지 않으면 안 된다. 비밀의 내용과 그 의미에 대한 명확한 이해가 없다면 성도들은 신학적인 정체성을 확립하지 못해 신앙 자체를 오해할 우려를 낳게 된다.

우리는 하나님의 교회가 이 세상의 어느 것과도 비교할 수 없는 소중한 복음의 비밀을 간직하고 있다는 사실을 기억해야 한다. 그 비밀은 타락한 세상에서는 철저히 감추어져 있으며 자연인으로서는 결단코 자력으로 그것을 알 수 없다. 그러나 하나님의 자녀들은 그 비밀로 인해 설령 이 세상에서 견디기 어려운 환난을 당한다 할지라도 영원한 천국의 소망을 가지고 당당히 살아가게 된다.

2. 맡은 자들에게 구할 것은 충성 (2)

사도 바울은, 직분을 맡은 자들에게는 충성이 요구된다는 사실을 말했다. 하나님께서는 직분자들이 자신의 뜻에 따라 신실한 충성을 다하고 있는지 살피신다. 이는 소중한 직분을 맡기신 하나님의 뜻을 잊어버리지 말아야 함을 의미한다. 물론 이 말은 일차적으로 사도직에 관한 언급으로써 사람들의 종교적인 취향이나 기호에 맞추어서는 안 된다는 사실을 말해주고 있다.

따라서 성숙한 하나님의 자녀들은 하나님께 충성을 다하는 것을 지극히 당연하게 생각한다. 한편 간교한 자들은 개인적인 성공이나 명예를 위해 충성을 가장해 나름대로 최선의 노력을 다해 열심히 활동하는 것을 보게 된다. 그러나 진정으로 충성된 사람들은 자기의 목적 때문이 아니라 자신이 섬겨야할 자 때문에 충성을 다한다.

예수님께서는 제자들에게 자신을 따르고자 하는 자들의 기본 요건에 관한 언급을 하셨다. 누구든지 자기를 따르고자 하는 자라면 반드시 감당해야 할 몫이 있다는 것이다. 그것은 이 세상에서의 자기 삶을 완전히 포기하지 않으면 안 된다는 것이었다. 이 가운데는 인간적인 판단을 배제해야 하는 의미가 들어있다.

예수님께서 십자가를 지시기 전, 앞으로 임하게 될 십자가 사역에 관한 언급을 하셨다. 이제 머지 않아 자신은 예루살렘에 올라가 유대인 지도자들에 의해 고난을 받은 후 죽임을 당하게 되리라는 사실을 예언하셨던 것이다. 물론 그후 부활을 통한 승리가 있으리라는 점을 분명히 말씀하셨다. 그러나 제자들의 귀에는 그의 비참한 죽음에 관한 예언의 말씀만 크게 들렸을 따름이다.

그래서 베드로는 앞으로 그런 일이 결코 일어나지 않을 것이라 장담했다. 그것은 무슨 한이 있어도 그 일을 막겠다는 인간적인 판단에 의한 것이었다. 그때 예수님께서는 베드로를 칭찬했던 것이 아니라 도리어 강하게 책망하시면서 제자들에게 자기를 따를 수 있는 기본 요건을 말씀하셨던 것이다.

> "예수께서 돌이키시며 베드로에게 이르시되 사단아 내 뒤로 물러 가라 너는 나를 넘어지게 하는 자로다 네가 하나님의 일을 생각지 아니하고 도리어 사람의 일을 생각하는도다 하시고 이에 예수께서 제자들에게 이르시되 아무든지 나를 따라 오려거든 자기를 부인하고 자기 십자가를 지고 나를 좇을 것이니라 누구든지 제 목숨을 구원코자 하면 잃을 것이요 누구든지 나를 위하여 제 목숨을 잃으면 찾으리라"(마 16:23-25)

베드로는 예수님에 대한 자신의 의리와 충성심을 배경으로 하여 진정으로 말했을지라도 그것은 하나님의 뜻에 정면으로 배치되는 반응이었다. 예수님께서는 그런 것들을 버리지 않으면 안 된다는 사실을 강조하셨다. 그래야만 진정한 하나님의 뜻을 알 수 있으며 참된 충성을 다할 수 있음을 말씀하셨던 것이다.

인간들의 이성에 기초한 충성심 자체에는 아무런 보장성이 없다. 그것은 또 다른 인간적인 욕망에 지나지 않는다. 그러므로 자신의 목적을 위해 충성을 다하는 자들은 어려움이나 위기가 닥치면 더 이상 충성을 지속하지 않는다. 이는 자기에게 실질적인 유익이 없다고 판단하기 때문이다. 그런 자들에게 있어서 중요한 것은 종교를 앞세운 저들의 개인적인 목적일 따름이다.

그렇지만 진실로 충성을 다하는 자들은 인간적인 판단에 따른 자기의 유익을 위해 하나님께 충성하지 않는다. 그들은 자기에게 엄청난 손실이 생긴다 해도 성경의 교훈에 따라 마땅히 행해야 할 바 도리를 실천한다. 설령 자기의 목숨을 내어놓아야 할 위태로운 지경에 놓인다 할지라도 여전히 충성스런 의무를 다하게 되는 것이다.

사도 바울이 고린도 교회의 지도자들에게 요구한 것은 바로 그런 충성이다. 하나님의 교회를 위해 특별히 세움을 받은 직분자들은 충성을 다하지 않으면 안 된다. 하나님께서 성도들에게 소중한 직분들을 맡기신 것은 저들의 개인적인 성공이나 이 세상에서의 평안한 삶을 허락하기 위한 것이 아니었다. 그것은 오직 하나님께서 계획하신 뜻의 성취와 그의 몸된 교회를 위한 것이었다.

그러므로 사도 요한은 계시록에서 서머나 교회의 사자에게 보내는 편지를 통해 그점을 확인하고 있다. 하나님으로부터 직분을 부여받은 성도들은 평안하고 안락한 형편 가운데서가 아니라 무서운 시험과 모진 환난이 닥친다 할지라도 두려워하지 말고 죽을 때까지 충성을 다해야 함을 언급했다.

> "네가 장차 받을 고난을 두려워 말라 볼찌어다 마귀가 장차 너희 가운데서 몇 사람을 옥에 던져 시험을 받게 하리니 너희가 십일 동안 환난을 받으리라 네가 죽도록 충성하라 그리하면 내가 생명의 면류관을 네게 주리라"(계 2:10)

하나님께서는 자기 백성들에게 결코 이 세상에서의 만족스럽고 화려한 삶을 보장한다는 약속을 하지 않으셨다. 도리어 악한 세상에서는 견디기 어려운 무서운 고난이 닥칠 수 있음을 예언하셨다. 이는 사탄이 자신의 일을 방해하는 하나님의 자녀들을 가만히 두지 않을 것이기 때문이다.

하나님으로부터 중요한 사명을 부여받은 성도들이라면 고통 가운데 서라도 그 사명을 성실하게 감당해야 할 의무와 책임이 있다. 그러므로 요한은 서머나 교회의 사자에게 보내는 편지에서 지상교회의 앞날에는 넘치는 평화가 아니라 세상으로부터 견디기 힘든 위기가 이르게 되리라는 사실을 언급했던 것이다. 악한 자들이 하나님의 성도들을 붙잡아 감옥에 가두는 일이 발생하기도 한다. 교회는 하나님을 대적하는 자들에 의해 엄청난 환난을 겪을 수밖에 없는 것이다.

그렇지만 그 환난의 기간은 영원히 지속되는 것이 아니라 지상에서 한정된 기간동안만 진행된다. 그 사실을 알기에 하나님의 자녀들은 세상의 핍박을 크게 두려워할 필요가 없다. 현실적으로 공포분위기가 조성되고 엄청나게 고통스런 일을 겪게 되지만 영원한 천국을 바라보며 능히 이겨낼 수 있게 된다.

요한은 하나님으로부터 특별한 사명을 부여받은 성도들이라면 견디기 어려운 박해 가운데 처한다 할지라도 죽을 때까지 충성을 다해야 함을 언급했다. 그것은 주변의 환경에 구애됨이 없이, 맡겨진 사명을 성실하게 수행해야 함을 말한다. 그렇게 할 때 하나님께서는 그런 자들에게 영원한 생명의 면류관을 허락하시게 되는 것이다.

3. "아무 것도 판단치 말라" (3-5)

사도 바울은 하나님께서 요구하시는 충성을 언급하면서 다른 사람들로부터 판단 받는 문제에 대한 기록을 하고 있다. 우리는 이 말을 매우 주의 깊게 이해해야 한다. 이는 일반적인 사실에 관한 것이 아니라 그의 사도직에 연관되는 문제로 보이기 때문이다. 즉 당시 고린도를 비롯한 주변 지역에는 잘못된 종교적 취향으로 인해 바울의 사도성에 대해 문제를 제기하는 사람들이 더러 있었던 것 같다.

그러므로 그는 다른 사람들이 자기를 판단하는 것을 대수롭지 않게 여긴다는 사실을 언급했다. 교회의 주인되시는 하나님과 그의 뜻이 중요할 뿐 악한 인간들의 말과 주장에 그렇게 민감한 반응을 보일 필요가 없다는 것이었다. 나아가 바울은 자기 자신도 스스로 자기를 판단하는 행위를 하지 않음을 강조했다. 이는 그의 교훈이 인간적인 개인의 주장이 아니라 하나님의 계시라는 사실을 분명히 말해주고 있다.

그리고 사도 바울은 자기 자신에 대해 자책自責할 아무 것도 깨닫지 못한다는 사실을 밝혔다. 이는 그의 일반적인 삶과 행위를 두고 말한 것이 아니다. 즉 그가 아무런 허물이 없는 완벽한 삶을 살고 있음을 주장하려는 것이 아니었다.

바울이 그 언급을 한 것은 자기의 '사도적 언행' 을 두고 하는 말로 이해해야 한다. 사도로서 교회에서 말씀을 선포하고 진리를 증거하는 데 있어서 아무런 잘못이 있을 수 없다는 것이다. 그러므로 오늘날 우리가 바울처럼 '자책할 것이 없는 인간' 이 되는 것은 불가능한 일이다. 만일 우리 중에 누가 그렇게 되려고 노력하는 자가 있다면 그것은 또 다른 인간적인 욕망에 지나지 않는다.

타락한 육신을 입고 살아가는 모든 인간들은 예외 없이 더러운 죄인일 수밖에 없다. 바울은 이 세상에 의인은 단 한 사람도 없음을 강조하고 있다. 그는 로마에 있는 교회에 편지하면서 그에 대한 분명한 언급을 하고 있다.

> "그러면 어떠하뇨 우리는 나으뇨 결코 아니라 유대인이나 헬라인이나 다 죄 아래 있다고 우리가 이미 선언하였느니라 기록한 바 의인은 없

> 나니 하나도 없으며 깨닫는 자도 없고 하나님을 찾는 자도 없고 다 치우쳐 한가지로 무익하게 되고 선을 행하는 자는 없나니 하나도 없도다 저희 목구멍은 열린 무덤이요 그 혀로는 속임을 베풀며 그 입술에는 독사의 독이 있고 그 입에는 저주와 악독이 가득하고 그 발은 피 흘리는 데 빠른지라 파멸과 고생이 그 길에 있어 평강의 길을 알지 못하였고 저희 눈앞에 하나님을 두려워함이 없느니라 함과 같으니라"(롬 3:9-18)

바울은 유대인이나 헬라인이나 모든 인간들은 예외없이 무서운 죄의 굴레에 갇혀 있음을 말하고 있다. 죄인들은 항상 더러운 욕망에 가득 차 있으며 악을 행하기에 여념이 없다. 죄에 빠진 인간들은 하나님을 경외하지 않는 타락한 본성을 지니고 있는 것이다.

따라서 바울은 자신이 하나님 앞에서 죄인이라는 사실을 잘 알고 있었다. 이 세상에 모든 인간들이 더러운 죄인일진대 바울만 예외가 될 수 없었다. 그래서 바울은 비록 사도로서 자책할 만한 것이 전혀 없다고 할지라도 그것으로 인해 하나님으로부터 의롭다고 인정받는 것이 아님을 말했다.

그렇지만 하나님의 은혜로 말미암아 구원에 참여하게 된 자신에 대해 의롭다고 인정해 주실 분은 오직 주님 한 분이시라는 사실을 언급하고 있다. 인간들의 판단이나 승인여부가 악한 인간들을 의롭게 만드는 것이 아니다. 인간들이 아무리 의를 내세워도 하나님 앞에서는 죄인일 수밖에 없기 때문이다.

그러므로 사도 바울은 고린도 교회의 성도들에게 주님께서 다시 오시기 전에는 아무것도 판단치 말라고 당부했다. 이는 일반적으로 일어나는 사안들을 두고 하는 말이 아니다. 성경의 교훈에 따라 세상을 해석하고 판단하는 것은 교회와 그에 속한 성도들이 마땅히 행해야 할 일이다.

나아가 우리는, '아무것도 판단치 말라'(고전 4:5)고 말한 사도 바울의 언급이 예수님께서 제자들에게 '비판을 받지 않으려거든 비판하지 말라'(마 77:1)고 하신 말씀과 전혀 다른 의미를 지니고 있음을 기억해야 한다. 바울이 고린도 교회를 향해 주님이 오실 때까지 아무것도 판단치 말라고 당부한 것은 자신의 사도성에 대해 아무런 의심을 품지 말고 그대로 받아들이라는 뜻이다.

하나님께서는 종국에 가서 그리스도와 더불어 어두움에 감추어져 있는 모든 것들을 드러내시고 자신의 거룩한 뜻을 만천하에 나타내신다. 그동안 사도들을 통해 계시된 하나님의 말씀은 교회 가운데서 어두움을 밝히는 등불의 역할을 하게 된다. 그러므로 사도들이 기록한 하나님의 말씀에 온전히 순종하는 자들에게는 하나님으로부터 영광스런 칭찬이 따르게 되는 것이다.

4. "기록한 말씀 밖에 넘어가지 말라" (6)

하나님으로부터 계시된 말씀은 절대적인 성격을 지니고 있으며 결코 상대적이지 않다. 그 말씀은 타락한 이 세상에서 생성된 것이 아니며 지상의 교회에서 양산되지도 않았다. 즉 성경에 기록된 모든 말씀은 세상의 역사적 산물이 아닐 뿐더러 역사 가운데 존재했던 교회로부터 만들어진 산물도 아닌 것이다.

바울은 자기와 아볼로가 고린도 교회에 본을 보였다는 사실을 언급하고 있다. 그 본은 과연 무엇이었을까? 단순히 일반 윤리적이고 도덕적인 삶에 관한 것을 의미하고 있을까? 그것은 그렇지 않다. 그런 식의 본이라면 비록 바울이 아니어도 윤리적으로 본을 보일 만한 사람들이 많이 있었을 것이 틀림없다.

바울이 언급한 것은 자신과 아볼로가 하나님의 말씀인 성경에 대한 기본적인 자세의 본을 보인 사실과 연관된다. 바울과 아볼로는 고린도 교회 성도들에게 기록된 하나님의 말씀 밖에 넘어가지 않도록 당부했다. 그리고 그들 자신이 먼저 그에 대한 본을 보였다. 따라서 바울은 고린도에 있는 성도들이 자신과 아볼로를 통해 그 중요한 교훈을 이미 배웠다고 말했던 것이다.

우리는 여기서 몇 가지 중요한 의미를 기억한다. 첫째는 하나님의 말씀을 중심으로 하여 교회와 세상 사이에 분명한 경계가 존재한다는 사실이다. 이는 하나님으로부터 계시된 말씀이, 참된 지혜와 세상의 지혜 사이에 경계가 됨을 말해주고 있다. 그리고 둘째는 말씀 안에 있는 성도들이 서로 대적하여 교만한 마음을 먹지 말아야 한다는 사실이다. 그런 잘못된 마음을 먹지 않는 사실 자체가 중요한 것이지만 그 기초는 계시된 하나님의 말씀에 있다. 즉 하나님의 말씀이 경계가 되어 같은 편에서 있으면 서로 대적할 일이 없으며 교만한 마음을 먹지 않게 된다는 것이다.

5. 진정한 왕 (7-13)

교회는 하나님께서 세상으로부터 구별해 내신 특별한 공동체이다. 이는 인간들의 종교적 판단에 따라 결성된 신앙조직이 아니다. 하나님께서 창세전에 자기 자녀들을 위해 작정하신 뜻이 예수 그리스도를 통해 성취됨으로써 그 모임이 형성되었다.

따라서 사도 바울은 그 교회가 누구에게 속했는지 다시금 언급하고 있다. 그리고 그들이 소유하고 있는 참된 것들 가운데 하나님으로부터 받지 않은 것이 하나도 없다는 사실을 말했다. 그리하여 모든 진리를 하나님으로부터 은혜로 받았으면서도 마치 스스로 가진 것인 양 자랑하고 있는 어리석은 자들을 강하게 책망하고 있다.

고린도 교회 안에는 스스로 만족스러워하며 부자가 되어 군림하려는 잘못된 종교지도자들이 있었다. 그 가운데는 신앙이 어린아이 같은 지도자들이 많았다. 그들은 어린 성도들 위에서 권세를 누리며 마치 왕처럼 행세했다. 바울은 그런 자들에 대해 '우리 없이' 왕 노릇한다는 표현을 하고 있다(고전 4:8). 이는 그들이 사도들의 교훈을 무시하고 교회를 정치적인 조직과 유사한 기관으로 변질시켜 버렸음을 지적하는 것이다.

바울은 그들이 그런 잘못된 방식에서 벗어나 진정한 왕의 권위를 소유하게 되기를 원한다고 말했다. 교회의 지도자들이 올바른 권위를 가짐으로써 사도들의 가르침 또한 왕적인 권위를 유지하게 된다. 즉 직분자들이 참된 권위를 소유하게 될 때 그것을 통해 사도들이 전한 교훈이 교회 가운데서 진정한 권위를 회복하게 된다는 것이었다.

그러나 당시 고린도 교회의 실상은 전혀 그렇지 않았다. 교회 내부에 잘못된 권위주의가 팽배해 있었던 것이다. 신앙이 어린아이 같은 지도자들은 권위주의적인 태도로 어리석은 교인들 위에 통치자처럼 군림했다. 그들은 교인들을 이용해 부유한 삶을 누렸으며, 구약시대의 악한 종교인들이 그랬듯이 신앙을 구실삼아 감히 하나님의 몸된 교회 안에서 무소불위無所不爲의 권세를 행사했다.

그에 비해 당시 사도들은 악한 세상으로부터 엄청난 시련과 고통을 겪어야 했다. 그것은 우리의 상상을 초월하는 것이었다. 바울은 그 정도가, 마치 하나님께서 사도인 저들을 죽이기로 작정한 것 같은 최악의 고통스런 자리에 내몰렸음을 말했다. 그러므로 저들은 하나님을 배신한 세상과 그에 속한 천사들 및 불신자들의 눈에 구경거리와 조롱거리가 되었다는 것이다.

하나님을 알지 못하는 불신자들은, 과연 하나님이 살아있다면 그에게 충성하는 자들이 왜 그런 고통을 당하느냐며 비아냥거렸을 것이 틀림없다. 악한 자들은 그전에 하나님의 아들이신 예수 그리스도에 대해서도 그와 동일한 조소嘲笑를 보냈다. 사탄은 고통에 처해 있는 예수님께 하나님의 아들이면서 뭘 그런 고생을 하느냐며 비아냥댔으며(마 4:3,6,9), 배도자들은 십자가에 달리신 예수님을 향해 정말 하나님의 아들이라면 고통당하지 말고 그곳에서 뛰어 내려오라고 조롱했다(마 27:40).

사도들 역시 엄청난 고생을 감내하면서 그와 같은 조롱과 비아냥 소리를 들었을 것이 분명하다. 사도들은 하나님으로부터 아무런 도움을 받지 못하는 자들처럼 엄청난 고난을 당했던 것이다. 그러므로 바울은 자신의 형편이 얼마나 힘든 삶인지 고린도 교회의 지도자들의 형편과 비교하며 그에 대한 언급을 하고 있다.

> "우리는 그리스도의 연고로 미련하되 너희는 그리스도 안에서 지혜롭고 우리는 약하되 너희는 강하고 너희는 존귀하되 우리는 비천하여 바로 이 시간까지 우리가 주리고 목마르며 헐벗고 매맞으며 정처가 없고 또 수고하여 친히 손으로 일을 하며 후욕을 당한즉 축복하고 핍박을 당한즉 참고 비방을 당한즉 권면하니 우리가 지금까지 세상의 더러운 것과 만물의 찌끼 같이 되었도다"(고전 4:10-13)

우리는 바울의 고백을 통해 사도들이 얼마나 견디기 힘든 큰 고통을 당했는지 짐작하게 된다. 오늘날 우리 같았으면 과연 그와 같은 끔찍한 고통을 감내할 수 있었을까? 사도들은 연약하고 비천한 자처럼 되어서 헐벗고 매맞으며 핍박을 당했다. 그것도 한두 번이 아니라 늘 그런 위태로운 분위기 가운데 살아야만 했다. 그러다보니 세상에서조차 하나님으로부터 버림받은 인간들처럼 보일 수밖에 없었다.

그에 반해 고린도 교회의 악한 지도자들은 그와 전혀 다른 부요한 삶을 살았다. 그들은 교인들 앞에서 마치 그리스도 안에서 지혜로운 자인 양 선전하며 행세했다. 그렇게 함으로써 배부르게 살면서 스스로 강하고 존귀한 자임을 내세웠다(고전 4:10). 그들은 저들의 풍요로운 삶이 마치 하나님이 주신 복인 양 자랑하며 교인들을 기만했던 것이다.

오늘날 우리시대의 교회 지도자들은 과연 어떤가? 세상의 것들을 내세우며 하나님의 복을 받은 양 자랑하며 어린 교인들 위에 왕처럼 군림하려 하지는 않는가? 마치 하나님으로부터 대단한 권세라도 부여받은 듯 왕 노릇하려는 태도를 가지고 있지 않은가?

만일 우리가 그런 불손한 태도를 가지고 있다면 사도들을 비롯한 참된 믿음의 선배들을 모욕하는 것과 다르지 않다. 우리가 배불리 먹고 부유하게 사는 것을 두고 하나님의 복이라 주장한다면 그렇게 살지 못하고 헐벗은 채 모진 고통을 당했던 믿음의 선배들을 하나님의 복과 아무런 상관 없이 살았던 사람들로 몰아붙이는 꼴이 된다.

그러므로 우리는 하나님 앞에서 무한히 겸손해지지 않으면 안 된다. 특히 교회의 지도자라 자처하는 직분자들은 더욱 그렇다. 하나님의 몸된 교회 가운데서 권세를 행하거나 성도들 위에 군림할 수 있는 자는 이 세상에 아무도 없다. 우리가 처한 시대적 환경으로 말미암아 배불리 먹고 살아간다면 그나마 자랑스러워 할 것이 아니라 과거 믿음의 선배들과 현재 환경이 열악한 가운데 살아가는 형제들을 기억하는 가운데 겸손한 자세로 자신의 모습을 되돌아볼 수 있어야만 한다.

6. "나를 본받는 자 되라" (14-17)

사도 바울은 고린도 교회의 지도자들을 책망하면서도 자신의 정체성을 분명히 드러내고 있다. 그는 단순히 영적으로 어린아이와 같은 저들로 하여금 부끄럽게 하기 위한 것을 주된 목적으로 삼지 않았다. 도리어 사랑하는 자녀를 애틋하게 권면하는 심정으로 저들의 잘못된 삶을 돌이키고자 했다.

바울은 그리스도 안에서 일만 스승(instructers)이 있으되 아버지(fathers)는 많지 않다고 언급했다(고전 4:15). 그러면서 자신은 단순한 저들의 스승이 아니라 예수 그리스도 안에서 복음으로써 저들을 낳은 부모라는 사실을 말했다.

그렇다면 스승과 부모는 어떻게 다른가? 스승(instructer)은 제자들을 가르치고 지시하며 인도하는 일을 한다. 지식전달과 더불어 훈련을 시키게 된다. 이에 비해 부모는 자식이 올바른 삶을 사는 인간이 되기를 바란다. 부모는 자식이 잘못된 길로 접어들게 되면 노심초사勞心焦思하며 책망하기도 하고 권면하기도 한다.

바울은 그에 대한 이야기를 하며 자기는 고린도 교회를 위한 스승에 머무는 것이 아니라 부모의 심정을 가지고 있음을 말했다. 나아가 교회 안에서 가르치기에 열중하며 스승 역할을 하는 사람들은 많이 볼 수 있는데 반해 애틋한 부모의 심정을 가진 자들이 많지 않음에 대해 안타까워하고 있다.

그런 부모의 심정을 가진 바울은 고린도 교회를 향해 '자신을 본받는 자'가 되라고 했다. 이는 사실 기독교교육에 있어서 매우 중요한 교훈을 주고 있다. 세속주의 교육학에서는 자녀를 잘 양육하기 위해 부모들이 많은 조건들을 제공하도록 요구한다. 학비를 마련해주기도 하며 양질의 교육을 위한 좋은 환경을 마련하기도 한다. 그래서 자식을 위해 이것저것 모든 것을 해주며 아낌없는 노력을 기울인다.

그러나 성도들의 자녀를 위한 기본적인 교육 자세는 그런 것이 아니다. 사도 바울이 언급한 것처럼 가장 중요한 것은 부모가 자녀들의 본이 되는 삶을 사는 것이다. 즉 성숙한 신앙을 가진 부모는 자녀들에게 무엇인가를 해주고자 최선의 노력을 다하는 것이 아니라 자녀에게 본이 되는 삶을 살아야 한다. 자녀가 유아세례교인일 경우 교회에 입교할 때까지, 그리고 혼인을 하거나 독립해서 살아갈 만한 연령이 될 때까지 부모는 자녀에게 본을 보이며 신앙생활을 하지 않으면 안 된다.

부모가 자식을 훌륭하게 키우기 위해 자신을 희생하며 여러 가지 좋은 조건과 환경을 일방적으로 제공한다면 그것은 도리어 위험할 수 있다. 이는 그것이 마치 자식을 위한 투자인 것처럼 생각할 우려가 없지 않기 때문이다. 그렇게 되면 투자에 대한 성공과 실패가 나누어지며 나중 자녀에게 필요 이상의 것을 요구하게 될지 모른다. 또한 자식이 소위 성공하는 자리에 이르기라도 하면 무언중에 그에 대한 자신의 공로를 내세우게 된다.

우리는 이에 대한 내용을 통해 교회적으로 이점을 항상 염두에 두어야 한다. 교회의 직분자들은 어린 성도들을 위한 본을 보이지 않으면 안 된다. 그리고 세례를 받은 부모인 성도들은 유아세례 교인인 아이들은 물론 아직 세례를 받지 않은 성도들의 신앙적인 본이 되어야만 한다. 어린 성도들이 비뚤게 자란다면 이는 전적으로 어른들이 잘못된 본을 보인 까닭이다.[17] 이 얼마나 무거운 책임인가!

사도 바울은 고린도 교회 성도들에게 '자신을 본받는 자'가 되라는 말을 하면서, 자신의 사랑하는 영적인 아들 디모데를 그들에게 보낸다고 말했다. 디모데는 아마도 바울이 쓴 고린도전서를 저들에게 전달했을 것으로 보인다(고전 4:17). 바울은 그가 도착하게 되면 자신이 그전에 여러 교회들을 방문하여 예수 그리스도 안에서 가르치고 교훈한 내용들을 기억나게 할 것이라고 했다. 사도 바울의 언행言行이 일치하는 신앙적인 삶이 그들에게 본이 되어야 하는 것이다.

7. 하나님 나라의 속성과 교회 (18-21)

고린도 교회 가운데는 사도들을 두려워하지 않음으로써 교만에 빠진 자들이 많이 있었다. 그런 자들은 두 번 다시 사도들을 보지 않아도 될 것처럼 행세했다. 이는 사도들을 멸시하는 것이며 그들을 교회 가운데 보내신 하나님의 뜻을 무시하는 것이다. 그래서 바울은 조만간 그들에게 가서 실상을 알아보고자 한다고 말했다.

그러나 바울은 그것마저도 자기 마음대로가 아니라 하나님께서 허락하시면 가겠다는 의사를 표시했다. 이는 사도들의 신실한 신앙자세와

---

17) 가정의 부모들과 교회의 성숙한 성도들은 행동, 언어사용, 가치판단, 약속, 예배시간 엄수 등 모든 부분에 각별히 신경을 써야 한다. 그 모든 것들은 자식과 어린 성도들을 위해 본이 될 것이기 때문이다. 어린 사람들은 성인들의 올바른 신앙을 보며 배우기도 하지만, 잘못된 언행마저 그대로 배워 답습한다는 사실을 잊어서는 안 된다.

하나님의 뜻을 멸시하는 당시 기독교 지도자들의 오만한 태도가 크게 대비되는 모습을 보여준다. 따라서 바울은 자기가 저들에게 나아가게 되면 그들의 모든 실상을 알아보겠노라고 강조해 말했다.

바울은 교회에서 권세를 누리며 군림하는 교만한 자들의 '말'이 아니라 저들의 '능력'을 확인해보겠다고 했다. 그들의 말을 알아볼 것이 아니라고 한 것은 저들의 교활한 주장을 듣지 않겠다는 것이다. 그런 자들은 쉽게 반성하고 뉘우치지 않을 것이 분명하다. 그러므로 바울은 오직 그 능력을 알아보겠다는 말을 했다.

> "하나님의 나라는 말에 있지 아니하고 오직 능력에 있음이라"(고전 4:20)

바울이 본문에서 하나님 나라는 말에 있지 않고 오직 능력에 있다고 말한 것은 무슨 의미일까? 여기서 말하는 능력이란 구체적으로 무엇을 가리키고 있을까? 과연 은사주의자들이나 신비주의자들처럼 일상적이지 않은 종교적인 기적을 행하는 것을 두고 말하는 것일까? 물론 그런 것을 의미하지 않는다. 바울이 여기서 말하고 있는 능력이란 곧 '세력'(power)을 의미한다. 즉 하나님 나라는 말에 그치는 것이 아니라 대적자들을 제어하는 신령한 세력을 지니고 있다.

그러므로 하나님의 참된 교회와 그에 속한 성도들이라면 세상을 능히 이길 수 있는 세력을 갖추고 있어야만 한다. 따라서 타락한 세상과 타협하지 않으면서 세상에 승리하는 하나님 나라의 모습을 보여주게 된다. 바울은 고린도 교회가 그런 능력 곧 세력을 갖추고 있는지 확인하겠다고 말했던 것이다.

물론 바울은 이미 그들에게 그 능력이 매우 약화되어 있다는 사실을 잘 알고 있었다. 그러므로 고린도 교회를 향해 너희가 무엇을 원하느냐고 물으면서 매를 가지고 나아갈지 사랑과 온유한 마음으로 나아갈지 물었다. 즉 매를 맞기 원하지 않는다면 속히 잘못된 태도를 뉘우치고 고쳐 악한 세상을 이길 수 있는 능력을 회복함으로써 교회의 원 모습을 회복하도록 요구하고 있다.

바울이 고린도 교회 교인들을 향해 '내가 너희에게 매를 가지고 나아갈까' 라고 한 말은 오늘날 우리도 귀담아 들어야 할 내용이다. 우리에게는 과연 사도들의 매를 두려워하는 마음이 있는가? 우리는 항상 우리가 잘못할 때 매를 들고 가겠다고 한 사도의 말을 기억해야 한다. 그래서 잘못된 점이 발견되는 순간순간 하나님의 말씀을 통해 교정함으로써 교회를 온전히 세워가려는 자세를 유지해야만 한다.

제6장
교회의 권세와 순결

(고전 5:1-13)

1. 최악의 음행 (1,2)

인간들로부터 표출되는 가장 사악한 죄 가운데 하나는 성적인 음행淫行이다. 그것은 사랑이라는 더러운 가면으로 가려져 있는 경우가 많다. 소설이나 영화, 그리고 안방에서 방영되는 텔레비전 연속극 등에서는 저질스런 사랑마저도 아름다운 것인 양 포장되고 있다. 타락한 인간들은 욕망과 사랑을 혼동하고 있는 것이다.

죄에 빠진 인간들은 진정한 사랑과 이기적인 욕망 사이를 올바르게 구분하지 못한다. 우리가 일반적으로 말하는 사랑이란 대개 진정한 사랑이 아니라 감정적인 욕망의 지배를 받고 있다. 그럼에도 불구하고 대다수 인간들은 욕망으로 인한 애정의 감정을 마치 아름다운 사랑인 양 치부한다. 이는 특히 기본적인 인간성을 상실한 21세기 이성異姓 관계에서 강하게 두드러진다.

이기심에 가득찬 죄인들은 사랑의 욕망이 일게 되면 그것을 미화하려는 경향성을 띠고 있다. 그로 인해 발생하는 이성적인 감정은 쌍방으로 상호 작용하는 것이 일반적이다. 하지만 부부 사이가 아닐 경우 그것은 욕망과 욕망이 부딪치는 불건전한 감정에 지나지 않는다. 어리석은 자들은 이성간에 발생하는 욕망의 변화된 현상을 마치 '사랑'인 양 착각하여 속기 십상이다.

고린도 교회에는 천인공노天人共怒할 음행이 있었다. 교회에 출석하는 어떤 사람이 자기 아버지의 아내 즉 계모를 성적으로 취했던 것이다. 그는 단순히 몇 차례 성적인 관계를 맺은 것이 아니라 그녀와 동거하고 있었다.[18] 그런데 문제는 당사자에게 아무런 뉘우침이 없었다는 사실과 교회가 방관적인 태도를 취하고 있었다는 점이다.

그런데 바울은 단순히 범죄한 당사자를 질책하는 데 그치지 않고 온 교회가 그 범죄에 동참하고 있는 것으로 언급하고 있다. 그것은 한두 개인의 사적인 범죄행위일 뿐 아니라 그 악행을 알면서 엄하게 다스리지 않고 묵인한다면 교회의 모든 성도들이 그 악행에 간접적으로 참여하는 것과 마찬가지가 된다는 것이다.

그럼에도 불구하고 대다수 교인들은 그 음행을 알고도 침묵하면서 자신에게는 아무런 잘못이 없는 듯이 생각하고 있었다. 아마도 그들 가운데는 그 더러운 악을 저지른 사람을 향해 뒤에서 비난하고 욕하는 자들이 많았을 것이 분명하다. 그런 추잡한 음행을 보고도 아무런 문제가 될 것이 없다고 말할 사람은 아무도 없다.

이에 대해서는 하나님을 알지 못하는 이방인들이라 해도 마찬가지다. 타락한 세상 가운데서도 인간들의 양심을 배경으로 하여 기본적으로 지켜야 할 도리와 인륜人倫이 있다. 그런데 교린도 교회 가운데 일어난 패륜悖倫은 불신자들 가운데도 쉽게 찾아볼 수 없는 더러운 악행이었다.

---

18) 한글 성경 중 「공동번역」에는 '제 아비의 처와 동거', 「표준새번역」은 '자기 아버지의 아내를 데리고 사는 일', 「쉬운성경」은 '계모를 데리고 살고 있다', 「우리말성경」은 '자기 아버지의 아내와 동거' 한 것으로 번역하고 있다.

거룩해야 할 하나님의 교회에서 그런 일이 발생한다는 것은 결코 있을 수 없는 일이다. 그것은 하나님의 이름을 욕되게 하는 일이며 교회를 허무는 악한 행위이다. 개인적인 욕망을 추구하기 위해 하나님의 교회를 허문다면 그보다 더 악한 일은 있을 수 없다. 따라서 교회와 성도들이 그것을 방조한다면, 교회를 모독하는 자들을 관대하게 받아들임으로써 그 죄에 참여하는 행위가 되는 것이다.

2. 교만한 자에 대한 판단(2-5)

사도 바울은 고린도 교회가 그런 끔찍한 죄악에 대해 통탄스럽게 여기지 않고 그 악한 자를 공적으로 엄하게 징계하지 않은 채 도리어 용납하고 있는 사실을 두고 강하게 질책하고 있다. 그런 자들은 교회 가운데서 중징계를 내려 마땅히 물리쳐 내야 함에도 불구하고 그렇게 하지 않았다는 것이다.

이로 보건데 당시 고린도 교회 가운데는 세속적인 악한 풍토와 더불어 불건전한 '관용사상' 이 존재했던 것 같다. 그런 악행을 보면서, 모든 인간들은 정도의 차이가 있을 뿐 떳떳할 것이 없다는 생각을 했을지도 모른다. 인간은 다른 사람의 잘못을 지적해서는 안 되며, 죄악이라 할지라도 이해하고 관용하는 것이 덕목이라 생각했을 가능성이 있다.

나아가 고린도 교회의 성도들은 철저히 이기적이 되어 다른 사람들의 범죄에 대해서 무관심했을 수도 있다. 각자 하나님 앞에서 자기 죄를 책임지면 될 일이지, 옆에서 그것을 지적하다가 복잡한 인간관계에 얽히고 싶지 않았을 것이다. 그것은 곧 어떤 경우에도 남의 일에 주제넘게 간섭할 필요가 없다는 그릇된 사상이다.

그런 생각들은 일면 그럴듯하게 여겨질지 모르지만, 인간들의 죄에 대해 상호 용납하고 위로를 주고받음으로써 교회를 무시하는 위험한 상황을 유발하게 된다. 다른 사람들에게 관대한 모습을 보이면서 자신의 악행에 대해서도 교회의 간섭을 받지 않으려는 이기적인 사고를 불러일으키게 되는 것이다. 아마 그들 가운데는 예수님께서 비판하지 말라고 한 말씀(마 7:1-3)을 오해하면서[19] 하나님의 사랑을 들먹였을지도 모른다.

하지만 교회 가운데 죄를 용납하려는 그런 태도는 무서운 누룩이 되어 다른 교인들에게 급속하게 퍼지기 마련이다. 그렇게 되면 교회를 어지럽혀 약화시키게 되며, 교인들이 사악한 죄악을 자연스럽게 받아들여 경건한 삶을 훼방하는 역할을 한다. 그 결과 교인들은 점차 죄에 무디어지고 둔감하게 된다. 그것이 더욱 심화되는 단계에 이르면 경건하게 살려고 노력하는 성도들을 질투하게 되고 그들을 향해 도리어 비아냥거리는 분위기마저 조성될 우려가 없지 않다.

그 모든 내용들에 대해 잘 알고 있는 바울은 저들의 교만한 태도를 책망하며 자신이 그 악한 자를 이미 판단했음을 언급했다. 이는 단순한 판단이 아니라 그를 정죄한 것을 의미한다. 바울은 자신의 몸이 비록 고린도 교회 가운데 있는 것은 아니지만 영으로는 그들과 함께 있어서 거기 있는 것처럼 분별할 수 있다는 것이다.

바울은 본문 가운데서 계모와 통간하는 것과 같은 더러운 악행을 저지른 자를 사탄에게 내어주었음을 분명히 선언했다. 우리가 여기서 특히 관심을 기울여야 할 바는 바울이 멀리 에베소에 있으면서 개인적으로 그렇게 판단하고 있다는 말 이상의 의미를 지니고 있다는 사실이다. 그는 육신적으로 멀리 떨어져 있었지만 그의 영은 고린도 교회의 공적인 모임 가운데 함께 있으면서 주 예수 그리스도의 권세로 그런 자를 사탄에게 내어주었음을 분명하게 말했다. 이는 보편교회가 세상과 악한 자들을 심판하는 하나님의 권세를 소유하고 있다는 사실에 연관되는 것

---

19) 이광호, 『에세이 산상수훈』(서울: 칼빈 아카데미, 2005), pp.206-212. 참조.

이다.

> "주 예수의 이름으로 너희가 내 영과 함께 모여서 우리 주 예수의 능력으로 이런 자를 사단에게 내어주었으니 이는 육신은 멸하고 영은 주 예수의 날에 구원 얻게 하려 함이라"(고전 5:4,5);
>
> "In the name of our Lord Jesus Christ, when ye are gathered together, and my spirit, with the power of our Lord Jesus Christ, To deliver such an one unto Satan for the destruction of the flesh, that the spirit may be saved in the day of the Lord Jesus"(1Cor. 5:4,5, KJV)

바울이 여기서 '너희가 내 영과 함께 모여서' 그런 자를 사탄에 내어준다고 한 말은 구체적으로 무슨 의미인가? 이는 사도와 교회가 그를 공적으로 영원한 멸망에 내어주었음을 말한다. 더구나 '주 예수의 능력'으로 그를 사탄에게 내어주었음을 밝히고 있다.

따라서 바울의 선언은 평범한 수준의 징계를 의미하는 것이 아니다. 만일 그럴 요량이었다면 다른 징계절차가 따르는 것이 자연스럽다. 당사자에게 우선 범죄사실에 대한 지적과 더불어 권면을 하고, 그것을 수용하지 않을 경우 점차 높은 단계의 징계를 시행하는 것이 일반적인 과정이다.

그러나 사도 바울은, 곧바로 그가 하나님의 구원과 상관이 없는 자로서 거룩한 하나님의 몸된 교회에 들어와 교회를 더럽힌 자였음을 밝히고 있다. 물론 이러한 궁극적인 심판에 관한 선언은 오직 사도들만 할 수 있는 특별한 사역이다. 그러므로 사도가 아닌 보통 신자들이 함부로 말할 수 있는 내용은 아니다.

그런데 바울은 그런 자를 사탄에게 내어주게 된 목적에 대해 말하고 있다. 그것은 육신은 멸하고 영은 마지막 주 예수 그리스도의 날에 구원받도록 하기 위해서라는 것이다. 물론 본문에서 말하는 영은 그 악을 행한 자의 영혼을 지칭하지 않는다.[20] 도리어 그 영은 교회 곧 영에 속한 하나님의 성도들을 일컫고 있다.

---

20) 대다수의 학자들은, 육신이 사탄에게 내어준 바 되어 멸망하게 되는 자와 주 예수의 날에 영혼이 구원받게 되는 자를 동일인물로 보고 있다: 박윤선은 그의 고린도전서 5:5 주석에서, '사탄에게 내어줌'을 '질병과 고통에 걸리게 됨'을 의미하는 것으로 보고 있다. 그리고 '육신은 멸하고'란 말씀은 신체가 망한다는 의미가 아니고 죄악성과 부패성이 멸하게 됨을 말하고 있다고 한다. 그의 주장은 그가 범죄함으로 인해 일시적인 고통을 당하지만 결국 구원을 받게 된다는 것이다. 권성수는 그의 연구에서 '사탄에게 내어준다'의 의미를 '출교와 육체적 고통'을 동시에 말하는 것이라고 해석하고 있다. Chrysostom과 그를 추종하는 자들은 '사탄에게 내어주었다'는 의미를 어떤 준엄한 신체적 형벌을 가하는 것뿐이라고 생각한다(Calvin). Augustine은 '사탄에게 내어주었다'는 의미를 교회로부터의 출교인 것으로 이해한다(Calvin). John Calvin은 '사탄에게 내어준다'는 의미를 출교로 해석한다. 그리고 '육신은 멸하고'를 육체적 형벌은 일시적이며 그 형벌을 인해 더 향상될 것임을 나타내고 있다고 설명한다. Calvin은 이 구절을 해석하면서, 사도의 그에 대한 '육체의 멸망'의 선언은 일시적으로 정죄한 것이지만, 그는 궁극적으로 영원한 구원을 받게 될 것이라 말하고 있다. F.W.Grosheide는 그의 주석에서 '사탄에게 내어준다'는 말을 출교로 이해하고 있다. 그는 그런 자를 출교함으로써 육신의 죄를 소멸하여 정결케 되어 심판의 날에 그리스도의 구원에 참여케 하고자 하는 것이 그 목적이라 한다. Gordon Bridger는 그의 고린도전서 5:5 주석에서, '이런 자를 사탄에게 내어주었다'는 말을 그가 교회의 사귐으로부터 쫓겨나서 이전대로 다시 바깥 세상, 즉 사탄의 영역에 속하도록 한 것을 의미하는 것으로 보고 있다. 그리고 '육신은 멸하고'라는 말은 교회에서 추방된 데 따른 충격 때문에 '육체의 정욕'이 쇠잔케 되고, 그래서 그의 영혼이 구원을 얻게 될지도 모르는 것으로 해석한다. 그러므로 이 본문에서 바울이 말하는, '그를 사탄에게 내어주었다'는 말은 최종적인 심판을 언도하는 것이 아니라 그가 참된 회개를 하도록 이끌어서 그의 영혼을 구원하려는 목적을 띠고 있는 것으로 이해하고 있다. Leon Morris는 그의 고린도전서 5:5 주석에서, '이런 자를 사탄에게 내어주었다'는 의미를 출교로 보았다. '사탄에게'라고 하는 것은 '교회의 밖'을 사탄의 영역으로 본 것이다. 그는 '육신은 멸하도록'이라는 말은 '죄악된 욕망을 멸한다'는 의미와 '육체적인 질병으로 인해 죽게 되는 것'을 의미할 수 있음을 이야기하며 그 자신은 두 번째 견해가 타당한 것으로 보고 있다. 그리하여 비록 육신은 멸할지라도 그것은 심판날 영이 구원을 얻게 하려 함이라고 말하고 있다. John Albert Bengel은 그의 고린도전서 5:5의 주석에서 '그를 사탄에게 내어준 것은 사도 바울의 특권이지 교인들의 권한은 아니라'고 한다. '육신'이라는 단어를 '그가 죄를 지은 그것'으로 보며, '멸하고'의 의미는 그 심판으로 인한 육신적 생명의 죽음을 의미하는 것으로 보고 있다.

바울의 이 말은 오늘날 우리에게도 매우 구체적이며 실질적인 의미를 지닌다. 오늘날 우리가 악의 본질을 제대로 인식하지 못하고 있을 때, 사도들은 이미 판단하고 심판하는 내용들이 우리 가운데 있지 않은지 살펴보아야 한다. 시대적 조류로 인해 전반적으로 죄에 둔감해진 상태에서 우리는 대수롭지 않다고 여기며 악행을 저지를 때, 사도들의 준엄한 판단이 어떠한지 귀담아 들으려는 자세를 가지지 않으면 안 된다.

사도 바울이 본문 5장 4절에서 언급한, 사탄에게 내어준 사람을 지칭하고 있는 '이런 자' 가 영어성경(KJV)에서는 'such an one' 이라고 번역되어 있다. 이는 고린도전서 5장 1절에 기록된 바로 그 사람을 직접 일컫는 것이 아니라 그와 같은 악행을 저지르는 자를 포괄적으로 의미한다. 바울은 그런 더러운 음행을 저지르면서도 부끄러운 줄 모르고 교만에 빠져 있는 자를 사탄에게 내어주었다고 말했다. 이는 하나님을 욕되게 하며 교회를 어지럽히는 그런 자가 멸망당하는 것이 당연하기 때문이다.

그런데 바울은 뒤이어 '영' 은 주 예수의 날에 구원 얻게 하려 한다는 말을 하고 있다. 이는 과연 그런 사람의 육신은 멸망당하도록 사탄에게 내어주고 그의 영혼은 궁극적인 구원을 얻게 한다는 말인가? 즉 육은 사탄에게 넘겨지고 영은 하나님께 맡겨진다는 것이 가능한 이야기인가?

우리는 이 본문을 주의 깊게 해석하면서 교회론적 관점과 더불어 이해해야 한다. 즉 바울이 그런 자를 사탄에게 내어주었다고 한 선언은 사도만 할 수 있는 특권적 선언으로서 아무나 할 수 있는 말은 아니다. 이는 교회의 순결을 위해 그런 자를 영원한 저주에 내어줌을 의미하고 있기 때문이다.

다시 말해 우리는, 사도 바울이 공적 모임 가운데서 '그런 자를 사탄에게 내어준 사실'(To deliver such an one unto Satan)과 '주 예수의 날에 육신은 멸하고 영은 살리는 일'(the flesh may be destroyed and the spirit may be saved on the day of the Lord)을 양분해서 이해해야 한다. 이와 같은 의미를 잘 보여주는 문장번역에 있어서는, 영어성경 NIV가 일반적으로 타당한 문장구분을 한 것으로 이해된다.

> "When you are assembled in the name of our Lord Jesus and I am with you in spirit, and the power of our Lord Jesus is present, hand this man over to Satan, so that the sinful nature may be destroyed and his spirit saved on the day of the Lord" (1Cor. 5:4,5, NIV)

사도 바울은, 주 예수 그리스도의 권세가 현존하는, 성도들의 공적인 집회 가운데 함께 있으면서 더러운 악행을 저지른 자를 사탄에게 넘겨주었다. 본문의 문맥을 살펴볼 때 이 사실은 그 자체로 완료되는 성격을 지닌다. 그리고 그가 그렇게 한 이유는 육신 즉 죄의 본성을 지닌 자들은 멸망케 하기 위함이며 동시에 영에 속한 자들은 주님의 날에 구원하기 위해서였다.

우리는 여기서 동일한 한 사람의 육체와 영혼을 두고 육신은 사탄에게 보내지고 영은 하나님께 가게 되는 것으로 이해할 수는 없다. 이 말은 교회 가운데 존재하는 육적인 자들과 영적인 사람들을 구분하고 있는 것이다. 즉 육적인 사람들은 사탄에게 내어줄 것이며, 영적인 성도들은 마지막 날 구원받도록 하는 것을 의미하고 있다. 다시 말해 교회 가운데 육적인 자들과 영적인 자들을 분리해 영원한 심판과 영원한 구원이 이루어지게 됨을 말하는 것이다.

또한 우리가 주의 깊게 생각해야 할 바는, 사도들의 영이 우리시대의 공적인 모임 중에도 연관되어 있다는 사실이다. 즉 우리의 모임 가운데는 우리만 있는 것이 아니라 사도들의 정신이 존재해 있는 것이다. 물론 저들의 몸이 우리와 함께 있는 것이 아니지만 저들의 정신은 우리 가운데 분명히 존재한다. 이는 사도들의 가르침과 교훈이 모든 교회 가운데 존재하고 있음을 보여주고 있다.

3. 위험한 누룩(6-8)

사도 바울은 악행에 빠져 있으면서도 상황파악을 제대로 못하고 있는 고린도 교회를 향해 엄하게 책망하고 있다. 그들은 그런 악행이 범행 당사자 개인의 문제일 뿐, 전체 교회공동체의 문제라는 사실을 전혀 인식하지 못하고 있었다. 고린도 교회 성도들은 '그리스도의 몸과 지체'의 관계적 원리를 잊고 있었으며, 적은 누룩이 온 덩어리에 퍼지게 된다는 사실을 가볍게 생각하고 있었던 것이다.

그러므로 고린도 교회는 도리어 저들에게 자랑거리가 있는 듯한 교만한 태도를 버리지 못했다. 그들은 본질을 상실하고 죄악에 빠져 있으면서도 나름대로 종교 활동을 열심히 하면서 그것을 자랑스럽게 여기고 있었다. 그러나 아무리 그럴듯한 종교적인 외형을 갖추고 있다 할지라도 더러운 누룩을 방치한다면, 그것이 퍼져 교회전체가 악한 집단으로 변모할 우려가 없지 않다.

예수님께서도 제자들로 하여금 바리새인들의 악한 누룩을 경계하도록 명령하셨다. 저들은 종교적 형식을 중시하면서도 내면적으로는 하나님을 멸시하는 불신자들이었다. 그들은 입술로는 하나님을 섬긴다고 되풀이하여 언급하지만 실상은 배도한 자들로서 하나님의 일을 허물고 방해하는 역할을 했던 것이다. 그러므로 예수님께서는 제자들에게 그들을 경계하도록 요구하셨다.

> "예수께서 경계하여 가라사대 삼가 바리새인들의 누룩과 헤롯의 누룩을 주의하라"(막 8:15)

종교적으로 포장된 자들의 외형은 어린 성도들을 미혹하게 된다. 그들의 열성이 마치 하나님을 위한 것인 양 비쳐지기 때문이다. 어리석은 자들은 그런 자들의 위선을 부러워하고 자기도 그렇게 되기를 원한다. 그러나 그것은 마치 누룩과 같이 서서히 주변으로 퍼져나가 본질을 변형시키게 된다. 그런 것에 대한 재빠르고 민감한 대처가 없다면 전체덩어리에 누룩이 퍼져나갈 수밖에 없다.

아마도 고린도 교회에서 사악한 음행을 저질렀던 사람 역시 겉보기에는 유능한 종교인이었을 것으로 여겨진다. 교회를 위해 연보를 많이 한다든지 혹은 무엇인가를 통해 나름대로 힘 있는 역할을 했을 것으로 보인다. 그러므로 다른 사람들은 그의 더러운 음행을 알면서도 아무런 공적인 대응을 하지 않았던 것이다.

그러나 그것은 결코 교회 가운데 용납되어서는 안 될 위험한 누룩과 같은 것이었다. 누룩의 성격을 잘 알고 있는 바울은 하나님의 몸된 교회가 묵은 덩어리를 내다버리고 누룩 없는 새 덩어리가 되어야 함을 말하고 있다. 유월절 양이신 예수 그리스도께서 거룩한 희생제물이 되어 십자가를 통해 하나님께 바쳐진 바 되었으니 그의 몸된 교회도 그러해야 함을 말한 것이다.

따라서 교회는 내부에 존재하는 누룩과 같은 악을 완전히 제거하고 누룩 없는 진실한 신앙으로 거룩하신 하나님을 섬길 수 있도록 최선을 다해야 한다. 바울이 본문 가운데서 누룩 없는 떡으로 '명절'(the feast)을 지키라고 요구한 것은 주일 공예배와 연관되는 것으로 이해해야 한다. 예수 그리스도께서 유월절 희생양으로 하나님께 바쳐진 '명절'과 관련지어진 것을 통해 그것을 잘 알 수 있다. 즉 그 유월절 양이 매주일 공예배 가운데 떡과 포도주로 제공되는 것은 그와 직접적인 관련이 있다.

그러므로 우리는 교회 가운데서 세상의 괴악하고 악독한 누룩을 방지해야 한다. 그 대신 순전하고 진실한 누룩 없는 떡을 통해 하나님의 교회를 정결한 공동체로 세워나가야 된다. 바울은 여기서 죄악의 무서운 성격을 지적함과 동시에 교회 가운데서 예수 그리스도의 몸을 상징하는 떡과 포도주를 나누어 먹는 성찬의 본질적 의미를 말하고 있다.

4. 성도와 세상 (9,10)

사도 바울은 본문 말씀 가운데서 타락한 이 세상에 살아가는 성도들의 삶에 관한 중요한 교훈을 주고 있다. 그는 음행하는 자들에 대한 책망을 하면서, 교회 밖에 있는 사람들에 대해 성도들이 취해야 할 입장을 언급했다. 하나님의 백성들은, 동일한 음행을 저지르는 사람들을 본다고 할지라도 교회 안에 있는 자의 경우와 교회 밖에 있는 자의 경우를 달리 대해야 한다는 것이다. 이는 물론 가까이 살고 있는 이웃인 불신자들을 염두에 두고 하는 말이다.

우리는 자칫 하나님의 복음을 알게 되면 과거에 알던 세상의 모든 친구들과의 교제를 단절해야 하는 것처럼 여기는 경우가 있다. 그러나 그것 자체로서는 결코 바람직한 생각이 아니다. 어쩔 수 없어 그렇게 된다 할지라도 의도적으로 그렇게 하는 것이 성도의 자세라 할 수 없다. 만일 하나님을 모르는 친구들과 교제를 그만두어야 한다는 논리라면 불신자인 부모형제들과도 교제를 끊어야 할지 모른다.

그러므로 바울은 성도들에게 불신자들을 사귀는 행위를 중단하라고 말하지 않는다. 물론 하나님의 자녀들이 세상의 친구들과 어울려 희희낙낙嬉嬉諾諾해도 좋다는 의미가 아님은 두말할 나위 없다. 이는 그들에게 참되고 진지한 삶의 본을 보이는 가운데 복음을 드러내야 함을 의미한다.

그렇지만 하나님의 자녀들은, 교회에 속했다고 말하면서 더러운 음행에 빠지거나 악한 죄를 되풀이하는 자들과는 가까이 사귀지 말아야 한다. 그런 위선자들과는 성도의 교제를 끊어야 하는 것이다. 그러나 하나님을 알지 못하는 불신자들 가운데 음행을 행하며 남의 것을 탐하고 토색하는 자들, 그리고 우상숭배하는 자들이 있다면, 하나님의 백성들은 여전히 저들을 이웃으로 두고 삶을 통한 선한 메시지를 전할 수 있어야 한다. 이는 그들의 악행을 용납해도 좋다는 의미가 아니라 하나님을 알지 못하는 저들의 삶을 측은히 여기는 마음 때문이다.

만일 그런 자들을 아예 보지 않으려면 타락한 세상의 모든 것이 끝나야만 가능한 일이다. 이 세상에 살고 있는 인간들로서는 결코 피할 수 없는 문제라는 것이다. 이러한 더럽고 음란한 세상에 살아가는 성도로서 하나님을 경외하며 온전한 삶을 살아간다는 것은 여간 어려운 문제가 아니다.

이런 형편 가운데서 성도들이 취해야 할 기본자세는 교회 내부에서는 철저하고 교회 밖에 대해서는 관대한 마음을 가져야 한다는 점이다. 이는 물론 불신자들의 악행을 괜찮은 것으로 받아들이는 것을 말하지 않는다. 그들의 악행 역시 용서될 수 없는 무서운 죄악임이 틀림없다. 단지 그들은 하나님을 알지 못하는 자들로서 불쌍한 삶을 살아가고 있다. 그래서 그들에게 하나님을 경외하는 성도의 참된 삶을 보여주어야 한다.

물론 이에 대해서도 하나님의 백성들은 여간 민감한 신경을 쓰지 않으면 안 된다. 그것은 주변의 미성숙한 성도들을 기억해야 하기 때문이다. 신앙이 어린 자들은 성숙한 성도들의 그런 행위를 보고 엉뚱한 오해를 할 수 있다. 따라서 전혀 예기치 않은 오해들이 생겨날 수 있는 것이다.

즉 신앙이 어린 교인들의 눈에는, 악행을 저지르는 불신자들과 의도적으로 멀리하지 않는 장성한 성도들의 일상적인 삶을 보며 마치 그것이 저들의 악행마저 용납하는 것으로 비춰질 수 있다. 미숙한 자들은 본질을 보지 못하고 외형만 볼 우려가 있기 때문이다. 나아가 하나님께 저항하는 악한 자들은 그런 것을 이용해 악선전을 할 우려마저 있다.[21] 그러므로 교회와 성도들은 항상 주변을 기억하는 가운데 그에 대한 민감한 자세로 대응하며 세상을 살아가야 한다.

5. 거룩해야 할 교회(11-13)

하나님께서는 지상에 존재하는 교회의 순결을 요구하고 계신다. 더러운 죄인들이 모여 있는 교회가 과연 거룩해질 수 있는가? 만일 그것을 단순히 윤리적인 관점에서만 본다면 결코 가능하지 않는 일이다. 이 세상에 살아가고 있는 인간이라면 항상 더러운 죄에 노출되어 있기 때문이다.

그럼에도 불구하고 성경은 성도들에게 거룩한 삶을 영위하도록 요구하고 있다. 구약의 율법에서 그점을 분명히 언급하고 있으며 예수님께서도 그렇게 말씀하셨다. 그리고 신약시대의 사도들도 그와 동일한 교훈을 주고 있다.

우리가 명심해야 할 바는 그것이 개별적으로 선택할 사항이 아니라는 사실이다. 도리어 교회는 마땅히 하나님 보시기에 거룩한 공동체가 되어야만 한다. 타락한 세상에 존재하는 교회이지만 그 속성은 세상이 아니라 영원한 천국에 조화되는 성격을 지니고 있다. 그러므로 성경은 교회와 그에 속한 성도들이 거룩해야 함을 강조한다.

> "너희는 내게 거룩할지어다 이는 나 여호와가 거룩하고 내가 또 너희로 나의 소유를 삼으려고 너희를 만민 중에서 구별하였음이니라"(레 20:26);

---

21) 예수님께서도 그로 인해 악한 자들로부터 비난을 당하셨다. 예수님께서 죄인들과 세리들과 함께 식탁에 마주앉은 것을 본 바리새인들과 서기관들은 문제를 삼고 비난했던 것이다(마 9:10,11; 막 2:16, 참조).

"내가 세상에 속하지 아니함 같이 저희도 세상에 속하지 아니하였삽나이다 저희를 진리로 거룩하게 하옵소서 아버지의 말씀은 진리니이다 아버지께서 나를 세상에 보내신 것 같이 나도 저희를 세상에 보내었고 또 저희를 위하여 내가 나를 거룩하게 하오니 이는 저희도 진리로 거룩함을 얻게 하려 함이니이다"(요 17:16-19);

"너희가 순종하는 자식처럼 이전 알지 못할 때에 좇던 너희 사욕을 본 삼지 말고 오직 너희를 부르신 거룩한 자처럼 너희도 모든 행실에 거룩한 자가 되라"(벧전 1:14,15)

하나님께서는 모세 율법을 통해 자기 백성들의 본질적인 속성에 관한 말씀을 하셨다. 타락한 세상으로부터 구별되어 하나님의 소유가 된 자들은 그의 거룩한 성품에 참여해야 한다. 하나님은 세상에 존재하는 더러운 것들을 그대로 용납하시는 것이 아니라 거룩한 백성으로 거듭난 성도들을 자신의 소유로 삼으셨다.

예수님께서도 죄로 오염된 세상에 속하지 않은 자기 자녀들이 진리로 거룩하게 되어야 함을 기도 중에 언급하셨다. 예수님은 거룩한 존재인 자신이 악한 세상에 보냄을 받았듯이 이제 자기 자녀들을 거룩하게 해 세상에 보내신다는 사실을 밝히셨다.[22] 이는 그들을 타락한 세상과 조화시키기 위한 것이 아니라 도리어 세상에서 신음하고 있는 택한 백성들을 불러내어 거룩하게 하기 위함이다.

사도 베드로 역시 이와 조화되는 동일한 교훈을 주고 있다. 하나님을 알지 못하는 자들이 욕망에 충실한 것처럼 하나님의 백성들도 그전에는 그랬지만 이제는 삶의 본질이 완전히 바뀌었다. 그러므로 그들이 거룩하신 하나님을 본받아 거룩한 삶을 살며 더 이상 세상의 악한 자들의 욕망에 가득찬 삶을 따라 살지 않도록 요구했다.

---

22) 하나님의 자녀들이 세상에 속하지 않았다는 것은 거룩한 교회에 속했다는 의미이다. 이는 세상과 교회는 본질적으로 서로 다른 속성을 지니고 있음을 말해주고 있다.

거룩함에 대한 이 모든 것들은 물론 예수 그리스도의 거룩한 성품으로 말미암는다. 즉 교회와 그에 속한 성도들은 하나님께서 보내신 독생자의 거룩함에 참여함으로써 놀라운 은혜를 누리게 된다. 즉 지상에 존재하는 하나님의 교회가 거룩한 것은 십자가에 달리신 예수 그리스도 안에 존재하기 때문이다.

참된 교회 가운데는 예수 그리스도의 거룩한 몸이 항상 내재하고 있다. 성도들은 타락한 세상에 살아가고 있지만 그의 몸에 연결되어 있는 것이다. 이는 매주일 공예배를 통해 시행되는 성찬을 통해 분명히 드러나게 된다.

교회공동체는 물론 하나님의 자녀들은 결코 세상에 존재하는 사랑과 잘못된 관용주의로 위장되어서는 안 된다. 교회에서는 음행을 하거나 탐람한 자, 그리고 우상숭배를 하거나 욕을 하는 자, 술 취하거나 토색하는 자들이 용납될 수 없다. 그런 자들은 자기 자신뿐 아니라 하나님의 교회를 어지럽히며 더럽히는 자들이기 때문이다.

그러므로 사도 바울은 교회 바깥 사람들의 악행 자체에 대해서는 그다지 민감하게 신경쓸 필요가 없다고 말했다. 하지만 교회 안의 형제라 하면서 악행을 저지르는 사람들에 대해서는 면밀히 살펴 엄하게 대처해야만 한다. 그것은 교회의 거룩성을 유지하기 위해서이다. 바울은 그점을 분명히 말했다.

> "외인들을 판단하는데 내게 무슨 상관이 있으리요마는 교중 사람들이야 너희가 판단치 아니하랴 외인들은 하나님이 판단하시려니와 이 악한 사람은 너희 중에서 내어 쫓으라"(고전 5:12,13)

바울이 여기서 말하고자 하는 것은 불신자들에 대해서는 하나님께서 직접 심판하시지만 교회 안에 있으면서 스스로 형제라 주장하는 자들의 악행은 엄히 다스려야 한다는 것이었다. 그렇게 하지 않고는 지상에 존재하는 교회의 거룩성을 온전히 지켜나갈 수 없다.

이는 권징사역과 밀접하게 연관되는 문제로서 그에 온전히 대처하기 위해 교회는 항상 깨어있어야 한다. 교회가 말씀의 교훈에 따라 거룩성을 보존하기 위해서는 세상의 사악한 성품과 그에 영향을 받은 악한 사상이 교회 안으로 침투해 들어오고 있지 않은지 항상 민감하게 살펴야 한다. 이는 세상적인 관점에서 볼 때는 매우 냉정하게 보일지 모르지만, 교회는 자신의 거룩성을 지키기 위해 철저한 자세를 유지하지 않으면 안 된다. 만일 그런 자들이 있다면 엄중한 경고를 함으로써 회개의 자리에 앉게 해야 하며 말씀에 불순종할 경우 그를 교회로부터 출교해야 한다.

6. 간음과 살인

고린도전서 5장에서는 음행 즉 간음한 자에 대해서 말하고 있다. 우리시대는, 간음이 무서운 죄라는 사실이 점차 둔감화 되어가고 있는 매우 안타까운 세태에 처해 있는 실정이다. 세상에서 그런 악한 풍조가 일반화하게 됨으로써 교회 안에 마저 그런 더러운 문제들이 발생하고 있다.

인간들에게 있어서 간음은 역사 가운데 항상 문제가 되어 왔다. 그것이 우리시대에 와서는 더욱 노골화되기에 이르렀다. 그 원인 가운데 하나는 잘못된 인간화人間化 작업이다. 현대인들에게는, 모든 인간이 자기의 성을 즐길 수 있는 기본적인 권리를 가지고 있다는 식의 이상한 논리가 통념화되어 있다.

그런 위태로운 사고의 파급은 현대의 타락한 예술과 문학에 맞물려 있다. 세속주의자들은 표현의 자유를 중시한다. 인간은 무엇이든지 예술적으로 표현할 수 있는 자유가 있다는 것이다. 그것은 성문제에 밀접하게 연관되어 있으며 소설과 영화 등을 비롯한 다양한 양식으로 드러나고 있다.

그런 식의 헛된 주장을 하는 자들은 그들의 왜곡된 자유가, 그것을 피하고자 하는 이들의 기본적인 자유를 빼앗고 있다는 사실을 간과하고 있다. 그들은 자신의 이기적인 자유만 내세울 뿐 다른 사람들의 순수한 자유에는 아랑곳하지 않는 것이다. 인간은 누구나 그런 더러운 표현들로부터 방해받지 않고 자기 인생을 지키며 살아갈 권리가 있다고 한다면 무엇이라 말할 것인가!

예를 들어 도시의 길거리 여기저기에 나붙어있는 음란한 영화포스트는 그에 대한 단면을 보여주고 있다. 누구나 볼 수 있는 길거리에 음란한 광고를 하면서 보지 않으면 될 것 아니냐는 식이다. 가정에서 방영되는 텔레비전 연속극도 마찬가지다. 그들은 음란한 내용물들을 방영하면서 싫으면 보지 않으면 될 것 아니냐고 억지를 부린다.

우리시대에는 이런 식으로 음란에 대한 분명한 인식이 점차 허물어져 가고 있다. 대중매체가 음란한 내용을 예술이라는 명분을 앞세워 사람들의 사고를 파괴하고 있을 때 진정으로 고귀해야 할 성에 대한 존엄성은 무너져 간다. 인간들은 자기도 모르는 사이 음란에 대해 점차 무디어져 가게 되는 것이다.

그런데 우리에게 심각한 문제는 그런 악영향이 하나님의 거룩한 교회에 속한 성도들에게도 미치고 있다는 사실이다. 세상의 음란한 문화는 거룩하고 경건해야 할 성도들의 삶을 강하게 위협한다. 그것은 결국 지상의 교회를 나약하게 만들며 세속화된 분위기에 휩싸이게 만들어 간다.

우리는 매우 위험한 세태 가운데 살고 있다는 사실을 명확하게 인식하지 않으면 안 된다. 음란한 모든 것들은 하나님께 저항하는 무서운 죄악이다. 세상 사람들이 보아 실정법에 저촉이 되지 않는다 해도 그 가운데는 음란한 내용들이 가득하다. 이는 마치 우리 주변 여기저기에 가득

널려있는 무서운 지뢰밭을 연상케 한다.

우리가 날마다 눈과 귀를 통해 접하고 있는 다양한 매체의 정보들 가운데는 음란한 것들로 가득차 있다. 그런 것들을 보며 민망해하고 당혹스러워 해야 할 우리가 현세에 적응해 아무렇지 않은 듯 무디어져 있다면 어떻게 할 것인가! 이는 소위 미성년자들이 듣고 보기에 음란의 정도가 심한 내용을 말하는 것이 아니다. 우리시대의 성인들이 보기에 대수롭지 않은 것이라 여기고 있는 내용들 가운데 과거에 살았던 경건한 믿음의 선배들이 볼 때 깜짝 놀랄 만한 내용이 많다면 어떻게 대응해야 할까?

그러한 현실적 분위기는 음란한 사고를 강하게 부추길 수밖에 없다. 그것은 결국 더러운 간음의 길로 접어들게 한다. 간음은 어떤 경우에도 무서운 죄악이다. 거듭 이야기하지만 우리는 이미 웬만한 행동은 간음이 아니라 생각하는 무서운 시대에 살고 있다. 예를 들어 혼인하지 않은 남녀 청년들이 사랑의 감정을 가지고 서로 손을 잡는 행위는 엄연한 간음인데도 불구하고 대개는 그렇게 생각지 않는다. 필자의 이런 소리를 듣는 대다수 현대인들은 비웃을 것이 틀림없다.

비록 구체적인 성관계가 없다고 해도 그것은 더러운 간음행위이다. 부부가 아닌 사람들끼리 서로 손을 잡고 애정을 나누며 키스를 하는 행위는 사랑을 가장한 음행이다. 장래 다른 사람의 남편이 되고 아내가 될 이성과 남몰래 은밀한 사랑을 나눈다면 부정한 죄악이 아니고 무엇인가! 다른 사람들이 그것을 아무리 아름다운 사랑이라 선전해도 그것이 무서운 죄악이라는 사실을 깨닫는 사람들이 진정으로 복된 자들이다.

하지만 우리시대는, 미혼 청년들이 서로 사랑하면 손을 잡는 정도는 아무런 죄가 되지 않는다고 여긴다. 나아가 성행위를 한다고 해도 서로 사랑한다면 죄가 아니라고 생각한다. 그런 위태로운 분위기가 거룩한 하나님의 몸된 교회 안으로 막무가내 밀려 들어와도 교회 지도자들은 그에 대한 아무런 염려가 없는 듯하다. 영적으로 어린아이 같이 미숙한 교회의 지도자들이 벌써 그에 대해 완전히 둔감해져 버렸기 때문이다.

우리가 명확하게 기억해야 할 바는 간음이 살인보다 오히려 더 무서운 죄악이 될 수 있다는 사실이다. 특히 가정을 가진 사람과의 간음은 더욱 무서운 범죄행위가 아닐 수 없다. 이는 간음이 곧 한 가정을 파괴하는 행위가 되기 때문이다. 한 개인을 살해하는 살인자의 행위보다 더욱 무서운 범죄는 다른 사람의 가정을 파괴하며 살해하는 것이다. 간음은 이웃의 가정을 파괴하는 끔찍한 악행임을 잊어서는 안 된다.

누가 타인의 생명을 해치는 살인을 방조할 것인가? 누가 한 가정을 파괴하는 간음행위를 방조할 것인가? 거룩해야 할 하나님의 교회는 결코 그런 사악한 범죄행위를 가볍게 생각하거나 용납해서는 안 된다.

7. 교회와 권징사역

이 세상에는 '교회'라는 이름을 달고 있는 종교단체들이 무수히 많이 있다. 그들은 매주일 특별히 마련된 종교시설에서 정기적인 집회를 가진다. 그런데 우리는 그들이 모이는 단체가 진정한 교회인지 아닌지 어떻게 알 수 있는가?

사람들은 흔히 목사와 장로라 불리는 사람들이 있고 정기적인 종교집회를 하며 일반적으로 이해하는 설교와 찬송가를 부르는 소리가 들리면 교회라 생각한다. 나아가 주일학교라는 모임과 기독교식의 기도를 하면 교회인 것으로 믿는다. 심지어는 건물 꼭대기에 십자가가 걸려있거나 집회장 내부에 찬송가를 부르기에 필요한 보조기구인 피아노가 있고 십자가 형태의 장식물이 있으면 교회라 의심하지 않는다.

과연 그럴까? 위에 있는 내용들을 전부 충족시킨다 해도 그것만으로는 교회라 할 수 없다. 교회가 진정한 하나님의 교회이기 위해서는 교회로서 마땅히 소유해야 할 표지가 있어야 한다. 교회의 표지는 형식상의 목사나 장로가 있느냐의 문제가 아니며, 십자가가 달린 건물이나 찬송가 소리와 기도하는 분위기가 조성되어 있는 여부를 말하지 않는다.

참된 교회에는 올바른 말씀선포와 참된 성례의 시행, 그리고 정당한 권징사역이 있어야 한다. 마땅히 있어야 할 그 표지들이 없다면 외견상 교회처럼 보일지라도 거짓교회일 따름이다.[23] 아무리 순수하고 착한 사람들이 모이며 정직한 삶을 산다고 할지라도 교회의 참된 표지가 없다면 그 모임을 진정한 교회라 칭할 수 없다. 그런 단체는 무지한 사람들을 기만하게 되어 도리어 매우 위험한 역할을 할 수 있다. 많은 사람들이 진정한 표지를 보지 않고 외형을 보며 좋은 교회인 것으로 착각할 우려가 있기 때문이다.

우리시대 교회의 가장 큰 문제 가운데 하나는 진정한 권징이 사라졌다는 사실이다. 교권을 차지하기 위해 눈에 거슬리는 자들을 쳐내는 만용을 행사하고 있지만 참된 권징은 시행하지 않는다. 교회 내에 인본적인 파당과 잘못된 계급주의가 형성되어 있다면 성경에서 요구하는 권징이 원활하게 시행될 수 없다.

그러나 성경은 교회 가운데는 권징사역이 마땅히 있어야 한다는 사실을 증거하고 있다. 예수님께서는 베드로를 비롯한 제자들에게 그점을 분명히 말씀하셨다. 베드로의 메시아 고백이 있는 '반석' 위에 세워진 교회에 관한 언급을 하시면서 권징의 중요성과 그 효력에 대한 교훈을 주셨던 것이다.

> "내가 네게 이르노니 너는 베드로라 내가 이 반석 위에 내 교회를 세우리니 음부의 권세가 이기지 못하리라 내가 천국 열쇠를 네게 주리니 네가 땅에서 무엇이든지 매면 하늘에서도 매일 것이요 네가 땅에서 무엇이든지 풀면 하늘에서도 풀리리라"(마 16:18,19)

---

23) 『벨직신앙고백서』 제29장. 참조.

예수님께서는 자신을 거룩한 하나님의 아들로 고백하는 베드로를 통해 교회에 천국열쇠를 주셨다. 그것은 교회 가운데서 권징을 시행할 수 있는 막강한 권세이다. 사도들로 말미암아 세워지게 되는 교회가 지니는 권세는 실로 엄청난 것이다. 이는 사도들에게 허락된 하나님의 특별한 계시와 밀접하게 연관되어 있다.

하나님의 교회는 타락한 세상에 맞서 싸워 이기고 승리하게 된다. 따라서 음부의 권세가 결코 교회를 궁극적으로 해치지 못한다. 예수 그리스도께서는 교회에 허락하신 천국열쇠를 가지고 땅에서 무엇이든지 매면 하늘에서도 매이게 되며 땅에서 무엇이든지 풀면 하늘에서도 풀리게 된다는 사실을 말씀하셨다. 교회는 항상 그 천국열쇠를 잘 보존해야 하며 필요할 경우 항상 그것을 적절하게 사용해야 한다.

그런데 고린도 교회에서는 그 열쇠를 제대로 보존하지 못했으며 정당하게 사용하지 않았다. 즉 고린도 교회는 더러운 음행에 빠진 자에 대해 정당한 권징을 시행하지 않았던 것이다. 인간적인 관점에서 본다면 그들 나름대로 그렇게 할 수밖에 없는 이유가 있었을 것이 분명하다. 그러나 어떤 경우라 할지라도 그 이유가 권징을 시행하지 않은 데 대한 정당성을 부여하지 못한다.

권징을 시행해야 하는 근본적인 이유는 하나님의 몸된 교회를 위해서이다. 즉 교회의 순결을 유지하는 것이 권징시행의 본질적인 중요한 목적이다. 따라서 권징의 궁극적인 목적은 단순히 범죄에 빠진 자를 책망하고 벌주려는 것이 아니다. 교회는 그런 자를 징계함으로써 본인이 회개하고 돌아오기를 기다린다. 또한 그것을 통해 나머지 모든 성도들에게 경각심을 일깨워 하나님 앞에서 올바른 삶과 신앙을 유지하도록 한다.

만일 교회가 악을 행한 자를 권징하지 않는다면 거룩성을 상실한 그 교회 자체가 징계의 대상이 된다. 고린도 교회의 경우 범죄한 당사자와 그의 악행을 방관한 성도들뿐 아니라 전체 교회가 권징의 대상이 되었다. 바울이 그들을 강하게 책망하며 질책하는 것은 표지를 상실한 교회에 대한 권징사역의 일환이다. 오늘날 우리가 속한 교회는 사도들의 권징의 대상이 되어 있지 않은가!

제7장
성도의 세상법정 소송문제

(고전 6:1-11)

1. 성도의 소송에 관한 개괄적 이해

하나님의 백성들은 영원한 천상의 나라에 속한 시민이다. 바울은 빌립보에 보내는 편지에서 '성도들의 시민권'은 천상의 나라(Heaven)에 있음을 밝히고 있다(빌 3:20). 그렇지만 그들이 육신의 생명을 부지하고 있는 동안에는 여전히 타락한 세상에서 살아가고 있다. 따라서 성도들은 교회공동체 안에서만 생활하는 것이 아니라 하나님을 알지 못하는 불신자들과 함께 부대끼며 살아간다. 인간들이 서로간 더불어 살아가면서 인간관계가 항상 원만하면 좋겠지만 현실은 전혀 그렇지 못하다. 오히려 늘 이 사람 저 사람과 부딪치며 살아가는 것이 일반적인 삶이다.

따라서 하나님을 믿는 성도들 상호간에도 다양한 문제들이 일어날 수 있으며, 성도와 불신자들 사이에도 심각한 문제가 생겨날 수 있다. 또한 개별 성도와 교회조직 사이에 갈등이 생길 수도 있으며 교회와 교회 사이에 문제가 생겨날 수도 있다. 또한 개별 성도와 국가 사이, 교회와 국가 사이에서도 해결이 쉽지 않은 문제가 발생할 수 있다.

하나님의 자녀들이 험난한 세상에 살아가는 동안 일반적인 갈등을 경험하는 정도라면 모르거니와 그것이 법적인 충돌을 일으킬 만한 정도의 사정이라면 문제가 달라진다. 나아가 성도들 상호간에 일어나는 갈등이라 할지라도 처음에는 성도 사이인줄 몰랐으나 문제가 점차 심각해져 가는 가운데 상대방이 하나님의 자녀인 성도라는 사실을 알게 될 경우도 염두에 두어야 한다.

이 모든 경우에 있어서 성도들은 하나님을 알지 못하는 일반 사람들과는 기본적인 자세가 달라야 한다. 더구나 법적인 문제로 비화될 만한 소지가 있는 경우에는 더욱 그렇다. 하나님의 백성들은 어떠한 경우라 할지라도 이성과 경험에 의한 세속적인 판단이 아니라 모든 것을 기록된 말씀과 교회의 교훈에 따라 해결방안을 모색하고자 힘써야 한다. 만일 스스로 그에 대한 판단을 하기 어렵다면 반드시 교회의 가르침과 도움을 받도록 해야 한다. 따라서 교회 특히 목사와 장로들의 모임인 당회는 당연히 성경을 통해 올바른 분별력을 가지지 않으면 안 된다.

물론 당회는 그것을 통해, 교회에 속한 성도인 당사자들의 쟁점에 대하여 온전한 답변을 제시할 수 있도록 최대한의 노력을 기울여야 한다. 교회는 세상의 법정과 재판관들보다 훨씬 객관적이며 분명한 해결방안을 제시해야 하는 것이다. 그 방안은 성경의 교훈을 근거로 한 공적인 답변이기 때문이다. 그리고 원리적으로 보아 모든 성도들은 마땅히 그에 온전히 순종할 준비를 갖추고 있어야 한다.

이는 물론 민사적인 문제인지 형사적인 사건인지에 따라 대응이 다를 수 있다. 그리고 원고가 될 형편에 놓일 경우와 피고의 입장에서의 경우가 다르다. 물론 불가피하게 법정 소송에 직면할 수도 있다. 하지만 모든 경우들에 있어서 하나님의 자녀로서 교회의 의사意思를 염두에 두고 세상적인 것에 대해서는 손해 볼 준비를 갖추고 있어야만 한다.

2. 의로운 자와 불의한 자 (1)

사도 바울은 교회 안에서 성도들간의 갈등이나 분쟁이 일어나게 될 때 세상법정에 소송하는 일에 관한 문제를 언급하고 있다. 하나님의 자녀이면서 세속정부에 속한 재판관에게 판단을 의뢰하는 것이 잘못되었다는 것이다. 따라서 옳고 그름을 판단하는 문제는 마땅히 하나님의 말씀을 소유하고 있는 교회가 감당해야 한다.

그러므로 하나님의 자녀들 상호간에 심각한 분쟁이 생길 경우 세속국가의 법정에 소송할 것이 아니라 교회에 그에 대한 판단을 의뢰해야 한다. 바울이 '성도들 앞에서'(고전 6:1) 소송해야 함을 말하는 것은 곧 교회의 사역을 말해주고 있다. 이는 교회가 감당해야 할 중요한 기능 가운데 하나가 재판이라는 사실을 밝히고 있는 것이다.

> "너희 중에 누가 다른 이로 더불어 일이 있는데 구태여 불의한 자들 앞에서 송사하고 성도 앞에서 하지 아니하느냐"(고전 6:1)

우리가 여기서 특별히 유념해야 할 바는, 바울이 세상법정에 소송을 제기한 당사자를 나무라는 것에 그치는 것이 아니라 그것을 방치하는 교회를 질책하고 있다는 사실이다. 성도들이 문제가 있을 때 교회가 아니라 세상법정에 소송하는 까닭은 그에 대한 원리를 모르거나 교회를 불신하고 있기 때문이다. 그런 일이 일어나는 것은 교회에 대한 일반 교인들의 무지와 불신에 연유한다.

하나님의 자녀들 사이에 심각한 문제가 발생하면 그들이 교회에 그 판단을 의뢰하는 것은 당연한 일이다. 따라서 지상에 존재하는 교회는 세상에서 발생하는 모든 문제들에 대해 옳고 그름을 판단할 수 있어야 한다. 그것은 사적인 일반 민사문제와 형사문제는 물론 인간사에서 발생하는 모든 문제들을 포함한다. 이는 비록 교회 안에서 일어나는 문제들 뿐 아니라 세상의 제반사에 대해서도 그렇다는 것이다.

하물며 교회와 성도들 사이의 분쟁에 대해서 진리를 소유한 교회가 그것을 판단하는 것은 지극히 당연하다. 따라서 교회는 곧 지상의 성도들을 위한 재판기관의 역할을 감당해야 한다. 물론 그 실제적인 담당은 말씀에 연관된 직분자들인 목사와 장로로 구성된 당회의 몫이다.

3. 세상에 대한 재판관 (2-5)

하나님의 교회와 그에 속한 참된 성도들은 세상을 판단하는 기능을 소유하고 있다. 이는 이성적인 단순한 판단이 아니라 말씀을 통한 심판(judge)의 권세를 포함한다. 세상의 모든 문제를 판단하고 심판할 수 있는 교회가 내부에서 일어난 작은 일에 대한 판단을 내리지 못한다면 말이 되지 않는다.

나아가 바울은 교회가 인간사人間事에 관한 것뿐 아니라 하늘의 천사들마저 판단하고 있음을 언급했다. 이는 사탄과 그에 속한 무리들을 의미하고 있는 것이 분명하다. 천사들을 심판하는 위치에 있는 교회와 성도들이 세상의 모든 일들을 판단하는 것은 지극히 자연스러운 일이다.

그러므로 교회는 세상의 문제들에 대해 성경을 근거로 판단을 할 수 있어야 한다. 세상의 것들로 말미암아 성도들의 이해관계가 엇갈리고 서로간 다른 주장을 하며 분쟁이 생길 때 교회는 그에 대한 분명한 판단을 내려야만 하는 것이다. 물론 성숙한 성도들은 마땅히 교회의 판단에 온전히 순종하지 않으면 안 된다.

그럼에도 불구하고 고린도 교회는 성도라 일컫는 자들이 세상의 일반적인 사건에 대해 불신자인 재판관에게 판단을 의뢰하는 것을 자연스럽게 받아들이고 있었다. 하나님의 교회에 속한 성도라고 주장하면서 도리어 타락한 불신자들의 논리와 법리를 기준으로 삼고 있는 세상법정의 재판관에게 판단을 의뢰하는 것을 자연스럽게 생각했던 것이다.

사도 바울은 고린도 교회의 그러한 행위에 대해 강한 질책을 했다. 그것은 성도들 사이에 일어나는 문제에 대해 성경의 교훈을 따라 올바른 판단을 내릴 만한 사람이 교회 가운데 하나도 없느냐는 것이었다. 즉 하나님의 말씀을 소유하고 있는 교회에서 성도들간에 발생한 사건을 해결할 수 없어서 진리를 알지 못하는 교회 밖의 불신자를 재판관으로 세우는 행위에 대해 질책했던 것이다.

바울은 여기서 그에 관한 언급을 하면서 고린도 교회와 모든 성도들로 하여금 특별히 부끄럽게 하고자 한다는 사실을 말했다. 이는 앞에서, 고린도 교회의 지도자들이 부유하고 호사스런 삶을 살고 있는 데 반해 자기를 비롯한 사도들은 환난과 궁핍으로 인해 엄청난 고통 가운데 살고 있음을 언급할 때 저들을 부끄럽게 하기 위해 그 말을 하는 것이 아니라는 사실을 기록했던 것과 크게 대조된다(고전 4:10-14).

바울은 세상을 판단하고 심판할 만한 자가 고린도 교회 가운데 하나도 없다는 사실에 대해 어처구니없어 했다. 더구나 교회에 속한 성도들간에 발생한 사건에 대해 그 전모를 확인하고 판단할 만한 참된 지혜를 소유한 자가 없다는 사실은 부끄러운 일이 아닐 수 없었다. 물론 그것은 교인들 가운데 누구든지 지혜로운 자가 있으면 그에게 모든 일에 대한 판단을 맡기라는 의미가 아니다.[24)]

이 말은 교회의 말씀을 맡은 직분에 연관되는 당회 즉 목사와 장로들과 연관되어 있다. 우리는 목사와 장로로 구성된 직분 기구인 당회가 해

---

24) 현대에 살아가고 있는 우리는 이 문제에 대해 매우 신중하게 접근해야 한다. 이는 성도들 사이에 일어난 문제에 대해 교회 안에 있는 해당 사안에 대한 전문가에게 판단을 의뢰한다는 말과 다르다. 만일 성도들 사이에 법적인 문제가 발생했다면 그것을 교회 안에 있는 판사나 변호사 등 법조인들에게 그 문제를 해결하도록 맡긴다는 말이 아닌 것이다. 만일 그렇게 되면 여전히 세상의 법에 의존하는 것과 다를 바 없다. 그런 법적인 문제라 할지라도 성도들은 당회에 그 문제를 해결해 주도록 요청해야 한다. 이는 성경의 교훈을 좇아 그 문제를 해결해야 함을 의미하고 있다.

야 할 중요한 직임 가운데 하나가 모든 것을 '판단하고 심판하는 일'임을 기억해야 한다. 당회는 세속적인 문제들에 대한 성경적인 판단을 내린다. 그러므로 세상의 잘못된 가치나 악한 풍조가 성도들 가운데 들어와 하나님의 교회를 어지럽히지 못하도록 분별하여 판단하게 된다. 또한 성도들간에 심각한 문제가 발생했을 때 재판관의 기능을 감당하게 된다.

4. 세속정부에 속한 불신 재판관들 (6-8)

하나님의 몸된 교회에 속한 형제가 신앙을 가진 다른 형제를 세상법정에 소송하는 것은 어떤 경우라 할지라도 결코 바람직하지 않다. 성숙한 성도들은 굳이 소송을 하지 않더라도 하나님의 말씀에 근거해 스스로 옳고 그름을 판단할 수 있어야 한다(고전 6:6). 이는 교회에 속한 모든 성도들이 올바르게 성장해야 한다는 사실을 말해주고 있다. 하물며 교회에 속한 성도가 타락한 세상의 불신자들 앞에서 다른 형제를 소송한다는 것은 원리상 있을 수 없는 일이다.

바울은, 성도들 상호간에 발생한 문제를 해결하지 못해 어떤 교인이 세상법정에 소송을 제기한다는 것은 단순히 개인의 문제에 국한되는 것이 아니라는 사실을 말하고 있다. 그것은 하나님의 교회 가운데 존재하는 분명한 허물이라는 것이다(고전 6:7). 우리는 여기서 중요한 의미를 깨닫지 않으면 안 된다.

하나님의 자녀들은 성도들 가운데서 상당한 불이익을 당하더라도 세상의 법정에 다른 형제를 소송하는 일은 없어야 한다.[25] 그럴 바에는 차

25) 이에 대해서는 친형제간에는 절대로 세상법정 싸움을 벌이지 말아야 한다는 사실을 이해하다면 쉽게 수긍할 수 있다. 친형제간에는 어떤 심각한 문제라 할지라도 그래서는 안 된다. 그것은 곧 형제간에 원수가 된다는 사실을 말하고 있기 때문이다. 법정문제에 있어서는 하나님 안에서 한 형제가 된 성도들 사이에 있어서도 그와 동일한 원리가 적용되어야 한다.

라리 억울한 일을 당하고 속는 편이 낫다. 이는 그렇게 함으로써 관대한 인간이 되라는 말이 아니다. 바울이 말하는 바는 형제를 세상법정에 소송함으로써 교회가 겪게 되는 혼란과 어려움이다.

교회가 직면하는 가장 큰 문제는 성도들이 교회를 불신하게 되는 상황이다. 교회에 속한 하나님의 백성들이 분쟁을 해결하기 위해 '사건'을 하나님의 나라가 아니라 세상 왕국으로 가져간다는 것은 심각한 문제가 아닐 수 없다. 하나님의 백성들인 성도들 사이에 발생한 문제를 해결하기 위해 그것을 세상법정에 가져간다는 것은 교회가 이미 고통을 당하고 있거나 그런 위기를 촉발할 수 있음을 말해 준다. 따라서 교회 가운데 허물이 조성되도록 하는 것보다, 억울하게 손해를 보더라도 세상에 소송하지 않고 온전함을 지키는 것이 중요하다.

혹시 다른 사람이 '나'를 폭행하거나 억울한 일을 당하게 하면 어떻게 대처해야 할까? 그리고 혹 무엇인가 착각하여 형제라 하는 자가 '나'를 법정에 고소하면 어떻게 대응해야만 할까?

성도들은 결코 자기의 권리를 찾거나 이득을 지키기 위해 세속법정에서 법적인 투쟁을 하지 않는다. 특히 하나님의 자녀인 형제들간에는 더욱 그렇다. 예수님께서는 제자들에게 그에 연관되는 분명한 교훈을 주셨다.

> "나는 너희에게 이르노니 악한 자를 대적지 말라 누구든지 네 오른편 빰을 치거든 왼편도 돌려 대며 또 너를 송사하여 속옷을 가지고자 하는 자에게 겉옷까지도 가지게 하라"(마 5:39,40)

예수님께서 제자들에게 말씀하시고자 했던 본질적인 내용은 무엇인가? 성도들은 다른 사람에 의해 억울한 일을 당한다고 할지라도 그것을 세상법정에 호소하지 않는다. 그리고 다른 누군가 오해하여 자신을 고소한다면, 그 이유를 알고 그가 원하는 것을 들어주려는 자세를 가져야 한다.[26] 그것을 손해보지 않고 자신의 권리를 지키기 위해 끝까지 법정 투쟁을 하는 어리석음을 보여서는 안 된다.

그렇지만 형제들간에 일어난 사건으로 인해 세상법정에 소송하는 일이 발생하게 되면, 믿음이 있다고 하는 당사자는 물론 그것을 묵인하는 교회 역시 불의를 행하며 서로간 속이는 행위에 참여하는 것이 된다. 하나님으로부터 위임받은 권세에 대해 항상 입술로 언급하면서, 실제로는 아무것도 아닌 허구로 만들어 버리는 악한 일에 가담하는 것이 되기 때문이다. 세상법정을 통해 개인적인 사사로운 이익을 보겠다는 자들은 형제를 속이는 것과 마찬가지다. 즉 결코 경홀히 여기지 말아야 할 하나님의 자녀를 자신의 유익을 위해 기만하면서 하나님을 욕되고 하고 있는 것이다.

5. 불의한 자들의 결과와 하나님 나라의 상속자 (9-11)

예수 그리스도께 속한 의로운 자들과 세상에 속한 불의한 자들 사이는 본질적으로 분리되어 있다. 하나님의 부름을 받아 그의 교회에 속한 성도들은 하나님의 나라를 유업으로 상속받게 된다. 그러나 세상에 속해 불의에 빠진 자들은 하나님의 나라를 상속받을 수 없다. 그들은 하나님의 구원과 그로부터 받는 영원한 상속에 별다른 관심이 없는 자들이기 때문이다.

그러므로 야고보는 세상에서 억울한 일을 당한다고 해도 그것을 믿음

---

26) 이는 일반 가정을 예로 들어 설명할 수 있다. 한 아버지의 자식들인 형제들간에 서로의 이권을 위한 법정 소송이 있다는 것은 말이 되지 않는다. 어떤 문제가 발생하거나 재산을 탐해 형제들간에 법정투쟁을 한다는 것은 있을 수 없는 일이다. 그럼에도 불구하고 그런 일은 우리시대에 비일비재(非一非再)한 사건이 되어버렸다. 그런 일이 발생하는 것은 순전히 더러운 욕망으로 인한 것이다. 하나님의 교회와 성도들간에는 더더욱 세상의 법정에 소송을 하는 그와 같은 일이 일어나서는 안 된다.

으로 수용하는 자들이 진정한 성도라는 사실을 말했다. 하나님께서는 자기 권리를 좇는 이기적인 자들이 아니라 온전한 믿음을 가진 자들에게 하나님의 나라가 약속되어 있음을 강조했던 것이다.

> "내 사랑하는 형제들아 들을찌어다 하나님이 세상에 대하여는 가난한 자를 택하사 믿음에 부요하게 하시고 또 자기를 사랑하는 자들에게 약속하신 나라를 유업으로 받게 아니하셨느냐 너희는 도리어 가난한 자를 괄시하였도다 부자는 너희를 압제하며 법정으로 끌고 가지 아니하느냐"(약 2:5,6)

하나님의 교회가 이 세상에 존재하는 동안은 하나님을 알지 못하는 악한 자들이 도리어 성도들을 괄시한다. 그들은 또한 자기의 유익을 추구하면서 연약한 자들을 압제하며 이권을 얻기 위해 다양한 방법들을 사용한다. 심지어는 세상의 것에 궁극적인 목적을 두지 않고 살아가는 성도들의 것을 착취하기 위한 방편으로 법정소송을 제기하기도 한다.

이와 같이 영원한 하나님 나라와 상관이 없는 불의한 자들은 항상 연약한 백성들을 괴롭히며 미혹한다. 나아가 그것은 저들의 의도성 여부와는 아무런 상관이 없다. 그들은 세상의 악한 것들을 동원해 성도들을 유혹하게 될 따름이다. 즉 그런 자들은 세상으로부터 발생하는 다양한 형태의 음란을 즐기며 더러운 우상들을 숭배한다. 또한 남의 것들을 탐내며 토색하면서 술 취하는 가운데 하나님께 저항하고 있다. 그러나 하나님 나라는 그런 자들과 상관이 있을 수 없다.

악한 자들은 그런 것들을 전면에 내세우며 성도들로 하여금 교회보다 세상의 기준으로 모든 것을 판단하도록 유도하고 있다. 그들은 도리어 간악한 세상의 판단이 객관성 있으며 공정하다고 주장한다. 일반 사회적 인정을 받는 것은 국가의 재판이며 교회의 판단은 종교적인 것에 지나지 않는다는 것이다.

중요한 것은 성도들이 소유해야 할 교회에 대한 진정한 신뢰문제이다. 따라서 교회는 성숙하게 자라가야 하며 성도들은 교회의 결정에 온전히 따를 수 있을 만큼 신앙이 성장해야 한다. 즉 말씀에 근거한 교회의 판단이 세속법정의 재판보다 객관적이란 사실을 깨닫고 공교회적 판결에 순종하는 것이 궁극적으로 교회공동체와 당사자인 본인에게 진정한 유익이 된다는 사실을 깨달아야 하는 것이다.

6. 누구를 위한 소송인가!

일반적으로 법정에 소송을 제기하는 자들은 대개 개인적인 이득을 위해서 법적인 호소를 한다. 그 내용이 억울한 것이든 피해를 보상받기 위한 것이든 자신의 정당성을 드러내기 위한 것이든 궁극적으로는 동일하다. 세상에서는 그것을 전혀 이상하게 여기지 않는다. 도리어 세상의 법적인 판결을 통해 자신을 보호할 수 있다면 그것은 마땅히 지켜야 할 권리라 이해하고 있다.

그런데 하나님의 교회에 속한 성도들에게 있어서는 그에 대한 의미가 기본적으로 다르다. 물론 타락한 인간은 본성상 자기를 보호하기 위한 개인적인 의도와 목적을 피할 수 없다. 하지만 성도들의 자세 가운데는 교회를 위한다는 분명한 의미가 포함되어 있어야 한다.

물론 이 말은 교회를 위해 세상법정에 소송한다거나 교회 때문에 그렇게 하는 것이 정당성을 띤다는 의미가 아니다. 도리어 정말 위험한 태도는 자기의 개인적이며 종교적인 목적을 달성하기 위해 세상법정에 소송하면서 마치 하나님을 위한 것인 양 핑계 대는 행위이다. 설령 세상법정의 판결로 말미암아 교회가 상당한 이익을 취하고 개인에게 엄청난 이득이 돌아온다 할지라도 교회와 성도들간에 일어난 문제를 가지고 세상법정에 판단을 의뢰하는 것은 옳지 않다.

성도들은 항상 하나님의 나라에 연관되어 있으며 그 나라의 법질서 가운데 살아간다. 예수님께서 제자들에게 "먼저 그의 나라와 의를 구하라"(마 6:33)고 하신 명령은 모든 성도들에게 항상 적용되어야 할 말씀이다. 그러므로 소송을 고려할 만한 어떤 극단적인 형편에 놓인다 할지라도 성도들은 그 말씀을 기억해야만 한다.

성도들간에 분쟁이 야기될 만한 특별한 문제가 발생했을 때 그것을 세상법정에 가져가지 않고 교회로 가져왔을 때 교회 역시 주님의 그 말씀을 염두에 두고 먼저 '그의 나라와 의'를 구하는 진지한 자세로 문제를 판단할 수 있어야 한다. 교회는 성도들이 요구하는 판단을 기피할 수 없는 것이다.

그러므로 법정소송은 개인의 이득을 추구하기 위한 것이 근본 목적이 될 수 없다. 인간생활 가운데는 다양한 형태의 갈등이 생겨날 수 있으며 교회 가운데서도 그와 같은 일이 발생할 가능성은 얼마든지 있다. 그러나 모든 성도들은 만일 저들에게 그런 문제가 생길 경우 교회에 판단을 의뢰할 준비를 갖추고 있어야 한다.

그리고 교회가 어떤 판단을 내리더라도 그것을 믿고 따르고자 하는 자세를 가져야 한다. 나아가 교회는 인간적인 편견이 없이 공평하게 판단할 수 있어야 한다. 그것을 위해서는 교회와 성도들이 하나님의 말씀 가운데 온전히 성장해 가지 않으면 안 된다.

우리시대에는 교회 내부뿐 아니라 교회에 속한 성도들의 가정 내부에 관한 심각한 문제들이 대두되는 경우가 있다. 현대사회는 이혼으로 인해 가정이 파국을 맞는 사례가 점차 늘어가는 추세에 놓여있는 것이다. 그러므로 이혼을 위해 세속법정에 소송을 제기하는 경우가 많은데 그 가운데는 기독교인들도 없지 않다. 하지만 성도들의 경우 불신자들과 다른 소중한 원리가 있음을 기억해야 한다.

만일 성도의 가정에서 이혼을 고려할 만큼 부부간에 심각한 문제가 생기면 세상법정에 이혼소송을 하려는 생각을 할 것이 아니라 교회의 판단을 묻고 그에 맡겨야 한다. 물론 교회는 결코 이혼을 허용치 않을 것이다. 그러나 부부간의 옳고 그름과 시정해야 할 부분에 대해서는 분명히 판단할 것이다.

그런데 문제는 우리에게 과연 자신이 속한 교회에 대해 그만한 믿음과 신뢰가 존재하는가 하는 점이다. 따라서 교회는 성도들로부터 근본적인 신뢰를 소유할 수 있어야만 한다. 특히 교회에 의해 세움을 받은 직분자들인 목사와 장로가 공적인 관점에서 신뢰를 받는 것은 매우 중요하다.

7. 세상에 존재하는 인간과 교회의 법정法庭 기능

이 세상에 살아가는 인간들은 원칙적으로 욕망에 근거한 자기 판단에 따라 살아갈 수 있도록 허락된 존재가 아니다. 누구나 자기가 살고 싶은 대로 인생을 살고자 하는 욕망이 있지만 결코 그렇게 살아서는 안 된다. 이는 인간에게는 항상 법이 존재하고 있으며 인간과 법은 결코 상호 분리될 수 없는 관계에 놓여있기 때문이다.

따라서 모든 인간들은 법에 갇혀 살아간다고 해도 과언이 아니다. 법이 있는 것은 개인의 욕망에 따라 살지 못하게 하는 기능을 한다. 타락한 인간들의 사회에 있어서 법이 없다면 질서유지가 불가능하다. 모든 인간들이 제각각 욕망을 소유하고 있으며 그 욕망은 다른 사람들의 욕망과 충돌을 일으킬 수밖에 없기 때문이다.

그러므로 인간은 일반적으로 자기 판단에 따라 마음대로 살아도 좋은 존재가 될 수 없다. 오히려 자기가 아닌 외부 혹은 외부 인격자의 의사에 따라 살아가야 하는 존재이다. 여기서 말하는 외부 인격자란 곧 객관성 있는 판단력을 갖춘 존재를 의미한다. 일반적인 경우 국가와 법이 이에 해당한다. 국가는 법을 제정해 둠으로써 국가에 속한 백성들의 삶을 통제하게 되는 것이다.

또한 인간들은 욕망의 충돌로 말미암아 어떤 문제가 발생하게 될 때 다른 '중재자' 나 '지혜자' 를 찾아 자문을 구하는 것이 일반적이다. 물론 사람들은 이해관계가 얽히게 되면 유, 불리에 따라 그것을 수용하거나 거부하게 된다. 그런데 문제는 세속법정의 판결이 아닌 한 그 조언이 아무런 강제성을 지니고 있지 않다는 사실이다. 설령 객관성 있는 다른 사람의 판단이 아무리 옳다고 하더라도 당사자들이 그것을 받아들이지 않는다면 실제적인 효력이 발생하지 않는다.

그러므로 이 세상에는 법을 소유한 특별한 통치기구인 국가가 존재하고 있으며, 그 국가는 백성들에게 강제력을 행사할 수 있는 공권력을 소유하고 있다. 따라서 세속국가는 사람들 사이에 문제가 생기거나 마찰이 일어날 때 재판관을 세워 국가가 제정한 법률을 통해 옳고 그름을 판단해 주게 된다.

세속국가의 법은 일반적인 권면이나 충고의 성격을 띠는 것이 아니라 강제성을 띠고 있으며 명령의 성격을 지니고 있다. 따라서 법에 따른 적법한 판결이 있게 되면 누구든지 그에 순복할 수밖에 없다. 만일 그것을 거부하고 저항한다면 법을 무시한 죄로 훨씬 더 중한 가중처벌을 받게 될 것이기 때문이다.

그런데 하나님의 자녀들에게는 세상법과 본질적으로 상이한 특별한 율법이 있다. 그것은 하나님으로부터 계시된 성경으로서 교회 가운데 절대적인 잣대의 기능을 한다. 즉 성경은 교회에 속한 성도들로 하여금 인간적인 욕망대로 사는 것을 금하고 율법 곧 하나님의 뜻에 따라 살도록 요구하고 있다.

교회에 속한 성도들은 자신의 욕망에 따라 살아서는 안 되며 하나님의 말씀의 요구대로 살아야 한다. 따라서 교회에 속한 성도들 사이에 충돌이나 문제가 발생했을 경우에는 교회가 성경의 원리적 기준을 통해 그에 대한 해석을 하고 판결해야만 한다. 때로는 교회의 전체적인 유익을 위해 영적인 강제력이 동원되어야 한다. 그것이 교회 가운데 권징사역을 통해 드러나게 되는 것이다. 그럼에도 불구하고 그것을 세상의 법정으로 가져간다면 스스로 교회의 권위를 무시하는 결과를 가져오게 된다는 사실을 기억하지 않으면 안 된다.

인간은 자신의 판단에 따라 세상을 살아가는 존재가 아니라 객관성 있는 '법'을 기준으로 하여 살아야 한다는 사실을 깨닫는 것은 매우 중요하다. 그것이 이기적이지 않은 채 이웃과 더불어 살아가도록 하는 방편이 된다. 일반 시민들은 국가가 제정한 세속법을 지키며 살아야 한다. 그러나 하나님의 백성들은 그 법을 준수하지만 근본적으로는 하나님의 법인 성경의 교훈에 따라 살아야 한다.

또한 주의 깊게 생각해야 할 바는 교회법과 국가법이 충돌할 경우이다. 그때는 마땅히 하나님의 율법이 우선이다. 하나님의 법은 절대적인 진리이며 세속국가에 세워진 법은 백성들의 질서를 유지하기 위한 법령에 지나지 않는다. 그러므로 하나님의 율법은 불변하는 영원한 진리이지만 세속법은 시대와 환경에 따라 변천하기 마련이다.[27] 즉 하나님의 법은 전적으로 하나님 한분으로 말미암는 것이지만 국가법은 통치자, 일반 백성 등이 사회적 환경을 배경으로 하여 제정하게 되는 것이다.

그렇지만 국가의 세속법은 강력한 공권력을 가지고 있는데 반해, 성경을 기초로 하는 교회법에는 강제력이 없다. 설령 누군가 그것을 받아들이지 않는다 해도 실제적인 제재방안은 없다. 그럼에도 불구하고 하나님의 백성들에게는 교회법의 구속력이 본질적인 권위를 지니고 있다. 이에 대한 교훈은 계시된 진리의 말씀과 하나님의 몸된 교회를 통해 지속적으로 드러나야만 한다. 우리가 분명히 깨달아야 할 사실은 교회가 법정法庭 기능을 하고 있다는 사실이다.

---

27) 세상의 법은 진리를 바탕으로 하지 않으며 정당성을 상실하고 있는 경우가 많다. 즉 세상의 국가법에서 죄가 아니라 해서 죄가 아닌 것은 아니다. 예를 들어, 혼전에 성관계를 가지는 것이나 동성애는 무서운 성범죄에 해당된다. 그러나 대다수 국가법에서는 그런 것들을 실정법을 어긴 죄로 규정하지 않는다. 그러므로 어리석은 인간들은 죄를 범하면서도 죄가 아니라고 우기게 되는 것이다.

제8장
'성도의 자유'와 교회와 순결

(고전 6:12-20)

1. 성도의 자유 (12)

사도 바울은 고린도 교회에 보내는 편지 가운데서 성도의 자유에 대해 말하고 있다. 그는 자유라고 해서 모든 것이 유익한 것이 아님을 밝혔다. 그리고 그 자유로 인해 다른 어떤 것에도 얽매이지 않는다는 사실을 말했다. 이는 자기의 개인적인 유익을 위해 자유를 사용하지 않겠다는 의미와 더불어 그 자유를 빌미로 다른 것에 자신을 얽매이게 하는 어리석음을 범치 않으리라는 것이다.

사실 성도의 자유에 관한 문제는 매우 중요한 의미를 지니고 있다. 그 가운데 우리가 생각해보아야 할 점은 '자유의지'에 관한 문제와 '양심의 자유'에 관한 문제이다. 우리가 흔히 말하는 '자유의지'란 개인적으로 판단할 수 있는 권리를 가졌다는 말이 아니다. 나아가 구원과 연관하여 자유로운 의지의 작용을 통해 하나님을 선택할 수도 있으며 그렇게 하지 않을 수도 있는 자유를 말하지도 않는다.

우리가 신학적인 의미에서 말할 때 '자유의지'란 인간들의 판단에 따라 마음대로 할 수 있는 자유를 말하는 것이 아니다. 그것은 오히려 하나님을 자유롭게 섬길 수 있는 자유의지를 의미한다. 즉 하나님께서 처음 인간 아담을 창조하실 때 기계처럼 만들지 않으셨다. 하나님의 형상과 더불어 인격을 허락하셨던 것이다.

그러나 인간이 범죄한 후에는 그 자유의지마저 완전히 오염되어 타락한 지경에 놓이게 되었다. 즉 오염된 자유의지로서는 하나님을 찬양할 수도 경배할 수도 없게 되어버렸다. 그러므로 하나님께서 허락하신 자유의지는 인간의 전적부패로 말미암아 그 기능이 완전히 마비되어 버린 것이다.

그러므로 우리가 교회 안에서 일컫는 '양심의 자유' 란 자연인으로서 가지게 되는 일반적인 양심의 자유를 의미하지 않는다. 장로교 헌법의 맨 앞부분에 위치한 교회정치원리에는 '양심의 자유' 에 관한 기록이 명시되어 있다.[28] 그러나 그 양심의 자유란 일반 세속법에서 말하는 양심의 자유와는 본질적으로 다르다.[29] 타락한 인간들이 가지고 있는 양심은 아담의 범죄로 말미암아 완전히 오염되어 버렸기 때문이다.

그러므로 인간들이 소유하고 있는 보편적인 양심이란 그 자체로서는 하나님 앞에서 의미있는 효력을 발생시키지 못한다. 따라서 양심의 자유라는 명분을 통해 개인적인 자유를 맘껏 누릴 수는 없다. 하나님의 아들이자 진리이신 예수 그리스도께서 십자가 사역을 통해 자기 자녀들을 위한 그 자유를 회복하시게 된다.

> "진리를 알찌니 진리가 너희를 자유케 하리라 ... 그러므로 아들이 너희를 자유케 하면 너희가 참으로 자유하리라"(요 8:32,36)

---

28) 장로교헌법, 제1장, 교회정치원리, 제1조, '양심의 자유' : "양심을 주재하시는 이는 하나님뿐이다. 그가 신앙과 예배에 대하여 그 말씀에 위반되거나 탈선되는 사람의 명령이나 교리를 받지 않게 양심의 자유를 주셨다. 그러므로 누구든지 종교에 관계되는 각 항 사건에 대하여 속박을 받지 않고 각기 양심대로 판단할 권리가 있으므로 누구든지 이 권리를 침해하지 못한다."

29) 대한민국 헌법 19조: "모든 국민은 양심의 자유를 가진다."

대다수 사람들은 진정한 자유에 대해 근본적인 오해를 하고 있다. 그들은 개인적인 판단에 따라 마음대로 할 수 있는 것을 자유라 생각하지만 그것은 자유가 아니라 방종이며 자기를 죽이는 위험한 역할을 하게 된다. 그러므로 하나님의 자녀들은 참된 자유에 대한 온전한 깨달음을 가져야만 한다.

그렇다면 참 자유란 과연 무엇인가? 그것은 인간들이 마음대로 하고자 하는 욕망의 표출인 방종과는 성격이 전혀 다르다. 즉 자기가 하고 싶은 모든 것을 할 수 있는 것을 자유라 말하지 않는다. 사도 바울도 그 점을 분명히 언급하고 있다. 즉 자기에게 모든 것을 할 수 있는 자유가 허락되어 있지만 그것 자체로서 유익한 것은 아니며, 그 자유를 다른 것에 의해 제제를 받지도 않는다고 말했던 것이다(고전 6:12). 이는 예수 그리스도 안에서 참된 자유를 누리며, 교회를 위해 그 자유를 누릴 때 진정한 의미가 발생하게 됨을 말해준다.

2. 몸과 음식 (13,14)

이 세상에 살아가는 인간은 누구나 날마다 음식을 먹고 살아간다. 음식을 먹지 않고도 세상을 살아갈 수 있는 인간은 결코 있을 수 없다. 결국 모든 인간들은 입으로 먹는 음식을 통해 자신의 몸을 지탱하게 된다. 인간은 먹는 음식이 없이는 잠시도 생존할 수 없는 존재인 것이다.

그러므로 어리석은 인간들은 이 세상에서 배불리 먹고 살아가는 삶을 목적으로 삼고 있다. 그들은 살기 위해 음식을 먹기도 하지만 그것을 만족스럽게 먹기 위해 살기도 한다. 즉 그런 사람들이 땀 흘려 열심히 일하는 것은 남보다 더 배불리 먹고 풍족하게 살고자 하는 욕망에 기인하는 것이다. 따라서 하나님을 알지 못하는 인간들이 세상에 살아가는 목적은 잘 먹고 잘 사는 것에 집약된다.

그런 식의 사고가 보편화됨에 따라, 인간들은 더 맛있고 더 비싼 음식을 풍요롭게 먹고 살아가는 것이 삶의 궁극적인 의미가 되는 양 착각하고 있다. 남보다 더 나은 음식을 먹으며 만족스럽게 살아가는 것이 성공한 삶의 한 지표가 되어있는 것이다. 물론 음식을 풍족하게 먹는 문제는 그것에만 국한되는 것이 아니라 다양한 삶의 내용들을 동반하게 된다. 즉 일반적인 의식주를 비롯한 모든 형편이 하나로 연결되어 있는 것이다.

따라서 하나님을 알지 못하는 대다수 인간들은 세상에서 호의호식好衣好食하기 위해 최대한의 노력을 기울이게 된다. 또한 굳이 화려한 삶을 추구하는 것이 아니라 할지라도 목숨을 부지하기 위해서는 힘써 노동하지 않으면 안 된다. 이 세상에 살아가는 인간들은 나름대로 보다 나은 의식주 생활을 기대하며 살아간다. 다수의 사람들은 설령 자기가 그런 삶을 실현하지 못한다 해도 자기 자식들은 그렇게 되어 살아가기를 바라며 양육에 임한다.

그렇지만 사도 바울은 그런 식의 사고를 가진 인간들의 판단은 어리석은 것이라 지적하고 있다. 하나님 앞에서는 잠시 지나가는 세상에서 누리는 부귀영화富貴榮華가 아무런 의미가 없다. 날마다 풍족하게 먹는 음식이든 그것을 먹고 즐거워하는 생활이든 결국은 완전히 사라지게 될 것들이기 때문이다.

사도 바울은 본문 중에서 성도들의 몸은 개인의 욕망을 추구하기 위해 존재하는 것이 아니라는 사실을 분명히 밝히고 있다. 그들의 몸은 오직 하나님을 위해 존재한다. 즉 하나님께 속한 성도들의 몸은 더 나은 음식을 풍족하게 먹음으로써 값어치를 가지는 것이 아니라 하나님을 위한 몸일 때 그 진정한 값어치가 드러나게 된다.

그러므로 우리는, 자신의 몸이 세상에서 잘 먹고 잘 살기 위해 존재하는 것이 아니라 하나님의 영광을 위해 존재한다는 사실을 분명히 깨달아야 한다. 그것은 곧 먹는 음식이 인간의 몸의 값어치를 증거하는 것이 아니라 성도의 몸을 피로 값주고 사신 하나님에 의해 그 값어치가 드러나게 된다는 사실을 말해주고 있다.

하나님께서는 십자가에 달려 돌아가신 예수 그리스도의 몸을 다시 살리셨다. 인간의 죄를 짊어지고 십자가에 달리신 그리스도의 몸이 사망을 이기고 부활하셨던 것이다. 하나님께서는 그와 동일한 권능으로 자신의 자녀인 성도들의 몸을 다시 살리시게 된다. 타락한 인간의 육신은 멸망당하게 되지만 하나님께서 허락하시는 영원한 몸으로 다시 살아나게 되는 것이다. 이것이 지상에 살아가는 하나님의 자녀들에게 주어진 진정한 소망이다.

3. 그리스도의 지체인 몸 (15-18)

하나님의 자녀들의 몸은 예수 그리스도의 거룩한 몸에 붙어있는 지체이다. 이는 성도의 몸은 개인의 몸이 아니라 공적인 의미를 지니고 있음을 말해주고 있다. 만일 인간의 몸이 개인의 소유라면 제 맘대로 사용하면 된다. 그러나 그 몸이 자신의 것이 아니라 다른 몸에 연결된 몸이라면 아무렇게나 사용할 수 없다.

그럼에도 불구하고 신앙이 어린 교인들은 그 몸이 개인의 소유인 양 오해하고 있다. 바울은 이에 대한 설명을 하기 위해 예수 그리스도의 지체가 되어 있는 성도의 몸을 인간의 욕망에 의해 창기娼妓의 지체를 만들고 있는 위험성에 대해 말하고 있다. 여기서 말하는 창기란 자신의 목적을 위해 몸을 아무렇게나 돌리며 파는 자를 의미한다.

사도 바울은 성적인 문제를 언급하며 그것을 예로 들어 그점을 설명하고 있다. 교인인 자신의 몸을 창기와 연합하는 자는 그 창기와 한 몸이 된다는 것이다. 즉 부부간에 한 몸이 되어야 할 사람이 창기와 연합함으로써 더러운 자와 한 몸을 이루게 된다는 사실을 지적하고 있다.

바울은 그것을 예로 들면서 하나님의 자녀들은 주님과 합한 자라는 사실을 강조하고 있다. 주님과 연합한 성도들은 거룩한 하나님과 한 영을 이루어 분리될 수 없는 관계에 놓이게 된다. 즉 하나님과 연합하여 한 영이 된 성도가 거룩한 주님이 아닌 더러운 세상과 연합한다면 그것은 창기와 마찬가지라는 것이다.

하나님의 자녀들은 거룩하게 된 백성들이다. 이는 거룩한 예수 그리스도의 몸에 붙어 하나로 연결된 지체들이기 때문이다. 그런데 거룩함을 유지해야 할 성도들이 다시금 타락한 세상과 짝하게 되면 더러운 자와 연합한 가운데 존재하게 된다. 그것은 하나님을 멸시하며 욕되게 하는 무서운 죄악이다.

그러므로 사도 바울은 고린도 교회 성도들에게 음행을 피하도록 요구하고 있다. 즉 마땅히 사랑해야 할 자를 사랑하고 더러운 음행을 저지르는 자를 미워해야 한다는 것이었다. 일반적인 죄악은 인간의 몸 밖에 존재하지만 더러운 음란을 행하는 죄는 인간에 몸에 죄를 범하는 것이라는 것이다. 이는 거룩해야 할 성도의 몸을 더러운 세상에 맡기지 말아야 할 것을 의미하고 있다. 성도의 몸은 거룩한 하나님께 속해 그의 지체가 되어 있는데 그 몸을 다시금 타락한 세상에 맡기고 살아가는 것은 자신의 몸을 더럽히는 악한 죄악이 된다. 그것은 창기와 같은 세상과 더불어 쾌락을 누리며 즐기는 삶을 의미한다.

이는 인간의 연약함으로 인해 잠시 실수하여 범죄하는 것과는 그 성격이 다르다. 음행은 자신의 순결을 버리고 사랑하는 남편을 배신하는 악한 행위이다. 자기의 배를 채우기 위한 목적으로 더러운 사랑노름을 하는 창기에게 몸을 맡기는 것은 자신의 몸을 남편으로부터 분리해 다시금 창기의 몸에 붙이는 것과 마찬가지다. 이처럼 하나님께 연합된 지체를 스스로 분리해 내어 더러운 세상에 붙이는 행위는 몸으로 하나님을 배신하는 행위인 것이다.

우리는 거룩한 하나님의 몸에 지체로 연결되어 있는 상태가 죄로부터 해방되어 진정한 자유를 누리는 것임을 기억해야 한다. 욕망에 따라 하나님을 등지고 세상과 연합하는 것은 도리어 죄의 종이 되는 길이라는 사실을 잊어서는 안 된다. 성숙한 하나님의 자녀들은 예수 그리스도의 몸에 온전히 연합되어 있음으로써 참된 자유를 누릴 수 있게 된다.

4. 성령의 전인 성도의 몸 (19)

바울은 하나님의 자녀인 우리의 몸을 성령께서 거하시는 성전이라 말하고 있다. 이는 성도들의 몸이 하나님의 거룩한 성전을 이루고 있는 지체이며 기본적인 구성요소라는 사실을 의미한다. 우리는 이에 대해 좀 더 근원적인 이해를 하지 않으면 안 된다.

하나님의 성령은 과연 지상의 어디에 거하고 계시는가? 즉 성령 하나님의 성전은 어디이며 그것은 구체적으로 무엇을 의미하고 있는가? 우리는 우선 성령의 전이 하나님께서 피로 값주고 사신 지상의 교회라는 사실을 깨달아야 한다.

성령께서는 하나님의 몸된 교회 가운데 거하고 계신다. 즉 성령 하나님은 타락한 이 세상 아무 곳에나 거하시는 분이 아니다. 성령께서는 오염된 세상 여기저기에 한가롭게 노니는 그런 분이 아닌 것이다. 오직 하나님의 거룩한 교회가 성령께서 거하시는 소중한 거처가 되어 있다.

우리는 예수님께서 십자가에 달리시던 그 유월절 뒤에 따라온 오순절날 있었던 성령강림 사건을 잘 기억하고 있다. 십자가에 달려 죽으신 주님께서는 무덤에 묻힌 후 사흘만에 다시 살아나셨다. 부활하신 주님께서는 언약의 기초가 되는 열두 제자들을 중심으로 하여 모인 성도들의 무리 가운데 성령 하나님을 보내셨다.

악한 사탄에게 속한 가룟 유다가 하나님의 아들이신 주님을 배신하고 영원한 파멸을 향해 제 갈 길로 간 후 맛디아가 결원된 그 자리를 채운 상태에서 성령께서 임하셨다. 그리하여 열두 제자로 확립된 언약의 기초 위에 모인 성도들의 무리 가운데 오순절날 성령께서 강림하시게 되었다. 그때 맨 처음 교회 가운데 모였던 성도들은 성령의 전을 이루는 최초의 구성원들이었다.

> "오순절 날이 이미 이르매 저희가 다 같이 한곳에 모였더니 홀연히 하늘로부터 급하고 강한 바람 같은 소리가 있어 저희 앉은 온 집에 가득하며 불의 혀 같이 갈라지는 것이 저희에게 보여 각 사람 위에 임하여 있더니 저희가 다 성령의 충만함을 받고 성령이 말하게 하심을 따라 다른 방언으로 말하기를 시작하니라"(행 2:1-4)

우리가 이 본문 가운데서 이해해야 할 바는 오순절날 강림하셨던 처음 그 시간에는 열두 제자들을 비롯한 성도들이 모인 바로 거기에 거하셨다는 사실이다. 성령께서는 다른 곳에는 거하지 않으셨다. 하지만 교회가 퍼져나감에 따라 성령께서 거하시는 영역도 점차 확대되었다. 즉 예루살렘에 모였던 그 첫번째 교회는 세월이 흘러가면서 로마제국 전역으로 성장해갔다. 그리고 이방인들에게 복음이 증거되는 오랜 역사를 거쳐 오늘날 우리시대에까지 이르고 있는 것이다.

오순절날 열두 제자들을 중심으로 하여 예루살렘에서 시작된 처음 교회에 속한 모든 성도들은 성령 강림을 직접 눈으로 보고 귀로 들을 수 있었다. 홀연히 하늘로부터 급하고 강한 바람 같은 소리가 저희 앉은 온 집에 가득하며 불의 혀같이 갈라지는 것이 저희에게 보였다는 사실은 그것을 증거해준다. 이는 성령께서 강림하신 사건은 상징적인 것이 아니라 실제적인 상황이라는 사실을 보여주고 있다.

성령께서 거하시는 교회는 처음부터 천상의 언어가 존재하는 영역이었다. 그때 성도들이 방언으로 말했다는 사실은 교회 가운데 인간의 언술이 아닌 천상의 언어가 존재했음을 말해준다. 하나님께서는 그것을 통해 약속하신 대로 특별한 공동체를 세워 하나의 끈으로 엮으셨던 것이다.

이처럼 오순절날 처음 교회 가운데 강림하신 성령 하나님께서는 지금까지 거룩한 성전을 이루고 있는 하나님의 몸된 교회 가운데 거하신다.

오늘날 우리는 그 교회의 구성원으로서 하나님의 성령께서 거하시는 성전이 되어 있는 것이다. 그러므로 성도들의 몸은 개인적인 목적을 위해 사용할 수 있는 것이 아니라 거룩한 하나님의 성전을 이루는 지체가 되어 주어진 사명을 감당해야 하는 것이다.

5. 주님의 소유인 성도의 몸 (19,20)

하나님께서는 창세전에 택하신 자기 자녀들을 구원하시기 위해 사랑하는 독생자를 세상에 보내셨다. 그 세상은 인간을 유혹해 하나님을 배신하게 했던 사탄이 지배하는 영역이다. 하나님은 십자가에서 흘리신 예수 그리스도의 보혈로써 처참한 상태에서 신음하는 자기 백성들을 사셨다. 자신의 사랑하는 독생자의 생명을 내어주고 멸망 가운데 빠져있는 자기 백성들을 은혜로 구원하셨던 것이다.

하나님은 창세전에 약속하신 대로 자신의 백성들이 다시금 자기에게 속하도록 하기 위해 그 놀라운 일을 행하셨다. 이는 인간들의 기대나 요청에 의해 이루어진 일이 아니었다. 그것은 전적으로 언약에 신실하신 하나님의 성품과 그의 작정에 기인한다.

우리가 분명히 기억해야 할 점은 이제 모든 성도들의 몸은 개인의 소유물이 아니라는 사실이다. 그들의 몸은 이제 거룩한 하나님의 소유가 되어 있다. 하나님께서 죄에 빠진 자기 백성들을 피로 값주고 사심으로써 자신의 교회로 불러 모으셨기 때문이다(행 20:28). 그러므로 성도들의 몸은 자기를 위해 존재하는 것이 아니라 하나님을 위한 거룩한 도구가 되어 있는 것이다.

> "너희 몸은 너희가 하나님께로부터 받은바 너희 가운데 계신 성령의 전인 줄을 알지 못하느냐 너희는 너희의 것이 아니라 값으로 산 것이 되었으니 그런즉 너희 몸으로 하나님께 영광을 돌리라"(고전 6:19,20)

사도 바울은 여기서 성도들의 몸은 더 이상 개인의 소유가 아니라는 사실을 분명히 밝히고 있다. 만일 자신의 몸을 개인을 위한 것이라 여기고 제 맘대로 사용한다면 주님의 것을 도둑질하는 행위가 된다. 그렇게 하는 것은 하나님뿐 아니라 자기 자신을 속이는 악한 행동이다.

따라서 하나님의 자녀들은 자신의 몸에 대한 용도를 스스로 결정하지 못한다. 나아가 자신의 몸을 성경에 계시된 하나님의 뜻을 벗어나 다른 용도로 사용할 수 없다. 하나님께서 자기 피로 값주고 사신 백성들의 몸은 오직 하나님의 영광을 위해 존재한다. 그것이 곧 하나님의 자녀들에게 베풀어진 놀라운 은혜이자 감사의 제목이 되는 것이다. 따라서 바울은 로마에 있는 교회에 보내는 편지에서도 그와 동일한 요구를 하고 있다.

> "그러므로 형제들아 내가 하나님의 모든 자비하심으로 너희를 권하노니 너희 몸을 하나님이 기뻐하시는 거룩한 산제사로 드리라 이는 너희의 드릴 영적 예배니라"(롬 12:1)

사도 바울은 성도들의 몸이 어떤 용도로 사용되어야 하는지 명백히 밝혔다. 그것은 교회에 속한 성도들의 몸은 하나님의 거룩한 제물로 바쳐져야 한다는 사실이다. 하나님의 모든 자비하심으로 교회를 권면하고 있는 바울의 말 가운데는 몸에 대한 분명한 조건이 제시되어 있다.

하나님의 성도들의 몸은 더 이상 인간적인 목적을 위해 사용될 수 없다. 하나님께서는 거룩한 피로 값주고 사신 백성들을 자신의 기뻐하시는 소유물로 삼기를 원하신다. 그것을 위해 교회에 속한 성도들은 자신의 몸을 하나님이 기뻐하시는 거룩한 산 제물로 바쳐야 한다. 그것이 곧 교회가 드릴 영적인 예배가 된다.

아무리 열심히 형식적인 종교 활동을 한다고 해도 자기 몸 밖에서 일어나는 것이라면 아무런 값어치가 없다. 입술로 하나님을 위하는 것이라 주장하지만 실상은 자기를 위한 행동에 지나지 않기 때문이다. 우리는 하나님께서 자신의 거룩한 피로 값주고 사신 백성들의 몸을 산제사로 요구하고 계신다는 사실을 기억해야 한다. 이를 성도들의 삶 가운데 온전히 실천하기 위해서는 교회와 더불어 타락한 세상을 거부하며 자신을 완전히 포기하지 않으면 안 된다.

제9장
부부관계를 통한 교훈

(고전 7:1-16)

1. 부부, 가정, 영광스러운 교회

우리가 살고 있는 시대는 극도의 위기에 처한 시대이다. 이는 전쟁, 질병, 기근 등의 문제 때문이 아니라 인간들의 삶의 기초가 되는 부부관계와 가정의 틀이 깨어지고 있음에 대해 말하고 있다. 현대의 많은 부부들이 쉽게 이혼을 함으로써 가정이 해체되는 가장 기본적인 이유는 과연 어디에 있는가? 지난 20세기 후반 이래 사람들은 거의 누구나 '남녀평등' 을 주장한다. 이는 일면 옳은 말이기도 하지만 매우 위험한 잘못된 말이기도 하다. 이를 오해하면 남녀 사이의 창조질서에 의한 차이에 대해서마저 포기하게 된다. 물론 하나님 앞에서 살아가는 인간으로서 본질적인 남녀의 차별이 존재할 수 없다. 그렇지만 남녀의 기능적인 면에 있어서는 분명한 차이가 난다.[30]

30) 남녀의 부부관계는 하나님의 창조질서와 연관되어 있다. 우리는 천지만물을 창조하신 하나님을 통해서도 그 사실을 볼 수 있다. 성부, 성자, 성령 하나님은 동일 본질을 가지고 있지만 사역에는 차이가 난다. 성부께서는 성자를 통해 만물을 창조하셨고 성령을 통해 보존하셨으며 또한 성자를 통해 영원한 구속을 이룩하셨다. 이처럼 남편과 아내는 인간의 본질적인 측면에서 동일하지만 기능적인 측면에서는 다른 특성을 지닌다. 이는 물론 본질과 기능에 대한 이해를 돕기 위해 설명될 수 있는 것이다.

가정에서 남편과 아내의 원래 관계는 세속화된 시대에 살고 있는 우리의 이성과 경험에 따라 일반적으로 정립되어 있는 식의 관계가 아니다. 가정에서는 아내도 남편도 서로간 세상에서 익힌 개인적인 판단이나 시류에 따라 행동할 수 없다. 만일 그렇게 되면 하나님에 대해서도 그렇게 할 것이 분명하다. 따라서 우리는 고린도전서 7장에 기록된 본문 말씀의 이해를 돕기 위해, 먼저 사도 바울이 에베소 교회에 보낸 편지 가운데 부부에 관련된 내용을 살펴보고자 한다.

> "아내들이여 자기 남편에게 복종하기를 주께 하듯하라 이는 남편이 아내의 머리 됨이 그리스도께서 교회의 머리 됨과 같음이니 그가 친히 몸의 구주시니라 그러나 교회가 그리스도에게 하듯 아내들도 범사에 그 남편에게 복종할찌니라 남편들아 아내 사랑하기를 그리스도께서 교회를 사랑하시고 위하여 자신을 주심 같이 하라 이는 곧 물로 씻어 말씀으로 깨끗하게 하사 거룩하게 하시고 자기 앞에 영광스러운 교회로 세우사 티나 주름잡힌 것이나 이런 것들이 없이 거룩하고 흠이 없게 하려 하심이니라 이와 같이 남편들도 자기 아내 사랑하기를 제몸 같이 할찌니 자기 아내를 사랑하는 자는 자기를 사랑하는 것이라 누구든지 언제든지 제 육체를 미워하지 않고 오직 양육하여 보호하기를 그리스도께서 교회를 보양함과 같이 하나니 우리는 그 몸의 지체임이니라 이러므로 사람이 부모를 떠나 그 아내와 합하여 그 둘이 한 육체가 될찌니 이 비밀이 크도다 내가 그리스도와 교회에 대하여 말하노라 그러나 너희도 각각 자기의 아내 사랑하기를 자기 같이 하고 아내도 그 남편을 경외하라"(엡 5:22-33)

우리가 분명히 깨달아야 할 사실은, 바울이 기록한 위 성경 본문 말씀이 시대적 문화나 관습에 따라 주어진 교훈이 아니라는 사실이다. 즉 일차적 수신자인 에베소 교회 성도들에게만 주어진 말씀이 아니며, 1세기 당시 흩어진 교회들에 제한적으로 주어진 것이 아니다. 바울의 편지는 오늘날 우리를 포함한 지상의 모든 교회들에게 주어진 말씀이다.

바울은 위의 본문에서 부부관계와 가정에 대한 일반적인 언급뿐 아니라 그것에 연관되는 '영광스런 교회'(엡 5:27)에 관한 중요한 교훈을 주고 있다.

우리는 부부와 가정이 하나님의 창조질서에 속해 있다는 사실을 분명히 깨달아야 한다. 그러므로 부부관계를 통해 하나님의 놀라운 섭리와 경륜을 깨닫게 된다. 이는 우주만물과 그 가운데 존재하는 모든 법칙들을 보면서 하나님의 존재와 그의 놀라운 섭리를 깨닫게 되는 것과 마찬가지다.[31]

하나님을 알지 못하는 자들은 그에 대한 명확한 인식을 할 수 없다 하더라도 하나님의 자녀들은 다르다. 이처럼 우리는 부부관계와 가정을 통해 하나님의 섭리와 더불어 그리스도와 그의 백성들 사이의 관계를 날마다 체험하게 된다. 이에 대한 비밀은 하나님의 자녀가 아니면 결코 알 수 없는 내용이다.

바울은 부부간에 있어서 '아내의 복종'과 '남편의 사랑'에 대한 언급을 하고 있다. 아내는 주 안에서 남편에게 복종해야 한다. 남편의 모든 요구에 무조건 복종하라는 의미는 아니지만 그와 같은 기본적인 정신을 버려서는 안 된다. 바울은 이에 대해 교회가 그리스도께 하듯 아내들도 범사에 남편에게 복종할 것을 분명히 명령하고 있다. 우리는 바울이 아내들로 하여금 남편에게 복종하기를 주님께 복종하듯 하라는 명령을 마음속 깊이 새겨야 한다. 물론 남편들은 그리스도께서 교회를 사랑하시고 자신의 몸을 내어준 것 같이 아내들에게 그렇게 하도록 요구했다.

우리는 남편과 아내 사이의 그러한 관계를 통해 하나님의 창조적 섭리와 더불어 그리스도께 순종하는 방법을 배우게 된다. 바울은 그것이 곧 '영광스런 교회'를 세워가는 소중한 방편임을 시사하고 있다. 남편

31) Calvin, *Inst.* Ⅰ.5.1-2.

에 대한 아내의 복종과 아내에 대한 남편의 사랑이 존재하는 성도의 가정이 기초가 되어 정결한 교회로 세워져 간다. 부부와 가정의 창조질서에 따른 관계적 기초가 없는 상태에서 그리스도께 순종한다는 것은 단순한 생각이나 이론에 그치지 않는다. 즉 하나님의 사랑과 그에 대한 실질적인 순종을 깨달을 수 없다는 것이다.

가정에 있어서 부부의 관계는 명확하다. 아내는 남편에게 복종하고 경외하는 마음을 가져야 하며 남편은 아내를 사랑하고 보호해야 한다. 그리스도의 몸된 교회에 속한 성도들은 그에 대한 분명한 깨달음을 가지지 않으면 안 된다. 하나님의 자녀들의 부부간에 이루어지는 혼인의 의미를 올바르게 깨닫고 주님의 뜻을 행하는 것이 신앙의 기초가 된다.

우리가 중요하게 생각해야 할 한 가지는 부부중에 한 쪽이 신앙을 가지지 않는 경우이다. 그런 경우라 할지라도 하나님을 아는 남편은 불신자인 아내에 대한 사랑을 그대로 간직해야 하며 하나님을 아는 아내는 주 안에서 불신자인 남편에게 복종해야 한다. 즉 신앙에 연관된 내용이 아닌 모든 문제들에 대해서는 진정으로 사랑하고 복종할 준비를 갖추고 있어야만 하는 것이다.

극도로 세속화되어 불건전한 남녀평등이 강조되는 타락한 우리시대에는 바울의 이 말을 구시대적인 유물遺物로 간주하는 자들이 많은 것이 사실이다. 그래서 여성들은 그것이 불공평하다고 여겨 상대적인 박탈감을 느끼게 될지도 모른다. 그러나 우리는 그것이 곧 무서운 세속화를 증거하고 있다는 사실을 기억해야 한다.

더욱 중요한 점은 우리의 자녀들에게 성경에 기록된 계시를 그대로 가르치고 교육해야 한다는 사실이다. 여자아이들에게는 나중 혼인을 하게 되면 남편에게 복종할 것을 가르치고 남자아이들에게는 아내를 사랑하며 보호해야 한다는 성경의 가르침을 잘 가르쳐야 한다. 그렇게 하는 것이 세상에서 억울하게 사는 것이 아니라 가장 복된 삶을 누리는 방편이 된다는 사실을 기억하지 않으면 안 된다. 바울의 교훈은 결코 남성우월주의나 여권주의 등 인간사회에서 발생하는 위험한 개념에 기초한 것이 아니라 하나님의 창조질서와 그의 영광스러운 교회를 위한 것임을 분명히 알아야만 한다.

2. 부부관계와 성생활 (1-4)

하나님께서는 맨 처음 인간을 창조하시면서 아담과 하와를 남편과 아내로 맺어주셨다. 이는 인간의 삶은 가정에서부터 출발하게 됨을 의미한다. 남자와 여자가 혼인을 하여 가정을 이루는 것은 자연스러운 일이기도 하거니와 보편적인 관점에서 본다면 필연적인 것이다. 따라서 개인적인 입장에서는 반드시 혼인을 해야 하는 것이 아니지만 인간들의 혼인을 통해 하나님의 구속사가 진행된다.

우리가 유념해야 할 바는 부부가 되는 것과 그로 말미암아 세워지는 가정은 하나님의 역사적 경륜에 해당된다는 사실이다. 원리적인 측면에서 본다면 성도들에게 연관되는 혼인은 창세전 하나님의 선택과 밀접하게 연관되어 있다. 즉 하나님의 자녀들은 혼인할 배우자를 개인적인 취향에 따라 선택하는 것이 아니라, 하나님께서 작정하신 배우자를 다양한 경로를 통해 순조롭게 만나게 하신다.

가정의 기본적인 중심에는 남녀간의 부부가 자리잡고 있다.[32] 그들을 통해 자녀가 생산되며 지구상의 역사적 인간사회가 형성된다. 그 과정에는 창조로부터 허락된 인간들을 위한 하나님의 놀라운 작정과 뜻이 존재하고 있는 것이다.

---

32) 말세지말(末世之末)을 당하고 있는 우리시대에는 동성끼리의 결혼을 대수롭지 않은 것으로 여긴다. 이는 하나님의 창조질서를 교란하는 무서운 범죄행위에 해당된다. 그럼에도 불구하고 '하나님의 교회'란 이름을 마음대로 사용하고 있는 종교집단들 가운데는 동성애 목회자마저 허용되고 있는 역겨운 형편이다.

한 남자와 한 여자를 부부로 맺어주는 데 있어서는 하나님의 선물로서의 성性이 소중한 매개로 되어 있다. 원래적 의미에서 성은 그 자체로 하나님의 섭리를 이루어가는 은총의 방편이다. 그러나 타락한 인간들 가운데는 성을 더럽고 추잡한 것으로 사용하는 자들이 많이 생겨나기 시작했다. 그것은 하나님의 의도를 완전히 벗어난 행위이다.

하나님께서는 아담과 하와를 한 가정으로 엮어주셨지만 하나님께 저항하는 가인 계열의 사람들은 성을 자신을 위한 주관적인 쾌락의 도구로 사용하기 시작했다. 그러나 성을 그렇게만 이해하는 것은 하나님의 원래의 뜻이 아니다. 성이 하나님으로 말미암는 부부간의 즐거움을 선사하지만 그것 자체가 목적이 아니라는 사실을 깨닫는 것은 매우 중요하다.

그런데 바울은 고린도전서 7장 앞부분에서 '남자가 여자를 가까이 아니함이 좋다'는 언급을 하면서 '음행의 연고로 혼인하라'는 말을 하고 있다.[33] 이 말은 부부의 성관계를 나쁜 것으로 취급하는 것이 아니며, 또한 배우자를 자신의 성적인 욕구를 채우는 대상으로 두라는 의미도 아니다. 이 교훈은 부부관계 이외의 기회를 엿보며 성적욕구를 충족하려는 악한 태도에 대해 경계하고 있는 것이다.

그러므로 부부는 성생활에 있어서 상호 성실해야 할 의무가 있다. 이는 서로간 성적인 의무를 다하도록 노력하는 것을 의미한다. 그것은 남편과 아내가 갖추어야 할 기본적인 자세이다. 부부사이의 성생활에 있어서 몸은 자신의 것이 아니라 상대 배우자의 것이다. 바울은 이에 대

33) 바울은 고린도전서 7장 1절에서, "너희의 쓴 말에 대하여는"이라는 말과 더불어 부부관계를 설명하고 있다. 고린도 교회는 공적서한을 통해 사도 바울에게 교회의 문제를 알리고 그에 대한 답변을 기다렸다. 바울은 교회가 직면한 많은 문제점들을 알고 난후 하나님으로부터 계시된 말씀을 전했던 것이다. 우리의 관심을 끄는 점은 고린도 교회가 에베소에 보낸 공적인 서신은 매우 중요한 것이었음에도 불구하고 성경에 포함되지 않았다는 사실이다. 그것은 교회의 공적인 서신이었지만 하나님의 계시가 아니었기 때문이다.

해, 아내는 자신의 몸을 주장하지 못하고 남편에게 맡겨야 하며 남편 역시 그렇게 해야 한다고 말했다. 따라서 원칙적으로는 배우자의 성적인 요구를 물리치거나 거부할 권리가 주어져 있지 않다.

물론 부부가 상대의 상태를 충분히 고려해야 하는 것은 지극히 당연하다. 그러나 성관계를 감당할 수 없는 형편이라면 자신의 신체와 정서적인 형편을 조심스럽게 표현하는 가운데 성실한 자세로 임해야 한다. 물론 거기에는 그리스도 안에서 허락된 인격과 존중감이 중심에 자리잡고 있지 않으면 안 된다.

3. 분방分房에 관한 교훈 (5,6)

인간이 혼인을 하는 주된 목적은 성생활 자체가 아니다. 육체적인 쾌락이 혼인의 근본적인 목적이 될 수 없는 것이다. 만일 그런 논리가 성립되면 성적인 장애를 지닌 사람은 혼인할 수 없는가 하는 문제에 봉착하게 된다. 또한 건강이나 다른 여건상 육체적 쾌락을 누리지 못하게 될 때 엉뚱한 실의에 빠지게 될지 모른다.

하나님의 자녀들인 부부에게 허락된 성은 소중하게 간직해야 할 하나님의 선물이다. 따라서 부부의 사랑으로 인해 인격성을 동반한 성생활은 매우 중요하다. 하지만 지나친 성적인 탐닉은 도리어 위험하다. 하나님의 자녀들은 성적인 쾌락 자체를 세상의 즐거움을 추구하는 근본적인 낙으로 삼을 수 없기 때문이다.

사도 바울은 부부가 서로 분방하지 말도록 요구하고 있다. 어떠한 이유 때문이라 할지라도 부부가 오랫동안 방을 따로 사용하는 것은 인간적인 이기심에 기인한다. 그것은 자신의 안일한 상태를 추구하거나 배우자를 염두에 두지 않는 옳지 않은 태도이다. 따라서 부부간의 분방은 단지 신앙적인 목적을 위해 그렇게 할 수 있다.

바울은 기도할 틈을 얻기 위해 얼마간 분방할 수 있음을 언급하고 있다. 이 말의 의미를 찬찬히 살펴보면 부부간의 일시적인 불화를 해결하는 것과 더불어 성문제에 지나치게 집착하지 않도록 주의를 주고 있다는 사실을 알게 된다. 이를 통해 자칫 부부간의 쾌락을 인생의 가치로 여기는 것을 경계하고 있다. 즉 부부간의 관계보다 하나님과의 관계가 더욱 소중하다는 사실을 강조했던 것이다.

그러면서 바울은 얼마 동안 분방한 후 다시 합하라고 한다. 물론 부부간의 인격적인 합의에 따라 모든 것을 결정해야 한다. 따라서 부부간 한쪽이 상대 배우자의 입장을 멸시하고 일방적으로 분방을 고집해서는 안된다. 만일 그렇게 되면 사탄이 그들을 시험하게 될지도 모른다.

부부간에 심각한 문제가 발생하는 이유중에 상당한 부분은 성적인 갈등으로 인한 것이다. 남편이나 아내가 배우자를 고려하지 않은 채 이기적인 태도로 성생활을 일방적으로 거부할 때 커다란 불만과 더불어 생활의 마찰이 일어나게 된다. 그러므로 바울은 부부간에 그런 이기적인 태도를 버릴 것을 요구하고 있다.

4. 독신자들과 과부들을 위한 권면 (7-9)

사도 바울은 자신의 개인적인 형편을 예로 들어 홀로 사는 성도들에게 권면하고 있다. 그는 모든 사람들이 자기와 같이 되기를 원한다고 말했다. 그러나 여기서 바울이, 모든 사람이 자기처럼 혼인하지 않은 채 독신으로 살아가기를 원한다고 말한 것으로 보기는 어렵다. 그는 성경본문 가운데서 혼인과 연관된 성문제를 언급하고 있다.

바울은 성을 통한 쾌락을 추구하는 인물이 아니었다. 그는 성생활에 대한 지나친 욕구로 인한 어려움을 겪지 않는 자신의 형편을 고백적으로 밝히고 있다. 그러나 그것은 인간의 의지를 통해 자유롭게 억누를 수 있는 성질의 것이 아니다.

그러므로 바울은 성적인 욕구가 크지 않은 것은 각 사람의 신체와 감성적인 특성에 따라 다르다는 사실을 말하고 있다. 성욕에 대한 정도는 각 사람들에 따라 그 정도가 매우 다양하다. 성에 관한 욕구가 절제하기 어려울 정도로 강하게 일어나는 사람들이 있는가 하면 그 반대의 경우도 있다. 따라서 바울은 성욕이 강하고 약한 것 자체로서는 죄악이 아니라는 사실을 말한다. 그는 이를 두고 하나님께 받은 은사로 표현하고 있다(고전 7:7). 즉 그 말은 성적인 욕구는 신체와 정신적인 반응으로서 인간들의 의지에 따라 자유롭게 억누를 수 있는 이상의 것이라는 의미를 포함하고 있다.

그러면서 바울은 성적인 욕구가 지나치게 강하게 일어나는 것이 결코 바람직하지 않음을 말하고 있다. 스스로 절제할 수 있는 정도가 좋다는 것이다. 그래서 바울은 혼인하지 않은 자들과 과부들에게 그냥 홀로 지내는 것이 좋다는 말을 하고 있다. 이는 성적인 욕구와 연관되는 원론적인 내용을 말해주고 있다.

그러므로 바울은, 만일 성적인 욕구를 절제할 수 없거든 혼인하라고 말했다. 정욕이 불같이 타는 것보다 혼인하는 편이 낫다는 것이다(고전 7:9). 우리는 이 문제를 여간 주의 깊게 이해하지 않으면 안 된다. 자칫 잘못하면 성욕을 절제할 수 없는 사람에게 있어서는 성생활 자체가 마치 목적이 되는 양 오해할 수 있기 때문이다.

따라서 우리는 바울의 이 교훈을 그런 식으로 이해해서는 안 된다. 만일 그와 같은 논리가 성립된다면 성욕을 절제할 수 없는 자는 혼인을 통해 자신의 욕구를 만족시키게 되지만, 그 배우자는 상대의 성적인 욕구를 채워주는 대상이 된다는 이상한 논리가 대두된다.[34]

하지만 바울은 고린도 교회 성도들에게 그런 식으로 말하지 않았다. 우리는 그가 언급한 말을, 혼인하지 않음으로써 억지로 자신의 신앙심

34) 우리는 일반적인 성생활을 감당할 수 없을 만큼 건강이 약한 성도들이 있다는 사실을 기억해야 한다.

을 드러내는 것으로 여기는 어리석음을 범치 말라는 의미로 받아들여야 한다. 바울은 혼인하지 않은 자들 특히 어떤 과부들 가운데 성적인 강한 욕구가 일어나는 경우가 많음에도 불구하고 혼인하지 않고 홀로 지내는 것이 미덕인양 생각하는 경우를 염두에 두고 이 말을 하고 있다.

5. 이혼금지 (10-13)

하나님의 자녀들에게 있어서 이혼은 어떤 경우에도 허락될 수 없다. 이는 혼인이 단순히 개인적인 남녀사이의 결합이 아니라 집안과 집안의 새로운 관계형성을 의미하기 때문이다. 따라서 만일 부부가 이혼한다고 해도 혼인으로 말미암아 형성된 새로운 가족관계는 그대로 존속한다.

부부가 설령 이혼을 한다고 해도 다른 가족관계를 해체하지 못하며 그것이 무효화될 수 없다. 그들 사이에 태어난 자녀들은 여전히 그들의 자녀이며 그 자녀들의 본가 및 외가의 할아버지 할머니를 비롯한 삼촌, 사촌 등의 가족관계는 그대로 유지되기 때문이다. 따라서 전체적인 가족관계가 소멸되지 않은 부부의 이혼은 원천무효인 것이다.[35] 세상법정이 이미 형성된 가족관계의 청산을 허락한다고 할지라도 성경은 그것을 허락지 않는다.

우리는 세상법의 결정을 따라야 할지 하나님의 말씀을 따라야 할지 분명한 생각을 하지 않으면 안 된다. 많은 사람들이 다양한 이유로 이혼하지만 어떤 경우에도 그것은 정당성을 띨 수 없다. 어떤 명분과 이유도 이혼을 정당화시킬 수 없는 것이다. 이는 마치 살인이 절대 금지되어야 하는 것과 마찬가지다.

---

35) 구약시대에 모세율법이 이혼을 허용한 것은 단순한 가정 문제이기에 앞서 이스라엘 민족에 연관된 문제였다. 부정한 여인에게 이혼증서를 주게 한 것은 정결해야 할 이스라엘 민족공동체에서 악을 제거하는 의미를 지니고 있었던 것이다.

사도 바울은 또한 혼인한 자들에게 부부관계에 관한 특별한 명령을 하고 있다. 아내는 남편에게서 갈리지 말라는 것이다.[36] 그리고 혹 갈린다고 할지라도 혼자 그냥 지내든지 다시 남편과 화합하도록 명령했다. 이에 대해서는 아내뿐 아니라 남편도 동일하다. 남편은 아내를 버려서는 안 된다.

우리는 본문 가운데서 '갈린다'는 말이 이혼을 의미하는 것이 아니라는 사실을 깨달아야 한다. 이는 이혼이 아니라 별거에 연관된 의미를 지니고 있다. 영어성경에는 이에 대해 다음과 같이 번역하고 있다.

> "And unto the married I command, yet not I, but the Lord, Let not the wife depart from her husband: But and if she depart, let her remain unmarried or be reconciled to her husband: and let not the husband put away his wife"(1Cor. 7:10,11)

바울은 여기서 부부의 갈라섬(depart)에 대한 문제를 언급하고 있다. 만일 부부 가운데 한쪽이 이혼을 결심해야 할 정도로 심각한 갈등에 직면하게 되면 이혼이 아니라 별거를 할 수 있다.[37] 만일 별거를 하게 된

---

36) 고린도전서 7:10의 "명하는 자는 내가 아니요 주시라"는 구절과 7:12의 "이는 주의 명령이 아니라"는 구절은 사본학적인 문제로 인해 괄호 안에 넣어 표기하기도 한다. 그러나 영어성경 KJV나 NASB 같은 번역에서는 괄호 처리를 하지 않았다. 바울이, "명하는 자가 자신이 아니라 주시라"고 말한 것은 주님께서 직접 제자들 가운데 말씀하신 적이 있음을 언급한 것이며, "이는 주님의 명령이 아니라"고 한 말은 주님께서 그전에 말씀하시지는 않았으나 바울 자신이 직접 계시 받은 것이라는 의미이다. 우리가 주의해야 할 점은 두 경우 사이에 전혀 권위적 차이가 나지 않는다는 사실이다. 둘 다 하나님의 계시에 의해 기록된 말씀이기 때문이다.

37) 이때도 원리상 개인이나 부부가 합의하는 것만으로 충분하지 않다. 성숙한 교회에 속한 성숙한 성도라면 마땅히 당회의 허락을 받아야 한다. 이는 교회가 개별 성도들의 사생활에 개입하거나 간섭하려는 것이 목적이 아니라 가정의 회복을 위해 교회가 도움을 주고자 함이다.

다고 해도 그 상태로 혼자 지내야 하며 이혼을 하려해서는 안 된다.

우리의 현실을 두고 말하자면, 어떤 경우에도 세속법정에 이혼소송이나 이혼신고를 하지 말아야 한다. 그것은 세속법적으로 완전히 남남이 됨을 의미하고 있다. 그러나 세속법이 부부로 하여금 남남이 되는 것을 허용했다고 해서 하나님과 그의 몸된 교회가 그것을 용납하거나 허락하는 것은 아니다. 그것은 완전히 별개의 문제이다.

하나님의 자녀들은 세속법을 근거로 하여 모든 것을 확증받는 것이 아니라 하나님과 그의 말씀 그리고 그의 몸된 교회의 관여와 통치아래 있다. 혼인과 이혼에 있어서도 이와 마찬가지다. 그렇지만 악한 인간들은 개인적인 편의에 따라 자신이 원하는 쪽을 '합법화' 하며 주관적으로 받아들이려는 경향성이 있다. 그러나 하나님을 경외하는 성도들은 그런 악습을 멀리 해야만 한다.

그러므로 바울은 믿는 형제에게 믿지 않는 아내가 있다면 그 여인을 버리지 말라고 명령했다. 그 아내가 남편과 살기를 원하는데도 불구하고 신앙을 이유로 저를 버려서는 안 된다. 이와 마찬가지로 믿는 여인에게 믿지 않는 남편이 있다고 해도 그와 마찬가지다. 이는 믿는 배우자가 불신자인 상대의 요구에 따라 이혼할 수 있다는 말이 아니다. 그것 역시 별거와 연관지어 이해해야 한다.

죄로 말미암아 타락의 늪에 빠진 인간들은 교묘하게 조성된 악한 성품을 지니고 있다. 부부간에 자기 마음에 차지 않거나 심한 불만이 생기면 배우자로 하여금 부정不貞한 길을 택하도록 교묘한 덫을 놓게 되는 것이다. 그리하여 배우자에게서 적절한 이혼사유를 캐내려 한다.[38] 그것은 의식적이든 무의식적이든 타락한 인간들에게 발생하게 된다.

그렇게 해서 자기의 합당하고 정당한 형편을 자신과 남에게 드러내 보이고자 한다. 즉 저열하고 악한 방법을 통해 자신의 의로움을 증거하

38) 이광호, 『웨스트민스터 신앙고백』(서울: 도서출판 깔뱅, 2007), pp.346,347. 참조.

고자 무던히 애를 쓰게 된다. 그렇게 함으로써 가정의 파괴의 원인이 자신이 아니라 배우자에게 있음을 강조한다. 그것을 통해 자기는 면책免責 가운데 이혼의 욕망을 달성하게 되는 것이다.

6. 가정과 자녀 (14,15)

사도 바울은 본문 가운데서 가정에 대한 매우 중요한 교훈을 주고 있다. 믿는 남편으로 말미암아 아내가 거룩한 성도가 될 수 있으며 믿는 아내로 인해 남편이 거룩한 성도의 자리에 앉을 수 있다. 그에 대한 개념은 저들의 자녀에게도 영향을 미치게 된다.

그런데 바울은 믿지 않는 배우자가 갈리기를 원하거든 그것을 허용하라는 말을 하고 있다. 부부사이의 관계 자체를 행복의 본질로 여기고 그것을 형식적으로 영위하기 위해 지나친 구속을 받을 필요가 없다는 의미이다. 부부간의 불화로 인해 인생을 낙담하는 사람들이 많은 것은 사실이다.

하지만 설령 부부간에 인내하기 힘든 갈등이 발생한다고 할지라도 하나님의 자녀들은 지나치게 낙심해서는 안 된다. 이는 물론 이혼을 해도 좋다고 말하는 것이 아니다. 하나님께서는 친히 부르신 자기 자녀들에게 평강을 주시려는 것이지 불신자를 배우자로 둔 가정으로 하여금 고통을 당하도록 하시지 않았다는 것이다.

바울의 교훈이 성도의 이혼을 허용하는 말로 잘못 곡해되어서는 안 된다. 그것은 이혼이 아니라 부부간의 별거를 의미한다. 하나님을 알지 못하는 배우자가 신앙생활을 근본적으로 방해할 경우에는 별거를 택해야 할 경우가 있다. 그러나 그것은 어디까지나 차선의 방책일 따름이다.

성숙한 성도들은 별거로 말미암아 심한 상처를 받게 된다고 해도 스스로 가족관계를 해체하지 않으며 고통 가운데서도 나름대로의 교훈을 얻을 수 있다. 이에 반해 이혼은 직접적으로 자신의 가정을 파괴하는 위험한 행위가 된다. 따라서 최악의 경우 평생 별거를 하는 경우가 발생한다 할지라도 이혼은 결코 허용될 수 없다.[39] 우리는 이혼이 간음의 조건이 된다는 사실을 기억하지 않으면 안 된다. 그러므로 예수님께서는 하나님이 짝지어주신 부부관계를 죽음이 아니면 갈라놓을 수 없음을 말씀하셨던 것이다.

> "이러한즉 이제 둘이 아니요 한 몸이니 그러므로 하나님이 짝지어 주신 것을 사람이 나누지 못할찌니라"(마 19:6)

예수님께서는 사악한 바리새인들의 시험하는 말에 대해 이같이 말씀하시면서 음행한 연고 외에는 그럴 수 없음을 말씀하셨다(마 19:9). 이는 배우자가 음행을 저지르게 될 경우에는 그렇게 하라는 말과는 다르다. 이는 아직 예수 그리스도의 십자가 사역을 통한 신약의 의미가 완전히 드러나지 않은 구약시대적 배경 가운데 하나님 앞에 살아가는 성도들의 순결한 삶을 강조하셨던 것으로 받아들여야 한다.

주님의 말씀 가운데 우리가 주의를 기울여야 할 점은, 부부는 하나님께서 짝지어 주셨다는 사실과 부부 자신은 물론 어느 누구도 그들을 나눌 수 없다고 하신 말씀이다. 하나님께서 행하신 일을 방해하는 것은 죄악일 수밖에 없다. 우리는 혼인과 가정에 있어서도 이와 동일한 의미가 존재함을 기억해야 한다.

7. 신앙에 있어서 부부의 역할 (17)

신앙을 가진 배우자는 상대를 위해 최선의 삶을 살아야 한다. 부부가

---

39) 사실 장기간의 별거는 이혼보다 훨씬 더 고통스럽다. 그것을 잘 알고 있는 인간들은 스스로 세속적인 합리성을 부여하며, 자신의 얄팍한 편의를 위해 별거가 아니라 이혼을 선택하려 한다. 그러나 그것은 하나님의 말씀에 순종하는 것이 아니라 악한 인간들에게 존재하는 이기심에 기인하는 것이다.

동일한 신앙을 소유한 경우에는 두말할 나위 없다. 나아가 불신자인 배우자를 둔 경우에도 마찬가지다. 모든 부부가 그렇지만 특히 불신 배우자를 둔 경우에는 더욱 신경써야 할 내용이 많다. 자신의 순전한 희생과 인내를 통해 배우자에게 하나님의 복음이 증거되고 전파된다면 얼마나 감사한 일인가!

이는 물론 단순히 인간적인 노력여하에 따라 배우자를 구원으로 인도할 수 있다는 말로 받아들여서는 안 된다. 하나님의 은혜를 입고 있는 성도들은 가정의 소중함을 더욱 절실히 인식해야 한다. 하나님께서 자신을 통해 부르심을 입은 배우자를 영원한 구원의 자리로 부르시게 될지 알 수 없기 때문이다.

이에 대해서는 우리의 언약의 자녀들에게 말씀과 교리를 통한 올바른 교육을 시켜야 한다.[40] 앞으로 그들이 가정과 교회를 역사 가운데 상속해 갈 것이기 때문이다. 우리는 21세기에 살아가고 있지만 세상의 오염된 풍조에 따라 행동하며 반응할 것이 아니라 창조질서와 더불어 주어진 하나님의 말씀에 온전히 순종하는 자세를 가져야만 한다.

---

40) 이를 위해 개혁주의 교회에서는 사도교회의 가르침과 초대교회의 전통에 따라 교회의 구성요건으로서 유아세례를 매우 중요하게 생각한다.

제10장
혼인의 본질과 독신자에 관한 교훈

(고전 7:17-40)

1. 차별없는 신분

(1) 할례와 무할례(17-20)

사도 바울은 혼인과 부부에 관한 내용을 교훈하던 중 성도들의 일반적인 출신배경에 관한 언급을 하고 있다. 신앙의 본질적인 것 이외에 대해서는 원래 처한 자연적인 형편 가운데서 행하라는 명령이다. 이는 모든 성도들이 하나님 앞에서 아무런 본질적 차이가 없음을 강조하는 의미를 지닌다.

바울의 이 말 가운데는 동일한 신앙의 본질을 소유한 성도들의 모든 삶에 있어서 상호간 개방성이 드러나고 있다. 즉 민족적, 종교적 배경이나 사회적 신분 등이, 교회 안에서 발생하는 성도들의 교제를 위해 더 이상 걸림이 되지 않는다. 따라서 바울은 원래 속한 민족적인 배경을 두고 성도들을 구분짓지 않았다.

우리가 관심을 기울여야 할 점은 바울이 구약시대의 신앙에 연관된 할례자와 무할례자에 대한 아무런 차별을 두지 않았다는 사실이다. 교회 가운데서는 유대인 출신이라 해서 특별한 긍지나 자부심을 가질 필요가 없었으며 이방인 출신이라 해서 열등감을 느낄 필요가 전혀 없었다. 성도들에게 중요한 것은 오로지 하나님과 그의 말씀이기 때문이다.

만일 하나님의 자녀라 하면서 이 세상의 외부적인 조건이나 혈통적인 배경으로 인해 특별한 자부심을 가지거나 열등감을 느낀다면 두 경우 모두 신앙이 지극히 미숙한 경우에 지나지 않는다. 즉 과거의 민족적이며 종교적인 배경이 어떠할지라도 있는 그대로 하나님께 순종하며 살아야 한다. 성도들에게 중요한 것은 저들을 구원의 자리로 불러주신 하나님과 그의 뜻이다.

유대민족의 배경을 지닌 성도들이 과거에 할례를 받았다면 그 상태에서 하나님께 감사해야 할 것이며, 할례받지 않은 이방인으로서 하나님을 알게 되었다면 또한 그 상태로 하나님께 감사해야 한다. 육신에 남아있는 할례의 흔적이나 민족적인 배경이 더 이상 중요하지 않다. 사도 바울은 갈라디아 교회에 편지하면서도 그에 대한 분명한 언급을 하고 있다.

> "그리스도 예수 안에서는 할례나 무할례가 효력이 없되 사랑으로써 역사하는 믿음뿐이니라"(갈 5:6)
>
> "하나님은 홀로 유대인의 하나님 뿐이시뇨 또 이방인의 하나님은 아니시뇨 진실로 이방인의 하나님도 되시느니라 할례자도 믿음으로 말미암아 또는 무할례자도 믿음으로 말미암아 의롭다 하실 하나님은 한 분이시니라"(롬 3:29,30);

바울이 여러 교회들을 향해 말하고자 했던 것은 각 사람들이 가지고 있던 민족적이며 종교적인 상이한 배경에 관한 것이었다. 하나님을 알기 전에 어떤 종족 배경을 가지고 있었던가 하는 사실은 전혀 중요하지 않다. 지금 현재 어떻게 하나님을 섬기며 그의 말씀에 온전히 순종하는가 하는 점이 중요할 따름이다.

그러나 어리석은 백성들 가운데는 저들의 조상과 몸의 흔적을 자랑으로 삼으려는 자들이 있었다. 그것을 통해 자신의 신앙이 보다 정통성이 있는 듯 남에게 드러내 보이고자 했으며 다른 사람들보다 나은 우월감을 가지고자 했다. 그러나 그런 것은 도리어 열등감의 표현이라 해도 지나치지 않다. 참된 신앙과 하나님의 계명에 관한 진정한 의미를 알지 못하기 때문에 그런 유치한 현상이 드러나게 되는 것이다.

이러한 경향은 오늘날 우리시대에도 유사한 모습으로 드러나고 있다. 배도한 기독교 집단들 가운데는 여전히 소위 성골聖骨과 진골眞骨 등 출신성분에 따른 신분차별이 존재한다.[41] 그들의 부모와 인척들의 공로와 저들이 끼쳤던 종교적인 영향으로 인해 특별한 대우를 받게 되는 것이다.

나아가 세속화의 늪에 빠져 있는 지교회들 가운데도 그런 현상이 나타나는 경우가 있다. 즉 목사나 장로 등 막강한 영향력을 지닌 직분자의 자녀와 일반 성도의 자녀이거나 나중에 복음을 알게 되어 혼자 교회에 출석하는 청소년들이 차별대우를 받는 경우를 보게 되는 것이다.[42] 그러나 그런 잘못된 관행은 하나님의 몸된 교회 가운데서 마땅히 사라져야할 폐습이다.

소위 몇 대를 이어 예수를 믿어왔다는 식의 가족 전통은 아무런 의미

---

41) 성골, 진골은 신라 골품제에 있던 일종의 신분을 의미한다. 성골은 양쪽 부모가 왕족인 경우에 가지는 신분인 반면, 진골은 부모 중 한쪽이 왕족인 경우를 말하는 것으로 알려져 있다. 하여튼 그들은 신라 왕국에서 특별한 대우를 받는 신분의 소유자들이었다. 오늘날까지도 조상이나 부모의 후광으로 인해 특권을 누리는 자들에 대해 그것을 비유로 일컫고 있다.

42) 필자가 알고 있는 한 경우를 예로 들어 본다: 한 교회의 청년이 몇 년간의 평신도 단기선교사로 나가고자 했을 때 그 교회는 아무런 관심을 기울이지 않았다. 결국 그는 주변의 다른 방편들을 통해 어렵게 재정을 마련할 수밖에 없었다. 그러나 그 교회 장로의 아들이 동일한 유형의 평신도 선교사로 나가게 되었을 때는 교회가 선교후원비 전액을 지원했다. 물론 두 청년에게 다른 신앙적인 차이가 있었던 것은 아니다. 단지 누구의 아들인가 하는 점만 차이가 있었을 따름이다. 건전한 교회에서 결코 그런 일이 발생해서는 안 된다.

가 없다. 설령 믿는 조상들로부터 훌륭한 영향을 받았다 하더라도 그것 자체가 긍지를 가질 만한 자랑거리가 될 수 없다. 바울은 할례받은 유대인들의 혈통을 지닌 자들조차도 이방인과 아무런 차이가 없음을 강조했다. 이는 혈통적인 배경이 아니라 하나님을 경외하는 온전한 신앙이 소중함을 말해주고 있는 것이다.

(2) 자유인과 종(21-24)

할례받은 유대인들과 할례받지 않은 이방인들을 본질상 동등선상에 둠으로써 민족적, 종교적인 배경이 아무런 의미가 없음을 말한 바울이 이번에는 자유인과 종에 관한 언급을 하고 있다. 이는 사회적인 신분에 연관된 문제이다.

하나님의 자녀들 상호간에는 이 세상 사람들이 중요하게 여기며 내세우는 모든 조건들이 완전히 소멸된다. 즉 그런 것들은 교회 가운데서 아무런 의미가 없는 것이다. 바울은 골로새 교회에 편지하면서 종족문제와 종교적인 배경문제, 그리고 사회적 신분이 더 이상 성도들의 신앙적인 삶에 있어서 아무런 효력을 가지지 못함을 말하고 있다.

> "거기는 헬라인과 유대인이나 할례당과 무할례당이나 야인이나 스구디아인이나 종이나 자유인이 분별이 있을 수 없나니 오직 그리스도는 만유시요 만유 안에 계시니라"(골 3:11)

이 세상에 존재하는 인간사회에는 대개 상이한 신분을 통한 계층적 차별을 두고 있다. 그것이 마치 사회적인 질서를 유지하는 중요한 기능을 하는 것인 양 여긴다. 그리고 독특한 문화적 배경을 강조함으로써 주변의 다른 종족 집단과 차별을 시도하며 독자적인 정체성을 확립하기도 한다.

그러나 하나님의 교회 안에서는 전혀 그렇지 않다. 교회에서는 도리어 그런 모든 것들을 적극적으로 소멸시킨다. 이는 하나님께서 세상의 유능하고 훌륭한 사람들을 선택해 부르시는 것이 아니기 때문이다. 거룩하신 하나님 앞에서는 인간들의 능력과 인정이 사실상 아무런 의미가 없다. 타락한 인간으로서 하나님으로부터 인정받을 만한 내용이 결코 있을 수 없는 것이다.

그렇지만 하나님의 자녀로 입양이 된 모든 성도들에게는 진정한 자유가 허락된다. 그것은 인간들의 이성과 경험에 의해 이해되고 있는 것들과 다르다. 따라서 이 세상에서의 신분이 설령 비천한 종이라 할지라도 그리스도 안에서는 완전한 자유인이다. 반면 세상에서 어느 누구의 제재도 받지 않는 자유인이라 할지라도 그리스도의 종에 지나지 않는다. 이는 모든 성도들이 하나님께서 허락하신 은혜 가운데 존재함을 의미하고 있다.

그러므로 하나님의 자녀들은 세상의 어떤 배경과 신분을 소유하고 있다 할지라도 그와 상관없이 그리스도로 말미암아 허락된 참된 자유를 실천할 수 있어야 한다. 그 자유는 인간의 욕망을 위해서가 아니라 하나님의 뜻에 따라 사용되어야 하는 특성을 지닌다. 사도 베드로는 그의 서신 가운데서 자유에 대한 언급을 하며, 하나님께 예속된 성도들에게 그 자유를 올바르게 사용하라는 요구를 하고 있다.

> "너희는 자유가 있으나 그 자유로 악을 가리는 데 쓰지 말고 오직 하나님의 종과 같이 하라"(벧전 2:16)

예수 그리스도로 말미암아 참된 자유를 얻은 성도들은 그것을 하나님의 뜻에 따라 올바르게 사용해야 할 의무가 있다. 만일 자기 자신의 욕망을 이루기 위해 그것을 사용한다면 오용과 남용이 될 수밖에 없다. 그것은 하나님의 뜻을 거스르는 죄악이 된다.

하나님께서는 자신의 거룩한 피로 교회와 성도들을 값주고 사셨다. 모든 성도들은 예수 그리스도의 피에 의해 하나님께 팔려간 자들이다. 따라서 하나님께 속한 자들은 더 이상 이 세상의 인간들의 종이 될 필요가 없으며 그렇게 되어서도 안 된다. 하나님의 백성이 된 성도들은 사람들을 즐겁게 하려해서는 안 될 뿐더러 자기 자신을 기쁘게 하기 위해 살아서도 안 된다. 오직 하나님께서 부르신 거룩하신 뜻에 따라 하나님과 함께 거하며 그를 온전히 섬겨야만 한다.

2. 처녀에 대한 교훈(25,26)

사도 바울은 본문 가운데서 특별히 처녀에 대한 교훈을 주고 있다. 그런데 바울은 그 말을 하면서 주님으로부터 처녀에 대해 특별히 받은 계명이 없다는 사실을 언급했다. 그는 '내 생각에는 …'(고전 7:26)이라는 말과 더불어 이야기했던 것이다. 그렇다면 우리는 바울의 교훈을 어느 정도 받아들여야 하는가? 그 말은 하나님의 계시와 아무런 상관이 없다는 의미인가?

바울은 그냥 평범한 신앙인이 아니라 하나님의 특별한 계시를 받은 사도였다. 그는 주님의 자비하심에 따라 신실한 자세로 교훈하고 있는 자신의 심경을 고백하고 있다. 따라서 우리는 그의 교훈이 단순한 기독교 지도자의 권면이 아니라 하나님의 부르심을 받은 특별한 사도의 말이라는 사실을 기억해야 한다. 그가 서신에서 기록한 내용 자체가 하나님의 계시를 드러내고 있기 때문이다.

처녀에 대한 교훈을 주면서 바울은 '임박한 환난'으로 인해 혼인하지 않고 그냥 지내는 것이 좋다는 말을 했다. 그렇다면 바울이 말한 임박한 환난이란 과연 무엇을 의미하고 있는가? 그리고 그 임박한 환난은 우리 시대에 비춰볼 때 이미 지나간 과거의 일인가?

우리가 염두에 두어야 할 사실은 임박한 환난은 항상 지상에 살고 있는 성도들의 눈앞에 놓여있다는 사실이다. 즉 모든 하나님의 자녀들은 주님이 재림하실 때까지 임박한 진노가 진행되는 가운데 살아가게 된다. 이는 비록 육신의 환난뿐 아니라 정신적이며 영적인 환난을 포함하고 있다.

바울은 이 말을 통해 성도들에게 세상의 다른 것을 기대하지 말고 오직 하나님만을 의지하며 그의 인도하심을 조용히 기다리라고 당부했다. 즉 사람들은 혼인에 대해 지나친 기대를 해서는 안 되며 그것을 아무런 의미 없는 것으로 생각해서도 안 된다. 단지 하나님 앞에서 정숙하고 신실한 삶을 살면서 하나님의 뜻을 바라보며 살아야 하는 것이다.

하지만 미성숙한 교인들은 현실에 만족하지 못하는 경향이 있다. 이 세상에 소망을 두고 살아가는 사람들은 항상 더 나은 다른 무엇인가를 기대한다. 혼인에 있어서도 마찬가지다. 혼인을 염두에 두고 있는 당사자는 물론 그 부모마저도 혼인을 하게 되면 다른 무엇인가를 기대할 수 있을 것으로 여긴다.

그러나 실상은 그에 대한 아무런 보장이 없다. 설령 혼인을 통해 인간들이 보기에 화려한 변신을 하는 것처럼 보일지라도 그것은 도리어 위험한 것일 수 있다. 바울은 그점을 염두에 두고 처녀에 관한 교훈을 주고 있는 것이다.

혼인하지 않은 처녀는, 하나님께서 남편을 허락하신다면 그에게 복종하며 살 준비를 갖추고 있어야 한다(엡 5:22-24). 이는 무조건 굴종할 자세를 갖추라는 의미와는 다르다. 남편에게 복종하는 준비를 갖추고 있을 때, 그 삶은 자신의 인생의 목적을 충족시키기 위한 삶이 아니라 가정과 교회를 위한 삶에 대한 기초적인 깨달음을 가지게 된다.

엄밀한 의미에서 볼 때 그것은 결코 남편을 위한 것만이 아니다. 즉 남편은 아내로부터 항상 섬김을 받는 위치에 있지 않다. 하나님께서 가정질서를 요구한 것은 창조질서와 연관된 의미를 혼인과 가정을 통해 드러내기 위해서였다. 따라서 교회에 속한 성도들은 가정과 더불어 영원한 진리를 깨달아 가는 가운데 하나님을 섬겨야 한다.

그런 삶을 기억하며 살아가는 중 처녀가 혼인하지 않고 홀로 살아간다 해도 여전히 그 삶은 예수 그리스도 안에서 값진 삶이 된다. 성도의 삶의 의미는 혼인에 연관된 가족 양식에 달려 있지 않다. 도리어 혼인을 통한 삶에 대해 지나친 기대를 하거나 행복을 추구한다면 위태로운 모험에 빠질 수 있다. 만일 그렇게 한다면 자신의 인생을 천박한 확률놀이에 내맡기는 것과 별로 다르지 않다. 그러면서 다양한 상황을 접하는 가운데 점차 체념하면서 그것이 곧 인생살이인 양 치부하게 되는 것이다.

바울이 처녀들에 대해 그냥 지내는 것이 좋다고 말한 것은 그런 의미를 내포하고 있다. 혼인을 할 만한 나이가 된 성도들에게 진지한 삶의 내용이 무엇인지 알려주었던 것이다. 우리는 바울의 교훈을 통해 이 세상 사람들의 일반적인 사고를 뛰어넘어 인생의 진지함을 발견할 수 있어야 한다.

3. 혼인한 자들이 지켜야 할 도리 (27-35)

신앙이 어린 교인들은 혼인과 가정에 대해 근본적인 착각을 하는 경우가 종종 있다. 부부의 애정과 가정의 행복을 마치 인생의 목표인 양 생각하는 것이다. 그런 수준의 정도라면 하나님을 알지 못하는 불신자들 가운데도 그런 삶을 누리는 자들이 얼마든지 많다. 그리고 신앙이 미숙하거나 잘못된 신앙을 가진 사람들 역시 그렇다.

그러나 교회에 속한 성도들의 삶은 반드시 그렇지만은 않다. 물론 성도의 가정은 인격적이어야 하며 그리스도 안에서 진정한 사랑이 있어야 한다. 그것은 하나님을 경외함이 바탕이 되어 있으며 하나님의 말씀을 중심에 두고 있다.

타락한 세상 가운데 놓인 성도의 가정은 그런 온전한 삶을 산다고 하더라도 반드시 지상에서의 행복이 보장되지는 않는다. 가정이 전체적으로 엄청난 환난에 휩싸일 수 있으며 가족 중에 신앙이 어리거나 비뚤어진 식구가 있을 수도 있다. 그럴 경우 일반적으로 말하는 행복을 가지기가 어렵게 된다.

물론 그런 힘든 상황에 부닥친다 할지라도 결코 실망하거나 낙심할 필요가 없다. 그럴수록 더 높은 곳을 바라보는 지혜가 필요하다. 우리는 구약성경 호세아 선지자와 그의 가정을 기억하고 있다. 물론 호세아의 가정은 하나님의 구속사 가운데 있었던 특별한 경우였지만 우리는 그를 통해 일반적인 교훈을 얻게 된다.

호세아는 하나님을 진정으로 경외하는 선지자였지만 그의 아내는 전혀 그렇지 못했다. 남편의 신실함에 비해 아내는 정숙한 모습을 보이지 않았던 것이다. 아내가 더러운 부정을 저지르고 악을 행한다고 해서 남편도 그와 같은 삶을 살 수는 없다. 그것은 인내하기 어려운 엄청난 고통이 동반됨을 말해주고 있다.

그렇지만 신앙이 성숙한 호세아는 인내하는 가운데 부정한 아내를 기다리며 하나님의 긍휼과 은혜를 구했다. 우리가 분명히 기억해야 할 점은 호세아가 자신의 아내에게 모든 인생을 걸었던 것이 아니라는 사실이다. 그는 세상에서 어떤 문제가 발생한다 할지라도 오직 하나님 한 분만 바라보는 삶을 살았다. 그에게는 하나님과 그의 영원한 나라가 진정한 소망이었던 것이다.

우리는 가정과 부부관계에서 일어난 심각한 고통 가운데서도 천상의 기쁨과 즐거움을 바라보며 살았던 호세아를 기억하며 그의 삶을 본받을 필요가 있다. 비록 우리에게 호세아가 겪었던 것과 동일한 고통이 존재하지 않는다 할지라도 그의 올바른 신앙정신을 배우는 것은 매우 중요하다.

그러므로 예수님께서도 부모와 처자 및 가정에 대해 그와 동일한 교훈을 주셨다. 우리는 예수님께서 자기를 따라다니던 무리들을 향해 하신 말씀을 기억한다. 그것은 예수님의 옆에 있던 제자들이 직접 듣고 받아들였던 교훈이며 오늘날 우리를 포함한 역사상 모든 교회들에게도 그 교훈은 여전히 유효한 진리의 말씀이다.

> "무릇 내게 오는 자가 자기 부모와 처자와 형제와 자매와 및 자기 목숨까지 미워하지 아니하면 능히 나의 제자가 되지 못하고 누구든지 자기 십자가를 지고 나를 좇지 않는 자도 능히 나의 제자가 되지 못하리라"(눅 14:26,27)

예수님의 이 말씀은 일반적인 관점에서 본다면 이해하기 쉽지 않다. 예수님께서는 부모와 처자와 형제자매를 사랑하라고 말하는 대신 도리어 미워하라고 말씀하셨다. 나아가 단순히 경우에 따라 미워할 수도 있다고 하신 것이 아니라 미워하지 않으면 안 된다는 적극적인 의미가 내포된 말씀을 하셨다.

예수님께서 하신 그 말씀은 단순히 상징적인 것에 지나지 않는 것인가? 아니면 성도들에게 실제적으로 적용해야 하는 내용인가? 우리는 물론 이 말씀이 상징성을 지니는 가운데 실제적인 요구를 동반하고 있는 것으로 이해해야 한다. 즉 상징적인 것만 강조하고 실제로는 그럴 필요가 없다는 것이 아니라 성도들의 삶 가운데 그에 대한 실제적인 의미가 드러나야 한다는 것이다.

바울은 고린도 교회 성도들에게, 남편과 아내가 있건 없건 간에 그것 자체가 중요한 것은 아니라는 사실을 깨닫도록 요구하고 있다. 미혼 청년들이 혼인을 하는 것도 그것 자체로서는 대단한 일이 아니며 도리어 혼인을 하면 더욱 많은 고통이 따르게 되리라는 언급을 했다. 많은 사람들이 혼인을 행복의 뿌리가 될 것이라 기대하는 터에 바울은 정반대로 말했던 것이다.

바울이 이 언급을 한 것은 단지 혼인을 한 후 야기될 부부생활의 문제와 고통에 대한 것 때문이 아니다. 도리어 그 말 가운데는 혼인을 하여 가정을 가지게 될 경우 하나님을 온전히 섬기는 일이 쉽지 않을 것이란 사실을 말해준다. 즉 부부관계가 너무 부담스럽고 힘겨워도 올바른 신앙을 유지하기 어렵지만 너무 풍요로워 행복에 겨운 상태가 전개된다고 해도 올바른 신앙을 영위하는 것이 쉽지 않다.

신앙이 어린 사람들이야 이 세상에서의 삶이 풍요롭고 행복하면 그것을 하나님의 복이라 말하겠지만 바울은 그것이 신앙의 걸림돌이 될 수 있음을 지적하고 있다. 남편이나 아내를 기쁘게 하는 것이 성도들이 근본적으로 추구해야 할 바가 아닌 것이다.

그러므로 바울은 배우자가 있는 자들은 없는 자같이 살고, 슬픈 자는 그것과 상관없는 자처럼, 기쁜 자도 그렇지 않은 자처럼 살라고 당부했다. 세상에서 풍요롭게 사는 자나 그렇지 못한 자나 그 자체로서는 별것이 아니라는 사실을 알고 세상을 살도록 당부했던 것이다. 이 세상에서 당하는 모든 형편들은 다 지나가는 것들로서 아무런 형적도 남기지 않을 것이기 때문이다.

어리석은 인간들은 조금만 좋으면 모든 세상이 자기 것이라도 되는 양 마음이 들뜨는 반면 조금만 어려워도 하늘이 무너지는 듯 낙심에 빠지게 되는 것이 보통이다. 그러나 하나님의 자녀들은 남들이 엄청난 축하와 꽃다발을 보낸다 할지라도 평정한 마음을 가질 수 있어야 한다. 이는 그것들이 영원한 값어치를 소유하고 있지 않은 까닭이다.

따라서 하나님의 자녀들은 심각한 고통과 시련을 당해 다른 사람들이 매우 안타까운 시선으로 바라본다 할지라도 낙담하지 않아야 한다. 왜냐하면 그것은 잠시 지나가는 상황일 따름이기 때문이다. 그러므로 이 세상의 것들로 인해 호들갑을 떨며 넘치는 즐거움에 빠지는 자나 이 세상의 것으로 인해 지나친 낙담에 빠지는 자들은 어리석은 사람들이라 할 수밖에 없다.

그러므로 하나님의 백성들은 이 세상의 것들을 목적으로 삼아 살아가지 않는다. 세상에서 성공하고 만족스럽게 살기 위해 몸부림치지 않는 것이다. 그에 대해서는 부부간의 가정생활도 그러하지만 일반적인 삶의 모든 영역에 있어서도 그렇다. 그 대신 하나님의 말씀을 좇아 살기 위해 세상에 맞서 투쟁해야 하며 처절한 싸움을 싸우지 않으면 안 된다. 그렇게 하면 세상에서 평안하고 즐겁게 살 만한 것들을 쟁취하는 것이 아니라 도리어 그와는 반대적인 상황에 맞닥뜨리게 된다.

그럼에도 불구하고 이 세상에 살아가는 성도들은 하나님의 뜻 가운데 자신을 거룩하게 지키려 하며 진정한 유익을 추구하는 가운데 기쁘게 살아간다. 세상에서 어떤 일이 발생할지라도 성도들의 궁극적인 삶에는 아무런 영향을 끼치지 못한다. 교회와 그에 속한 백성들의 삶은 지나가는 이 세상이 아니라 영원한 천국에 소망을 두고 있기 때문이다. 그러므로 사도 바울은 빌립보 교회에 보내는 편지에서 그점을 분명히 언급하고 있다.

> "주 안에서 항상 기뻐하라 내가 다시 말하노니 기뻐하라 너희 관용을 모든 사람에게 알게 하라 주께서 가까우시니라 아무 것도 염려하지 말고 오직 모든 일에 기도와 간구로, 너희 구할 것을 감사함으로 하나님께 아뢰라 그리하면 모든 지각에 뛰어난 하나님의 평강이 그리스도 예수 안에서 너희 마음과 생각을 지키시리라"(빌 4:4-7)

바울은 감옥에 수감중인 상태에서 빌립보 교회에 편지를 썼다. 수감생활은 고달프고 힘든 삶이었을 것이 틀림없다. 자유롭지 못한 상태에서 간수의 감시를 받으며 생활한다는 것은 그것 자체로서 고통이다. 거기다가 먹고 입는 문제도 힘들었을 것이며 컴컴하고 비좁은 감방에서 추위와 더위를 견디는 것도 쉽지 않았을 것이다.

그러나 바울은 세상의 어려운 여건으로 인해 본질적인 구애를 받지 않았다. 견디기 어렵고 힘든 상황이었지만 그것은 지나가는 것이라는 사실을 잘 알고 있었기 때문이다. 그런 가운데 하나님의 계시를 받은 바울은 주님께서 오실 날이 가깝다는 사실을 언급했다. 이 말은 고린도전서 7장 26절에서 언급한 '임박한 환난'과 통하는 말이다. 이는 단지 시간적인 의미뿐 아니라 종말에 처한 정서적인 상황을 말해주고 있다.

그러므로 하나님의 자녀들은 이 세상의 아무것도 염려하지 말고 모든 일을 하나님께 맡기고 그를 의지해야 한다. 그 가운데 기도와 감사가 우러나오게 된다. 그렇게 될 때 하나님의 평강이 그리스도 예수 안에서 성도들의 삶을 지배하게 되는 것이다. 이는 타락한 세상에서 얻어지는 것이 아니며 인간들의 노력으로 쟁취할 수 있는 것이 아니다.

그것은 하나님께서 자기 자녀들에게 특별히 베푸시는 은혜이다. 성도들의 혼인문제와 가정생활에 있어서도 이와 동일한 원리와 이치가 적용되어야 한다. 그렇게 될 때 성도들은 하나님을 온전히 섬기며 그 진정한 의미를 깨달아 알 수 있게 된다.

4. 혼인은 개인적인 판단에 따른 것이 아님 (36-38)

일반적인 경우, 대다수 사람들은 마땅히 혼인을 해야 하는 것으로 생각한다. 이 세상에 소망을 두고 살아가는 사람들은 혼인을 해야만 임무를 다해 뭔가를 남기는 것처럼 착각하고 있는 것이다. 그러나 그것은 결코 그렇지 않다. 사람은 혼인을 할 수도 있으며 혼인하지 않고 혼자 살아갈 수도 있다.

하지만 성도의 혼인은 단순히 개인적인 판단과 결단에 의해 이루어지지 않는다. 하나님을 알지 못하는 자들에 대해서는 우리가 말할 바 아니라 할지라도 성도들의 혼인 가운데는 하나님의 분명한 섭리와 경륜이 존재하고 있다. 설령 인간들이 판단한 것처럼 보일지라도 하나님의 놀라운 관여 아래 놓여 있는 것이다. 구약성경 잠언서 기자는 그에 연관된 교훈을 주고 있다.

> "마음의 경영은 사람에게 있어도 말의 응답은 여호와께로서 나느니라 ... 사람이 마음으로 자기의 길을 계획할지라도 그 걸음을 인도하는 자는 여호와시니라"(잠 16:1,9)

이 교훈은 모든 사람들에게 해당되는 일반적인 것이 아니다. 즉 하나님께서는 세상에 존재하는 인간들의 모든 삶을 직접 하나하나 간섭하시지 않는다. 하나님께서는 택하신 자기 자녀들에게 항상 깊은 관심을 가지고 계시며 저들의 길을 인격적으로 인도하신다.

하지만 이 말은 성도들의 모든 일상생활에 있어서 그렇다는 의미가 아니다. 이는 운명론이나 숙명론과는 그 성격이 전혀 다르다는 사실을 말해준다. 하나님께서는 언약에 연관된 문제에 있어서 자기 자녀들을 그렇게 인도하신다. 인간들이 마음으로 어떤 생각을 하며 계획한다 할지라도 하나님께서 저들을 구체적으로 인도하시는 것이다.

앞에서 언급한 것처럼 하나님의 자녀들의 혼인문제는 하나님의 언약에 밀접하게 연관되어 있다. 따라서 그것은 개별 가정에 연결되어 있을 뿐 아니라 교회공동체와 밀접한 관계를 지닌다. 즉 개인이 혼인을 하든지 하지 않든지 그것은 교회공동체에 속한 공적인 성격을 지니는 문제인 것이다.

그러므로 성도의 혼인은 하나님의 적극적인 간섭 아래 놓여있다. 그것은 창세전 하나님의 선택에 근거하고 있으며 창조질서와 연관되어 있다. 우리는 하나님께서 정한 남녀를 부부로 짝지어 주신다는 사실을 고백하고 있다. 이 말은 혼인하는 순간에 하나님이 그렇게 하신다는 의미가 아니라 하나님의 신비로운 경륜에 따라 혼인이 이루어지며 한 가정이 세워지게 된다는 사실을 뜻한다.

따라서 우리는 남녀간의 배우자를 얻게 되는 것이 인간의 선택 때문이 아니라 하나님의 작정에 따른 은혜의 결과라는 사실을 깨달아야 한다.[43] 설령 인간이 자신의 남편이나 아내를 스스로 선택하는 듯이 여기고 혼인을 결심하는 것처럼 보일지라도 그것을 인도하시는 분은 하나님이신 것이다.

바울은 그것을 설명하기 위해 처녀 딸의 혼인이 부모의 의사에 달려 있음을 강조하고 있다. 딸을 시집보내든지 집에 그냥 머물러 두게 하든지 그것은 부모의 소관이라는 것이다. 그렇지만 억지로 딸을 시집보내려는 생각을 하지 못하도록 당부했다. 부모는 그것이 낫다고 판단하여 혼인을 강행하려 할지 모르지만 결코 그렇지 않다. 중요한 것은 처녀 딸을 비롯한 모든 식구가 하나님을 경외하는 가운데 영원한 천국을 바라보며 살아가는 것이다.

5. 재혼再婚 문제 (39,40)

우리는 재혼문제에 대해서 성경의 교훈에 따라 분명한 이해를 해야만 한다. 부부가 혼인해 함께 살아가다가 배우자를 사별死別하게 되었을 때 재혼을 하는 것은 지극히 자연스러운 일이다. 이는 혼인하지 않은 미혼 청년들과 마찬가지로 자유로운 상태라는 점을 말해주고 있다.

그러므로 배우자와 사별했을 경우 과거의 삶에 지나친 미련을 두어서는 안 된다. 부부가 혼인하여 가정을 이루어 생활하다가 사별했으므로 슬픔과 아쉬움이 크겠지만 그 이상의 마음을 가질 필요는 없다. 도리어 하나님을 의지함으로써 속히 슬픈 마음을 청산하도록 애쓰는 것이 지혜

---

43) 일반적인 경우라 할지라도, 오늘날 이혼이 많아지고 쉽게 이루어지는 배경에는 '선택'이라는 개념이 자리잡고 있다. 남녀가 배우자를 자기가 선택했다는 사고의 이면에는 '잘' 혹은 '잘못' 선택을 했다는 생각이 존재하게 된다. 잘 선택했다는 판단을 할 경우에는 그냥 살면 되지만 잘못 선택했다는 판단을 하게 되면 자신의 오판을 자책하며 다른 방법을 강구하려는 마음을 먹게 되는 것이다. 그러나 하나님의 자녀들에게 있어서 혼인은 인간의 선택이 아니라 하나님의 섭리와 경륜에 따라 이루어진다.

로운 자세이다.

따라서 배우자를 사별했을 경우 재혼에 대해서는 개방되어 있다. 하나님의 인도하심에 따라 언제든지 혼인을 통해 새 가정을 이룰 수 있는 것이다. 그러나 바울은 여기서, 사별했을 경우 재혼하는 것보다 혼자 사는 것이 더욱 행복할 것이라는 점을 말해주고 있다. 그것은 단순히 개인적인 견해가 아니라 하나님의 성령의 도우심에 따라 말하는 것이었다.

바울은 왜 교회와 성도들을 향해 그런 말을 했을까? 아마도 재혼이 초혼에 비해 혼인생활을 영위하기가 훨씬 힘들기 때문에 그러지 않았을까 짐작해 본다. 초혼일 경우 자신과 주변 환경에 의해 인내할 수 있는 자연적인 강한 힘을 얻을 수 있다. 그러나 재혼일 경우 인간의 연약성으로 인해 어렵고 힘든 상황을 만날 때 그것을 견디며 이겨낼 힘이 훨씬 약화되기 때문이다.

우리는 또한 여기서 매우 중요한 내용을 생각해야 한다. 그것은 재혼하는 당사자의 가족관계에 연관되는 것이다. 예를 들어 한 여인이 혼인을 했을 때 그녀는 시댁 식구들과 새로운 가족관계를 형성하게 된다. 혼인하기 전에 아무런 관계가 없이 남남이었던 사람들이 시부모가 되고 시누이, 시동생이 된다. 그러다가 남편이 죽게 된다 해도 그 가족관계는 여전히 존속된다.

그러므로 그녀가 혹 재혼을 한다면 원래 초혼에서 형성되었던 시댁의 모든 가족관계를 그대로 유지한 채 재혼을 하게 된다. 즉 전남편의 죽음으로 말미암아 자유롭게 되었지만, 가족관계상 원래의 친정가족과 나중에 맺어진 시댁가족을 동시에 가족으로 두고 있다. 사별한 며느리 혹은 딸이 다른 남성과 혼인을 하려할 때 가족관계에 있는 그녀의 양가는 동시에 친정역할을 하게 되는 것이다.

원리적인 측면에서 볼 때 그 여성의 처음 시댁 부모들은, 남편을 잃은 며느리를 딸처럼 인식하고 그녀의 인생에 진정한 신앙의 도움을 주도록 노력해야 한다. 물론 그녀가 재혼한 후에도 원래의 친정과 마찬가지로 처음 결혼을 통해 맺어진 가족들과도 교제의 끈이 연결되어 있는 것이 자연스럽다. 이에 대해서는 부인을 사별한 남편에게 있어서도 동일하게 적용된다.

구속사적인 특별한 의미를 지니는 경우이기는 하지만, 우리는 구약성경에서 그에 연관된 한 경우를 보게 된다. 룻기에는 룻의 시어머니 나오미와 며느리 룻의 관계에 관한 기록이 나온다. 나오미는 아들이 죽은 후 며느리에게 친정으로 돌아가도록 권했지만 룻은 혼인으로 인해 형성된 가족관계를 파기하지 않고 시어머니를 따른다.

그리하여 시어머니인 나오미와 과부가 된 며느리 룻은 고향 베들레헴으로 돌아가게 된다. 그때 나오미는 며느리 룻을 그곳에서 자신과 친족관계에 있는 보아스와 혼인을 시키고자 한다. 그 일을 위해 나오미는 적극적인 관심을 보였으며 룻은 시어머니의 권면을 받아들여 따랐다.

> "룻의 시모 나오미가 그에게 이르되 내 딸아 내가 너를 위하여 안식할 곳을 구하여 너로 복되게 하여야 하지 않겠느냐 네가 함께 하던 시녀들을 둔 보아스는 우리의 친족이 아니냐 그가 오늘 밤에 타작마당에서 보리를 까불리라 그런즉 너는 목욕하고 기름을 바르고 의복을 입고 타작마당에 내려가서 그 사람이 먹고 마시기를 다 하기까지는 그에게 보이지 말고 그가 누울 때에 너는 그 눕는 곳을 알았다가 들어가서 그 발치 이불을 들고 거기 누우라 그가 너의 할일을 네게 고하리라"(룻 3:1-4);
>
> "이에 보아스가 룻을 취하여 아내를 삼고 그와 동침하였더니 여호와께서 그로 잉태케 하시므로 그가 아들을 낳은지라 여인들이 나오미에게 이르되 찬송할찌로다 여호와께서 오늘날 네게 기업 무를 자가 없게 아니하셨도다 이 아이의 이름이 이스라엘 중에 유명하게 되기를 원하노라 이는 네 생명의 회복자며 네 노년의 봉양자라 곧 너를 사랑하며 일곱 아들보다 귀한 자부가 낳은 자로다"(룻 4:13-15)

룻기에 나타나는 내용이 일반적인 경우는 아니다. 룻기 본문은 메시아 계보에 속한 매우 중요한 기록이다. 그렇지만 우리는 여기서 가족관계의 한 단면을 보게 된다. 룻의 재혼은 단순히 행복한 삶을 추구하기 위한 방편이 아니었으며 하나님의 언약과 연관되어 있었다. 그점은 보아스와 나오미에게 있어서도 마찬가지였다.

성경에 등장하는 사람들은 룻이 보아스와 혼인하여 자녀를 나았을 때 그 아이를 전남편의 어머니였던 시어머니 나오미의 자녀라 칭하고 있다. 그것은 실제적인 의미를 지니고 있기도 하지만 하나님의 언약에 밀접하게 연관되어 있었다. 그 사실은 하나님을 믿는 저들의 주변에 살던 모든 친족들과 이웃들이 분명하게 알고 있었다. 그러므로 저들은 그것을 통해 여호와 하나님을 찬송했던 것이다.

우리는 여기서 재혼에 관한 또 다른 중요한 내용을 생각해보아야 한다. 그것은 재혼을 통해 주 안에서 얻게 된 아내는 초혼에서 얻은 아내와 동일하게 하나님의 뜻에 의해 허락된 아내라는 사실이다. 그러므로 결코 저들의 이혼은 허용되지 않는다. 만일 재혼한 아내를 사별하지 않은 채 이혼을 하고 다른 여인을 취한다면 그것은 하나님의 뜻을 벗어난 간음행위에 지나지 않는 악한 행동이다.

혹시 그런 잘못된 일이 발생한다고 해도 주 안에서 재혼했다가 이혼을 통해 버림을 받은 아내는 여전히 그 남편의 집안과 가족관계를 지속한다. 두 번째 혼인을 통해 형성된 가족들과의 관계가 파기되지 않는 것이다. 그러나 재혼한 아내와 사별하지 않은 채 부당하게 이혼한 남성과 함께 사는 여성은 새로운 가족관계를 형성하지 못한다. 우리는 이점에 대해 여간 분명한 깨달음을 가지지 않으면 안 된다.

따라서 우리가 유념해야 할 바는 사별한 것이 아니면서 이혼을 한 사람과는 결코 재혼을 해서는 안 된다는 점이다. 설령 그렇게 한다고 해도 그 재혼은 원천무효라 할 수밖에 없다. 우리는 그것이 하나님의 뜻을 벗어난 간음행위가 된다는 사실을 분명히 기억할 필요가 있다. 물론 혼인에 관한 모든 내용은 이보다 훨씬 복잡하며, 혼인 문제는 하나님의 섭리와 경륜에 속한다는 사실을 깨닫는 가운데 그 원리를 마음속 깊이 새겨야만 한다.

제11장 우상제물에 연관된 문제

(고전 8:1-13)

1. 우상제물 (1-4)

사도 바울은 고린도 교회를 향해 우상제물 곧 우상에게 바쳐진 음식(things offered unto idols)에 관한 특별한 교훈을 주고 있다. 대다수 성도들은 우상과 그에 바쳐진 제물에 대한 나름대로의 지식을 소유하고 있는 것이 일반적이다. 하지만 그에 대한 지식을 가지고 있는 것 자체가 전부는 아니다.

바울은 우상제물에 관한 구체적인 내용을 언급하기에 앞서 지식이 가지는 부정적인 기능을 기록하고 있다. 지식은 대개 사람들로 하여금 교만하게 만든다는 것이었다. 그에 반해 사랑은 덕을 세운다는 사실을 말했다. 이는 자기의 지식을 내세워 다른 사람들 앞에서 교만한 자세를 취하는 것보다 사랑으로 이웃을 위해 덕을 세우는 것이 중요하다는 사실을 말해주고 있다.

또한 바울은 누구든지 무엇을 아는 줄로 생각한다면 아직도 마땅히 알 바를 제대로 알지 못하는 것이라 언급했다(고전 8:2). 이는 인간 스스로 가지는 모든 지식은 불안전하다는 것을 의미한다. 따라서 인간의 지식은 자기의 주장을 합리화시키거나 경직된 자기 확신에 이르게 만든다. 그것은 진리에 순복하는 것이 아니라 유치한 아집에 빠지도록 한다.

그러한 오류에 빠지지 않기 위해서는 기록된 말씀과 성령 하나님께 전적으로 의존할 수밖에 없다. 이는 계시된 말씀의 요구에 따라 하나님을 온전히 사랑하는 자세를 가질 때 가능한 일이다. 하나님에 대한 사랑은 인간들의 단순한 사랑의 감정을 의미하지 않는다. 그것은 도리어 확증되지 않는 종교적 착각일 우려가 있다.

그러므로 하나님의 자녀들은 언약에 따라 자기를 부인하고 하나님을 전적으로 신뢰함으로써 온전한 사랑의 자세를 지니게 된다. 하나님께서는 그와 더불어 자기 자녀를 알고 기꺼이 받아주신다. 하나님으로 말미암지 않고 인간들에게서 발생한 주관적인 판단은 항상 문제점들을 내포하고 있다.

바울은 그런 언급을 하는 가운데 우상제물을 먹는 문제에 관한 교훈을 했다. 당시 고린도 교회에는 우상제물로 인해 상당한 문제가 되고 있었다. 그것을 먹는 자와 먹지 않는 자는 각기 나름대로 자신의 정당성을 내세웠을 것이 분명하다. 그것은 결국 자기와 다른 사람들을 비방하게 되는 것을 의미한다.

그런데 당시 우상제물을 먹는 자들은 왜 그것을 먹는지 생각해 볼 필요가 있다. 그들은 과연 배가 고파서 먹었을까? 아니면 제사를 지내며 그것을 먹는 불신자들인 이웃과의 관계를 유지하기 위해 먹었을까? 그것도 아니라면 과거의 습성 때문에 먹었을까? 아마도 이 가운데 불신자인 이웃을 배려해야 한다는 이유와 과거에 가졌던 종교적 습성에 연관되는 것으로 보인다.

하지만 세상에 다양한 형태로 존재하는 우상들은 아무것도 아니다. 인간들이 제멋대로 우상을 만들어 두고 아무리 떠들어댄다 할지라도 그것이 인간을 위해 실제적으로 할 수 있는 일은 아무것도 없다. 우주만물을 창조하신 전능하신 여호와 하나님 한 분만이 능력을 발하시는 참된 신일 따름이다.

2. 여호와 하나님과 거짓 신령들이 가득한 세상 (5,6)

죄에 빠진 인간들의 마음은 항상 자의에 따라 원하는 신을 만들어 내기도 하며 형편에 따라 그것을 변형시키기도 한다.[44] 그것은 물론 역사적 과정을 통해 드러나게 되지만 인간의 연약함과 사탄의 영향력이 동시에 작용한 결과이다. 그렇게 됨으로써 이 세상에는 온갖 잡다한 종교의 형태를 띤 귀신들로 가득 차 있다.

따라서 세상에는 신이나 신령이라는 이름을 가지고 있는 유무형의 존재들이 많이 있다. 어리석은 인간들은 하늘의 천체들과 지상에 존재하는 피조물들을 두고 신이라 칭하는가 하면 형태가 존재하지 않는 내용들을 염두에 담아두고 신이라 부르기를 좋아한다. 물론 그것들은 진짜 신이 아님에도 불구하고 많은 사람들이 그렇게 간주하며 믿고 있다.

그러나 세상에는 여러 신들이 존재하는 것이 아니라 참 하나님은 상천하지上天下地에 단 한 분밖에 없다. 삼위일체이신 여호와 하나님은 우주만물을 말씀으로 창조하셨다. 그리고 자신의 형상에 따라 인간을 지으셨다. 그는 태초에 천지와 그 안에 있는 만물을 지으셨을 뿐 아니라 지금도 살아계시는 영원불변의 존재이시다.

그러므로 여호와 하나님은 홀로 우주만물의 근원이 되신다. 그로 말미암지 않고 스스로 존재하는 것은 이 세상에 아무것도 없다(고전 8:6). 사탄의 유혹에 의해 인간이 타락함으로써 만물이 오염되어 상당한 변형

---

44) 타락한 종교성을 배경으로 한 이방종교인들은 항상 그렇게 한다. 그러다보니 인간들이 신보다 높게 되며 신을 자기들의 목적과 욕망에 따라 구슬리며 유도하게 된다. 다양한 신령들을 두는 무속 종교는 그 대표적인 경우라 할 수 있다. 물론 그들은 형식적으로 자세를 낮추는듯하지만 종교적 실상은 전혀 그렇지 않다. 안타깝게도 신앙이 어린 기독교인들은 이방인들의 잘못된 영향을 받아 하나님을 자신의 뜻에 맞추기 위해 끊임없이 애쓰게 된다.

이 일어났으나 그 근원은 하나님으로부터 지어진 것이다. 그 가운데 가장 중요한 것은 하나님의 형상을 닮은 인간이다. 따라서 인간은 세상에 존재하는 다른 어떤 피조물과도 확연히 구별되는 독특한 존재이다.

3. 음식과 우상숭배에 대한 관습 (7,8)

여호와 하나님께서 우주 만물을 창조하셨다는 놀라운 사실은 모든 사람들이 보편적으로 알고 있는 지식이 아니다. 하나님을 알지 못하는 불신자들은 자신이 존재하는 근원에 대해서조차 모르고 있다. 그들은 우주가 우연히 생겨난 것이라 생각한다. 나아가 세상에 존재하는 모든 물질과 생물, 그리고 인간까지도 우연히 생겨났다고 믿는다.

그런 자들은 자기의 존재에 대해 관심을 가지되 죄로 인한 한계에 부딪쳐 진화론적인 엉뚱한 상상을 한다. 그들은 인간마저도 진화의 과정에서 우연히 생성된 산물로 여기고 있는 것이다. 그것은 결국 유물론적唯物論的 사고를 하게 하며 인간 자체로서의 본질적인 값어치를 멸시하게 된다.

우리가 참된 하나님을 알 수 있는 유일한 방편은 계시된 성경말씀이다. 그 말씀을 통하지 않고 인간들의 이성과 경험, 혹은 특별한 실험과 연구를 통해 창조주 하나님을 알 수 있는 방법은 없다. 그럼에도 불구하고 인간들은 이성과 경험을 통해 상상의 신들을 만들어내고는 그것을 마치 전염병처럼 확산시켜 나가게 된다.

이방신 사상에 빠진 자들은 그런 식으로 저들의 종교적인 취향에 맞는 우상을 만들어 두고 그것을 섬기기에 열중한다. 그 우상들 가운데는 유형적인 것들이 있는가 하면 무형적인 것들도 많이 있다. 그런 것들은 세상의 천박한 철학과 연관되어 잘못된 가치관을 생성하여 사람들을 지배하게 되는 것이다.

그런 자들은 살아계시는 여호와 하나님이 아니라 더러운 우상을 섬기면서 스스로 자족하며 종교적인 안도감을 가진다. 그들은 우상을 섬기면서도 자기를 위해 유효한 것이라 여기며 비천한 종교적 습성에 빠져든다. 그것은 죄에 빠진 인간들에 대한 하나님의 진노의 표식이다. 따라서 그들은 저들의 종교행위가 살아계신 하나님을 모독하는 끔찍한 행동이라는 사실을 감지조차 못하고 있다.

그런데 그보다 더욱 큰 문제는 거룩한 하나님의 교회에 들어온 사람들 가운데도 여전히 과거 이방신을 섬기던 때의 습성을 버리지 못한 자들이 많이 있다는 사실이다. 그들은 과거에 가졌던 종교적인 습성을 교회 안으로 가져와 혼합하기에 이른다. 말씀의 예리한 칼로 도려내야 할 이방신 사상을 그대로 둔 채 그것을 자신의 삶과 신앙에 엉긴 상태로 방치하게 되는 것이다.

그런 혼합주의적인 신앙을 가진 자들은 우상제물에 대한 명확한 깨달음 없이 그것을 먹는다. 이는 그들이 성경을 통한 진리와 본질적인 신앙보다 과거에 세상에서 획득한 종교적인 습성을 우선으로 생각하기 때문에 발생하는 문제이다. 즉 그들은 영원한 진리를 바라보는 절대적인 신앙이 아니라 이 세상에서 살아가는 방편으로서 종교적 신앙을 가지고 있는 것이다.

그렇게 되면 그 우상제물인 음식을 먹으면서 주관적인 입장에 따라 자신을 변명하기 시작한다. 나아가 그것이 하나님이 허락하신 자유를 마음껏 누리는 것이라 여기며 자신의 배를 채워주는 은총인 것처럼 생각하게 된다. 바울은 그런 생각을 하는 자들을 두고 양심이 약해져 더러워지는 것으로 묘사하고 있다(고전 8:7).

물론 하나님의 자녀들에게는 음식물 자체가 별다른 의미를 지니지 않는다. 우상제물에 대해서도 그렇지만 식생활을 통한 일상적인 삶 또한 마찬가지다. 즉 음식을 제대로 먹지 못해 어려운 삶을 살아간다고 해도 인생의 본질에 커다란 영향을 끼치는 것이 아니며, 배부르게 먹어 풍족하게 살아간다고 해도 특별한 의미를 지니지 않는다. 즉 그것을 통해 하나님의 궁극적인 은혜를 논할 문제가 아닌 것이다.

따라서 어떤 음식을 먹거나 먹지 않는 일 자체가 하나님 앞에 의로 드러나지 않는다. 즉 우상제물을 먹지 않음으로 인해 하나님 앞에 의로운 자가 되는 것이 아니며, 그 음식이 아무것도 아니라는 사실을 알고 그것을 먹는다고 해서 하나님 앞에 의로 드러나는 것이 아니다. 하나님 앞에서는 그런 것들 자체가 중요한 것이 아니기 때문이다.

4. 그리스도인의 제한된 자유 (9,10)

성숙한 성도들이 관심을 기울여야 할 대상은 먹는 음식물 자체가 아니라 주변의 연약한 성도들이다. 즉 우상제물을 먹거나 먹지 않는 행위 자체보다 중요한 일은 하나님의 교회에 속한 성도들을 온전히 돌아보며 보호하는 일이다. 자기의 신앙적인 판단에 따른 음식물 섭취 행위보다 다른 성도들이 더욱 귀중하다는 사실을 깨달아야 한다.

모든 하나님의 자녀들에게는, 타락한 세상에 존재하는 것과는 전혀 다른 성격을 지닌 진정한 자유가 허용되어 있다. 그래서 진리 안에서 모든 것을 올바르게 판단하여 자유롭게 행동할 수 있다. 그러나 그 자유가 연약한 형제들의 신앙에 걸림이 되지 않도록 주의하는 것은 매우 중요하다.

성숙한 성도들은 자신의 모든 판단과 행동이 다른 사람들에게 영향을 끼치게 된다는 사실을 기억해야 한다. 우상제물이 아무것도 아니라는 사실을 아는 성도가 '우상의 집'(an idol's temple)에 앉아 불신자들과 함께 먹는 것을 누구든지 보게 되면 저들은 그것을 보며 자신도 그렇게 따라하려 할 것이다(고전 8:10). 그들은 말씀에 의한 올바른 지식을 소유하지 않은 채, 다른 교인이 행하는 것을 보고 왜곡된 판단에 의해 그것을 모범삼아 따라하게 되는 것이다.

죄에 빠진 인간들은 항상 자기 자신을 변명하기에 급급하다. 그런 비뚤어진 성향은 하나님 앞에서는 물론 사람들 앞에서도 그대로 드러난다. 그들은 무슨 일을 하든지 자신의 행동이 잘못되지 않았다는 사실을 남에게 증거해 보이려 한다. 설령 무엇인가 잘못된 것이 확인되었다 하더라도 자신에게는 그렇게 할 만한 충분한 이유가 있었다는 또 다른 핑계거리를 만들어내는 것이다.

성경적인 온전한 지식을 소유한 사람이 우상에 연관된 제물을 먹을 때 그것 자체로서는 죄가 되지 않을 수 있다. 하지만 그 광경을 지켜보게 되는 연약한 교인들이 성경에 기록된 말씀에 의한 참된 지식이 아니라 다른 사람의 행위를 그대로 따라하며 자신을 합리화시킨다면 문제가 발생한다.

그런 자들은 하나님의 말씀이 아니라 타인의 행동을 보고 스스로 담력을 얻어 우상제물을 먹으면서 아무런 문제가 없다고 여기게 된다(고전 8:10). 동일한 사안에 대한 유사한 행동이라 할지라도 나타나는 영향은 전혀 다를 수 있다. 성숙한 성도가 자기 생각만 함으로써 다른 성도들을 넘어지게 한다면 그것이 곧 죄가 되는 것이다.

5. 진리에 대한 지식과 성도의 자세 (11-13)

영원하고 참된 진리를 아는 지식은 인간들의 추구정신과 노력에 의해 주어지지 않는다. 그것은 하나님의 전적인 은혜로 말미암아 그의 자녀들에게 주어진다. 교회는 그 지식을 온전히 보존하며 전수하는 일을 감당하는 공동체이다.

우리가 깊은 주의를 기울여야 할 바는, 성도들이 소유한 그 지식을 조심스럽게 적용해야 한다는 사실이다. 이는 그것이 자신뿐 아니라 다른 이웃들을 위한 공적인 성격을 띤 것이기 때문이다. 즉 그 지식은 정체된 상태로 개인 안에 머물러 있는 것이 아니라 교회에 속한 성도들의 삶 가운데 활동하는 지식이다. 따라서 그 지식을 올바르게 사용하지 않는다면 연약한 다른 이웃들이 크게 상하게 될 우려가 없지 않다.

사도 바울은 하나님께서 그리스도의 십자가 사역을 통해 구원하신 형제들을 기억하지 않으면 안 된다는 사실을 강조해 말하고 있다. 교회 가운데는 항상 신앙이 어린 자들이 많이 있기 마련이다. 지상의 어느 교회든지 신앙이 강한 자들만 모여 있는 교회란 존재할 수 없다. 그것은 지극히 당연하면서도 매우 자연스러운 현상이다.

이는 마치 일반적인 가정과도 같다. 세상에 존재하는 가정에는 모든 식구들이 한결같이 성장하여 강한 자들만 모여 사는 것이 아니다. 정상적인 가정에서는 항상 어린아이들이 태어나며 그들이 지속적으로 성장하여 간다. 그들이 나중 어른으로 성숙해가게 되며 또다시 출산과 성장을 되풀이 한다. 지상에 존재하는 교회 역시 그와 동일한 원리 가운데 존재하게 되는 것이다.

그러므로 신앙이 성숙한 성도들은 항상 교회 안의 연약한 어린 성도들을 염두에 두어야 한다. 성숙한 자들은 그들을 말씀으로 돌아보며 인도해야 할 의무와 책임을 지니게 된다. 따라서 진리에 대한 분명한 깨달음이 있는 자들이 저들 가운데 있는 신앙이 어린 성도들로 하여금 잘못된 사고에 빠져들게 해서는 안 된다. 바울은 그점을 분명히 말하고 있다.

> "그러면 네 지식으로 그 약한 자가 멸망하나니 그는 그리스도께서 위하여 죽으신 형제라 이같이 너희가 형제에게 죄를 지어 그 약한 양심을 상하게 하는 것이 곧 그리스도에게 죄를 짓는 것이니라"(고전 8:11,12)

이처럼 하나님의 자녀들은 항상 주변의 다른 이웃들을 기억하는 가운데 사고하며 살아가지 않으면 안 된다. 만일 자신의 지식으로 인해 형제로 하여금 걸려 넘어지게 한다면 그것은 신앙이 어린 그 형제에게 죄를 범하는 것이며 나아가 하나님께 죄를 짓는 것과도 같다. 진리를 따른다고 하면서 형제를 배려하지 않음으로써 범죄할 수 있다는 사실은 우리로 하여금 많은 생각을 하게 한다. 이는 앞에서 언급된 대로 진리로 말미암는 자유를 자기 마음대로 사용해서는 안 된다는 말과 연관되어 있다.

이는 우상제물에 있어서도 그와 동일한 적용이 이루어진다. 그 음식을 먹는 행위 자체가 아무것도 아니라 해서 무분별하게 먹어서는 안 된다. 설령 '우상의 집'에 앉아 거기서 사용된 음식을 먹는 것 자체가 특별한 죄가 되지 않는다 할지라도 그렇게 하는 것은 신앙이 어린 형제들로 하여금 실족케 할 우려가 있는 것이다.

그러므로 바울은, 만일 음식물로 인해 형제를 실족케 한다면 영원히 고기를 먹지 않겠다는 말을 했다. 어떤 경우에도 자기에게 허락된 자유로 인해 신앙이 어린 형제를 실족케 하는 행동을 하지 않겠다는 것이다. 이는 앞에서 언급된 '우상의 집'에서 우상에게 바쳐진 음식을 먹는 것에 비한다면 아주 가벼운 경우에 해당된다.

바울 당시에는 동물을 도축하면서 의례적인 종교행위를 하는 것이 일반적이었다. 그것은 비록 우상에게 바치기 위한 동물을 잡는 것이 아니라 인간들이 먹기 위해 동물을 죽일 때도 그러했다. 그들은 동물의 생명에 칼을 대는 자체를 두고, 저들의 신을 향한 나름대로 종교적 요식행위가 있었음을 의미한다.

오늘날에도 다양한 종족들의 종교문화에 따라서는 그와 유사한 일들이 있다. 사람들이 먹기 위해 동물을 잡을 때 종교성이 포함된 간단한 요식행위가 포함되는 것이다. 만일 우리가 외국의 그런 지역을 여행할 때, 그런 종교의례와 더불어 잡은 고기라 해서 먹지 말아야 하는 것은 아니다.

이처럼 바울은 일반적인 관점으로는 대수롭지 않은 행동이라 할지라도 그것으로 인해 형제를 실족케 한다면 고기를 일절 입에 대지 않겠다고 말했던 것이다. 바울은 여기서 자신의 관심이 먹는 음식이 아니라 하나님께서 피로 값주고 사신 교회와 성도들에게 있음을 잘 보여주고 있다. 이처럼 우리의 주된 관심의 대상도 일반적인 행사나 주장이 아니라 교회에 속한 하나님의 자녀들이어야 한다.

6. 현대교회의 적용

우리시대는 전반적으로 배도에 빠진 악한 시대이다. 교회에서 중요한 직분을 맡은 것으로 알려진 자들이 그보다 훨씬 더한 배도행위에 앞장서고 있어도 별 문제가 되지 않을 정도가 되어버렸다. 즉 목사나 장로가 이방종교의 전당殿堂에 들어가 직접 우상을 숭배하는 일이 발생해도 별 문제가 될 것이 없다.[45]

그러한 행동은 우상제물을 먹는 행위와는 결코 비교가 되지 않는 더러운 악행이다. 나아가 일시적인 종교적 요식행위와 더불어 도축된 고기를 먹는 것과는 아예 비교가 되지 않는다. 바울의 교훈에 비춰볼 때 성도들로 하여금 실족케 하는 그런 악한 일이 지속적으로 발생해도 배도한 기독교는 그에 대한 기본적인 인식조차 없다.

현대교회에 속한 성도들은 이에 관련된 문제에 대해 구체적으로 어떻게 대응하며 적용해야 할까? 이는 사실 시대와 지역에 따라 다양한 문화적 배경을 가지고 있는 교회들이 직면할 수밖에 없는 실제적인 문제이기도 하다. 현대적 경향은 '문화' 혹은 '토착성에 대한 수용'이란 명분으로 제사문제를 무분별하게 수용하려는 경향성을 보이고 있다.

그러나 그것은 매우 위험한 발상이자 한심한 태도이다. 성경에 기록

45) 한국교회에서는 장로나 집사가 정치적 고위층이 되면 이방종교의 전당에 들어가 참람한 의례에 참여한다 해도 아무런 문제될 것이 없다. 뿐만 아니라 죽은 자들의 묘소를 찾아가 참배를 해도 괜찮다. 대통령이나 국회의원이 된 장로나 집사가 국립묘지인 '현충원'에 가서 참배한다고 해서 교회는 그를 징계하지 않는다.

된 교훈을 단순히 문화적인 것으로 호도糊塗함으로써 본질을 버리는 행위는 악하기 때문이다. 나아가 이성과 경험에 따른 주관적인 태도 역시 주의해야 한다. 시대적인 정서를 기준으로 삼아, 경우에 따라 모든 음식을 무조건 먹어도 괜찮은 것으로 주장해서는 안 된다. 또한 자신의 종교적인 성향에 따라 특정 음식을 먹지 않는 것으로 인해 그것을 절대화하는 것도 곤란하다.

하지만 인간들은 하나의 틈을 발견하게 되면 그것을 자기에게 유리한 방향으로 끌어들이려는 간악한 성품을 지니고 있다. 그것은 비단 우상제물을 먹는 문제뿐 아니라 다른 모든 삶의 영역에 이르기까지 자신에게 허락된 자유를 마음대로 누리려는 근거로 삼으려 한다. 인간들은 항상 자기도 모르는 사이 이기적인 욕망을 발산하고 있는 존재이기 때문이다.

한국 기독교인들의 경우 조상제사와 제사음식에 관한 문제는 상당히 현실적인 문제가 되어 있다. 전형적인 다종교사회에서 성도들의 주변에는 항시 불신자들이 있고 그들과 어느 정도 교제하며 살아갈 수밖에 없다. 경우에 따라서 제사음식 문제는 가족 가운데 매우 심각한 문제로 발전하기도 한다.

제사음식이라 할 때 제사를 지내기 위해 마련한 음식과, 제사상에 직접 올려졌던 음식이 모두 포함된다. 그것은 별다른 의미가 없으니 먹어도 아무런 거리낌이 없다고 말하는 이들이 있는가 하면, 그것으로 말미암아 달리 오해할 어린 자들이 있을 것이므로 조심해야 한다고 생각하는 이들도 있다.

분명한 사실은 우리 가운데 배가 고파 제사음식을 먹고자 하는 사람은 아무도 없다는 사실이다. 그 대신 가족이나 이웃과의 원만한 관계유지 때문에 먹는 사람들이 있을 것이며, 과거의 습성 때문에 먹는 자들이 있을지도 모른다.

우리에게는 하나님을 알지 못하는 이웃 사람들보다 교회 안의 신앙이 어린 성도들을 기억하는 자세가 앞서야 한다. 또한 과거의 종교적 습성으로 인해 제사음식을 먹는다면 그것을 즉시 중단해야 한다. 하지만 우리는 그 모든 경우의 해석과 행동에 있어서 주변의 여러 이웃들을 기억하는 가운데 겸손하게 처신하지 않으면 안 된다.

우리가 이와 더불어 생각해 봐야 할 바는, 한국인의 전통 가운데는 일반적으로 장례와 제사가 밀접하게 연관되어 있다는 사실이다. 한국의 대다수 기독교인들은 이웃의 장례 때 상가喪家를 방문하여 조문弔問하면서 죽은 자의 시신이 놓였다고 생각되는 곳 앞에 향을 피우거나 꽃을 헌화하는 것을 자연스럽게 여기고 있다.[46] 자유주의 신학사상을 가진 자들 가운데 일부는 그 앞에서 엎드려 절을 하기도 하지만, 대다수 교인들은 그 앞에서 절을 하는 대신 꽃과 향을 매개로 한 종교적 습성이 짙은 다른 행위를 따라 한다.

많은 사람들은 그렇게 하는 것이 불신자들로부터 인정머리 없어 보이지 않으며 예를 다하는 이웃으로 보이게 된다고 여긴다. 이웃에 대한 배려 때문이라는 것이다. 그러나 그렇게 함으로써 어린 성도들을 실족케 할 수 있다면 어떻게 할 것인가! 따라서 성숙한 성도들은 불신자들을 핑계삼아 그런 타협적인 행동을 하지 말아야 한다. 가족을 잃어 슬픔에 빠져 있는 이웃에게 위로의 말을 전하는 것은 소중하지만 죽은 자의 시신을 향해 어떤 의례를 행해서는 안 된다.[47] 우리에게 있어서 신앙의 본질을 지키는 것보다 중요한 것은 없기 때문이다.

---

46) 우리가 기억해야 할 바는 죽은 시신에 대한 존경심으로 관 앞에 국화꽃을 갖다 놓는 것은 전혀 합리적이지 않다는 사실이다. 굳이 꽃을 주어 위로하려면 죽은 자가 아니라 살아있는 상주에게 그 꽃을 전하는 것이 차라리 낫다.

47) 헌법, 대한예수교 장로회(장신), 1993, p.208 (제3편 정치, 제23장 헌법적 규칙, 제9조 혼상례, 제5항: '별세자의 무덤이나 관 앞에 촛불을 켜거나 향(香)을 사르거나 배례하는 일을 금한다.' (장로교 헌법은 원리상 대개 이와 대동소이하다.)

한국교회에서 이미 보편화되어 있는 죽은 자를 기억하는 추도식에 있어서도 마찬가지다. 불신자들은 죽은 조상들에게 제사를 지낸다. 그러나 기독교인들은 제사 대신에 추도식이라는 명목으로 그것을 대체하고 있다. 그때가 되면 특별히 교회의 목사를 초청해 추도예배를 보기도 한다. 그렇지만 그것은 매우 잘못된 일이 아닐 수 없다.

죽은 사람을 중심에 두고 추도예배를 본다는 것은 그것 자체로서 어폐語弊가 있다. 굳이 조상이 죽은 날 가족들이 모인다면 죽은 사람을 위해서가 아니라 살아있는 가족들을 위한 것이다. 그러므로 그 날 온 가족이 한자리에 모인다면 추도예배가 아니라 가족끼리의 친교모임이어야 한다. 그 자리에 교회의 다른 성도들을 초청해 함께 편안하게 교제할 수 있을 것이다. 그러나 죄에 물든 인간들은 저들의 모든 행위를 합리화시킬 것이므로 우리는 여간 분명한 자세를 취하지 않으면 안 된다.

제12장
사도와 복음선포의 직무

(고전 9:1-27)

1. 예수 그리스도의 사도로서 바울 (1,2)

바울은 본문 말씀 가운데서 예수 그리스도의 사도인 자신의 신분을 다시 한번 강조하고 있다. 그는 자신이 하나님께서 허락하신 자유를 소유한 사도로서 주님을 보았다는 사실을 언급했다. 그리고 주님 안에서 행한 모든 사역의 결과가 고린도 교회 즉 성도들의 공동체라는 사실을 말했다.

하지만 고린도 교회 성도들은 바울의 말을 온전히 순종하지 않았다. 그들이 바울파, 아볼로파, 게바파, 그리스도파 등의 파당을 나누고 있음은 그점을 잘 드러내고 있다. 스스로 바울파라 칭하는 자들도 문제였지만 바울파가 아닌 다른 파당을 만들어 두고 있는 자들은 더욱 문제가 되었다. 이는 그들이 과연 바울의 교훈을 순순히 받아들이게 될지 우려되지 않을 수 없었기 때문이다.

그러므로 바울은 자신의 사도성을 강조했다. 그는 설령 다른 사람들에게는 사도가 아니라 할지라도 고린도 교회 성도들에게는 사도라는 사실을 강하게 언급했다. 이는 그가 다른 지역의 성도들에게는 사도가 아니라고 말하려는 것이 아니다. 바울은 고린도 교회 성도들에게 자신의 편지 가운데 기록하고 있는 모든 내용은 하나님으로부터 계시받은 진리이므로 그대로 받아들이라는 요구를 했던 것이다.

사도 바울은 고린도 교회를 향해 하나님으로부터 특별히 인침을 받은 사도인 자신의 말을 거역하는 일이 없도록 명했다. 이것은 자신의 사도성에 대한 절대적인 지위를 확인하는 의미를 지닌다. 물론 베드로와 아볼로 같은 하나님의 종들은 바울의 그 말에 대해 전적인 공감을 했을 것이 틀림없다. 이는 바울이 다른 사도들을 주 안에서 존중하고 있는 점을 통해 분명히 알 수 있다.

2. 바울의 경고와 설득 (3-15)

사도 바울은 고린도에 있는 교인들 가운데 자기를 트집잡아 비판하는 자들을 향해 특별히 경고했다. 그는 또한 하나님의 교회를 위해 자신의 모든 것을 희생할 준비를 갖추고 있으며 실제로 그렇게 해왔다는 사실을 밝히고 있다.

바울은 에베소에서 편지를 쓰고 있던 당시에도 다른 사람들처럼 배불리 먹고 평안히 살아가는 형편이 되지 못했다. 잘못된 종교 지도자들이 배부르게 살아가며 풍요로움을 누릴 때, 바울은 열악하고 가난한 상태에 놓여 있었다(고전 4:8-11). 바울이 그렇게 살았던 까닭은 오로지 교회를 위한 삶을 추구했기 때문이다.

고린도 교회를 향해 그점을 상기시키는 바울은 자기인들 왜 남들처럼 배불리 먹고 마실 권리가 없겠느냐며 항변했다. 즉 자기에게도 그렇게 살아갈 수 있는 권한이 없지 않다는 것이다. 베드로는 자기 아내와 함께 여행을 하면서 하나님의 복음을 선포하는 일에 힘썼다. 다른 사도들이 가정을 꾸리고 부부가 함께 다니는 데 반해 바울은 그렇게 할 수 있는 형편이 되지 못했다. 이는 일상적인 삶에 있어서 바울이 상당히 외로울 수 있었음을 말해주고 있다.

그리고 바울과 바나바는 교회를 섬기면서 직업을 가지고 노동하는 삶을 살았었다. 본문의 문맥을 살펴보건데 베드로는 노동을 통해서가 아니라 교회의 후원을 받아 제반경비를 마련했던 것으로 보인다. 바울이 노동을 하며 상당한 경비를 마련했던 것은 전적으로 교회와 복음사역을 위해서였음을 말해주고 있다.

그럼에도 불구하고 바울은 고린도 교회의 지원을 어느 정도 받았던 것으로 보인다. 물론 그것은 개인적인 생활을 위한 것이 아니라 사역을 위한 것일 수 있다. 특별히 9장 9절 이하에서 구약의 율법을 근거로 하여 사역자가 교회의 지원을 받는 것이 당연하다는 언급을 강조한 점으로 보아 그 사실을 알 수 있다. 고린도의 일부 교인들이 바울을 트집잡아 비난한 데는 바로 그점이 포함되어 있었을 것이다(고전 9:3).

바울은 본문 가운데, 하나님을 섬기며 교회를 위해 봉사하는 말씀사역자들의 삶의 방편에 관한 중요한 언급을 하고 있다. 이는 사역자들이 교회에 의해 재정적인 보장을 받는 것에 대한 성경적인 근거에 대한 교훈이다. 바울은 자기는 자비량自備糧하는 입장에 놓여 있으면서도 그에 대한 당위성을 설명했다.

사도 바울은 그것을 설명하기 위해 군대와 일반적인 직업에 관한 내용을 예로 들고 있다. 국가의 명령에 따라 군에 입대하는 병사는 스스로 그 비용을 충당하지 않는다. 국가가 모든 필요경비를 마련하게 되는 것이다.[48] 그리고 포도나무를 심고 양떼를 기르는 농부가 그 열매와 젖을

---

48) 병사들이 자기 돈을 들여 군복무를 한다면 매우 위험할 수 있다. 그렇게 되면 상관의 지휘를 쉽게 받지 않으려 할 수 있으며 자기 판단에 맞지 않으면 군인으로서의 직무를 임으로 버릴 수 있기 때문이다. 국가가 모든 비용을 충당하며 강제로 의무를 지울 때 군인은 국가의 목적에 따라 복종하게 되는 것이다.

먹는 것은 지극히 당연한 일이다.

이는 교회가 하나님의 말씀을 증거하는 사역자의 생계를 지원하는 것에 대한 근거를 제시하고 있다. 즉 교회의 사역자가 생활비를 지원받는 것은 성경적 원리에 의해 시행되는 것이다. 바울은 그에 관한 언급을 하면서 그것이 인간적인 사사로운 판단이 아니라 구약성경에 기록된 율법에 의한 원리라는 사실을 언급했다. 이에 대해서는 고린도전서뿐 아니라 디모데에게 보내는 바울의 서신에서도 동일하게 나타나고 있다.

> "모세 율법에 곡식을 밟아 떠는 소에게 망을 씌우지 말라 기록하였으니 하나님께서 어찌 소들을 위하여 염려하심이냐 전혀 우리를 위하여 말씀하심이 아니냐 과연 우리를 위하여 기록된 것이니 밭가는 자는 소망을 가지고 갈며 곡식 떠는 자는 함께 얻을 소망을 가지고 떠는 것이라 ... 성전의 일을 하는 이들은 성전에서 나는 것을 먹으며 제단을 모시는 이들은 제단과 함께 나누는 것을 너희가 알지 못하느냐 이와 같이 주께서도 복음 전하는 자들이 복음으로 말미암아 살리라 명하셨느니라"(고전 9:9-14);
>
> "성경에 일렀으되 곡식을 밟아 떠는 소의 입에 망을 씌우지 말라 하였고 또 일꾼이 그 삯을 받는 것은 마땅하다 하였느니라"(딤전 5:18)

사도 바울은 구약성경에 기록된, '곡식을 밟아 떠는 소에게 망을 씌우지 말라'(신 25:4)는 기록을 인용하면서 그것이 교회와 사역자의 삶에 연관된 것임을 말하고 있다. 즉 그것은 곡식을 떠는 소가 가지는 권리에 대한 것이 아니라 교회와 사역자들에 관한 의미로 해석해야 된다는 것이었다.

바울은 그와 동시에 밭을 일구며 곡식을 떠는 농부는 그로 말미암아 발생하는 소망을 가지고 일한다는 사실을 말했다. 그처럼 신령한 복음을 뿌리며 하나님의 말씀을 증거하는 사역자들이 저들의 육신의 삶을 위해 교회로터 생활을 보장받는 것은 지극히 자연스럽다.

또한 사도는 구약시대 예루살렘 성전에서 여러모로 수종을 들던 레위인들이 성전으로부터 나오는 음식을 먹고, 제사에 사용되었던 제물을 제사장들이 나누었던 사실을 언급하고 있다. 물론 이 모든 교훈은 단순히 목회자가 생활을 보장받는 문제에 대한 언급이 아니라 그가 온전히 교회에 예속되어야 함을 말하고 있다. 따라서 복음을 전파하는 자들이 그 사역으로 인해 교회로부터 지원을 받아 생활을 보장받도록 하나님께서 명령하셨다. 바울은 그것이 말씀사역자들에게 주어진 신령한 권리에 해당된다고 말했다.

그렇지만 바울은 신앙이 어린 교인들이 오해하지 않도록 자신은 그 권리를 완전히 사용하지 않았다. 이는 그것으로 인해 복음증거에 방해를 받지 않기 위해서였다. 바울은 고린도의 형편을 배려한 자신의 그런 처신이 오로지 교회를 위한 것이었음을 고백하고 있다. 바울은 자신이 그 말을 하는 것은 교회로부터 재정적인 도움을 바라기 때문에 언급하는 것이 아님을 분명히 밝혔다.

바울은 그 교훈으로 인해 어느 누구도 자신을 오해하는 자들이 없기를 바랐으며, 그것 때문에 그리스도로 말미암은 자신의 참된 자랑에 손상이 가는 것을 원치 않는다고 했다. 그는 친히 자비량하는 삶을 살려고 노력했으므로 교회의 사역자들의 생활비에 관한 분명한 교훈을 줄 수 있었던 것이다.

사도 바울은 이처럼 자신을 비판하는 자들에게 구약성경에 기록된 내용을 배경으로 하여 구체적인 교훈을 제시하고 있다. 당시 하나님의 말씀을 멸시하던 자들은 자기의 기준에 따라 사도들을 트집잡아 비판하는 행동을 서슴지 않았다. 그것은 곧 하나님을 비난하는 행위로서 실로 두려운 일이 아닐 수 없었다. 오늘날 우리시대에는 주관적인 판단에 따라 감히 바울이나 다른 사도들 혹은 선지자들을 비판하는 오만한 자들이 있지는 않은가?

3. 복음을 위한 사도 (16-23)

(1) 사도직분 (16,17)

바울은 자신이 하나님으로부터 부여받은 사도직분으로 인해 부득불 감당해야 할 사명을 수행하지 않을 수 없다는 사실을 언급했다. 그것은 하나님의 복음을 선포하는 일로서 겉으로 자랑할 만한 행동이기 때문이 아니라 마땅히 행하지 않으면 안 되는 일이었다. 따라서 하나님의 부름을 받는 사도이면서 그 일을 감당하지 않으면 자신에게 저주가 돌아오게 될 것이라 말했다.

그러므로 사도 바울은 복음 사역을 개인적인 판단에 따라 임의로 행하지 않는다는 사실을 분명히 언급했다. 이는 자신의 모든 가르침과 행동이 인간적인 열정이 아니라 하나님의 절대적인 요구에 의한 순종임을 의미하고 있다. 만일 자신의 판단과 열정에 의해 그 일을 수행한다면 받을 만한 상이 있을지도 모르지만 마땅히 해야 할 일을 수행하므로 달리 받을 상이 없음을 말했던 것이다.

우리는 하나님의 복음이 성도들의 삶의 중심에 자리잡고 있는 것인지, 아니면 종교생활을 하는 인간이 그 중심에 서 있는 것인지 명확한 깨달음을 가지지 않으면 안 된다. 성도의 삶 가운데는 항상 자기 인생이 아니라 하나님의 복음이 중심에 놓여 있어야 한다. 신앙이 어린 교인들은 그렇게 사는 인생은 마치 손해를 보는 듯 박탈감을 느끼게 될지 모른다. 하지만 성숙한 성도들은 그렇게 사는 삶이 진정으로 복있는 자의 인생이라는 사실을 적실히 깨닫게 된다.

(2) 값없이 전하는 복음(18)

사도 바울은 자신이 이미 소유하고 있는 진정한 보상(reward)은 하나님의 말씀에 순종하는 것 자체라는 사실을 고백했다. 아무런 대가를 바라지 않고 자발적으로 값없이 하나님의 복음을 선포할 수 있는 것이 곧 자기에게 허락된 보상이라는 것이다. 이는 복음 안에서 살아가는 삶 자체가 하나님으로부터 허락된 보상임을 말해준다.

그러나 타락한 인간들은 자신의 공로를 스스로 치하하려는 묘한 성품을 지니고 있다. 즉 보통 사람들은 남을 위해 무엇인가를 베풀면 그것을 곧 자랑거리로 삼고자 한다. 겉보기에 다른 사람에게 그런 마음을 드러내지 않는다 할지라도 내심 그렇게 생각하게 된다. 그것은 변형된 형태의 긍지와 자부심으로 마음속에 남아 있게 되는 것이다.

하나님의 복음을 증거하는 성도들의 복음사역이나 교회를 위해 봉사하는 일에 있어서도 그와 같은 성질이 드러난다. 신앙이 어린 교인들은 자기의 행위를 스스로 긍정적으로 평가하면서 만족스러워 한다. 나아가 그것을 통해 다른 사람들의 인정을 받으려 하며 하나님으로부터 칭찬을 받고자 기대하게 된다.

하나님의 참된 자녀들은 누구나 소중한 복음을 소유하고 있다. 그러나 그것은 개별적으로 간직하는 것으로 그치지 않고 교회와 성도들이 함께 공유하게 된다. 따라서 그것을 소유한 백성들은 선택받은 하나님의 자녀들을 찾아 무상으로 나눠주어야 한다. 즉 자기만 혼자 움켜쥐고 있을 것이 아니라 복음을 필요로 하는 자들에게 나눠줌으로써 함께 공유해야 하는 것이다.

그 복음은 하나님으로부터 값없이 받은 것이므로 다른 이웃들에게 값없이 주는 것이 지극히 당연하다. 값없이 받은 것을 나누어 가지면서 그에 대한 대가를 받으려 하는 것은 잘못이다. 예수님께서는 열두 제자들을 보내시며 그에 대한 말씀을 하셨다. 하나님의 복음은 대가나 삯을 받고 다른 사람들에게 전해 주는 것이 아니다.

"예수께서 이 열둘을 내어보내시며 명하여 가라사대 이방인의 길로도 가지 말고 사마리아인의 고을에도 들어가지 말고 차라리 이스라엘 집의 잃어버린 양에게로 가라 가면서 전파하여 말하되 천국이 가까왔다 하고 병든 자를 고치며 죽은 자를 살리며 문둥이를 깨끗하게 하며 귀신을 쫓아내되 너희가 거저 받았으니 거저 주어라"(마 10:5-8)

이는 천국복음에 대한 전파 원리를 잘 드러내 보여주고 있다. 예수님께서 열두 제자들을 내보내시면서 그것을 명하셨다. 사도들은 천국복음을 선포하면서 질병, 죽음, 귀신 등 지상에서 하나님의 백성들을 괴롭히는 모든 것들을 제거하도록 명령받았던 것이다.

예수님의 열두 제자들은 교회를 대표하는 상징적인 의미를 지니고 있다. 주님께서 명령하신 본질적인 내용은 지상의 모든 교회가 받아들여야 할 말씀이다. 따라서 만일 어떤 사람이 적당한 대가를 바라고 복음에 연관된 노동력을 제공한다면 삯군이라 할 수밖에 없다. 하나님과 이웃이 아니라 자신의 목적을 위해 그 일을 하는 것이 되기 때문이다.

이는 앞에서 언급한 대로 교회로부터 생활을 보장받는 것과는 전혀 다른 문제이다. 말씀사역자가 교회로부터 생활비를 받는 의미 가운데 하나는 자의대로 행하지 않게 하기 위한 방편이 된다. 즉 신앙이 어린 사람이 자비량하여 지도자가 되면 교회를 자기 마음대로 좌지우지하려 할 것이다. 성숙하지 못한 사람이 교회에 생활을 의존하지 않고 스스로 일하면서 사역을 감당하는 것은 자랑거리가 아니라 도리어 위험할 수 있다.

그런 원리를 잘 알고 있는 사도 바울이 자신은 직접 노동하며 복음증거 사역에 참여하고 있음을 말했다. 바울이 그렇게 했던 것은 자신을 드러내 보이기 위한 방편이 아니라 교회에 소중한 교훈을 주기 위한 것이다. 우리는 하나님의 몸된 교회를 위한 사도 바울의 신앙자세를 잘 배워야만 한다.

(3) 복음을 위한 성도와 교회(19-23)

바울은 예수 그리스도의 십자가 사역을 통해 하나님으로부터 자유를 얻은 진정한 자유인이었다. 그러나 진리를 소유한 그는 도리어 모든 사람에게 종(slave)이 되었음을 고백하고 있다. 그는 사도로서 다른 성도들 위에 군림하는 자가 아니라 하나님의 자녀들을 섬기는 사람이었던 것이다.

사도 바울은 자기를 위해서가 아니라 하나님의 자녀들을 위해 모든 자유를 사용했다. 그것이 하나님으로부터 얻은 자유를 진정으로 올바르게 사용하는 방법이다. 하나님께서 허락하신 자유를 개인의 목적을 위해 잘못 사용하게 되면 추한 방종에 빠지게 된다.

바울의 주변에는 항상 다양한 형태의 사람들이 있었다. 율법을 철저하게 지키는 유대인들이 있었는가 하면 율법을 지키지 않는 이방인들도 많이 있었다. 또한 유능하고 건강한 사람들이 있었는가 하면 무능하고 연약한 자들도 많았다. 그의 주변에는 상이한 모양 다양한 형편에 처한 사람들이 살아가고 있었던 것이다.

바울은 그들 가운데 하나님의 복음을 전파하면서 개인적인 주장을 고집하지 않았음을 고백하고 있다. 우리가 잘 알고 있는 것처럼 사도 바울은 진리를 지키기 위해서라면 자신의 아까운 생명을 미련 없이 내어놓는 소신이 강한 신앙인이었다. 그럼에도 불구하고 그는 율법아래 있는 자들과 마찰을 일으키지 않으려 했으며, 율법 없는 자들에게는 또한 그들과 같이 처신했다. 나아가 그는 강한 자들에게는 강한 자가 되었으며, 약한 자들에게는 약한 자와 같이 되어 겸손한 자세를 취했다.

바울이 그렇게 처신했던 까닭은 더 이상 그런 것들이 신앙의 본질이 될 수 없었기 때문이었다. 종교적인 형식에 매달리는 사람들과 교제하면서 바울은 그들의 양식을 배척하지 않았다. 그렇게 함으로써 형식보다 훨씬 소중하고 중요한 본질에 대한 깨달음을 주고자 했다. 바울의 처신은 개인이 아니라 오로지 하나님의 몸된 교회와 복음을 위한 것이었다.

우리가 여기서 주의해야 할 바는, 바울의 처신이 상황에 따라 잦은 변신을 허용하는 상황윤리에 연관된 의미로 받아들여서는 안 된다는 사실이다. 그것은 개인적인 목적을 달성하기 위해 약삭빠른 행동을 하는 것에 지나지 않는다. 바울의 처신은 자기 자신이 아니라 하나님께서 택하신 백성들을 위한 자기 포기에 연관되어 있었던 것이다.

본성적으로 타락한 성품을 지닌 인간들은 항상 복음을 핑계대면서 자신의 종교적인 목적을 도모하려는 경향성을 띠고 있다. 즉 하나님의 복음을 위한다고 말을 하지만 실상은 자기를 위한 것일 수 있는 것이다. 그러므로 우리는 하나님의 자녀로서 여간 민감한 자세를 유지하지 않으면 안 된다.

오늘날 하나님의 말씀을 맡은 사역자들은 바울처럼 교회를 섬기는 성도들이다. 사도인 바울과 결코 비견할 바가 되지 못하지만 교회 가운데 상속된 의미상 그렇다. 그러므로 특히 교회에 의해 말씀사역자로 세움을 받은 성도들은 사도 바울처럼 항상 복음에 참여하는 자의 자리에 온전히 서 있도록 애써야만 한다. 주변의 이웃들에게 유연하게 대처하면서도 하나님의 복음을 지키기 위해서는 강력하게 투쟁하는 모습을 유지해야 하는 것이다.

4. 신앙의 정체성과 면류관 (24-26)

하나님의 자녀들에게 있어서는 종교적인 열정이 중요한 것이 아니라 올바른 신앙이 중요하다. 아무리 최선을 다하는 기독교 활동이라 할지라도 방향이 잘못되었다면 무모한 허사에 지나지 않는다. 그런데 문제는 그 헛된 일이 개인에게는 나름대로 상당한 위안을 안겨주게 된다는 사실이다. 열정적인 노력이 눈에 보이는 종교적인 성과를 보여주기 때문이다. 그러나 그것은 본질을 상실한 껍데기에 지나지 않는다.

사도 바울은 그것을 설명하기 위해 운동경기에서 달리기 경주를 하는 것을 예로 들고 있다. 우리의 신앙적인 삶은 마치 여러 사람이 동일한 선상에서 출발하는 마라톤(Marathon) 경기와도 같다. 많은 사람들이 최선을 다해 달리지만 그 가운데 명예로운 상(prize)을 얻는 자는 한 사람이라는 점이 언급되고 있다.

이는 바울 당시 고대 그리스의 운동경기를 예로 든 설명이었다. 물론 바울은 여기서 달리기 경주 자체를 말하려는 것이 아니라 신앙인의 올바른 삶에 관한 교훈을 주려고 했다. 물론 그는 달리기 경주에서 일등하는 사람만 영예로운 상을 받듯이 신앙생활을 하는 성도들 가운데 단 한 사람만 상을 받게 된다는 것을 언급하지 않는다. 그는 도리어 정확한 푯대를 향해 결승지점을 향해 주변을 살피지 않고 절제하며 최선을 다해 달리는 성도의 삶에 대해 말하고 있다.

바울은 본문 가운데서 달리기 경주를 하는 사람들이 갖추어야 할 가장 기본적인 자세와 지식에 관한 언급을 했다. 경주하는 자는 우선 자신의 욕구를 절제할 수 있어야 한다. 달리기를 하는 선수가 주변을 기웃거리며 나태하거나 안일한 태도를 가질 수 없다. 또한 열심히 달리다 보면 힘겹고 어려워 포기하고 싶은 생각이 들지도 모른다. 만일 그렇게 한다면 차라리 달리기를 시작하지 않는 편이 훨씬 나을 수도 있다.

그리고 달리기 경주를 하는 자들은 결승지점에 대한 정확한 위치파악을 하고 있어야 한다. 즉 어느 방향으로 어디까지 달리면 최종 도달점이 있다는 사실을 모르면 안 된다. 분명한 푯대를 알고 그것을 향해 전력질주全力疾走 해야만 하는 것이다. 만일 푯대가 어디 있는지 모르는 채 달리는 것은 아무런 의미가 없다. 그럴 경우에는 최선을 다해 열심히 달리면 달릴수록 엉뚱한 데로 달리는 꼴이 된다. 즉 아무리 빨리 달린다 해도 그것으로 인해 받을 상은 아무것도 없는 것이다.

영원한 면류관을 얻게 되는 신앙인의 삶 또한 이와 마찬가지다. 일시적인 영예를 얻기 위한 달리기에서도 그런 기본적인 법칙이 있는데, 영원한 천상을 향해 살아가는 삶에 있어서야 오죽할까? 바울은 고린도 교회 성도들에게 그와 같은 자세로 최선의 삶을 살도록 요구하고 있다. 하나님의 자녀들은 분명한 천상의 푯대를 향해 전심전력을 다해 신앙생활을 하지 않으면 안 된다.

그러므로 사도 바울 자신은 방향을 모르는 채 무모하게 달리지 않고 싸움의 대상이 누구인지 모르는 채 허공을 치는 것같이 하지 않는다는 사실을 말했다. 우리 역시 이와 마찬가지다. 우리는 온전한 신앙을 가진 성도로서 타락한 세상을 기웃거릴 필요가 없다. 단지 이 세상 가운데서 성실하게 살아가는 가운데 영원한 천국의 푯대를 바라보며 최선을 다해 살아갈 따름이다.

5. 바울의 엄한 교훈 (27)

타락한 인간들의 마음 가운데는 항상 자신의 생각과 판단을 추구하며 그것을 이룩하고자 하는 욕망이 꿈틀거리고 있다. 그것은 단순히 부정적이고 불건전한 것들에 국한하여 말하는 것이 아니라 남 보기에 긍정적이고 그럴듯해 보인다 할지라도 개인이 원하는 바 세상에서의 욕구를 추구하는 것을 의미한다. 이는 하나님의 뜻에 대한 진정한 관심이 아니라 인간적인 목적을 이룩하려는 천박한 욕망에 연관된다.

사도 바울은 본문 말씀 가운데서 자신의 몸을 쳐서 복종시킨다는 사실을 언급하고 있다. 그것은 과연 무슨 의미인가? 이 말은 절제와 연관되어 있으며 단순한 상징에 그치는 말이 아니다. 그가 언급하고자 했던 점은 자신의 이기적인 욕망을 쳐부숨으로써 하나님의 뜻에 복종시켰음을 고백하는 것이다. 이는 그가 개인의 종교적인 욕망에 따라 사도직분을 감당하지 않았음을 말해준다.

> "내가 내 몸을 쳐 복종하게 함은 내가 남에게 전파한 후에 자기가 도리어 버림이 될까 두려워 함이로라"(고전 9:27)

바울은 본문 가운데서, 남에게 복음을 전파한 후에 자기가 도리어 버림이 될까 두려워한다는 사실을 언급하고 있다. 바울이 이 말을 한 근본적인 의도는 과연 무엇이었을까? 문자 그대로 바울은 자신이 하나님의 복음을 성실하게 전했지만 나중에 가서 버림받을 수 있다는 사실을 말하려 했던 것일까?

물론 바울은 자신이 하나님으로부터 버림을 받을 수 있다는 가능성을 말하려는 것이 아니었다. 그보다 중요한 의미는 자신의 몸을 쳐 복종시킴으로써 하나님께서 제공하시는 보상(reward)에 적합하게 살고자 하는 그의 신앙자세이다. 그것은 바울의 말을 듣는 고린도 교회 지도자들과 오늘날 우리시대의 교회들을 포함한 역사상의 모든 교회의 사역자들을 향한 엄한 교훈의 말씀이다. 이는 하나님의 이름으로 일하는 행위 자체가 의미를 가지는 것이 아니라 성경이 교훈하고 있는 본질을 진정으로 소유하는 신앙이 중요하다는 사실을 말해주고 있는 것이다.

제13장
언약적 세례와 신령한 음식

(고전 10:1-33)

1. 홍해바다와 세례 및 성찬 (1-4)

사도 바울은, 이스라엘 백성이 출애굽하면서 모세에게 속해 홍해바다를 건넌 사건을 '세례'라 표현하고 있다.[49] 그 사건은 전적으로 하나님으로 말미암은 기적적인 사건이었다. 즉 홍해바다를 가르는 일은 인간들이 계획한 것이 아니며 사전에 기대했던 일도 아니다. 이스라엘 백성이 애굽의 군대세력에 포위되어 죽음에 직면했을 때 하나님께서 일방적으로 베푸신 기적적인 은혜였다.

바울은 고린도 교회 성도들에게 이스라엘 민족의 조상들이 다 구름 아래 있으면서 바다 한 가운데로 건넌 사실을 상기시켰다. 이스라엘 민족이 모세와 더불어 홍해바다를 건널 때 바다가 갈라져 양쪽에 거대한 물 벽을 만들었으며 땅바닥이 말랐다. 그리고 그 위에는 짙은 구름이 뒤덮여 있었다. 이는 사람들이 상상도 못할 일이었으며 인간 역사상 전무후무한 놀라운 사건이었다.

---

49) 이와 연관하여 베드로는 노아 홍수 사건을 세례의 관점에서 설명하고 있다(벧전 3:20,21).

이스라엘 백성은 이제 홍해바다를 건너게 됨으로써 애굽과는 완전히 단절된다. 백성들은 그 바다를 건넘으로써 새로운 생명을 보장받게 된 것이다. 그러나 이스라엘 백성을 순순히 나가지 못하도록 하는 이방의 군대세력이 무기를 갖춘 채 그들을 뒤쫓았다. 애굽을 탈출하려는 사람들로 하여금 홍해바다를 건너지 못하도록 방해했던 것이다. 그것은 생명을 담보로 하는 애굽 왕국의 적극적인 군사행동이었다.

이스라엘 민족은 홍해바다를 무사히 건너 시내광야에 당도함으로써 애굽으로부터 해방되어 자유로운 생명을 얻게 되었다. 그것은 전적인 하나님의 은혜였다. 그러나 그들을 뒤쫓던 애굽의 군인들은 홍해바다에서 몰사沒死했다. 동일한 홍해바다 물이 '모세에게 속한'(고전 1:2) 이스라엘 민족에게는 새로운 생명을 허락하는 역할을 했으며, 그들의 출애굽을 방해하던 자들에게는 사망에 이르는 심판의 방편이 되었다.

바울은 하나님께서 모세를 통해 홍해바다를 가르고 이스라엘 백성을 구원한 사건을 신약시대의 '세례'와 연관지어 기록하고 있다. 홍해를 건너 시내광야에 당도한 이스라엘 백성들에게는 그전에 애굽에서 먹던 음식과는 전혀 다른 신령한 음식이 기다리고 있었다. 그것 역시 이스라엘 백성들이 기대하지 못했던 음식이었으며 전적으로 하나님께서 제공하는 것이었다. 그들은 하나님께서 날마다 주시는 만나와 메추라기를 먹었으며 신령한 반석으로부터 나는 물을 마셨다.

성경은 그 반석은 곧 예수 그리스도라 말하고 있다(고전 10:4). 이는 이스라엘 민족의 생명은 전적으로 하나님의 아들이신 그리스도께 달려 있음을 시사해주고 있는 것이다. 이스라엘 백성이 기적적인 방법으로 홍해바다를 건넌 후 시내광야에서 신령한 음식을 먹고 살아간 삶은 인간 역사상 매우 독특한 사건이었다. 즉 세상 가운데 어느 곳에도 있지 않은 특별한 일이었던 것이다.

사도 바울은 신약시대의 세례가 이와 같음을 말하고 있다. 하나님의 자녀들이 부르심을 입고 세례를 받아 하나님의 몸된 교회에 가입하는 것은 이스라엘 백성이 홍해바다를 건넌 사건과 비견된다. 그리고 매주 성도들에게 제공되는 예수 그리스도의 살과 피를 상징하는 성찬은 하나님의 자녀들에게만 허락되는 신령한 음식이다. 구원받은 성도들은 그 음식을 통해 진정한 생명을 보장받게 되는 것이다.

2. 거짓신앙과 우상숭배 (5-7)

이스라엘 백성들은 홍해바다를 건넘으로써 이방신을 섬기는 애굽과 완전히 단절되었다. 더 이상 애굽에서 나는 음식이 저들의 생명을 유지시키지 않았으며 그것을 먹을 필요가 없었다. 나아가 그들은 그동안 애굽에서 눈과 귀로 보고 들어 익숙해져 있던 모든 경험들을 버려야만 했다.

그럼에도 불구하고 출애굽한 후 시내광야에 거하던 이스라엘 민족 가운데는 애굽의 향수를 버리지 못하는 자들이 상당수 있었다. 그들은 형식적인 신앙을 소유하고 있던 자들이었다. 그들은 하나님께서 허락하신 약속에 따른 신앙이 아니라 저들의 종교적 감정을 만족시켜주는 신적인 존재를 원했다. 만나와 메추라기, 구름기둥과 불기둥 등 놀라운 기적 가운데 살아가면서도 가시적인 하나님을 요구했다.

출애굽기 32장에는 하나님께서 모세를 시내산 정상으로 불러올리신 내용이 기록되어 있다. 그와 더불어 이스라엘 민족과 영원한 언약을 맺기 위해서였다. 모세가 시내산에 올라간 후 며칠이 지나도록 내려오지 않자 성급한 백성의 지도자들은 서서히 모세를 원망하기 시작했다. 그 주된 이유는 단지 저들이 판단하고 있던 것보다 기간이 연장되고 있다는 사실 때문이었다.

그래서 백성의 지도자들은 당시 두 번째 영도자였던 모세의 형 아론을 찾아갔다. 백성들로부터 금을 거두어 금송아지를 만들어 더욱 적극적으로 하나님을 섬기자는 것이었다. 아론은 그들의 말을 긍정적으로 받아들여 백성들로부터 금장신구들을 모았다. 아마도 그는 백성들의 종교적인 열정을 가상히 여겼을 것이다. 또한 하나님께서 애굽 땅에서 주신 것들이니 아낌없이 내어놓으라고 강요했을지도 모른다.

그 금들을 가지고 금송아지를 만든 후, 아론은 이스라엘 민족 앞에 '여호와의 절일' 을 공포했다(출 32:5). 그리고 온 백성들은 그 앞에서 번제와 화목제를 지내며 먹고 마시며 뛰노는 가운데 거창한 종교 축제를 벌였다. 무지한 백성들은 배도에 빠진 자신들의 형편을 망각한 채 하나님이 저들을 위해 가시적인 형태의 특별한 금송아지를 허락하신 것으로 착각하며 기쁨과 즐거움이 가득했을 것이다.

사실 당시 모든 이스라엘 백성들이 아론과 민족 지도자들의 말을 듣고 그렇게 했지만 참된 성숙한 성도라면 그것을 거부할 수 있어야만 했다. 그러나 만일 그에 동참하지 않은 사람이 있었다면 엄청난 괴로움을 감수해야만 했을 것이 틀림없다. 우상을 만드는 악한 일에 참여하는 자들은 기쁨으로 들떠 있는데 반해 하나님을 진정으로 경외하는 자들은 힘든 고통에 빠지는 일이 발생하게 될 것이었기 때문이다.

이와 같은 일은 오늘날 우리시대에도 그대로 발생한다. 기독교에 대한 굴절된 열정과 잘못된 연보와 금전적 기부행위는 도리어 하나님께 욕이 될 수 있다.[50] 그것들을 통해 하나님을 온전히 섬기는 것이 아니라 우상 숭배적 행위를 할 우려가 없지 않기 때문이다. 따라서 하나님께서

---

50) 신앙이 어린 자들은 교회에 많은 액수의 연보를 하면 무조건 하나님이 기뻐하실 것으로 가르치기도 하며 그것을 배워 실천에 옮기기도 한다. 그러나 거룩한 하나님을 그런 식으로 생각하는 것 자체가 문제가 된다. 성숙한 성도들은 교회를 위해 성실하게 연보에 참여하면서 교회가 하나님의 뜻에 그 물질을 합당하게 잘 사용하는지 살펴야 할 의무가 있다. 자신은 하나님을 위해 연보의 의무를 다했으므로 나머지 일은 담당자들이 알아서 할 일이니 어떻게 하든지 신경쓸 일이 없다고 생각해서는 안 된다.

원하시는 것이 아님에도 불구하고 그렇게 선전하며 연보를 요구하는 위험한 종교지도자들의 말을 들어서는 안 된다. 우리는 우상숭배적인 종교행위를 하면서도 배도에 빠져 기쁨에 가득 차 있는 자들에 대한 올바른 인식을 해야만 한다.

3. 배도자들의 악행과 멸망 (8-10)

하나님의 뜻을 근본적으로 오해하고 있던 배도자들은 출애굽하여 시내광야에서 생활하는 동안 하나님의 사람 모세를 원망하기 시작했다. 그들 가운데는 애굽에서의 고된 노역이 사라지자 해방된 인생을 누리고자 하는 욕망에 사로잡힌 자들이 많았다. 그들의 걷잡을 수 없는 욕망은 점차 더러운 이방종교와 연관이 되어 갔다.

타락한 이스라엘 백성들은 시간이 경과함에 따라 갇혀있는 시내광야에서 벗어나려는 노력을 멈추지 않았다. 그래서 그들은 외부로 눈을 돌려 이방 여인들과 음행하기 시작했다. 모압 여인들이 그들을 저들의 종교적 행사에 초청했을 때 그 의례에 참여하는 자들이 많이 생겨났다. 그들은 저들과 더불어 이방신인 바알브올을 섬기기 시작했던 것이다.

그 사람들은 아마도 이방인들의 최고의 신이 곧 이스라엘 민족의 최고의 신과 동일한 존재인 것으로 여겼을지도 모른다. 다시 말해 그들은 더러운 이방신을 섬기는 데 가담하면서도 우상숭배를 한다고 생각지 않고 여전히 하나님을 섬긴다고 생각했을 수 있는 것이다. 하지만 하나님께서는 그에 대해 크게 진노하셨다.

> "이스라엘이 싯딤에 머물러 있더니 그 백성이 모압 여자들과 음행하기를 시작하니라 그 여자들이 그 신들에게 제사할 때에 백성을 청하매 백성이 먹고 그들의 신들에게 절하므로 이스라엘이 바알브올에게 부속된지라 여호와께서 이스라엘에게 진노하시니라"(민 25:1-3)

그 일로 인해 하나님께서는 이스라엘 백성에게 무서운 질병의 재앙을 내리셨다. 민수기에서는 그 재앙으로 인해 2만 4천 명이 죽은 것으로 기록하고 있다(민 25:9). 이에 반해 사도 바울은 고린도전서에서 시내광야의 배도적 간음행위로 말미암아 2만 3천 명이 죽었다고 말했다(고전 10:8).

우리는 민수기의 기록과 바울서신의 기록이 동일한 사건을 두고 하는 말인지 혹은 다른 유사한 사건이 또 있었는지 명확하게 알기 어렵다.[51] 그러나 분명한 사실은 하나님을 버리고 종교적인 욕망에 이끌려 이방 여인들과 간음하다가 하나님의 무서운 심판을 받은 자들이 많이 있었다는 사실이다.

또한 이스라엘 백성들 가운데는 감히 하나님을 시험하려는 자들이 상당수 있었다. 그들이 애굽에 있을 때부터 가고자 했던 목적지는 젖과 꿀이 흐르는 약속의 땅 가나안이지 척박한 시내광야가 아니라는 그럴듯한 생각을 했다. 그들은 하나님께서 이스라엘 민족의 조상 아브라함과 이삭과 야곱에게 약속했던 그 땅으로 가기를 열망한다고 주장했던 것이다. 그런 생각을 품은 자들은 하나님께 직접 불평하는 대신 외형상 모세를 원망하면서 실제로는 여호와 하나님을 원망했다.

> "백성이 하나님과 모세를 향하여 원망하되 어찌하여 우리를 애굽에서 인도하여 올려서 이 광야에서 죽게 하는고 이곳에는 식물도 없고 물도 없도다 우리 마음이 이 박한 식물을 싫어하노라 하매 여호와께서 불뱀들을 백성 중에 보내어 백성을 물게 하시므로 이스라엘 백성 중에 죽은 자가 많은지라"(민 21:5,6)

---

51) 민수기의 '2만 4천 명'과 고린도전서의 '2만 3천 명' 사이에 조화를 이룰 수 있는 방법은 당시 일반적인 숫자 개념을 통한 이해이다. 예를 들어 당시 총수가 '2만 3천5백여 명 정도'라고 본다면 입장에 따라 '2만 4천 명'이라 할 수도 있으며 '2만 3천 명'이라 할 수도 있다. 동양권의 이런 식의 숫자 개념에 익숙한 우리로서는 이를 쉽게 이해할 수 있다.

배도에 빠진 이스라엘 백성은 하나님께서 제공하시는 음식물에 대해 강한 비판을 했다. 인간들이 재배한 곡식과 목축한 동물이 아닌 특별한 음식이 하나님으로부터 날마다 제공되고 있다는 사실을 그들이 모르는 바 아니었다. 그럼에도 불구하고 악한 자들은 만나와 메추라기가 싫다며 하나님과 모세를 원망했던 것이다.

하나님께서는 자신을 원망함으로써 배도에 빠진 자들을 결코 가만히 살려두지 않으셨다. 무서운 불뱀들을 보내 백성들을 물어죽이게 했던 것이다. 그렇게 함으로써 이스라엘 민족 가운데 악한 불평이 편만하게 퍼지지 않도록 하신 것은 이스라엘을 위한 하나님의 은총의 방편이었다.

그러므로 바울은 고린도 교회를 향해 하나님의 말씀에서 벗어난 잘못된 불평을 하지 않도록 당부했다. 하나님과 예수 그리스도를 알기 전에 자유롭게 마음껏 인생을 누리던 사람들이 세례를 받고 복음을 알게 된 후에 신앙 안에서 제한된 삶을 살면서 하나님께 불평하는 행위를 막았던 것이다. 그런 자들은 세상에서의 삶은 노력여하에 따라 다채로울 수 있는데 반해, 하나님 안에서 살아가는 삶은 단조롭고 무미건조한 것으로 판단했을 수 있다. 그런 것으로 인해 영원한 세계를 멀리한 채 하나님을 원망하는 자들은 실로 어리석은 자들이라 아니할 수 없다.

4. 성도들의 거울 (11-15)

이스라엘 민족은 교회 곧 우리의 거울 역할을 한다. 인간은 거울에 비추어보지 않으면 자신의 모습을 제대로 볼 수 없다. 이스라엘 백성들의 배도한 모습을 통해 우리 자신의 일그러진 모습을 볼 수 있는 것은 참된 지혜이다. 또한 이스라엘의 역사는 말세에 처한 우리에게 경고를 발하는 메시지 역할을 하고 있다.

따라서 성숙한 신앙인일수록 성경에 비추어 자신의 삶을 냉철하게 돌아보는 일을 게을리 하지 않는다. 그에 반해 신앙이 미성숙한 사람일수록 세속에 물들게 되어 자신의 신앙을 착각하게 된다. 타락한 인간들은 항상 자기중심적이 될 수밖에 없는 이기적인 존재이기 때문이다. 어리석은 자들은 항상 자기가 생각하고 판단한 것을 스스로 옹호하려는 습성을 지니고 있는 것이다.

세속적인 습성에 익숙한 그런 판단은 객관성을 결여한 주관적인 신앙이 되기 십상이다. 따라서 바울은 자신이 선줄로 생각하는 사람들에게 넘어지지 않도록 조심하라는 말을 하고 있다(고전 10:12). 성경에 기록된 여러 사건들을 거울삼아 자신을 냉철하게 돌아보지 않은 상태에서 스스로 선줄로 생각하는 자들은 항상 세심한 주의를 기울이지 않으면 안 된다는 것이다.

타락한 이 세상에 살아가는 하나님의 자녀들은 다양한 유혹들(temptations)에 노출되어 있다. 그러나 하나님께 속한 성도들이 그런 것들을 보며 두려워할 필요는 없다. 성숙한 성도들은 오염된 세상에서 발생하는 유혹들을 피하려 할 것이 아니라 도리어 그에 맞서 싸움으로써 이겨나가야 한다. 하나님의 자녀들에게는 감당하지 못할 유혹거리가 있을 수 없기 때문이다.

하나님께서는 자신을 경외하는 백성들에게 세상의 유혹들을 피할 수 있는 길을 제공하신다. 그것은 전적인 하나님의 은혜에 해당된다. 그러므로 바울은 교회에 속한 성도들에게 우상숭배하는 일을 피하라고 했다. 이는 하나님보다 더 소중하다고 판단되는 것들을 가까이 두지 말도록 요구하는 것이었다. 참된 지혜를 소유한 자들은 사도 바울이 저들에게 무엇을 말하려고 하는지 올바른 분별력을 가져야만 한다. 바울이 받은 계시의 말씀은 그것 자체로서 영원한 진리이기 때문이다.

5. 그리스도의 식탁과 귀신의 식탁 (16-22)

(1) 성찬과 그리스도의 몸(16-18)

성도들에게 필요한 영적인 양식은 이 세상에서 날마다 먹는 음식이 아니라 거룩한 떡과 잔이다. 바울은, 사도들의 축복과 더불어 성도들이 감사하며 마시는 축복의 잔은 예수 그리스도의 피를 나누어 마시는 것이라 언급했다. 그리고 성도들이 떼는 떡은 그리스도의 거룩한 몸에 참여하는 것이라는 사실을 말했다.

바울은 교회가 소유한 떡이 하나라는 사실을 강조했다. 이는 예수 그리스도의 몸이 하나라는 사실을 연관지어 말하고 있다. 하나의 떡으로 상징되는 한 분 그리스도의 몸에 참여하는 모든 성도들은 한 몸을 이루게 된다.

이러한 사실은 구약시대 이스라엘 민족이 의미상 한 성전에 바쳐진 제물을 함께 나누어 먹음으로써 한 제단에 참여하는 것과 동일한 이치이다. 즉 성전 제물을 먹는 자들이 그것을 통해 동일한 한 본질적 의미에 참여하게 되듯이, 신약시대의 성도들이 예수 그리스도의 몸을 상징하는 피와 살을 섭취함으로써 하나님의 거룩한 성전인 교회공동체에 참여하게 되는 것이다.

(2) 우상제물과 귀신의 상(19-22)

사도 바울은 또한 하나님의 자녀들은 우상과 그의 제물에 참예할 수 없음을 말하고 있다. 우리는 우상이 무엇인지 우상제물이 무엇인지에 대한 분명한 이해를 해야만 한다. 그것은 하나님께서 증오하시는 더러운 것들이며 그에 참예하는 행위는 하나님을 적극적으로 모독하는 것이다.

그러나 하나님을 알지 못하는 이방인들은 하나님이 아니라 귀신에게 제사를 지낸다. 거룩한 하나님의 자녀들이 더러운 귀신을 섬기는 자들의 종교행위에 참예함으로써 귀신과 교제하는 일은 결코 있을 수 없는 일이다. 하나님을 경외하는 자들은 그에 대한 분명한 인식을 하지 않으면 안 된다.

그러므로 하나님의 교회에 속한 모든 성도들은 더러운 귀신의 잔을 마셔서는 안 되며 귀신의 상에 참예해서는 안 된다. 어리석은 인간들은 하나님의 것과 귀신의 것을 혼합하려 하며, 배도에 빠진 자들은 귀신들과 타협하기를 주저하지 않는다. 그런 자들은 진리와 거짓을 혼합하여 인간들의 구미에 맞는 새로운 종교를 만들어내고자 한다. 그러나 바울은 그에 대해 매우 단호한 자세를 취했다.

> "너희가 주의 잔과 귀신의 잔을 겸하여 마시지 못하고 주의 상과 귀신의 상에 겸하여 참예치 못하리라"(고전 10:21)

귀신을 섬기면서 동시에 하나님을 섬긴다는 것은 본질상 불가능한 일이다. 그럼에도 불구하고 배도에 빠진 자들은 입술로는 하나님을 되풀이해 언급하면서 귀신의 편에 있는 자들과 타협하기를 주저하지 않는다. 그런 자들은 하나님을 욕되게 하면서도 그것이 하나님을 위한 행동인 양 주장한다.

사도 바울은 여기서 두 가지 경우를 상기시키고 있다. 하나는 이스라엘 민족 자체에서 발생하는 귀신의 상에 관한 문제이다. 이스라엘 백성이 모세를 배척하고 시내산 아래서 금송아지를 만들고 그 앞에서 번제와 화목제를 드리며 먹고 마시던 행위는 이스라엘 민족 내부에서 귀신의 상을 만들어 참여하는 우상숭배에 해당된다.

그리고 또 다른 하나는 외부의 이방신들에게 눈을 돌리는 행위에 관한 것이다. 배도한 이스라엘 백성들은 모압인들이 저들의 신 바알브올을 섬기는 행위에 동참했다. 그것은 곧 귀신을 섬기는 행위였다. 그들은 바알브올을 자기들이 믿는 신과 그다지 다르지 않은 신인 것으로 여겼던 것이다.

어리석은 자들은 이방 종교를 수용하며 관대한 자세를 가지는 것이 하나님께서 원하시는 것이라 착각하고 있다. 그러나 그런 악한 행위는 거룩하신 하나님을 진노케 만든다. 인간적인 판단을 의지하고 스스로 종교적인 즐거움을 취하기 위해 하나님을 노엽게 할 수는 없는 것이다.

6. 하나님의 영광과 이웃을 위한 성도의 삶 (23-33)

사도 바울은 여기서 다시금 자신의 '자유'에 대한 언급을 하고 있다. 그는 하나님 안에서 모든 것을 할 수 있지만 자의로 그렇게 하지는 않는다는 말을 했다. 성도들이 소유한 자유는 성도들 사이에 진정한 덕을 세우는 일을 위해 사용되어야만 한다. 이는 성도의 삶은 개인의 유익을 도모하는 것이 목적이 될 수 없음을 말하고 있다. 따라서 바울은 고린도 교회 성도들에게 그에 대한 당부를 했다.

> "누구든지 자기의 유익을 구치 말고 남의 유익을 구하라"(고전 10:24)

바울의 이 말은 단순히 일반적인 상황을 두고 언급하는 것이 아니다. 그는 특별히 음식에 관한 문제를 염두에 두고 있으면서 이 교훈을 주고 있다. 이는 예수 그리스도의 몸을 상징하는 거룩한 성찬과 더불어 믿음이 연약한 자들이 시험에 들지 않도록 하기 위한 의미를 담고 있다.

그러면서 바울은 시장에서 파는 고기에 대해서는 굳이 따져 묻지 않고 먹을 수 있음을 말했다. 당시 시장에 나온 고기들은 대개 종교의례에 사용되었거나 관습적인 종교행위를 거친 고기였다. 하나님의 자녀들이 그런 고기들을 먹을 때 양심의 거리낌이 없이 먹어도 좋다는 것이었다.

또한 불신자들 가운데 어떤 사람이 식탁에 초청할 때 구태여 우상제물과 연관되는지 물어볼 필요 없이 '양심에 따라' 자연스럽게 먹으면 된다. 그렇지만 누가 그것이 우상에게 바쳐진 제물이란 사실을 이야기한다면 그것을 말한 자나 다른 사람들을 위해 양심과 더불어 그 고기를 먹지 말아야 한다.

그런데 바울은 여기서 매우 중요한 언급을 하고 있다. 그것은 양심에 연관된 교훈이다. 일반적으로 사람들은 자신의 고유한 양심에 따라 판단하고 행동하기를 좋아한다. 하지만 바울은 자신이 언급하고 있는 양심은 개인적인 유익을 위한 것이 아니라 남을 위한 양심이라 말하고 있다.

> "내가 말한 양심은 너희의 것이 아니요 남의 것이니 어찌하여 내 자유가 남의 양심으로 말미암아 판단을 받으리요 만일 내가 감사함으로 참예하면 어찌하여 내가 감사하다 하는 것에 대하여 비방을 받으리요 그런즉 너희가 먹든지 마시든지 무엇을 하든지 다 하나님의 영광을 위하여 하라"(고전 10:29-31)

바울은 이 말을 하면서 자신의 자유와 양심은 자기를 위한 것이 아니라 이웃을 위한 것임을 분명히 밝혔다. 여기서 언급된 남이란 일반적인 타인을 말하는 것이 아니라 교회에 속한 성도들로 이해하는 것이 바람직하다.

그러면서 바울은 먹든지 마시든지 무엇을 하든지 항상 하나님의 영광을 위해서 하라는 당부를 했다. 이 말은 일상적인 생활에 관련된 것이 아니라 먹는 음식과 밀접하게 연관되어 있다. 즉 이는 일상적으로 무슨 일을 하든지 항상 하나님께 영광을 돌리라는 의미와는 다른 것이다.[52)]

---

52) '하나님의 영광'에 관한 이해를 할 때 우리가 더욱 주의를 기울여야 할 바는 절제되지 않은 입술의 습성이다. 악한 자들은 하나님께 영광이 되는 것이 아니라 도리어 욕이 되는데도 불구하고 마치 그것이 하나님께 영광을 돌리는 것인 양 주장하며 다른 사람들에게 선전한다. 이는 하나님의 이름을 핑계삼아 어린 성도들을 미혹하는 위험한 행위에 지나지 않는다.

바울이 말하고자 하는 것은 우상제물에 연관된 언급을 하면서 하나님의 성찬에 참여하는 성도들의 삶을 두고 하는 교훈이다. 따라서 유대인에게나 헬라인에게나 하나님의 교회에나 거치는 자가 되지 말라고 당부했다. 이 말은 모든 판단과 행동에 있어서 성숙한 신앙인의 자세를 가짐으로써 다른 사람들의 시험거리가 되지 말고 신앙의 본이 되는 삶을 살도록 요구하는 것이다.

바울 자신은 그에 대해 심혈을 기울여 주의하며 신앙적인 삶을 살아가고 있음을 고백했다. 그는 자신의 유익을 구하지 않고 다른 사람들의 삶을 기억하며 그들의 유익을 위해 살고자 애썼다. 그리고 주 안에서 모든 사람을 기쁘게 하기 위한 삶을 살고자 한다는 언급을 했다. 이는 자신의 기쁨을 추구하는 삶에 얽매이지 않는다는 고백을 하는 것과도 같다. 바울은 그것을 통해 하나님의 구원을 깨달아 하나님께로 돌아오는 형제들이 많아지기를 원했던 것이다.

따라서 하나님의 자녀들은 항상 불신자들로부터 성별聖別되어야 한다. 이는 성도들의 성품 자체가 거룩하게 변화되었기 때문이 아니라, 그들이 타락한 세상이 아닌 거룩하신 하나님께 속했기 때문이다. 교회가 예수 그리스도의 몸을 중심에 두고 매주일 성찬을 행하는 것은 타락한 세상과 구별되는 중요한 표징이 된다.

그럼에도 불구하고 오늘날 우리 주변에는 성별을 포기하고 하나님과 귀신을 동시에 섬기려는 혼합주의자들로 가득 차 있음을 주의 깊게 인식해야 한다. 겉으로는 건전한 기독교의 모습을 띠고 있는 듯 표방하면서도 실제로는 다른 이방 종교들과 내통하는 종교다원주의자들이 곧 그런 인물들이다. 우리는 주님의 상과 귀신의 상에 참여하며 하나님의 잔과 귀신의 잔을 동시에 마시는 위험한 자들을 경계하지 않으면 안 된다.

제14장
창조질서 속의 남자와 여자

(고전 11:1-16)

1. "나를 본받는 자 되라" (1,2)

사도 바울은 고린도 교회 성도들에게 자신을 본받는 자가 되라는 말을 하고 있다. 죄인인 자신을 본받지 말고 거룩하신 예수 그리스도를 본받으라고 하는 것은 누구나 쉽게 할 수 있는 말이다. 그러나 성도들을 향해 예수 그리스도를 본받는 자기를 본받으라고 요구하는 것은 결코 쉽지 않다.

그럼에도 불구하고 바울은 고린도 교회를 향해 분명한 어조로 자신을 본받으라고 했다. 이 말의 중심에는 앞부분에서 그가 언급한 '하나님의 영광'(고전 10:31)과 '하나님의 교회'(고전 10:32)에 연관되어 있다. 이는 바울 자신의 윤리적 삶을 본받으라고 말하는 것이라기보다 하나님과 그의 몸된 교회를 염두에 두고 있는 것이다.

> "내가 그리스도를 본받는 자 된 것 같이 너희는 나를 본받는 자 되라"(고전 11:1)

바울은 여기서 자신이 예수 그리스도를 본받고 있는 자라는 사실을 강력하게 언급했다. 예수 그리스도는 하나님이면서 동시에 순종의 사역을 통해 교회의 머리가 되신 분이다. 그에 대한 바울의 고백과 명령은 그것이 곧 하나님의 자녀로서 유지해야 할 마땅한 처사라는 점을 시사해준다. 바울이 말하고 있는 이러한 신앙정신은 당시뿐 아니라 오늘날 우리시대의 교회와 성도들에게 그대로 상속되어 살아 존재하고 있어야 한다.

또한 바울은 이 말과 더불어 '유전'에 관한 언급을 하고 있다(고전 11:2). 본문에 기록된 '유전'이란 단순한 전통(tradition)이 아니라 '규례'(ordinance: KJV)를 의미한다. 이는 곧 하나님의 언약에 밀접하게 연관된 의미로서 교회가 소유한 신앙의 근간을 말하고 있는 것으로 보인다.

바울은 고린도 교회 성도들이 자신을 기억하며 그전에 교회에 전해준 유전 곧 규례를 잘 보존해 온 것으로 말했다. 사도는 그점에 대해 저들을 칭찬한다는 말을 아끼지 않았다. 그런데 우리가 앞부분에서 보기에는 고린도 교회에 상당한 문제들이 있었다. 대다수 교인들이 온전한 신앙생활을 한 것으로 보이지 않는 것이다.

그럼에도 불구하고 바울이 고린도 교회가 유전을 잘 보전하여 지킨 것으로 말했던 것은 그들이 하나님의 언약을 교회의 중심에 두고 있었기 때문이었던 것으로 여겨진다. 이보다 나중에 따라오는 일이기는 하지만 고린도 교회 성도들은 바울의 편지를 받고 자신을 돌아보며 반성하게 된다(고린도후서, 참조). 그 가운데는 하나님 앞에서의 진정한 회개가 뒤따랐을 것이 분명하다.

그들이 바울서신을 통해 그렇게 할 수 있었던 것은 저들의 중심에 '하나님의 언약'이 자리잡고 있었기 때문이다. 만일 그렇지 않았다면 사도 바울의 편지를 진리의 계시로 받아들이기는커녕 도리어 더욱 강하게 반발하며 제 갈 길로 갔을지도 모를 일이다. 이처럼 연약할 때조차 하나님의 언약을 교회 가운데 잘 보존하는 것은 교회가 소유해야 할 신앙의 본질에 속한다.

2. 여자의 머리는 남자, 남자의 머리는 그리스도, 그리스도의 머리는 하나님 (3-10)

(1) 창조질서

또한 바울은 이와 더불어 창조와 연관된 중요한 질서를 언급하고 있다. 이는 하나님으로부터 제시된 언약적인 관계로서 인간들이 자의에 따라 함부로 변개하지 못한다. 교회 가운데 창조와 연관된 질서가 굳게 자리잡고 있어야 하는 까닭은 그것이 하나님의 섭리에 해당되기 때문이다.

교회 안에 드러나고 있는 가장 소중한 창조질서는 하나님 자신과 그와 더불어 존재하는 성도들 사이의 관계이며, 동시에 남자와 여자의 보편적인 관계이다. 이는 결코 시대적인 환경에 따라 뒤바뀔 수 있는 성질의 것이 아니라 하나님께서 세우신 창조질서에 해당되는 근본적인 내용이다. 바울은 그점에 대해 분명히 말하고 있다.

> "나는 너희가 알기를 원하노니 각 남자의 머리는 그리스도요 여자의 머리는 남자요 그리스도의 머리는 하나님이시라"(고전 11:3)

우리가 여기서 주의를 기울여 생각해야 할 점은 바울의 이 교훈이 하나님의 언약에 밀접하게 연관되어 있다는 사실이다. 이는 단순히 현실적 질서를 유지하기 위해 그렇게 생각하도록 요구하는 말이 아니라 교회의 근간이 되는 하나님의 언약을 드러내 보여주고 있다. 즉 이에 관한 교훈은 일반 윤리적인 내용에 연관되는 것이 아니며 단순히 시대적 문화로 말미암은 것이 아니다.

피조물인 인간의 몸을 입고 이 세상에 오신 성자 예수 그리스도께서는 성부 하나님의 요청에 온전히 순종하시는 분이었다. 하나님께서는 창세전에 선택하신 자기 백성들을 위해 스스로 굳건한 언약을 세우셨다. 신실하신 하나님은 인간들이 자신을 배신하고 타락했음에도 불구하고 그 언약을 지키기 위해 타락한 세상에 성자 하나님을 독생자로 보내 놀라운 구원 사역을 감당하셨다.

바울은 그에 관한 사실을 상기시키면서 교회 안에서는 남자와 여자의 관계도 언약적 질서 가운데 존재한다는 사실을 말했다. 우리가 주의 깊게 깨달아야 할 바는 여기서 보게 되는 성경본문이 가정의 남편과 아내에 관한 말을 하는 것이 아니라 교회의 남자와 여자에 관한 말을 하고 있다는 사실이다(엡 5:22-24, 참조). 우리는 이것을 교회의 직분 및 남녀의 기능에 연관되는 중요한 교훈으로 이해해야 한다(딤전 2:12-14, 참조).

구약시대 이스라엘 백성들은 아브라함 이래 할례를 받았다. 그런데 그 할례는 남자들에게만 베풀어졌다. 그렇다면 할례를 받지 않은 여성들은 그와 무관하다는 말인가? 그것은 결코 그렇지 않다. 남자들이 할례를 받음으로써 여자들은 그 의미 가운데 자동적으로 포함되었다. 즉 남자들이 대표성을 띠고 할례를 받음으로써 이스라엘의 모든 집안은 할례 받은 가정이 되었으며 그에 속한 모든 여성들도 당연히 그 의미에 참여했다.

사도 바울은 이처럼 신약시대 교회 역시 남자와 여자는 분명히 구별되는 존재임을 밝히고 있다. 이는 형식적인 차별대우와 연관되는 의미가 아니며 남성우월이나 여성비하를 주장하고자 하는 것도 아니다. 이 교훈은 교회 가운데서 남성과 여성의 언약적 지위가 창조질서에 연관되어 있으며 그 역할적 의미가 상이하다는 사실을 설명해주고 있다.

그래서 바울은 그에 대한 표시로 남자는 공예배 시간에 하나님의 은사를 드러낼 때 머리에 수건을 쓰지 말고 여자는 머리에 수건을 쓰도록 요구했다. 이는 교회 안에서의 질서적 기능상 남녀간에 분명한 구별이 있어야 함을 말해준다. 거기에 하나님의 창조질서와 그에 대한 거룩한 의도가 드러나기 때문이다.

남자는 공적으로 기도할 때 결코 머리에 수건을 쓰고 기도나 예언을 해서는 안 된다. 당시에는 자신의 구별된 모습을 보이기 위해 남자들 가운데 굳이 그렇게 하려고 했던 자가 있었을지도 모른다.[53] 하지만 바울은 남자가 만일 그렇게 한다면 그것은 그 머리를 욕되게 하는 것이라 말하고 있다. 여기서 말하는 머리란 남자의 머리 곧 예수 그리스도를 욕되게 하는 것을 의미한다. 이 말은 하나님의 요구를 벗어난 그의 기도와 예언은 하나님과 아무런 상관이 없을 뿐더러 그의 열정적인 종교심에도 불구하고 도리어 예수 그리스도를 욕되게 할 따름이다.

이와는 반대로 여자가 공적인 예배에서 머리에 수건을 쓰지 않고 기도나 예언을 해서는 안 된다. 그것은 그 머리 곧 하나님의 형상이자 영광이 되는 남자를 욕되게 하는 것이다. 그렇게 하는 것은 하나님의 거룩한 창조질서에 기본적인 관심조차 가지지 않는 것과 마찬가지다. 그것은 하나님의 자녀로서 매우 부끄러운 일이다. 그러므로 바울은 여자가 그렇게 하는 것은 마치 머리를 빡빡 민 것과 같다는 사실을 말했다.

만일 여자가 머리에 수건을 쓰지 않고 공적으로 기도나 예언을 하려거든 차라리 머리카락을 깎아버리도록 요구했다. 이는 그렇게 하지 말라는 의미이다. 여자가 머리를 미는 것이 부끄러운 행위임을 알고 있다면 머리에 수건을 쓰고 공적인 은사를 드러내야 한다는 것이다. 즉 여자가 머리에 수건을 쓰지 않은 채 공적으로 기도와 예언을 하는 것은 부끄러운 일일 뿐더러 교회에서 허락되지 않는다는 사실을 말하고 있다.

바울은 본문 가운데서 남자는 하나님의 '형상'과 '영광'이라는 점을

---

53) 이는 우리시대 교회의 목사들 가운데 굳이 종교적인 특별한 가운을 입고 자신을 일반성도들과 구별하려고 애쓰는 자들을 보면 쉽게 이해할 수 있다. 그와 동일한 것은 아닐지라도 당시 그럴 만한 개연성이 있었을 것이란 사실은 짐작해 볼 수 있다.

분명히 언급했다(고전 11:7). 따라서 남자는 마땅히 머리에 수건을 쓰지 않고 기도와 예언을 해야만 한다. 그렇지만 여자는 남자로 말미암아 지음을 받고 그의 영광이 되기 때문에 반드시 머리에 수건을 쓰고 은사를 드러내야 한다. 이 말은 남자나 여자나 하나님께 기도하며 예언을 할 때 자기 마음대로 할 것이 아니라 하나님의 창조질서와 구속사를 기억하는 가운데 그렇게 하라는 의미와 밀접하게 연관된다.

우리는 바울의 이 가르침을 구속사적 관점에서 이해해야 한다. 교회는 항상 하나님과 아담 사이의 관계를 염두에 두고 있어야 하며, 모든 성도들은 남자와 여자 사이의 관계에 대한 창조질서와 그에 연관된 깨달음을 소유하고 있어야 한다. 이는 인간이 하나님께 예속되어 있듯이 여자가 남자에게 예속된 관계에 놓여있음을 드러내 보여주고 있다.

따라서 교회에서 공적으로 기도하며 예언할 때, 남자는 짧은 두발을 한 머리에 수건을 쓰지 말아야 하며, 여자는 긴 두발이 있는 머리 위에 수건을 써야 한다. 이는 단순히 일반적인 관점에서 말하는 남성우월주의를 의미하는 것이 아니라 맨 처음 여자를 통해 죄가 이 세상에 들어온 사실을 교회가 항상 기억해야 한다는 말로 이해할 수 있다(딤전 2:12-14). 즉 아담과 하와로부터 발생한 처음 타락한 사건이 오늘날 우리 가운데 항상 기억되어야만 하는 것이다.

(2) '여자를 위한 남자'가 아니라 '남자를 위한 여자'

우리는 가정질서 가운데 남편과 아내의 상이한 기능과 역할이 있음을 잘 알고 있다. 또한 그와 더불어 온 교회가 모여 하나님을 경배하는 공예배 가운데 하나님의 경륜이 드러나야 한다는 사실을 반드시 기억해야 한다. 남녀는 신앙인격상 평등하되 주어진 의미와 사역의 기능에 있어서 동등한 것은 아니다.

바울은 본문 가운데서 남자를 위해 여자가 지음을 받았으며, 여자를 위해 남자가 지음을 받은 것이 아니라는 사실을 강조해 말하고 있다(고전 11:9). 우리는 이 말의 의미가 시대의 흐름에 따라 변천할 수 있다고 생각해서는 안 된다. 현대사회에서도 여전히 여자가 남자를 위해서 지음받았다는 사실은 옛날과 전혀 다름없이 그대로 유효하다. 하나님을 알지 못하는 자들은 세상의 유행과 변화에 발맞추어 다양한 주장들을 쏟아내고 있지만 하나님의 교회에서는 결코 그렇지 않다.

그러므로 바울은 그에 대한 외부적인 표식으로서 머리 위에 표를 두고 있어야 함을 말했다. 여기서는 공예배 시간에 하나님의 은사를 드러낼 때 남녀가 머리에 수건을 쓰고 쓰지 않는 문제를 언급하려는 것이라기보다 여자는 머리카락 곧 두발을 길게 해야 한다는 점과 연관이 된다.

바울은, '여자는 천사들을 인하여' 그렇게 해야 한다고 말했는데 그것은 구체적으로 무엇을 의미하고 있는가? 여기서 '천사들을 인하여' 라는 말은 '천사들 때문에'(because of the angels)라는 의미를 지니고 있다. 바울은 무슨 이유로 인해 여자들에게 천사들 때문에 그렇게 하라고 요구했을까?

이 말은 아마도 타락한 천사들 곧 마귀의 졸개들이 두발을 통해 여성들을 미혹할 수 있음을 말해주고 있는 것으로 보인다. 사탄은 맨 처음부터 남자가 아닌 여자를 일차적인 유혹의 대상으로 선택했다. 즉 사탄은 아담을 유혹의 대상으로 삼았던 것이 아니라 하와를 유혹의 대상으로 삼았던 것이다. 이는 남자보다 여자가 연약하다는 사실을 말해주고 있다. 따라서 여자들은 머리를 길게 함으로써 하와를 기억하는 가운데 남성보다 강하지 않다는 사실에 대한 상징적인 표를 두도록 요구했던 것이다.

3. '하나님을 위한 인간' 으로서 남자와 여자 (11-15)

그러나 본질적인 측면에서 볼 때 남자와 여자 사이에는 아무런 차등이 없다. 즉 기능적인 측면에서는 남녀의 구별이 선명하지만 인간의 본질적인 관점에서는 서로간 동일하다. 그러므로 예수님께서는 천국에는 남자와 여자의 차별이 없음을 말씀하셨다. 그리고 혼인관계에 있어서도 우리가 지상에서 경험하고 있는 것과는 다르다는 사실을 말해준다(마 22:30). 영원한 천국에서는 남자와 여자의 성별에 상관없이 훨씬 아름답고 완벽한 삶이 기다리고 있는 것이다.

그러나 범죄한 인간들에게 있어서는 전혀 그렇지 않다. 하나님께서 남자와 여자를 창조하신 과정과 이 세상에 죄가 들어온 형편들을 통해 하나님의 창조질서와 더불어 그와 연관된 언약적인 관계를 알려 주신 것이다. 이에 관한 의미는 지상 교회 가운데서 분명히 드러나야만 한다.

그러므로 교회에서 기도와 예언을 비롯한 공적인 은사를 드러냄에 있어서 남자는 결코 머리에 수건을 쓰지 말아야 하며 여자는 반드시 머리에 수건을 써야 했다. 그리고 남자는 짧은 두발을 해야 하며 여자는 머리카락을 길러 긴 두발을 해야 했다. 하지만 분명한 점은 남자든 여자든 모든 인간은 하나님을 위해 존재한다는 사실이다. 따라서 교회에 속한 성도들은 하나님의 요구와 명령에 전적으로 순종해야만 한다.

4. 우리가 받은 교훈과 교회의 규례 (16)

인간은 남자든 여자든 인간의 두발이 자기의 외모를 치장하기 위해 주어진 것이 아니라는 사실을 깨닫는 것은 매우 중요하다. 이는 두발을 단정하게 하는 것과 전혀 다른 개념이다. 우리시대에는 두발을 사람의 외모를 돋보이게 하기 위한 장식물 정도로 이해하는 자들이 많다. 그러나 우리는 그 가운데서 하나님의 언약과 질서가 드러나야 된다는 사실을 분명히 깨달아야 한다.

하나님의 교회에 속한 성도들에게 있어서, 남자의 두발과 여자의 두발은 인간들이 자기 취향대로 마음대로 취급할 수 있는 것 이상의 의미를 지닌다. 우리는 세속화된 시대의 나쁜 영향을 받아 아무런 생각 없이 그렇게 하고 있지만 여간 주의 깊게 생각해보지 않으면 안 된다.

인간들이 두발을 자신의 외적인 미美와 취향을 드러내는 수단으로 사용하기 시작한 것은 지금부터 그리 오래 되지 않는다. 전통적인 인간들은 두발형태를 자기 마음대로 결정하지 못했다. 그것은 신분을 나타내는 것이었으며 나름대로 권위의 상징역할을 했기 때문이다. 두발을 통한 인간들의 외모에 대한 변화추구와 미적인 가치 부여는 지난 세기에 들어와 서서히 시도되기 시작하여 오늘날처럼 정착된 것이다.[54)]

나아가 우리시대에는 성경의 모든 교훈들을 시대와 문화적인 관점에서 해석하고 적용하려는 자들이 많이 나타나고 있다. 특히 21세기의 이기적인 신앙생활을 추구하는 인간들은 더욱 그렇다. 하지만 모든 성경을 역사와 종교적 산물로 치부한다면 그런 식으로 접근해도 좋을지 모르겠다.

그러나 성경은 역사 가운데서 이스라엘 민족과 하나님의 몸된 교회에 주어진 영원한 진리의 말씀이다. 그것은 역사적 반응에 따라 인간들이 기록한 내용이 아니다. 비록 하나님의 말씀이 역사적 정황 가운데 주어진 것이라 할지라도 시대와 역사를 초월하는 의미를 지니고 있는 것이다. 따라서 성경은 지상에 존재하는 모든 교회들 가운데서 항상 동등한 의미와 효력을 지닌다. 성경이 기록될 당시의 교회들뿐 아니라 역사적 모든 교회들을 포함하여 오늘날 우리시대의 교회들 역시 그 내용을 가감없이 그대로 받아들여야 하는 것이다.

우리는 바울이 두발에 관한 언급을 하면서 구약시대의 나실인 제도를 염두에 두었을 것이란 사실을 기억해야 한다. 모세는 율법 가운데 그에 관한 기록을 하고 있다. 하나님께서 특별히 구별된 나실인 제도를

---

54) 이광호, "종교와 헤어스타일 -노랑머리 시대 앞에 선 그리스도인-", 신앙과 지성, 2001. 겨울. 제20호, 한국신학원, pp.48-69. 참조.

두신 것은 그에 대한 자신의 언약적 필요성을 드러내시기 위해서였다. 우리는 여기서 특별히 나실인의 머리카락 곧 두발에 연관된 교훈을 기억한다.

> "여호와께서 모세에게 일러 가라사대 이스라엘 자손에게 고하여 그들에게 이르라 남자나 여자가 특별한 서원 곧 나실인의 서원을 하고 자기 몸을 구별하여 여호와께 드리거든 ... 서원을 하고 구별하는 모든 날 동안은 삭도를 도무지 그 머리에 대지 말 것이라 자기 몸을 구별하여 여호와께 드리는 날이 차기까지 그는 거룩한즉 그 머리털을 길게 자라게 할 것이며 ... 이는 자기 몸을 구별하여 하나님께 드리는 표가 그 머리에 있음이라 자기 몸을 구별하는 모든 날 동안 그는 여호와께 거룩한 자니라"(민 6:1-8)

우리는 구약시대의 나실인 제도를 보며 머리카락을 통해 하나님의 언약이 드러나고 있다는 사실을 기억하게 된다. 남자든 여자든 인간의 두발은 자신의 미美를 드러내기 위한 수단으로 주어진 것이 아니라 하나님의 언약을 드러내는 방편이 되고 있다.

오늘날 우리도 하나님의 백성으로서 두발의 의미를 기억하는 가운데 건전하게 잘 관리함으로써 우리가 하나님의 통치아래 있다는 사실을 염두에 두어야 한다. 하나님의 백성들에게 있어서, 두발은 인간들의 아름다움을 드러내 치장하도록 하기 위한 장식물로 주어진 것이 아니라 하나님의 언약을 기억하는 방편으로 주어졌음을 잊어서는 안 된다.

이 글을 읽는 독자들은 머리카락을 길게 늘어뜨린 '예수님의 초상화'를 머리에 떠올릴지도 모른다. 그러나 긴 머리카락을 지닌 예수라고 주장되는 초상화의 두발은 중세 타락한 시대의 관습에 따른 두발형태와 연관된다. 우리는 결코 우상화偶像畵인 그림을 본으로 삼을 수 없다. 교회 가운데는 항상 두발을 통해 남녀의 기능이 다르다는 사실이 언약적 표식으로 남아 있어야 한다.

여성들이 머리에 수건을 쓰는 문제에 관한 사도 바울의 교훈을 두고 오해하는 경우가 종종 있다. 우리는 여기서 그에 관한 몇 가지 문제들을 주의 깊게 이해해야 한다.

첫째는 사도시대 교회에서 기도와 예언의 은사를 공적으로 드러낼 때 '머리에 수건'을 쓰는 문제는 고린도 교회에만 국한된 요구가 아니었다. 당시 전 로마제국의 세계에 흩어져 있던 교회와 성도들은 어느 지역에 있든지 바울의 그 요구를 지극히 당연하고도 자연스럽게 받아들였을 것이다. 즉 남자와 여자의 머리에 수건을 쓰고 쓰지 않는 문제는 바울이 개인적인 판단에 따라 처음 만들어낸 규례가 아니라 언약적 질서 가운데 당시 교회에 이미 보편적으로 존재하던 규례였던 것이다.

둘째는 여자들이 머리에 수건을 쓰는 것이 예배 시간동안 항상 계속 쓰고 있었을 것으로 보이지 않는다는 점이다. 아마도 예배에 참여하는 여자들은 일반적으로 머리에 수건을 쓰지 않은 채 예배에 참여했을 것이다. 단지 공적인 기도와 예언이 있을 때 특별히 머리에 수건을 썼던 것으로 보인다. 아직 신약성경이 완성되지 않고 예루살렘 성전파괴와 더불어 열리는 보편교회 시대가 도래하기 전 직분자들의 수가 절대적으로 부족하던 시기에 특별히 있었던 사도시대의 한시적 방편이었던 것이다.

셋째는 오늘날 우리시대에도 그 정신이 그대로 살아있어야 한다는 것이다. 현대 교회에서 여자들이 머리에 수건을 반드시 써야 하는 것이 아닌 것은 예나 지금이나 다를 바 없다. 그러나 교회 가운데 남자와 여자의 기능상의 구별은 있어야 한다. 머리에 수건을 쓰는 문제는 은사를 드러내는 특별한 경우에 해당되는 것이지만, 여자들의 두발이 남자들과 구별되게 길어야 하는 것은 오늘날 우리시대에도 적용되어야 할 문제이다. 물론 우리는 남녀의 두발이 어느 정도 길어야 하는지 구체적으로 말하기는 어렵지만 남성과 여성의 두발의 길이를 통해 쉽게 구별될 수 있어야 하는 것이다.

이러한 의미는 단순히 1세기 당시의 사도 교회들에만 요구되었던 특수한 문화에 지나지 않는 것이 아니라 오늘날 우리에게도 그 의미가 상속되어 오고 있다. 그것은 결코 여성들을 비하하는 것이 아니다. 그런 생각을 하는 자들은 여성들에게만 특별한 제약이 가해졌던 것으로 착각한다. 그러나 그것은 매우 잘못된 생각이다.

처음부터 교회 안에서는 여성들뿐 아니라 남성들에게도 동일한 제약이 가해졌다. 즉 여자들에게 머리에 수건을 쓰고 기도와 예언을 하라는 제약을 가했듯이 남자들에게는 머리에 수건을 쓰지 말고 기도와 예언을 해야 한다는 제약을 가했던 것이다. 우리는 인간들의 관점에서 이 문제를 생각할 것이 아니라 하나님의 언약과 교회를 위한 하나님의 뜻을 깊이 새겨야만 한다.

우리는 현대의 특징 가운데 하나인 두발의 자유와 다양함이 얼마나 무서운 풍조를 몰고 오는지 염두에 두지 않으면 안 된다. 두발에 대한 다양한 모양새와 무분별한 염색은 주의 깊게 견제해야 한다.[55] 성 개방 풍조, 여성들의 자유주의 사상, 외모지상주의 등은 인간성을 심각하게 파괴하고 있다. 이러한 모든 것들은 가정을 위협하는 무서운 독성을 끊임없이 내뿜게 된다.

나아가 이러한 악습은 교회에 속한 성도들에게도 심각한 영향을 끼치고 있다. 그런 것들은 하나님의 교회를 허물고자 하는 강한 위험성을 내포하고 있다. 따라서 우리는 두발에 관한 하나님의 요구를 기억하는 가운데 창조질서와 더불어 성도들의 교회적 삶을 올바르게 이해하지 않으면 안 된다.

---

55) 하나님의 성도들이 두발을 빨강색, 노랑색 등으로 염색하는 것은 결코 바람직하지 않다. 그것은 머리카락을 자기의 외모를 돋보이게 하는 수단으로 이용하는 행동이다. 간혹 흰 머리를 검게 염색하는 경우가 있는데 이는 다른 사람들에 대한 배려의 차원에서 이해할 수 있다. 또한 어른들은 아기들과 어린이들의 머리를 예쁘게 단장하기 위한 지나친 관심을 가지지 않는 것이 좋다. 물론 아이들의 두발을 청결하게 유지하기 위한 노력은 매우 바람직한 것이다.

제15장 교회에서 먹는 만찬(supper)과 예배시간의 성찬

(고전 11:17-34)

1. 교회의 만찬晩餐과 성찬聖餐

교회 가운데서는 하나님을 믿는 성도들의 거룩하고 아름다운 교제가 이루어진다. 그것은 단순한 일반적인 교제(fellowship)가 아니라 예수 그리스도의 피와 살을 중심으로 한 영적인 교제(Holy Communion)를 의미한다. 절대다수의 현대 교회가 오해하고 있듯이, 교인들이 예배시간에만 참석하고 집으로 돌아가는 것을 두고 올바른 신앙생활이라 말하지 않는다. 한 주일에 한 번씩 교회에 출석하고 세상에서 성실하게 살아가는 것을 보며 건전한 신앙생활을 한다고 말할 수 없는 것이다.

교회는 하나님의 백성들이 함께 모여 식탁을 나누는 가운데 공동의 삶을 이어가는 영역이다. 즉 교회에 속한 성도들은 서로간 함께 먹고 마시며 살아가게 된다. 날마다 그렇게 하는 것은 아니지만 일주일에 한 번씩 하나님의 언약 가운데 주일날 교회로 모일 때 성도들은 식사를 함께 할 기회를 가져야 한다.

모든 성도들은 식탁의 교제를 통해 하나님을 중심으로 한 서로간의 신뢰관계를 확인하며 다른 이웃의 삶을 알아가게 된다. 동일한 교회에 속해 있다고 하면서 함께 식사를 나누는 기회를 가질 수 없다면 전혀 자연스럽지 못하다. 한 교회에 속한 진정한 형제자매라면 결코 그럴 수 없기 때문이다.

바울이 본문에서 말하고 있는 만찬(supper)과 같이 성도들이 음식을 앞에 두고 식탁에 둘러앉는 것은 공예배 시간에 시행되는 성찬과는 다른 의미를 가진다. 만찬이 일반 음식을 차린 식탁을 의미한다면 성찬은 하나님을 경배하는 공예배 시간에 행해지는 그리스도의 피와 살을 나누는 의례를 의미한다. 사도 바울은 고린도전서 11장 20절에서 만찬(supper)에 관한 언급을 하고 있으며, 23절에서는 성찬(Holy Communion)에 대해 말하고 있다. 우리는 이 둘 사이의 차이를 분명히 구별해야만 한다.

2. 교회와 만찬 (17-22)

사도교회 시대에는 주일 예배모임을 오후 시간에 가졌던 것으로 보인다. 당시는 일요일이 공휴일이 아니었으므로 다수의 성도들은 낮에 나름대로 일을 하고 오후에 교회로 모여 하나님을 경배하며 함께 저녁식사(supper, 晩餐)를 나누었던 것 같다.[56] 그들은 제각각 자신이 먹을 음식을 준비해 와서 다른 교인들과 한자리에 모여 식사를 했다. 매주일 모이는 집회 자리에서 온 성도들이 함께 식사를 하는 것은 지극히 당연한 일이었다.

사실 이 문제는 성도들에게 있어서 매우 중요하다. 한 교회에 속한 성

---

56) 콘스탄틴 황제가 기독교를 공인하기 전에는 일요일이 공휴일이 아니었다. 그는 기독교로 개종한 후 유대력에 기초한 기독교의 '주 7일 제도' 를 로마의 달력에 접목시켰다. AD 321년에는 기독의 첫째 날이 일요일(Sunday)로 정해져 법정 공휴일로 선포되었다.

도들이 함께 식사를 나누는 것은 삶에 연관된 매우 소중한 의미를 지닌다. 사람들은 한 식탁에 둘러앉는 관계가 될 때 비로소 진정한 삶의 교제가 나누어질 수 있게 된다. 현대 기독교인들이 주일 날 예배시간에 잠시 참석한 후에는 즉시 집으로 돌아가는 일이나 교회에 속한 많은 성도들이 서로간 전혀 알지 못하는 관계에 놓여있는 것은 여간 심각한 문제가 아니다.

동일한 교회에 속한 성도로서 서로간 삶을 나누는 인격적 관계가 형성되지 않은 상태에서, 한자리에 앉아 선포되는 말씀과 성찬을 나누며 진정한 권징사역을 감당한다는 것은 가능하지 않다. 나아가 직분자 선출을 하면서 다른 성도들의 신앙과 인격을 전혀 알지 못하면서 투표에 임한다는 것은 여간 심각한 문제가 아닐 수 없다. 한 교회공동체에 속해 있다고 말하면서 성도들 상호간에 긴밀한 교제가 이루어지지 않는다는 것은 결코 있을 수 없는 일이다.

사도 바울은 고린도 교회에 편지하면서 저들의 공적인 모임에 잘못된 폐해가 있음을 지적했다(고전 11:17). 당시 그 교회 내부에는 계층적 형편에 따라 별도로 모이는 자들이 있었다. 한 교회에 모이는 교인들 가운데도 편당이 존재했던 것이다. 여기서 의미하는 바는 교회 안에, 세상적인 지위와 부의 정도에 따른 차별화된 계층이 형성되어 있는 것을 말하고 있다. 그들은 출신 배경과 사회적 지위와 경제적 형편 등에 따라 서로간 다른 자부심을 가지고 있었다.[57)]

개인적인 욕망을 달성하기 위해 그런 잘못된 분위기를 주도하는 자들은 그것을 통해 자신을 드러내고자 했다. 그들은 세상의 것들을 기준으

---

57) 이 본문에서 말하는 편당은 바울이 고린도전서 1장에서 말하는 바울파, 게바파, 아볼로파, 그리스도파 등을 말하는 것과 다른 것 같다. 여기서는 사도들을 앞세운 종교적 사상이나 이념이 아니라, 한 교회 안에서 불공평한 차별이 일어나 개인적인 자랑거리를 내세우는 자들의 행태를 의미하는 것으로 보인다.

로 한 차별화를 시도하며 남으로부터 인정받기를 원했다. 그것은 주로 음식을 먹고 교제하는 문제에서 두드러지게 나타났다. 그들은 생활환경이나 지위에 따라 친한 사람들끼리 모여 함께 음식을 먹으면서 인본적인 교제를 나누기를 좋아했다.

그러므로 부자들은 값비싼 음식들과 술을 풍성하게 준비해와 배불리 먹으면서 심지어는 취하기까지 했다. 그들은 비슷한 상류계층의 부류로 판단되는 자들과 함께 풍족한 식탁을 나누며 마치 하나님으로부터 넘치는 복을 받은 양 거드름을 피웠다. 그러나 그렇지 못한 가난한 성도들은 먹을 것이 부족해 구차한 모습을 보이는 가운데 위축될 수밖에 없었다. 하나님을 예배하기 위해 모인 거룩한 자리에서 그런 일이 발생한다는 것은 결코 있을 수 없는 일이었다.

그런 세속적인 자세를 버리지 않는다면 교회에서 성도들간 원만한 식탁의 교제를 나눌 수 없다. 바울은 교회에서 부를 자랑하며 자신을 내세우는 그런 자들에 대해 강한 책망을 했다. 먹고 마실 집이 없어서 많은 음식을 싸가지고 와서 남들이 보는 앞에서 배불리 먹고 마심으로써 빈궁한 자들을 부끄럽게 하느냐는 것이었다.

그렇게 하는 행동은 단순한 개인적인 취향이 아니라 하나님의 교회를 업신여기는 것과 마찬가지였다. 그것은 예수 그리스도 안에서의 참된 교제를 돕는 것이 아니라 도리어 상처를 주고 방해하는 역할만 하게 된다. 교회에 속한 성도들을 부끄럽게 만드는 그런 행태는 교회를 멸시하는 것일 따름이다.

그러므로 바울은 그런 행동을 하는 자들을 강하게 책망할 수밖에 없음을 언급했다. 그렇게 하는 자들에 대해 전혀 칭찬할 것이 없다는 것이다. 설령 재정적인 측면에서 교회를 위해 상당한 역할을 하고 있다 하더라도 가장 기본적인 자세가 갖추어져 있지 않다면 결코 그들을 칭찬할 수 없다. 그것을 잘 알고 있는 바울은 고린도 교회를 향해 그점을 분명히 말하고 있다. 이에 대해서는 오늘날 우리시대 교회들에도 동일하게 적용된다는 사실을 기억해야만 한다.

3. 주님께서 교회에 허락하신 거룩한 성찬 (23-26)

예수님께서는 십자가에 달리시기 전날 밤, 제자들과 함께 유월절을 예비하는 절기를 지키면서 매우 특이한 유월절 음식을 제공하셨다. 당시 이스라엘 모든 백성들은 집집마다 유월절 양고기를 먹었다. 비단 팔레스틴 지역에 살고 있는 유대인들뿐 아니라 전 로마제국에 흩어져 있던 유대인들도 그날 밤 유월절 음식을 먹었을 것이 틀림없다.

당시 예수님은 제자들과 마지막 유월절을 지키기 위해 예루살렘에 와 있었다. 그때는 예수님께서 다윗의 왕위를 잇는 '유대인의 왕'으로서 나귀새끼를 타고 예루살렘에 입성한 뒤였다. 많은 사람들이 예수님을 왕으로 환호하는 것을 본 유대 당국은 그것을 로마제국의 황제에게 저항하는 모반행위로 몰아갔다.

그로 말미암아 예수님에 대한 체포를 눈앞에 둔 긴박한 상태에서 제자들은 예수님께 유월절 음식을 어디서 먹을 것인지에 대한 질문을 했다. 제자들은 일반적인 입장에서 물어본 것이었을지 모르지만 예수님께서는 그 유월절이 매우 의미 깊은 때임을 알고 계셨다, 물론 그 마지막 유월절은 예수님의 제자들에게도 매우 중요한 때였지만 당시 제자들은 아직 그것을 구체적으로 인식하지 못하고 있었던 것으로 보인다.

예수님의 말씀에 따라 제자들은 예루살렘성 안의 한 집에 있는 다락방을 유월절 음식을 먹는 장소로 정하고 준비를 했다(마 26:17-19; 막 14:12-16; 눅 22:7-13). 그들이 장소와 식탁을 마련하고 방을 정리하는 등 나름대로 준비를 했을지라도 유월절 양고기를 준비하지는 않았던 것으로 여겨진다. 이는 사실 매우 중요한 구속사적 의미와 더불어 생각해 볼 수 있는 문제이다.

하나님께서는 오래 전 믿음의 조상 아브라함을 약속의 땅으로 불러내시고 그에게 독자 이삭을 특별한 선물로 허락하셨다. 그후 약속의 자녀인 그를 정하신 모리아 산에서 제물로 바치도록 요구하셨다. 하나님의 말씀을 들은 아브라함은 아무런 주저함도 없이 이삭을 바치기 위해 그를 데리고 모리아 산으로 갔다. 그때 아브라함은 이삭과 함께 가면서 칼과 불, 그리고 제물을 태울 나무를 준비해 사흘 길을 걸어 모리아 산에 이르렀다(창 22:3,4).

모리아 산에 도착할 때 즈음 이삭은 아버지 아브라함에게 물었다. 다른 모든 것들은 다 준비되었는데 하나님께 제물로 바칠 어린 양은 어디 있느냐는 것이었다. 그 말을 들은 아브라함은 하나님께서 친히 자신을 위해 제물을 예비하실 것이라 말했다. 이는 '여호와 이레'(Jehovah-jireh)와 밀접하게 연관되어 있다(창 22:8,14). 사실 그 의미는 나중에 거룩한 하나님의 어린 양인 예수 그리스도가 이땅에 오셔서 하나님을 위해 완벽한 제물로 바쳐지게 될 것을 예표하는 것이었다.

이제 오래 전 아브라함과 이삭을 통해 예표되었던 바로 그 사건의 실제적인 의미가 예수 그리스도를 통해 구체적으로 성취될 사건이 눈앞에 닥쳐왔다. 마치 아브라함이 이삭과 함께 모리아 산 앞에 당도했던 것처럼 예수님과 그의 제자들이 십자가 사역을 앞두고 하나님의 어린 양을 상징하는 유월절 음식을 먹기 위해 예루살렘성 안의 한 다락방에 모여 앉았다.

그런데 그 자리에는 정녕 있어야 할 유월절 양고기가 없었던 것으로 보인다. 그때는 모든 이스라엘 민족이 저들의 조상이 출애굽과 더불어 먹었던 유월절을 기념하면서 집집마다 양고기를 먹고 있을 시간이었다. 이는 비단 이스라엘 지역뿐 아니라 전 로마제국에 흩어진 유대인들 역시 마찬가지였을 것이다.

하지만 예수님과 그의 제자들이 모인 그 특별한 자리에 유월절 양고기가 없었을 때 제자들은 예수님으로부터 삶은 양고기에 대한 어떤 지시를 기다리고 있었을 것이 틀림없다. 당시 제자들은 모든 것을 예수님께 물어보고 그의 말씀에 따랐다. 예루살렘성에 입성하기 위해 나귀새끼를 구할 때도 그랬으며(눅 19:29-30), 유월절 음식을 먹을 다락방을 구할 때도 그랬었다(눅 22:7-13). 아마도 제자들은 예수님께서 어디에 가서 어떤 방법으로 양고기를 구해오라는 말씀을 하실 것으로 기대했을 것이다.

그러나 예수님께서는 제자들에게 양고기를 구해오라는 명령을 하시는 대신 떡과 포도주를 떼어 저들에게 나누어 주시면서 그것이 자기의 몸이라며 먹고 마시라고 말씀하셨다. 그것이 하나님과 그의 백성들 사이에 맺어지게 될 '새 언약'이라는 것이었다. 이는 예수님께서 십자가 사역을 통해 자신의 거룩한 몸을 자기 자녀들이 먹고 마실 신령한 음식으로 주실 것에 대한 언약의 말씀이었다. 따라서 자기가 부활승천한 후 이땅에 다시 재림할 때까지 자신을 기념하여 성찬을 나누도록 명령하셨던 것이다.

그러므로 우리는, 성찬은 주님께서 직접 제정하시고 교회 가운데 명령하신 것이란 사실을 기억해야 한다. 이는 매주일 공예배를 위해 모이는 성도들이 함께 음식을 먹기 위해 둘러앉는 일반적인 식탁이 주님의 직접적인 명령이 아니라 성도들 사이에 존재해야 할 삶의 한 방편인 점과 구별된다. 성찬은 주님께서 십자가에 달리시기 전에 제자들과 함께 나누었던 유월절 음식과 직접 연관되어 있는 것이다.

사도 바울은 그때 예수님과 제자들이 유월절 음식을 먹던 그 자리에 함께 있지 않았지만 주님께서 그로 하여금 그 의미를 알게 해주셨음을 밝혔다. 마지막 유월절 절기에 유대인 당국에 의해 잡히시던 날 밤 주님께서는 제자들에게 떡과 잔을 나눠주시며 그것이 자신의 살과 피라는 사실을 언급하셨다. 그리고 그것을 기념하여 자신이 십자가 사역을 완성하신 후 이 세상에 다시 올 때까지 신앙의 본질인 성찬이 교회 가운데 지속적으로 나누어져야 한다는 사실을 말씀하셨다.

여기서 우리가 주의 깊게 생각해보아야 할 점은 신약교회의 성찬에서 나누어지는 떡과 잔이 과연 구체적으로 어떤 본질적 성격을 띠는가 하는 점이다. 이에 대해서는 교회사 가운데 다양한 주장들이 있어왔다. 그것은 흔히 로마 가톨릭교의 '화체설', 마르틴 루터의 '공재설', 쯔빙글리의 '상징설', 존 칼빈의 '영적임재설' 등이다.

화체설(化體說, Transubstantiation)은 로마 가톨릭교에서 주장하고 있다. 그들은 신부가 떡과 잔에 축사하게 되면 그리스도의 실제 살과 피로 변하며 그것을 먹는 행위는 예수 그리스도의 몸을 먹는 것이라 생각한다. 즉 화체설은 성찬에 사용되는 떡에 축사를 하게 되면 그 떡이 곧 바로 그리스도의 몸과 동일한 본질(substance)로 변한다는 것이다. 거기에는 상당히 미신적인 요소가 가미될 수밖에 없다.

그리고 성찬의 공재설(共在說, Consubstantiation)은 마르틴 루터가 주장했다. 교인들이 성찬 상의 떡과 포도주를 먹을 때 그것이 예수 그리스도의 살과 피로 직접 변화하는 것은 아니지만 성찬에 예수 그리스도의 몸이 임재하는 것으로 생각한다. 예수의 몸이 떡과 잔에 편재하게 된다는 것이다. 즉 성찬 상에는 예수 그리스도의 살과 피가 실제적으로 임재하여 예배 참여자들이 그것을 먹게 되지만 성찬이 끝나면 남은 떡과 포도주는 원래의 떡과 포도주일 따름이라는 것이다.

이와 달리 쯔빙글리는 상징설(象徵說, Symbolism)을 주장했다. 예배 시간에 나누어지는 성찬은 단순한 기념일 뿐 그 이상의 의미는 전혀 없다는 것이다. 즉 성찬상의 떡과 잔은 예수 그리스도의 실체적인 몸과는 무관한 것으로 이해한다.

오늘날 대다수 한국교회는 성찬을 나누며 개념상 쯔빙글리의 이론에 참여하고 있다. 소위 칼빈주의자들이라 자처하며 칼빈의 영적임재설을 따른다고 주장하는 자들조차도 실상은 상징설을 따르고 있는 것이 일반적이다.[58] 그들은 성찬을 나눌 때 천상에 계시는 예수 그리스도의 몸에 실제적으로 참여하는 것이 아니라 과거에 있었던 그의 십자가 사역을 기억하며 그의 죽음으로 인해 베풀어진 은혜를 마음속 깊이 되새기고자 하는 선에 머무르고 있다.

성찬에 있어서 우리가 중요하게 이해해야 할 것은 영적임재설(靈的臨在說, Presence Spiritualism)이다. 이는 칼빈이 주장한 견해이자 오늘날 개혁교회가 고백적으로 받아들이고 있다. 예수님의 몸이 계시된 말씀과 더불어 성령 하나님의 역사를 통해 성찬 가운데 영적인 실재로 임한다는 것(real presence)이다.

성령 하나님에 의해 실재인 예수 그리스도의 몸이 성찬 상에 전달되게 된다. 그것은 성도들의 육신이 아니라 영혼에 영적으로 임하게 된다. 우리가 하나님의 은혜로 떡과 포도주를 입으로 먹고 마실 때, 성령의 도우심이 우리 영혼에 역사하심으로써 영혼에 필요한 양식인 예수 그리스도의 몸을 먹게 되는 것이다.

즉 우리가 입으로 떡과 포도주를 먹고 마실 때 우리의 영혼은 믿음을 통해 부활하신 그리스도의 피와 살을 영적인 실재로 섭취하게 된다. 물론 예수 그리스도의 몸은 본질상 육신으로 변한 그리스도의 피와 살이 아니라 영적으로 임재하는 실제적인 신비의 몸이다. 그러므로 성찬은 거듭난 우리의 영혼이 실제로 주님의 몸을 먹는 은혜의 과정이 된다.

따라서 우리가 성찬을 나눌 때 우리의 '영혼을 높이 들게'(sursum corda: 'Lift up your hearts')된다. 거룩한 성찬을 통해 천상의 나라와 지상의 교회가 서로 맞닿게 되는 것이다. 이는 단순한 상징적인 의미 이상의

---

58) 그럼에도 불구하고 한국의 상당수 교회들에서는 성찬식에 쓰고 남은 떡과 포도주를 땅에 묻거나 특별한 방법으로 처리하고 있다. 쯔빙글리의 상징설을 따른다면 굳이 그렇게 할 이유가 전혀 없다. 로마교의 화체설을 따르는 것이 아니라면 그렇게 하지 않아도 되는 것이다. 칼빈의 영적 임재설에 있어서도 남은 떡과 포도주를 거룩한 음식으로 간주하지 않는다.

실제적인 상태를 말하고 있다. 그리하여 하늘에 계신 예수 그리스도의 피와 살을 현실적인 실제로 섭취함으로써 영생의 영양소를 받아 누리게 되는 것이다.

거듭난 성도는 거룩한 성찬에 참여함으로써 그 영혼은 천상의 지성소로 올라가게 되며 하늘에 계신 하나님과 그의 자녀들 사이에 신령한 교제가 이루어진다. 따라서 성도들은 성찬 가운데 임하는 성령의 도우심에 따라 저들의 영혼이 하늘에 계신 하나님과 영적으로 교제하게 된다. 이는 은총의 수단인 성찬이 단순한 상징을 벗어나 성령의 능력에 의해 성도들이 신비한 방법으로 부활하신 주님과 연합하게 됨을 말해준다.

우리는 성찬의 성격에 연관된 다양한 견해들 가운데 칼빈의 영적임재설이 교회가 받아들여야 할 가장 성경적인 것으로 이해한다. 주님께서는 십자가를 지시기 전에 제자들에게 친히 성찬에 관한 중요한 교훈을 주셨으며 십자가 사역을 통해 자신의 몸을 구체적으로 내어주셨다. 그로 인해 이땅에 존재하는 하나님의 자녀들은 매주일 공예배 가운데 시행되는 성찬을 통해 예수 그리스도의 몸을 영적으로 섭취하며 참된 생명을 공급받아 천상의 지성소에 계시는 그와 더불어 살아가고 있다.

지상에 존재하는 모든 참된 교회들은 주님께서 재림하실 때까지 그것을 기념하며 공예배를 통해 영적인 삶을 충만히 받아 누리게 된다. 사도들은 그 내용을 지상교회에 상속했으며 오늘날 우리 역시 주님과 사도들로부터 받은 성찬을 하나님의 은총의 수단으로 받아들여 교회 가운데 풍성하게 누리고 있다.

4. 성찬 참여의 자격 (27-32)

하나님의 거룩한 성찬에는 자기가 원한다고 해서 아무나 마음대로 참여하지 못한다. 공예배 가운데 배설되는 성찬 상에는 공적인 신앙고백과 더불어 세례를 받은 성도들만 참여하게 된다. 이는 성경에 기록된 만찬(supper)에 해당하는 일반적인 음식을 교회에서 나눌 때 아직 세례 받지 않은 사람들이 그 음식을 먹을 수 있는 것과 비교된다.

즉 교인들이 주일날 함께 모여 나누는 일반적인 식탁에는 교회에 나온 자라면 누구나 함께 동참할 수 있지만, 공예배 시간에 시행되는 그리스도의 살과 피를 먹고 마시는 행위인 거룩한 성찬은 그렇지 않다. 만일 주님의 살과 피를 상징하는 떡과 잔을 합당치 않게 먹고 마시는 자가 있다면 그는 주님의 거룩한 몸을 범하는 죄를 짓게 된다.

그러므로 교회에 속한 하나님의 자녀들은 자기를 살피고 난 후에야 성찬 상에 배설된 떡과 포도주를 먹고 마셔야 한다. 이는 자기 삶이 죄가 없는 깨끗한 상태인가 하는 것을 살피라는 의미라기보다 그리스도의 몸된 교회와 그에 속한 자신을 올바르게 분변하는 가운데 성찬에 참여하라는 의미이다.

하지만 어리석은 자들은 성찬에 마치 미신적인 효력이라도 있는 것인양 여긴다. 그들은 성찬 상에 마련된 떡과 포도주를 먹고 마심으로써 위안을 얻고 죄를 용서받을 수 있는 것처럼 생각한다. 그렇게 되면 거룩한 성찬이 종교적 관행이 되어 본질적인 의미는 상실되고 빈껍데기만 남게 된다.

이처럼 고린도 교회 가운데는 주님의 몸을 제대로 분변치 못하고 자신을 살피지도 않는 자들이 다수 있었다. 바울은 그런 자들을 두고 약한 자, 병든 자, 잠자는 자 등으로 묘사하고 있다(고전 11:30). 이는 물론 영적인 의미에서 언급된 말이다. 그런 자들이 성찬의 본질적인 측면을 도외시한 채 종교적인 관행으로 인해 성찬에 참여하는 것은 곧 자기 죄를 먹고 마시는 것과 마찬가지다.

따라서 바울은, 교회와 자신을 온전히 살피는 성도들이라면 성찬 상에 올바르게 잘 참여하는 것이라 할 수 있지만, 그렇지 않은 채 습관적으로 성찬에 참여하는 것은 도리어 심판을 받는 의미와 더불어 주님의 징계에 연관되는 것이라 말했다. 우리는 그것을 명확하게 이해하는 가운데 하나님의 거룩한 성찬에 참여함으로써 세상과 함께 정죄받는 저주의 자리에서 벗어나게 된다.

또한 우리가 여기서 주의 깊게 기억해야 할 점은 유아세례를 받은 성도들도 교회에 마련된 성찬 상의 자리에 당연히 참여해야 한다는 사실이다. 아직 고백을 통한 입교가 있기 전이지만 성찬 상 앞에 부모와 함께 앉아 있으면서 그 의미를 누려야만 한다. 그들 역시, 이미 공적인 고백을 함으로써 입교한 부모를 통한 간접적인 방법으로 예수 그리스도의 몸을 섭취함으로써 영원한 생명을 누리게 되는 것이다.

5. 교회와 성도들의 음식 (33,34)

하나님의 몸된 교회에는 항상 성도들의 식탁이 마련되어 있어야 한다. 매주일 공예배를 위해 회집하는 자리에는 온 성도들이 더불어 먹을 음식이 준비되어야 하는 것이다. 성도들이 정기적으로 함께 음식을 먹는 삶의 교제가 없는 교회란 상상할 수 없다.

그 식탁은 앞에서 언급한 것처럼 성격상 크게 두 가지로 나누어진다. 그 둘 가운데는 본질에 관계되는 더 중요한 것이 있는가 하면 일상적인 삶에 연관되는 덜 중요한 것이 분명히 있다. 본질에 해당하는 성찬(Holy Communion)은 십자가에 달려 돌아가셨다가 부활승천하신 후 천상의 나라에 계시는 예수 그리스도의 몸에 직접 연관되어 있다.

그에 비해 성도들이 일반적으로 함께 식사를 나누는 식탁의 교제(Table Fellowship)는 삶의 나눔을 드러내게 된다. 그것을 통해 지상교회에 속한 성도들의 삶이 하나님께 예속된 하나의 공동체를 이루고 있음을 고백하고 있다. 거기에는 남녀노소 빈부귀천 등 세상에서의 어떤 차별도 존재할 수 없다.

그러므로 교회는 단순히 교인들이 음식을 나누어 먹기 위해 모이는 영역이 아니다. 그 자리에서는 십자가에 달려 돌아가신 예수 그리스도의 살과 피를 나누는 것과 더불어 성도들의 일상적인 삶의 교제가 발생해야 한다. 이는 교회에 속한 모든 성도들의 생명은 십자가에 달려 돌아가신 예수 그리스도의 몸에 달려 있으며 함께 신앙생활을 하는 다른 성도들의 삶에 연결되어 있음을 말해준다.

따라서 교회에 모일 때 모든 성도들은 항상 주변에 있는 다른 이웃들을 기억해야 한다. 특히 경제적으로 가난한 교인들을 염두에 두어야 한다. 식탁에서 함께 먹는 음식으로 인해 교만하게 되는 자나 그것으로 말미암아 마음이 상하는 자가 없어야 하는 것이다. 세상에서 유능하고 부유한 사람들이 맛있는 음식을 배불리 먹을 때 가난한 교인들이 소외당하는 일이 결코 있어서는 안 된다.

바울은 교회 가운데 그런 일이 생겨나지 않도록 특별히 당부하고 있다. 그래서 음식을 먹기 위한 식탁으로 모일 때 다른 성도들을 기억하며 서로 기다리도록 명했다. 만일 시장하기 때문에 음식을 먹는 것이라면 굳이 교회에 와서 그렇게 하지 말고 집에서 마음대로 먹으라는 것이었다.

하나님의 몸된 교회가 음식을 통해 배를 채우기 위해 모이는 곳으로 전락하게 되면 그 모임은 심판의 대상이 된다. 따라서 바울은 교회가 그런 안타까운 모임이 되지 않도록 강력한 경고를 하고 있다. 그리고 그의 서신에서 언급하지 않은 나머지 문제들에 대해서는 그가 고린도 교회를 방문할 기회가 되면 그때 그에 대한 말을 하겠노라고 했다.

제16장
성령의 은사들과 교회의 세움

(고전 12:1-31)

1. 하나님께 속한 사람 (1-3)

하나님의 교회와 그에 속한 성도들이 성령의 은사들(spiritual gifts)에 관한 올바른 지식을 가지는 것은 필수적이다. 그것들은 인간의 이성과 경험에 기초를 둔 것이 아니라 하나님께서 말씀을 통해 친히 교회에 허락하신 것이다. 따라서 그 은사들에 관한 지식은 세상의 인정이나 지원을 전혀 필요로 하지 않는다.

하나님의 자녀가 된 성도들도 그전에 올바른 신앙을 가지지 않았을 때는 이방의 종교적인 영향을 받아 그것이 이끄는 대로 어두운 곳으로 끌려 다녔다. 타락한 인간의 본성은 진리를 알지 못하여 그것을 따를 의사가 전혀 없기 때문이다.

그러나 하나님을 알게 된 성도들의 삶은 더 이상 그렇지 않다. 누구든지 성령에 의해 '천상의 언어'를 받아들이는 자들은 하나님의 놀라운 뜻을 깨닫게 된다. 그들은 십자가에 달려 돌아가신 예수 그리스도를 구세주로 믿게 되며, 공개적인 십자가 처형으로 인해 그를 저주받은 자라 말하지 않는다.[59] 도리어 그들은 예수님을 유일한 하나님의 독생자로 받아들여 그의 말씀에 온전히 순종하게 된다. 그것은 물론 인간의 이성적인 판단이 아니라 전적인 성령 하나님의 도우심에 의한 것이다.

하나님께서는 세상 가운데 천상에 속한 거룩한 교회를 세우고자 하여 자연을 초월한 신령한 방법과 더불어 역사하셨다. 그것을 위해 지상 교회에 속한 성도들에게 세상의 이성과 경험을 초월하는 다양한 은사들과 직분들을 허락하시게 되었다.

오늘날 하나님의 몸된 교회에 속한 성도들은 이에 대한 분명한 이해를 해야만 한다. 그것은 기독교 내부에서 일어나는 모든 신비한 일들은 곧 성령으로 말미암은 것인가 하는 문제와 연관된다. 즉 기독교인들이라 칭하는 사람들이 성경에 기록되어 있는 형태의 초자연적인 특별한 현상들을 행하면 그것만으로 성령의 은사들이라 확정적으로 말할 수 있는가? 이는 우리시대에 있어서 여간 민감한 문제가 아니다. 따라서 그에 대해서는 성경의 교훈을 기초로 하는 냉철한 분별력이 필요하다.

사악한 인간들은 항상 이적과 기사 등 초자연적인 신비한 현상을 통해 연약한 사람들을 자기가 원하는 세계로 미혹하려 한다. 우리가 분명히 알 수 있는 점은 모든 신비한 일들이 반드시 하나님으로부터 온 것은 아니라는 사실이다. 그에 관한 기록은 모세 율법에 분명하게 예언되어 있다. 이는 타락한 인간세계에는 원래부터 그와 연관된 일들이 무수히 발생해 왔음을 말해준다.

> "너희 중에 선지자나 꿈꾸는 자가 일어나서 이적과 기사를 네게 보이고 네게 말하기를 네가 본래 알지 못하던 다른 신들을 우리가 좇아 섬기

59) 하나님을 알지 못하는 사람들은 십자가에 달린 예수님을 저주받은 자라 생각했다. 구약성경을 믿는다고 하면서도 성경에 기록된 내용들을 멀리하던 유대인들조차 그렇게 생각했다. 상식적인 종교성에 의존하던 그들은 하나님께서 메시아를 십자가에 못박아 죽게 할 리가 없다는 것이었다. 그러나 그들은 복음의 본질을 전혀 알지 못하던 어리석은 자들이었을 따름이다.

자 하며 이적과 기사가 그 말대로 이룰찌라도 너는 그 선지자나 꿈꾸는 자의 말을 청종하지 말라 ... 그 선지자나 꿈꾸는 자는 죽이라 이는 그가 너희로 너희를 애굽 땅에서 인도하여 내시며 종 되었던 집에서 속량하여 취하신 너희 하나님 여호와를 배반케 하려하며 너희 하나님 여호와께서 네게 행하라 명하신 도에서 너를 꾀어내려고 말하였음이라 너는 이같이 하여 너희 중에서 악을 제할찌니라"(신 13:1-5)

우리가 위의 본문에서 눈여겨보아야 할 점은 이적과 기사를 통해 사람들을 미혹하는 자가 이스라엘 백성들 가운데서 일어난다는 사실이다. 모세는 하나님의 엄청난 기적들이 진행되는 시내광야에서 마지막 설교를 하며 이제 가나안 땅에 들어가면 발생하게 될 문제에 관한 언급을 하고 있다. 배도에 빠진 악한 자들은 제멋대로 선지자나 꿈꾸는 자로 행세하며 일반 백성들로부터 그렇게 일컬어지게 된다. 그러므로 어리석은 백성들은 자칫 방심하면 저들의 말과 행동에 속아 넘어갈 수밖에 없다.

그런 자들이, "우리가 '다른 신들'을 좇아 섬기자"고 요청했던 의미는 이스라엘을 애굽에서 인도해낸 여호와 하나님을 버리고 완전히 생소한 다른 이방신들을 섬기자고 말하는 것으로 보이지 않는다. 비록 '네가 본래 알지 못하는 다른 신'이란 표현을 하고 있지만 그 말은 도리어 성경을 통해 계시된 여호와 하나님을 저들의 취향과 체험에 적극적으로 반응하는 혼합적인 신으로 변형시켜 섬기자는 요구를 의미한다. 그들은 이스라엘 백성들이 순수하게 믿는 그런 정도의 하나님이 아닌 이적과 기사를 통해 직접 경험할 수 있는 신을 제시하고자 했던 것이다.

거기에는 사탄의 교묘한 세력이 개입된다. 따라서 그런 자들은 참된 여호와 하나님이 아니라 인간의 체험에 기초한 신앙을 제시하며 이적을 통해 드러나는 다른 형태의 신을 보여주고자 한다. 그러므로 모세는 이스라엘 민족 가운데 백성들을 미혹하여 꾀는 그런 자들을 멀리할 뿐 아니라 죽여 제거하도록 명령했다. 그들이 행하는 기적이 순진한 백성의 마음을 혼란스럽게 하여 하나님을 배반하도록 만들어갈 것이기 때문이었다.

설령 인간들의 눈에 그럴듯한 종교적인 현상으로 나타난다 할지라도 그것은 사악한 것들에 지나지 않는다. 하나님으로부터 말미암지 않은 초자연적인 행위들은 이스라엘 민족 가운데서 마땅히 제거되어야 할 수밖에 없다. 따라서 다양한 기적을 통해 배도의 길을 닦는 그들의 악행을 방치하게 되면 어린 백성들은 하나님의 율법과 법도를 떠나고자 하는 욕망에 사로잡히게 될지 모른다.

예수님께서도 제자들에게 그와 연관된 말씀을 하셨다. 말세가 되면 거짓 그리스도와 거짓 선지자들이 나타나 어리석은 자들을 미혹하기 위해 예사롭지 않는 표적과 기사를 보이리라는 것이었다. 이것은 주님의 몸된 교회에 속한 자들이 정신을 바짝 차려 경계하지 않으면 안 될 내용이다.

> "그때에 사람이 너희에게 말하되 보라 그리스도가 여기 있다 혹 저기 있다 하여도 믿지 말라 거짓 그리스도들과 거짓 선지자들이 일어나 큰 표적과 기사를 보이어 할 수만 있으면 택하신 자들도 미혹하게 하리라 보라 내가 너희에게 미리 말하였노라"(마 24:23-25)

종교성에 가득 차 있으나 하나님을 알지 못하는 인간들은 항상 초자연적인 신비한 체험을 하는 가운데 자신이 원하는 하나님을 확인하고자 한다. 그러나 그것은 매우 위험한 태도이다. 예수님께서는 기독교 밖에서 일어나는 그러한 형태들에 대해서가 아니라 기독교 내부에서 발생하는 표적과 기사들에 대해 말씀하셨다. 이는 하나님과 그리스도의 이름을 핑계대어 행하는 이적과 기사 등 신비한 사건들이지만 하나님의 백성들은 절대로 그에 미혹되어서는 안 된다는 것이다.

우리가 여기서 신중하게 생각해보아야 할 점은, 구약시대 이스라엘 민족 가운데 신비로운 이적을 일으켰던 자들과 신약시대에 초자연적인 기적을 행했던 모든 종교인들이 한결같이 자신은 하나님으로부터 그 능력을 받아 행하는 것으로 주장한다는 사실이다. 저들이 범상치 않은 놀라운 이적들을 행하면서 하나님과 예수 그리스도의 이름을 핑계댄다면 웬만한 사람들은 그에 미혹될 것이 분명하다.

그러므로 우리는 그런 이적들과 그것을 행하는 자들에 대해 냉철한 대응을 해야만 한다. 기록된 하나님의 말씀을 멀리하고 개인적인 특이한 체험들을 앞세우는 자들은 매우 위험하다. 질병을 고치는 은사를 포함하여 개인이 받았다고 하는 소위 우리시대에 난무하는 영적인 은사들이라 하는 것들 역시 마찬가지다. 초자연적인 어떤 사건들을 전면에 내세우며 계시된 하나님의 말씀을 통해 얻게 되는 공적인 교훈을 넘어서려는 자세는 위험하지 않을 수 없다.

2. 한 분 하나님과 다양한 은사들 (4-11)

모든 성령의 은사들은 하나님께서 자신의 몸된 교회를 위해 특별히 허락하시는 선물이다. 인간들이 종교적인 전략과 아이디어를 동원해 그것들을 요구하거나 만들어 낼 수 있는 성질의 것이 아니다. 만일 인간들의 판단과 요청에 의해 주어진 것이라면 타락한 자들은 스스로 원하는 종교적 목적을 위해 그것을 이용하고자 할 것이 분명하다.

교회에 허락된 은사들은 전적인 하나님의 계획과 작정에 따라 각 성도들에게 분량대로 주어진다. 엄격한 입장에서 본다면 교회와 그에 속한 성도들은 그 은사들을 거부할 수조차 없다. 만일 어떤 교회라는 이름을 가지고 있으면서 하나님으로부터 받게 되는 은사의 본질적인 내용을 거부한다는 것은 결코 있을 수 없는 일이다.

이는 사실 매우 중요한 의미를 지닌다. 하나님께서 교회에 다양한 은사들을 허락하시는 것은 곧 자신의 몸된 교회를 지상에 온전히 세우기 위한 목적 때문이다. 즉 그것은 개인 성도들에게 종교적 경험을 하게 하기 위한 것이 아니며 개인을 종교적으로 영웅화하기 위해 주신 것이 아니다. 이는 모든 은사들은 하나님 자신을 위해 성도들에게 다양하게 나누어 주신다는 사실을 말해주고 있다.

하나님께서는 교회에 속한 자기 자녀들에게 여러 형태의 은사들(gifts)과 직임들(ministries)을 주셨으며 다양한 사역들(works)을 허락하셨다. 이러한 모든 것들은 지상에 자신의 교회를 세우기 위한 분명한 목적을 가지고 있으며 그 주인은 오직 한 분 하나님이시다. 이는 인간들의 종교적인 목적 추구에 의한 것이 아니라 하나님의 성령의 나타나심으로 말미암아 이루어지게 된다.

교회에 속한 각 성도들은 하나님으로부터 나름대로 다양한 은사들을 받게 된다. 그것은 지혜의 말씀(Word of wisdom), 지식의 말씀(Word of knowledge), 믿음(faith), 병 고치는 은사(gifts of healing), 기적들을 행하는 사역(working of miracles), 예언(prophecy), 영분별(discerning of spirits), 방언(divers kinds of tongues), 방언에 대한 통변(interpretation of tongues) 등이다(고전 12:8-10). 이 모든 것들은 성령 하나님을 통해 각 성도들에게 나눠주시는 것이다.

여기서 언급된 '지혜의 말씀' 이란 하나님의 계시에 대한 올바른 깨달음을 의미하는 것으로 보인다. 동일한 성경을 읽고 어떤 사람은 그에 대한 분명한 이해를 하게 되는가 하면 또 다른 어떤 사람들은 전혀 그렇지 못하다. 또한 '지식의 말씀' 이란 하나님께서 특별히 계시하신 내용에 대한 기억에 연관되는 은사로 여겨진다.[60] 즉 기록된 하나님의 말씀에

60) 바울이 서신들을 기록할 당시인 사도교회 시대에는 아직 신약성경이 완성되기 전이었다. 여러 사도들이 교회가운데서 선포를 통해 전달한 말씀들은 성도들의 기억 속에 남아 있어야 했다. 성도들 가운데는 하나님의 특별한 은사를 받아 그 내용을 정확하게 기억하여 교회를 세우는 일에 적극적으로 참여하는 자들이 있었을 것이다.

대한 풍부한 지식을 소유할 수 있는 은사를 의미한다.

또한 믿음을 특별한 은사로 받은 성도들이 있다는 의미는 교회적으로 이해해야 될 것으로 보인다. 이는 모든 성도들이 소유하게 되는 일반적인 믿음과는 다른 것으로 생각된다. 지상의 교회들 가운데는 항상 믿음이 어린 연약한 자들이 많이 있다. 특히 어린이들의 믿음에 대한 깨달음과 인식은 어른들이 가진 믿음 정도와 비교할 때 상당한 차이가 난다. 그러므로 다른 사람들에게 본이 될 만한 성숙한 믿음을 소유한 성도들을 믿음의 은사를 받은 것으로 표현하고 있는 것이다.

'병 고치는 은사' 와 '기적들을 행하는 은사' 는 지상의 교회가 세상의 고통과 타락한 질서에 속해 있지 않음을 드러내 보여주고 있다. 질병으로 인해 심한 고통을 당하는 자들에게 치유사역을 통해 천상에서 있을 온전한 삶을 맛보게 해준다. 그리고 상식적으로 이해할 수없는 초자연적인 특별한 은사들을 허락함으로써 하나님의 자녀들이 지상에 얽매여 살아가지 않도록 은혜를 베풀게 된다.

그리고 '예언의 은사', '영분별의 은사', '방언의 은사', '통변의 은사' 등은 교회와 그에 속한 성도들이 하나님의 말씀을 온전히 귀담아 들어야 함을 말해주고 있다. 하나님의 교회는 지상의 언어들이 난무하는 세속적인 영역과는 본질적으로 다르다. 교회는 도리어 타락한 세상 가운데서 형성된 일반적인 이성과 경험을 하나님의 계시된 말씀을 통해 냉철하게 해석해야 할 주체가 되어야만 하는 것이다.

바울은 물론 은사에 관한 언급을 하면서 고린도전서에 열거한 내용들만으로 한정지으려 했던 것은 아니다. 즉 고린도 교회를 향해 기록한 은사들만 하나님으로부터 온 은사라고 말하지 않았던 것이다. 그는 로마에 있는 교회에 편지하면서 보다 다양한 은사들에 관한 언급을 하고 있다. 거기서는 교회에 허락된 하나님의 은사가 훨씬 폭넓다는 사실을 잘 보여주고 있다.

> "우리에게 주신 은혜대로 받은 은사가 각각 다르니 혹 예언이면 믿음의 분수대로, 혹 섬기는 일이면 섬기는 일로, 혹 가르치는 자면 가르치는 일로, 혹 권위하는 자면 권위하는 일로, 구제하는 자는 성실함으로, 다스리는 자는 부지런함으로, 긍휼을 베푸는 자는 즐거움으로 할 것이니라"(롬 12:6,7)

바울은 로마에 있는 교회에 편지하면서 고린도 교회에 언급하지 않은 은사들에 관한 것들을 기술하고 있다. '섬기는 일' '권면하고 위로하는 일' '구제하는 일' '긍휼을 베푸는 일' 등을 하나님께서 허락하신 은사로 말하고 있는 것이다. 이 말은 교회에 속한 성도들이 예수 그리스도로 말미암아 소유한 모든 성품과 신앙적인 삶의 온전한 표현들이 곧 은사임을 드러내 보여준다.

우리가 또한 여기서 깊은 관심을 기울여야 할 바는 이러한 모든 은사들을 제각각 따로 나누어 생각하는 데 집중할 것이 아니라 전체가 교회를 중심으로 하나로 엮어져야 한다는 사실이다. 즉 교회 가운데 성령 하나님에 의한 다양한 은사들이 선물로 주어진 것은 하나의 교회를 세우기 위한 은혜의 방편인 것이다.

3. 한 몸을 이루는 지체들 : 하나님의 몸된 교회 (12-27)

인간의 몸은 하나이지만 수없이 크고 작은 여러 지체들로 구성되어 있다. 각기 다른 기능을 하는 다양한 지체들이 없는 몸이란 존재할 수 없다. 그 가운데는 팔다리와 눈코 등 겉으로 드러나 있는 부분도 있지만 간과 폐 등 눈으로 볼 수 없는 내장기관들도 있다. 또한 혈관과 신경계 등 몸 전체에 퍼져있는 것들도 있다. 이렇듯이 눈에 보이는 지체와 보이지 않는 지체들은 전부가 통합하여 하나의 몸을 이루게 된다.

각 지체들은 제각기 전혀 다른 상이한 역할과 기능을 한다. 모든 사람들이 볼 수 있게 외부로 활동하는 지체들이 있는가 하면 아무에게도 드러나지 않게 내부에서 활동하는 지체들도 많이 있다. 그렇지만 모든 지체들은 머리와 연관되어 있는 가운데 온전한 지시를 받아야 한다. 만일 각 지체들이 머리의 말을 듣지 않고 지체들끼리 서로 명령을 내리고자 한다면 몸은 온전히 존재할 수 없다. 팔이 코나 귀를 보고 명령할 수 없으며 다리와 눈이 간을 보고 명령하지 않는다.

인체의 구조와 기능에 대해 잘 알고 있는 사도 바울은 하나님의 몸된 교회를 설명하기 위해 인간의 몸을 예로 들고 있다. 교회의 머리는 예수 그리스도시며 교회에 속한 모든 성도들은 그의 지체가 된다. 교회에 속한 모든 성도들은 머리이신 그리스도의 명령과 요구에 따라 움직이며 순종해야 한다. 만일 머리의 말에 귀를 막고 순종하지 않는 지체가 있다면 문제가 발생할 수밖에 없다. 바울은 로마서에서도 그와 동일하게 인체를 예로 들면서 교회의 하나됨을 설명하고 있다.

> "우리가 한 몸에 많은 지체를 가졌으나 모든 지체가 같은 직분을 가진 것이 아니니 이와 같이 우리 많은 사람이 그리스도 안에서 한 몸이 되어 서로 지체가 되었느니라"(롬 12:4,5)

하나님의 몸된 교회는 다양한 은사들을 소유한 여러 지체들이 모인 하나의 유기적인 조직체이다. 상이한 직분을 가진 하나님의 백성들이 모여 하나의 몸을 구성하고 있는 교회는 은사 공동체라 할 수 있다. 이는 일반적으로 오해하듯이 뭔가 신비한 종교성으로 가득 찬 집단을 지칭하는 것이 아니라 모든 성도들이 하나님으로부터 받은 제각각 상이한 은사들을 지니고 있으면서 하나의 공동체를 이루고 있음을 의미한다.

교회를 이루기 위해 다양한 은사와 직분을 부여받은 성도들은 한쪽이 다른 한쪽을 향해 명령할 수 있는 위치에 있지 않다. 다양한 은사들과 직분들은 상호간 우열관계에 놓여 있는 것이 아니다. 만일 특정 직분자가 개인적인 판단에 따라 다른 직분을 가진 형제에게 무언가 명령을 내리려고 한다면 그것은 마치 다리에 붙은 발이 얼굴에 붙어 있는 눈을 향해 무언가 명령하는 것과 같다.

한 교회 안에는 동일한 직분을 가진 성도들이 많이 있는데 그들 상호간에 있어서도 역시 마찬가지다. 성도들끼리 교회 안에서 명령하고 복종해야만 하는 그런 관계는 결코 있을 수 없는 일이다.[61] 교회에 속한 모든 성도들은 머리이신 예수 그리스도의 명령에 민감하게 반응하는 가운데 서로간 협력해야만 하는 것이다.

또한 사도 바울은 고린도전서 본문 가운데, 개체적인 지교회 내부뿐 아니라 보편교회를 염두에 두고 그에 관한 언급을 하고 있다. 헬라인이나 종이나 자유자나 모든 성도들은 한 성령에 의해 세례를 받아 주님의 몸된 교회를 구성하고 있음을 말했던 것이다. 이는 하나님의 몸된 교회 가운데서는 더 이상 종족에 연관된 출신배경과 사회적 신분이나 지위 따위는 그 의미를 완전히 상실하게 됨을 말해주고 있다. 모든 성도들은 한결 같이 한 몸이 되어 한 성령께 속한 존재가 되어 살아가고 있다는 것이다.

우리가 반드시 기억해야 할 중요한 사실은 모든 지체들은 전부가 하나로 연결되어 있다는 점이다. 모든 지체들은 거룩한 하나의 몸에 속해 상호 연결되어 있는 것이다. 이는 마치 다양한 형태의 많은 벽돌들이 쌓여 서로 연결됨으로써 하나의 건물을 이루고 있는 것과 같다. 예수님께서는 이를 두고 자신이 건물의 '모퉁이돌'이 된다는 사실을 말씀하셨다 (마 21:42; 막 12:10; 눅 20:17). 또한 바울은 에베소 교회에 편지를 쓰면서 그

---

61) 예를 들어, 현대교회에는 소위 '부목사 제도'라는 것이 있다. 담임목사와 부목사들이 함께 동일한 지교회에서 목회사역을 감당할 경우 마치 부목사들은 담임목사의 명령에 따라 사역을 감당하는 것처럼 착각하는 것이 일반적이다. 그러나 그것은 정상적인 직분 사역이라 할 수 없다. 교회에 의해 목사로 세움을 받았다면 목사직분자들 상호간에 높고 낮음이 없으며 그들 사이에 명령하고 복종하는 관계가 성립되어서는 안 된다.

것이 곧 교회를 말하고 있다는 사실을 밝히고 있다.

> "너희는 사도들과 선지자들의 터 위에 세우심을 입은 자라 그리스도 예수께서 친히 모퉁이돌이 되셨느니라 그의 안에서 건물마다 서로 연결하여 주 안에서 성전이 되어가고 너희도 성령 안에서 하나님의 거하실 처소가 되기 위하여 예수 안에서 함께 지어져 가느니라"(엡 2:20-22)

사도 바울은 위에 기록된 말씀에서 교회에 관한 분명한 언급을 하고 있다. 교회의 유일한 기초는 모퉁이돌인 예수 그리스도이다. 사도들과 선지자들은 그 위에 놓인 터가 되었다. 이는 계시된 신구약 성경말씀과 연관되며 이외에 인간들의 능력과 종교적인 체험이 교회의 기초가 될 수 없음을 말해주고 있다.

그리고 모든 성도들은 그 위에서 서로간 연결되어 하나의 교회를 이루게 된다. 신령한 그 건축물은 영원한 모퉁이돌인 예수 그리스도와 그의 말씀에 연결되어 그 안에서 지어져 간다. 그리하여 교회는 성령의 사역으로 인해 하나님께서 거하시는 거룩한 성전이 된다. 동시에 하나님의 백성들은 서로간 연결되어 신령하고 아름다운 교회를 이루며 그 안에서 삶을 나누게 되는 것이다.

사도 바울은 고린도 교회를 향한 편지 가운데서 교회의 지체가 된 자들이 주의해야 할 중요한 몇 가지 원리들을 언급하고 있다. 그 가운데 하나는 사람들이 보기에 겉으로 잘 드러나지 않아 별다른 관심을 끌지 않는 신체의 기관들이 더욱 요긴하게 사용된다는 사실이다. 그래서 하나님께서는 모든 신체 기관들을 통해 몸을 전체적으로 고르게 함으로써 부족함이 없게 하신다.

그리고 모든 지체들은 서로 다른 신체기관을 무시할 수 없다는 것이다. 지체들간에 자기는 절대로 필요한 기관이지만 다른 지체들에 대해서는 그렇지 않은 것으로 평가할 수 없는 법이다. 만일 그렇게 되면 지체들간에 분쟁이 생겨날 수밖에 없다. 하나님께서는 사람들의 눈에 연약해 보이고 덜 귀하게 여겨지는 부위들을 도리어 아름다운 것으로 채워주신다. 따라서 모든 지체들은 서로간에 세워주고 존중하는 자세를 가지는 것이 중요하다.

또한 몸의 지체들은 전체가 연결되어 하나의 목적을 향해 움직인다는 사실이다. 몸의 특정한 부위에 위치해 있으면서 어떤 고유한 기능을 하는 지체이든지 간에 모든 지체들의 목적은 동일하다. 그것은 몸을 건강하게 보존하는 일이다. 지상에 존재하는 교회도 이와 마찬가지다. 교회에 속한 모든 성도들은 동일한 목적을 가지고 하나님의 몸된 교회를 온전하게 보존해야 한다.

그리고 신체의 모든 기관들은 서로간 유기적인 관계에 놓여 있다. 어느 한 지체가 고통을 당하게 되면 그 지체뿐 아니라 몸 전체가 함께 고통을 당하게 된다. 이와 마찬가지로 어느 지체가 영광을 받게 되면 전체 몸이 영광을 입는다. 즉 손가락에 보배로운 가락지를 끼거나 머리에 화려한 면류관을 쓴다면 그것은 손가락이나 머리가 아니라 전체 몸이 영광을 받게 되는 것이다.

이처럼 교회공동체에 있어서도 그와 동일한 원리가 적용된다. 교회에 속한 한 지체에게 어려운 문제가 발생하거나 어떤 고통스런 일이 닥치게 된다면 온 교회가 그 아픔에 참여할 수밖에 없다. 그리고 한 지체에게 감사할 만한 좋은 일이 생긴다면 전체 교회가 그 즐거움에 참여하게 된다. 이처럼 지체가 고통을 당하거나 영광을 얻게 될 때 전체 몸은 다 같이 그에 동참할 수밖에 없게 되는 것이다.

4. 하나님께서 세우시는 교회의 직분자들 (28-31)

교회는 살아 활동하는 유기적인 조직체이다. 하지만 교회는 한 사람 혹은 몇 사람의 탁월한 능력에 의해 움직여질 수 없을 뿐더러 전체 회원들의 결집된 인간적 역량을 기초로 하여 공동으로 이끌어갈 수 있는 대상도 아니다. 하나님의 몸된 교회는 주인이신 하나님께서 친히 자신의 고유한 뜻에 따라 인도해 가시게 된다.

하나님께서는 그것을 위해 교회에 다양한 여러 직분자들을 허락하셨다. 그 가운데는 사도들(apostles), 선지자들(prophets), 교사들(teachers)이 있었으며, 기적을 행하는 자들(workers of miracles), 병 고치는 은사를 가진 사람들(those having gifts of healing), 다른 이들을 돕는 자들(those able to help others), 지도력이 있는 사람들(those with gifts of administration), 다양한 방언을 말하는 자들(those speaking in different kinds of tongues) 등이 있었다(고전 12:28).

그러나 하나님의 교회에 속한 모든 성도들이 그와 같은 특별한 은사를 가질 수 있었던 것은 아니다. 나아가 개인적인 취향에 따라 그것을 스스로 선택해 소유할 수도 없었다. 도리어 개인적인 판단에 의해 특정 직분을 소유하고자 하는 자가 있다면 교회는 그것을 방지해야 한다. 왜냐하면 그런 자들은 자신의 이성과 경험에 따라 그 직분을 이용하려고 하는 자들일 것이기 때문이다.

또한 교회의 다양한 직분자들 중에서는 특정 개인이 다른 직분자들보다 더 큰 권세를 가지고 상대적인 우위에 서서 주도적인 역할을 하려 해서는 안 된다. 모든 직분자들은 하나님의 말씀과 그의 몸된 교회에 온전히 순종해야만 한다. 또한 모든 교인들이 동일한 직분을 가질 수 있는 것도 아니다. 즉 모두가 사도일 수 없으며 선지자나 교사일 수 없다. 그리고 누구나 특별한 기적을 행하거나 질병을 고칠 수 없으며 모든 사람이 방언을 하고 통역을 할 수도 없는 것이다.

이러한 직분들에 관한 근본적인 원리는 비단 고린도 교회뿐 아니라 초대교회들과 더불어 역사상 존재하는 지상의 모든 교회가 받아들여야 할 소중한 내용이다. 그것은 곧 하나님의 요구이자 명령이기 때문이다.

따라서 사도 바울은 에베소 교회에 편지하면서도 직분에 관한 분명한 언급을 하고 있다.

> "그가 혹은 사도로, 혹은 선지자로, 혹은 복음 전하는 자로, 혹은 목사와 교사로 주셨으니 이는 성도를 온전케 하며 봉사의 일을 하게 하며 그리스도의 몸을 세우려 하심이라"(엡 4:11,12)

에베소서에 기록된 이 말씀은 고린도 교회를 향해 바울이 했던 말과 대동소이하다. 중요한 점은 하나님께서 교회에 다양한 직분자들을 허락하신 이유는 오로지 지상에 그리스도의 몸 즉 그의 몸된 교회를 세우기 위해서라는 사실이다. 즉 직분은 종교적인 활동을 통해 개인을 교회 가운데 드러내고자 하는 수단이 되어서는 곤란하다.

만일 직분이 개인의 종교적인 명예를 제공하는 역할을 하게 되면 교회는 즉시 세속화될 수밖에 없다. 따라서 교회 안에서 권세와 연관된 조직적인 서열이 생기거나 부당한 권위주의가 발생해서는 안 된다. 단지 주님께서 각 직분자들에게 맡기신 사명을 온전하게 잘 감당함으로써 참된 권위를 통해 주님의 교회를 순수하게 세워나가야 하는 것이다.

사도 바울은 신앙이 없거나 미숙한 교인들이 그런 직분들을 탐하는 것에 대해 경계하고 있다. 따라서 교회에 속한 모든 성도들은 그런 직분들이 아니라 보다 큰 은사를 사모해야 한다는 사실을 말했다. 이는 물론 직분과 은사들 사이에 크고 작은 것이 있음을 말하는 것이 아니다. 바울은 교회 가운데 제일 좋은 길을 보이겠다는 말을 하면서, 신앙의 소중한 본질이 되는 믿음, 소망, 사랑에 관한 언급을 하게 된다.

5. 우리가 주의 깊게 생각해야 할 내용들

사도 바울은 고린도 교회에 편지하면서 교회에 존재하는 다양한 은사들과 직분에 관한 특별한 교훈을 주고 있다. 그런데 우리가 여기서 각별히 유념해야 할 점이 있다. 그것은 바울이 말한 은사들과 직분들을 역사적 보편교회의 기초가 되는 사도교회 시대의 특성과 연관지어 이해해야 한다는 사실이다. 이를 위해서는 사도교회와 보편교회의 특성을 이해하지 않으면 안 된다.

우리는 AD 70년, 예루살렘 성전이 로마제국의 이방 군대에 의해 완전히 파괴되는 시점과 더불어 사도교회와 보편교회의 시대를 구분한다.[62] 이는 구약시대 이스라엘 민족 가운데 노아 홍수사건, 아브라함의 부르심, 모세의 사역, 다윗왕국 등을 중심으로 하여 구속사적 시대를 구분하는 것과 동일한 관점에서 이해해야 한다.

하나님으로부터 선택받은 동일한 백성들이지만 역사적 상이한 시대에 따라 하나님의 말씀은 획일적이지 않고 특성 있게 적용되었다. 이처럼 신약시대에도 사도교회와 보편교회는 동일한 속성을 지니고 있으면서도 나름대로 상이한 특성들을 지니고 있다. 이는 특히 은사와 직분 문제에 있어서 두드러지게 나타난다.

우리가 여기서 반드시 기억해야 할 몇 가지 중요한 것들이 있다. 그것은 하나님과 무관한 이방종교들 가운데서도 크고 작은 다양한 기적들이

---

62) 예루살렘과 그곳에 서있던 성전은 매우 중요한 구속사적인 의미를 지닌다. 예루살렘은 멜기세덱과 연관되며 아브라함이 이삭을 바친 모리아 산은 곧 예루살렘 성전이 섰던 곳이다. 그후 다윗과 솔로몬 시대에 세워졌던 성전은 BC 586년 경 바벨론 제국에 의해 파괴되었다가 페르시아 시대에 다시 건립되어 예수님 시대까지 이르렀지만 최종적으로 AD 70년에 파괴되었다. 예수님의 십자가 사역 이후 예루살렘 성전이 파괴된 사건은 아브라함 언약과 모세 언약, 그리고 다윗 언약의 성취이다. 우리는 AD 30년경 예수님의 십자가 사역과 오순절 사건으로부터 AD 70년경 성전 파괴까지의 기간을 사도교회 시대라 하며, 그 이후부터 주님께서 재림하실 때까지의 시대를 보편교회 시대라 한다(이광호, 신약신학의 구속사적 이해, 서울: 도서출판 깔뱅, 참조). 사도교회 시대는 하나님의 직접적인 다양한 은사들을 통해 교회의 기초를 놓는 기간이었다면, 보편교회 시대는 하나님의 말씀과 성령 하나님에 의해 인도되는 시기로 이해하면 된다.

수없이 일어난다는 사실이다. 이방인들 가운데도 각종 방언, 예언, 병 고치는 일 등이 얼마든지 많이 발생한다. 이는 겉으로 나타나는 종교적인 현상만으로 그것이 하나님으로부터 온 것이라는 증거가 될 수 없음을 말해주고 있다.

문제는 그것이 비록 기독교 내부에서 발생하는 초자연적인 사건이라 할지라도 그것을 성령의 사역으로 단정지울 수 없다는 사실이다. 구약성경의 첫 책인 모세오경과 신약성경의 마지막 책인 요한계시록에서도 하나님으로 말미암지 않은 거짓선지자들의 기적에 대한 분명한 기록을 하고 있다(신 13:1-3; 계 13:13,14; 19:20).

우리에게는 주변에서 발생하는 초자연적인 현상들이 과연 성령으로 말미암은 것인지에 대한 객관적인 분별을 해 줄 수 있는 기관이 없다. 즉 사도교회 시대에 사도들과 예루살렘 공의회가 감당했던 것과 같은 신령한 승인기관承認機關이 없는 것이다. 원래는 교회가 그 기능을 감당해야 하지만, 종말의 때에 살고 있는 인간들은 혼합주의적 경향으로 인해 더 이상 교회의 진정한 권위로부터 그것을 확인하려 하지 않는다.

타락한 인간들은 항상 자기 경험중심이라는 사실을 기억해야 한다. 설령 아무리 엄청난 기적을 체험했다 할지라도 하나님으로부터 계시된 단 한 줄의 말씀보다 더 큰 권위를 가지지 못한다. 우리가 방언을 인정한다면, 그것이 만일 하나님으로부터 왔을 경우 그 방언은 곧 성경에 덧붙여져야 하는 진리의 말씀이 된다. 즉 방언과 통역을 통해 하나님의 말씀이 계시되었다면 그것은 곧 성경이 되는 것이다.

또한 직분에 있어서도 사도교회 시대와 보편교회 시대의 상이한 특성이 나타난다. 사도교회 시대에는 사도, 선지자, 복음전하는 자, 목사, 교사 등 다양한 직분들이 있었다. 그러나 보편교회 시대에는 특별계시와 연관된 모든 은사들이 목사, 장로, 집사의 직분을 중심으로 통합되는 성격을 지니게 되었다.

이에 대해서는 교회시대를 여는 사도행전의 초반부에서, 하나님의 말씀을 가르치는 교사의 직분과 봉사하는 직분인 집사를 구분한 것에서 전체적인 의미가 드러나고 있다. 그리고 목회서신이라 일컬어지는 디모데에게 보내는 바울의 편지에서 그에 관한 구체적인 교훈이 언급되고 있다. 이는 장래 보편교회 가운데 있게 될 직분에 대한 예언적 성격을 띠고 있는 것이다.

보편교회 시대의 장로는 교회를 위한 감독자로서, 가르치는 장로인 목사와 치리하는 일반 장로로 구분되어 있다. 목사는 하나님의 말씀을 가르치는 교사의 직분을 감당하는 형제이며, 장로는 말씀보존과 그 말씀에 따른 삶을 살아가는 성도들을 거룩하게 감독하는 역할을 하게 된다. 이에 반해 집사는 교회의 일반적인 행사와 재정적인 문제에 연관되는 행사에 참여하게 된다.

다양한 직분자들 사이에는 수직적인 관계에서 높고 낮음이 없다. 즉 목사가 장로보다 높은 것이 아니며 장로가 집사보다 높은 것이 아니다.[63] 모든 직분자들은 평등한 관계에서 하나님의 교회를 온전히 세우기 위해 최선을 다해야 한다. 이를 위해 교회에는 목사와 장로들의 회합인 당회가 있어서 교회와 성도들의 영적인 면을 살피게 된다. 그리고 집사들의 모임인 집사회에서는 성도들의 생활을 살피며 성도들이 주 안에서 서로간 돌아보며 살아가도록 독려한다.

---

63) 현대 한국교회가 세속화되고 약화된 원인 가운데 하나는 교회의 직분을 높고 낮은 계층으로 이해하고 있는 데 있다. 말씀을 가르치고 감독하는 목사와 장로의 직분이 소중하듯이 교회 안에서 봉사의 직분을 감당하는 집사 직분 역시 소중하다. 단지 우리가 기억해야 할 바는 어느 직분자들이 제 직분을 올바르게 감당하지 못하면 더 빨리 세속화되는가에 대해 생각할 수 있는데 이는 별개의 문제이다.

제17장
본질적 은사인 사랑

(고전 13:1-13)

1. 고린도전서 13장에 언급된 은사로서의 사랑

많은 사람들은 고린도전서 13장을 소위 '사랑장章'으로 기억하고 있다. 그래서 상당수 교인들은 전체 내용을 외워 암송하기도 한다. 아마도 그것이 사랑에 대한 가장 감명 깊은 내용을 담고 있는 것으로 여기기 때문일 것이다.

따라서 사람들이 사랑을 이야기할 때 흔히 고린도 교회에 보낸 바울의 편지를 언급한다. 심지어는 결혼식장에서 신랑신부의 사랑을 축하하는 노래가사로서 성경본문이 그대로 사용되기도 한다. 그러므로 하나님을 알지 못하는 불신자들조차도 그 내용을 기억하는 사람들이 많이 있는 실정이다.

그렇지만 고린도전서 13장에 언급된 사랑을 일반적인 관점에서 이해하려 해서는 안 된다. 본문 말씀에 기록된 사랑은 사람들이 대체적으로 생각하는 그런 류의 사랑과는 전혀 다르다. 그 사랑은 타락한 세상에서 경험하는 것과 다른 내용으로서 하나님께서 교회에 허락하신 특별한 은사로서의 사랑이다.

이 말은 매우 중요한 의미를 지닌다. 은사로서의 사랑이라는 말은 교회 안에는 존재하지만 교회 밖에는 그 사랑이 존재하지 않는다는 의미이기 때문이다. 고린도전서 13장 맨 마지막 부분에 언급하고 있는 믿음, 소망, 사랑은 하나님의 자녀들에게만 연관되는 용어로서 불신자들에게는 해당되지 않는다.

하나님을 알지 못하는 자들도 일반적으로 회자膾炙되는 믿음, 소망, 사랑이라는 단어를 잘 알고 있으며 나름대로 그것을 소유하고 있다. 그러나 드러나는 형식은 유사할지 모르지만 본질은 전혀 다르다. 즉 세상에는 다양한 형태의 믿음들이 존재한다. 하지만 예수 그리스도로 인한 '진정한 믿음'은 오직 하나님의 몸된 교회 안에만 존재한다. 교회 안과 밖에서 동일한 용어가 사용되지만 그 본질적 내용은 전혀 다른 것이다.

그리고 세상에는 다양한 소망들이 존재하고 있다. 그렇지만 예수 그리스도를 통한 '진정한 소망'은 오직 교회 안에만 존재한다. 우리 주변에는 세속적인 형태의 다양한 믿음과 소망이 있듯이 다양한 사랑이 존재하는 것이 사실이다. 하지만 영원불변한 '진정한 사랑'은 예수 그리스도께서 피로 값주고 사신 하나님의 교회 안에만 존재한다.

따라서 교회 밖에 있는 갖가지 형태의 사랑은 그것이 아무리 고상하고 아름답게 보일지라도 진정한 사랑이라 할 수 없다. 그것은 인간들의 감정에 의한 일시적인 현상일 뿐 영원한 것이라 할 수 없기 때문이다.

사람들은 세상의 사랑 가운데는 이기적이지 않은 지고지순至高至順한 사랑이 있으며 결코 끊어질 수 없는 진정한 사랑이 존재하는 것으로 믿고 있지만, 타락한 본성을 지닌 인간들의 사랑이란 일시적이며 이기적인 한계를 지닐 수밖에 없다. 그런 사랑은 결코 영원하지 않으며 극단적인 형편에 다다르게 되면 환경과 조건의 변화와 더불어 언제든지 변질될 우려가 있는 것이다.

이에 반해 예수 그리스도로 말미암아 허락된 교회 안에 존재하는 진정한 사랑은 결코 변하지 않는다. 그 사랑은 세상의 조건과 상관없이 영원불변한 본질을 소유하고 있다. 그 사랑은 세상에 살아가는 인간들로부터 생성된 것과는 전혀 다르다. 나아가 그것은 인간들의 신앙심에서 생성된 종교적 산물이 아니다. 은사로서의 사랑은 예수 그리스도로 말미암아 주어지는 특별한 사랑인 것이다.

사도 바울은 고린도전서 12장에서 14장까지 교회에 허락된 은사에 연관된 소중한 교훈을 주고 있다. 그러므로 12장과 14장 사이에 끼어있는 13장에서 언급한 사랑은 교회에 특별히 허락된 은사로서의 사랑을 말하고 있는 것이다. 우리는 바울이 강조하고 있는 사랑이 인간들이 일반적으로 이해하고 있는 이성과 경험에 기초한 사랑과는 그 성격이 전혀 다르다는 사실을 기억해야만 한다.

2. 사랑의 중요성 (1-3)

바울은 앞에서 언급한 방언의 은사에 관한 내용과 더불어 진정한 사랑을 말하고 있다. 그는 자신이 하나님의 은사로서 '사람의 방언'(tongues of men)과 '천사의 말'(tongues of angels)을 한다고 할지라도 그것 자체로서 하나님께서 원하시는 모든 내용들을 충족시키는 것이 아님을 말했다.

여기서 말하는 '사람의 방언'이란 다른 지역의 종족들이 사용하는 언어를 구사할 수 있는 은사로서의 능력을 의미하는 것으로 보인다. 오순절 성령께서 강림하셨을 때 예루살렘에는 절기를 지키기 위해 당시 세계 각지로부터 많은 사람들이 몰려와 있었다.[64] 그때 거기에 모인 사람

64) "우리는 바대인과 메대인과 엘람인과 또 메소포타미아, 유대와 갑바도기아, 본도와 아시아, 브루기아와 밤빌리아, 애굽과 및 구레네에 가까운 리비아 여러 지방에 사는 사람들과 로마로부터 온 나그네 곧 유대인과 유대교에 들어온 사람들과 그레데인과 아라비아인들이라"(행 2:9-11).

들은 출신 지역에 따라 다양한 언어들을 사용하고 있었다.

오순절 날 임하게 된 성령을 통해 방언의 은사를 받은 성도들은 다른 이방 지역의 언어를 사용하는 무리에게 저들의 언어로써 '하나님의 큰 일'을 선포했다(행 2:5-12). 그때 많은 성도들은 이방 지역의 종족들이 사용하는 다른 언어들을 학습하여 배운 적이 없었다. 하지만 그들은 아무런 구애를 받지 않고 자유롭게 그 언어를 구사하며 하나님의 말씀을 전하게 되었던 것이다.

그리고 '천사의 말'이란, 사람들이 일반적으로 사용하는 언어가 아닌 천상에서 계시된 신비한 언어를 의미하고 있다. 하나님께서는 사람들이 일상적으로 사용하지 않는 말을 일부 성도들에게 특별한 은사로 주셨다. 그런데 문제는 그 방언이 일반적인 인간의 언어가 아니었기 때문에 그 말을 알아듣는 사람이 아무도 없었다는 사실이다. 나아가 그 방언을 말하는 당사자들도 대개 그 의미를 전혀 깨닫지 못했다. 즉 입술에서 나오는 말을 하면서도 자기가 무슨 말을 하고 있는지 모르는 채 소리만 발했던 것이다.

그러므로 하나님께서는 그 방언을 통역할 수 있도록 다른 어떤 성도들에게 특별한 통변의 은사를 주셨다. 그는 그 방언을 말할 줄은 모른다 해도 그 말을 듣고 완벽하게 통변할 수 있었다. 하나님께서 방언과 통변의 은사를 허락하시고, 성도들로 하여금 그것을 말하고 통역하게 함으로써 신약성경 27권이 완성되기 전 교회에 특별한 계시의 말씀을 주셨던 것이다. 따라서 방언과 통변은 굉장히 중요한 의미를 지니고 있었다.

바울은 그 은사들에 연관된 사실을 언급하면서 자기가 그 중요한 은사를 가지고 설령 교회 가운데 엄청난 유익을 끼친다고 할지라도 진정한 사랑이 없다면 자신에게는 아무런 의미가 없음을 말했다. 즉 방언의 은사를 받아 교회에 계시된 하나님의 말씀을 전할지 모르지만 진정한 사랑이 결여되었다면 그 방언은 '소리나는 구리'(sounding brass)와 '울리는 꽹과리'(tinkling cymbal)에 지나지 않는다는 것이었다(고전 13:1).

여기서 우리는 '소리나는 구리'와 '울리는 꽹과리'에 대한 올바른 이해를 해야만 한다. 이 말은 그런 방언은 그 자체로서 헛것에 지나지 않는다고 말하는 것과 다르다. 즉 바울은 그것에 대한 언급을 하며 사랑이 없는 자의 방언 자체가 무의미하다는 말을 하지 않았다. 그 방언은 교회 가운데서 여전히 유효하지만 그것을 말하는 자신에게는 아무것도 아니라는 의미이다.

그리고 하나님의 말씀을 계시받아 전달하는 예언(prophecy)의 은사도 그리스도의 사랑이 있을 때 그 의미가 드러나게 됨을 언급했다. 또한 하나님으로부터 계시된 비밀을 깨닫고 지혜와 지식의 은사를 가지고 있다고 할지라도 그 사랑이 없다면 그것 자체로서 하나님의 뜻에 온전히 순종하는 것이 아니다. 나아가 설령 산을 옮길 만한 엄청난 믿음을 소유했다고 할지라도 하나님으로 말미암는 진정한 사랑이 존재하지 않는다면 그것이 교회를 위한 의미로 작용하기 어렵다.

이 모든 경우에 있어서도 앞에서 언급한 방언의 경우와 마찬가지로 그 은사 자체가 무의미하지는 않다. 그것은 교회를 위해 커다란 유익이 되지만 참된 사랑이 존재하지 않는 한 그 은사를 행하는 당사자에게는 아무것도 아닌 것이다. 이는 모든 은사는 개인의 유익을 넘어 교회의 유익에 연관됨을 의미하고 있다.

또한 바울은 자신이 소유한 모든 재산으로 가난한 이웃을 찾아 구제하고 자기의 몸을 아낌없이 불사르게 내어줄 만큼 희생한다고 해도 진정한 사랑이 결여된 채 인간의 이기심에 기인한 것이라면 자기에게 값어치 있는 것이라 말할 수 없다고 했다. 그 어떤 경우라 할지라도 진정한 그리스도의 사랑과 무관한 상태라면 설령 일시적인 만족감을 제공하는 것처럼 보인다 해도 아무런 실제적인 유익이 없는 것이다.

그런데 우리는 여기서 이해하기 쉽지 않은 어려운 문제를 만나게 된다. 교회에 허락된 일반적인 은사를 행함에 있어서 사랑이 함께하지 않는다면 은사를 행하는 자에게 아무런 유익이 되지 않는다는 말은 비교적 쉽게 이해할 만하다. 하지만 자신의 모든 것으로써 가난한 자들을 구제하며, 이웃을 위해 자신의 몸을 불사르게 내어준다는 것은 그 자체가 벌써 '사랑'에 기인하는 것이 아닌가?

그럼에도 불구하고 바울은 그에 연관된 인간들의 이기적이고 죄된 본성에 대해 예리한 언급을 하고 있다. 설령 그것이 외관상 이웃을 위한 헌신적인 사랑의 표현인 것처럼 보인다 할지라도 성경에서 말하는 진정한 사랑과는 차이가 난다는 것이다. 그렇다면 사도 바울이 본문에서 말하는 사랑이란 구체적으로 무엇을 의미하고 있는가?

3. 사랑의 특성 (4-7)

하나님으로 말미암는 진정한 사랑은 자신을 위해서가 아니라 타인 즉 교회와 다른 성도들을 위해 존재한다. 참 사랑은 사람의 마음으로 느끼게 되는 뿌듯하고 감미로운 감정을 말하지 않는다. 나아가 인간의 도리에 따라 조건 없이 베푸는 혈연에 기초한 사랑 역시 영원한 사랑일 수 없다. 도리어 사랑은 이웃을 배려하며 겸손한 자세를 가지는 것을 의미한다. 하지만 그것은 일반 윤리적인 경우를 두고 하는 말은 아니다. 진정한 사랑은 하나님 앞에서 자신의 죄된 모습을 분명히 깨달아 인식할 때 드러나게 된다. 즉 하나님의 말씀과 예수 그리스도 안에서 그 의미가 드러나게 될 따름이다.

그러므로 바울은 교회가 말하는 진정한 사랑에 대한 언급을 하고 있다. 사랑은 자신의 감정을 충족시키는 이기적인 것이 아니며, 신앙적인 삶을 통해 이웃을 위한 자신의 존재를 확인하게 된다. 물론 그 이웃이란 주변에 살고 있는 일반적인 사람들을 지칭하는 것이라기보다 하나님의 몸된 교회에 속해 살아가는 성도들을 의미한다.

참 사랑은 기본적으로 오래 참고 인내하는 성질을 지니게 된다. 이는 하나님의 자녀들이 이 세상에서의 삶 가운데 상당한 갈등과 어려움을 겪게 될 사실을 시사하고 있다. 그 가운데서 참고 인내함으로써 진정한 사랑을 드러내게 된다.

또한 진정한 사랑은 항상 온유하고 겸비한 자세를 유지하도록 한다. 이는 세상의 유능하고 잘난 사람들이 일반적으로 취하는 태도와 전혀 다르다. 사랑은 결코 달콤하거나 겉보기에 아름다운 것만은 아니다. 즉 인간들이 가지는 감미로운 감성을 두고 진정한 사랑이라 말할 수 없다. 참 사랑은 도리어 자신을 하나님 앞에서 겸손하게 낮추고 인내하는 자세를 가지게 한다.

나아가 성도들이 소유해야 하는 진정한 사랑은 다른 사람들을 시기하거나 질투하지 않으며 자신의 것을 자랑하거나 남에게 교만한 자세를 취하지 않는다. 이 말은 사랑이 자신을 위한 이기적인 방편이 될 수 없음을 말해준다.

따라서 진정한 사랑은 자신을 다른 사람들 앞에 내세워 자랑하는 마음을 가지게 하지 않는다. 다른 이웃보다 자신이 낫다는 천박한 우월주의에 사로잡혀 있는 한 진정한 사랑을 드러낼 수 없다. 예수 그리스도의 참된 사랑을 소유한 자라면 결코 세속적인 것을 통해 유치한 자기중심적인 자랑을 하거나 교만에 빠지지 않는다.

그리고 사랑은 다른 이웃들 앞에서 무례하게 행하지 않으며 개인의 욕심을 추구하지 않는다. 또한 이기적인 욕망에 근거하여 무분별하게 남을 판단하거나 강압적인 요구를 하지 않는다. 여기서 무례하다고 하는 것은 자신에 대한 착각으로 인해 교만에 빠진 오만함을 의미한다.

참 사랑은 결코 하나님의 몸된 교회 가운데서 잘못된 차별주의를 용납하지 않는다. 나아가 하나님께서 허락하신 진정한 사랑을 소유하고 있다면 개인의 욕심을 채우고자 하는 일에 치중할 수 없다. 거기에는 항상 신앙으로 포장된 종교적인 욕망이 포함될 수 있음을 기억해야 한다.

하나님으로부터 말미암는 진정한 사랑을 소유한 성도들은 주관적인 판단과 목적에 어긋난다고 해서 쉽게 화를 내지 않는다. 그 근원을 찾아 마땅히 분노해야 할 때가 되면 교회와 이웃을 위해 성숙한 분노를 하게 될 따름이다. 따라서 사사로운 감정에 의해 이웃에게 앙심을 품거나 복수를 하고자 하는 마음을 가지지 않는다. 그것은 자신의 이기적인 욕망에서 발산되는 것이라는 사실을 잘 알고 있기 때문이다.

또한 사랑은 악한(evil) 것을 생각지 않으며 불의(unrighteousness)를 기뻐하지 않는다. 이는 일반적인 윤리에 연관된 악과 불의가 아니라 예수 그리스도를 십자가에 못박고 거룩한 하나님을 욕되게 하는 세상에 속한 것들을 의미한다. 하나님의 사랑을 소유한 성도들은 그런 것들을 버림으로써 영원한 진리와 더불어 기뻐한다. 그리고 모든 것을 참으며 모든 것을 믿고 바라며 견딘다.

하나님의 사랑을 소유한 성도라면 세상의 불의를 추구하며 그것으로 인해 자기만족에 빠지지 않는다. 그들은 오직 하나님의 진리와 더불어 기뻐한다. 그것은 타락한 세상에서 생성되는 경험적인 만족과 즐거움을 제공하는 것이 아니라 도리어 환난과 핍박을 동반하게 된다. 따라서 모든 것을 참고 인내하지 않을 수 없다. 참 사랑을 소유한 성숙한 성도들은 하나님의 영원한 약속을 믿고 오로지 천상의 나라를 바라보게 되는 것이다.

4. 사도시대의 특징적 은사들 (8-10)

하나님으로 말미암는 진정한 사랑은 이 세상에서 한시적이지 않고 영원히 존재한다. 그 사랑은 시대와 형편에 따라 변하는 것이 아니다. 사도교회를 거쳐 보편교회가 세워져 가는 가운데도 그 사랑은 여전히 존재하고 있다. 나아가 이땅에서는 물론 새 하늘과 새 땅에서도 그 사랑은 소중한 역할을 한다.

하나님께서 보여주신 그 사랑은 구약시대와 신약시대에 공히 존재해

왔다. 구약성경의 노아홍수 시대, 아브라함 시대, 모세 시대, 다윗왕국 시대와 그 이후 시대를 거치면서 구속사적인 상당한 특색이 있었지만 그 가운데는 변함없는 하나님의 사랑이 존재해 왔다. 신약시대에 있어서도 사도교회와 보편교회 시대의 상이한 특성이 있었지만 하나님의 사랑은 그대로 존속했다.

이처럼 역사상의 다양한 시대적 형편 가운데서도 하나님의 놀라운 사랑은 지속적으로 이어져 왔다. 그 사랑이 하나님의 백성들 가운데 온전히 드러나게 되었던 것이다. 바울은 그 사랑의 영원성을 언급하며 사도시대의 많은 특별한 은사들이 한시적이라는 사실을 말하고 있다. 사도 바울은 앞으로 예언도 폐하고 방언도 그치고 지식도 폐하게 될 때가 오리라는 사실을 언급했던 것이다.

> "사랑은 언제까지든지 떨어지지 아니하나 예언도 폐하고 방언도 그치고 지식도 폐하리라 우리가 부분적으로 알고 부분적으로 예언하니 온전한 것이 올 때에는 부분적으로 하던 것이 폐하리라"(고전 13:8-10)

신학자들 가운데는 이 말을 인류의 최종적인 종말과 연관되는 것으로 주장하는 자들이 상당수 있다. 그러나 이 내용이 과연 예수 그리스도의 재림과 영원한 천국에 연관된 것이라면 굳이 여기서 이런 언급을 할 필요가 있었을까? 우리는 우선 바울이 무엇 때문에 그런 특별한 은사들인 예언이 폐지되고 방언이 그치며 지식도 폐하게 된다는 말을 했는지 생각해보아야 한다.

물론 이 말은 종료의 의미를 지니고 있으면서 동시에 완성의 의미를 지니고 있다. 즉 사도교회 시대의 특별한 은사들을 배경으로 하여, 모든 것이 그보다 성숙된 보편교회 시대가 조만간 도래하게 된다는 사실을 드러내 보여주고 있는 것이다.

바울은 사도교회 시대의 성도들이 부분적으로 알고 부분적으로 예언한다고 했는데 이 말은 과연 무슨 의미인가? 신약성경이 완성되기 전에는 사도들과 특별한 은사를 받은 성도들의 말과 행동을 통해 사도시대 당시 전 로마제국에 흩어진 교회들 가운데 하나님의 말씀이 부분적으로 계시되었다. 하지만 그것들이 분명한 하나님의 계시였음에도 불구하고 산발적으로 예언되었으며 기록된 계시로 남지 않았다.

설령 어떤 사람이 그 모든 내용들을 글로 기록해 남겼다 할지라도 그 자체가 온전한 성경이 될 수는 없었다. 아무도 그 내용을 일점일획도 틀림없이 정확하게 받아 적을 수 없었기 때문이다. 기록된 성경계시가 완성되기 전에는 지역과 형편에 따라 교회를 세우기 위한 다양한 은사들이 허락되었다. 그러나 교회들 가운데 특별한 은사로서 사도시대에 계시된 은사적인 내용들은 부분적으로 알고 부분적으로 예언되었을 따름이다.

그렇지만 바울은 장래에 '온전한 것'(the perfect)이 오게 되리라는 사실을 분명히 언급했다. 온전한 것이 올 때(when the perfect comes)는 사도시대 여러 지역에 흩어진 교회들 가운데 특별한 은사들을 통해 부분적으로 예언되던 일들이 끝나고 교회는 성경을 통해 온전한 지식을 소유하게 된다는 것이었다.

그러므로 온전한 것이 오게 되는 시점은 최종심판을 위해 오시는 예수 그리스도의 재림과 연관되는 것이 아니라 AD 70년에 있었던 예루살렘 성전파괴와 연관되는 내용으로 보는 것이 적절하다. 이방인들에 의해 예루살렘 성전이 완전히 파괴됨으로써 유대인들이 패망하여 뿔뿔이 흩어지기 전까지는 하나님의 복음이 유대인들을 중심으로 전개되는 가운데 보편교회의 기초가 놓여지던 시기였던 것이다.[65]

---

65) 바울을 비롯한 여러 사도들이 전 로마제국을 다니며 복음을 전파할 때도 유대인 회당을 중심으로 하여 사도직을 감당했다. 그들은 이방 지역에 흩어져 살고 있으면서 메시아를 기다리던 유대인들에게 메시아가 오셔서 십자가 사역을 감당한 사실을 증거했던 것이다. 성경의 여러 내용들을 살펴볼 때 예루살렘 성전이 파괴되기 전까지는 유대인들을 중심으로 복음이 전파되었다는 사실을 알게 된다.

예루살렘 성전파괴와 더불어 사도교회 시대가 끝남과 동시에, 지역과 형편에 따라 한시적으로 계시되던 특별한 은사들이 종료되었다. 대신 이방인들의 세계와 더불어 보편교회 시대가 시작된 후부터는, 완성된 계시의 말씀과 더불어 성령께서 친히 교회 가운데 역사하시게 되었다.

우리는 이 의미와 함께 바울이 말한 '부분적으로 하던 것이 폐하리라'(the partial will be done away)는 말의 의미를 주의 깊게 생각해보아야 한다. 그는 굳이 앞 시대에 예비적으로 주어졌던 중요한 은사들을 폐하게 되리라는 사실을 강조해 말하고 있다. 이는 사도시대에 뒤따라 이어지는 또 다른 특별한 교회시대를 예고하는 것으로서 예수 그리스도의 온전한 신부인 새로운 보편교회 시대로의 변환의 의미를 내포하고 있다.

5. 온전한 지식의 시대 (11,12)

사도 바울은 교회와 성도들의 구속사적인 발전과정에 관한 설명을 하면서 인간의 성장과정을 예로 들고 있다. 그가 어린아이였을 때와 장성한 자가 되었을 때의 차이와 연속성을 말한 것은 이 세상에 존재하는 교회와 영원한 천국의 차이를 염두에 두고 구분한 말이 아니었다.

바울은 사도교회 시대를 어린아이의 때로 비유하면서 보편교회 시대를 장성한 사람이 되었을 시기로 설명하고 있다. 만일 이 말이 지상의 교회 시대와 주님의 재림과 더불어 임하게 될 영원한 천국을 염두에 둔 것이라면 굳이 어린아이 때의 유치함을 버리고 성숙하게 되는 사실과 연관지어 말할 필요가 없었을 것이다.

바울은 자기가 어렸을 때는 어린아이처럼 미숙한 말을 했으며 깨닫는 것이나 생각하는 것이 어린아이의 수준을 벗어나지 못했음을 언급하고 있다. 그러나 어른으로 장성한 후에는 더 이상 어린아이와 같이 말하거나 사고하지 않았음을 강조했다. 그는 어른이 되고 나서는 어린아이 때의 모든 일들을 버리게 되었음을 말했다.

우리는 바울이 한 그 말 가운데서 의미심장한 중요한 내용을 찾아낼 수 있어야 한다. 그는 과거 어린아이 때의 모든 것들을 무가치한 것으로 폄하하려한 것이 아니었다. 과거의 어린 시절을 거쳐 어른으로 성장했으며 어른이 된 후에는 더 이상 어린아이처럼 말하고 행동할 필요가 없는 것이 분명하다. 중요한 사실은 어린 시절이 어른으로 성장해가는 과정에서 결코 없어서는 안 될 소중한 배경이 된다는 점이다.

이처럼 방언과 예언 등의 은사들에 있어서도 그와 같다. 사도시대에는 그런 특별한 은사들이 교회 가운데 산발적으로 존재하고 있었다. 그렇지만, 예루살렘 성전파괴와 더불어 그에 대한 의미가 확실히 드러나게 되어 온전한 그리스도의 신부의 모습을 지닌 보편교회 시대가 도래하게 되면 더 이상 그런 방법이 아니라 더 성숙한 모습을 보이게 된다. 이는 사도시대에 방언, 예언, 부분적으로 예언된 말씀에 대한 지식 등 특별한 은사들을 통해 교회의 기초가 확립되었으나, 때가 되면 완성된 말씀과 성령의 사역을 통해 하나님의 뜻이 온전히 드러나게 되며 그 가운데서 교회에 속한 성도들이 신앙생활을 하는 시대가 이르게 됨을 말해준다.

그때가 이르면 사도교회 시대와 달리 초자연적인 현상을 동반한 은사들을 통해서 교회가 세워지지 않는다. 그것은 사도시대의 특별한 은사들이 보편교회를 위한 충분한 기초의 역할을 감당했음을 말해준다. 그 대신 보편교회 시대에는 성도들이 완성된 계시의 말씀을 통해 하나님을 섬기며 살아가게 된다. 따라서 더 이상 과거에 있었던 특별한 은사들에 집착하거나 얽매일 필요가 없는 것이다.

바울은 이에 대한 언급을 하면서, 과거에는 마치 청동거울을 통해 보듯이 희미하게 볼 수 있었다면 앞으로 때가 이르면 얼굴을 마주 대하는 것처럼 생생하게 보게 될 것이라는 사실을 말했다. 즉 사도교회 시대에는 로마제국 전 지역에 흩어진 여러 교회들 가운데 다양하게 드러난 은사들과 그 내용을 기억하는 지식을 통해 하나님의 뜻을 부분적으로 알아갈 수 있었다.

그렇지만 사도교회 시대를 마감하고 보편교회 시대가 이르게 되면 하나님에 대해 온전한 지식을 가질 수 있다. 그것은 인간들의 이성과 경험을 배경으로 한 것이 아니라 신약성경 27권의 완성된 기록계시와 성령 하나님의 도우심을 통해 여호와 하나님을 온전히 알아갈 수 있다는 사실을 말해준다.

우리는 이점에 대한 분명한 깨달음을 가지지 않으면 안 된다. 기록된 하나님의 말씀을 완벽한 진리로 알고 있는 개혁교회에서는 신구약성경 66권의 완전성과 충족성을 고백하고 있다. 이는 기록된 계시로 허락된 성경말씀만으로 하나님의 진리를 온전히 알아갈 수 있음을 의미한다.

불건전한 은사주의자들과 신비주의자들은 우리시대에도 초자연적이며 특별한 기적을 통해 하나님을 더 구체적으로 알아갈 수 있는 것처럼 여기고 있다. 그러나 기록된 말씀을 통해 알 수 없는 하나님의 진리를 초자연적인 방편을 통해 더 깊이 알아갈 수 있는 내용과 방법은 존재하지 않는다. 이 말은 기록된 계시로 주어진 성경 자체로서 완벽하며 성경에 대한 보조기능을 할 수 있는 다른 무엇인가를 추구하거나 기대한다는 것은 근본적으로 잘못된 태도라는 것이다.

우리는 방언과 예언의 의미에 대한 근원적인 의미를 잘 이해해야 한다. 그 의미는 사실상 오늘날 교회와 예배 가운데 그대로 드러나고 있다. 우리가 아는 것처럼 방언이란 인간들이 자의에 의해 말하는 언어가 아닌 천상으로부터 허락된 언어이다. 전적으로 하나님께서 은사로 주신 특별한 언어인 것이다.

오늘날 하나님의 자녀들은 성경에 계시된 천상의 언어를 사용하는 자들이다. 따라서 하나님의 모든 자녀들은 어디에 살든지 동일한 천상의 언어를 사용하고 있다. 역사 가운데 살았던 과거의 모든 믿음의 선배들뿐 아니라 현재 아프리카, 동남아시아, 아메리카 대륙 등 우리와 멀리 떨어져 전혀 다른 언어를 사용하는 자들조차도 참 하나님의 백성들은 기록된 성경의 천상언어를 사용하고 있다. 따라서 하나님의 말씀을 중심에 두고 있을 때 서로간 대화가 통하게 된다.

이와는 반대로 동일한 지역, 동일한 민족에 속한 사람이라 할지라도 하나님을 아는 자들과 그렇지 못한 자들 사이에는 본질적인 대화가 통하지 않는다. 성경에 기록된 천상의 언어를 사용하는 자들과 지상에서 익힌 경험상의 언어만으로 살아가는 자들은 서로간 영적인 대화가 이루어지지 않는 것이다. 날마다 얼굴을 마주하는 바로 옆집에 사는 이웃관계라 할지라도 본질적으로 서로 다른 언어를 사용하고 있기 때문이다.

예언의 은사에 대해서도 이와 마찬가지다. 예언은 앞으로 일어나게 될 일에 대한 말(prediction)을 하는 것이 아니라 하나님의 말씀을 교회에 전달하는 은사(prophecy)이다. 성도들은 기록된 성경을 통해 교회 가운데서 하나님의 말씀을 온전히 드러내야 한다. 특히 교회의 교사로 세움을 받은 목사가 공예배 시간에 말씀을 선포하는 사역은 곧 예언적인 성격을 지니고 있는 것이다.

이처럼 사도교회 시대에 있었던 방언과 예언의 특별한 은사들은 종료되었지만 그 의미는 여전히 보편교회 가운데 존속한다. 과거 사도교회 시대에 부분적으로 행해지던 방언의 은사와 예언의 은사가 이제는 교회 가운데 기록된 말씀과 더불어 상시적으로 존재하고 있음을 이해하는 것은 매우 중요하다. 바울이 말한 것처럼 보편교회 시대에는 완성된 하나님의 말씀을 통해 하나님의 진리를 분명하게 깨달아 알게 된다.

6. 믿음, 소망, 사랑

타락한 인간들의 본성은 원초적으로 이기적이다. 사랑에 있어서도 자기감정 여하에 따라 모든 것을 판단하고 누리고자 한다. 사랑의 감정이 활발하게 일어나면 기분이 들뜨고 그렇지 않을 때는 전혀 사랑과 무관한 반응을 보인다면 우리는 그것을 진정한 사랑이라 말하지 않는다.

그러나 하나님으로 말미암은 참된 사랑은 인간들이 경험하는 감미로운 감정과 구분된다. 그에 대한 온전한 깨달음이 곧 이기적인 인간 내면의 감정을 넘어서는 진정한 사랑의 의미를 알아가는 한 방편이 된다. 이는 일반적인 경우에도 형식상 어느 정도 적용될 수 있는 문제이기도 하다.

예를 들어, 부부간의 사랑, 부모 자식 간의 사랑, 형제간의 우애, 친구 사의의 우정, 민족과 종족에 대한 사랑 등 우리가 알고 있는 모든 사랑은 한시적이며 조건적인 것들이다. 인간들이 자신의 욕망을 위해 벌이고 있는 이기적이며 천박한 사랑이 아니라 외형상 윤리적이고 아름다워 보이는 사랑이라 할지라도 여전히 그 범주를 벗어날 수 없다.

일반적인 경우, 인간들의 모든 사랑에는 나름대로 조건이 붙는다. 어떤 형식으로든 자기에게 도움이 되고 유익이 될 만한 무엇인가 남아있을 때 사랑하고자 하는 나름대로의 이유를 찾게 된다는 것이다. 그러나 그런 현실적이며 감정적인 사랑을 넘어설 때 진정한 사랑이 드러난다.

부부간의 사랑을 예로 들어 보자. 부부간의 애정의 감정만으로는 영원한 사랑이라 말하기 어렵다. 남녀 사이에 애정으로 표현되는 그 사랑은 언제든지 변질할 가능성을 내포하고 있기 때문이다. 부부간에는 일반적으로 서로 돕는 관계에 놓여있다. 그것이 물리적인 도움이든지 정신적인 도움이든지 간에 부부는 서로 도움을 주며 의지하는 가운데 살아간다. 이는 상호 유익을 끼치며 필요로 한다는 사실을 의미하고 있다.

그런데 만일 부부 가운데 한 쪽이 도움을 줄 만한 모든 것들을 상실하게 된다면 어떻게 할 것인가? 예를 들어 부부 중 한 사람이 심한 중병이나 치매가 걸려 겉보기의 아름다운 모습이 완전히 사라지고 정신이 온전하지 못한 상태가 된다면 어떻게 할 것인가? 분명한 점은 그런 경우조차도 부부관계에 의한 사랑은 여전히 존재하게 된다는 사실이다.

그렇지만 우리가 분명히 기억해야 할 바는 그런 극단적인 상황에 이르게 되면 일반적인 관점에서 말하는 감미로운 애정은 남지 않게 된다는 점이다. 중병에 걸려 앙상한 몰골을 하고 있는 배우자로부터 도움을 바라기는커녕 도움을 줄 일만 남아 있다. 만일 그런 일이 발생한다면 대개 암담한 상황에 부닥치지 않을 수 없을 것이다. 그럼에도 불구하고 여전히 고통당하는 배우자를 기억하며 부부의 관계를 온전히 지속하는 것이 사랑이다.

여기서 필자가 말하고자 하는 것은 진정한 사랑을 소유한 자에게는 그 사랑이 자신의 이기적인 목적을 위해 존재하지 않는다는 사실이다. 타락한 세계에 살고 있는 인간들은 이미 자신을 위한 감정적인 사랑에 익숙해져 있다. 그러나 참 사랑은 타락한 인간의 이성과 경험에 기초한 사랑에 대한 일반적인 개념을 넘어서야 한다. 물론 이런 경우라 할지라도 그리스도가 없는 상태에서는 여전히 제한적일 수밖에 없다.

그러므로 교회에서 말하는 은사로서의 사랑이란 예수 그리스도의 사랑과 더불어 이웃을 기억하는 사랑이다. 즉 진정한 사랑은 느낌이나 감정, 그리고 일반적인 현실을 넘어선 개념인 것이다. 바울이 고린도전서 13장에서 말하는 하나님으로부터 허락된 사랑의 은사는 바로 그런 성격을 지니고 있다.

이제 우리가 주의 깊게 깨달아야 할 점은 참된 믿음, 소망, 사랑은 하나님의 몸된 교회 가운데 본질로서 존재한다는 사실이다. 바울은 고린도전서 13장 마지막 부분에서 그 세 가지 가운데 사랑이 제일이라 말하고 있다. 그렇다면 바울은 여기서 서열적 개념에서 사랑이 믿음과 소망보다 더 우월한 것으로 말했던 것인가? 단순히 그런 의미는 아닌 것이 분명하다. 믿음, 소망, 사랑은 서로 분리될 수 없는 신앙의 본질이기 때문이다.

사도 바울은 데살로니가와 골로새에 있는 교회에 편지하면서 믿음,

소망, 사랑에 관해 더욱 구체적인 기록을 하고 있다. 그는 교회와 성도들로 말미암아 감사한다는 사실을 언급하며 기도할 때마다 저들이 소유한 믿음, 사랑, 소망에 관한 내용을 기억한다는 말을 했던 것이다.

> "우리가 너희 무리를 인하여 항상 하나님께 감사하고 기도할 때에 너희를 말함은 너희의 '믿음의 역사' 와 '사랑의 수고' 와 우리 주 예수 그리스도에 대한 '소망의 인내' 를 우리 하나님 아버지 앞에서 쉬지 않고 기억함이니 하나님의 사랑하심을 받은 형제들아 너희를 택하심을 아노라"(살전 1:2-4);
>
> "우리가 너희를 위하여 기도할 때마다 하나님 곧 우리 주 예수 그리스도의 아버지께 감사하노라 이는 '그리스도 예수 안에 너희의 믿음' 과 '모든 성도에 대한 사랑' 을 들음이요 너희를 위하여 '하늘에 쌓아둔 소망' 을 인함이니 곧 너희가 전에 복음 진리의 말씀을 들은 것이라"(골 1:3-5)

바울이 기록한 위의 말씀 가운데는 '그리스도 안에 있는 믿음의 역사', '성도들에 대한 사랑의 수고', '하늘에 쌓아둔 소망으로 인한 인내' 가 선명하게 드러나고 있다. 그 셋은 별개인 것 같지만 하나로 엮어져 존재하는 특성을 지닌다. 즉 하나님의 몸된 교회에 속한 성도들이 마땅히 소유하고 보존해야 할 것은 그리스도 안에 존재하는 믿음, 소망, 사랑이라는 사실을 보여주고 있는 것이다.

이 세 가지 은사들은 단순히 개인의 신앙생활에 연관되는 것을 넘어 하나님의 몸된 교회를 위한 공적인 의미를 지니고 있다. 믿음, 소망, 사랑은 사도교회 시대에 특별히 허락된 은사들이었던 방언, 예언 등이 폐지된 것과 비교된다. 즉 이러한 은사들은 보편교회 시대에 있어서도 여전히 성도들 가운데 그대로 존재하고 있는 것이다.

제18장
'교회의 덕' 을 위한 방언과 예언

(고전 14:1-25)

1. "영적인 은사를 사모하라" (desire spiritual gifts) (1)

오늘날 신앙이 어린 교인들 가운데는 자기가 원하는 특별한 은사를 받기 위해 다양한 노력을 하는 것을 보게 된다. 그런 사람들은 은사를 달라고 하나님께 열심히 기도하기도 하며 나름대로 종교적인 애를 쓰기도 한다. 그들은 저들이 은사를 받고자 하여 그렇게 노력하는 것은 성경에 그렇게 기록되어 있기 때문이라고 말한다.

그 가운데 대표적인 말씀이 고린도전서에 기록된 '은사를 사모하라' (desire spiritual gifts)는 말이다. 사도 바울은 성도들을 향해 은사를 사모하라는 말을 분명히 말했다. 이는 은사를 가지기 위해 간절한 마음을 가지라는 의미인 것이 틀림없다. 그런데 바울은 '사랑을 따라 구하라' 는 말과 더불어 특별히 예언을 하도록 갈망하라고 권면했다.

우리는 바울이 여기서 말하고자 하는 진정한 의미를 잘 깨달아야 한다. 분명한 사실은 바울이 교인들에게 은사들을 받아 개인적으로 만족할 만한 종교적 목적을 도모하라고 말하지 않았다는 점이다. 이는 곧 은사가 개인에게 유익이 되지만 궁극적으로는 다른 성도들 곧 교회를 위한 것임을 의미한다.

본문 가운데 언급된 은사는 당시 특별한 은사들 가운데 대표적인 것이라 할 수 있던 방언과 예언이다. 그것은 사도시대에 연관된 은사임에도 불구하고 우리시대에도 신앙이 어린 자들 가운데는 방언과 예언을 함으로써 하나님으로부터 자신이 더 많은 사랑을 받아 누리는 듯이 생각하거나 개인의 종교적 위상을 높이는 것으로 착각하는 경우가 있다. 그러나 그것이 은사의 근본적인 목적이 될 수 없다.

참된 은사는 전적인 하나님의 선물이다. 이는 개인이 가지고 싶다고 해서 가질 수 있는 것이 아니라는 의미이다. 만일 그것을 소유하기 위해 억지를 부리게 되면 하나님의 뜻을 벗어나 엉뚱한 방향으로 나아가기 쉽다. 즉 하나님으로부터 말미암지 않은 것을 마치 특별한 은사인 양 착각할 수 있는 것이다.

그럼에도 불구하고 사도 바울은 고린도 교회 성도들을 향해 은사를 사모하라는 말을 했다. 그리고 그와 더불어 특별히 예언을 하도록 하라는 요구를 했다. 이는 인간의 종교적인 노력으로 인해 특별한 은사를 받을 수 있는 것처럼 들릴 수 있다. 그렇지만 과연 그것이 그런 의미인가?

우리는 도리어 바울의 이 말이 전적으로 하나님의 계시에 의존하라는 의미를 내포하고 있는 것으로 이해해야 한다. 즉 신령한 은사들 가운데 특히 예언을 사모하라는 말은, 교회에서는 인간의 이성과 경험에 따른 종교적 판단이 아니라 하나님의 계시에 따라 말하도록 요구한 것이다.

다양한 은사들 가운데 특히 예언을 하도록 애쓰라는 것은 계시된 하나님의 말씀을 교회 중에 그대로 드러내도록 노력하라는 의미를 지니고 있다. 즉 교회에는 하나님의 예언, 즉 계시된 말씀이 그대로 전달되고 적용되어야 한다. 특정 개인의 종교적인 의견과 주장이 지상의 교회를 이끌어 가는 것이 아니라 하나님으로부터 주어진 예언 즉 하나님의 말씀이 교회 가운데 적용되어야 하는 것이다.

그러므로 바울이 신령한 은사들을 사모하되 특별히 예언하도록 당부한 것은 하나님의 말씀에 전적으로 의존하도록 요구하는 것과 같다. 따라서 이 교훈은 오늘날 우리시대 교회에도 여전히 유효하다. 하지만 바울의 그 말은 현대를 살아가는 교인들에게 사도교회 시대의 성도들에게 주어졌던 특별한 은사인 입술의 방언이나 구체적인 예언을 하도록 사모하라는 말로 받아들여서는 안 된다.

바울이 전한 그 말씀의 의미가 오늘날 우리시대 교회에서도 당연히 유효하게 적용되어야 한다는 사실을 기억하는 것은 매우 중요하다. 이는 예언의 은사 자체가 아니라 그 본질적인 의미를 말하고 있다. 모든 성도들은 예수 그리스도께 기인하는 진정한 사랑에 따라 신령한 은사를 사모해야 한다. 그리고 여러 은사들 가운데 계시된 하나님의 말씀을 그대로 전하며 나누게 되는 예언의 은사를 사모해야 한다.

이는 하나님의 몸된 교회에서 자기 마음대로 주관적인 종교적 주장을 펼칠 것이 아니라 계시된 하나님의 말씀에 따라 말하고 그에 순종하는 자세를 가져야 한다는 사실을 말해주고 있다. 성숙한 성도들은 교회 안에서 개인의 종교적인 계획과 욕망을 추구하는 것이 아니라 신령한 은사들을 통해 하나님의 말씀에 온전히 순종하게 된다.

2. 방언과 예언의 특성 (2-5)

사도 바울은 본문 말씀 가운데서 방언과 예언의 특성에 관한 언급을 하고 있다. 그 둘의 공통점은 전적으로 하나님으로부터 주어진 은사라는 사실이다. 이는 인간들의 종교적인 이성과 경험을 배경으로 인해 쟁취될 수 있는 것이 아니라는 의미를 내포하고 있다.

그러나 하나님으로 말미암은 은사이지만 방언과 예언 사이에는 목적상 서로 다른 특성이 존재한다. 일반적인 은사로서의 방언은 보통 사람들이 결코 알아들을 수 없는 신비한 언어이다. 따라서 방언을 말할 때 그것 자체로서 끝나는 것이 아니라 은사를 받은 통역자를 필요로 한다.

우리가 여기서 깊은 주의를 기울여야 할 바는 방언의 특성에 대한 중요한 두 가지 내용이 있다는 사실이다. 그 중 첫째는 방언이 하나님께서 은사로 주신 내용을 하나님께 그대로 기도하게 한다는 점이다. 이는 참된 기도는 인간이 자의로 생각하고 발설하는 것이 아니라 하나님께서 요구하는 범주 안에서 기도해야 한다는 것을 보여주고 있다. 즉 원리적인 측면에서 볼 때 죄에 빠져 타락한 인간은 자기 나름대로 적절한 내용을 찾아 하나님께 기도할 수 있는 존재가 되지 못한다.[66]

그리고 둘째는 방언이 다른 인간들을 향해 말하는 언어가 아니라 하나님을 향해 기도하는 것이지만, 그 기도의 내용이 다른 사람들을 위해 공적으로 통역되어야 한다는 점이다. 이는 기도의 내용을 교회가 공적으로 알아야 한다는 것을 말해주고 있다.

일반적인 언어지식으로 이해할 수 없는 내용을 방언으로 기도하는 자는 영으로 비밀을 말하며 하나님께 기도하게 된다. 하지만 그 '비밀'은 아무도 알지 못하는 닫힌 내용이 아니라 교회 안에서 공개되어야 하는 개방된 내용이다. 통역자를 세워 그 내용을 통변하게 하는 것은 바로 그런 이유 때문이다.

이에 반해 예언은 다른 사람들이 전혀 알아들 수 없는 신비한 언어가 아니라 모든 성도들이 알아들을 수 있는 일상 언어로 전달되었다. 그 예언은 사적私的인 것이 아니라 공적公的인 자리에서 이루어진다. 히브리어를 사용하는 교회에서는 히브리어로 예언되었을 것이며 헬라어를 사용하는 교회에서는 헬라어로 예언되었을 것이다. 그리고 로마인들의 언어를 비롯한 다른 다양한 언어를 사용하는 흩어진 교회들에서는 각각 저

66) 바울은 로마에 있는 교회에 편지하면서 우리가 마땅히 기도해야 할 바를 기도하지 못하는 자들이라는 사실을 분명히 언급하고 있다: "이와 같이 성령도 우리 연약함을 도우시나니 우리가 마땅히 빌 바를 알지 못하나 오직 성령이 말할 수 없는 탄식으로 우리를 위하여 친히 간구하시느니라"(롬 8:26).

들의 언어로 예언되었을 것이 분명하다.

예언하는 자는 하나님으로부터 허락된 특별한 은사를 통해 교회에 속한 성도들에게 덕을 세우며 권면하는 가운데 안위하는 말씀을 전했다. 그 말씀은 예언하는 성도의 입술을 통해 예언되었지만 직접적인 하나님의 말씀이었다. 따라서 모든 성도들은 그 예언을 진리로 받아들여야만 했다.

사도 바울은, 방언을 말하는 자는 자기의 덕을 세우고 예언하는 자는 교회의 덕을 세우게 됨을 말하고 있다(고전 14:4). 방언은 개별 성도가 하나님께 기도하는 내용을 통역자가 교회 앞에 그 의미를 밝혔다. 이에 반해 예언하는 자는 교회의 성도들에게 직접 하나님의 말씀을 전달했다. 따라서 방언은 개인의 덕을 세웠으며 예언은 교회에 속한 여러 성도들의 덕을 세우게 되었던 것이다.

그러므로 바울은 모든 성도들이 방언을 말하기를 원한다고 하면서 특별히 예언하기를 원한다는 사실을 말했다. 개인 성도들의 영적인 삶도 중요했지만 전체교회의 공동체적 신앙이 더욱 중요함을 말하고 있었던 것이다. 물론 우리는 개별 성도들의 신앙이 교회에 예속되어 있음을 분명히 기억해야 한다.

따라서 바울은 공적으로 통역되지 않는 방언은 예언만 못하다는 사실을 언급했다. 방언이 개인의 덕을 위해 허락된 것이라면 예언은 교회공동체의 덕을 위해 허락된 것임을 이해하는 것은 매우 중요하다. 개인에게 유익이 되는 방언도 중요하지만 교회와 전체 성도들을 위한 예언은 더욱 중요한 것이다.

이는 물론 개인이 말하는 방언이 전체교회와 무관하다거나, 예언이 개별 성도들과 무관하다는 뜻이 아님은 두말할 나위없다. 바울은 방언이 예언보다 덜 중요하다는 것을 말하려 했던 것이 아니라 개개인 성도들이 속한 교회공동체가 더욱 중요하다는 사실을 강조하고자 했던 것이다.

3. 교회를 위한 분별력 있는 소리로서 방언과 예언 (6-12)

교회에 허락된 모든 은사들에 대해서는 교회가 분명히 식별識別할 수 있어야 한다. 이는 교회적 판단을 요구하는 의미로서 그 은사들로부터 실제적인 공적 유익이 발생해야 한다는 사실을 말해주고 있다. 이 말은 또한 모든 특별한 은사들은 숨어서 은밀하게 행해지는 것이 아닐 뿐더러 교회로부터 감추어진 내용이 될 수 없다는 사실을 의미한다.

그러므로 사도교회 시대의 모든 은사들은 원칙적으로 교회 안에서 공적으로 개방되는 내용이어야 했다. 그것은 아무도 알아듣지 못하는 신비한 말에 그치는 내용이 아니라 일반적인 언어로 교회에 전달되어야 하는 것이었다. 따라서 바울은 만일 그가 방언으로만 말하고 계시, 지식, 예언, 가르치는 내용 등을 일반 언어로서 전달하지 않는다면 교회를 위해 아무런 유익이 되지 않는다는 사실을 언급했다.

바울은 그것을 설명하기 위해 피리나 거문고와 같은 악기와 더불어 전쟁에서 신호로 사용하는 나팔을 예로 들었다. 만일 피리를 부는 것과 거문고를 타는 소리가 구분되지 않는다면 그것을 듣는 사람들은 음을 분별하지 못할 것이다. 그리고 전쟁과 연관된 나팔 소리가 분명한 차이를 내지 못한다면 그 신호에 따라 전쟁에 임할 수 없게 된다. 이처럼 사람의 입술로 말하는 언어 역시 다른 사람들이 알아들을 수 있는 언어가 아니라면 허공에 대고 소리치는 것과 다를 바 없다. 만일 그렇다면 인간의 언어는 기본적인 의미를 상실하게 된다.

세상에는 여러 종류의 소리(언어)가 있지만 모든 소리(언어)는 나름대로 뜻이 있다. 따라서 어떤 사람이 하는 말을 상대방이 전혀 알아듣지 못한다면 말하는 자나 듣는 자 사이에는 아무런 의사소통이 이루어질 수 없다. 그런 사람들 사이에서는 아무리 중요한 말을 많이 한다고 해도 아무런 의미가 발생하지 않는다.

하나님의 은사로서의 방언도 이와 같다. 일상적인 언어가 아닌 신비한 계시언어인 방언이 교회가 알아듣도록 통변될 때 비로소 그 의미가 선명하게 드러나게 된다. 따라서 성도들은 하나님께서 허락하시는 풍성한 은사를 갈망할 수 있다. 그러나 그 은사는 오직 교회와 성도들에게 덕을 세우는 일을 위해 사용되어야 한다.

4. 방언과 찬미 (13-19)

모든 은사들은 개인의 목적을 위한 것이 아니라 오로지 하나님과 그의 몸된 교회의 유익을 위해 존재한다. 따라서 방언은 통역이 있을 때 그 진정한 의미가 드러나게 된다. 이는 방언이 하나님께 기도하는 성격을 지니고 있으나 교회 앞에 통역됨으로써 다른 성도들에게 그 내용이 알려져야 함을 의미하고 있다.[67]

사도 바울은 방언으로 기도할 때 통역이 필요하다는 사실을 강조해 언급하면서 그 내용을 알지 못한다면 그의 영(spirit)은 기도하지만 마음(mind)은 아무런 열매를 맺지 못한다고 말했다. 이 말은 과연 무슨 의미인가? 본문에서 말하는 '영' 은 무엇이며, '마음' 은 무엇인가? 바울이 말하고 있는 '영' 은 인간의 이성으로 어떻게 할 수 없는 영혼을 의미한다. 이는 마치 신경계에 있어서 자율신경과 유사하다. 인간은 자신의 영혼을 스스로 제어하거나 조절할 수 없다.

이에 반해 '마음' 이란 판단력을 지닌 정신과 유사한 것으로 이해할

---

67) 오늘날 우리의 기도 역시 이와 동일한 의미 가운데 행해져야 한다. 각개인 성도들은 날마다 하나님께 기도하고 있다. 그 내용들은 외부로 공개되지 않지만, 교회 가운데 공개되는 것처럼 기도해야 한다. 우리가 그에 대한 올바른 깨달음을 가지게 된다면 교회와 성도들을 위한 기도에 힘쓰게 될 것이며 뿐만 아니라 무분별한 이기적인 기도에 매진하지 않을 것이다.

수 있다. 바울은 이와 연관된 언급을 하면서 '영과 마음으로 기도하고' '영과 마음으로 하나님을 찬미하리라'는 사실을 언급하고 있다(고전 14:15). 이는 영혼과 신앙정신의 전인적인 신앙자세를 말해준다.[68] 그러므로 방언과 그에 대한 통변을 통해 영혼과 마음이 하나님을 찬양하며 교회를 위해 유익을 끼치게 된다. 이는 곧 방언의 은사로 말미암은 개인의 기도를 통해 전체교회가 하나님을 찬미하게 됨을 의미한다.

통역이 없는 방언은 지상의 교회를 위한 아무런 공적인 의미가 없다. 만일 어떤 사람이 방언을 통해 영으로 하나님께 감사와 찬송을 돌리면 그 의미를 알지 못하는 다른 사람들은 그 말의 뜻을 전혀 모르기 때문에 그에 함께 참여할 수 없다. 그렇게 되면 방언의 은사를 받은 당사자는 하나님께 진심으로 감사할지 모르지만 다른 교인들은 그것을 통해 아무런 유익을 얻지 못한다.

그러면서 바울은 자기가 다른 사람들보다 방언을 더 말하므로 하나님께 감사하고 있음을 말했다. 그렇지만 교회 가운데서 성도들을 가르칠 수 있는 깨달음의 지식으로써 몇 마디 말을 하는 것이 통역 없는 일만 마디의 방언보다 훨씬 낫다는 사실을 강조했다. 그것은 모든 은사는 개인보다 교회공동체를 위해 존재한다는 사실을 말해주고 있다.

5. 지혜와 은사의 기능 (20-25)

바울은 은사에 관한 교훈을 주면서 지혜에 관한 내용을 언급하고 있다(고전 14:20). 여기서 말하는 지혜란 하나님의 말씀을 온전히 깨닫는 지혜를 의미한다. 성숙한 하나님의 자녀들은 타락한 세상에서 경험한 것과 전혀 다른 참된 지혜를 소유해야만 한다.

---

68) 이 말은 삼분설을 지지하는 의미가 아니다. 삼분설을 주장하는 자들이 사람을 영, 육, 혼으로 구분하지만 그것은 잘못된 것이다. 인간은 그렇게 분리될 수 있는 존재가 아니다.

또한 바울은 그와 더불어 악에 대해서 언급했다. 여기서 말하는 악은 단순한 일반 윤리적인 것이라기보다 하나님을 알지 못하는 세상의 속성에 연관된 것들을 의미하는 것으로 보아야 한다. 성숙한 성도들은 악에 대해서는 어린아이처럼 되어야 한다. 세속적인 가치관에 익숙한 어른들은 자기의 유익을 도모하기 위해 온갖 방법들을 다 동원하지만 어린아이들은 악을 행하기 위해 교묘한 방책을 세우는 일에 무지하여 둔할 수밖에 없다.

사도 바울은 그 말을 하는 가운데 이사야 선지자의 글을 인용하고 있다. 하나님께서는 이사야를 통해 배도에 빠진 이스라엘 백성들에게 경고의 말씀을 발하셨다. 그들이 앞으로 하나님의 말씀을 거부하고 그에 순종하지 않게 되면 하나님께서 저들에게 생소한 언어인 방언을 통해 심판하시리라는 것이었다.

> "그러므로 생소한 입술과 다른 방언으로 이 백성에게 말씀하시리라 전에 그들에게 이르시기를 이것이 너희 안식이요 이것이 너희 상쾌함이니 너희는 곤비한 자에게 안식을 주라 하셨으나 그들이 듣지 아니하였으므로 여호와께서 그들에게 말씀하시되 경계에 경계를 더하며 경계에 경계를 더하며 교훈에 교훈을 더하며 교훈에 교훈을 더하고 여기서도 조금, 저기서도 조금 하사 그들로 가다가 뒤로 넘어져 부러지며 걸리며 잡히게 하시리라"(사 28:11-13)

하나님께서는 이스라엘 백성들에게 자신의 계명에 온전히 순종한다면 영원한 안식과 기쁨을 주시겠다는 약속을 하셨다. 비록 타락한 세상에서 저들의 삶이 곤비하고 힘들지라도 진정한 안식이 약속되어 있었던 것이다. 이는 이스라엘 민족에게 주어진 불변하는 하나님의 언약이었다.

하지만 그들은 욕망에 이끌려 하나님의 요구에 불순종했다. 백성들이 하나님의 뜻을 거부했을 때 하나님께서는 저들이 알지 못하는 생소한 방언을 통해 여기저기서 산발적인 교훈을 허락하심으로써 저들의 불순종을 좌시하지 않으셨다. 따라서 그들은 나아가다가 쓰러져 뒹굴고 몸이 상하여 걸리며 사로잡히는 결과를 가져올 수밖에 없었다. 그것은 하나님의 심판과 연관되는 것이었다.

바울은 이사야서에 기록된 내용을 사도교회 시대의 방언에 연관지어 설명하고 있다. 방언은 믿는 자들을 위하는 것이 아니라 믿지 않는 불신자들을 향한 표적이었다. 여기서 믿지 않는 자들을 향한 표적이라는 말의 의미는 방언이 그들을 돕기 위한 긍정적인 것이 아니라 도리어 그들이 하나님의 말씀을 알아듣지 못하도록 하기 위한 심판에 연관된 의미를 담고 있다.[69] 즉 이는 믿는 자들을 위한 은사적인 개념을 넘어 믿지 않는 자들에게 주는 심판의 표적이었던 것이다.

이에 반해 예언은 하나님을 믿는 성도들을 위해 허락하신 특별한 은사이며 믿지 않는 자들을 위해 주신 은사가 아니다. 즉 예언은 하나님의 교회에 속한 성도들에게 주신 말씀이며 불신자들을 위해 주신 말씀이 아니다. 이에 대해서는 영어성경 King James Version의 번역에 그 의미가 잘 반영되어 나타나고 있다.

> "Wherefore tongues are for a sign, not to them that believe, but to them that believe not: but prophesying serveth not for them that believe not, but for them which believe"(Cor.1. 14:22)

69) 예수님께서는 비유에 관한 말씀을 하시면서도 심판에 연관하여 그와 동일한 관점에서 말씀하셨다. 그는 이사야서를 인용하며 그 의미를 설명하셨던 것이다: "그러므로 내가 저희에게 비유로 말하기는, 저희가 보아도 보지 못하며 들어도 듣지 못하며 깨닫지 못함이니라. 이사야의 예언이 저희에게 이루었으니 일렀으되, '너희는 듣기는 들어도 깨닫지 못할 것이요 보기는 보아도 알지 못하리라 이 백성들의 마음이 완악하여져서 그 귀는 듣기에 둔하고 눈은 감았으니 이는 눈으로 보고 귀로 듣고 마음으로 깨달아 돌이켜 내게 고침을 받을까 두려워함이라' 하였느니라"(마 13:13-15).

우리는 위의 영어성경에서 방언에 연관된 표적이 믿는 자들이 아니라 믿지 않는 자들에게 주어졌다는 의미가 내포된 사실을 주의 깊게 살펴야 한다. 즉 영어 본문에서 방언의 표적이 주어진 대상을 "to them"이라 표현하고 있다. 이는 같은 문장에 기록된 예언에 관한 사실을 언급하며 "for them"이 사용된 것과 크게 비교된다.

물론 이 말은 방언 자체에 계시된 내용이 아니라 그에 내포된 표적(sign)을 의미한다. 즉 방언은 믿는 자들에게 주기 위한 표적이 아니라 불신자들에게(to them that believe not) 심판을 선언하는 표적의 역할을 하는 것과 연관이 된다. 이는 예언의 은사가 믿는 자들을 위해(for them which believe) 허락된 사실과 대비되고 있다.

그러므로 바울은 방언과 예언의 은사가 시행되는 과정에 대한 언급을 했다. 만일 교회에서 모든 교인들이 방언으로 말하게 된다면 그 의미를 모르는 사람들이나 불신자들은 그들의 행동을 보고 정신나간 사람들이라 평가하지 않겠는가? 그들은 신비한 방언으로 말미암는 하나님의 뜻을 알 수 없다. 그것은 하나님의 뜻을 전혀 알지 못하는 저들에게 심판을 선언하는 것과 같은 역할을 하게 된다. 이는 방언이 공적인 절차에 따라 질서 있게 행해져야 한다는 교훈과 함께, 하나님의 자녀들과 불신자들 사이의 구별에 관한 내용이 함축된 의미를 담고 있다.

그렇지만 예언은 하나님의 택한 백성들에게 직접적인 교훈을 준다. 모든 성도들이 하나님의 예언을 들을 때 깨달음이 부족하거나 무지한 자들도 그 말씀을 통해 교회로부터 책망을 듣고 판단 받게 된다. 그리하여 저들의 마음속 깊이 숨겨진 죄악들이 드러난다. 그렇게 되면 저들이 하나님 앞에 엎드려 경배하며 하나님께서 교회 가운데 계신다는 사실을 받아들일 수밖에 없다. 이렇듯이 방언과 예언은 동일한 하나님으로부터 주어진 은사이지만 각기 상이한 특성을 지니고 있는 것이다.

제19장
공예배를 위한 계시와 은사들

(고전 14:26-40)

1. 공예배의 내용과 절차 (26)

하나님의 몸된 교회에 속한 신실한 성도들은 매주일 공예배 모임을 갖는다. 그 모임은 선택적인 것이 아니라 하나님의 자녀들이 마땅히 행해야 할 필수적인 요건이다. 만일 하나님의 백성이라 하면서 교회의 공예배 참여를 등한시하는 자가 있다면 그를 진정한 하나님의 자녀라 할 수 없다.

주일 공예배 모임 가운데는 기도와 찬송, 성경읽기, 그리고 하나님의 말씀을 선포하는 절차가 포함되어 있다. 그런데 그 절차는 언제부터 있었으며 성경적인 근거는 어디에 있는가? 우리는 그 중요한 근거를 고린도전서 가운데서 발견하게 된다. 이는 그 절차를 인간들이 임의로 만들어 낸 것이 아님을 말해준다.

사도 바울은 앞에서 방언과 예언을 통해 계시된 하나님의 뜻에 관한 설명을 한 후 예배절차에 관한 매우 중요한 교훈을 남기고 있다. 성도들이 공적인 예배모임을 가질 때 포함되는 내용들에 관한 기술을 하고 있기 때문이다.

> "그런즉 형제들아 어찌할꼬 너희가 모일 때에 각각 찬송시도 있으며 가르치는 말씀도 있으며 계시도 있으며 방언도 있으며 통역함도 있나니 모든 것을 덕을 세우기 위하여 하라"(고전 14:26)

공적인 예배시에 있어야 할 구체적인 내용은, 하나님을 찬송하는 시(psalm), 성도들을 가르치는 말씀(word of instruction), 하나님의 계시(revelation), 방언(tongue), 통역(interpretation) 등이다. 이는 사도교회 시대의 공예배와 직접 연관되어 있다. 여기서 말하는 시詩란 성경에 기록되어 있는 시편들을 의미한다.[70] 이러한 모든 내용들은 하나님을 예배하는 중요한 구성요소가 된다. 물론 이외에 하나님으로부터 주어진 다른 특별한 은사들이 포함될 수 있었을 것이다.

바울은 그 모든 것들이 교회의 덕을 세우기 위해 주어진 것이라는 사실을 강조했다. 즉 하나님께서 성도들에게 특별한 은사를 허락하신 까닭은 단순히 개인을 위한 것이 아니라 지상의 교회를 온전히 세우기 위한 방편이었다. 따라서 모든 은사들은 하나님과 그의 몸된 교회를 위한 것이며 그 의미는 예배를 통해 드러나게 된다.

우리가 여기서 각별히 눈여겨보아야 할 점은 예배 절차의 모든 내용들이 계시적 성격을 지니고 있다는 사실이다. 이는 우리시대의 공예배 절차에 있어서도 계시적 성격을 지니는 내용들로 구성되어야 한다는 사실을 말해주고 있다. 인간들의 종교적인 취향과 그에 따른 아이디어로 만들어낸 복잡한 내용들을 예배에 첨가할 수 없다.

---

70) 우리시대 교회의 공예배 가운데 사용하는 일반 찬송가는 하나님께서 계시하신 '시편'이 아니라 다른 교인들이 작사한 내용들이다. 엄밀한 의미에서는 그런 노래가 건전한 비판 없이 공예배에 사용된다는 것은 안타까운 일이다. 비록 찬송가 가사들이 건전하다 할지라도 그것은 기독교 성도대중들이 공예배 시간 이외에 부를 수 있는 교회내의 대중 노래로 사용되는 것이 바람직하다. 개혁주의 교회에서는 예배찬송으로서 시편찬송을 부르는 것을 매우 중요한 것으로 이해하고 있다.

2. 질서의 하나님 (27-33)

교회에 허락된 다양한 하나님의 은사들은 다른 성도들과 합의나 협력 관계에 있는 것이 아니라 성도들을 통해 개별적으로 나타나게 된다. 그렇지만 각각의 은사는 다른 은사들과 상관없이 단독적으로 그 의미를 충분히 드러내지는 않는다. 모든 은사들은 성령 안에서 서로 연합하여 교회 가운데 계시된 하나님의 뜻을 드러내게 되는 것이다.

따라서 상이한 모든 은사들은 서로간 완벽한 조화를 이루게 된다. 그리고 동일한 은사를 소유한 성도들 사이에도 온전한 조화를 이룬다. 어떤 은사를 받았든지 간에 은사를 받은 성도들은 서로간 존중해야 하며 이땅에 하나님의 몸된 교회를 세우는 일에 협력하는 것이 당연하다.

특히 그에 관한 의미는 하나님을 공적으로 예배하는 모임 중에 두드러지게 나타나게 됨으로써 교회에 속한 모든 성도들은 직접 다양한 은사들에 참여하게 된다. 그러므로 예배에 참여한 성도들 가운데 특별한 은사들이 나타날 때는 질서에 따라 은사가 행해져야 한다. 예배 중 방언을 할 경우 두 사람이나 세 사람이 하게 되면 순서를 좇아 질서 있게 말해야 하며 통변의 은사를 받은 성도의 통역이 필요하다. 만일 예배에 참여하는 성도들 중에 통변의 은사를 받은 자가 없다면 방언을 하지 말아야 한다.

방언을 말하는 사람은 그 은사를 통해 하나님께 기도하게 된다. 그 기도는 개인이 신비한 방언으로 하는 것이지만 공적인 의미를 지니고 있다. 통변의 은사를 받은 성도를 통해 그 기도의 내용이 교회 가운데 공개되어야 한다는 사실로써 그것을 알 수 있다.

공예배 시간에 한 성도가 예언을 하는 동안 다른 성도를 통해 하나님의 특별한 계시가 주어진다면 먼저 말했던 사람은 잠잠히 그의 말을 경청해야 한다. 바울은 예언의 은사와 연관하여 그것을 요구하고 있다.

그러므로 하나님께서 여러 사람들에게 예언을 허락하실 때는 한 사람씩 차례대로 예언을 해야 한다. 예언을 통해 모든 성도들에게 하나님으로 말미암는 교훈과 더불어 권면을 하게 되는 것이다. 여기서 말하는 교훈과 권면은 단순한 윤리적인 의미가 아니라 계시적 당위성을 말해주고 있다.

사도 바울은 또한, 하나님은 어지러움의 하나님이 아니라 화평의 하나님이라는 사실을 강조해 언급했다. 우리가 명심해야 할 바는 타락한 인간은 그 자체로서 어지러운 존재라는 사실이다. 죄에 빠진 인간은 참된 평화와는 원천적으로 거리가 먼 존재인 것이다.

따라서 죄성을 지닌 자연적인 상태의 인간들은 예배 가운데 어지러움을 더하고 하나님의 화평을 깨뜨리려는 속성을 소유하고 있다. 인간들은 항상 자신의 종교적인 취향과 욕망에 따라 하나님께서 원하지 않는 내용들을 첨가하려고 한다. 물론 하나님의 백성들이 악의에 찬 마음으로 그렇게 하는 것은 아니라 할지라도 자신을 냉철하게 확인하지 않으면 그 본성으로 인해 저절로 그렇게 될 수밖에 없다.

이러한 성향은 오늘날 우리시대에도 그대로 드러나고 있다. 인간들은 하나님을 예배하면서 하나님께서 계시를 통해 요구하신 내용이 아닌 것들을 동원해 자신이 원하는 종교성이 가득찬 열정적인 분위기를 조성하려고 한다.[71] 그러나 성숙한 성도들은 그런 것들에 대해 분명한 경계심을 가지지 않으면 안 된다.

---

71) 음악을 통한 예배 분위기 조성은 매우 위험하다. 하나님의 말씀에 대한 경외감이 아닌 예술적인 내용들을 가미함으로써 흥미 넘치는 예배 형태로 이끌어 가려는 것은 인위적인 행위에 지나지 않는다. 그리고 우리시대 한국교회가 일반적으로 받아들이고 있는 소위 '통성기도'는 건전한 것이라 말할 수 없다. 그것은 개인적이거나 집단적인 욕망을 표출하는 것 이상이 될 수 없기 때문이다. 그것이 설령 좋은 의도로 말미암는 것이라 할지라도 결코 바람직하지 않다. 성경에서 '하나님께 간절히 부르짖으라'고 한 말은 인간의 종교적인 감정을 풍부하게 해 큰소리로 기도하라는 말이 아니라 오로지 하나님께 구원이 있음을 알고 온전히 그에게만 의지하라는 말과 통하는 의미이다.

3. 남성과 여성의 직분 (34, 35)

바울은 자신의 여러 서신들에서 남성과 여성의 분명한 차이에 대한 설명을 하고 있다. '남자는 여자의 머리' (고전 11:3)라는 사실과 '하나님께서는 남자를 위해 여자를 창조하셨으며 여자를 위해 남자를 창조하지 않았다' (고전 11:9)는 사실을 앞에서 언급한 바 있다. 그리고 에베소 교회에 보내는 편지에서는 가정에서 아내가 남편에게 복종해야 한다는 사실을 강조했다(엡 5:22-24).[72]

이제 바울은 고린도전서 본문 가운데서 교회 안에 존재하는 남녀간의 문제와 더불어 예배 가운데 있어야 할 질서에 관한 교훈을 주고 있다. 이는 예배를 통해 하나님의 창조질서가 나타나게 됨을 보여준다. 하나님께서는 바울의 서신을 통해 여자는 교회의 공적인 집회에서 잠잠해야 함을 말씀하셨다.

> "모든 성도의 교회에서 함과 같이 여자는 교회에서 잠잠하라 저희의 말하는 것을 허락함이 없나니 율법에 이른 것 같이 오직 복종할 것이요 만일 무엇을 배우려거든 집에서 자기 남편에게 물을찌니 여자가 교회에서 말하는 것은 부끄러운 것임이라"(고전 14:34,35)

바울은 이 교훈이 고린도 교회에만 국한된 것이 아님을 분명히 밝히고 있다. 지상에 존재하는 성도들의 모든 교회에서 그러해야 한다는 사실을 언급하고 있는 것이다. '여자는 교회에서 잠잠하라' 는 말은 단순히 여자들로 하여금 다소곳하게 행동하라는 말이라기보다 가르치는 직분과 연관되는 것으로 이해해야 한다.

---

72) 이에 대해서는 베드로전서 3:1에서도 동일한 언급을 하고 있다: "아내된 자들아 이와 같이 자기 남편에게 순복하라 이는 혹 도를 순종치 않는 자라도 말로 말미암지 않고 그 아내의 행위로 말미암아 구원을 얻게 하려 함이니 너희의 두려워하며 정결한 행위를 봄이라"(벧전 3:1,2).

우리가 눈여겨보아야 할 대목은 바울이 율법의 교훈과 더불어 분명한 어조로 그에 대한 언급을 하고 있다는 사실이다. 이 교훈은 역사적인 정황이나 시대에 따른 문화적 배경에 의한 것이 아니다. 중요한 점은 그것이 구약성경의 율법에 기록된 증거에 의한 것이라는 명백한 사실이다. 바울은 창세기에 언급된 남편과 아내에 관한 기록을 염두에 두고 있었을 것이 틀림없다.

> "내가 네게 잉태하는 고통을 크게 더하리니 네가 수고하고 자식을 낳을 것이며 너는 남편을 사모하고 남편은 너를 다스릴 것이니라"(창 3:16)

하나님께서는 자신의 형상을 따라 남자를 지으시고 그를 위해 돕는 배필로서 여자를 창조하셨다(창 2:18). 물론 이 말은 남녀간의 성적인 불평등 관계를 말하고자 하는 것이 아니라 하나님의 창조질서를 보여주는 것이다. 그런데 아담을 위해 지음받은 하와는 남편에게 도움을 준 것이 아니라 도리어 그로 하여금 죄의 올무에 걸려들게 했다. 하와가 먼저 사탄의 미혹을 받음으로써 아담도 같이 죄에 빠지게 되었던 것이다.

따라서 우리는 하나님의 창조질서와 더불어 하와로부터 아담에게 전달된 인간의 범죄를 이해하고 기억해야만 한다. 죄가 하와를 통해 이 세상에 들어온 것은 우리가 주의 깊게 생각해야 할 내용이다. 이는 세상에서의 남녀 사이의 일반질서와 더불어 교회의 질서에 연관되어 있기 때문이다.

그러므로 바울은 여자들에게 교회에서 잠잠하라는 요구를 하면서 무엇을 배우려거든 집에서 남편에게 물으라고 했다. 이는 교회 가운데 마땅히 있어야 할 질서에 관한 내용을 시사해 주고 있다. 이 말 가운데는 또한 가정에서의 '남편의 권위' 에 대한 중요한 교훈이 포함되어 있다.

그런데 문제는 남편이 없는 부인들과 미혼여성들은 어떻게 해야 하는

가 하는 질문이 생길 수도 있다는 점이다. 그렇지만 우리는 당시 일반적인 가족제도를 생각해보면 그 의미를 쉽게 이해할 수 있다. 전통적인 인간사회에서는 온 집안이 함께 모여 사는 대가족 제도가 일반적인 가정 형태였다. 가정에는 항상 온 가족을 돌보는 가장家長이 있어서 그 책무를 다해야만 했다.

바울이 고린도 교회에 속한 여성들을 향해 남편에게 물어보아 배우도록 요구했던 것은 가장의 영적 지도력을 말하고 있는 것이다. 성경을 기초로 한 개혁주의 교회에서는 이점을 매우 중요시하고 있다. 하지만 우리시대에는 그것이 무너지고 있다. 오늘날 현대 사회는 소가족, 나아가서는 핵가족이 일반화 되어버렸다.

우리가 분명히 이해해야 할 점은 현대 가정에 있어서도 가장이 차지하는 위치는 매우 중요하다는 사실이다. 핵가족 제도가 보편화된 현대 사회에서는 가장의 권위가 완전히 땅에 떨어져 버렸다. 잘못된 남녀평등사상과 여권주의女權主義가 가정을 심각하게 위협하고 있는 것이다. 그렇다고 할지라도 교회에 속한 하나님의 자녀들은 타락한 세상의 위험한 풍조를 본받지 말아야 한다.

현대에 들어와 일반화된 포스트모더니즘 사상은 가정 안에도 깊숙이 침투해 들어와 있다. 주변 사람들에 대한 배려와 전체적인 질서보다 개인을 중시하는 이기적인 풍조가 가정 내부에까지 들어온 것이다. 나아가 하나님의 거룩한 교회 안에마저 그 사상은 강한 영향을 미치기 시작했다. 그러나 그것은 현대과학주의와 맞물린 인간들의 현실적 이성을 앞세운 위험하기 짝이 없는 사상이다.

우리는 성경이 말하고 있는 교회적 질서에 온전히 순종하는 신앙자세를 가져야 한다. 이는 남녀간 누구에게는 유리하고 누구에게는 불리한 문제를 논하는 것이 아니다. 그것은 하나님께서 자신의 교회에 요구하고 있는 신령한 내용일 따름이다. 사도 바울은 여자는 교회에서 잠잠해야한다는 사실을 고린도전서뿐 아니라 다른 서신에서도 언급하고 있다. 그는 디모데에게 보내는 편지에서도 그점을 분명히 말했던 것이다.

> "여자는 일절 순종함으로 종용히 배우라 여자의 가르치는 것과 남자를 주관하는 것을 허락지 아니하노니 오직 종용할찌니라 이는 아담이 먼저 지음을 받고 이와가 그후며 아담이 꾀임을 보지 아니하고 여자가 꾀임을 보아 죄에 빠졌음이니라"(딤후 2:11-14)

바울은 디모데에게 편지하면서 여자는 일절 순종함으로 조용히 배워야 한다는 사실을 구약성경을 근거로 하여 교훈하고 있다. 이는 분명히 교회에서 가르치는 직분과 연관된다. 하나님의 교회에서는 똑똑하고 잘난 인물을 요구하지 않는다. 아무리 유능하고 똑똑한 사람이 있다 할지라도 성경의 규례를 벗어나 아무렇게나 직분을 맡길 수 없다.[73]

성경은 교회에서 가르치는 직분은 여자가 감당할 수 있는 직분이 아님을 분명히 말하고 있다. 바울이 여자가 교회에서 말하는 것은 부끄러운 일이라(고전 14:35)고 기록했던 것은 바로 그 이유 때문이다.

이는 우리시대에 이미 보편화되어 가고 있는 여자목사제도와 더불어 반성적으로 생각해보아야 할 문제이다. 신앙이 어린 많은 사람들은 목사직분을 종교인으로서의 권리 혹은 권세에 연관지어 생각함으로써 직분에 대한 근본적인 착각을 하고 있다. 그들은 남자만 목사가 될 수 있다는 제도는 남성들의 가부장적 독점욕에 의해 그렇게 된 것인 양 생각한다. 여자목사제도를 받아들이고자 하는 사람들은 직분이 마치 인간들의 종교적인 권익을 위해 존재하는 것으로 오해하고 있는 것이다.

---

73) 구약시대 제사장직은 여자들이 감당할 수 없었다. 나아가 남성들이라 해서 누구나 자격이 있었던 것이 아니다. 제사장이 되기 위한 기본적인 요건은 똑똑하고 유능한 인물이기에 앞서 아론의 자손이어야만 했다. 그에 대해서는 반드시 그렇게 해야만 하는 이유가 무엇인지 따지기 전에 하나님께서 성경을 통해 그렇게 요구하시는 규례라는 사실에 주안점을 두어야 한다.

4. 사도의 서신을 통한 하나님의 기록계시 (36-38)

하나님의 계시에는 일반계시와 특별계시가 있다. 일반계시란 하나님의 모든 피조세계가 그에 속한다. 하나님께서는 창조사역을 통해 자신이 어떤 분임을 드러내 보여주셨다. 하늘에 있는 해 달 별들과 땅에 있는 동식물들, 그리고 천지만물의 운행과 변화의 법칙 등은 하나님의 놀라운 섭리를 보여준다. 그러므로 하나님의 자녀들은 그 일반계시들을 통해 하나님의 능력을 보며 깨닫게 된다.

이에 반해 특별계시란 하나님께서 인격적으로 자기 백성들에게 직접 보여주고 말씀하신 것을 의미한다. 기록된 하나님의 말씀과 다양한 은사들은 특별히 교회에 속한 백성들에게 주어진 것들이다. 그것은 하나님의 자녀가 아니면 아무리 유식한 자라 할지라도 결코 알 수 없는 내용들이다. 즉 하나님의 특별계시는 교회 안에만 존재한다.

또한 우리는 특별계시를 크게 둘로 나누어 생각할 수 있다. 그것은 한시적 특별계시와 상시적 특별계시이다. 한시적 특별계시에는 다양한 이적들과 방언, 예언 등이 있다. 그러나 그러한 것들은 하나님의 상시적 계시가 완성되어 교회에 주어지기 전에 있었던 한시적 특별계시에 해당된다.

이에 반해 상시적인 특별계시란 기록된 하나님의 말씀을 의미한다. 하나님의 말씀인 신구약 성경 66권이 완성된 후에는 더 이상 한시적인 특별계시를 필요로 하지 않는다. 모든 특별계시들은 자기 백성을 구원하시기 위한 하나님의 특별은총에 해당된다. 즉 그 계시들은 인간들에게 일반적인 혜택을 베풀기 위해 허락된 것이 아니다. 상시적 특별계시인 기록된 성경이 교회에 주어진 후에는 그것만으로 인간들의 구원을 위한 충분한 메시지가 되었던 것이다.

사도 바울은 고린도전서의 본문 가운데서 이와 더불어 매우 중요한 언급을 하고 있다. 그것은 기록계시에 연관된 문제이다. 당시 방언과 예언, 그리고 병 고치는 은사 등을 통한 하나님의 특별계시는 한시적인 기능을 담당했다. 즉 한시적으로 주어진 특별계시들을 상시적으로 교회 가운데 둘 수 없었던 것이다.

그러므로 바울은 자신이 교회들에 쓴 편지가 기록된 계시로서 하나님의 명령인줄 알아야 한다는 사실을 강조해 말했다. 만일 그것이 진리의 계시라는 사실을 알지 못하는 자라면 진정한 진리를 아는 자라 할 수 없다. 한시적인 특별계시들의 의미를 올바르게 깨닫고 있는 성도들이라면 마땅히 바울을 통해 기록된 언어로 말씀하시는 하나님의 진리를 알아가야만 한다.

5. 예언과 방언 (39, 40)

사도 바울은 고린도 교회를 향해 예언을 사모하며 방언을 말하는 것을 금하지 말도록 요구했다. 또한 적당하게 질서대로 그 은사들을 드러내도록 했다. 이는 모든 은사들이 하나님과 그의 몸된 교회를 위한 것임을 말해주고 있다. 이 말은 앞에서 바울이 말했던 '예언도 폐하고 방언도 그치리라' (고전 13:8)는 말씀과 더불어 이해해야 한다.

즉 예언과 방언이 하나님의 경륜에 의해 폐지되기 전까지는 한시적인 특별계시들이 교회 가운데 임했으며 어느 누구도 그것들을 금할 수 없었다. 하지만 바울이 고린도전서를 기록하던 시점에서 본다면 한시적인 특별계시의 시대가 끝나고 상시적 계시가 완성되는 날이 조만간 반드시 오게 되어 있었다.

앞에서도 언급한 바 있지만 예언과 방언 등의 은사는 사도시대에 교회의 기초를 세우기 위해 있었던 특별한 은사들이었다. 그러나 '온전한 것' (고전 13:10)이 온 후에는 그 특별한 은사들이 폐지되었다. 즉 신약성경이 완성되고 보편교회 시대가 도래한 후에는 특별한 은사로서의 예언과 방언이 더 이상 필요 없게 되었던 것이다.

그렇지만 우리시대에도 예언을 하는 정신과 방언으로 기도하는 고유한 신앙정신을 배워야 한다. 우리 역시 그 정신을 사모해야 하는 것은 매우 중요한 의미를 지닌다. 현대를 살아가는 성도들 역시 예언하듯이 하나님의 말씀을 전달해야 하며 방언하듯이 하나님께 기도해야 하는 것이다. 즉 사도교회 시대의 성도들처럼 예언하고 방언을 말하기 위해 그것들을 사모하는 것이 아니라 계시된 성경과 성령 하나님의 도우심을 통해 진리를 말하고 온전한 기도를 하도록 힘써야 하는 것이다.

6. 은사와 재능

하나님께서는 이땅에 자신의 몸된 교회를 온전히 세우고 보존하시기 위해 각양 특별한 은사들을 허락하셨다. 그것은 인간들의 종교성을 통해 쟁취할 수 있는 것이 아니라 전적으로 하나님께서 주시는 선물이다. 만일 인간들이 스스로 계발하는 것들이라면 그것은 진정한 은사라 할 수 없다. 야고보서에서는 그에 대한 분명한 기록을 하고 있다.

> "각양 좋은 은사와 온전한 선물이 다 위로부터 빛들의 아버지께로서 내려오나니 그는 변함도 없으시고 회전하는 그림자도 없으시니라"(약 1:17)

야고보는 여기서, 선하고 온전한 은사들은 전적으로 천상에 계시는 하나님으로부터 주어진다는 사실을 말하고 있다. 하나님은 영원토록 불변하는 분으로서 그로부터 오는 모든 신령한 은사들 역시 완전한 통일성을 지니게 된다. 이는 하나님의 은사가 오염된 이땅에서 발생하지 않으며, 하늘로부터 허락된 은사만이 교회 가운데 온전히 적용되어야 함을 보여주고 있다.

하지만 방언과 예언 등 사도교회 시대에 있었던 특별한 은사들은 우리시대에 전혀 필요하지 않다. 계시된 하나님의 말씀이 완성된 형태로 교회에 주어졌으므로 더 이상 그런 부분적인 특별한 은사들에 의존할 필요가 없게 된 것이다.

그렇지만 우리시대에도 여전히 하나님으로 말미암는 일반적인 은사들이 존재한다. 그것은 바울이 앞에서 언급했던 믿음, 소망, 사랑과 같은 보편은사들이다. 나아가 이는 그것들에 국한되지 않고 봉사, 위로, 권면 등 그와 연관되는 다양한 형태의 은사들이 존재하고 있다는 사실을 동시에 시사하고 있다.

그런데 우리시대에는 흔히 하나님께서 허락하시는 은사와 인간들이 가지는 재능을 혼동하는 것을 보게 된다. 그러나 하나님으로부터 교회에 허락된 은사와 인간들이 일반적으로 소유할 수 있는 재능은 본질적으로 다르다. 나아가 교회에 속한 교인들이 가지고 있는 재능이라 해서 모두가 하나님의 은사인 것은 아니다.

모든 인간들은 크든 작든 나름대로의 재능을 소유하고 있다. 각 사람들은 그것을 통해 개성을 나타내며 자신의 숙련된 탁월성을 드러내 보이기도 한다. 따라서 사람들은 보다 크고 나은 재능을 가지고자 애쓰며 많은 재능을 소유한 자들을 부러워하기도 한다. 나아가 그것을 계발하여 자기 발전을 도모하고자 애쓰기도 한다.

이에 반해 하나님의 은사는 전혀 그렇지 않다. 하나님으로부터 받은 은사들에 대해서는 크고 작음을 비교하여 평가하거나 자랑할 성질의 것이 아니다. 그것은 전적으로 하나님께 속한 것으로서 하나님의 몸된 교회를 위해 사용되어야 할 따름이다. 하나님께서 피로 값주고 사신 모든 성도들은 교회를 위해 필요한 나름대로의 일반적인 은사들을 소유하고 있다. 따라서 모든 성도들은 자신이 받은 일반적인 은사를 하나님의 뜻에 따라 올바르게 사용해야 할 의무를 가지게 된다.

우리가 여기서 분명히 이해해야 할 바는, 교회 안에 있는 성도들에게만 존재하는 것이라면 '은사'이지만, 신불신信不信에 관계없이 모든 인간들에게 있는 것이라면 '재능'이라는 사실이다. 즉 은사는 하나님의 자녀들에게만 특별히 주어지며 재능은 자연적인 모든 인간들이 나름대로 가질 수 있는 성질을 지닌다.

예를 들어 하나님의 말씀을 선포하는 것[74]이나 교회와 성도들에 대한 진정한 사랑 등 하나님의 교회를 세우기 위한 것들은 은사에 해당된다. 하나님을 알지 못하는 불신자들은 결코 그런 은사들을 가질 수 없다.

그러나 피아노를 잘 친다거나 노래를 잘 부르는 것, 미술, 연극, 스포츠 등에 남다른 탁월한 소질이 있다면 그것은 일반적인 재능이다. 어떤 교인이 그런 능력이 있어서 교회 가운데서 활용한다고 해도 그것은 은사가 아니라 재능인 것이다. 즉 불신자들 가운데도 그런 탁월한 능력을 가지고 있는 사람들이 있다면 그것은 재능에 해당된다. 물론 하나님의 자녀들은 그 재능을 올바르게 잘 사용해야 함은 지극히 당연한 일이다.

교회 안에 존재하는 하나님의 모든 은사들은 매우 중요하다. 인간들은 교회 가운데서 종교적인 목적을 이룩하기 위해 어떤 은사를 만들거나 창출해 낼 수 없다. 설령 외견상 유사한 모습을 띠고 있다 할지라도 그것은 참된 은사가 아니다. 교회에 존재하는 모든 은사들은 전적으로 하나님으로부터 말미암는다.

성숙한 성도들은 결코 다른 사람의 은사를 부러워하거나 탐내지 않는다. 만일 그런 마음을 품게 되면 자기를 위한 욕망의 도구로 그것을 사

---

74) 공예배 시간에 설교하는 자는, '하나님의 말씀'을 '인간의 언어'로 바꾸는 오류에 빠지지 않도록 각별한 주의를 기울여야 한다. 바울이 말한 것처럼 설교자는 말(言語)의 재주로 성도들을 감동시키려 할 것이 아니라 하나님의 말씀 자체가 성도들을 감동시키도록 해야 하는 것이다. 그러므로 설교자의 은사는 하나님의 말씀을 가감 없이 교회 가운데 드러낼 수 있는 은사를 의미한다.

용하고자 하는 마음을 가지게 된다. 단지 하나님께서 자기에게 주신 은사를 그냥 묻어두지 않고 성실하게 잘 드러내어 사용함으로써 하나님의 몸된 교회를 온전히 세워나가는 것이 소중할 따름이다.

제20장
그리스도의 부활과 복음의 본질

(고전 15:1-28)

1. 복음과 구원 (1,2)

사도 바울은 수년 전에 고린도 지역을 방문해 약 1년 6개월간 머물면서 그곳에 있는 사람들에게 하나님의 복음을 전파했었다. 그로 말미암아 고린도에 교회가 세워졌으며, 교회 가운데는 그 복음이 굳게 자리잡고 있어야만 했다. 그것이 하나님의 자녀들이 소유한 신앙의 본질적인 기초였기 때문이다.

그런데 세월이 흘러가면서 복음에 대한 깨달음이 서서히 약화되어 갔다. 세상에 편만한 인본적인 사고들이 교회 안으로 침투해 들어왔으며 점차 하나님의 것이 아닌 사람들의 능력에 의존하기 시작했다. 그것은 결국 하나님의 몸된 교회를 어지럽히는 결과를 가져올 수밖에 없었다.

그러므로 바울은 고린도 교회 성도들에게 다시금 그 복음의 본질을 상기시켜 깨달음을 주고자 했다. 겉보기에 아무리 그럴듯하게 보인다고 해도 복음의 능력이 온전히 드러나지 않으면 그것은 아무것도 아니다. 설령 주변의 많은 사람들이 칭찬을 아끼지 않고, 교인들이 엄청난 자부심을 가지고 있다 할지라도 복음에 대한 진정한 깨달음이 없다면 그런 교회를 참되다 할 수 없는 것이다.

바울은 그것을 설명하기 위해 본문 가운데서 '헛된 믿음'에 관한 기록을 하고 있다. 인간들이 신앙이라 주장하는 모든 것들이 진정한 믿음이 될 수는 없다. 스스로 독실한 종교성을 소유하고 있는 자체가 중요한 것이 아니라 성경을 통한 객관성 있는 믿음이 소중하다. 만일 헛된 믿음을 소유한 채 주관적인 성실성과 더불어 종교적 충성을 다한다면 그것은 도리어 위험할 따름이다.

아무리 정성을 다해 교회에 출석하여 봉사한다고 해도 기초가 잘못되었다면 그것을 온전한 신앙이라 할 수 없다. 그런 헛된 믿음을 피하는 길은 인간의 이성과 경험에 의존하지 않는 것이다. 중요한 점은 사도들이 전한 하나님의 말씀을 굳건히 지키는 자세이다. 그렇게 하기 위해서는 인간들 가운데 형성된 상식적인 신앙생활이 아니라 항상 성경의 교훈을 구체적으로 확인하는 가운데 하나님의 말씀에 온전히 순종해야만 한다.

거기로부터 영원한 구원이 하나님의 백성들에게 임하게 된다. 즉 하나님으로부터 허락되는 참된 구원은 인간들의 심성과 종교적인 결단에 달려 있는 것이 아니라 계시된 하나님의 말씀에 달려 있다. 따라서 교회는 계시된 말씀을 온전히 드러내기 위해 최선의 노력을 기울여야 하는 것이다.

그럼에도 불구하고 고린도 교회의 실상은 전혀 그렇지 못했다. 그러므로 바울은 그들에게 기록된 계시의 말씀을 통해 다시금 교회가 마땅히 가져야 할 복음의 본질에 관한 중요한 교훈을 주고자 했다. 그것은 곧 예수 그리스도의 부활에 연관된 것이었다. 그것으로 말미암아 모든 성도들은 궁극적인 부활에 참여하게 된다.

이에 관한 분명한 깨달음과 온전한 수용이 있을 때 성도들의 삶은 천상의 나라에 조화되는 정체성을 지닐 수 있다. 그렇게 되면 타락한 세상에 대한 관심이 달라지며 천상으로 말미암는 참된 가치관을 소유하게 된다. 그것을 통해 하나님의 거룩한 교회에 속한 구원받은 성도로서 온전한 삶을 살게 되는 것이다.

2. 부활하신 그리스도와 목격자들 (3-8)

바울은 고린도 교회에서 예수 그리스도의 십자가 사역에 관한 모든 진리를 직접 말로써 전한 바 있었다. 그 내용은 주님께서 십자가에 달려 죽으신 후 장사되었다가 사흘 만에 다시 살아나신 부활사건을 포함하고 있다.

배도한 유대인들과 이방의 로마제국 당국자들은 예수님을 죄인으로 몰아부쳐 십자가에 못박아 죽였다. 그들은 우주만물을 창조하신 조물주인 하나님의 아들을 사탄의 세력이 장악하고 있는 세상에서 제거하고자 했던 것이다. 인간들은 그 악행을 통해 일시적으로 승리한 듯 기고만장한 모습을 보였으나 실상은 그것이 패망의 길이었다.

예수님께서는 십자가 위에서 공개적인 처형을 당한 후 썩지 않는 시신의 상태로 사흘간 깜깜한 무덤에 묻혀있었다. 그러나 그는 사흘만에 부활하셔서 사십일 동안 예루살렘과 갈릴리 지역에서 제자들을 비롯한 여러 성도들을 만나 교제하셨다. 그것은 역사적 흐름 가운데 우발적으로 발생한 일이 아니라 성경에 예언된 대로 일어난 구속사적 사건이었다.

구약성경에는 그에 관한 예언들이 기록되어 있다. 특히 시편기자는 썩지 않는 메시아의 몸에 관한 구체적인 내용을 노래하고 있다,

> "이러므로 내 마음이 기쁘고 내 영광도 즐거워하며 내 육체도 안전히 거하리니 이는 내 영혼을 음부에 버리지 아니하시며 주의 거룩한 자로 썩지 않게 하실 것임이니이다 주께서 생명의 길로 내게 보이시리니 주

의 앞에는 기쁨이 충만하고 주의 우편에는 영원한 즐거움이 있나이다"
(시 16:9-11)

위의 시편 말씀은 구약의 메시아 고백이라 할 수 있는 내용이다. 구약성경은 전체적으로 미래에 오실 메시아와 그의 십자가 사역에 관한 예언을 하고 있다. 시편 기자는, 메시아가 죽음에 처한다 해도 그의 몸은 썩지 않고 다시 살아남으로써 영원한 생명의 길을 제시하게 될 것을 노래하고 있는 것이다.

예수님께서 악한 인간들로부터 모진 고난을 당하시고 십자가에 달려 돌아가신 것은 순전히 우리의 죄를 감당하기 위해서였다. 하나님의 아들이신 그가 그것을 피할 수 있는 힘과 능력이 부족해서 죽임을 당한 것이 아니라 자기 백성들을 구원하시기 위해 스스로 자신의 거룩한 생명을 내어주셨던 것이다. 그가 인간의 몸을 입고 이 세상에 오신 것은 전적으로 자기 백성을 구원하기 위한 목적 때문이었다(마 1:19).

십자가에 달렸다가 장사된 후 무덤에서 부활하신 주님께서는 사십일 동안 지상 활동을 하시면서 천상에서의 삶에 관한 교훈을 주셨다. 그는 예루살렘과 갈릴리호수 주변 등지에서 부활하신 몸으로 제자들에게 나타나셨다. 베드로를 비롯한 열두 제자들에게 여러 차례 나타나 영원한 천국복음을 확증하셨던 것이다.

그리고 주님께서는 승천을 앞두고 오백여 명이나 되는 성도들이 모인 자리에서 부활하신 자신의 모습을 보이셨다. 그곳에 모여 있던 수많은 사람들이 그의 몸이 천상으로 올라가는 모습을 생생히 목격했다(행 1:9).[75] 또한 부활하신 예수님께서는 야고보를 비롯한 여러 성도들에게

---

75) 거기 모인 성도들에게는 예수님께서 승천하시는 그 광경이 전혀 신비롭거나 놀라운 일이 아니었다. 에녹과 엘리야가 승천한 사실을 잘 알고 있는 그들에게 하나님의 아들이신 예수 그리스도의 승천은 자연스럽게 받아들여졌을 것이 분명하다.

나타나셨다.

바울은 또한 맨 나중에 모든 것이 부족하기 짝이 없는 자신에게도 보이셨음을 언급했다. 이는 그가 교회를 핍박하기 위해 다메섹으로 가던 길에 예수님을 만난 사건을 두고 말하는 것으로 보인다. 바울은 그때 부활하신 주님의 실제 모습을 대면했던 것이 분명하다. 즉 그가 다메섹 도상에서 만났던 예수님은 환상이 아니라 부활하신 그의 실제적인 모습이었던 것이다.[76)]

예수님의 십자가 사건으로부터 부활과 승천의 모든 과정을 직접 목격한 자들 가운데 상당수는 바울이 고린도전서를 쓸 당시에도 생존해 있었다.[77)] 그러므로 부활하신 주님과 그의 승천을 눈으로 목격했던 수백명의 성도들 가운데 다수는 죽었지만 태반이 바울 당시에도 살아있다는 사실을 강조했다. 그것은 어느 누구도 부인할 수 없는 실제적 사건이었음을 말해주고 있는 것이다.

3. 하나님의 은혜를 입은 사도 (9-11)

사도 바울은 자신이 거룩한 하나님으로부터 이루 형언할 수 없는 큰 은혜를 받았음을 고백했다. 이에 대해서는 비단 사도뿐 아니라 모든 성도들이 그와 같은 은혜를 입었다. 우리 역시 그 놀라운 은혜를 받아 누

---

76) 바울이 다메섹 도상에서 만났던 예수님은 환상이 아니라 실체이신 예수님 자신이었던 것으로 이해해야 한다. 천상에 계신 주님께서 지상에 있는 바울에게 자신의 모습을 드러내심으로써 천상의 나라와 지상에 있는 하나님 나라 사이의 관계를 보여주셨던 것이다.

77) 당시 성도들은 예수님의 승천에 대해 놀라거나 의심하지 않았다. 그들은 에녹과 엘리야가 살아있는 몸으로 승천했다는 사실을 이미 잘 알고 있었기 때문이다. 따라서 오늘날 우리도 성경에 대한 올바른 깨달음을 가지고 있다면 결코 예수 그리스도의 부활과 승천에 대해 의심하거나 받아들일 수 없는 신비한 사건으로 이해하지 않는다.

리는 성도들에 속한다.

바울은 본문 가운데서 자신을 만삭滿朔되지 못해 출생한 부족한 인간으로 표현하고 있으며 사도들 가운데 지극히 작은 자에 지나지 않는다고 말했다. 나아가 그는 하나님의 몸된 교회를 모질게 핍박하는 일을 자행했던 자로서 '사도'라 칭함을 받는 것조차 감당하기 어렵다는 사실을 고백하고 있다.

또한 바울은 다른 서신에서 자신을 죄인들 중에 가장 악한 괴수魁首라는 언급을 했다. 이것은 결코 허울 좋은 말이 아니며 단순히 자신을 낮추는 겸손함을 보이기 위해 한 말도 아니다. 그는 자신이 실제로 하나님께 강력하게 저항하는 악한 일에 앞장섰던 부끄러운 인간이었음을 고백했던 것이다. 바울은 사랑하는 제자 디모데에게 편지하면서 자신을 그렇게 표현하고 있다.

> "죄인 중에 내가 괴수니라 그러나 내가 긍휼을 입은 까닭은 예수 그리스도께서 내게 먼저 일절 오래 참으심을 보이사 후에 주를 믿어 영생 얻는 자들에게 본이 되게 하려 하심이니라"(딤전 1:15,16)

우리가 분명히 깨달아야 할 점은 사도 바울이 그것을 자랑으로 삼지 않는다는 사실이다. 그런데 우리시대의 어떤 사람들 가운데는 자기가 하나님으로부터 더 크고 많은 은혜를 입었다는 것을 드러내기 위해 자신의 더러운 과거를 마치 자랑거리라도 되는 양 떠벌리는 자들이 없지 않다. 그들은 소위 간증을 하면서 자기의 과거를 은근히 자랑하듯이 내세우는 것이다.

그러나 바울은 결코 그렇지 않았다. 그는 자신이 '죄인 중에 괴수'라는 말을 통해 자신의 악한 모습을 고백했다. 하나님으로부터 막중한 사명을 부여받은 사도라 할지라도 하나님을 알지 못했을 때는 사악한 인간에 지나지 않았다. 그에 관한 고백을 통해 하나님의 백성이라 할지라도 인간의 몸을 입고 있는 한 여전히 나약한 존재이며 인간적인 것으로 인해 자랑할 것이 아무것도 없음을 말하고자 했던 것이다.

그러므로 바울은 자신이 하나님의 사도가 된 것은 전적으로 하나님의 은혜로 인한 것임을 밝혔다. 그 놀라운 하나님의 은혜를 알기에 그는 더욱 신실하게 하나님의 말씀에 온전히 순종하고자 했다. 하지만 그것마저도 자신의 잘남 때문이 아니라 하나님의 은혜로 말미암은 것임을 고백하고 있다.

4. 그리스도의 부활을 믿는 자들 (12-19)

하나님의 자녀들은 계시된 성경의 증거를 통해 예수 그리스도의 부활을 믿는다. 구약성경에 기록된 하나님의 섭리와 성취된 약속들과 더불어 그 사실을 믿게 되는 것이다. 물론 그것은 전적인 하나님의 은혜로 말미암는 것일 수밖에 없다.

하지만 신앙이 없는 어리석은 인간들은 사실여부를 떠나 그것을 전혀 믿지 않으며 신앙이 어린 자들은 그 의미를 인간적인 판단에 따라 달리 해석하려는 경향이 있다. 그들은 예수님의 부활을 실제적인 몸의 살아남이 아니라 '영적인 것' 으로 이해하려 하거나 '상징적인 것' 으로 돌리려 한다.

그러나 우리가 기억해야 할 실상은 예수님께서 죽음을 이기고 부활하셨다는 엄연한 사실이다. 그에 대해서는 사도교회 시대에 살았던 허다한 증인들이 그것을 직접 목격했으며 실제적인 많은 증인들이 사도시대 후반까지 생존해 있었다. 그들은 성경의 교훈과 더불어 저들이 직접 목격한 놀라운 사실을 다른 사람들에게 전하지 않을 수 없었을 것이다.

그런데 문제는 예수 그리스도의 부활과 승천을 목격한 수많은 증인들이 있었음에도 불구하고 여전히 그것을 부인하는 자들이 많이 있었다는 사실이다. 물론 일반상식에 비추어본다면 아무리 많은 증인들이 있다고 할지라도 도저히 그것을 받아들일 수 없는 것이 도리어 자연스럽다. 우선 자신이 직접 목격하지 않은 상태에서 그에 대한 타인의 진술 자체를 쉽게 믿을 수 없기 때문이다.

오늘날 하나님의 자녀들은 그 사실을 직접 목격하지 않았지만 주님의 부활을 완전히 믿는다. 성경의 증언과 목격자들의 진술을 아무런 의심 없이 그대로 받아들이는 것이다. 이렇듯이 하나님의 몸된 교회와 그에 속한 성도들이 성경에 기록된 증인들의 말을 전혀 의심하지 않고 믿을 수 있는 마음을 가지는 것은 전적인 하나님의 은혜 때문이다.

고린도 교회 내부에는 죽은 자의 부활을 부인하는 자들이 상당수 있었다. 그들은 입술로는 예수 그리스도를 믿는다고 말하면서 그의 부활을 받아들이지 않았으며 다른 일반 인간들의 최종적인 부활도 믿지 않았다. 아마도 그들 가운데 다수는 유대인들 중에 사두개인들의 영향을 강하게 받았을 것이다.

구약시대 말기에 유대 민족의 종교와 정치적인 지도자 역할을 하던 바리새인들과 사두개인들은 부활에 관한 서로 다른 관념적 사상을 가지고 있었다. 바리새인들은 나름대로의 부활사상을 소유하고 있었다. 물론 그들의 부활사상은 참된 성도들이 가지고 있는 예수 그리스도에 연관된 부활신앙과는 거리가 먼 내용이었다.

한편 사두개파 사람들은 아예 부활을 믿지 않았다. 그들은 위태로운 현실주의자들이었던 것이다.[78] 그러므로 부활을 전혀 믿지 않던 사두개인들은 현세적인 관점에서 예수님을 시험하기도 했다(마 22:23; 막12:18; 눅 20:27). 사도행전에는 바울의 변론 가운데서 그에 관한 분명한 증거를

78) 그런 자들의 사상은 오늘날 자유주의 신학자들과 유사하다. 그들은 입술로 예수님을 믿는다고 말하면서 그의 몸의 부활을 믿지는 않는다. 그대신 부활을 상징적으로 받아들여 기득권에 저항하는 역사적 사건에 적용시키는 것이 일반적이다. 예를 들어 사회적 투쟁이나 민중항쟁을 부활사상에 연관짓는 것이다.

남기고 있다.

> "이는 사두개인은 부활도 없고 천사도 없고 영도 없다 하고 바리새인은 다 있다 함이라"(행 23:8)

고린도 교회에 출석하면서 부활이 없다고 생각하던 유대인 배경을 가진 자들 가운데는 부활을 믿지 않으면서도 그것이 마치 정통 유대인들이 가졌던 신앙인 것으로 오해하는 자들이 상당수 있었던 것으로 보인다. 그들은 메시아를 믿고 있었지만 계시된 하나님의 말씀보다 유대인들 중 사두개파의 잘못된 전통에 의존해 그렇게 주장했을 것이 분명하다.

그러므로 바울은 '부활'이 하나님의 교회가 소유한 신앙의 근간이 됨을 강조해 말하고 있다. 예수 그리스도께서 죽은 자들 가운데서 다시 살아나신 것은 이미 교회를 통해 전파되고 있는 영원한 불변의 진리임을 분명히 말했다. 만일 부활이 없다면 예수 그리스도께서도 죽음에서 살아나지 못했을 것이며 그에게 속해 하나님을 믿는 자들 역시 최종적으로 부활할 수 없을 것이다.

정말 그렇다면 교회는 종교적인 거짓을 유포하는 악한 집단이 되고 만다. 그렇게 되면 성도들의 모든 믿음도 헛것이며 그들이 전파하는 복음도 헛된 것이 될 수밖에 없다. 우리가 과연 그런 악한 자들이 될 수 있다는 말인가!

뿐만 아니라 하나님의 이름을 핑계대며 부활을 앞세워 복음을 선포하는 자들은 하나님의 거짓증인이 된다. 그것은 천벌을 받을 짓을 행하는 것과 마찬가지다. 이는 모든 것이 거짓일 뿐 아니라 멸망을 자처하는 악한 행위밖에 되지 않는다.

바울은 또한 여기서 부활이 없다면 이 세상에서의 생을 마감하고 그리스도 안에서 잠자는 성도들도 망하였으리라는 말을 했다. 만일 부활이 있지 않다면 성경에 나타난 훌륭하다고 인정받는 믿음의 선배들이 가장 불쌍한 자가 되었을 것임을 언급하고 있다. 부활이 없음에도 불구하고 그렇게 주장하며 전파했다는 사실은 하나님의 선한 자가 아니라 가장 악하고 위험한 자들일 수밖에 없기 때문이다.

만일 기독교인들이 그런 엉터리 부활에 연관된 거짓을 믿고 그것이 마치 진리인 양 착각하며 다른 사람들에게 유포하며 살아간다는 것은 세상에서 가장 불쌍한 자가 될 수밖에 없다. 그런 행동은 그들 스스로 거짓에 속으면서 다른 사람들마저도 자기의 거짓에 끌어들이기 위해 안간 애를 쓰는 것과 전혀 다르지 않다.

현대를 살아가는 교회와 성도들 역시 이와 마찬가지다. 만일 예수 그리스도와 그에 속한 자들의 궁극적인 부활이 없고 영원한 세계가 없다면 우리가 가장 악한 사기꾼이 될 수밖에 없다. 없는 것을 마치 있는 듯이 포장해 많은 사람들을 가르치고 미혹하는 일에 앞장서 왔으니 그보다 더 악한 행위가 어디 있겠는가! 우리는 예수 그리스도와 그의 백성들의 궁극적인 부활을 강변하고 있는 사도 바울의 음성을 귀담아 들어야 한다.

5. 아담과 그리스도의 역할 (20-24)

교회는 막연하고 허망한 것을 믿고 따르는 종교집단이 아니다. 지상에 세워진 교회는 하나님의 특별한 은혜 가운데 기록된 계시를 통해 세상의 모든 것들을 깨달아 알 수 있는 천상의 비밀을 소유한 거룩한 신앙 공동체이다.

여호와 하나님께서는 창세전부터 삼위일체 하나님으로 존재하셨다. 하나님은 고유한 뜻에 따라 우주만물과 자신의 형상을 닮은 인간을 창조하셨다. 그러나 하나님으로부터 모든 것을 위임받은 인간이 하나님을 떠나 사탄의 편으로 넘어감으로써 세상에 더러운 죄가 들어와 파멸의 자리에 놓이게 되었다(창 1:28; 3:6). 그렇게 되자 인간은 피할 수 없는 죽음에 직면하게 된 것이다.

하지만 신실한 하나님께서는 창세전의 언약으로 인해 자기 백성들을 죄로부터 구원하고자 하셨다. 하나님은 그 일을 위해 인간의 역사에 친히 관여하셨으며 그 가운데 성자 하나님을 보내셨다. 거룩하신 하나님이 인간의 몸을 입고 이 세상에 오신 것은 죄에 빠진 자기 백성들을 구원하시기 위해서였다(마 1:19).

그가 임마누엘[79] 하나님으로서 인간이 되신 것은, 아담이 저지른 악한 죄를 인간이 되어 완벽하게 처리해야 했기 때문이다. 그러나 하나님의 아들이 이 세상에 왔을 때 타락한 인간들은 그를 환영하지 않았다. 세상에 흩어진 죄에 빠진 인간들은 물론 하나님께서 세우신 언약의 백성인 이스라엘 민족조차도 그를 메시아로 받아들이지 않았다. 하나님을 떠난 세상의 모든 인간들은 사탄의 영향에 따라 하나님의 간섭을 받지 않고 제멋대로 살고자 하는 욕망을 버리지 않았던 것이다.

예수님께서는 그 가운데서 영원한 천국복음을 선포하셨다. 선택받은 백성들은 그것을 보며 언약의 실상을 깨달아 하나님께로 돌아왔지만 그렇지 못한 인간들은 더욱 적극적으로 그에게 저항했다. 그들은 인간의 몸을 입은 하나님의 아들을 제대로 알아보지 못했으며 일반 사람들보다 더 못한 자로 규정하기에 이르렀다.

결국 조물주이신 거룩한 하나님의 아들이 피조물인 타락한 인간들에 의해 십자가 위에서 잔인하게 처형당하게 되었다. 그것은 죄인들의 악행에 의해 인간의 몸을 입은 거룩한 하나님의 아들이 죽게 되었음을 의미한다. 그리하여 예수 그리스도께서는 자기에게 속한 자녀들을 대신해

---

79) '임마누엘' 이란 말은 '하나님께서 우리와 함께 계시다' 라는 뜻을 지니고 있다. 그러나 그 말은 하나님이 우리시대에 영적으로 성도들과 더불어 계신다는 말과는 다르다. 그 진정한 의미는 하나님께서 피조물인 인간의 몸을 입고 마치 다른 인간처럼 이 세상에 와 계신다는 의미이다.

모진 고초를 겪으며 죽게 되었다. 죄로 말미암아 마땅히 죽어야 할 자기 백성들의 죽음을 대신하게 되었던 것이다.

이는 '인간'에 의한 '인간'의 죽음, 곧 사탄의 편에 속한 악한 인간들에 의해 '거룩한 인간'인 예수 그리스도께서 죽게 됨으로써 하나님의 선택을 받은 성도들이 영원한 생명을 얻게 되었음을 말해준다. 즉 인간의 몸을 입으신 하나님의 아들의 죽음은 하나님의 자녀들을 위한 대속代贖의 죽음이었다. 예수님이 대신 죽음으로 인해 하나님의 자녀들은 죄값을 치루기 위해 죽을 필요가 없게 된 것이다.

십자가 위에서 처형당한 예수님은 완전한 죽음에 처해졌다. 그래서 그는 무덤에 장사되어 사흘간을 지내야 했다. 그러나 맨 처음 아담을 통해 인간들을 죽음으로 몰아넣은 사탄의 세력은 하나님의 아들마저 사망으로 몰아넣을 수는 없었다.

인간의 죽음을 대신하신 예수님께서는 결국 사흘만에 사망을 깨뜨리고 다시 살아나셨다. 그가 죽음에서 부활하신 것은 창세전에 선택받은 모든 백성들을 위한 대표성을 띠고 있다. 그가 사망을 부수고 다시 살아남으로써 지상에서의 인생살이를 끝내고 무덤에서 잠자는 성도들의 첫 열매가 되셨던 것이다.

바울은 여기서 매우 중요한 언급을 하고 있다. 그것은 사망이 '사람'으로 말미암아 들어왔으므로 죽음에 빠져 있는 인간들의 부활도 '사람'으로 말미암게 된다는 사실이다. 이는 결자해지結者解之라는 말과 통한다. '인간'이 사망을 끌어들이는 문제를 일으켰으니 '인간'이 사망을 결박하는 그 문제를 해결해야만 하는 것이다.

거룩하신 하나님이시자 하나님의 아들이신 예수 그리스도께서 인간의 몸을 입으셔야 했던 궁극적인 이유가 바로 여기 있다. 이리하여 아담으로 말미암아 모든 인간들이 죄에 빠져 죽은 것처럼 인간의 몸을 입고 이 세상에 오신 예수 그리스도를 통해 그의 모든 백성들이 영원한 참 생명을 얻게 되었다.

그 일은 하나님의 놀라운 경륜에 따라 차례대로 질서 있게 이루어진다. 부활에 연관되는 예수 그리스도의 사역과 교회에 속한 성도들에게 허락되는 궁극적인 은혜는 하나님의 섭리에 의해 이루어지게 된다. 이는 부활하신 주님을 통해 하나님께서 주도적으로 일하심을 보여주고 있다.

부활의 첫 열매는 하나님의 아들이신 예수 그리스도시며 그 다음은 그가 재림하실 때 그에게 붙은 성도들이다. 이는 하나님께서 피로 값주고 사신 지상의 교회를 의미한다. 교회에 속한 성도들의 최종적인 부활이 있게 되면 그리스도께서 사탄과 그에 속한 모든 정사와 권세와 능력을 완전히 멸하신다. 그리고 그의 구속사역으로 인해 다시 얻게 된 영원한 나라를 하나님께 바치게 된다. 이로써 이 세상을 창조하신 하나님의 궁극적인 뜻이 이루어지게 되는 것이다.

6. 만유의 왕, 만유의 주 (25-28)

예수 그리스도의 십자가 사역은 하나님의 궁극적인 승리를 의미한다. 어리석은 인간들은 예수님을 십자가에 못박아 죽인 후 일시적이나마 그것이 마치 저들의 승리인 양 착각했다. 그러나 그것은 자기 백성들을 구원하시고자 하여 자신의 거룩한 몸을 내어주신 성자 하나님의 섭리적 사역이었다.

그러므로 부활하신 예수 그리스도께서는 최종적인 심판이 있을 때까지 지상의 교회를 다스리시며 세상을 관장하시게 된다. 즉 그는 모든 원수를 짓밟고 발아래 둘 때까지 엄위한 왕의 지위를 가지고 사역하신다. 그가 만물을 발아래 짓밟는다는 것은 그 자신은 피조세계인 우주만물에 속하지 않았음을 말해주고 있다.

이 말은 천년왕국에 연관되는 것으로서 지상의 보편교회와 직접적인 관련이 있다. 사도요한은 계시록에서 그에 대한 분명한 언급을 하고 있다. 예수님께서 피로 값주고 사신 교회가 하나님 앞에서 '막강한 세력을 지닌 나라'와 '거룩한 제사장'이 되어 이땅에서 왕의 지위를 누리게 되리라는 것이었다.

> "저희로 우리 하나님 앞에서 나라와 제사장을 삼으셨으니 저희가 땅에서 왕노릇하리로다 하더라"(계 5:10);
> "이 첫째 부활에 참예하는 자들은 복이 있고 거룩하도다 둘째 사망이 그들을 다스리는 권세가 없고 도리어 그들이 하나님과 그리스도의 제사장이 되어 천년 동안 그리스도로 더불어 왕노릇 하리라"(계 20:6)

요한계시록에 언급된 첫째 부활에 참예하는 자들이란 예수 그리스도의 부활에 연결된 지상교회에 속한 성도들을 지칭한다. 그들은 타락한 세상에 살아가고 있지만 하나님께 속한 거룩한 백성들이다. 그러므로 영원한 멸망을 의미하는 둘째 사망이 결코 그들을 지배할 수 없다.

그들이 도리어 거룩한 하나님의 제사장이 되어 천년 동안 만왕의 왕이신 예수 그리스도와 더불어 왕의 권능을 수행하게 된다. 여기서 교회가 왕 노릇한다는 것은 교회의 왕이신 그리스도가 왕으로서 세상을 심판하며 자기 백성들을 구원하실 때 하나님의 모든 자녀들도 그리스도의 편에서 왕적인 지위를 소유하게 됨을 의미한다.

최종적인 종말의 때가 이르게 되면 우주만물이 부활하신 주님께 온전히 복종하게 된다. 만물이 그에게 복종한다는 사실은 예수 그리스도를 통한 하나님의 궁극적인 심판과 완전한 승리의 도래를 의미한다.

예수 그리스도께서 만물을 발로 짓밟고 최종적인 승리를 노래하게 될 때 성자 하나님이신 그는 성부 하나님께 순종함으로써 완전한 승리를 이루게 된다. 그렇게 함으로써 만유를 창조하신 하나님이 오염된 처음 피조세계를 심판하신 후 재창조하신 새 하늘과 새 땅 안에 영원토록 거하시게 되는 것이다.

제21장
예수 그리스도의 재림과 부활

(고전 15:29-58)

1. 오해된 신앙 (29)

고린도 교회에 속한 사람들 가운데 어떤 어리석은 자들은, 교인들이 죽은 자를 대신해 세례를 받을 수 있는 것처럼 생각하고 있었다. 나아가 그후 타락한 가톨릭교에서는 존재하지 않는 상상의 공간인 연옥煉獄을 만들어 두고 그곳에 있는 죽은 사람들을 위한 또 한번의 구원의 기회가 있는 것처럼 주장했다.

배도에 빠진 중세의 기독교에서는 돈을 끌어모으기 위한 수단으로 면죄부를 판매했다. 그때 연옥을 들먹이며 죽은 자들을 천국에 보내기 위해서는 많은 액수의 돈을 헌금해야 한다고 선전했던 것이다. 성경의 가르침을 멀리했던 많은 사람들은 그 말을 듣고, 지옥에 가게 될 죽은 조상들을 불쌍히 여겨 헌금을 하며 대신 빌었던 것이다.

그들이 그렇게 했던 까닭은 성경의 교훈에 대한 근본적인 무지 때문이었다. 죽은 사람과 연관된 성경본문들 가운데 한 구절이 곧 고린도전서 15장 29절이다. 어리석은 자들은 바울의 편지 가운데 죽은 자들을 위해 세례를 받는 것이 상당한 효력이 있는 것으로 말한 듯이 착각하고 있다.

> "만일 죽은 자들이 도무지 다시 살지 못하면 죽은 자들을 위하여 세례 받는 자들이 무엇을 하겠느냐 어찌하여 저희를 위하여 세례를 받느뇨"(고전 15:29);
>
> "Now if there is no resurrection, what will those do who are baptized for the dead? If the dead are not raised at all, why are people baptized for them?"(1Cor. 15:29)

이 말씀이 과연 죽은 자들을 위해 세례 받는 것에 대한 타당성을 말하려는 것이었을까? 그것은 결코 그렇지 않다. 어리석은 자들은 이 본문에 대해 상당한 오해를 하고 있다. 바울이 기록한 위의 본문이 의미하는 바는, 만일 죽은 자의 부활이 없다면 죽은 자를 대신해 세례를 받는 자들은 무엇 때문에 그렇게 하느냐는 것이었다. 사도 바울은 여기서 진리를 오해하고 있는 자들의 어리석은 행위를 강하게 질타하고 있다.

이 말씀은 결코 죽은 자들을 위해 대신 세례를 받는 자들의 행위를 인정하지 않는다. 도리어 진정한 세례를 오해하여 어리석은 행동을 하는 자들을 향해, 죽은 자들을 위해 대신 세례를 받기도 하면서 그리스도의 부활은 믿지 않는 것에 대한 질책을 하고 있다. 그들은 죽은 자를 위해 세례를 받는 불신앙적인 한심한 행동을 하면서도 정녕 예수 그리스도의 부활은 믿지 않고 있었다.

그런데 그 사람들은 도대체 어떤 근거로 말미암아 죽은 자를 위해 세례를 받았던 것일까? 성경본문의 전체적인 문맥을 살펴보건데 그들은 교회 바깥이 아니라 교회 안에 들어와 있던 자들이었다. 예수님이 메시아라고 여겨 외형상 기독교인이 된 사람들 가운데서 그런 어처구니없는 일이 일어나고 있었던 것이다.

우리는 그들이 유대인들 가운데 바리새파의 영향을 받은 사람들이었을 것이란 사실을 미루어 짐작할 수 있다.[80] 당시 바리새인들은 나름대로 내세를 믿었으며 왜곡된 부활사상을 가지고 있었다(행 23:8). 우리가 앞에서 살펴본 대로, 이는 그리스도와 성도들의 궁극적인 부활이 없다고 주장하던 자들(고전 15:12)이 사두개파의 신학적 영향을 강하게 받은 것과 크게 대비된다.

그러므로 고린도전서 15장 29절에서, 죽은 자들의 부활을 부인하면서도 다른 한편으로 그들이 영생할 것이라고 믿던 자들의 신앙은 바리새인들의 잘못된 부활사상으로 말미암은 것으로 이해할 수 있다. 이는 당시 고린도 교회 내부에 왜곡된 내세관을 가진 바리새파 배경을 가진 자들과 내세를 부인하는 사두개파의 불건전한 사상 배경을 가진 자들이 부활에 연관된 하나님의 진리를 심각하게 위협하고 있었던 사실을 보여준다.

2. "나는 날마다 죽노라" (30-34)

사도 바울은 지상에서 사역을 하는 동안 항상 어렵고 힘든 위험한 상황에 노출되어 있었다.[81] 그는 과연 무엇 때문에 그런 위험을 무릅쓰며 복음을 전파해야만 했을까? 바울은, 끊임없이 발생하는 불안한 여건 가운데서도 하나님의 진리를 선포할 수 있었던 것은 예수 그리스도와 그

80) 우리는 다소에서 출생한 바울이 바리새파 배경을 가지고 있었음을 잘 알고 있다. 이는 바울의 고향인 길리기아 지방뿐 아니라 당시 전 로마 지역에 바리새파 사람들이 흩어져 있었음을 의미한다. 이는 또한 바리새파뿐 아니라 사두개파 역시 전 지역에 흩어져 살았다는 사실을 입증해주고 있다.

81) "우리는 그리스도의 연고로 미련하되 너희는 그리스도 안에서 지혜롭고 우리는 약하되 너희는 강하고 너희는 존귀하되 우리는 비천하여 바로 이 시간까지 우리가 주리고 목마르며 헐벗고 매맞으며 정처가 없고 또 수고하여 친히 손으로 일을 하며 후욕을 당한즉 축복하고 핍박을 당한즉 참고 비방을 당한즉 권면하니 우리가 지금까지 세상의 더러운 것과 만물의 찌끼 같이 되었도다"(고전 4:10-13)

의 백성들의 부활이 있기 때문이라 말했다.

그러므로 소중한 것은 이땅에서의 잠시 지나가는 인생이 아니라 영원한 삶을 소망하며 천상을 바라보는 것이다. 바울은 이 세상의 것들에 대해서는 철저히 포기하는 자세를 유지했다. 그가 '날마다 죽노라'는 언급과 더불어 그것을 자랑으로 여겼던 것은 바로 그런 의미를 지니고 있다.

> "형제들아 내가 그리스도 예수 우리 주 안에서 가진 바 너희에게 대한 나의 자랑을 두고 단언하노니 나는 날마다 죽노라"(고전 15:31)

바울은 여기서 단호한 어조로 '날마다 죽노라'는 말을 하며 그것이 자랑스럽다는 고백을 했다. 이는 그리스도 안에서 세상에 대해 죽은 자신의 삶을 날마다 확인하는 의미를 지니고 있다. 바울은 예수 그리스도의 십자가 사역으로 인해 하나님께 팔려간 자들의 삶에 있어서 그것이 얼마나 중요한가 하는 점을 잘 알고 있었다.

바울은 그전에 갈라디아 교회에 편지를 하면서도 그점을 분명히 말했었다. 그는 예수 그리스도와 함께 십자가에 못박혀 죽었음을 고백했다. 그러므로 범죄한 아담의 혈통을 이어받은 자연인으로서의 그의 삶과 욕망은 포기되었으며, 대신 그리스도를 통해 하나님을 믿는 믿음 안에서 새로운 삶이 허락되었다. 그의 삶은 세상 사람들의 일반적인 인생과 다른 본질적인 변화를 가져왔던 것이다.

> "내가 그리스도와 함께 십자가에 못박혔나니 그런즉 이제는 내가 산 것이 아니요 오직 내 안에 그리스도께서 사신 것이라 이제 내가 육체 가운데 사는 것은 나를 사랑하사 나를 위하여 자기 몸을 버리신 하나님의 아들을 믿는 믿음 안에서 사는 것이라"(갈 2:20)

우리는 바울의 고백적 기록을 통해 성도의 삶의 근본적인 의미와 목적이 무엇인지 알게 된다. 하나님의 자녀들의 삶은 더 이상 자기 개인의 욕망을 위한 것이 아니다. 거듭난 모든 성도들은 자신을 위해 거룩한 몸을 버리신 예수 그리스도 안에서 그의 뜻에 순종하면서 살아야만 하는 것이다.

따라서 하나님의 은혜를 입은 바울의 삶은 명료했다. 바울이 그런 신앙자세를 가지고 있지 않았다면 하나님의 진리를 위해 자신의 생명을 내놓고 싸울 수 없었을 것이 분명하다. 그러나 그는 예수 그리스도께 속한 자신의 삶의 포기를 통해 영원한 부활의 소망을 소유하고 있었다. 그가 에베소에 머물면서 무서운 맹수猛獸와 더불어 싸울 수 있었던 것은 새로운 생명을 소유하고 있었기 때문이다. 즉 바울은 인간들의 일반적인 동기로 인해 그런 무모한 싸움을 싸우지 않았다.

물론 여기서 말하는 맹수란 실제적으로 사나운 동물일 수도 있으며 하나님의 교회를 핍박하여 성도들을 죽이려 하는 악한 자들을 상징적으로 지칭하는 것일 수도 있다.[82] 하지만 분명한 점은 그가 무서운 '맹수'와 싸우며 자신의 고귀한 생명을 걸지 않으면 안 되었다는 사실이다. 그가 그렇게 할 수 있었던 것은 예수 그리스도와 그에게 속한 자들에게 약속된 생명의 부활 때문이었다.

만일 영원한 부활이 없다면 그런 위험한 지경에 빠지면서까지 맹수와

---

82) 바울이 에베소에 머무는 동안 실제로 무서운 맹수와 맞서 싸우는 형벌을 받았는가 하는 점은 단정적으로 말할 수 없다. 다수의 학자들은 그것이 상징적인 표현이라 생각한다. 이는 바울이 로마제국의 시민권자였기 때문에 그에게 그런 끔찍한 형벌이 가해지지 않았을 것이란 이유 때문이다. 그리고 바울보다 약 400여 년 정도 이전에 살았던 그리스 철학자 헤라클레토스(Herakleitos, BC 535-475)가 에베소 사람들을 '맹수'라고 불렀던 것처럼 당시에도 그런 형태의 비유적 용어가 어느 정도 남아 있었을 것으로 보는 것이다(Albert Bengel, *Bengel's New Testament Commentary*, 1Corinthians 15:32); 이광호, 『바울의 생애와 바울서신』(서울: 도서출판 깔뱅, 2007), pp.135,136. 참조; 특정 도시나 지역 사람들의 기질적 특성을 이런 식으로 표현하는 예는 오늘날 우리 주변에서도 흔히 볼 수 있다. 우리는 지금도 '서울깍쟁이' '경상도 문둥이' '충청도 양반' 등의 용어를 사용하고 있다.

싸우는 행동은 아무런 의미가 없다. 그렇게 하는 것은 자기에게 실질적인 유익이 없는 무모한 행위에 지나지 않는다. 부활을 통한 영원한 삶에 대한 진정한 소망이 없다면 언제 죽을지 모르는 이 세상에서 배불리 먹고 마시며 쾌락을 누리는 삶이 도리어 최선의 방책이 될 수 있다. 하나님을 알지 못하는 많은 불신자들이 세속적인 삶을 추구하는 것은 저들에게 영원한 삶에 대한 진정한 소망이 없기 때문이다.

그러므로 사도 바울은 교회를 향해 주변의 악한 자들의 욕망을 추구하는 삶의 방식을 보며 그에 속지 말라는 철저한 당부를 했다. 그런 자들은 성도들의 선한 삶을 방해하며 주위를 혼란스럽게 할 따름이다. 하지만 지상에 살아가고 있는 성도들의 주변에는 항상 그런 악한 자들이 득실거리고 있는 실정이다.

하나님의 백성들은 세상의 악한 유혹을 이겨나가기 위해 깨어 있지 않으면 안 된다. 항상 정신을 바짝 차리고 하나님께서 요구하시는 의를 행하며 죄에 빠져들지 말아야 한다. 지상의 성숙한 교회와 신앙이 장성한 성도들은 하나님의 교회를 타락한 세상의 유혹으로부터 방어하는 노력을 지속해야 할 의무를 가지고 있다.

바울은 자신이 고린도 교회를 향해 그런 언급을 하는 이유가 그들 가운데 세상을 탐하는 어리석은 자들이 있기 때문이라는 사실을 밝혔다. 그들의 세속적인 삶의 행태는 어린 교인들로 하여금 현실주의적 사고에 빠지도록 유도한다. 그러므로 바울은 잘못된 가르침을 방치하는 고린도 교회로 하여금 부끄러움을 느끼도록 하고자 했다.

우리는 그런 위험한 일이 오늘날 우리시대 교회들 가운데 더욱 심각하게 기승을 부리고 있음을 기억하지 않으면 안 된다. 따라서 만일 우리가 속한 교회 안에 그런 자들이 있다면 그들을 강하게 책망할 수 있어야 한다. 만일 그것을 수수방관袖手傍觀하고 있다면 사도의 가르침에 따라 교회가 부끄러워해야 할 일이다.

3. 부활의 몸 (35-44)

어리석은 인간들은 계시된 하나님의 말씀을 기록된 그대로 받아들여 믿는 것이 아니라 인간의 종교적 이성과 경험에 의존하려 한다. 그들은 예수 그리스도와 성도들의 부활에 대해서도 인간적인 이성의 잣대를 내민다. 그런 사고를 하고 있는 자들을 염두에 둔 바울은 '부활의 몸'에 관한 기술을 하고 있다.

영원한 부활을 믿지 않는 자들은 과거에 살다가 죽은 인간이 어떻게 그 상태에서 다시 일어날 수 있으며, 만일 살아나게 된다면 도대체 어떤 몸을 가지게 되는지 반문한다. 그들은 부활 자체를 믿지 않지만 설령 부활한다고 해도 어떤 형태의 몸으로 부활하게 되는지 의심하는 것이다.

바울은 그런 사람들에게 식물의 씨앗과 그 형체를 예로 들어 설명하고 있다. 밭에 씨를 뿌리는 자들은 식물의 형체가 아니라 밀알과 같은 알갱이를 심게 된다. 땅에 묻힌 그 씨앗이 점차 자라나 줄기를 형성하고 꽃을 피우며 열매를 맺게 된다.

우리가 여기서 기억해야 할 바는 그 씨앗만을 보고는 그 열매에 대한 것을 상상조차 할 수 없다는 사실이다. 예를 들어 한 번도 수박과 참외를 보거나 만져본 적이 없는 사람에게 새까만 수박씨와 하얀 참외씨앗을 보여주고 거기에서 어떤 먹음직한 열매들이 맺힐지 물어보면 결코 그에 대한 답변을 할 수 없다.

그전에 한 번도 그런 과일을 보고 먹어본 적이 없다면 그 새까만 수박씨에서 속은 빨갛고 껍질은 푸른 먹음직스런 수박을 상상할 수 없으며, 그 하얀 참외씨앗으로부터 속이 희고 겉이 노란 색깔을 지닌 맛있는 참외가 열릴 것으로 짐작하지 못한다. 하지만 그 새까만 씨앗과 하얀 씨앗 속에는 먹음직스런 수박과 참외가 들어있다. 이처럼 하나님께서는 각 종자를 통해 그 식물과 열매의 풍성한 형체를 주시는 것이다.

다양성에 있어서는 비단 식물에 대한 것들뿐 아니다. 동물들 역시 서로 상이한 다채로운 형체들을 지니고 있다. 움직이는 동물이라 할지라도 땅 위를 뛰어다니는 짐승, 하늘을 날 수 있는 날개를 가진 새, 물속에서 살아가는 물고기가 서로 다른 형체로 살아간다. 그런 동물들 사이에는 결코 상호 뒤섞일 수 없는 제각각의 특색을 지니고 있다.

숲속에서 생활하는 짐승이 하늘을 날 수 없고 물 속에서 살아갈 수 없다. 이와 마찬가지로 하늘을 나는 새가 물속에서 살아갈 수 없으며 물고기가 땅 위를 뛰어다니거나 하늘을 날아다닐 수 없다. 모든 동물들은 하나님께서 허락하신 고유한 능력 가운데 저들의 생명을 이어가게 되는 것이다.

나아가 하늘에 가득 차 있는 천체들 역시 마찬가지다. 날마다 지구를 비추는 태양, 달, 별의 기능은 서로 다르다. 그것은 스스로 그렇게 하는 것이 아니라 하나님의 창조질서와 밀접하게 연관되어 있다.

태양은 태양의 고유한 역할이 있으며 달은 달의 고유한 기능이 있다. 또한 수많은 별들에게는 제각각 나름대로의 고유한 역할이 있다. 그리고 지구는 지구로서 마땅히 감당해야 할 매우 중요한 기능을 소유하고 있다. 모든 천체들은 나름대로의 고유한 역할이 있으며 다른 천체의 역할을 대신하지 못한다. 모든 것은 전적인 하나님의 섭리와 권한 아래 놓여 있는 것이다.

이를 두고 사도 바울은 해의 영광과 달의 영광과 모든 별들의 영광이 서로 다르다고 표현하고 있다. 물론 그것들이 영광스러운 것은 하나님과 그의 형상을 닮은 인간들을 위해 제각각 고유한 역할을 감당하고 있기 때문이다. 태양은 지구를 위해 존재하며 달 역시 지구를 위해 존재한다. 하늘의 모든 별들도 지구를 위해 존재한다. 왜냐하면 지구는 하나님께서 자신의 형상에 따라 지으신 하나님의 자녀들이 살아가는 특별한 곳이기 때문이다.

하나님께서 맡기신 기능을 충실히 감당하는 것은 그 천체들에게도 영광이 된다. 이는 모든 천체들이 스스로 영광을 받아 누린다는 뜻이라기보다 하나님의 영광에 참여하게 됨을 의미하고 있다. 나아가 성도들의 부활은 지구 위에서 일어나지만 지구에만 국한되는 것이 아니라 새 하늘과 새 땅에 연관된 우주적인 사건이 된다.

신불신信不信을 막론하고 이 세상에 살다가 죽은 모든 사람의 부활도 위에서 언급한 다른 경우와 더불어 하나님으로 말미암은 우주적인 사건으로 이해해야 한다. 인간들은 썩을 것으로 심고 썩지 않을 것으로 다시 살아나게 된다. 욕된 것으로 심고 영광스러운 몸으로 다시 살아나게 되며, 한시적이고 연약한 것으로 심어 영원하고 견고한 삶으로 다시 태어나게 되는 것이다. 이는 이 세상에 살아가는 인간들의 삶은 일시적인 것이지만 부활한 후 살게 될 삶은 영원한 삶이라는 사실을 말해주고 있다.

그러므로 하나님의 자녀들은 하나님의 고유한 뜻에 의해 자연적인 육신의 몸을 심고 신령한 몸으로 다시 살아나게 된다. 부활하게 될 성도의 몸에 대해서는 일차적으로 부활하신 예수 그리스도의 몸을 기억해야 한다. 궁극적으로 부활하게 될 하나님의 자녀들이 부활하신 주님의 몸에 연관되는 몸을 입게 될 것은 분명하다.

새 하늘과 새 땅은 옛 세상과 다른 새로운 세계이지만 여전히 하나님의 피조세계로서 첫번째 세계와 연관된 성격을 지니고 있다. 그곳에서는 부활의 몸을 입은 성도들이 범죄하기 전 아담과 하와가 에덴동산에서 그랬던 것처럼 즐겁게 뛰놀 것이며 부활하신 주님께서 그리하셨던 것처럼 신령한 음식을 먹고 마시며 영원한 삶을 누리게 될 것이다.

4. 땅에 속한 자, 하늘에 속한 자 (45-50)

사도 바울은 이 세상에 살아가는 인간들에 대해 땅에 속한 자와 하늘에 속한 자로 구별하고 있다. 겉보기에 똑같아 보이는 인간이지만 하나님을 알지 못하는 자들은 땅을 지배하는 사탄의 세력 아래 놓여있으며 하나님의 자녀들은 천상에 계시는 예수 그리스도의 통치를 받는 자들이다. 그러므로 하나님의 백성인 우리의 시민권은 이 세상이 아니라 영원한 하늘나라에 있다.

바울은 천상의 나라에 속한 성도들의 시민권을 언급하면서 그것을 예수님의 재림과 부활에 연관지어 말하고 있다. 하늘에 속한 성도라 할지라도 몸은 이 세상에서 살아가기 때문에 주님의 재림을 간절히 소망하게 된다. 십자가 사역을 통해 사망을 이기고 부활한 후 승천하신 예수 그리스도께서 모든 성도들에게 허락하신 약속이 소망의 근거가 되는 것이다. 바울은 빌립보 교회에 편지하면서 그점을 밝히고 있다.

> "오직 우리의 시민권은 하늘에 있는지라 거기로서 구원하는 자 곧 주 예수 그리스도를 기다리노니 그가 만물을 자기에게 복종케 하실 수 있는 자의 역사로 우리의 낮은 몸을 자기 영광의 몸의 형체와 같이 변케 하시리라"(빌 3:20,21)

하나님의 백성은 이 세상에서 생활하는 보통 사람들과 외견상 별다르지 않은 모습으로 살아가고 있지만 천상의 나라에 속한 시민권자들이다. 성도들에게 있어서 타락한 세상은 안개와 같이 잠시 지나가는 영역일 뿐 그 이상의 특별한 의미를 가지지 않는다. 이는 성도들의 본향은 영원한 천국임을 말해주고 있다. 그것은 예수 그리스도의 십자가 사역으로 말미암은 것이다.

첫 번째 아담과 두 번째 아담인 예수 그리스도는 그 역할이 근본적으로 달랐다. 첫 번째 아담은 흙으로 지음받아 생명을 부여받았다. 바울은 첫 사람 아담이 성경이 밝히고 있는 바와 마찬가지로 산 영靈이 되었음을 말하고 있다. "여호와 하나님이 흙으로 사람을 지으시고 생기를 그 코에 불어 넣으시니 사람이 생령生靈이 된지라"(창 2:7).

하지만 두 번째 아담이신 예수님은 다른 인간들에게 생명을 공급하는 영 곧 죽음에 빠진 인간을 살리는 영이 되셨다. 즉 예수 그리스도는 자신이 이 세상에 살아가기 위해 출생한 분이 아니라 사망에 빠진 하나님의 자녀들에게 생명을 주시기 위해 위로부터 나신 분이다. 그러나 순서적으로 보자면 신령한 몸이 먼저 있었던 것이 아니라 자연적인 육체가 먼저 있었다.

이는 모든 인간들의 조상이 되는 아담의 몸이 먼저 있었고 사탄의 유혹으로 말미암아 죽음에 빠진 자기 백성들을 살리기 위한 예수 그리스도의 신령한 몸은 그후에 따라오게 되었음을 말해준다. 첫 번째 사람은 땅에서 났으므로 흙에 속한 자였다. 이에 반해 두 번째 사람은 하늘에서 나신 거룩한 분이다.

이처럼 흙에 속한 자들은 흙에 속한 아담과 같으며 하늘에 속한 자들은 천상의 나라에 속한 예수 그리스도로 말미암는 신분을 소유하게 되었다. 따라서 우리는 과거에 땅에 속한 자인 타락한 아담의 형상을 지니고 있었던 것처럼 이제 하늘에 속한 그리스도의 형상을 입게 된 것이다. 즉 하나님께서 독생자를 이 세상에 보내신 것은 택하신 백성으로 하여금 그 아들의 형상을 회복하도록 하기 위함이었다. 바울은 로마에 있는 교회에 편지하면서 그점을 말해주고 있다.

> "하나님이 미리 아신 자들로 또한 그 아들의 형상을 본받게 하기 위하여 미리 정하셨으니 이는 그로 많은 형제 중에서 맏아들이 되게 하려 하심이니라"(롬 8:29)

두 번째 아담인 예수 그리스도는 하늘로부터 나신 존재로서 완벽한 하나님의 형상이다(고후4:4). 하나님의 선택을 받은 자들은 그의 십자가 사역을 통해 아담의 범죄로 인해 상실된 하나님의 그 형상을 회복하게 되었다. 즉 그리스도의 죽음과 부활로 말미암아 하나님의 모든 자녀들이 영생에 참여하게 된 것이다.

분명한 점은 혈과 육은 거룩한 하나님 나라를 유업으로 받을 수 없다는 사실과 또한 썩은 것은 썩지 않은 것을 유업으로 받지 못한다는 사실이다. 이는 죄로 말미암아 타락한 인간으로서는 영원한 하나님 나라에 참여할 수 없음을 말해주고 있다. 썩어 부패한 것이 썩지 않은 거룩한 것을 유업으로 받는다는 것은 불가능하기 때문이다.

5. 예수 그리스도의 재림 (51-56)

십자가의 죽음을 이기고 부활하신 예수 그리스도께서 승천하실 때 그의 재림이 약속되었다. 그가 하늘로 올라가는 모습을 본 많은 성도들은 구약시대의 에녹과 엘리야를 머리에 떠올렸을 것이 틀림없다. 에녹과 엘리야의 승천은 천상의 나라에 대한 확증이 되었으며 구약시대 성도들의 소망이었기 때문이다.

이제 거룩한 하나님의 아들이 부활하신 몸을 입고 천상의 나라로 올라가셨다. 많은 사람들이 주님께서 승천하시는 역사적인 광경을 쳐다보고 있을 때 흰옷 입은 두 사람이 나타났다. 그들은 나중 종말의 때가 이르면 주님께서 하늘로부터 다시금 세상에 재림하게 될 사실을 언급했다.

> "올라가실 때에 제자들이 자세히 하늘을 쳐다보고 있는데 흰옷 입은 두 사람이 저희 곁에 서서 가로되 갈릴리 사람들아 어찌하여 서서 하늘을 쳐다보느냐 너희 가운데서 하늘로 올리우신 이 예수는 하늘로 가심을 본 그대로 오시리라 하였느니라"(행 1:10,11)

이 말을 전한 두 사람은 하나님의 천사들이었음에 틀림없다. 그들은 부활하신 예수님이 하늘로 올라간 모습 그대로 다시 오시리라고 말했다. 이 말은 예수님의 재림이 '몸의 재림' 이 된다는 사실을 의미하고 있다. 부활하신 몸으로 승천하신 주님께서는 올라가신 그 모습 그대로 재림하시게 된다.

이는 지상에 존재하는 교회에 밀접하게 연관된 증언이다. 승천하신 주님을 목격하고 그에 관한 증인이 된 성도들은 지상교회의 기초가 되었다. 인간 역사 가운데 세대가 바뀌어 종말의 때가 이르게 되면 그들에게 연결된 맨 마지막 시대의 교회와 성도들이 재림하시는 주님을 직접 맞이하게 될 것이다.

이는 지상의 모든 교회가 소유한 간절한 소망이 되었다. 하나님의 백성들은 지금까지 그 약속의 때가 도래하기를 기대하며 주님의 재림을 기다려왔다. 이는 사도교회 시대부터 오늘날 우리에게 이르기까지 동일한 소망이 되어 있다.

조만간 도래하게 될 최종적인 종말의 때가 되면, 하나님의 영원한 구원과 심판을 알리는 나팔소리와 더불어 천상의 나라로부터 주님께서 친히 강림하시게 될 것이다. 그때는 지상에 살아있는 자들은 물론 그전에 죽은 모든 인간들도 그 엄위한 심판대 앞에 서야만 한다. 바울은 데살로니가 교회에 편지하면서 그점에 대한 언급을 하고 있다.

> "주께서 호령과 천사장의 소리와 하나님의 나팔로 친히 하늘로 좇아 강림하시리니 그리스도 안에서 죽은 자들이 먼저 일어나고 그후에 우리 살아남은 자도 저희와 함께 구름 속으로 끌어 올려 공중에서 주를 영접하게 하시리니 그리하여 우리가 항상 주와 함께 있으리라"(살전 4:16,17)

예수 그리스도께서 재림하시는 그 날은 하나님의 자녀들에게 위로의 날이 될 것이며 불신자들에게는 무서운 심판의 날이 될 것이다. 부활하신 주님은 승천하신 그 모습 그대로 성도들 가운데 강림하신다. 그때는 천사장의 소리와 하나님의 나팔소리와 더불어 심판주이신 주님께서 큰 소리로 호령하시게 된다.

주님의 재림으로 인해 그리스도 안에서 죽은 모든 사람들이 부활하게 되고 지상에 살아남은 자들은 홀연히 변화(고전 15:51)하여 재림하신 주님과 함께 천상으로 올라가 공중잔치에 참여하게 된다. 그리하여 하나님의 백성들은 영원한 천국에 거하게 된다. 이러한 소망은 험난한 지상에 살아가는 성도들에게 커다란 위로가 되지 않을 수 없다.

우리의 관심을 끄는 것은 예수 그리스도의 재림과 더불어 발생하는 인간들의 궁극적인 부활이다. 종말이 되면 이 세상에 살았던 모든 인간들은 누구나 부활하게 된다. 그것은 인간의 선택이 아니라 당연히 일어나게 될 사건이다. 따라서 마지막 심판날이 되면 하나님께 속한 의인들뿐 아니라 그렇지 않은 자들도 부활하게 된다. 성경이 그에 대한 내용을 분명히 증거하고 있다.

> "선한 일을 행한 자는 생명의 부활로, 악한 일을 행한 자는 심판의 부활로 나오리라"(요 5:29);
> "저희의 기다리는 바 하나님께 향한 소망을 나도 가졌으니 곧 의인과 악인의 부활이 있으리라 함이라"(행 24:15)

예수님께서는, 하나님의 자녀들이 종말이 되어 궁극적으로 맞게 될 생명의 부활과 사탄의 지배를 받고 있는 자들의 심판의 부활에 관한 내용을 말씀하셨다. 그리고 사도 바울은 로마제국의 총독 벨릭스의 심문을 받으면서 마지막 심판날 있게 될 의인과 악인의 부활에 관한 언급을 했다.

우리가 여기서 분명히 알 수 있는 점은 모든 인간들은 예외 없이 부활하게 된다는 사실이다. 궁극적인 부활은 어느 누구도 거부할 수 없는 필연적인 성격을 지닌다. 따라서 의인과 악인의 부활은 인간들에게 주어진 거부할 수 없는 운명이라 할 수 있다.

이러한 상황 가운데 예수 그리스도께서 부활하시게 됨으로써 '사망'이 참 생명에 의해 삼킨 바 되었다. 즉 생명이 사망을 정복하여 승리하게 된 것이다. 그러므로 바울은, 과거에 인간을 멸망에 빠뜨렸으나 이제는 세력을 완전히 상실한 사망을 향해 조롱하는 말을 하고 있다. 하나님께 강력하게 저항하며 교회를 괴롭히던 사탄의 세력이 힘을 완전히 상실하게 된 것이다.

그리고 바울은 인간을 사망에 빠뜨리는 독침은 죄며 죄의 권세는 율법이라는 사실(고전 15:56)을 언급했다. 이 말은, 사탄은 죄를 통해 인간을 죽음의 구렁텅이에 빠뜨렸으며 율법을 지키지 못하게 함으로써 막강한 권세를 휘둘렀다는 점을 말해준다. 즉 하나님께 저항하는 무서운 죄는 인간으로 하여금 율법을 지키지 못하게 하는 사악한 기능이 있음을 언급하고 있다.

6. "형제들아, 견고하며 흔들리지 말라" (57,58)

예수 그리스도께서는 자기 백성으로 하여금 사망을 이기고 승리하도록 신령한 능력을 주셨다. 그것은 인간들이 노력을 통해 배양한 것이 아니라 전적으로 하나님께서 허락하신 은혜이다. 하지만 타락한 이 세상에 살아가는 성도들은 여전히 나약한 인간의 속성을 지니고 있다.

따라서 세상의 악한 속성을 잘 알고 있는 바울은 성도들에게 견고하며 흔들리지 말도록 격려했다. 또한 항상 주님의 일을 위해 더욱 간절히 힘쓰는 자가 되도록 요구했다. 하나님의 자녀들이 그렇게 할 수 있는 것은 성도들의 모든 수고가 주님 안에서 헛되지 않다는 사실을 잘 알고 있기 때문이다.

오늘날 우리 역시 이에 대해 여간 민감한 신경을 쓰지 않으면 안 된다. 우리시대는 과거에 비해 더욱 위태로운 세대가 되어 있다. 인간의 이성이 절대화 되고 첨단과학이 극도로 발달한 현대문명 사회는 인간의 교만이 극에 달한 시대이다. 이는 세속적인 값어치가 세력을 얻어 범람하고, 하나님의 백성들이 그런 것들에 의해 쉽게 미혹받을 만한 여건이 많아졌음을 의미한다.

현대의 교만한 현실 가운데 존재하는 교회와 그에 속한 성도들은 여간 정신을 바짝 차리지 않으면 안 된다. 악한 세상의 유혹을 물리치고 능히 그것을 이기기 위해서는 세속적인 것을 멀리할 수 있는 믿음이 견고해야만 한다. 그리하여 세상의 달콤한 거짓에 흔들리지 말아야 한다. 그렇게 함으로써 이땅에 주님의 몸된 교회를 굳건하게 세워나갈 수 있게 되는 것이다.

제22장 바울의 여행 계획과 마지막 당부

(고전 16:1-24)

1. 주일 예배와 연보 (1,2)

사도 바울은 고린도 교회에 보내는 첫번째 편지를 마무리하면서 연보에 관한 언급을 하고 있다. 그는 고린도 교회 성도들에게 매주일 성도들 곧 교회를 위해 연보하도록 요구했던 것이다. 앞에서 교훈한 부활에 관한 내용이 신앙의 본질에 관련된 것이라면 이는 성도의 삶에 연관되어 있다.

바울은 그들에게 연보를 요청하면서 그전에 갈라디아 교회들에게도 그와 동일한 명령을 했다는 사실을 밝혔다. 이 말이 갈라디아서에 기록된 말씀을 두고 언급한 것인지 혹은 그에 대해 달리 명했던 사실을 두고 말하는 것인지 명확하지 않다. 물론 성경에는 그와 관련된 충분한 근거들이 있다. 바울은 갈라디아 교회에 보내는 편지에서 그에 연관된 기록을 하고 있다.

> "가르침을 받는 자는 말씀을 가르치는 자와 모든 좋은 것(all good things)을 함께 하라 ... 그러므로 우리는 기회 있는 대로 모든 이에게 착한 일을 하되(do good) 더욱 믿음의 가정들에게 할찌니라"(갈 6:6,10)

바울은 갈라디아 교회 성도들에게 편지하면서 모든 '좋은 것들' 을 가르치는 교사와 함께 나누고 기회가 되는 대로 모든 사람들 특히 성도들에게 '좋은 일' 을 하도록 권면했다. 여기서 '좋은 것들' 과 '좋은 일' 이란 정신적인 것이 아니라 물질과 연관되는 것이다. 이는 고린도전서 16장에 언급된 연보와 연관지어 볼 때 교회에 속한 모든 성도들 가운데 물질이 나누어져야 함을 의미하고 있다.

특히 가르치는 자와 모든 좋은 것을 함께 나누라고 한 말 가운데는 교회의 교사로 세움을 받은 목사의 생활비를 부담하는 문제와 연관된다. 그리고 주변의 가난한 이웃을 돌아보면서 특별히 교회에 속한 여러 성도들이 서로간 생활문제를 돌아보아야 한다는 사실을 말해주고 있다.

또한 오래 전 바울과 바나바가 안디옥에서 교회를 섬기고 있을 때 예루살렘에서 온 선지자들 가운데 아가보(Agabus)라는 사람이 수년 내에 큰 흉년이 들 것을 예언한 적이 있었다. 그후 바울은 복음전파를 위해 여러 지역을 여행하던 중 갈라디아 지역을 방문했다.

아가보가 예언한 흉년은 로마제국의 글라우디오(Claudius) 황제가 재임(AD 41-54)하고 있을 때 일어나게 되었다. 예루살렘에 큰 흉년이 들게 되자 바울은 갈라디아 지역에 있는 성도들에게 예루살렘 교회를 위해 힘대로 연보하도록 당부했다. 그에 관련된 내용이 사도행전에 기록되어 있다.

> "그때에 선지자들이 예루살렘에서 안디옥에 이르니 그 중에 아가보라 하는 한 사람이 일어나 성령으로 말하되 천하가 크게 흉년 들리라 하더니 글라우디오 때에 그렇게 되니라 제자들이 각각 그 힘대로 유대에 사는 형제들에게 부조를 보내기로 작정하고 이를 실행하여 바나바와 사울의 손으로 장로들에게 보내니라"(행 11:27-30)

바울과 바나바는 그때 갈라디아 지역에 있는 교회들이 모은 연보를 예루살렘으로 가지고 가 전달했다. 바울은 고린도 교회에 편지하면서 그때 있었던 일을 상기시키면서 고린도 교회 성도들 역시 심한 기근에 처한 예루살렘 교회의 성도들을 위한 연보를 하도록 요청했던 것이다.

바울은 고린도의 성도들에게 매주일 공예배를 위해 교회로 모일 때 정기적으로 연보를 하도록 요구했다. 그는 갑작스럽게 연보하지 말고 교회가 사전에 미리 준비해야 한다는 사실을 언급하고 있다.[83] 이는 한꺼번에 많은 액수의 연보를 하라는 말이 아니라 일상적인 삶의 소유 가운데 일정부분을 나누어 주도록 요구한 것이다.

따라서 성도들은 마지못해 억지로 연보를 해서는 안 된다. 성숙한 성도들의 참된 연보는 교회를 기억하는 가운데 기쁜 마음과 자원하는 자세로 해야만 한다. 바울은 나중 고린도후서를 기록하면서 이 사실을 언급하고 있다.

> "이러므로 내가 이 형제들로 먼저 너희에게 가서 너희의 전에 약속한 연보를 미리 준비케 하도록 권면하는 것이 필요한 줄 생각하였노니 이렇게 준비하여야 참 연보답고 억지가 아니니라"(고후 9:5)

연보를 하면서 억지가 아닌 자원하는 마음으로 하는 것은 매우 중요하다. 그것은 다른 사람들을 의식하는 것이 아니라 성숙한 삶의 표현이어야 한다. 또한 고린도전서 본문이 보여주고 있는 바는 연보가 '성도들을 위한 것' 이라는 사실이다(고전 16:1). 이 말은 곧 연보가 교회 곧 성도들을 위한 것임을 언급하고 있다.

우리가 여기서 각별히 주의 깊게 생각해야 할 점은 연보가 하나님께 바쳐진다고 하는 것이 아니라는 사실이다. 연보는 하나님께 제물로 바

---

83) 이는 과거 한국교회에 일반적으로 있었던 성미제도(誠米制度)를 기억하면 쉽게 이해할 수 있을 것 같다. 성도들은 날마다 가정에서 소비하는 양식 가운데 일부를 약간씩 떼어 두었다가 매주일 교회로 모일 때 하나로 모아 적절하게 사용했던 것이다. 현대 화폐경제가 보편화되기 전에는 매주일 시행되는 교회의 연보가 그런 형태로 이루어졌다.

치는 물질이 아니라 교회를 이루고 있는 하나님의 자녀들이 지상교회에 속한 성도들을 위한 것이다.

그러므로 하나님께서 기뻐하시는 것은 물질(돈) 자체가 될 수 없다. 하나님은 자신의 뜻에 온전히 순종함으로서 삶과 소유를 나눌 줄 아는 성도들을 기뻐하신다. 즉 하나님께서 요구하시는 것은 많은 액수의 물질이 아니라 교회와 어려운 성도들을 기억하는 성도들의 올바른 신앙자세이다.

2. 예루살렘 교회에 대한 염려와 도움 (3,4)

사도 바울은 첫번째 편지를 써서 고린도 교회에 보낸 다음, 나중 그곳을 직접 방문해 석 달 동안 머물며 성도들과 깊은 신앙의 교제를 나누었다(행 20:3). 그후 예루살렘 교회를 위해 거두어진 연보를 가지고 다른 형제들과 함께 예루살렘을 방문해 그것을 전달했다(행 24:17).

그 연보 가운데는 마게도니아 교회에서 모은 연보도 상당 액수 포함되어 있었다. 바울의 예루살렘 방문계획에 대해서는 그가 고린도 지역에서 겨울을 보내며 머물고 있을 때 기록한 로마서에 잘 나타나고 있다.

> "이제는 내가 성도를 섬기는 일로 예루살렘에 가노니 이는 마게도냐와 아가야 사람들이 예루살렘 성도 중 가난한 자들을 위하여 기쁘게 얼마를 연보하였음이라 저희가 기뻐서 하였거니와 또한 저희는 그들에게 빚진 자니 만일 이방인들이 그들의 영적인 것을 나눠 가졌으면 육적인 것으로 그들을 섬기는 것이 마땅하니라"(롬 15:25-27)

사도 바울은 여기서 재정적인 어려움에 빠진 예루살렘 교회의 가난한 성도들을 기억하는 자신의 마음을 잘 보여주고 있다. 아마도 바울은 당시 전 세계에 흩어진 모든 교회들의 모체가 되는 예루살렘 교회가 굳건하게 서 있어야 한다는 생각을 했을 것이 분명하다. 즉 바울은 단순한 구제 차원 이상의 중요한 의미를 염두에 두었던 것이다.

기근에 빠진 예루살렘 교회에 대한 바울의 대응은 단순히 감성적인 자세가 아니라 매우 현실적이며 구체적인 것이었다. 하나님을 경외하는 모든 성도들은 죄악된 이 세상에서 함께 살아가야 할 백성들이다. 따라서 성도들이 소유한 재물은 자기 자신과 가족만을 위한 것이 아니다. 만일 우리에게 넘치는 물질이 있다면 항상 하나님의 복음과 극심한 가난에 빠져있는 성도들을 향해 넘쳐 흘러내려 갈 수 있는 길을 마련해 두어야 한다.

바울은 고린도 교회가 매주일 힘써 모은 연보를 예루살렘으로 보낼 때 그들이 인정하는 사람을 택해 그들의 손에 편지를 들려 보낼 것을 당부했다. 그리고 자기도 그들과 함께 가는 것이 합당하다면 그렇게 하겠노라고 말했다. 이는 바울의 개인적인 의도가 중요한 것이 아니라 교회의 공적인 의사가 소중하다는 사실을 말해주고 있다. 예수 그리스도의 특별한 사도로 부름을 받은 바울이 그런 자세를 가지고 있을진대 다른 일반 성도들이야 두말할 나위 없다.

3. 고린도 지역 방문계획 (5-7)

신약시대의 사도들은 보편교회 이후 오늘날 교회의 목사들처럼 한 군데 정착해서 목회를 하는 성도들과는 달랐다. 그들은 특정한 지교회에 얽매여 사역하는 교사가 아니었으며 한 지역에 소속된 교사가 아니었다. 그들은 전체 지상교회를 위한 특별한 교사들이었다. 원리적인 측면에서 본다면 오늘날의 성도들을 가르치는 목사들 역시 그와 같은 지위에 있어야 하지만 현실적으로는 전혀 그렇지 못하다.

바울은 에베소에서 머물며 고린도전서를 기록하는 가운데 나중에 고린도를 직접 방문하려는 계획을 가지고 있었다. 그때는 북부 지역에 위치한 마게도니아를 거쳐 그곳으로 가고자 했다. 마게도니아에는 빌립보, 데살로니가, 베뢰아 교회 등 바울의 기억 속에 소중하게 자리잡고 있는 여러 교회들이 있었다.

바울은 오래 전에 그곳을 방문해 애써 하나님의 복음을 증거한 적이 있었다. 빌립보에서는 실라와 함께 그곳 사람들에 의해 많은 매를 맞고 깊은 감옥에 갇혀 심한 고생을 했었다(행 16:19 이하 참조). 그는 또한 데살로니가와 베뢰아 지역에서도 하나님의 복음을 증거하다가 그에 저항하는 유대인들로 말미암아 극심한 어려움을 겪었다.

그 대신 마게도니아의 여러 지역에는 하나님의 몸된 교회들이 세워졌다. 유대인들 가운데 예수 그리스도의 복음을 깨달아 하나님께 돌아온 자들이 많이 있었던 것이다. 바울이 마게도니아 지역을 다시금 방문하고자 했던 것은 그곳에 있는 여러 형제들을 다시 만나 하나님의 복음을 나누기 원했기 때문이다.

바울은 고린도 교회를 향해 그에 관련된 언급을 하며, 자기가 마게도니아를 지나 고린도에 도착하면 그곳에서 겨울을 나게 되리라는 사실을 말했다. 이는 그들에게 자신이 머물 수 있는 거처를 마련해 달라는 당부와도 같다. 겨울이 되면 여행하기에 부적합 시기이기도 하거니와 주님께서 원하시면 고린도 교회 성도들과 같이 상당기간 함께 머물면서 여유로운 마음으로 교제할 수 있는 기회를 가지기 원했던 것이다.

그러면서 바울은 나중 고린도 교회가 자신을 하나님께서 인도하시는 다른 지역으로 보내주기를 바란다는 사실을 언급했다. 이 말 가운데는 재정문제가 포함되어 있다. 이는 사도의 목적이 곧 교회의 목적과 동일하다는 사실을 말해주는 매우 중요한 의미를 지니고 있다. 바울은 자기의 인간적인 판단에 따라 마음대로 행동하는 사람이 아니라 교회의 지원을 받아 하나님의 뜻에 따라 일하는 사도였다.

우리는 여기서 매우 중요한 보편교회의 원리를 깨닫게 된다. 바울은 복음전파를 위한 활동과 여행에 드는 경비를 고린도 교회에 요청하는 것을 자연스럽게 여기고 있다. 비록 각 성도들이 살고 있는 지역이 다르다 할지라도 모든 참된 교회들은 하나님께 속해 있음이 분명하다. 따라서 모든 교회와 성도들은 하나님께서 원하신다면 그에 대해 신실한 응답을 할 수 있어야 한다.

오늘날 우리시대의 교회가 목사의 생활비를 부담하는 것도 보편교회의 원리 때문이다. 목사는 단순히 지식을 제공하고 적절한 급여를 받는 근로자가 될 수 없다. 교회가 목사를 위한 생활비를 부담하는 것은 목사를 주님의 교회에 온전히 묶어두는 기능과 연관된다. 즉 목회자는 자신의 의도가 아니라 하나님의 뜻에 온전히 순종해야만 한다. 간혹 목사가 교회로부터 아무런 생활비를 지급받지 않는 것이 좋다고 생각하는 자들이 있지만 그것은 매우 위험한 발상일 수 있다.

만일 교회에 속한 교사인 목사가 교회로부터 생활비를 받지 않는다면 교회의 간섭을 받지 않고 개인적인 판단에 따라 마음대로 행동하려는 유혹을 받을 우려가 있다. 즉 교회의 의사에 순종하는 목회가 아니라 자기 개인의 주관에 따른 목회를 할 위험이 따르는 것이다. 따라서 가르치는 교사로 세움을 받은 직분자는 주님의 몸인 참된 교회의 뜻을 벗어나 자의로 행동하거나 가르치려 해서는 안 된다.

하지만 우리시대는 보편교회의 원리가 거의 사라진 위험한 시대가 되어 버렸다 해도 과언이 아니다. 교회와 그에 속한 성도들은 원리적 특성상 이 세상 어디에 살고 있든지 주 안에서 한 형제가 된 자들이다. 주님 안에서 진정한 형제들이라면 모든 것을 나누며 공유할 수 있어야 한다.

예를 들어 대구에 살고 있는 성도가 서울이나 부산 혹은 멀리 외국을 방문하게 될 경우 여관이나 호텔에 돈을 주고 잘 것이 아니라 그 지역에 있는 성도들의 집에 머무를 수 있어야 한다. 이는 서로간 미리 잘 알고 있는 사이냐 아니냐 하는 것을 전제로 하는 것이 아니라 하나님의 자녀라는 사실을 기본요건으로 하고 있다. 이는 물론 다른 지역에 살고 있는 성도들이 우리 지역을 찾는다면 기꺼이 그들을 위해 당분간 머물 수 있는 방을 내어주고 음식을 제공할 수 있어야 한다.

그러므로 우리는 그전에 한 번도 만난 적이 없는 생면부지生面不知의 성도라 할지라도 그를 주님 안에서 이웃으로 받아들여야 한다. 물론 그것을 위해서는 믿을 만한 교회에 속한 성도인지에 대한 보증과 확인이 필요하다. 하지만 교회를 통한 아무런 보증서를 소유하고 있지 않다 할지라도 하나님을 진정으로 경외하는 형제임이 확인되면 기꺼이 방과 음식을 내어줄 수 있어야 하는 것이다.

4. 에베소 지역에서의 소요와 복음전파의 기회 (8-12)

사도 바울은 머지않은 장래에 고린도 지역을 방문할 계획을 세워두고 있음을 밝히면서 곧바로 가지 않고 오순절 기간이 지난 후 출발하겠노라고 했다. 그 이유는 에베소 지역에 복음을 증거할 수 있는 문이 활짝 열리게 되었으며 동시에 대적자들 역시 활발하게 움직이고 있었기 때문이다.

바울이 좀 더 머물고자 했던 까닭은 아마도 에베소 교회의 성도들을 위해서였던 것이 분명하다. 또한 바울의 권면에도 불구하고 아볼로가 고린도에 가지 않으려 했던 것도 그의 이기적인 판단 때문이 아니라 복음증거와 더불어 에베소 교회를 대적하는 자들로부터 성도들을 보호하기 위해서였을 것으로 생각된다.

우리는 당시 에베소 지역에 큰 소요가 일어났다는 사실을 알고 있다. 그것은 에베소의 전 지역뿐 아니라 교회와 성도들에게 엄청난 영향을 끼칠 만한 큰일이었다. 사도행전 19장에는 그에 대한 상세한 내용이 기록되어 있다.

복음의 능력으로 말미암아 우상숭배를 거부하는 사람들이 많아짐으로 인해 그것을 수익의 기반으로 삼고 있던 사람들이 문제를 일으키게 되었으며 아울러 교회를 향한 대적자들이 많이 생겨나게 되었다. 이는 교회와 우상숭배자들 사이에 생존을 건 마찰이 일어났음을 의미한다. 그것으로 인해 하나님의 복음을 증거할 수 있는 기회가 많아지게 되었으며 동시에 교회를 대적하는 자들의 활동도 적극적이 되었다. 따라서 교회를 염려하던 바울은 오순절까지는 에베소에 머물겠다고 말했던 것이다.

그러면서 바울은 디모데를 고린도에 보내겠노라는 말을 했다. 디모데는 바울이 쓴 고린도전서를 손에 들고 먼 길을 걸어 스승의 심부름을 갔을 것이 분명하다. 바울은 고린도 교회 성도들에게 디모데를 하나님의 일을 위해 힘쓰는 자로 추천하면서 그로 하여금 두려움을 느끼지 않도록 잘 받아들이도록 요청했다.

바울은 디모데가 사사로운 개인의 목적을 추구하지 않고 주님의 일을 위해 온전히 힘쓰는 자임을 보증했다. 그의 보증은 고린도 교회에 그대로 전달되었다. 이에 대해서는 오늘날 우리시대 교회들도 서로 다른 지역에 살고 있는 성도들간에 교회의 보증을 기초로 한 교제를 위해 마음속 깊이 새겨야 할 내용이다.

당시에는 아직 디모데가 그다지 알려지지 않은 인물이었던 것으로 보인다. 바울은 젊은 디모데가 낯선 고린도 지역에 도착하게 될 즈음 분위기가 상당히 어수선할 것임을 염두에 두고 있었다. 그래서 바울은 디모데를 위한 신앙적인 보증을 하며, 자기가 에베소에서 그와 일행이 돌아오기를 기다리고 있을 것이니 아무도 그를 멸시하는 일 없이[84] 평안하

84) 디모데의 정확한 나이를 알 수 없으나 고린도를 방문할 당시는 상당히 젊을 때였다. 바울은 그보다 한참 후에 기록한 디모데전서에서도 그의 나이에 대한 언급을 하고 있다. 그의 나이가 어리다는 이유로 다른 사람들이 그를 업신여기지 못하도록 말했던 것이다: "누구든지 네 연소함을 업신여기지 못하게 하고 오직 말과 행실과 사랑과 믿음과 정절에 대하여 믿는 자에게 본이 되어 내가 이를 때까지 읽는 것과 권하는 것과 가르치는 것에 착념하라"(딤전 4:12,13).

게 돌려보내달라고 말했다.

바울은 또한 아볼로에 관한 특별한 언급을 하고 있다. 고린도에는 아볼로파라 하는 자들이 생겨날 만큼 아볼로를 신뢰하고 기다리는 사람들이 많이 있었을지 모른다. 그러므로 바울이 아볼로에게 다른 형제들과 더불어 고린도에 가도록 적극적으로 권해봤으나 당시로는 갈 뜻이 전혀 없다는 사실을 전했다.

그러나 나중 기회가 되면 그가 고린도를 방문하게 될 것이라 말했다. 아볼로가 그때 고린도에 가지 않으려 했던 것은 아마도 에베소 교회를 위한 바울과 동일한 생각 때문이었을 것이다. 즉 바울이 오순절까지 자기가 에베소에 머물 필요가 있다고 생각한 것처럼 아볼로 역시 그와 같은 생각을 했을 것이라는 사실이다. 우리가 분명히 알 수 있는 사실은, 바울과 아볼로가 가능한 대로 에베소에 좀 더 머물고자 했던 까닭이 이기적인 판단 때문이 아니라 복음전파와 더불어 에베소 교회 성도들을 보호하고자 하는 헌신적인 자세 때문이었을 것이라는 점이다.

나중 오순절이 지나고 늦봄이 되어서야 에베소를 떠난 바울은 마게도니아를 거쳐(행 20:1,2) 고린도 지역까지 가는데 6개월가량 걸렸다. 그가 고린도에 도착했을 때는 겨울이 눈앞에 바짝 다가와 있었다. 그러므로 그는 고린도에서 석 달간 머물며 겨울을 지났던 것이다.

그때 바울은 고린도 지역에 있는 성도들과 교제를 나누며 교회를 강건하게 했다. 바울은 거기 머물면서 하나님으로부터 로마서를 계시 받아 기록하게 되었다. 그 편지는 로마제국의 심장부인 로마시에 있는 교회에 천상의 진리를 선포함으로써 세상에 대해 복음을 선언하는 의미를 지니고 있었다.

5. 성도들에게 요구되는 삶 (13-20)

사도 바울은 고린도 교회 성도들에게 '깨어 믿음에 굳게 서서 남자답게 강건하라' 며 강조해 말하고 있다. 이는 타락한 세상의 달콤한 유혹에 흔들리지 말고 신앙을 견고하게 하라는 의미이다. 신앙이 어린 교인들은 항상 세상의 가치에 관심을 기울이고 그에 동화되려 한다. 그러나 하나님의 은혜를 입어 천국시민이 된 자가 타락한 세상을 기웃거린다면 여간 어리석은 일이 아닐 수 없다.

대신 바울은 고린도 교회 성도들에게 '모든 일을 사랑으로 행하라' 고 요구했다. 여기서 말하고자 한 바는 사랑의 감정을 가슴에 품고 있으라는 말과 다르다. 도리어 거기에는 교회에 속한 하나님의 자녀들은 이기적인 욕망에 기초한 태도를 버리고 진정으로 교회와 이웃을 위해 행동하라는 의미가 담겨 있다.

사도는 또한 성도들에게 교회의 질서에 온전히 따르라는 요구를 했다(고전 16:16). 그는 먼저 스데바나의 집에 관한 특별한 언급을 하고 있다. 그 집이 아가야[85]의 첫 열매라는 사실을 말했던 것이다. 이는 그의 개인적인 가정을 의미할 수도 있지만 그 지방에 처음으로 세워진 교회라는 점을 시사하고 있는 것으로 보인다.

스데바나의 집은 아가야 지역의 첫 열매가 되어 하나님의 교회를 섬기기로 작정하고 그것을 실천했다는 사실을 누구나 알고 있었다. 바울은 그점을 상기시키면서 그와 같은 자들뿐 아니라 그들과 함께 일하며 수고하는 모든 자에게 순종하도록 요구했다.[86] 물론 그것은 개인의 명령에 대한 무조건적인 순종이 아니라 교회의 직분자들에 대한 언약적

---

85) 성경에는 다양한 지방 명칭들과 도시 이름들이 나타나고 있다. '고린도' 와 '에베소' 는 도시 이름인데 반해 '아가야' 와 '아시아' 는 그 도시들이 속해 있는 지방 명칭들이다.

86) 바울이 특별히 몇 사람의 이름을 거명하며 그들의 지도력에 순종하도록 요구할 때 다른 오해가 생기지는 않았을까? 즉 게바파와 아볼로파라 생각하는 자들이, 바울이 언급한 자들을 바울파로 오해할 가능성이 없었을까? 그러나 고린도 교회 성도들은 하나님으로부터 계시된 바울의 말을 듣고 별다른 오해를 하지 않았다. 이는 사도시대 성도들이 바울의 글이 하나님의 계시란 사실을 알고 있었음을 보여주고 있다.

순종을 의미하고 있다.

우리는 바울의 서신을 통해 사도교회 시대 다양한 지역에 살았던 성도들 사이에 원만한 교제가 이루어지고 있었다는 사실을 알 수 있다. 에베소에서 고린도 지역으로 간 성도들이 있었는가 하면 고린도에서 에베소 지역에 간 성도들도 많이 있었다.[87] 바울이 서신을 쓸 당시 에베소에는 그전에 고린도에 있었던 바울과 아볼로, 브리스길라와 아굴라뿐 아니라 스데바나와 브드나도와 아가이고도 머물고 있었다.

바울은 위에 언급된 여러 성도들 가운데 특히 나중 세 사람이 자신에게 큰 힘이 되었음을 언급했다. 고린도 교회 성도들에 대한 깊은 관심과 그리움이 그들을 통해 상당부분 해소되었다는 것이다. 그래서 바울은 그들과 가까이 교제함으로써 고린도 교회와 영적인 교제를 밀접하게 나눌 수 있었으므로 그런 자들을 인정해주라고 말했다. 이는 세상에 흩어진 모든 교회들 사이에 원만한 영적 교제가 이루어져야 한다는 사실을 말해주고 있다.

사도 바울은 또한 에베소를 비롯한 소아시아 지역에 있는 여러 교회들이 고린도 지역에 있는 교회들에게 문안한다는 사실을 전했다. 그리고 아굴라와 브리스길라 부부와 그들의 집에서 모이는 교회가 고린도에 있는 교회에 간절히 문안한다는 사실도 전했다. 그들 부부는 과거 고린

87) 우리는 정통 교회에서 이명(移名)이 얼마나 중요한가 하는 점을 잘 깨달아야 한다. 한 지역에서 다른 지역에 위치한 교회로 이동해가는 성도에 대한 이명증(移名證)은 매우 중요하다. 이명증은 성도가 한 교회에서 다른 지역의 교회로 이동해 갈 때 그를 보증하는 역할을 하기 때문이다. 이명증은 절차상 성도가 그전에 속한 교회의 당회가 이동해 가는 교회의 당회에 발급하며 이명증이 접수되면 교회는 그 성도를 다른 성도들과 전혀 다르지 않은 소속 교인으로 받아들이게 된다. 오늘날 우리시대는 이명제도가 사실상 사라져 버렸지만 그 의미를 올바르게 이해하는 것은 절대로 중요하다.

도에서 생활한 적이 있었기 때문에 더욱 간절했을 것이다.

그리고 바울은 에베소에 살고 있는 모든 형제들이 고린도 교회에 문안한다는 말을 전하면서 거룩하게 입맞춤(holy kiss)으로 서로 문안하라는 요구를 했다. 이는 일반적으로 상상하는 남녀간의 입맞춤과는 아무런 상관이 없다. 여기서 '너희는 거룩하게 입맞춤으로 서로 문안하라'(고전 16:20)라고 한 말은 서로간 주 안에서 신뢰함으로 인사를 나누라는 의미이다. 이 말은 서로 온전히 신뢰할 수 있는 형제나 이웃 사이에 상대의 뺨에 입술을 갖다대며 사랑의 인사를 나누던 당시의 풍습에 연관된 형태의 인사방법이다.

그리고 성경본문은 일차적으로 한 지교회에 속한 성도들끼리가 아니라 에베소 교회와 고린도 교회 사이에 그런 인사를 나누라는 뜻으로 이해해야 한다. 이는 에베소 교회에 속한 성도들과 고린도 교회에 속한 성도들 사이의 절대적인 신뢰를 의미하며, 양 교회 간의 공적인 신뢰를 보여주고 있다. 나아가 바울파, 아볼로파, 게바파, 그리스도파로 나누어져 있는 지교회들 상호간에 사랑의 교제를 나누도록 요구하는 의미를 내포하고 있다.

6. 사도의 경고와 축원 (21-24)

바울은 고린도전서의 맨 마지막에 친필親筆로 문안한다는 말을 남겼다.[88] 이 말은 앞부분의 긴 글은 바울의 친필이 아니라 다른 사람이 대

88) 성경계시의 특성 가운데는 특별한 예언들 가운데서도 더욱 특별한 예언이다. 바울서신 가운데서 뿐 아니라 다른 성경들 가운데도 대필한 책들이 있다. 대표적인 예로 신명기를 들 수 있다(신명기 34장 참조). 모세는 직접 계시를 받고 나중 그의 말을 대필한 사람이 있었다. 성경을 고등비평(High Criticism)하는 자들은 그것이 편집되었다며 말도 되지 않는 주장을 한다. 오히려 우리는 그런 식으로 계시된 내용에 대해 아무런 삭필(削筆)이나 가필(加筆)을 하지 않은 것을 보며 말씀의 권위를 더욱 깊이 인정하지 않을 수 없다.

필했음을 말해주고 있다. 아마 고린도전서를 대필한 사람은 소스데네(Sosthenes)였을 것이다. 이는 고린도전서 맨 앞부분에 기록된 서두(고전 1:1-3)에서 바울과 소스데네가 함께 인사를 전하고 있는 데서 확인할 수 있다.

이제 바울은 편지를 마무리 하면서 친필로 문안을 전했다. 우리는 이 모든 것들이 하나님의 계시 안에서 이루어지고 있다는 놀라운 사실을 깨달아야 한다. 즉 바울이 하나님으로부터 받은 계시를 대필한 내용들과 바울 자신이 친필로 기록한 마지막 내용은 전혀 차이가 없는 계시된 말씀인 것이다.

> "나 바울은 친필로 너희에게 문안하노니 만일 누구든지 주를 사랑하지 아니하거든 저주를 받을찌어다 주께서 임하시느니라 주 예수 그리스도의 은혜가 너희와 함께 하고 나의 사랑이 그리스도 예수의 안에서 너희 무리와 함께 할찌어다"(고전 16:21-24)

하나님께서는 사도 바울을 통해 진리의 말씀을 계시하셨으며, 바울은 받은 계시를 옆에 있는 소스데네에게 구술로 전달했다. 소스데네는 바울의 입술을 통해 전해지는 하나님의 말씀을 그대로 받아 적었다. 계시를 받아 말하는 바울과 그것을 받아 적는 소스데네에게 공히 성령 하나님의 특별한 간섭이 임했음이 틀림없다.[89]

하나님의 기록계시인 고린도전서는 독특한 방법의 예언으로 주어졌다. 물론 그것은 은사로서의 예언과 유사한 형식으로 주어졌을 것은 분명하다. 그렇지만 일반적인 특별계시로서의 예언이 다른 은사들과 마찬가지로 교회 가운데 공적으로 드러나게 되었던 것에 반해 사도를 통한

---

89) 우리는 이를 축자영감(逐字靈感)이라 한다. 성경의 원전에 기록된 모든 내용들은 글자 하나하나에 이르기까지 성령 하나님의 구체적인 영감에 의해 기록되었다는 것이다.

기록계시는 개별적으로 이루어졌다.

사도 바울은 친필문안과 더불어 교회를 향한 축복과 그에 벗어난 영역에 대한 저주를 선포하고 있다. 인간의 몸을 입고 이 세상에 오신 하나님의 아들이신 예수 그리스도와 그의 몸된 교회를 진정으로 사랑하지 않는 자는 저주의 대상이 된다. 부활 승천하신 주님께서는 재림하실 때 자신의 몸에 온전히 붙어있는 모든 성도들을 영접하실 것이며 그렇지 않은 자들에게는 저주가 임할 수밖에 없다.

그러므로 주 예수 그리스도의 은혜가 하나님의 몸된 교회 가운데 함께하기를 기원했으며, 자신의 사랑이 예수 그리스도 안에서 교회와 함께하기를 기원했다. 우리는 특히 바울 자신의 사랑이 그리스도 안에서 교회 가운데 있기를 원한다고 언급한 사실을 기억해야 한다. 이는 교회가 사도적 계승을 이어가야 할 거룩한 공동체임을 말해주는 것과 같다. 또한 이 말은 교회를 위한 축도의 의미를 지니는 내용으로서 역사 가운데 존재하는 지상의 교회들 가운데 지금까지 그대로 상속되어 오고 있다.

제2부
고린도후서

머리말

사도 바울은 고린도 지역을 여러 차례 방문한 적이 있었다. 그는 에베소에 있으면서 고린도전서를 써 보낸 후 또다시 고린도를 방문하고자 했다. 에베소에서 고린도에 가는 길은 해로海路와 육로陸路가 있다. 당시에도 해로가 발달해 있어서 육로에 비해 훨씬 빨리 여행할 수 있었다. 그러나 육로는 거리가 멀어 시간이 많이 걸릴 뿐 아니라 많은 경비가 소요되었다. 나아가 곳곳에 상당한 위험이 도사리고 있었다.

그럼에도 불구하고 바울은 쉬운 길을 택하지 않고 어렵고 힘든 육로를 택했다. 그 길은 마게도니아를 거쳐 둘러가는 매우 험난한 길이었다. 마게도니아 지역에는 빌립보, 데살로니가, 베뢰아 등지에 여러 교회들이 있었다. 그중에 상당수는 지난 번 바울의 복음전파 사역을 통해 세워진 교회들이었다.

그러므로 바울은 이번 기회에 직접 그 교회들을 방문해 사랑의 교제를 나누기를 원했다. 고린도에 가는 길에 마게도니아 지역의 성도들을 돌아보며 격려하고자 하는 스승의 애틋한 마음이 힘든 여행길에 오르게 했던 것이다.

바울이 마게도니아에 도착했을 때 고린도에서 몇몇 형제들이 올라왔다. 그들이 그곳으로 온 것은 바울을 만나기 위해서였다. 바울은 그들을 통해 고린도 교회의 다양한 소식들을 소상히 들을 수 있었다. 그 소식 가운데는 고린도 교회 성도들의 신앙이 점차 회복되어간다는 감사한 내용이 포함되어 있었다. 동시에 일부 거짓 교사들이 여전히 어린 성도들을 미혹하며 교회를 어지럽히고 있다는 안타까운 사연도 들어 있었다.

고린도 교회에서 일어난 다양한 소식을 접한 후 바울은 성령의 감동을 받아 그들에게 두 번째 편지를 써 보냈다. 그것이 오늘날 우리가 교회 가운데 소유하고 있는 고린도후서이다. 하지만 바울이 쓴 그 편지는 고린도 교회만을 위한 사사로운 편지가 아닐 뿐더러 당시에만 특별히 적용되어야 하는 내용이 아니었다. 그 편지에 포함된 내용은 하나님의 계시로서 지상의 모든 교회들이 받아들여야 할 진리이다.

이 책은 필자가 목회하고 있는 실로암교회 성도들과 더불어 나눈 내용들이다. 하나님께 속한 성도들과 더불어 진리의 말씀을 살피며 교훈을 얻는 것은 놀라운 축복이 아닐 수 없다. 책의 내용 가운데는 여러 면에서 부족한 점들이 많이 있을 줄 안다. 그럼에도 불구하고 이 책을 통해 약간의 유익이라도 얻게 되는 형제들이 있기를 바라는 마음 간절하다.

우리가 살고 있는 21세기 초반은 인간의 이성주의와 경험주의가 활개를 치고 있는 시대이다. 또한 교회 내부에는 기독교 자유주의와 세속주의가 기승을 부리고 있다. 그런 분위기 가운데 성경이 설 자리가 점차 사라져가는 안타까움에 처해 있다. 이렇듯이 영적으로 암울한 시대에 하나님의 말씀이 교회 가운데 제자리를 회복하게 되기를 바란다.

그것을 위해 건전한 교회와 성도들은 말씀을 통해 성숙하게 자라가야 한다. 그리하여 세상의 오염된 가치관을 도입해 순진한 성도들을 미혹하는 거짓 교사들을 경계할 수 있어야 한다. 그리고 하나님의 몸된 교회를 어지럽히는 악한 자들을 용납하지 말아야 한다. 이는 교회가 계시된 말씀에 대한 올바른 지식을 소유할 때 비로소 가능한 일이다.

우리 가운데 하나님의 적극적인 도우심이 임하기를 간절히 바란다. 하나님의 뜻을 깨닫는 자들이 많아져 교회 안에 하나님의 말씀이 흥왕하게 되는 역사가 일어나야 한다. 하나님 앞에 마음의 무릎을 꿇고 기록된 계시를 통해 주님의 음성을 귀담아 들을 때 비로소 이땅에 하나님의 교회가 온전히 세워져가는 기틀을 마련할 수 있게 될 것이다.

이 책에 기록된 내용의 말씀을 함께 나눈 실로암교회 성도들에게 따뜻한 마음을 전한다. 제대로 하는 것이 별로 없는 필자를 교사로 인정하며 늘 여유로운 마음으로 대해주는 여러분들이 고맙다. 좋은 이웃과 더불어 신앙생활을 하며 살아갈 수 있다는 사실만으로 감사한 일이라는 점을 다시금 마음에 되새겨 본다.

제1장
고린도 교회를 향한 바울의 문안과 감사

(고후 1:1-11)

1. 사도 바울의 기원 (1,2)

바울은 에베소에 있으면서 고린도전서를 기록하여 그것을 디모데를 통해 고린도 교회에 전달했다(고전 4:17; 16:10). 그는 편지를 보내고 난 후 당시 좋지 않은 상황으로 인해 오순절 때까지 에베소에 머물렀다(고전 16:8). 그후 바울은 고린도로 가는 길에 마게도니아에 들러 여러 교회들을 방문했다.

그때 고린도에 있던 디모데가 디도와 함께 마게도니아로 와서 바울을 만났다. 바울은 거기서 고린도 교회에 관한 좋은 소식을 들었다(고후 7:13, 참조). 고린도전서를 받은 지역의 성도들이 바울의 권면을 하나님의 말씀으로 알고 그대로 받아들였던 것이다. 그 소식을 들은 바울은 기쁨과 감사에 넘쳤을 것이 틀림없다.

그런 반가운 소식을 듣는 상황 가운데서 바울은 디모데와 함께 고린도 교회에 두 번째 편지를 쓰게 되었다. 이는 물론 바울의 자의적인 판단이 아니라 성령 하나님의 감동에 의한 것이었다. 바울은 고린도후서를 기록하면서 또다시 자기의 사도성을 언급했다. 자신이 사도가 된 것은 전적인 하나님의 뜻으로 말미암은 것이란 사실을 분명히 밝혔던 것이다.

바울이 예수 그리스도의 사도란 사실은 무엇보다 중요하다. 그것은 단순히 직분적 신분을 말하는 것일 뿐 아니라 그의 서신이 하나님의 계시란 사실을 보증하기 때문이다. 사도를 통해 하나님의 계시가 지상 교회에 주어진다는 사실을 깨닫는 것은 절대로 중요한 신앙의 본질에 해당된다.

바울은 또한 편지의 초두에서 고린도 교회를 위해 성부와 성자 하나님의 이름으로 은혜와 평강을 기원했다. 바울의 기원은 단순한 형식상의 겉치레 인사가 아니었다. 고린도 교회를 향해 바울이 한 기원은 매우 중요한 상속의 의미를 지니고 있다. 사도로부터 고린도 교회로, 그리고 고린도 교회로부터 이후 역사상 존재하는 여러 참된 교회들에게 하나님의 은혜와 평강이 상속되었다. 이는 물론 고린도 교회뿐 아니라 예루살렘 교회를 비롯한 에베소 교회와 로마 교회 등 사도교회 시대의 모든 교회들이 함께 소유했던 내용이었다.

2. 교회로부터 찬송받으시는 하나님

(1) 교회를 향한 하나님의 위로(3,4)

하나님은 교회로부터 찬송과 영광을 받으시는 분이다. 그분은 개인 성도들에 의해 찬송을 받으시기도 하지만 예수 그리스도의 피로 값주고 사신 교회 공동체를 통해 공적으로 영광을 받으신다. 개별 성도들이 하나님을 온전히 찬송할 수 있는 것은 저들이 하나님의 몸된 교회에 속한 구성원이기 때문이다.

우리가 유념해야 할 바는 개인 성도들의 종교행위를 넘어 전체 교회 공동체가 하나님을 기쁘시게 한다는 사실이다. 예를 들자면 한 가정에서 자녀들 개개인이 부모의 기쁨의 대상이 될 수 있지만, 형제들 전체가 하나가 되어 부모의 기쁨의 대상이 되는 것과 마찬가지다. 즉 자녀들 가운데 한 아들이 아무리 훌륭하다 해도 그 아들 하나만으로 부모의 기쁨을 충족시킬 수 있는 것이 아니다. 모든 형제들이 부모가 원하는 온전한 관계를 이루게 될 때 비로소 부모를 진정으로 기쁘시게 할 수 있다. 이처럼 하나님을 기쁘시게 하는 주체도 개별 성도들이기에 앞서 전체 교회라는 사실을 깨달아야 한다.

하나님은 주 예수 그리스도의 아버지이시며 자비로우신 분이다. 그는 교회와 성도들을 위한 위로의 하나님으로서 찬송과 영광을 받으시기에 족하다. 그 하나님께서는 세상의 모든 환난 가운데서 항상 자기 백성들을 위로하신다.

교회에 속한 성도들은 하나님으로부터 받는 진정한 위로를 통해 역시 세상의 환난 가운데 살아가는 다른 성도들을 위로할 수 있게 된다. 그 위로는 인간들의 종교적인 심성이나 마음씀씀이로 말미암는 것이 아니다. 참된 위로는 하나님의 전적인 도우심에 의해 이루어지게 된다.

우리는 여기서 교회가 마땅히 소유해야 할 중요한 기능들 가운데 하나를 본다. 그것은 교회가 세상에서 환난을 당하는 성도들을 위로하는 기능을 해야 한다는 사실이다. 진정한 교회라면 세상에서 환난당하는 성도들을 온전히 위로하게 되며, 교회 가운데서 부당한 상처를 입히거나 입지 않는다.

우리는 또한 타락한 세상은 결코 교회와 성도들을 위로하지 못한다는 사실을 분명히 깨달아야 한다. 그럼에도 불구하고 신앙이 어린 교인들과 어리석은 자들은 세상에서 위로를 받고자 기대하며 애쓰고 있다. 그러나 예수님께서는 성도들이 세상으로부터 미움을 받으며 심한 환난을 당하게 될 것을 말씀하셨다.

"너희가 세상에 속하였으면 세상이 자기의 것을 사랑할 터이나 너희

> 는 세상에 속한 자가 아니요 도리어 세상에서 나의 택함을 입은 자인고로 세상이 너희를 미워하느니라"(요 15:19);
>
> "이것을 너희에게 이름은 너희로 내 안에서 평안을 누리게 하려함이라 세상에서는 너희가 환난을 당하나 담대하라 내가 세상을 이기었노라 하시니라"(요 16:13)

예수님께서는 하나님의 자녀들이 세상에 살고 있으되 타락한 세상에 속하지 않았음을 말씀하고 계신다. 만일 그들이 이 세상에 속했다면 세상이 그들을 사랑할 것이며 세상으로부터 상당한 위로를 받을 것이다. 그러나 하나님의 선택을 받은 자들은 세상 왕국에 속한 것이 아니라 영원한 하나님 나라에 속하게 되었다. 그러므로 세상이 그들을 미워하는 것은 지극히 당연한 일이다.

이는 교회에 속한 성도들은 세상으로부터 환난을 당하게 됨을 의미하고 있다. 그러므로 예수님은 세상을 두려워하지 말고 담대하라는 권면을 하고 있다. 하나님께서는 저들로 하여금 예수 그리스도 안에서 평강을 누리도록 하셨다. 그가 십자가를 지심으로써 악한 세상을 이겼으니 그에게 속한 자들은 환난을 당하지만 담대하게 대처할 수 있는 것이다. 그 가운데 세상이 알 수 없는 하나님의 진정한 위로가 임하게 된다.

(2) 그리스도의 고난과 우리의 소망 (5-7)

하나님의 자녀들이 타락한 세상에서 평강과 즐거움을 누리려고 한다면 여간 어리석은 태도가 아닐 수 없다. 예수 그리스도께서는 인간의 몸을 입고 이 세상에 오셔서 세상으로부터 모진 환난을 당하셨다. 죄없는 하나님의 아들이 더러운 사탄이 지배하는 악한 세력으로부터 엄청난 고초를 당하셨던 것이다.

따라서 그리스도의 십자가 사역을 통해 거룩한 하나님께 속하게 된 자들은 세상으로부터 고난을 당할 수밖에 없다. 예수 그리스도께 속했다는 하나의 이유만으로 세상의 견제를 받는 대적자가 되는 것이다.

바울은 그에 관한 언급을 하며 예수 그리스도의 고난이 저와 함께하는 자들 위에 넘쳤음을 말하고 있다. 그와 마찬가지로 저들이 받는 위로도 그리스도를 통해 넘쳐나게 된다. 즉 하나님의 백성들은 세상으로부터의 엄청난 고난과 더불어 주님으로부터 오는 커다란 위로를 동시에 받게 된다.

이는 비록 사도 바울뿐 아니라 그의 교훈 아래 있는 모든 교회와 성도들에게 공히 해당되는 말이다. 세상이 하나님의 자녀들에게 아무리 심한 핍박을 가한다 할지라도 예수 그리스도의 사랑에서 끊을 자는 아무도 없다. 바울은 로마에 있는 교회에 편지하면서도 그에 대한 언급을 했다.

> "누가 우리를 그리스도의 사랑에서 끊으리요 환난이나 곤고나 핍박이나 기근이나 적신이나 위험이나 칼이랴 기록된바 우리가 종일 주를 위하여 죽임을 당케 되며 도살할 양 같이 여김을 받았나이다 함과 같으니라 그러나 이 모든 일에 우리를 사랑하시는 이로 말미암아 우리가 넉넉히 이기느니라"(롬 8:35-37)

하나님의 자녀들에게는 결코 타락한 세상이 평강의 영역이 될 수 없다. 거기에는 환난과 핍박이 있으며 위험이 도사리고 있다. 위의 본문 가운데는 바울이 세상에서 어떤 대우를 받았는지 잘 기술하고 있다. 바울과 함께한 무리는 마치 곧 죽임을 당할 자처럼 취급받았으며 도살당하게 될 양 같은 상황에 처해 있었다.

이는 교회에 속한 성도들에게 세상으로 말미암아 허락된 평강이 없음을 의미한다. 도리어 그들은 세상의 위협으로 인해 불안한 마음이 가득차게 된다. 하나님을 알지 못하는 자들은 세상에서 즐거움을 누리는 것을 최상의 의미로 생각한다. 그러나 교회와 그에 속한 성도들은 그런 자들을 보고 복된 자들이라 말하지 않을 뿐 아니라 도리어 저주받은 자들로 판단할 것이 분명하다.

따라서 하나님의 자녀들은 세상으로부터 당하는 환난으로 인해 그다지 낙심하지 않는다. 도리어 그들은 환난과 고통을 당하면서도 타락한 세상을 넉넉히 이겨나갈 수 있다. 교회가 세상에 대한 궁극적인 승리자가 될 수 있는 것은 저들의 능력으로 인한 것이 아니라 하나님의 은혜로 말미암는 것이다.

우리가 분명히 알아야 할 점은 교회에는 항상 그리스도의 고난이 넘쳐나며 동시에 그의 위로가 넘쳐나게 된다는 사실이다. 이는 세상에서는 그리스도와 더불어 고난을 당하게 되지만 천국의 소망 가운데 그리스도의 위로가 넘치게 됨을 의미한다.

바울은 사도로서 자기와 함께하는 무리가 환난을 받는 것은 고린도 교회의 위로와 구원을 위하는 것이며, 또한 하나님의 위로를 받는 것도 저들의 위로를 위한 것임을 밝히고 있다. 그 위로는 교회와 성도들 가운데 풍성히 역사함으로써 그것을 통해 저들이 받는 고난을 거뜬히 견딜 수 있게 한다.

그러므로 고린도 교회를 위한 바울의 소망이 그토록 견고할 수 있었던 것은, 그들이 그리스도의 고난에 참여하는 자가 된 것처럼 그리스도의 위로에 참여하는 자가 될 줄 잘 알고 있었기 때문이다. 그에 관련된 바울의 언급은 역사 가운데 존재하는 모든 교회들에 공히 적용되며 오늘날 우리시대 교회에도 그대로 적용된다. 우리는 타락한 세상에 존재하면서 엄청난 고난을 견뎌나가는 동시에 하나님의 영원한 위로를 풍부히 누리게 된다.

예수 그리스도께서 받으신 고난의 의미는 사도들을 통해 분명하게 설명되어 드러났으며 하나님의 모든 교회를 통해 지속적으로 연결되어 적용되었다. 그리고 그리스도의 위로와 그를 통한 구원이 사도들을 통해 설명되어 성도들에게 적용되었다. 사도들이 없으면 우리는 그 진정한 의미를 알지 못한다. 하나님께서는 예수 그리스도의 사역과 그를 통해 세움받은 사도들을 통해 창세전에 택하신 모든 성도들에게 그 의미를 분명히 전달하여 적용케 하셨던 것이다.

3. 세상에서의 환난 (8-10)

교회가 세상에서 당하는 다양한 고난은 결코 낭만적인 성격을 지니지 않는다. 예수님께서 그에 관해 언급하셨던 것처럼 바울은 에베소에 있으면서 상상을 초월하는 엄청난 환난을 당했다. 그것은 철천지원수 관계와 대적이 아니면 발생할 수 없는 환난이었다.

바울은, 진정한 하나님의 자녀들이라면 결코 그 환난을 피할 수 없다고 말했다. 과연 그렇다면 우리 역시 세상으로부터의 그 환난을 피하지 못한다. 그런데 문제는 오늘날 우리는 세상으로부터 그런 환난을 당하고 있느냐 하는 문제이다.

우리가 분명히 이해해야 할 바는 우리 또한 그 환난의 의미 속에 그대로 들어있다는 사실이다. 21세기에 존재하는 교회들과 그 가운데 살아가는 성도들 역시 예수 그리스도의 고난과 사도들이 당했던 환난으로부터 아무런 상관이 없는 것이 아니다. 참된 성도들이라면 누구나 그 고난에 참여하고 있는 것이다.

일반적인 세속정치와 사회 환경적인 차원에서 본다면 하나님의 백성들 가운데 환난을 당하지 않는 자들이 많이 있는 것처럼 생각할 수 있을지 모르겠다. 어떤 의미에서 본다면 오늘날 풍요로운 세상에 살고 있는 기독교인들은 환난과는 전혀 무관한 삶을 살고 있다. 그들 중 다수는 세상에서 크게 성공하여 좋은 집에서 배불리 먹으며 호사스런 삶을 살아간다.

그렇다면 그들의 삶은 환난과는 아무런 상관이 없는 것이 아닌가? 세상에서의 풍요로움을 직간접적으로 경험한 어리석은 교인들 가운데는 그것이 마치 하나님의 축복인 양 우기는 자들이 없지 않다. 하나님께서 자기가 사랑하는 백성들에게 이 세상에서 풍요롭게 살아가도록 복을 내리셨다는 것이다. 그러므로 그런 자들은 그것을 두고 축복이라 자랑하기도 하며 그것을 얻기 위해 온갖 종교적인 노력을 기울이기도 한다.

그러나 그것은 진정으로 성숙한 신앙인이 취할 자세가 아니다. 하나님의 자녀들은 타락한 세상에 살면서 엄청난 고난을 당한다. 즉 세상에서의 풍요로움과 안락한 삶이 축복이 아니라 도리어 위험한 상황이 될 수 있다는 사실을 알고 그에 대처하며 살아간다면 그것이 곧 환난이 될 수 있다. 다수의 사람들이 세상에서 성공하는 삶을 추구하며 그것을 획득하여 좋아할 때, 그러한 것이 얼마나 위태로울 수 있는가 하는 점을 깨달아 오직 주님만 의지한다는 사실 자체가 고난인 것이다.

물론 역사적 시대와 장소에 따라서는 정신과 육체적으로 심한 환난을 당하는 경우가 많이 있어왔다. 한편 생각해보면 그런 어려운 환경 가운데 살아가는 성도들은 영적으로 훨씬 건강한 모습을 유지하기도 했다. 고통중에 있는 성도들이 세상의 악한 모습을 분명히 깨닫기에 훨씬 쉬울 수 있기 때문이다. 그렇지만 그런 환경은 교회와 그에 속한 성도들이 스스로 만들거나 선택할 수 있는 성질의 것이 아니다.

바울은 에베소에 머무는 동안 상상을 초월하는 엄청난 고난을 당했다. 그는 풍요롭고 호사로운 생활을 한 것이 아니었으며 많은 사람들로부터 존귀를 받는 위치에 있지 않았다. 그는 도리어 남들 보기에 저주받은 자처럼 비천하게 보이는 삶을 살았다. 에베소에서 쓴 고린도전서 가운데는 그에 관한 내용이 언급되어 있다.

> "내가 생각건대 하나님이 사도인 우리를 죽이기로 작정한 자 같이 미말에 두셨으매 우리는 세계 곧 천사와 사람에게 구경거리가 되었노라 우리는 그리스도의 연고로 미련하되 너희는 그리스도 안에서 지혜롭고

우리는 약하되 너희는 강하고 너희는 존귀하되 우리는 비천하여 바로 이 시간까지 우리가 주리고 목마르며 헐벗고 매맞으며 정처가 없고 또 수고하여 친히 손으로 일을 하며 후욕을 당한즉 축복하고 핍박을 당한즉 참고 비방을 당한즉 권면하니 우리가 지금까지 세상의 더러운 것과 만물의 찌끼같이 되었도다"(고전 4:9-13)

에베소에서의 바울의 생활은 여간 힘들지 않았다. 그에게는 일반적인 의미에서 말하는 행복과 세속적인 즐거움이 없었다. 사도들은 하나님으로부터 허락된 세상의 복락을 누렸던 것이 아니다. 오히려 하나님을 알지 못하는 사람들이 보기에는 마치 저주를 받은 것 같은 최악의 상태에 놓여 있었다. 그렇게 되자 그들은 타락한 천사들과 사람들에게 조롱의 대상과 구경거리처럼 되었다.

사도들은 예수 그리스도로 인해 미련하여 지혜없는 자처럼 살며 연약하고 비천한 모습을 보였다. 그들은 세상에서 비천한 자가 되어 굶주리고 목말랐으며 헐벗고 매를 맞았다. 또한 안정된 거처가 없었으며 핍박을 당하고 모욕을 당함으로써 세상의 추한 것과 만물의 찌끼 같은 모습을 보였다.

그런 형편 가운데서도 성도들은 세상에서 더 나은 고지를 점령하기 위해 몸부림치는 대신 도리어 아량을 베풀었다. 세상의 안목으로 볼 때 그것은 실로 어리석은 행위라 하지 않을 수 없다. 그런 사도들의 모습은 신앙을 적절히 뒤로하고 세상과 타협하는 자들과는 완전히 대비되었다.

세상을 가까이 하는 자들은 세상에서 강한 모습을 보이면서 남부럽지 않은 존귀한 모양새를 갖추었다. 그들은 세상에서 슬기로운 사람들처럼 보이면서 하나님의 놀라운 축복을 받은 자들인 양 행세했다. 그런 것을 목격하는 신앙이 어린 자들에게는 가치관에 엄청난 혼선을 가져올 수밖에 없었다.

그런 형편을 잘 알고 있던 바울은 아시아 지역에서 자신이 당했던 환난을 언급하면서 힘겨운 삶을 살았던 사실을 전했다. 그는 고린도전서에서 에베소에 있으면서 맹수와 맞서 싸웠던 사실(고전 15:32)을 밝혔다. 원수들의 위협에 둘러싸인 그의 삶은 결코 즐겁고 평온한 삶이 아니었다(행 19:23-41, 참조). 바울은 바로 그런 자신의 삶을 성도들이 기억해줄 것을 당부했다.

바울은 자기가 너무 심한 환난으로 인해 마치 사형선고를 받은 자처럼 되었으나 죽은 자를 살리시는 하나님만 의뢰하게 되었음을 고백했다. 무능한 자기 자신을 의뢰할 수 없음을 절실히 깨닫고 전능하신 하나님만 전적으로 의뢰하게 하신 하나님의 은혜에 진실로 감사한다는 것이었다.

그것은 부활의 소망을 가진 성도들에게 커다란 소망이 되었다. 사망을 이기신 예수 그리스도께서는 자기 백성들을 궁극적으로 다시 살리시게 된다. 하나님께서는 지상의 참된 교회에 속한 모든 성도들을 사망의 세계로부터 구원하실 것이므로 오직 천상의 나라를 바라보며 주님만을 의지해야 한다.

오늘날 성도들 가운데는 사도들에 대해 크게 오해하는 자들이 많이 있다. 어리석은 자들은 신앙의 본질이 아니라 겉으로 드러난 사도들의 명성을 부러워한다. 우리는 환난 가운데서도 성공적인 성도의 삶을 살았던 바울의 명성을 부러워할 것이 아니라 그의 가르침에 민감해야 한다. 누군가 사도의 사역을 부러워하여 자기도 그렇게 되고자 한다면 그것은 어불성설語不成說일 뿐 아니라 인간적인 욕망에 지나지 않는다.

우리는 바울이 참된 복음을 증거하기 위해 얼마나 큰 환난과 고통을 당했는지 당연히 기억해야 한다. 우리 역시 그가 걸었던 길을 교훈삼아야 하며 오로지 진리 안에서 신앙의 삶을 살지 않으면 안 된다. 우리는 이 타락한 세상에 소망을 둔 자가 아니라 영원한 천국에 소망을 둔 하나님의 자녀들이기 때문이다.

4. 기도를 통한 성도들의 교제 (11)

성도들 사이의 진정한 교제는 기도를 통해 이루어진다. 그 기도는, 십자가에 달리신 예수 그리스도의 피와 살을 상징하는 교회의 성찬을 그 기초로 하고 있다. 이는 참된 기도가 교회를 배경으로 하고 있음을 의미한다.

기도는 결코 하나님 앞에서 개인의 욕망을 표출하는 종교적 행위가 될 수 없다. 그런 것은 잘못된 기도일 뿐 아니라 도리어 하나님께 욕이 될 수도 있음을 기억해야 한다. 따라서 참된 교회와 그에 속한 성숙한 성도들은 주님께서 요구하시는 참된 기도의 의미를 알지 못하면 안 된다.

우리가 명심해야 할 바는 어떤 경우에도 교회와 그리스도의 몸을 떠나서는 참된 기도의 교제가 이루어질 수 없다는 사실이다. 예수님께서는 제자들에게 참된 기도를 하도록 요구하셨으며, 우리가 그의 가르침에 따라 '예수 그리스도의 이름으로'(in the Name of Jesus Christ) 기도하는 것은 바로 그점을 말해주고 있다.

사도들과 믿음의 선배들은 결코 자기 자신을 위한 이기적인 기도를 되풀이하지 않았다. 예수님께서는 산상수훈 가운데서 제자들에게 그점을 강조하셨다. 사람이 이 세상에서 풍요롭게 먹고 마시고 입는 것에 대한 문제는 성도들이 간구할 기도제목이 될 수 없다. 예수님께서는 성도들로 하여금 그런 것들을 구할 것이 아니라 먼저 하나님의 나라와 그의 의를 구하도록 요구하셨다.

> "너희는 먼저 그의 나라와 그의 의를 구하라 그리하면 이 모든 것을 너희에게 더하시리라 그러므로 내일 일을 위하여 염려하지 말라 내일 일은 내일 염려할 것이요 한 날 괴로움은 그날에 족하니라"(마 6:33,34)

이 기도에 부합하는 기도는 마태복음 6장 9-13절에서 가르친 '주기도문' 에 잘 나타나고 있다. 하나님을 알지 못하는 사람들은 자신의 목적을 이루기 위해 열심히 기도한다. 그들은 이 세상에서 풍요롭게 살아가기 위해 기도하거나 힘든 일을 피하며 살아가기 위해 기도하기를 애쓴다. 그런 자들은 했던 말을 되풀이하는 가운데 자신의 종교심을 드러낸다. 어리석은 자들은 그렇게 하면 자신의 기도가 이루어질 것처럼 여기는 것이다.

그러나 주님께서는 제자들에게, 하나님을 모르는 이방인들이 하는 그런 식의 기도를 본받지 말도록 명하셨다. 그렇지만 교회 안에 들어온 어린 교인들은 저들의 습성을 버리지 못하고 이방인들처럼 중언부언하며 이 세상에서의 저들의 소원을 이루기 위해 기도한다. 그들은 그것이 마치 최상인 것인 양 착각하고 있기 때문이다.

진정한 기도는 하나님과 그의 자녀들 사이에 이루어진다. 하나님의 자녀는 항상 하나님께 기도하는 가운데 살아간다. 나아가 성도들 사이의 교제는 예수 그리스도를 통해 이루어지게 된다. 십자가에 달려 흘리신 예수 그리스도의 보혈이 그 가운데 존재하는 것이다. 바울이 데살로니가 교회를 향해 기도를 쉬지 말도록 당부(살전 5:18)한 것은 존재론적인 의미를 지닌다. 즉 그 말씀은 기도하는 행위를 계속하라는 의미가 아니라 예수 그리스도 안에 존재하여 그와의 교제를 잠시도 떠나지 말라는 요구인 것이다.

바울은 고린도 교회를 향해 자신들을 위해 하나님께 간구함으로써 도우라는 말을 하고 있다. 이 말의 의미를 올바르게 이해하는 것은 매우 중요하다. 이는 단순히 바울 자신이 이 세상에서 추구하는 어떤 일이나 원하는 바가 이루어지도록 기도를 많이 해달라는 말과는 다른 것이다. 바울이 저들에게 기도를 당부한 것은 교회를 통해 하나님의 뜻이 이루어져야 할 것과 연관되어 있다. 물론 그 가운데는 하나님의 영광이 포함되어 있다.

이는 바울을 비롯한 형제들을 기억하는 가운데 하나님께 기도하라는 의미이다. 하나님의 몸된 교회를 이루고 있는 성도들은 항상 동일한 하나님의 은혜를 간구하게 된다. 즉 천국에 속한 백성들은 어디에 있든지 동일한 하나님의 자녀인 것이다.

여기에는 교회에 관한 보편적인 의미가 드러난다. 예수 그리스도의 십자가 사역을 통해 거룩한 피로 값주고 사신 지상의 모든 교회는 하나님의 기쁨의 대상이요 그것을 통해 하나님께서 찬송과 영광을 받으신다. 이는 지상에 존재하는 모든 참된 교회들이 누릴 감사의 근거가 된다.

제2장
교회와 하나님의 영광

(고후1:12-24)

1. 하나님의 교회와 종말론적 의미에 관한 지식 (12-14)

지상에 존재하는 모든 참된 교회는 하나님께서 피로 값주고 사신 특별한 공동체이다. 그 교회는 하나님의 거룩한 속성을 소유하고 있다. 이는 타락한 세상이 더러운 죄에 빠져 있는 것과는 완전히 대조적이다. 색깔로 말하자면 교회는 흰 눈같이 정결한 반면 세상은 흑암같이 어두운 영역이다.

그러므로 하나님께 속한 거룩한 교회와 사탄에게 속한 더러운 세상은 결코 뒤섞여 어우러질 수 없으며 항상 본질상 분리되어 존재한다. 즉 교회는 세상 가운데 있지만 타락한 세상과는 전혀 다른 특별한 영역일 수밖에 없다. 따라서 지상의 교회와 세상은 항상 대치관계에 놓여있는 것이다.

사도 바울은 하나님께서 피로 값주고 사신 교회의 참된 의미를 잘 알고 있었다. 그는 고린도에 있는 성도들을 향해 자신이 교회 가운데 소유한 진정한 자랑이 무엇인지 언급하고 있다. 사도인 바울조차 지상에 존재하는 하나님의 교회에 대해 아무렇게나 판단하고 행동하지 않았던 것이다. 그는 도리어 거룩하신 하나님을 기억하는 가운데 진실함으로 대했다.

즉 바울은 자신이 세상에서 얻은 육체의 지혜가 아니라 하나님의 뜻과 은혜 가운데 교회를 대했음을 강조했다. 이는 그가 타락한 세상에서 형성된 이성과 경험에 의해 감히 하나님의 교회를 판단하거나 대하지 않았음을 말하고 있는 것이다.

사도 바울은 교회에 대한 자신의 그런 자세를 자기와 함께하는 모든 성도들의 양심을 걸고 증거할 수 있다는 사실을 밝혔다. 그것은 교회가 교회를 보증하고 있음을 보여주고 있다. 그렇다면 그는 과연 무엇 때문에 저들의 양심이 그것을 증거하고 있다는 말까지 해가면서 그와 같은 간절한 언급을 했을까?

교회에 대한 바울의 자세는 지상의 모든 성도들이 간직해야 할 매우 중요한 의미를 지니고 있다. 바울은 결코 하나님의 거룩한 교회를 자신의 사사로운 목적을 위한 도구로 사용하지 않았음을 고백하고 있기 때문이다. 이는 특히 우리시대의 교회와 직분자들이 마음속 깊이 새겨야 할 내용이다. 나아가 교회의 지도자 역할을 하고 있는 성도들에게는 더욱 그렇다. 현대는 이미 개인의 종교적인 성공을 위해 하나님의 교회와 그에 속한 성도들을 이용하려는 분위기가 만연한 상태이다.

하지만 어느 누구도 감히 하나님의 몸된 교회를 자신의 종교적 욕망을 위한 도구로 이용하려 해서는 안 된다. 나아가 교회를 대상으로 삼아 개인의 성공여부를 가늠하는 것은 있을 수 없는 일이다. 교회의 외적인 성장여부는 결코 인간들의 성공실패 여부를 확정짓는 역할을 하지 않기 때문이다.

그럼에도 불구하고 어리석은 자들은 외형을 통해 목사의 성공실패 여부를 가늠하고자 한다. 교인들의 수가 많은 도시의 큰 교회에서 목회를 하는 자들은 매우 성공한 목사이며, 그렇지 않고 시골의 작은 교회에서 한평생 목회하는 자들은 성공과는 거리가 먼 것처럼 생각하는 것이다. 그러나 그런 생각은 근본적으로 올바른 생각이 될 수 없다. 도리어 그런 생각을 하게 되면 목회자들 스스로도 심각한 착각을 하게 되며 주변의 어린 교인들도 세상의 지혜에 따른 판단에 의해 스스로 속게 된다.

그러므로 모든 직분자들과 성도들에게 소중한 것은 하나님의 거룩함과 진실함으로써 신앙생활을 영위해야만 한다는 사실이다. 인간의 이성과 종교적인 경험을 기초로 한 지혜가 아니라 하나님께서 말씀을 통해 베푸시는 은혜에 따라 순종하는 것은 성도들이 가져야 할 기본적인 자세이다. 바울은 자기와 함께하는 성도들과 더불어 그 원칙을 성실하게 잘 지켰다는 사실을 언급하며 그것으로 인해 자랑하노라는 말을 했다.

또한 바울은 하나님으로부터 허락된 기록계시인 성경말씀을 통해 교회가 소유하고 있는 진리 이외에 그것을 벗어난 내용을 자신이 말하고 있지 않다는 점을 강조했다. 이는 구약성경 전체와 앞서 기록된 신약성경의 일부를 두고 언급한 것으로 보인다. 이처럼 바울이 기록한 모든 계시의 말씀은 하나님께서 허락하신 진리 안에 존재했던 것이다.

하나님의 교회가 기록된 성경말씀을 읽고 그 내용을 올바르게 깨닫는 것은 매우 중요하며 성도들은 그것을 통해 온전하고 참된 지식을 소유해야만 한다. 성경을 통하지 않고 하나님과 그로 말미암은 진리를 알아간다는 것은 불가능한 일이다. 바울이 기록된 계시를 벗어난 내용을 말하지 않겠다고 강조한 것은 바로 그런 의미를 지니고 있다.

또한 바울은 그런 말을 하는 가운데 역사적인 종말의 의미에 관한 언급을 했다. 그것은 고린도 교회 성도들이 이미 부분적으로 알고 있던 내용이었다. 지상에 존재하는 하나님의 교회가 반드시 알아야 할 중요한 내용은 마지막 심판날 모든 성도들이 소유해야 할 본질적인 의미에 관련된 것이다. 따라서 하나님의 교회는 사도들의 자랑이 되고, 하나님의 말씀을 저들에게 증거한 사도들은 교회의 자랑이 되는 것이다.

2. 하나님의 약속과 그리스도 안에서 성도의 순종 (15-20)

바울은, 종말의 때가 이르게 되면 사도들과 전체 교회가 서로간 자랑스러워하게 된다는 사실을 잘 알고 있었다. 그는 그점을 언급하면서 조만간 고린도를 방문하기를 원한다는 사실을 표명했다. 이는 저들로 하여금 또다시 갑절의 유익을 얻게(a second benefit; you might benefit twice)하기 위함이었다.

한글개역성경에서 '두 번 은혜를 얻게 하기 위하여'는 단순한 횟수나 분량을 일컫는 것이 아니라 그 이상의 의미를 지니고 있다. 이는 사도를 통한 분명한 가르침이 교회를 위해 커다란 덕이 되리라는 사실을 말해준다. 즉 교회와 성도들은 그것을 통해 더욱 분명하고 확실한 은혜를 깨달아 하나님께 나아갈 수 있게 된다. 바울은 바로 그 일을 위해 조만간 마게도니아를 거쳐 직접 고린도를 방문하리라는 계획을 전했다.

그리고 바울은 나중 고린도 교회가 자기를 유대 지역으로 보내주기를 원한다는 사실을 언급하고 있다. 그의 유대지역 방문계획은 개인적인 욕망이나 사사로운 이익을 추구하고자 하는 것이 아니었다. 따라서 바울은 그 계획이 결코 경솔한 순간적인 판단에 따른 것이 아님을 밝히고 있다. 이는 일시적인 감정이나 판단으로 인해 그런 계획을 세우고 있는 것이 아님을 말하고 있는 것이다.

바울은 여호와 하나님이 아무런 의심 없이 전적으로 믿을 수 있는 신실한 분이라는 사실을 언급했다. 그는 또한 하나님의 특별한 사도로서 자신의 입술로 '예'라고 말한 것을 나중 생각을 바꾸어 임의로 '아니라'고 번복한 적이 없었음을 강조했다. 즉 하나님께서 사도들의 입으로 교회를 향해 전한 말씀은 변함없는 참된 진리라는 것이었다. 그에 대해서는 주변에 있는 많은 인간들이 아니라 신실하신 하나님 자신이 분명한 증인이 되신다는 사실을 강조하고 있다.

교회에 세워진 직분자들은 진리의 말씀을 번복하지 않는다는 바울의 말을 각별히 귀담아 들어야 한다. 바울은 나중 디모데에게 편지할 때 직분자를 세움에 있어서 일구이언一口二言하지 말아야 한다는 사실을 강조해 말했다(딤전 3:8). 오늘날 우리 역시 자신의 주장을 관철시키기 위해서나 특별히 난처한 위기를 모면할 목적으로 말을 바꾸어 이말 저말을 아무렇게나 해서는 안 된다.

또한 사도 바울은, 자신을 비롯한 실루아노와 디모데를 통해 고린도 교회 가운데 전파된 하나님의 아들 예수 그리스도는 결단코 약속을 어긴 적이 없음을 강조해 말하고 있다. 그는 자신의 약속에 대해 신실한 분이시기 때문이다. 하나님께서 자기 백성들을 향해 약속하셨던 모든 내용들은 예수 그리스도 안에서 어김없이 성취된다. 그러므로 하나님의 자녀들은 그리스도 안에서 '아멘'으로 화답하며 하나님께 영광을 돌리게 되는 것이다.

이 말은 예수 그리스도 밖에서는 결코 거룩한 하나님을 만날 수도 없으며, 하나님께 영광을 돌릴 수도 없음을 가르치고 있다. 하나님을 찬양하며 그에게 영광을 돌리는 일은 오직 예수 그리스도 안에서만 가능한 것이다. 따라서 하나님을 예배하는 성도들은 하나님의 아들이신 예수 그리스도에 대한 올바른 지식을 가지지 않으면 안 된다. 우리가 항상 예수 그리스도의 이름으로(in the Name of Jesus Christ) 기도하며 하나님을 경배하며 찬양하는 것은 그와 밀접하게 연관되어 있다.

사도 바울은 성자聖子이신 하나님의 아들 예수 그리스도가 만왕의 왕이신 하나님을 만나게 되는 유일한 중보자가 됨을 강조했다. 이에 대해서는 오늘날 우리가 특별히 귀담아 들어야 할 대목이다. 왜냐하면 현대의 세속화된 기독교인들은 예수 그리스도를 통하지 않고 하나님을 경배하려는 경향이 매우 강하기 때문이다.

우리시대는 극도로 인본화된 시대이다. 현대과학과 그에 따른 물질문명에 익숙한 자들은 한없이 오만한 자세를 지니고 있다. 인간들의 잘못된 자신감은 하나님 앞에서도 그대로 드러난다. 따라서 어리석은 기독교인들은 자기 자신의 노력과 정성으로 하나님을 경배하며 찬양할 수 있을 것처럼 생각한다.

그런 자들은 자신의 고상한 음성을 통한 노랫가락으로 하나님을 영화롭게 할 수 있는 것처럼 여기고 있으며, 다양한 악기들을 동원해 하나님을 찬양할 수 있는 것처럼 착각하고 있다. 나아가 율동을 통한 몸동작으로 하나님을 기쁘게 할 수 있는 것처럼 생각하기도 하며, 연극이나 영화를 통해 하나님을 높일 수 있는 것으로 믿기도 한다. 그들은 하나님께서 건강하고 세련된 인간들의 모습과 활동을 그렇지 못한 자들의 외형보다 더 좋아하는 것으로 여기는 것이다.

그렇지만 하나님께서는 타락한 인간들의 노력과 정성에 탄복하시는 분이 아니시다. 그는 인간들의 성악이나 기악 혹은 율동을 비롯한 몸동작 자체를 기뻐하시지 않는다. 하나님께서는 창세전에 선택하신 자기 백성을 사랑하시며, 예수 그리스도의 십자가 사역을 통해 죄 문제를 해결함으로써 회복된 자들을 기뻐하신다. 이는 전적으로 하나님의 확실한 언약과 신실한 그의 성품에 기인한다.

우리가 분명히 기억해야 할 바는, 하나님의 자녀들이 거룩한 하나님께 영광을 돌릴 수 있는 것은 타락한 인간의 열성이 아니라 예수 그리스도의 은혜로 말미암는다는 사실이다. 인간 스스로는 결코 하나님을 영화롭게 할 수 없다. 하나님께서는 창세전에 선택하신 자녀들로 말미암아 영광을 받으시고자 하는 자신의 놀라운 뜻을 예수 그리스도를 통해 온전히 성취하셨던 것이다.

3. 하나님의 보증과 성령의 사역 (21,22)

지상에서의 삶을 경험한 모든 하나님의 자녀들은 예수 그리스도 안에서 하나의 교회를 구성하고 있다. 그들이 어느 시대 어느 지역에 생존하여 살았든지 한결같이 거룩하신 주님의 몸에 붙어 있는 지체들이다. 이는 그리스도를 벗어난 교회란 결코 있을 수 없다는 사실을 말해준다.

하나님께서는 친히 택하신 백성들에게 구속사적 상황에 따라 상이한 직분들을 주셨다. 구약시대에는 아브라함과 이삭과 야곱을 비롯한 여러 족장들이 있었는가 하면 모세와 여호수아 같은 민족의 특별한 영도자도 있었다. 또한 다윗과 솔로몬 같은 왕이 있었으며 여러 제사장들과 숱한 선지자들도 있었다. 각 성도들은 구속사 가운데 살아가면서 하나님의 뜻에 따른 다양한 직분들을 감당했다. 그 모든 것은 하나님의 놀라운 섭리와 경륜 가운데 이루어졌다.

이에 대해서는 신약시대에 있어서도 마찬가지다. 사도교회 시대에는 하나님의 진리를 직접 계시받은 특별한 사도들이 있었으며 다양한 직분들과 은사들을 소유한 성도들이 있었다. AD 70년 예루살렘 성전이 파괴된 후 뒤따른 보편교회 시대에는 목사, 장로, 집사 등이 있어서 지상에 하나님의 교회를 세워나갔다.

바울은 또한 하나님께서 사도들과 교회에 속한 성도들을 예수 그리스도 안에서 견고케 하셨음을 언급했다. 이는 인간들의 탁월한 능력과 재능으로 교회를 융성하게 하는 것이 아니라는 사실을 말해준다. 하나님께서 친히 자신의 몸된 교회를 강건하게 세워나가시지 않으면 교회는 결코 굳건하게 설 수 없다.

그리고 사도 바울은 자신과 교회가 하나님으로부터 기름부음을 받았다는 사실을 말했다. 이는 교회에 속한 모든 성도들에게 매우 특별한 의미를 지닌다. 그렇다면 본문에 언급된 '기름을 붓는다'는 말은 과연 무슨 뜻인가? 사도 요한은 그의 첫번째 서신에서 그에 대한 구체적인 설명을 하고 있다.

"너희는 거룩하신 자에게서 기름부음을 받고 모든 것을 아느니라"

(요일 2:20);

"너희는 주께 받은 바 기름부음이 너희 안에 거하나니 아무도 너희를 가르칠 필요가 없고 오직 그의 기름부음이 모든 것을 너희에게 가르치며 또 참되고 거짓이 없으니 너희를 가르치신 그대로 주 안에 거하라" (요일 2:27)

요한은, 하나님으로부터 기름부음을 받은 교회와 성도들은 모든 것을 알게 된다고 말했다. 이는 진리와 연관되는 것이다. 우리가 여기서 눈여겨보아야 할 점은 그 기름이 밖에 칠해지는 것이 아니라 교회와 성도들 가운데 존재한다는 사실이다.

따라서 참된 교회는 인간들의 지혜를 통해 배울 필요가 없다. 단지 하나님의 기름부음을 통해 모든 진리를 배워 알게 된다. 하나님의 교회에 속한 성도들은 참되고 진실한 자세로 얻은 교훈대로 예수 그리스도 안에 거해야만 한다.

구약시대 제사장들은 기름부음을 받았다. 특별히 구별된 그들만이 거룩한 성전에서 하나님께 예물을 바치며 섬길 수 있었던 것이다. 신약시대 보편교회의 관점에서 이해할 때도 기름부음은 '구별'과 '상속'의 의미를 지니고 있다. 또한 이 말은 신약시대 교회의 '세례'와 '직분자 안수'에 밀접하게 연관되어 있다. 교회의 기본요건에 해당되는 성례와 직분이 지상교회를 유지하게 되는 것이다.

교회는 이점에 대한 분명한 깨달음을 가지지 않으면 안 된다. 사도들에게 기름을 부으신 하나님께서는 그에 연결된 역사적 교회들의 상속을 끊임없이 이루어 가신다. 그 기름부음은 역사적 상속을 통해 현대의 건전한 교회에까지 이르게 되었다. 그리고 세례와 성찬이 지속적으로 이어지는 가운데 다양한 직분자들의 사역을 통해 타락한 세상으로부터 구별된 하나님의 교회를 세워나가게 된다.

이 신령한 일을 위해 하나님께서는 사도들에게 직접 인치시고 그에 대한 보증으로 성령을 허락하셨다. 하나님의 은혜를 입은 성도들의 마음에는 그에 대한 깊은 확신이 일어나게 된다. 이는 그들 가운데 하나님의 성령께서 구체적으로 역사하고 계신다는 분명한 증거가 된다.

4. 개체 교회의 독립성에 대한 사도 바울의 언급 (23,24)

사도 바울은 그전에 고린도 교회가 처한 사정을 어느 정도 알고 있으면서도 한참동안 그곳을 방문하지 않았다. 바울의 그런 판단과 행동은 자신의 일반적인 형편 때문이 아니라 교회를 위한 매우 의도적인 배경을 가지고 있었다. 즉 그가 고린도에 속히 가지 않았던 것은 그들을 위해 나름대로 생각하는 바가 있었던 사실과 연관된다.

그러므로 바울은, 자신이 그동안 고린도를 방문하지 않았던 까닭은 전적으로 고린도 교회를 위해서라는 사실을 밝혔다. 이는 그가 고린도에 있는 하나님의 교회를 진정으로 아끼고 있었기 때문이라는 것이었다. 이 말은 과연 무슨 의미를 지니고 있는가?

거기에는 바울이 만일 고린도를 급하게 방문했더라면 그것이 도리어 고린도 교회에 유익이 되지 않았을 것이란 내용이 내포되어 있다. 바울은 자신의 그런 마음에 대해서는 하나님이 증인이 되신다는 사실을 강조하여 말했다. 즉 자기가 고린도 교회를 급히 방문하지 않은 것은 단편적인 사욕 때문이 아니었다는 것이다.

바울은 그 말 가운데서 교회의 권위를 잘 드러내 보여주고 있다. 그는 고린도 교회에 여러 가지 문제들이 발생했을 때 스스로 그 문제를 올바르게 해결하기를 간절히 원했다. 즉 외부에서 제공되는 누군가의 도움 없이 당사자인 교회가 자신의 문제를 해결할 수 있는 자체적인 능력을 갖추는 것은 무엇보다 중요한 것이다.

사도 바울은 그점에 대해 명확히 말하고 있다. 자기를 비롯해 함께 있는 여러 지도자들은 고린도 교회 성도들의 믿음을 일방적으로 주관하려는 것이 아니라는 사실을 밝혔다. 그는 오직 그들의 진정한 기쁨을 돕는 자가 되고자 했다. 그가 그렇게 하고자 했던 까닭은 그들이 어려운 상황 가운데서도 믿음에 굳건히 서 있었기 때문이다.

이는 우리시대 교회들이 각별히 귀담아 들어야 할 내용이다. 개혁주의 교회에 있어서 개체 교회의 독립성은 매우 중요하다. 성숙한 교회는 인간적으로 탁월한 지도력을 갖춘 지도자를 필요로 하지 않는다. 교회 안팎에는 개인의 능력으로 교회를 주관하려는 자가 있어서는 안 되며, 동시에 어느 누구로부터도 불필요한 간섭을 받을 필요가 없다.

그러므로 특정 개인이나 소수집단이 하나님의 교회를 지나치게 주관하려 해서는 안 된다. 개체 교회는 적법하게 세워진 직분자들에 의해 공동으로 세워져 나간다. 교회의 교사인 목사와 장로를 통해 독립적으로 하나님의 말씀 선포와 세례 및 성찬 등 성례가 이루어지는 것이다. 그리고 집사들을 통해 교회의 모든 일반 사역들이 이루어지게 된다.

우리는 이를 이른바 교회의 '정치적 불간섭 원칙' 이라 말할 수 있다. 하지만 개체 교회가 진리를 위태롭게 하고 기독교 지도자들이 복음의 정도正道에서 벗어나게 될 때는 당연히 그에 대한 적극적인 간섭을 해야 한다. 그것은 그럴 수도 있다는 소극적인 말이 아니라 진리수호를 위해 그렇게 하지 않으면 안 된다는 적극적인 의미를 지니고 있다.

참된 교회라면 예외없이 보편적인 하나님의 교회이므로 상호 건전한 간섭을 주고받아야 한다. 물론 그것은 이기적인 판단에 따른 것이 아니라 하나님의 나라를 위한 사랑의 근거에 의한 것이어야 한다. 만일 그것을 거부한다면 보편교회를 벗어난 개 교회주의에 빠진 것이라 말할 수 밖에 없다.

제3장
그리스도의 향기로서 교회

(고후 2:1-17)

1. 성도의 진정한 기쁨 (1-3)

하나님의 백성들은 이 세상에서의 기쁨과 즐거움을 추구하는 어리석음에 빠지지 말아야 한다. 그것은 일시적인 만족감을 제공할지 모르지만 진정한 기쁨을 제공하지 못한다. 세상에서 주어지는 일시적인 즐거움은 항상 갈증만 더할 따름이다. 이는 타락한 세상은 영원한 참된 기쁨을 전혀 소유하고 있지 않다는 의미이다.

그럼에도 불구하고 어리석은 인간들은 세상으로부터 얻게 되는 즐거움을 쟁취하고자 여념이 없다. 아무런 보장성 없는 세속적 풍요로움을 추구하는 그런 식의 삶의 태도는 어리석기 짝이 없는 일이다. 그러므로 하나님의 자녀들은 불신자들이 갈구하는 그런 삶을 지향하지 말아야 한다. 이런 사실에 대해서는 예수님과 그를 따르던 제자들과 사도들이 누구보다 잘 알고 있었다.

사도 바울은 고린도 교회를 향해, 근심을 가진 채 저들을 방문하지 않기로 스스로 결단했음을 말하고 있다. 이는 과거에 발생했던 모든 불미스런 일들은 잊어버리겠다는 표현이다. 이에 관해서는 바울뿐 아니라 고린도 교회 성도들도 여전히 욕망에 가득 찼던 과거의 문제들에 대해 어느 정도 염려하고 있었던 것이다.

이는 고린도전서에 기록된 여러 문제들과 직접 연관된다. 고린도 교회에는 그전에 파당, 성적 부도덕, 우상제물, 은사와 직분, 부활사상 등에 관한 문제들이 많았다. 바울로부터 첫번째 편지를 받은 그들은 이제 많이 회복되고 변화된 상태에 놓여 있었다.

사실 그런 형태의 근심과 염려는 정도의 차이는 있을지라도 고린도 교회뿐 아니라 지상의 모든 교회들의 당면한 문제라 할 수 있다. 나아가 역사 가운데 존재하는 모든 교회의 성도들은 많은 문제들에 직면할 수밖에 없다. 따라서 지상교회는 어느 시대 어느 곳에 있다 할지라도 천상에 계신 하나님만 바라보아야 한다. 그 형편을 잘 알고 계시는 예수님께서는 산상山上에서 제자들에게 교훈을 주시면서 현재에 충실하며 복잡한 염려에 얽매이지 않는 지혜를 가지도록 요구하셨다.

> "너희는 먼저 그의 나라와 그의 의를 구하라 그리하면 이 모든 것을 너희에게 더하시리라 그러므로 내일 일을 위하여 염려하지 말라 내일 일은 내일 염려할 것이요 한 날 괴로움은 그날에 족하니라"(마 6:33,34)

예수님께서는 제자들에게 괴로움을 떨쳐버리고 내일 일을 염려하지 말라는 말씀을 하셨다. 이는 성도들의 생존과 삶에 연관된 교훈이지만 성도들이 처한 모든 현실적인 문제들을 포함하고 있다. 하나님의 자녀들에게는 천상으로부터 공급되는 충분한 은혜의 분량이 예비되어 있다. 세상에서 겪게 되는 다양한 일들로 인해 지나친 염려에 빠지는 것은 아직 이 세상에 미련을 두고 있기 때문에 발생하는 문제이다.

이 세상에 살아가는 인간들의 주된 관심사는 과연 어디에 있는가? 인간들은 항상 세상에서 남부럽지 않게 풍요롭고 편안하게 살아가는 것을 소망으로 삼고 있다. 사실 그것을 추구하는 과정에서 모든 악한 문제들이 발생한다. 하지만 인간들은 세상의 욕구를 충족하는 삶을 얻게 되면 그것을 성공한 인생이라 여기며 기고만장하게 된다. 그러나 욕심으로 가득 찬 인간들은 그 상태에 머물지 않고 더욱 큰 욕망을 가지고 더 많은 것들을 움켜잡기 위해 온갖 노력을 기울이게 되는 것이 일반적이다.

그것은 어리석은 인간들의 부질없는 착각에 의한 행동일 따름이다. 변칙과 불법을 통해 이 세상의 풍요로움과 엄청난 만족을 쟁취한다 할지라도 그것은 결코 영원하지 않으며 일시적 현상에 지나지 않는다. 그렇다면 하나님의 참된 자녀인 우리의 궁극적인 관심은 과연 어디에 있어야 하는가? 하나님을 경외하는 성도들의 진정한 소망은 이땅에 있지 않고 예수 그리스도의 재림과 영원한 천국에 있다.

우리가 살아가고 있는 타락한 세상은 천국시민권을 소유한 성도들에게 있어서는 온갖 유혹들이 산재한 위태로운 영역이다. 하나님의 말씀에 따라 성실하게 살려고 하면 타락한 세상이 가만 놓아두질 않는다. 세상은 성도들에게 달콤한 유혹과 더불어 다양한 염려거리들을 끊임없이 발산하고 있기 때문이다.

그러나 하나님의 백성들은 자신을 옭아매는 세상의 염려거리에 대해 필요 이상의 과도한 신경을 쓸 필요가 없다. 설령 사람들이 판단하기에 엄청난 것들이 삶을 억누르게 된다고 해도 그것은 주님의 재림과 더불어 끝나게 될 일시적인 상황이라는 사실을 깨달아 알고 여유롭게 대처할 수 있어야 한다. 따라서 예수님께서는 제자들에게 세상에서 나약한 모습을 보이지 말고 항상 거룩한 하나님 나라와 그의 의를 추구하라고 요구하셨다. 그렇게 하면 하나님께서 자기 자녀들에게 필요한 모든 것들을 공급하며 선한 길로 인도하신다는 것이었다.

그러므로 사도 바울은 고린도 교회를 향해 지나간 것들에 대한 모든 근심을 다 떨쳐버리지 않고는 결코 저들에게 나아가지 않기로 결단했음을 밝혔다. 자신이 과거의 일로 인해 근심에 빠져 있으면 결국 고린도의 성도들도 그로 말미암아 함께 근심하게 될 것이다. 그들은 바울의 참된 기쁨의 대상이 될 소중한 성도들인데 그들이 근심에 빠지게 되면 모두가 진정한 기쁨이 아니라 도리어 근심에 휘말릴 수밖에 없게 된다.

바울이 원했던 것은 고린도 교회 성도들을 대면하여 예수 그리스도 안에서 서로 기쁨의 교제를 나누는 것이었다. 그렇게 하기 위해서는 지나간 모든 근심 걱정을 벗어버리지 않으면 안 된다. 바울은 그 사실을 잘 알고 있었기에 먼저 자신의 근심을 떨쳐버려야만, 동일한 하나님의 은혜를 소유한 고린도 교회 성도들과 더불어 진정한 기쁨을 나눌 수 있다는 사실을 확신했던 것이다.

2. 환난과 교회사랑 (4)

하나님을 배반하고 예수 그리스도를 십자가에 못박아 죽인 이 세상에 살아가는 성도들은 주님의 편에 서 있다는 사실 자체만으로 엄청난 고통을 동반하게 된다. 특별히 물리적인 핍박이 따르지 않는다 하더라도 교회와 그에 속한 성도들은 세상으로부터 환난을 당할 수밖에 없다. 이는 참된 가치관價値觀에 연관된 것으로서 바울을 비롯한 모든 사도들과 하나님의 자녀들은 악한 세상으로부터 끊임없는 환난과 고통 가운데 살아야만 했다.

불의에 저항하기를 쉬지 않던 사도 바울은 그동안 자신이 형언할 수 없는 힘든 환난과 더불어 항상 애통하는 마음을 가지고 있었음을 밝히고 있다. 그 환난은 바울의 서신을 받고 있는 고린도 교회 성도들도 동일하게 겪고 있는 문제였다. 그런 힘든 형편 가운데서도 하나님의 자녀들은 결단코 낙심하거나 원망하지 않았다. 이러한 신앙 자세는 모든 성도들이 본받아야 할 내용이다.

그러므로 이에 대해서는 사도 바울뿐 아니라 지상에 존재한 모든 성도들에게 적용되어야 한다. 구약시대의 시편기자는 하나님을 찬양하는 가운데 그에 관한 명백한 기록을 남기고 있다. 시편에는 환난과 근심 가운데서도 하나님의 계명을 통해 진정한 즐거움을 누리게 된다는 고백이 담겨 있는 것이다. 또한 바울은 에베소 교회에 편지하면서 그와 동일한 관점에서 눈앞에 닥친 환난으로 인해 낙심치 말도록 요구했다.

> "환난과 우환이 내게 미쳤으나 주의 계명은 나의 즐거움이니이다 주의 증거는 영원히 의로우시니 나로 깨닫게 하사 살게 하소서"(시 119:143,144);
>
> "그러므로 너희에게 구하노니 너희를 위한 나의 여러 환난에 대하여 낙심치 말라 이는 너희의 영광이니라"(엡 3:13)

사도 바울은 시편기자와 마찬가지로 불의에 저항함으로써 닥치는 환난이 성도들에게 유익이 된다는 사실을 말했다. 그는 에베소서에서 세상으로부터 당하는 환난이 단순한 고통이 되는 것이 아니라 도리어 교회의 영광이 된다는 사실을 언급하고 있다. 이는 환난을 통해 타락한 세상과 구별되는 거룩한 교회의 본질이 선명하게 드러나기 때문이다. 하나님의 자녀들이 이에 대한 분명한 깨달음을 가지는 것은 무엇보다 중요하다.

만일 어떤 사람이 기독교인이라 하면서, 타락한 세상에서 아무런 거리낌 없이 모든 기쁨과 즐거움을 풍족히 누린다면 그것은 하나님과 그의 나라가 아니라 타락한 세상에 속했음을 반증하게 된다. 그러나 성숙한 하나님의 자녀라면 천상의 왕국에 속한 자로서 세속적인 관점에서 인정을 받아 영광을 누리려 하지 않는다.

시편기자는 위의 본문에서 이러한 상황에 대한 자신의 입장을 고백적으로 드러내는 가운데 하나님을 노래하고 있다. 그는 세상으로부터 환난과 우환이 미쳤을 때 그것을 자연스럽게 받아들였다. 그것은 단순한 인격수련이나, 세상의 욕심을 포기한 결과로 얻게 되는 수양으로 말미암지 않는다.

하나님의 자녀들이 세상의 환난 가운데서 즐거움을 누릴 수 있는 근본 배경은 저들 가운데 존재하는 하나님의 계명 때문이다. 기록으로 계시된 말씀은 하나님의 뜻을 온전히 드러내는 증거가 된다. 그것은 불변하는 하나님의 의로서 교회와 성도들에게 영원한 깨달음을 제공한다. 하나님의 자녀들은 그것을 통해 타락하여 죄악이 가득한 이 세상을 넉넉히 이기는 가운데 살아가게 되는 것이다.

사도 바울은 고린도 교회 성도들에게 그 삶의 근본적인 원리를 보여주며 자신의 마음을 드러내 보여주고 있다. 그는 세상에서 발생하는 자신의 모든 근심과 걱정을 떨쳐버리고 고린도 교회의 성도들에게도 그런 자세를 요구하면서 그들을 향한 자신의 넘치는 사랑을 전했던 것이다. 오늘날 우리도 애통하는 마음을 가지고 하나님을 섬기면서 말씀을 통해 참된 위로를 받는 것(마 5:4)은 바로 그런 의미를 지니고 있다.

3. 용서와 위로 (5-11)

바울은 고린도 지역의 교회 내부에 자신과 하나님의 교회를 근심하게 한 자가 있었음을 언급했다. 또한 그런 자는 바울뿐 아니라 다른 성도들에게 어느 정도 근심하도록 했음을 말했다. 바울이 본문에서 일부 성도들에게 어느 정도 근심하게 했다고 언급했던 것은 그 말이 너무 심한 표현이 되어 상처를 받지 않도록 자제한 것일 뿐 사실상 그런 자는 교회의 모든 성도들을 근심하게 만들었다.

교회와 성도들을 근심하도록 한 그 사람에 대해서는 이미 교회가 적절한 권징을 했던 것으로 보인다. 따라서 이제는 그들을 계속 징계의 상태에 가두어 둘 것이 아니라 도리어 저들을 용서하고 위로할 필요가 있었다. 바울은 그에 관한 언급을 하면서 그 사람이 너무 큰 근심에 잠기지 않도록 배려해주라는 요구를 했다. 이는 그 사람이 교회 내부에 속한 신앙이 어린 교인이었을 것이라는 점을 시사해주고 있다.

그러므로 사도 바울은 저희에게 예수 그리스도의 사랑을 드러낼 것을 권면했다. 이는 성숙한 하나님의 성도들이 가져야 할 매우 소중한 자세이다. 따라서 바울은 골로새 교회에 편지하면서도 그와 동일한 언급을 하고 있다. 하나님의 자녀가 된 성도들은 예수 그리스도의 사랑을 본받아 잘못 실수를 범한 형제들에 대해 서로 용서하고 용납함으로써 진정한 사랑을 더하도록 요구했던 것이다.

> "그러므로 너희는 하나님의 택하신 거룩하고 사랑하신 자처럼 긍휼과 자비와 겸손과 온유와 오래 참음을 옷 입고 누가 뉘게 혐의가 있거든 서로 용납하여 피차 용서하되 주께서 너희를 용서하신 것과 같이 너희도 그리하고 이 모든 것 위에 사랑을 더하라 이는 온전하게 매는 띠니라"(골 3:12-14)

바울은 하나님의 교회와 성도들을 근심하게 한 자들에 대해 피차 용서하되 그리스도께서 용서하신 것과 같이 완전히 용서해야 한다는 사실을 말했다. 이는 단순한 형식상의 논리를 일컫는 것이 아니다. 나아가 우리는 이 말이 모든 사람을 무조건 용서하라는 말이 아님을 이해해야 한다. 세상에서 일반적으로 발생하는 모든 것들을 용서하되 하나님 앞에 죄를 뉘우치는 자들에 대해 용서할 수 있는 것이다.

교회 앞에서의 진정한 회개와 뉘우침이 없는 상태에서 인간적인 판단과 인정人情에 따라 죄를 무조건 용서하는 것은 결코 바람직하지 않다. 그것은 인간들의 자기만족을 위한 것일 뿐 하나님의 뜻과 의에 연관되는 것은 아니다. 따라서 올바른 방법과 절차에 따라 예수 그리스도의 사랑으로 온전히 용서하는 것은 매우 중요하다. 그 사랑이 곧 교회를 하나로 엮어 매는 끈의 역할을 하기 때문이다.

예수님께서는 이와 연관하여 교회에 허락된 신성한 권위에 관련된 말씀을 하셨다. 이는 권징사역을 통한 교회의 사랑과 용서에 관한 내용이다. 주님께서는 베드로를 비롯한 제자들에게 그에 대한 교훈을 주시면서 지상의 모든 교회들이 받아들이도록 했다. 즉 이는 지상에 하나님의 순결한 교회를 세워나가는 일과 밀접하게 연관되어 있는 내용이다.

> "진실로 너희에게 이르노니 무엇이든지 너희가 땅에서 매면 하늘에서도 매일 것이요 무엇이든지 땅에서 풀면 하늘에서도 풀리리라"(마 18:18)

징계와 용서에 연관되는 이 말씀은 교회의 순결을 유지하기 위해 허락된 말씀이다. 즉 교회는 진리를 어지럽히는 자들을 결코 무책임하게 용납하지 말아야 한다. 이는 천상으로부터 주어진 권위와 더불어 지상의 교회가 마땅히 시행해야 할 사명임을 말해주고 있다. 만일 이를 등한시하면 세상과 불의한 타협이 이루어지게 되며 교회는 점차 세속화되어 타락해 갈 수밖에 없다.

그렇지만 자신의 잘못된 실수를 부끄럽게 여기고 하나님 앞에서 진심으로 뉘우치는 자들에 대해서는 교회가 마땅히 용서하고 받아들여야 한다. 그러나 회개를 거부하는 자들에 대해서는 결코 그렇지 않다. 하나님의 몸된 교회를 어지럽히는 자의 죄를 물어 엄하게 다스리는 것은 교회의 순결을 유지하기 위한 수단이며 단순히 개인을 벌주기 위한 것이 그 목적은 아니다.

또한 사도 바울은 고린도 교회 성도들이 범사에 하나님의 말씀에 온전히 순종하는지 그 여부를 알아보고자 한다고 말했다. 그가 편지를 쓰는 중요한 목적 가운데 하나는 저들이 하나님의 말씀에 대한 순종의 증거를 가지고 있는지 확인하기 위해서였다. 바울의 편지를 하나님께서 친히 계시하신 진리로 알고 온전히 순종한다면 그것이 참된 하나님의 성도라는 증거가 된다.

우리는 여기서 신앙의 근거와 증거에 관련된 중요한 이해를 할 필요가 있다. 많은 사람들이 하나님을 믿는다고 주장하지만 실상은 더러운 이단에 빠져 하나님을 대적하는 자리에 서 있는 것을 보게 된다. 그들은 하나님의 원수가 되어 있으면서도 입술과 마음으로는 스스로 하나님을 믿는다고 생각한다. 그들은 타락한 인간의 종교적인 심성에 의해 자기의 꾀에 속고 있는 것이다.

그렇다면 하나님을 믿는다는 사실을 어떻게 증거할 수 있는가? 하나님을 믿어 섬기고 싶다는 마음의 확신이 들면 그것이 곧 올바른 신앙을 가졌다는 증거가 되는 것인가? 혹은 예수님을 하나님의 아들로 믿고자 하는 결단이 생기면 그것이 곧 신앙인가? 그런데 우리가 유념해야 할 바는 하나님을 대적하는 자에게 속한 이단들 가운데도 그와 유사한 신앙을 가지고 있는 자들이 무수히 많이 있다는 사실이다.

물론 위에 언급한 기본적인 신앙의 자세를 가지는 것은 매우 중요하다. 그러나 교회가 소유한 신앙의 기초는 신구약 성경 66권을 천상으로부터 계시된 하나님의 말씀으로 받아들이는 믿음이다. 그것은 말로만 주장할 것이 아니라 구체적이며 실질적인 고백이 되어야 한다. 기록된 성경을 일점일획도 틀림없는 하나님의 말씀으로 믿는 마음은 하나님의 은혜가 없이는 결코 일어날 수 없다. 따라서 참된 교회와 그에 속한 성도들은 하나님과 인간을 알아가는 절대 기준으로서 계시된 성경을 받아들인다.

바울은 또한 잘못된 행위로 인해 벌을 받는 사람일지라도 하나님과 교회 앞에서 진정으로 회개하면 용서해야 한다는 사실을 언급하고 있다. 무슨 일이든지 다른 형제를 용서하는 자는 자기도 그렇게 용서받으리라는 점을 말했던 것이다. 바울 자신이 다른 형제의 과거 실수를 용서한 일이 있었다면 그것은 예수 그리스도의 면전에서 하나님의 교회를 위한 것이었음을 밝혔다. 이는 예수님께서 교회와 성도들에게 요구하신 내용과 동일하다. 예수님은 다른 형제에 대한 성도의 자세가 자신의 용서와 연관됨을 말하고 있다.

> "비판치 말라 그리하면 너희가 비판을 받지 않을 것이요 정죄하지 말라 그리하면 너희가 정죄를 받지 않을 것이요 용서하라 그리하면 너희가 용서를 받을 것이요"(눅 6:37)

예수님께서는 이 말씀을 통해 다른 형제의 잘못된 실수를 마음속에 담아두지 말도록 요구하셨다. 그리고 그것을 빌미로 삼아 형제를 정죄하는 오류에 빠지는 것을 경계하셨다. 이는 이 세상에 존재하는 모든 불의와 교회에 들어온 악한 것들을 무조건 용납하라는 말이 아닌 것은 분명하다.

하나님을 진심으로 경외하는 형제가 일시적인 실수를 저질렀다면 교회는 마땅히 그를 용서하고 받아들여야 한다. 그것을 약점 잡아 지속적으로 비판하거나 정죄하는 행위는 오히려 그렇게 하는 자의 죄를 드러내게 될 따름이다. 이 세상에 살아가는 인간들로서는 언제든지 그런 실수에 빠질 가능성에 노출되어 있다. 따라서 다른 형제의 실수를 용서함으로써 자신도 하나님으로부터 정죄받지 않고 용서받게 되는 것이다.

사도 바울은 이에 대한 언급을 하면서 사탄의 계략을 극히 조심하라고 했다. 우리는 교회를 어지럽히고 성도들을 미혹하는 사탄의 교활한 속셈을 구체적으로 알기 어렵다. 따라서 사탄에게 속지 않기 위해서는 다른 형제들의 실수에 지나치게 집착하는 것을 조심해야 한다. 하나님의 몸된 교회를 지상에 올바르게 세우기 위한 순수한 자세가 아니라면 함부로 형제를 정죄해서는 안 된다. 도리어 교회와 성도들은 저들의 실수를 완전히 용서하는 자세를 가져야 한다.

4. 그리스도의 향기 (12-16)

바울은 고린도를 방문하기 위해 에베소를 출발해 마게도니아로 가는 도중 드로아(Troas)에 도착했다. 에게해 북단에 위치한 드로아는 바울에게 특별한 기억이 남아있는 도시였다. 그는 두 번째 전도여행에서 드로아에 도착했을 때 마게도니아 사람 하나가 환상중에 나타나 건너와 도와달라는 부탁을 받았었다(행 16:9).[90] 그로 인해 배를 타고 에게해를 건너 네압볼리를 거쳐 빌립보에 도착했었다.

이번 기회에 바울이 드로아에 도착했을 때 하나님의 복음을 선포할 수 있는 문이 열렸다. 그로부터 하나님의 복음을 듣고자 하는 자들이 많이 있었던 것이다. 그러나 그는 오래 머물지 않고 그곳을 떠났다. 이는 빨리 디도를 만나고 싶은 그의 심정으로 인해 편안한 마음으로 그곳에 오래 있을 수 없었기 때문이다. 따라서 그는 드로아에 있는 교회와 성도들을 작별하고 에게해를 지나 마게도니아 지역으로 건너갔다.

바울은 고린도 교회의 성도들을 향해 그에 관한 언급을 하면서 하나님께서 항상 그리스도 안에서 승리하게 하신 사실과 여러 지역에서 저들을 통해 예수 그리스도를 아는 지식의 향기(the sweet aroma of the knowledge of Him)를 나타내시는 하나님께 감사한다는 말을 전했다(고후 2:14).

그 향기는 단순히 후각을 자극하는 냄새에 그치는 것이 아니라 인간의 생명에 절대적인 영향을 끼치는 냄새이다. 또한 그 냄새는 하나님의 자녀들에게는 아름다운 향기가 되지만, 그렇지 않는 불신자들에게는 치명적인 역할을 하게 된다. 즉 동일한 향기가 어떤 사람에게는 사망으로 좇아 사망에 이르도록 하지만 또 다른 어떤 사람들에게는 생명으로 좇아 생명에 이르게 하는 기능을 한다.

이는 사람들 스스로 취하는 역할로 말미암는 것이 아니라 그것을 통해 하나님의 놀라운 구원사역이 드러나게 된다. 성경에는 그와 동일한

---

90) 바울은 고린도후서를 써 보낸 후 고린도를 방문해 삼 개월간 머물다가 예루살렘으로 돌아가는 길에 일행과 함께 또다시 드로아를 방문했다. 그때 유두고(Eutychus)라는 청년이 밤에 창문에 걸터앉아 바울의 강론을 듣던 중 떨어져 죽었다가 다시 살아나는 사건이 일어났다(행 20:6-12).

의미를 지닌 교훈들이 많이 나타난다. 구약성경에는 장래 오실 메시아에 연관하여 그에 대한 예언이 되고 있다.

이사야 선지자는 이스라엘 민족 가운데 오시게 될 메시아의 역할을 돌(stone)과 반석(rock)에 비유하여 예언했다. 남북 이스라엘 백성에게 굳건한 반석으로 제시되어, 하나님의 자녀들에게는 그것이 악을 피할 수 있는 방편이 되지만 배도자들에게는 동일한 그 돌이 걸려 넘어지게 하는 올무가 되리라는 것이었다.

> "만군의 여호와 그를 너희가 거룩하다 하고 그로 너희의 두려워하며 놀랄 자를 삼으라 그가 거룩한 피할 곳이 되시리라 그러나 이스라엘의 두 집에는 거치는 돌, 걸리는 반석이 되실 것이며 예루살렘 거민에게는 함정, 올무가 되시리니 많은 사람들이 그로 인하여 거칠 것이며 넘어질 것이며 부러질 것이며 걸릴 것이며 잡힐 것이니라(사 8:13-15)

하나님께서는 선지자 이사야를 통해 남북으로 갈라져 제각각 배도의 길을 걷고 있는 이스라엘 백성들에게 메시아 예언을 하셨다. 앞으로 이스라엘 민족 가운데 오시게 될 메시아는 거룩한 분이며 모든 인간들이 경외해야 할 분이시다. 그러나 더러운 배도에 빠진 백성들은 그에 대한 관심을 두지 않았다.

이사야는 그 메시아를 반석으로 칭하며 비유적으로 묘사하고 있다. 하나님을 믿음으로써 세상으로부터 핍박을 당하던 백성들에게는 그가 거룩한 피난처가 되신다. 하지만 세상을 누리며 즐기려는 자들에게는 그가 거치는 돌과 걸려 넘어지게 하는 반석이 된다. 예루살렘에 거하면서 종교성을 자랑하며 외형상 그럴듯한 포장을 하여 인간적인 욕망을 추구하던 거민들에게는 그것이 함정과 올무가 되는 것이다.

이 세상에 유일한 소망이 되시는 메시아가 세상의 평화와 안락에 취한 자들에게는 정반대의 심판자 역할을 하게 된다. 메시아가 없는 상태에서는 일시적으로 풍요로운 인생을 누릴 수도 있겠지만 악한 자들은 메시아의 강림으로 인해 그에 걸려 넘어져 뼈가 부러져 사로잡히게 되는 것이다. 우리가 관심을 기울여야 할 바는 동일한 반석이 각 사람에 따라 정반대의 기능을 하게 된다는 사실이다.

이에 대해서는 신약성경에도 동일한 교훈으로 기록되어 있다. 사도 베드로는 구약성경을 인용하며 그에 대한 증거를 하고 있다. 이땅에 오신 예수 그리스도가 시온의 모퉁이돌이 되어 그를 믿는 자들에게는 구원의 반석이 되겠지만 그렇지 않은 자들에게는 영원히 멸망케 하는 무서운 돌이 된다는 것이다.

> "성경에 기록하였으되 보라 내가 택한 보배롭고 요긴한 모퉁이돌을 시온에 두노니 저를 믿는 자는 부끄러움을 당치 아니하리라 하였으니 그러므로 믿는 너희에게는 보배이나 믿지 아니하는 자에게는 건축자들의 버린 그 돌이 모퉁이의 머릿돌이 되고 또한 부딪히는 돌과 거치는 반석이 되었다 하니라 저희가 말씀을 순종치 아니하므로 넘어지나니 이는 저희를 이렇게 정하신 것이라"(벧전 2:6-8)

하나님께서는 예수 그리스도를 이땅에 보내시는 역사적 사건을 두고 특별히 택하신 보배롭고 요긴한 모퉁이돌을 시온에 두는 것으로 묘사하셨다. 그를 믿는 자들에게는 그 돌이 없어서는 안될 보배로운 반석이 되겠지만 하나님을 알지 못하는 불신자들에게는 아무런 쓸데없는 돌에 지나지 않는다.

특별한 의미를 지닌 그 돌의 진가眞價를 알아보지 못하는 인간들은 저들에게 불필요한 그 돌을 바깥에 내다버렸다. 그러나 그 돌은 하나님의 백성들을 하나로 엮어 구원하게 될 생명의 반석이었다. 이는 배도에 빠진 유대인들이 예수 그리스도를 예루살렘 성 밖에서 십자가에 못박아 죽인 사건을 두고 일컫는 말이다.

하나님의 말씀에 순종하는 자들은 그로 인해 영원한 생명을 얻게 되지만 그렇지 않는 자들은 그로 말미암아 영원한 멸망에 빠져 부끄러움을 당하게 된다. 동일한 돌이 사람에 따라 정반대의 기능을 하게 되는 것이다. 이에 대해서는 오늘날 우리에게도 전혀 변함없이 적용되고 있다. 교회에 속한 하나님의 자녀들은 예수 그리스도를 통해 영원한 삶을 보장받는다. 그러나 예수 그리스도를 불필요한 존재로 알고 멸시하는 자들에게는 영원한 멸망이 기다리고 있을 따름이다.

5. 순전한 진리를 증거하는 교회와 사도들 (17)

세상에서 가장 위험하고 악한 자들은 과연 누구일까? 살인, 강간, 폭행, 사기 등을 일삼는 자들일까? 물론 그런 자들은 더러운 악행에 물든 자들인 것이 틀림없다. 그러나 그보다 더욱 위험한 자들은 겉보기에 그럴듯하게 포장되어 있으나 속은 전혀 그렇지 않은 악한 종교지도자들이다.

기독교 내부에는 항상 거짓을 퍼뜨리며 종교적인 목적을 달성하려는 사람들이 많이 있다. 차라리 누가 보아도 이단異端인 것으로 명확하게 드러난 자들에 대해서는 그다지 신경을 쓸 필요가 없다. 문제는 겉보기에 만면에 세상적인 평화를 머금고 건전한 모습을 보이고 있으나 실상은 교회를 어지럽히는 이단사상을 지닌 자들이다.

현대 기독교의 내부와 주변에는 그런 사람들이 즐비하게 포진하고 있다고 해도 과언이 아니다. 통일교, 여호와의 증인, 몰몬교 등 기독교적 색깔을 띤 명백한 이단집단에 대해서는 지나친 신경을 쓰지 않아도 된다. 이미 경계의 끈을 늦추고 있지 않는 성도들 가운데 저들의 미혹에 쉽게 넘어갈 자는 없을 것이기 때문이다.

그러므로 우리는 건전한 기독교 교단에 속했다고 주장하면서 하나님의 진리를 훼손하며 교회를 어지럽히는 자들을 경계해야 한다. 그런 자들에 대해서는 여간 세심히 살피지 않으면 하나님을 욕되게 하는 저들의 실상이 쉽게 드러나지 않는다. 그들은 큰 목소리로 기독교적 음성을 내며 하나님에 대한 충성을 외치고 있기 때문에 저들의 음흉한 본색이 깊숙이 숨겨져 있는 것이다.

사탄의 술책에 동원된 그들은 괴팍하고 징그러운 모습이 아니라 광명한 천사와 의의 일군으로 가장하고 있다(고후 11:14,15). 그런 위험한 현상은 오늘날에 이르러 갑자기 나타난 양상은 아니다. 우리시대에 그런 일이 더욱 기승을 부리고 있기는 하지만 사도교회 시대부터 그런 상황은 줄곧 이어져 왔다. 따라서 사도요한은 많은 거짓선지자들이 세상에 득실거리고 있으니 과연 저들이 하나님께 속한 자들인지 시험해보아야 한다는 사실을 말했다(요일 4:1). 예수님께서도 제자들에게 그에 관한 분명한 말씀을 하셨다.

> "거짓 선지자들을 삼가라 양의 옷을 입고 너희에게 나아오나 속에는 노략질하는 이리라"(마 7:15)

일반적인 안목으로 볼 때 거짓 선지자들과 참 선지자들 사이에 어느 쪽이 더 매력적으로 보일까? 참 선지자들은 하나님의 진리를 말하므로 타락한 인간들의 취향에 전혀 맞지 않는다. 하지만 거짓 선지자들은 영원한 천상의 진리가 아니라 인간들의 구미口味를 자극할 수 있는 말들을 골라 하기 때문에 쉽게 사람들의 관심을 끌 수 있다.

어리석은 자들은 자기가 느끼는 종교적 감정에 따라 거짓 선지자들의 감언이설甘言利說에 반응하며 저들을 따라간다. 그것이 자기에게 세상에서의 종교적 만족감을 충족시켜주기 때문이다. 타락한 인간들은 성경이 가르치는 진리에 따라 하나님께 순종하기를 좋아하는 것이 아니라 인간의 감정과 이성에 부합하는 변형된 신을 만들어 두고 섬기기를 즐겨하는 것이다.

그러나 거짓 선지자들은 하나님의 말씀과 교회를 혼잡스럽게 한다. 진리의 말씀 위에 인간들의 이성과 감정을 혼합시키며, 거기다가 교묘한 욕망을 덧칠하게 되면 타락한 인간들의 종교적인 관심을 끌기에 충분하다. 그렇게 되면 많은 사람들이 몰려들게 되고 거짓 지도자들은 하나님의 이름을 앞세워 그것을 성공이라 자랑하며 선전하게 된다.

우리가 분명히 깨달아야 할 사실은 항상 깨어 있어 그런 자들을 경계하지 않으면 안 된다는 사실이다. 그들은 하나님의 이름을 핑계대어 자신의 성공을 도모하며 수많은 교인들을 자기를 위한 도구로 만들어 간다. 그런 자들을 따르는 어리석은 자들은 자기도 모르는 사이 그 악한 대열에 동참하게 되는 것이다.

사도 바울은 하나님의 말씀을 혼잡하게 만드는 수많은 악한 자들의 길을 멀리하는 자신의 삶을 고백적으로 말하고 있다. 그 대신 하나님으로부터 계시받은 진리의 말씀을 거룩하신 하나님 앞과 예수 그리스도 안에서 교회 가운데 신실하게 전달한다는 사실을 밝혔다. 즉 교회 앞에서 개인의 사사로운 이성적 판단과 목적에 따라 무분별한 말을 함부로 내뱉지 않는다는 것이었다.

오늘날 우리 역시 이점에 대해 민감한 자세를 가지지 않으면 안 된다. 하나님의 말씀을 선포하며 가르치는 교사와 지도자들뿐 아니라 그 말씀을 들음으로써 하나님을 공적으로 경배하는 성도들 역시 마찬가지다. 세상적인 달콤한 맛을 추구하기 위해 인간의 이성과 감성에 호소하는 자들을 민감하게 경계하지 않으면 교회는 급속히 세속화되어 살 수밖에 없다.

제4장
예수 그리스도의 편지와 새 언약

(고후 3:1-11)

1. 그리스도의 편지로서의 교회 (1-3)

사도 바울은 고린도 교회를 향해, 지금 또다시 자신을 비롯해 자기와 함께하는 자들에 대한 추천을 해야겠느냐며 반문하고 있다. 즉 그들이 올바른 신앙을 소유한 믿을 만한 성도인지 여부를 보증하기 위해 새롭게 추천서를 써 보내거나 특별한 추천절차를 밟을 필요가 있느냐는 것이었다.[91] 이는 그들이 이미 서로간 그리스도 안에서 신뢰하는 관계에 놓여있음을 말해주고 있다.

또한 바울은 저들에게, '너희가 우리 마음에 새겨진 우리의 편지라'

---

91) 당시에는 추천서를 통해 성도를 다른 교회에 추천하는 것이 일반적이었다. 사도행전 18:27에는 바울이 아볼로를 고린도 교회에 보내면서 추천서를 써준 내용이 기록되어 있다. 이는 오늘날 우리시대 교회에도 적용되어야 할 내용이다. 그러나 안타깝게도 한국교회에는 그 제도가 완전히 사라져버렸다. 하지만 지금도 서구의 일부 개혁교회(Reformed Church)들 가운데는 그 제도가 존재하고 있다. 즉 어떤 교인이 다른 지역으로 장기출타를 하게 될 경우 교회는 그를 위한 추천서를 써준다. 그것을 가지고 갈 경우에 보편교회에 속한 일원으로 인정받아 성찬에 참여할 수 있게 된다. 이는 성도의 적을 옮겨가는 이명(移名)제도와는 달리 일시적인 방문을 위한 성도의 보증제도라 할 수 있다.

(You are our letter, written in our hearts)는 언급을 했다. 우리는 이 말의 의미를 매우 주의 깊게 이해해야 한다. 그것은 성도들 한 사람 한 사람이 개별적인 상태에서 그리스도의 편지라는 뜻을 내포하고 있지만 본질적으로는 '교회공동체'가 사도들의 교훈에 속한 예수 그리스도의 편지라는 점을 시사한다. 다시 말하자면 이 의미는 사적私的인 개념을 넘어 공적公的인 의미를 지니고 있는 것이다.

지상의 모든 참된 교회들은 하나님의 뜻에 따라 사도들이 기록한 편지로서 흩어진 교회들 상호간에 읽혀질 뿐 아니라 세상 사람들에 의해 읽혀지게 된다. 이 말은 교회를 통하지 않고는 하나님의 뜻을 구체적으로 알 수 없다는 의미를 지닌다. 또한 바울은 고린도 교회 자체가 그들을 위한 추천서가 된다고 말했다. 지상에 존재하는 교회 공동체가 곧 사도들을 보증하는 추천서 역할을 하게 된다는 것이다.

이는 사도들과 교회가 본질적으로 상호 밀접한 관계에 놓여있음을 보여준다. 바울은 그 사실을 언급하면서 지상의 참된 교회가 예수 그리스도의 편지라는 사실을 강조해 말하고 있다. 하나님께서는 그 특별한 편지를 사도들의 교훈을 통해 예수 그리스도의 몸된 교회의 모습으로 이 땅에 보내시게 되었다.

따라서 지상에 살아가는 모든 인간들이 하나님께서 보내신 그 편지를 읽어야 하는 것은 마땅하다. 그러나 아담으로 인해 범죄에 빠진 모든 사람들이 교회공동체로 드러나고 있는 그 편지를 하나님의 뜻에 따라 올바르게 읽을 수 있는 것이 아니다. 오직 선택받은 하나님의 자녀들만 교회에 새겨진 하나님의 놀라운 뜻을 읽고 그 의미를 깨달을 수 있다. 그 편지를 읽을 수 있는 영적인 눈을 가진 자들에게는 그것이 놀라운 은혜가 되지만, 그 의미를 제대로 파악하지 못하는 자들에게는 심각한 문제가 발생한다.

하나님께서 자신의 거룩한 피로 값주고 사신 교회를 통해 허락하신 그 편지는 먹으로 쓴 것이 아니라 살아계신 하나님의 영으로 쓰셨다. 그것은 구약시대 시내산에서 모세에게 주어진 두 돌판에 기록한 것처럼 새겨진 것이 아니라 사람의 심비心碑 곧 성도들의 마음판에 영으로 기록하신 것이다. 이는 교회공동체와 그에 속한 각 성도들의 심령에 새겨진 하나님의 뜻을 말해주고 있다.

종이 위에 먹으로 쓴 편지나 돌판에 새긴 글귀는 인간들의 마음밖에 별도로 존재하지만 교회와 성도들의 심비에 새겨진 편지는 항상 살아서 움직이는 메시지이다. 먹으로 쓴 편지는 인간들이 지우고 다시 고쳐 쓸 수 있을지 모르지만 성도들의 마음판에 새겨진 편지는 그렇지 않다. 또한 돌 위에 새겨진 글이라면 그것을 가지고 오거나 꺼내어 다른 사람들이 읽도록 보여줄 수 있지만, 심비에 새겨진 편지는 그것 자체가 하나님의 소중한 뜻을 전달하는 메시지가 된다. 따라서 그 편지는 세상 가운데 숨겨진 채 존재하지 않고 뭇사람들에게 드러날 수밖에 없다.

2. 하나님으로 말미암는 만족 (4,5)

이 세상에 살아가는 타락한 아담의 후손들은 항상 자신의 만족을 얻기 위해 최선을 다해 움직이며 활동한다. 돈을 벌기 위해 노력하는 것도 그러하며 건강을 유지하고 명예를 지키려는 것 역시 마찬가지다. 또한 정성을 다해 가정을 행복하게 꾸리려는 것도 만족스런 인생을 살고자 하는 방편이 된다.

그러나 그런 식의 만족에는 결코 진정한 생명력이 없다. 그것을 통해 어느 정도 일시적인 행복감을 느낄 수야 있겠지만 더 이상의 영원한 보장성은 제공되지 않는다. 어리석은 인간들은 나름대로 그점을 충분히 감지하고 있음에도 불구하고 여전히 그것을 획득하고 유지하고자 하는 노력을 지속하게 된다.

하지만 하나님을 믿는 성도들의 만족은 타락한 인간들의 그런 류의 욕망에 근거하지 않는다. 천국에 진정한 소망을 두고 살아가는 성도들은 인간적인 욕망을 추구함으로써 얻게 되는 만족이 영원하지 않다는 사실을 잘 알고 있는 것이다.

하나님의 몸된 교회에 속한 성도들의 참된 만족은 오직 하나님으로 말미암아 제공된다. 그러므로 이 세상에 살았던 모든 믿음의 선배들은 한결같이 여호와 하나님을 기뻐하며 그 안에서 즐거워했다. 그에 대해서는 신약시대뿐 아니라 구약시대의 성도들 역시 마찬가지였다. 구약성경에는 시편기자의 노래와 하박국 선지자의 예언 가운데 그에 대한 묘사가 선명하게 잘 나타나고 있다.

> "너희 의인들아 여호와를 기뻐하며 즐거워할지어다 마음이 정직한 너희들아 다 즐거이 외칠지어다"(시 32:11);
> "내 영혼이 여호와를 즐거워함이여 그 구원을 기뻐하리로다"(시 35:9);
> "나는 여호와를 인하여 즐거워하며 나의 구원의 하나님을 인하여 기뻐하리로다"(합 3:18)

시편기자는 의인들을 향해 소리 높여 외치는 가운데 여호와 하나님을 기뻐하며 즐거워해야 함을 노래하고 있다. 그 노래는 되풀이되는 입술의 연습으로 성취되는 것이 아니라 하나님을 경외하는 자들에게 자연스럽게 허락되는 은혜이다. 하나님으로 말미암아 선한 자로 인치심을 받은 자들은 하나님을 즐겁게 노래할 수밖에 없다. 이는 성도들이 오직 여호와 하나님 한 분만을 찬송하며 경배해야 함을 말해주고 있다. 그것이 모든 성도들에게 변치 않는 참된 만족이 되는 것이다.

또한 하박국 선지자는 자신을 구원하신 하나님으로 인해 즐거워하며 기뻐한다는 사실을 고백하고 있다. 하나님의 백성들에게는 여호와 하나님만이 유일한 기쁨과 즐거움의 대상이 된다. 따라서 하나님 이외에 그 어떤 것이라 할지라도 타락한 세상의 것들을 사랑하거나 기쁨의 대상으로 삼아서는 안 된다. 그 모든 것들은 하나님을 욕되게 하는 편에 존재하는 것들이기 때문이다.

이에 대해서는 구약시대 성도들뿐 아니라 신약시대 성도들에게도 동일하게 적용되어야 한다. 이는 지상에 존재하는 모든 하나님의 교회들이 마땅히 소유해야만 할 본질적인 내용이다. 즉 하나님의 교회에 속한 진정한 성도들은 오직 하나님으로 말미암아 만족하게 되는 것이다.

만일 기독교인이라 하면서 하나님 이외에 이 세상에 존재하는 다른 것들을 통해 적극적인 만족을 추구한다면 배도의 길에 들어서는 것과 다를 바 없다. 성경은 '여호와는 질투하시는 하나님' 이라는 사실을 분명히 밝히고 있다. 이 말은 하나님을 진정으로 사랑하는 성도들이라면 여호와 하나님 이외에 다른 신들과 우상에 관심을 두는 행위를 하지 말아야 한다는 사실을 보여준다.

모세는 종살이하던 이스라엘 민족을 이방 세력인 애굽으로부터 구원하신 여호와를 잊지 말고 오직 그를 경외하며 섬기도록 그의 이름으로 맹세할 것을 요구했다. 만일 그들이 거룩한 하나님의 뜻을 저버리고 이방신들과 그 사상을 추종하게 되면 저들에게 질투하시는 하나님의 무서운 진노가 임하게 된다는 것이었다.

> "너는 조심하여 너를 애굽 땅 종 되었던 집에서 인도하여 내신 여호와를 잊지 말고 네 하나님 여호와를 경외하며 섬기며 그 이름으로 맹세할 것이니라 너희는 다른 신들 곧 네 사면에 있는 백성의 신들을 좇지 말라 너희 중에 계신 너희 하나님 여호와는 '질투하시는 하나님' 이신즉 너희 하나님 여호와께서 네게 진노하사 너를 지면에서 멸절시키실까 두려워하노라"(신 6:12-15)

모세는 여기서 이스라엘 백성을 향해 매우 엄중한 말을 하고 있다. 하나님의 자녀들은 항상 여호와 하나님을 기억하고 그를 경외하며 섬길 것을 맹세해야 한다. 그들은 절대로 주변에 있는 이방 민족의 종교와 신들을 섬겨서는 안 된다. 그것은 저들을 구원하신 하나님을 배도하는 행위이며 하나님의 질투를 유발하는 역할을 한다. 그렇게 되면 질투하시는 하나님께서 배도에 빠진 백성들을 진노하심으로 심판하시게 된다.

이는 이스라엘 백성들에게 주어진 단순한 모세의 권면이 아니라 거룩한 하나님의 엄중한 율법이다. 따라서 구약시대에 살았던 성도들뿐 아니라 신약시대의 모든 성도들은 이에 대한 말씀을 마음속 깊이 새겨야만 한다. 이는 구약시대 성도들과 신약시대의 교회에 속한 모든 성도들에게 공히 적용되어야 할 내용인 것이다.

타락한 인간들이 개인의 목적을 달성하기 위해 우상숭배를 하는 것은 종교적인 자기만족 때문이다. 이 세상에서의 사사로운 욕망을 채우기 위해 하나님과 그의 뜻을 벗어난 상태에서 구하는 모든 것들은 우상숭배행위와 연관된다. 하나님께서는 결코 자기 자녀들이 그런 더러운 삶에 빠지는 것을 좋아하시지 않는다. 그는 도리어 언약의 영역 안에 있는 자들이 우상숭배를 하며 이방 종교사상에 빠지는 것들을 질투하시는 분이다.

우리가 여기서 깊이 유의해야 할 점은 이방신을 섬기지 않는다고 말하면서 실상은 이방신 사상을 삶 전반에 수용하는 위험한 신앙태도이다. 기독교인들 가운데 여호와 하나님을 완전히 버리고 특정한 이방신을 섬긴다고 주장하는 자들은 없을 것이다. 만일 그런 자가 있다면 스스로 자신을 기독교인이라 말하지 않을 것이기 때문이다. 배도의 길에 빠져있는 어리석은 자들은 형식적 생활에 있어서는 매주일 교회에 나가면서 기독교적 활동을 부지런히 할지도 모른다.

그러나 겉으로 드러나는 저들의 행동과는 달리 속마음으로는 잡다한 이방신 사상을 가지고 있을 수 있다. 기복신앙, 종교다원주의, 종교적 현세주의 등이 바로 그런 것들이다. 만일 누군가 이방 종교들에서 스며들어온 그런 형태의 신앙을 가지고 있다면 그것은 하나님을 경배하며 섬기는 것이 아니라 변형된 기독교를 통해 자기중심적인 종교생활을 하는 행위에 지나지 않는다.

하나님께서는 결단코 자기 자녀들이 그렇게 하는 것을 원치 않으신다. 그것은 종교적인 악한 배도행위에 지나지 않기 때문이다. 오직 하나님 한 분만을 온전히 섬겨야 할 백성들이 그렇게 한다면 하나님은 질투하시며 진노하시게 된다. 오늘날 지상에 존재하는 모든 참된 교회들과 그에 속한 성도들은 그점에 대해 여간 민감하지 않으면 안 된다.

3. 새 언약의 일군 (6)

하나님께서는 천지만물을 창조하실 때부터 그리스도 안에서 선택된 자기 백성들을 향해 언약을 베푸셨다. 그는 아담이 타락한 후에도 이땅에 예수 그리스도께서 초림하시기까지 구약시대의 성도들과 더불어 발전적인 언약을 맺으셨다. 아담 언약, 노아 언약, 아브라함 언약, 모세 언약, 다윗 언약 등이 곧 그것들이다. 하지만 구약시대에 이스라엘 민족에게 주어졌던 하나님의 언약은 장래 새롭게 갱신될 언약이었다.

구약시대에 하나님과 그의 백성들 사이에 맺어졌던 언약은 예수 그리스도와 그의 십자가 사역을 통해 새 언약으로 갱신되었다. 사도들과 그들의 복음전파 사역을 통해 세워진 지상 교회와 모든 성도들은 새 언약에 참여하는 자들이다. 하나님께서는 그것을 위해 특별히 세우신 사도들을 새 언약의 온전한 일군으로 세우셨던 것이다.

즉 구약시대에 주어졌던 옛 언약은 예수 그리스도로 말미암아 확립될 새 언약을 위한 것이었다. 그에 대한 모든 사실은 구약시대의 선지자들의 입을 통해 지속적으로 예언되어 왔다. 그들 가운데 예레미야 선지자는 이스라엘 백성들을 향해 장래 임하게 될 그에 관한 분명한 예언을 했다. 앞으로 때가 이르게 되면 하나님께서 새 언약을 세우시게 되리라는 것이었다.

> "나 여호와가 말하노라 보라 날이 이르리니 내가 이스라엘 집과 유다 집에 새 언약을 세우리라 ... 나 여호와가 말하노라 그러나 그 날 후에 내가 이스라엘 집에 세울 언약은 이러하니 곧 내가 나의 법을 그들의 속에 두며 그 마음에 기록하여 나는 그들의 하나님이 되고 그들은 내 백성이 될 것이라"(렘 31:31-33)

죄에 빠진 인간들을 구원하시기 위해 이땅에 오실 메시아를 통해 새 언약이 세워지는 그 날이 이르게 되면, 하나님의 법이 외부가 아니라 백성들 가운데 존재하게 되며 그 마음에 새겨지게 된다. 이는 앞에서 사도 바울이 고린도 교회를 향해 말한 것처럼 교회와 성도들이 그리스도의 편지라는 내용과 상통하는 개념이다. 그들의 마음판에 하나님의 말씀이 새겨지는 것이다.

그것으로 말미암아 하나님과 그의 백성 사이에 가로놓여 있던 담이 허물어짐으로써 완벽한 관계가 회복된다. 이는 예수 그리스도의 십자가 사역을 통해 하나님과 그의 백성 사이에 아버지와 아들의 관계가 확립되어 성도들이 거룩하신 하나님을 '아바 아버지'라 부를 수 있게 된 것과 연관된다(갈 4:6; 롬 8:15).

예수 그리스도는 창조주 하나님과 그의 은혜를 입은 백성들 사이에서 새 언약의 중보자 역할을 하신다. 그가 고통스러운 십자가 사역을 통해 거룩하신 하나님과 범죄한 인간들 사이의 관계를 완전히 회복하게 된 것이다. 이에 대해서 히브리서 기자는 다음과 같이 기록하고 있다.

> "영원하신 성령으로 말미암아 흠 없는 자기를 하나님께 드린 그리스도의 피가 어찌 너희 양심으로 죽은 행실에서 깨끗하게 하고 살아계신 하나님을 섬기게 못하겠느뇨 이를 인하여 그는 새 언약의 중보니 이는 첫 언약 때에 범한 죄를 속하려고 죽으사 부르심을 입은 자로 하여금 영원한 기업의 약속을 얻게 하려 하심이니라"(히 9:14,15)

예수님께서는 성령의 도우심으로 말미암아 흠없는 자신의 몸을 성부 하나님께 온전한 제물로 드리게 되었다. 그의 몸은 죄에 빠진 자기 백성들을 구원하기 위한 흠없는 속죄 제물이었다. 그리하여 그는 자신의 거룩한 피로써 교회를 이루는 성도들의 양심과 삶을 정결하게 하여 하나님을 섬기도록 하셨다.

인간의 몸을 입으신 하나님의 아들인 예수 그리스도께서는 스스로 죄의 자리에 앉아 저주의 십자가를 지고 돌아가셨다. 그는 십자가 사역을 통해 대속의 죽음을 감당하심으로써 하나님과 그의 백성 사이에 중재자가 되셨다. 그 일을 위해 그는 첫 언약 가운데 정죄된 죄를 속하기 위해 친히 십자가에 달려 돌아가셨던 것이다. 이는 새 언약이 없이는 참 생명이 없다는 사실을 말해주고 있다.

즉 첫 언약인 의문儀文은 죄를 드러내고 그것을 정죄하여 죽이는 기능을 하는데 반해 하나님의 영은 새 언약을 통해 성도들을 죄 가운데서 살리는 역할을 하게 된다. 그 결과 하나님의 부르심을 입은 모든 성도들은 영원한 기업의 약속을 상속받게 되었다. 이로 인해 그들은 예수 그리스도 안에서 언약의 일군이 되었던 것이다.

4. 영광의 직분 : 직분의 영광 (7-11)

하나님께서 작정하시고 행하시는 모든 일들은 놀라운 영광으로 드러난다. 그 영광은 타락한 세상에서 발생하는 것이 아니라 천상의 하나님 자신으로부터 나온다. 아담의 범죄로 인해 사탄의 세력권으로 들어간 이 세상에는 진정한 영광이 아예 존재하지 않으며, 그것이 생성될 수 있는 기반이 조성되어 있지 않다.

하나님께서는 구약시대부터 자기 자녀들에게 영원한 영광에 관한 계시를 하셨다. 특히 이스라엘 백성이 온전한 나라를 이룩하기 위해 애굽에서 탈출한 후부터는 그에 대한 특별한 계시가 이루어졌다. 노아와 아브라함, 이삭, 야곱을 통해 허락하신 하나님의 언약이 가시적인 말씀으로 주어졌던 것이다.

하나님께서는 아브라함과 이삭과 야곱의 후손으로 형성된 이스라엘 백성과 구체적인 언약을 맺으셨다. 모세를 통해 특별한 규례에 따른 성막과 그에 속한 모든 부속물들을 만들게 하신 것과 시내산에서 율법을 허락하신 사실은 그 대표적인 예이다. 또한 이스라엘 백성들이 시내광야에 머무는 40년 동안 있었던 구름기둥과 불기둥, 만나와 메추라기 등도 가시적인 언약을 드러내 보여주고 있다.

그리고 모세를 통해 기록된 하나님의 율법은 아브라함의 후손인 이스라엘 백성들에게 주어졌다. 그 율법은 이방 왕국인 애굽의 법령과는 전혀 다른 것이었으며 단순한 질서를 위해 주어진 것이 아니었다. 거룩한 율법은 타락한 인간들의 죄를 드러냄으로써 선택받은 백성들로 하여금 구원의 주님이 되시는 하나님을 찾도록 했다. 이는 그 더러운 죄를 가진 상태에서는 영원히 멸망당할 수밖에 없으므로 하나님의 절대적인 도움이 필요하다는 사실을 말해준다.

인간들의 악한 죄를 드러내고 처참한 죽음을 가져오는 직분, 곧 인간들을 죽음에 가두게 되는 율법의 직분은 영광의 광채와 더불어 나오게 된다. 십계명이 기록된 모세의 두 돌판은 하나님의 언약과 더불어 율법을 집약하고 있다. 모세가 계시받은 출애굽기에는 그에 관한 성격이 구체적으로 기록되어 있다.

> "모세가 그 증거의 두 판을 자기 손에 들고 시내산에서 내려오니 그 산에서 내려올 때에 모세는 자기가 여호와와 말씀하였음을 인하여 얼굴 꺼풀에 광채가 나나 깨닫지 못하였더라"(출 34:29)

하나님께서 시내산 위에서 친히 기록하신 두 돌판에 새겨진 십계명은 배타적 의미가 들어 있다. 이는 그 계명을 지키지 않는 자들에게는 죽음이 이르게 된다는 사실을 의미한다. 하나님의 율법은 인간의 죄를 드러내며 죽음을 선포하고 있음에도 불구하고 그 직분은 영광스러운 성격을 지니고 있었다.

그러므로 십계명을 받아 시내산을 내려오는 모세의 얼굴에는 영광의 광채가 나타났다(히 3:3). 이스라엘의 일반 백성들은 그 광채로 인해 감히 모세의 얼굴을 똑바로 쳐다볼 수 없었다. 하지만 모세의 얼굴에 나타났던 그 광채는 영원한 것이 아니라 일시적인 것이었다.

사도 바울은 그 사실과 연관하여, 율법을 통해 인간들의 죄악을 정죄하는 직분도 영광스러운 것인데 하물며 성령께서 허락하시는 생명의 직분은 오죽 더하겠느냐고 말했다. 앞으로 이 세상에 오실 메시아를 예언하며 인간의 죄를 드러내는 기능과 더불어 없어지게 될 율법이 영광스럽다면 영원히 존재할 성령 하나님께서 주시는 직분이 더욱 영광스러울 것은 두말할 나위 없다.

이에 대해서는 예수 그리스도를 통해 세워질 신약시대의 교회와 밀접하게 연관되어 있다. 따라서 사도 바울은 로마에 있는 교회에 편지하면서 자신의 직분사역(ministry)을 영광스럽게 여기고 있음을 밝혔다. 그것은 앞으로 지상에 설립되어 완성될 주님의 몸된 교회를 염두에 두고 있는 것이 틀림없다.

> "내가 이방인인 너희에게 말하노라 내가 이방인의 사도인 만큼 내 직분을 영광스럽게 여기노니 이는 곧 내 골육을 아무쪼록 시기케 하여 저희 중에서 얼마를 구원하려 함이라"(롬 11:13,14)

바울이 여기서 말하고 있는 바는 예수 그리스도로부터 부여받은 자신의 직분사역을 자랑스럽게 여긴다는 의미를 내포하고 있다. 물론 그 가운데는 하나님께서 허락하시는 영광스러움이 포함되어 있다. 그것은 하나님께서 거룩한 피로 값주고 사신 지상의 교회가 예수 그리스도의 정결한 신부라는 사실에 연관된다.

그러므로 사도 바울은 하나님으로부터 주어진 자기의 직분이 죄에 빠진 인간들을 구원하기 위한 것임을 밝히고 있다. 그는 특히 자신의 골육친척骨肉親戚인 유대인들이 이방인들에게 베풀어진 구원으로 인해 시기함으로써 그 가운데 선택받은 자들이 하나님의 구원에 참여하게 되기를 원했다. 바울은 자신의 그러한 구원사역을 영광스럽게 여겼다. 복음을 위한 그의 직분은 개인을 위한 것이 아니라 하나님의 몸된 교회를 위한 것이었으므로 더욱 영광스러웠던 것이다.

이에 대해서는 역사상의 모든 보편교회들뿐 아니라 오늘날 우리시대의 교회와 성도들에게 그대로 적용되어야 한다. 우리 역시 이땅에 존재하는 썩어질 영광이 아니라 하나님으로 말미암아 주어진 그 영광 가운데 살아가고 있다. 우리는 이에 대한 분명한 깨달음을 한시라도 잊어서는 안 된다.

제5장
모세의 수건과 신약교회

(고후3:12-18)

1. 언약과 모세의 영광 (출 34:28-35)

하나님께서 처음 모세를 시내산 위로 불러 올리셨을 때 산 아래서는 이스라엘 백성들의 우상숭배 축제가 열리고 있었다(출 32:1-6; 고전 10:7). 모세가 산으로부터 더디 내려온다는 이유로 백성의 장로들은 당시 두 번째 영도자였던 아론을 찾아가 저들을 위해 금송아지를 만들어 줄 것을 요구했다. 그들은 금송아지를 만들어 우상숭배를 하고자 했던 것이 아니라 그것을 통해 여호와 하나님을 섬기고자 했던 것이다.

일반 종교적인 측면에서 본다면 하나님을 섬기고자 하는 저들의 마음은 가히 헌신적이었다 해도 과언이 아니다. 애굽에 있을 때 하나님의 무서운 재앙들을 겪은 이방민족이 그곳에서 빨리 나가달라며 저들의 손에 쥐어주었던 금반지와 금귀고리 등을 내놓으라고 지도자들이 요구했을 때 백성들은 귀한 보물들을 아낌없이 바쳤다.

아론은 그것들로 금송아지를 만들고 '여호와의 절일'을 선포했으며(출 32:5), 이스라엘 백성들은 그 앞에서 번제를 드리며 화목제를 지냈다.

그들은 우상숭배 행위를 하면서도 하나님을 기쁘게 하는 것으로 착각한 채 춤을 추면서 성대한 축제를 벌였다. 그러나 그들의 종교행위는 여호와 하나님을 영화롭게 한 것이 아니라 도리어 그를 욕되게 하는 악한 행위에 지나지 않았다.

그러므로 하나님께서는 우상숭배에 빠진 백성들에게 크게 진노하셨다. 백성들이 여호와 하나님을 버리고 배도에 빠졌기 때문이다. 그리하여 하나님은 십계명을 받아 시내산 위에 있던 모세에게 그 두 돌판을 가지고 내려가 금송아지를 파괴하도록 명하셨다. 하나님의 명을 받은 모세는 산 아래서 우상숭배에 빠져 종교적 즐거움에 취해 있던 백성들을 향해 두 돌판을 던짐으로써 그것들이 깨어졌으며, 금송아지는 불살라졌다(출 32:19,20).

하나님께서 모세에게 주셨던 십계명이 기록된 두 돌판들은 여호와 하나님과 이스라엘 백성들 사이에 맺어진 계약문서였다. 그런데 그 돌판들이 산산조각나버렸으니 여간 심각한 문제가 아니었다. 그렇지만 사랑의 하나님께서는 그후 다시금 모세를 시내산 정상으로 불러 올리셨다. 백성들의 배도행위로 말미암아 깨어진 돌로 된 계약문서를 다시금 작성하고자 하셨던 것이다.

모세는 두 번째 시내산 위로 올라가 40일간 머물면서 식음을 전폐하며 거룩한 하나님 앞에 섰다. 그동안 하나님께서는 모세가 다듬어 가지고 올라온 두 돌판들에 계약문서인 십계명을 다시금 기록하셨다. 모세는 하나님의 계명이 기록된 그 돌판들을 가지고 시내산에서 내려오게 되는데 그때 모세의 얼굴에는 영광의 광채가 났다. 이는 모세가 하나님과 자기 백성들 사이에서 하나님의 영광을 드러내는 중요한 사역자 역할을 하고 있음을 보여주고 있다.

"모세가 여호와와 함께 사십일 사십야를 거기 있으면서 떡도 먹지 아

> 니하였고 물도 마시지 아니하였으며 여호와께서는 언약의 말씀 곧 십계를 그 판들에 기록하셨더라 모세가 그 증거의 두 판을 자기 손에 들고 시내산에서 내려오니 그 산에서 내려올 때에 모세는 자기가 여호와와 말씀하였음을 인하여 얼굴 꺼풀에 광채가 나나 깨닫지 못하였더라 아론과 온 이스라엘 자손이 모세를 볼 때에 모세의 얼굴 꺼풀에 광채 남을 보고 그에게 가까이 하기를 두려워하더니 모세가 그들을 부르니 아론과 회중의 모든 어른이 모세에게로 오고 모세가 그들과 말하니 그후에야 온 이스라엘 자손이 가까이 오는지라 모세가 여호와께서 시내산에서 자기에게 이르신 말씀을 다 그들에게 명하고 그들에게 말하기를 마치고 수건으로 자기 얼굴을 가리웠더라 그러나 모세가 여호와 앞에 들어가서 함께 말씀할 때에는 나오기까지 수건을 벗고 있다가 나와서는 그 명하신 일을 이스라엘 자손에게 고하며 이스라엘 자손이 모세의 얼굴의 광채를 보는 고로 모세가 여호와께 말씀하러 들어가기까지 다시 수건으로 자기 얼굴을 가리웠더라"(출 34:28-35)

시내산에서 십계명을 받아 들고 내려오는 모세의 얼굴에는 하나님의 영광을 반영하는 놀라운 광채가 발했다. 그러나 이스라엘 백성들은 그의 광채나는 얼굴을 똑 바로 쳐다볼 수 없었다. 이는 타락한 아담으로 말미암아 소유하게 된 원죄성과 이스라엘 민족의 배도에 빠진 죄성 때문이었다. 따라서 그들은 모세의 얼굴을 보고 두려운 마음을 가지지 않을 수 없게 되었다.

그러자 모세는 아론을 비롯한 백성의 장로들을 불러 그들에게 말하기 시작했다. 모세는 백성들 앞에서 시내산에서 받은 하나님의 모든 말씀을 전하고 그의 계명에 온전히 순종하도록 명했다. 이제 이스라엘 민족은 자기들의 판단에 따라 원하는 대로 살 것이 아니라 오로지 하나님의 명하심에 따라 살아야만 했다. 앞서 시내산 아래서 금송아지를 만들어 섬김으로써 하나님에 대한 배도의 길에 들어섰던 그들이었기에 그에 대한 선명한 깨달음이 있었을 것이 틀림없다.

이스라엘 백성들에게 하나님의 말씀을 전달할 때 모세는 수건으로 자신의 얼굴을 가렸다(KJV, 우리말성경, 참조).[92] 그러나 모든 말씀을 전달한 후, 하나님 앞에 홀로 있을 때는 그 수건을 벗었다. 즉 모세는 하나님 앞에서 얼굴의 수건을 벗고 있다가 하나님께서 주시는 말씀을 이스라엘 백성들에게 전달할 때는 얼굴에 수건을 썼다. 이는 죄악에 빠진 이스라엘 백성들로 하여금 광채가 나는 모세의 얼굴을 보지 못하도록 하기 위해서였다. 악한 인간들이 하나님의 영광을 직접 보게 되면 죽을 수밖에 없었던 것이다.

2. 하나님께서 모세에게 주신 언약의 두 돌판 (출 32:15,16)

하나님께서 처음 모세를 통해 주셨던 십계명이 기록된 두 돌판은 아론이 만들어 백성들의 섬김의 대상이 되었던 금송아지에 던져져 깨어지게 되었다. 하나님은 그후 다시금 모세에게 새로운 돌판 두 개를 다듬어 가지고 시내산 위로 올라오도록 하셨다(출 34:1). 하나님은 또다시 그전과 동일한 십계명이 새겨진 두 개의 돌판들을 주셨던 것이다. 우리는 여기서 십계명이 기록된 두 돌판의 의미를 올바르게 이해하지 않으면 안 된다.

왜 돌판이 하나가 아니고 굳이 둘이었는가? 하나의 돌판이었으면 안 되었을까? 일반적인 관점에서 생각한다면 좀 더 큰 돌판이라면 하나에 십계명을 다 기록하기에 충분했을 것이다. 또한 형편에 따라 글씨를 좀 더 작게 새기거나 글자 배열을 기술적으로 한다면 하나에 다 쓸 수도 있

---

92) 출애굽기 34:33에 대한 성경 번역들 가운데 일부는, 모세가 백성들 앞에서 말씀을 전할 때 수건을 쓴 것이 아니라 말씀을 마치고 나서 수건을 쓴 것으로 기록하고 있다(한글개역, 개역개정, 표준새번역, NIV, NASB 등). 그러나 모세가 백성들에게 말할 때 수건을 쓰고 있었던 것으로 이해하는 것이 자연스럽다. "모세는 그들에게 말을 마칠 때까지 수건을 쓰고 있었습니다"(출 34:33, 우리말성경); "And till Moses had done speaking with them, he put a vail on his face"(Exe. 34:33, KJV)

었을 것이다.

그렇지만 하나님께서는 모세에게 굳이 두 개의 돌판을 가져오도록 하셨다. 이는 사실 매우 중요한 의미를 지니고 있다. 그것은 하나님과 그의 백성 사이에 체결되는 양 당사자간의 엄중한 계약을 말해주고 있기 때문이다. 따라서 십계명이 기록된 두 돌판은 계약문서이자 하나님의 언약문서이다. 이에 대해서는 첫번째 두 돌판이 주어졌을 때 그에 대한 분명한 설명이 나타나고 있다.

> "모세가 돌이켜 산에서 내려오는데 증거의 두 판이 그 손에 있고 그 판의 양면 이편저편에 글자가 있으니 그 판은 하나님이 만드신 것이요 글자는 하나님이 쓰셔서 판에 새기신 것이더라"(출 32:15,16)

위의 본문 말씀 가운데 중요한 점은 두 돌판의 양면에 글자가 기록되었다는 사실이다. 하나님께서는 무엇 때문에 돌판의 양면에 글자를 새기셨을까? 흔히 잘못 생각하듯이 두 개의 돌판의 한 면에 십계명을 반반씩 혹은 내용의 특성에 따라 나누어 기록한 것은 아니었다. 우리가 기억해야 할 사실은 같은 내용을 두 개의 돌판에 각각 앞뒤로 새긴 복사판과 같이 동일한 내용의 두 개의 돌판이었다는 점이다.

십계명이 기록된 모세의 두 돌판은 하나님과 그의 백성 사이에 맺어진 계약문서이다. 즉 돌판 가운데 하나는 하나님의 것이며 다른 하나는 이스라엘 백성들의 것이었다. 이 계약문서에는 모세가 가져간 돌판 위에 하나님께서 기록하신 똑 같은 내용이 두 돌판에 새겨졌으므로 위조나 변경이 불가능하다.[93)]

---

93) 우리는 쌍방계약의 경우 동일한 두 개의 문서를 작성해 양 당사자가 각기 가지게 된다는 사실을 잘 알고 있다. 지금도 사람들이 계약을 할 때는 동일한 두 개의 문서를 작성해 그 아래 서명을 함으로써 계약체결이 완성된다. 만일 한쪽 당사자가 그것을 어긴다면 계약파기가 되며 불법이 된다. 하나님과 그의 백성 사이에 십계명을 통한 계약체결에서도 이와 동일한 원리가 적용된다.

하나님께서는 모세를 통해 이스라엘 백성과 맺은 계약문서인 언약의 두 돌판을 나중 하나님의 규례 가운데 제작된 언약궤 안에 보관하도록 하셨다. 언약궤는 하나님과 그의 백성들이 맺은 계약문서의 보관소의 기능을 했다. 따라서 하나님과 이스라엘 백성은 항상 그곳을 중심으로 삼아 교제하게 되었다. 언약궤와 그 안에 있던 계약문서는 예수 그리스도의 십자가 사역이 완성될 때까지 계약적 효력을 지니고 있었다.

지성소와 그 안에 놓여있던 언약궤는 하나님과 이스라엘 백성이 만나는 중심지 역할을 했다는 사실을 깨닫는 것은 매우 중요하다. 그러므로 하나님과 그의 자녀들 사이에 맺은 계약의 증거인 두 돌판들이 백성을 대표하는 제사장들이 하나님을 섬기는 성전의 핵심이었던 것이다. 신약성경 히브리서에서는 지성소 안의 언약궤 안에 두 돌판이 들어 있었다는 사실을 증거하고 있다.

> "둘째 휘장 뒤에 있는 장막을 지성소라 일컫나니 금향로와 사면을 금으로 싼 언약궤가 있고 그 안에 만나를 담은 금항아리와 아론의 싹난 지팡이와 언약의 비석들이 있고 그 위에 속죄소를 덮는 영광의 그룹들이 있으니 이것들에 관하여는 이제 낱낱이 말할 수 없노라"(히 9:3-5)

성전 내부는 성소와 지성소로 구분되어 있었다. 성소에는 향단과 금촛대, 그리고 떡상이 놓여 있었다. 그리고 휘장으로 가려진 지성소 안에는 두 개의 돌판으로 된 십계명인 계약문서가 들어있는 언약궤가 놓여 있었으며 그 안에는 만나와 아론의 싹난 지팡이 등 시내광야에서 주어진 물건들이 함께 들어 있었다. 물론 그 가운데 가장 중요한 의미를 지니는 것은 하나님과 그의 백성 사이에 맺어진 계약문서인 언약의 두 돌판이다.

성소에는 여러 제사장들이 날마다 출입했다. 하지만 지성소에는 대제사장이 일 년 한 차례 들어갈 수 있었으며 일반 제사장들은 그 안으로 들어갈 수 없었다. 즉 대제사장이라 할지라도 언제든지 수시로 들어갈 수 있었던 것이 아니라 정해진 규례에 따라 정해진 날에만 들어갈 수 있었던 것이다(레 16:34). 어느 누구든지 하나님의 법을 어기고 그 안으로 들어가게 되면 죽음을 면할 수 없었다.

예수 그리스도께서 이 세상에 오신 것은 시내산에서 맺은 그 계약을 완성하기 위해서였다. 그는 십자가를 지고 돌아가심으로써 하나님께서 모세를 통해 이스라엘 민족과 맺은 언약을 완성하셨다. 즉 십자가 사역은 이전에 맺은 계약이 성취되었음을 보여주고 있다. 십자가에 달리신 예수님께서 마지막 숨을 거두시게 되자 성소와 지성소를 가로막고 있던 휘장의 가운데가 찢어진 사건은 그것을 증거한다.

> "예수께서 큰 소리를 지르시고 운명하시다 이에 성소 휘장이 위로부터 아래까지 찢어져 둘이 되니라"(막 15:37,38)

약속의 땅의 중심부인 예루살렘에서 발생한 예수님의 십자가 사건은 십계명을 통해 맺어진 계약의 완성을 의미한다. 이는 속죄제물이자 화목제물인 흠 없는 예수님의 몸이 지성소에 바쳐졌음을 말해주고 있다. 그러므로 그것을 통해 이땅에 하나님의 몸된 교회가 세워지게 되었으며 교회에 속한 성도들은 거룩하신 하나님을 '아바 아버지' 라 부를 수 있게 된 것이다(갈 4:6; 롬 8:15).

3. 모세의 광채와 교회의 영광

(1) 모세의 수건(12-13)

사도 바울은, 시내산에서 십계명이 기록된 두 돌판을 가지고 내려온 모세의 얼굴에 영광의 광채가 났다는 사실을 염두에 두고 서신을 쓰고 있다. 십계명은 하나님과 그의 백성들 사이에 맺어진 계약문서였다. 이스라엘 백성들은 십계명을 들고 있는 모세의 얼굴에 나타난 광채로 인해 하나님에 대한 두려움을 가졌다. 이는 저들이 하나님께 저항하는 무서운 죄를 소유하고 있다는 사실에 대한 인식과 더불어 하나님의 거룩한 율법을 함부로 대하지 말라는 의미가 내포되어 있다.

그런데 바울은 그와 함께 직분사역의 영광을 언급한 후 그것으로 말미암은 소망이 있다는 점을 언급했다. 그는 그 사실로 인해 교회와 성도들에게 담대히 말할 수 있었다. 바울은 신약시대의 성도들은 더 이상 모세 시대에 그랬던 것과 같이 얼굴을 가리는 수건을 필요로 하지 않는다고 말했다.

모세는 시내광야에서 살아가는 이스라엘 자손들로 하여금 장차 없어질 것의 결국을 주목치 못하도록 하기 위해 얼굴에 수건을 썼다(고후 3:13). 이 말은 모세가 자기의 얼굴에서 영광의 광채가 사라지는 것을 백성들로 하여금 보지 못하도록 함이라는 것이다. 모세의 얼굴에 나타난 광채는 항상 존재하는 것이 아니라 일시적인 것이었다. 즉 일반 백성들에게는 항상 기억해야 할 하나님의 영광을 모세의 얼굴에 나타난 일시적인 영광으로 인해 잘못 판단할 우려가 있었던 것이다.

바울은 그 말을 하면서 이제는 더 이상 그런 수건을 쓸 필요가 없음을 언급하고 있다. 이는 사도들과 교회 가운데는 항상 영광의 광채가 상존하고 있음을 의미한다. 하나님의 자녀들은 하나님의 영광을 누리며 살아가는 자들이다. 이 영광은 예수 그리스도와 그의 사역으로 말미암아 확정된 것이다.

(2) 신약교회의 구약성경 읽기(14,15)

기독교인이라 스스로 주장하면서 어리석음에 빠져 있는 자들은 새 언약이 주어진 신약교회 시대에 살아가면서 아직까지도 영적인 수건을 가리고 있는 자들이 많이 있다. 그런 사람들은 그리스도 안에 존재하고 있어야 함에도 불구하고 실상은 그리스도를 멀리하고 있는 것이다. 그러나 모세의 얼굴을 가렸던 그 수건은 예수 그리스도 안에서 마땅히 없어져야 할 것이었다.

이 말은 신약시대의 성도들이 구약성경을 대하고 읽는 것에 밀접하게 연관되어 있다. 신약교회 시대에도 모든 성도들은 신약성경과 함께 항상 구약성경을 읽는다. 구약의 진리는 우리시대에도 여전히 변함없는 동일한 진리인 것이다.

그렇지만 구약시대의 성도들과 신약시대의 성도들이 구약성경을 읽는 관점과 방법은 서로 동일하지 않다. 만일 그렇게 되면 구속사적 의미를 경시하는 위험한 윤리주의적인 관점에 빠질 우려가 있다. 따라서 우리는 예수 그리스도와 그의 사역의 관점에서 구약성경을 읽어야 한다. 이를 위해서는 신구약에 연결되어 흐르고 있는 구속사적 의미를 명확하게 깨닫지 않으면 안 된다.

사도 바울은 고린도후서 본문 가운데서 모세의 글을 읽는 문제에 관해 언급하고 있는데 이는 모세오경으로부터 구약성경 전체로 확대해 이해할 수 있다. 구약성경을 읽으면서 그리스도를 중심에 두지 않고 읽어서는 결코 안 된다. 그렇게 해서는 구약성경을 올바르게 깨달을 수 없을 뿐더러 도리어 성경을 이해하는 데 방해가 될 따름이다.

그럼에도 불구하고 우리시대에는 구약성경을 읽으면서 그리스도를 배제한 채 자의적으로 읽는 자들이 많이 있다. 그것은 구약성경을 구원을 이루기 위한 하나님의 말씀으로서가 아니라 단순한 역사서술로 읽거나 윤리적인 목적을 위해 읽는 것을 의미한다. 나아가 기독교로 채색된 어리석은 종교학자들 가운데는 구약성경을 신화적으로 접근하는가 하면 종교적 모델 가운데 하나로 이해하는 자들마저 있다.

그러나 그런 자들은 하나님을 올바르게 알지 못하는 어리석은 자들이라 할 수밖에 없다. 우리는 심령으로부터 모세의 수건을 벗고 구약성경을 읽음으로써 하나님의 영광에 나아가야 한다. 우리가 성경을 올바르게 깨달아 이해할 때 이땅에 주님의 교회가 건전하게 자라갈 수 있는 것이다.

(3) 수건의 구속사적 기능(16,17)

예수 그리스도의 십자가 사역을 통해 하나님의 자녀가 된 성도들에게는 마음으로부터 수건이 벗어지게 된다. 엄밀한 의미에서는 성도들이 자신의 부단한 노력으로 말미암아 그렇게 되는 것이 아니라 하나님의 능력으로 인해 저절로 그렇게 된다. 그것은 전적으로 하나님의 놀라운 은혜로 말미암는 것이다.

하나님의 성령께서는 항상 자기 자녀들과 함께 거하신다. 성도들이 미처 인식하지 못하고 있을 때조차도 하나님은 그들을 떠나지 않으신다. 이는 그가 항상 교회 가운데 거하고 계신다는 사실을 말한다. 성령께서 교회와 성도들 가운데 내주하시는 것은 종교적 인식에 근거하는 것이 아니라 하나님의 신실한 언약에 근거하고 있다.

성숙한 신앙으로서 인생을 살아가는 하나님의 자녀들에게는 천상으로부터의 참된 자유가 주어진다. 예수님께서는 제자들에게 그에 대한 분명한 말씀을 하셨다. 그것은 예수 그리스도 자신이 영원한 진리이자 참된 자유의 근거가 된다는 사실을 증거하는 것이다.

> "예수께서 자기를 믿은 유대인들에게 이르시되 너희가 내 말에 거하면 참 내 제자가 되고 진리를 알찌니 진리가 너희를 자유케 하리라"(요 8:31,32)

예수님은 인간을 비롯한 천지만물을 창조하신 조물주이시자 전능하신 하나님의 본체이시다. 또한 하나님의 아들로서 영원한 진리이시다.

하나님의 선택받은 자녀들은 타락한 세상에서 익힌 이성과 경험이 아니라 예수 그리스도의 말씀 안에 살아야 한다. 그렇게 함으로써 그의 온전한 제자가 될 수 있는 것이다.

사도 바울은 고린도후서 본문 가운데서 성도의 자유에 관해 언급하고 있다. 이 말은 이 세상에서 아무렇게나 살 수 있는 방종을 의미하지 않는다. 하나님의 자녀들은 결코 이 세상에서 분별없이 살아가지 않는다. 그렇게 사는 것은 천박하고 위험한 욕망표출에 지니지 않기 때문이다.

우리가 여기서 언급하는 자유란 타락한 세상의 억압으로부터의 자유를 말한다. 이는 곧 사탄의 통제로부터 자유로워졌음을 의미하고 있다. 공중권세를 잡은 사탄으로부터 자유로워졌다는 사실은 하나님의 자녀로서 예수 그리스도 안에 존재하며 천상의 하나님께 속해 영원한 삶을 소유하게 되었음을 의미한다.

4. 하나님의 형상과 영광 (18)

맨 처음 창조된 인간인 아담은 하나님의 형상을 닮게 창조되었다. 그러나 아담이 사탄의 유혹에 빠져 범죄함으로써 하나님의 형상은 완전히 파괴되었다. 따라서 타락하여 하나님의 형상이 파괴된 인간은 참 인간으로서 기능할 수 있는 모든 능력을 완전히 상실당하게 되어 버렸다.

하나님께 저항함으로써 범죄한 인간은 하나님의 형상 대신 타락한 아담의 형상을 지니게 되었다. 그런 인간은 그전의 인간과 전혀 다른 가치관을 가지고 살아갈 수밖에 없다. 그것은 하나님의 형상과 다른 사탄의 형상과 연관되는 것이었다.[94]

그러나 창세전에 하나님의 선택을 받은 사람들에게는 여전히 하나님의 형상이 잠재적으로 남아 있었다. 비록 그 기능을 발휘할 수는 없었지

94) J. Calvin, *Institutes of Christian the Religion* 1.14.18. 마지막 부분. 참조.

만 여전히 그 본질은 남아 존재했던 것이다. 따라서 성도들은 하나님의 형상을 회복해야만 할 자들이다. 그들은 완벽한 하나님의 형상이신 예수 그리스도가 임하게 될 때 그의 형상을 덧입게 되는 것이다.

예수 그리스도와 그의 사역으로 인해 하나님의 자녀들은 영적인 수건을 벗은 채 얼굴로 거울을 보는 것 같이 하나님의 영광을 보게 된다. 이는 구약시대 성도들이 하나님의 영광을 직접 볼 수 없었던 점과 비교된다. 그리스도의 십자가 사역이 완성된 후로는 그를 통해 하나님을 보며 그의 영광을 직접 볼 수 있게 되었던 것이다. 따라서 예수님은 자신이 하나님 자신임을 분명히 밝히고 있다.

> "예수께서 외쳐 가라사대 나를 믿는 자는 나를 믿는 것이 아니요 나를 보내신 이를 믿는 것이며 나를 보는 자는 나를 보내신 이를 보는 것이니라"(요 12:44,45)

타락한 상태라 할지라도 인간들은 전지전능한 하나님에 대해 알기를 원하고 눈으로 보기를 원한다. 하나님께 저항하고 있는 불신자들 역시 마찬가지다. 하지만 그들은 종교적인 열성을 다해 신을 찾아 나서지만 허사일 따름이다.

하나님의 자녀들은 오직 십자가에 달려 돌아가신 예수 그리스도를 통해 하나님을 알고 보며 섬긴다. 즉 예수님을 통하지 않고는 어느 누구도 살아계신 하나님을 알 수도 없으며 볼 수도 없다. 오직 예수 그리스도를 알고 그를 섬김으로써 그것을 통해 참된 하나님을 섬기게 된다.

지상의 교회와 성도들은 인간의 몸을 입으신 예수 그리스도를 통해 하나님의 놀라운 영광에 이르게 된다. 그러므로 하나님의 몸된 교회에 속한 성도들은 그에 대한 분명한 깨달음을 가져야만 한다. 즉 인간들의 특별한 노력이나 종교적 행위를 통해서는 그것이 아무리 탁월한 방법이라 할지라도 결코 하나님을 기쁘시게 할 수 없는 것이다.

제6장
하나님의 형상과 영광의 회복

(고후 4:1-18)

1. 사도와 직분 (1,2)

하나님의 백성들이 타락한 이 세상에서 성도로 살아간다는 것은 매우 힘든 일이다. 사탄의 통치 영역 가운데서 거룩한 하나님의 뜻에 온전히 순종하고자 할 때 많은 환난과 핍박을 당할 수밖에 없기 때문이다. 이에 대해서는 일반성도들뿐 아니라 사도들에게 있어서도 예외가 아니었다.

사도 바울은 자기 앞에 낙심할 만한 일들이 숱하게 많이 놓여있다는 사실을 언급하고 있다. 그렇지만 하나님의 영광과 그로부터 긍휼을 힘입어 부여받은 직분으로 인해 그 어려움을 헤쳐 나갈 수 있었다. 바울을 비롯한 온전한 믿음을 소유하고 있던 성도들은 세상에서 값어치 있다고 하는 것들과 천박한 욕망을 포기할 수 있는 지혜를 가지게 되었다. 그들은 세상의 환난과 고통 가운데서도 오히려 주님의 영광을 바라보며 천상의 기쁨을 누리게 되었던 것이다.

따라서 믿음의 선배들은 남에게 드러나지 않는 것들이라 할지라도 부끄러운 일을 버리고 간교한 삶을 추구하지 않았다. 경건한 성도들은 하나님의 말씀을 순전히 붙잡음으로써 그것을 혼잡스럽게 하는 일을 피했다. 도리어 저들의 삶 가운데 영원한 진리가 나타나도록 힘썼다. 그런 순전한 신앙자세와 성숙한 삶을 통해 모든 사람들의 양심에 비추어 하나님 앞에서 스스로를 추천하며 보증할 수 있었던 것이다.

이 세상에 살아가면서 자기 자신을 거리낌 없이 남에게 추천할 수 있다는 것은 결코 쉬운 일이 아니다. 그러나 바울은 진리를 나타냄으로써 자신을 비롯해 함께 있는 성도들을 하나님의 몸된 교회 앞에서 스스로 추천했다. 원리적인 측면에서 볼 때 오늘날 우리 역시 겸손을 유지하는 가운데 저들과 동일한 정신을 소유해야 한다.

그렇게 하기 위해서는 계시된 하나님의 말씀을 통해 올바른 신학과 신앙을 정립하지 않으면 안 된다. 이는 신앙에 대한 주관적인 자기 판단이 아니라 객관성 있는 말씀의 증거가 따라야 함을 말해준다. 지상의 교회가 견고하게 자라감으로써 그러한 분량에까지 다다를 수 있게 되는 것이다.

2. 복음의 비밀과 완벽한 하나님의 형상 (3,4)

하나님의 복음은 바깥으로 드러남에 있어서 양면성을 지니고 있다. 그것은 하나님의 비밀에 속한 것이기 때문이다. 즉 교회에 속한 성도들에게는 그 복음이 완전히 개방되어 있지만 하나님을 알지 못하는 불신자들에게는 그것이 철저히 감추어져 있다. 하나님과 상관이 없는 자들은 결코 스스로 하나님의 복음을 알 수 없는 것이다.

사탄의 세력은 자기에게 속한 자들을 철저히 단속하고 있다. 사탄은 항상 인간들을 어두움과 혼동 속에 가두어 두고자 온갖 책략을 다 쓴다. 따라서 어리석은 인간들은 사탄이 제시한 가짜 신령들을 믿는 것이 마치 참된 신앙이라도 되는 양 확신하게 된다.

그러므로 하나님을 알지 못하고 세상의 거짓 신들을 따르는 자들은 마음이 혼미할 수밖에 없다. 어느 것이 참된 진리인지 거짓 가르침인지 분별할 수 있는 능력을 상실당하고 있기 때문이다. 그런 자들은 예수 그리스도의 영광의 복음의 광채가 바로 옆에 존재하고 있음에도 불구하고 그것의 진정한 의미에 대해 전혀 감지하지 못하고 있다.

그런데 문제는 불신자들의 마음이 혼미케 되는 것이 하나님의 섭리와 경륜에 따른 것이라는 사실이다. 이는 소극적인 입장이 아니라 매우 적극적인 성격을 지니고 있다. 이에 대해서는 예수 그리스도께서 비유에 관한 말씀을 하시면서 동일한 모범과 교훈을 주셨다. 예수님께서는 구약시대의 이사야 선지자의 예언을 인용하여 그에 관련된 교훈을 말씀하셨던 것이다.

> "그러므로 내가 저희에게 비유로 말하기는 저희가 보아도 보지 못하며 들어도 듣지 못하며 깨닫지 못함이니라 이사야의 예언이 저희에게 이루었으니 일렀으되 너희가 듣기는 들어도 깨닫지 못할 것이요 보기는 보아도 알지 못하리라 이 백성들의 마음이 완악하여져서 그 귀는 듣기에 둔하고 눈은 감았으니 이는 눈으로 보고 귀로 듣고 마음으로 깨달아 돌이켜 내게 고침을 받을까 두려워함이라 하였느니라"(마 13:13-15)

하나님의 복음의 비밀은 아무에게나 함부로 공개되어서는 안 된다. 오직 하나님께서 택하신 자녀들에게만 그 복음이 특별히 증거되어야 한다. 즉 복음은 하나님의 자녀가 아닌 사람들에게는 철저히 비밀에 부쳐진 내용인 것이다.

따라서 하나님을 온전히 아는 성도들은 복음을 소중히 여겨 신중하게 전달해야 한다. 이것을 통해 하나님의 자녀들에 대한 그의 놀라운 사랑과 은혜가 드러나게 된다. 이에 대한 증거와 의미는 구약시대의 선지자들과 신약시대의 사도들에게서 공히 나타나고 있다. 우리는 위에 기록된 복음서의 기록을 통해 예수님께서도 그에 대한 분명한 입장을 보이셨음을 잘 알 수 있다.

그러므로 오늘날 우리시대의 성도들도 마땅히 주님을 비롯한 선지자들과 사도들의 교훈을 받아들여 그에 순종함으로써 하나님의 복음을 증거해야 한다. 하지만 현대에는 잘못된 사람들에 의해 복음이 값싼 물건처럼 되어버렸다. 마치 마음씨 좋은 장사꾼이 아무에게나 제멋대로 나누어주는 듯이 헤프게 되어 버린 것이다.

오늘날 많은 사람들은 성경이 마치 그렇게 하도록 교훈하고 있는 것처럼 말하지만 실상은 그렇지 않다. 우리는 진지한 마음으로 하나님의 복음을 세상 가운데 드러내야 한다. 이는 인간들의 종교적인 만족을 꾀하기 위한 것이 아니라 하나님의 존귀한 뜻을 이루어가는 방편이다. 교회에 속한 성도들은 세속적인 이성과 판단에 의해 하나님의 말씀을 넘어서는 사고와 행동을 해서는 결코 안 된다.

또한 사도 바울은 고린도후서 본문에서 '그리스도는 하나님의 형상' 임을 분명히 증거하고 있다(고후 4:4). 하나님께서는 맨 처음 인간인 아담과 하와를 자신의 형상에 따라 지으셨다. 인간이 하나님을 알고 그를 섬길 수 있는 것은 그에게 하나님의 형상이 존재하기 때문이다. 창세기에는 하나님께서 자신의 형상을 닮은 인간들에게 모든 피조세계를 통치할 수 있도록 은혜를 베푸신 기록이 나타나고 있다.

> "하나님이 가라사대 우리의 형상을 따라 우리의 모양대로 우리가 사람을 만들고 그로 바다의 고기와 공중의 새와 육축과 온 땅과 땅에 기는 모든 것을 다스리게 하자 하시고 하나님이 자기 형상 곧 하나님의 형상대로 사람을 창조하시되 남자와 여자를 창조하시고 하나님이 그들에게 복을 주시며 그들에게 이르시되 생육하고 번성하여 땅에 충만하라, 땅을 정복하라, 바다의 고기와 공중의 새와 땅에 움직이는 모든 생물을 다스리라 하시니라"(창 1:26-28)

우리는, 하나님께서 다른 모든 피조물들과 본질적으로 구별되는 인간을 창조하셨다는 사실을 기억해야 한다. 어떤 피조물도 소유하지 않은 자신의 형상을 오직 인간들에게 부여하셨던 것이다. 하나님께서 그렇게 하신 의도는 인간으로 하여금 자신이 창조하신 모든 피조세계를 대리 통치하도록 맡기기 위해서였다.

위 본문 가운데는 하나님께서 인간들에게 특별히 복주셨음이 언급되어 있다(창 1:28). 그 복은 타락한 인간들이 생각하는 복과는 본질적으로 다르다. 그 복은 온갖 저주와 고통을 겪은 자들이 느끼는 상대적인 복과는 상이한 개념인 것이다.

하나님께서 범죄하기 전에 주셨던 원천적인 복을 통해 인간들은 생육, 번성, 충만한 가운데 천하의 모든 것을 다스릴 수 있는 은총을 입었다. 그것이 곧 아담과 하와가 하나님께 받았던 원천적인 복이었다.

그런데 사악한 사탄의 유혹을 받은 아담과 하와가 하나님을 배반함으로써 저들 가운데 존재하던 거룩한 형상이 파괴되어 버렸다. 그래서 인간은 그후부터 하나님의 형상이 아니라 범죄한 아담의 형상을 지니게 되었다. 그 형상은 사탄이 관여하는 타락한 형상이었다.

그러나 하나님께서는 창세전에 선택하신 자기 자녀들을 버리지 않고 사탄의 세력으로부터 구원하고자 작정하셨다. 하나님께서는 완벽한 자기 형상인 예수 그리스도를 이땅에 보내심으로써 선택한 백성들에게 그 형상을 회복하도록 하셨던 것이다.

이땅에 인간의 몸을 입고 오신 예수 그리스도는 완벽한 하나님의 형상을 지닌 분이시다. 오늘날 그의 십자가 사역을 통해 새롭게 된 성도들은 그로 말미암아 하나님의 형상을 회복한 자들이다. 교회는 하나님의 형상을 회복한 자들의 거룩한 공동체로서 그것으로 인해 항상 하나님을 찬양하며 경배하게 된다.

3. 복음전파의 내용 (5-7)

사도 바울은 본문 가운데서 매우 의미심장한 말을 하고 있다. 사도들을 비롯한 성도들은 저들 자신을 다른 사람들에게 내세우거나 전파하지 않았다. 그들이 전파하는 내용은 크게 보아 두 가지였다. 그것은 예수 그리스도가 주님이 되신다는 사실과 사도들이 교회를 섬기는 종이 된다는 점이었다.

예수님께서 이 세상에 오신 것은 창세전에 택하신 하나님의 자녀들을 구원함으로써 저들의 주인이 되시기 위해서였다. 이로 인해 예수님과 그의 자녀들 사이에는 주인과 종의 확고한 관계가 성립되었다.

그런데 바울은 고린도 교회를 향해 자신을 비롯한 사역자들이, '너희' 곧 '교회'의 종이 되었다는 점을 말하고 있다. 이는 저들에게 허락된 직분은 하나님의 몸된 교회를 섬기기 위한 것이라는 뜻이다. 즉 사도들은 교회를 섬기는 종이 되어 하나님의 말씀을 저들에게 전달했던 것이다.

오늘날 모든 직분자들은 자신의 신앙적인 삶을 종교적으로 그럴듯하게 장식하는 자가 아니라 교회를 온전히 섬기는 자들이어야 한다. 따라서 아무리 탁월한 능력을 가진 인물이라 할지라도 교회 위에 군림하는 자가 될 수 없다. 사도들조차도 교회를 섬기는 성도였을 뿐 그 위에 군림하는 자들이 아니었다.

이는 바울이 전파하는 복음의 내용과 목적은 개인을 위한 것이 아니라 예수 그리스도와 그의 피로 값주고 사신 교회라는 의미를 지니고 있다. 하나님께서는 지상에 온전한 교회를 세우기 위해 사도들과 사역자들을 특별히 세우셨다.

하지만 범죄한 인간들은 참된 빛이 전혀 없는 사탄이 지배하는 흑암 가운데 살게 되었다. 선택받은 하나님의 자녀들 역시 구원이 임하기 전에는 그와 동일한 형편에 놓여 있었다. 그러므로 하나님께서는 구원이 약속된 자기 자녀들을 위해 참빛을 보내기로 작정하셨다. 그리하여 하나님의 아들이신 예수님은 어두움을 밝히는 빛으로서 이 세상에 오셨다. 사도요한은 그의 복음서에서 예수 그리스도가 참된 빛이라는 사실을 증거하고 있다.

> "빛이 어두움에 비취되 어두움이 깨닫지 못하더라 ... 참 빛 곧 세상에 와서 각 사람에게 비취는 빛이 있었나니 그가 세상에 계셨으며 세상은 그로 말미암아 지은바 되었으되 세상이 그를 알지 못하였고 자기 땅에 오매 자기 백성이 영접지 아니하였으나 영접하는 자 곧 그 이름을 믿는 자들에게는 하나님의 자녀가 되는 권세를 주셨으니 이는 혈통으로나 육정으로나 사람의 뜻으로 나지 아니하고 오직 하나님께로서 난 자들이니라"(요 1:5-13)

죄에 빠진 인간들은 참빛이 이 세상에 들어왔지만 그것을 전혀 인식하지 못했다. 일반 불신자들은 물론 하나님의 언약 가운데 살던 이스라엘 백성들 가운데도 그를 영접하지 않는 자들이 많이 있었다. 그들은 도리어 그를 심하게 핍박하고 배척했으며 급기야 십자가에 못박아 죽였다. 그런 자들은 하나님의 이름을 핑계대며 이땅에 자신의 욕망의 세계를 구축하고자 애쓰는 사람들이었다.

그러나 하나님께서는 빛이신 그리스도를 알고 그를 영접하여 믿는 자들에게 하나님의 자녀가 되는 권세를 주셨다. 그것은 세상에서의 혈통이나 신분 혹은 지식에 의해 쟁취될 수 있는 성질의 것이 아니었다. 그 권세는 오직 하나님의 자녀들에게만 주어지는 고귀한 선물이었다. 인간의 몸을 입으신 예수 그리스도께서는 성도들에게 자신이 소유한 빛의 본성을 통해 하나님의 영광을 아는 빛을 비추어 주셨던 것이다. 그로 인해 성도들의 심령은 죄를 벗어나 변화될 수 있었다.

바울은 또한 본문 가운데서 그 보배를 질그릇에 담고 있음을 비유적으로 말하고 있다(고후 4:7). 이는 개인 성도들과 더불어 교회에 관련된 의미를 지니고 있는 것으로 보아야 한다. 즉 구원받은 성도이지만 날로 후패해져가는 인간의 몸을 지닌 사실과 여전히 피조물인 부족한 인간들이 모인 지상교회를 질그릇으로 이해했다. 이 말은 교회와 성도들이 예수 그리스도를 중심에 모시고 살아가고 있음을 말해준다. 이를 통해 죄악 세상을 능히 이기는 능력이 하나님께 있다는 점을 보여주고 있다.

이는 그 놀라운 능력이 사도들을 비롯한 인간들에게 있는 것이 아니라는 사실을 말해준다. 사도들조차도 그 능력이 저들에게 있지 않다고 말하는 것을 보아 이 세상에 어느 누구도 그 능력을 독자적으로 소유한 자가 없음이 분명하다. 교회와 그에 속한 성도들은 오직 하나님의 능력을 반영하고 있을 따름이다. 이 의미를 올바르게 깨닫게 될 때 교회의 존귀함을 인식할 수 있게 된다.

4. 세상에 맞서 싸우는 전투 (8-11)

하나님의 몸된 교회가 존재하는 이 세상은 마치 전쟁터와도 같다. 사탄의 세력은 성도들을 사방에서 에워싸고 핍박을 가하는 가운데 지상의 교회를 거꾸러뜨리려 한다. 그러나 하나님께 속한 백성들은 저들에게 완전히 포위되지 않을 뿐더러 결코 낙심하지 않고 궁극적인 패망을 당하지 않는다.

타락한 세상은 원천적으로 하나님과 원수관계에 놓여있다. 하나님께서는 죄로 말미암아 세상에서 신음하는 자기 자녀들을 구원하시기 위해 예수 그리스도를 왕으로 세워 이땅에 보내셨다. 그러나 아담이 범죄한 이래 사탄의 편에 서 있던 세상은 결국 인간의 몸을 입으신 예수님을 멸시하고 십자가에 못박아 참혹하게 죽여버렸다.

그런데 그의 죽음은 하나님의 섭리와 경륜에 따른 것이며 십자가 사역을 통한 부활사건은 그의 자녀인 우리를 위한 것이었다. 즉 예수 그리스도의 죽음은 보통 인간들의 단순한 죽음과는 그 의미가 전혀 달랐다. 이는 그의 죽음이 우리와 밀접하게 연관되며 우리의 삶에 구체적으로 연결되어 있음을 의미한다. 바울은 그에 관한 언급을 하며 매우 중요한 교훈을 주고 있다.

> "우리가 항상 예수의 죽음을 몸에 짊어짐은 예수의 생명이 또한 우리 몸에 나타나게 하려 함이라 우리 살아 있는 자가 항상 예수를 위하여 죽음에 넘겨짐은 예수의 생명이 또한 우리 죽을 육체에 나타나게 하려 함이라"(고후 4:10,11)

하나님의 자녀들은 항상 예수 그리스도의 십자가 사역을 몸에 지닌 채 살아가고 있다. 바울은 자신의 몸에 예수 그리스도의 흔적을 가지고 있음을 고백했다(갈 6:17). 이는 성도들의 모든 삶에서 예수님의 십자가가 분리될 수 없다는 사실을 의미한다. 그것을 통해 우리의 몸에 예수 그리스도의 생명이 나타나게 된다.

이 말은 살아있는 성도들의 삶이 예수님의 십자가 사역을 통해 본질적으로 연합관계에 놓여 있음을 보여준다(롬 6:5). 즉 우리의 삶은 항상 예수님으로 인해 세상에서의 죽음에 넘겨지게 된다. 하나님의 자녀들이 세상에서 핍박을 받는 것은 단순한 박해 이상의 의미를 지닌다. 즉 교회와 성도들이 세상으로부터 핍박을 받는다는 사실은 그들이 타락한 세상이 아니라 예수 그리스도께 속했음을 증거하는 것이다.

따라서 우리는 악한 세상이 성도들을 핍박하는 것을 통해 지상의 교회가 예수 그리스도의 십자가 사역에 직접 연관되어 있음을 기억해야 한다. 하나님의 자녀들에 대한 그 박해는 예수님의 죽음에 밀접하게 연결되어 있다. 그로 말미암아 성도들의 몸에 예수 그리스도의 참된 생명이 나타나게 된다. 이 말은 세상에서 성도들이 당하는 핍박이 그리스도의 생명이 존재한다는 표식이 된다는 사실을 말해주고 있다.

사도 바울은 갈라디아 교회에 보내는 편지에서도 이와 동일한 의미의 말을 했다. 하나님의 자녀들은 세상에서 살아가지만 타락한 이 세상에 속해 있지 않다. 이는 성도의 삶에 대한 명확한 정체성을 보여준다.

> "내가 그리스도와 함께 십자가에 못박혔나니 그런즉 이제는 내가 산 것이 아니요 오직 내 안에 그리스도께서 사신 것이라 이제 내가 육체 가

운데 사는 것은 나를 사랑하사 나를 위하여 자기 몸을 버리신 하나님의 아들을 믿는 믿음 안에서 사는 것이라"(갈 2:20)

바울은 갈라디아 교회 성도들을 향해 자신의 삶을 고백적으로 말하고 있다. 그는 예수 그리스도와 함께 십자가에 못박혀 죽은 자로서 자신을 언급했다. 역사적으로 보아 과거에 일어난 십자가 사건에 자신의 몸이 포함되어 있었다는 것이다. 이 의미는 비록 사도 바울뿐 아니라 오늘날 우리를 포함한 모든 하나님의 자녀들에게 해당된다.

그러므로 교회에 속한 성도들은 이 세상에 대해 죽은 상태이다(골 2:20). 그 대신 그들의 심령 가운데는 거룩하신 예수 그리스도께서 살아 계신다. 이는 단순히 상징적인 의미를 지니는 표현이 아니라 영적인 실제로 이해해야 한다. 즉 하나님의 자녀들은 생명이 없는 세상에서의 일시적인 삶을 추구하는 것이 아니라 영원한 하나님 나라를 갈구하는 삶을 살아야 하는 것이다.

따라서 성도들의 삶의 의미와 목적은 그로 인해 완전히 확정되었다. 하나님을 알지 못하는 사람들은 자신의 인생을 위해 이 세상을 살아갈 수밖에 없다. 그러나 하나님의 자녀들의 삶은 전혀 그렇지 않다. 성도들은 자기를 위해 십자가에 못박혀 돌아가신 하나님의 아들 예수 그리스도를 믿는 믿음 안에서 살아가게 된다.

우리가 여기서 분명히 기억해야 할 바는 이 세상이 지금도 여전히 하나님의 교회와 원수관계에 놓여 있다는 사실이다. 하나님의 아들이신 예수 그리스도를 원수로 여기고 십자가에 못박은 세상이라면 우리에게도 원수가 될 수밖에 없다. 타락한 세상은 아직까지도 사탄의 적극적인 간섭을 받고 있는 것이다.

그럼에도 불구하고 어리석은 기독교인들 가운데는 세상과 문호를 개방하고 저들과 상호 가까이 지내려는 자들이 많이 있다. 나아가 그런 자들은 세상과 교회 사이에 가로놓인 벽을 허물고자 애쓴다. 우리시대의 기독교가 타락한 세상을 친화적으로 생각하는 것은 여간 우려되는 일이 아니다. 하나님의 진리를 교회 가운데 보존해야 할 우리는 이에 대해 매우 민감한 자세를 가지지 않으면 안 된다.

5. 사망과 생명의 주님 (12-15)

하나님의 통치를 떠난 죄악 세상은 그것 자체로서 사망의 영역이다. 세상에서 드러나는 모든 죄의 양상은 아담의 범죄로 말미암는 것이다. 그런데 바울은 '사망은 우리 안에서 역사하고 생명은 너희 안에서 역사하느니라' (고후 4:12)라고 말하고 있다. 이 말은 무슨 의미인가? 이는 '너희' 의 영원한 생명을 위해 '우리' 가 이 세상에서 죽을 고생을 하고 있다는 말과도 같다.

하나님께서는 성도들의 영혼을 사망과 눈물과 걸려 넘어짐으로부터 구원하셨다. 이는 하나님의 자녀들이 살기에 이 세상은 결코 호락호락하지 않다는 사실을 말해주고 있다. 따라서 교회에 속한 성도들은 생존투쟁이 벌어지는 세상에 살아가면서 여호와 하나님 앞에 서 있는 자세로 사고하며 행동해야 한다. 그에 대한 진정한 의미를 알고 있기에 시편기자는 그에 대한 노래를 부르고 있다.

> "주께서 내 영혼을 사망에서, 내 눈을 눈물에서, 내 발을 넘어짐에서 건지셨나이다 내가 생존 세계에서 여호와 앞에 행하리로다 내가 믿는 고로 말하리라 내가 큰 곤란을 당하였도다 ... 내가 구원의 잔을 들고 여호와의 이름을 부르며 여호와의 모든 백성 앞에서 나의 서원을 여호와께 갚으리로다 성도의 죽는 것을 여호와께서 귀중히 보시는도다 여호와여 나는 진실로 주의 종이요 주의 여종의 아들 곧 주의 종이라 주께서 나의 결박을 푸셨나이다 내가 주께 감사제를 드리고 여호와의 이름을 부르리이다"(시 116:8-17)

시편기자는 하나님께서 베푸시는 구원의 잔을 들고 거룩한 여호와의 이름을 부르며 모든 백성들 앞에서 하나님께 한 서원을 갚으리라는 다짐을 노래했다. 사망이 지배하는 세상으로부터 벗어난 것은 감사의 제목이 아닐 수 없다.

하나님께 속한 성도들은 이 세상에 살아가는 동안 호사스런 인생을 누리는 것이 아니라 도리어 죽음으로써 살아간다. 이는 세상에 존재하는 모든 욕망을 포기함을 의미하고 있다. 하나님께서는 자기 자녀들이 타락한 세상에서 남 보기에 유능하고 훌륭한 자가 되기를 바라는 것이 아니라 오직 여호와 하나님만을 바라보며 그 앞에서 겸손한 삶을 살아가기를 원하신다.

그러므로 시편기자는 자신이 진정으로 하나님을 섬기는 종이자 여자의 후손인 메시아의 종이라는 사실을 고백했다. 그가 사탄의 세력에 의해 결박되었던 자신을 영원히 해방시키셨기 때문이다. 따라서 하나님께 감사의 제사를 드리며 여호와 하나님의 이름을 부를 수 있게 된 것이다.

그 모든 일들은 전적으로 하나님의 은혜로 말미암아 성도들의 삶 가운데 일어나게 된다. 십자가에 달리신 예수 그리스도를 살리신 하나님께서는 그에게 속한 자녀들도 그와 함께 살려 거룩한 하나님 앞에 서게 하신다. 그러므로 하나님의 은혜를 입은 백성들이 하나님께 감사하며 끝없는 찬송과 영광을 돌리게 되는 것이다.

6. 새 생명과 영원한 영광 (16-18)

죄에 물든 인간은 세상에 살아가면서 시간이 지남에 따라 점차 후패해갈 수밖에 없는 존재이다. 인간이 썩어져가는 자기 자신의 일시적인 영광을 위해 모든 것을 행하며 살아간다는 것은 어리석기 짝이 없는 일이다. 그 결과는 아무런 가치 없이 영원히 썩는 것에 귀착될 수밖에 없기 때문이다.

그럼에도 불구하고 이 세상에 살아가는 대다수 인간들은 썩어져 가는 자기의 인생을 위해 최선을 다하며 살아간다. 이는 마치 썩어가는 시체에 짙은 화장을 하거나 화려한 비단옷을 입히는 것과 별반 다르지 않다.

따라서 하나님의 자녀들은 썩어져 가는 겉 사람이 아니라 영원한 속사람에 진정한 가치를 두어야 한다. 세상에 속하지 않은 사람은 타락한 이 세상에서 환난을 당하고 어려운 일을 겪을 수밖에 없다. 그러나 성숙한 성도들은 그것으로 인해 절망하거나 낙심하지 않는다. 이는 그들이 겉 사람과 속 사람의 본질적인 속성을 잘 알고 있기 때문이다. 따라서 사도 바울은 이에 대해, '우리가 낙심하지 아니하노니 겉 사람은 후패하나 우리의 속은 날로 새롭도다' (고후 4:16)라는 고백을 하고 있다.

그런데 문제는 하나님을 안다고 주장하는 자들 가운데도 겉 사람의 일을 추구하는 자들이 많이 있다는 사실이다. 그런 자들은 탐할 만한 아무런 가치가 없는 세상의 것들에 대해 탐심을 가지게 된다. 그것은 주로 종교적으로 채색된 형태로 드러나기 때문에 많은 사람들이 그에 속아 넘어갈 수 있다.

참된 지혜는 인간의 겉 사람은 날로 후패해 가는 존재임을 분명히 깨달아 인식하는 것이다. 지나가는 세상에서 육신을 좇아 살아가는 자들은 항상 육신의 일을 도모하게 된다. 그러나 하나님으로 말미암은 영원한 세계를 염두에 두고 살아가는 자들은 영의 생각을 하며 살아간다.

어리석은 인간들은 육신의 생각을 하며 추구하던 무엇인가를 이룩하게 되면 그것을 대단한 기쁨과 즐거움으로 여긴다. 멀지않은 장래에 그 모든 것들이 완전히 사라지리라는 인식을 하지 못하고 있는 것이다. 따라서 그들은 세상에 자기의 이름을 남기기를 원하며 사람들이 오래도록 기억할 만한 업적을 남기고자 한다.

한편 스스로 그런 삶을 살기 어렵다고 판단하는 자들은 다른 방법을 강구하거나 자기 자식을 통해 그것을 추구하고자 한다. 그것도 아니라면 그 가운데서 나름대로 터득한 범위 안에서 만족스럽게 살아갈 궁리를 하게 된다. 그러나 그것은 어리석기 그지없는 삶의 태도이다. 사도 바울은 로마에 있는 교회에 편지하면서 그에 대한 언급을 하고 있다.

> "육신을 좇는 자는 육신의 일을, 영을 좇는 자는 영의 일을 생각하나니 육신의 생각은 사망이요 영의 생각은 생명과 평안이니라 육신의 생각은 하나님과 원수가 되나니 이는 하나님의 법에 굴복치 아니할뿐 아니라 할 수도 없음이라 육신에 있는 자들은 하나님을 기쁘시게 할 수 없느니라"(롬 8:5-8)

바울은 여기서 육신의 일과 영의 일이 분명히 다르다는 사실을 말했다. 하나님의 자녀들은 육신의 판단으로 세상의 값어치를 추구하는 것이 하나님과 원수가 되는 행위라는 것을 깨달아 알고 있다. 그것은 하나님의 법에 불순종하는 그런 것들을 통해서는 결코 하나님의 뜻에 순종할 수 없다. 즉 하나님을 알지 못하는 자들은 그 어떤 것들을 동원한다 할지라도 하나님을 기쁘게 하지 못한다.

설령 그것들이 종교적인 모양새를 지니고 있다고 할지라도 마찬가지다. 육신의 사고로 말미암는 것들이라면 기독교 음악이나 미술, 혹은 다양한 종교 활동을 통해 하나님께 영광을 돌리지 못한다. 영에 속한 것이 아니라 육에 속한 것들은 하나님께 찬송과 영광이 되는 것이 아니라 도리어 욕이 될 따름이다.

성숙한 성도들은 이 세상에서의 환난을 막연히 회피하고자 하지 않으며 세상에 속한 육신의 것을 궁극적인 목적으로 삼지 않는다. 그들은 천상의 나라에 연관된 영원한 영광을 이루는 것을 즐거워한다. 하나님께 속한 거룩한 것들은 세상에 속한 사람들의 눈에는 드러나 보이지 않는다. 그러나 하나님의 자녀들은 항상 그것을 바라보며 살아간다. 눈앞에 보이는 모든 것들은 잠시 지나가는 것에 지나지 않지만 눈에 보이지 않는 것이 영원한 것이라는 사실을 잘 알고 있기 때문이다.

그러므로 구원받은 하나님의 자녀들은 이 세상에 살아가면서 타락한 세상의 제한적인 의미를 명확하게 이해해야 한다. 세상은 인간들에게 결코 영원하지 않은 과정적인 영역이다. 하나님께서는 구약시대 이사야 선지자를 통해 참된 지혜를 가진 성도들이 가져야 할 신앙자세에 대해 교훈하고 있다.

> "너희는 하늘로 눈을 들며 그 아래의 땅을 살피라 하늘이 연기 같이 사라지고 땅이 옷 같이 해어지며 거기 거한 자들이 하루살이 같이 죽으려니와 나의 구원은 영원히 있고 나의 의는 폐하여지지 아니하리라"(사 51:6)

어리석은 인간들은 잠시 지나가는 세계를 마치 영원한 듯 착각하며 살아간다. 그들은 세상에서 쟁취해 얻은 것을 큰 자랑거리로 삼으며 삶의 가치로 생각하게 된다. 기독교인들 가운데도 세속화된 자들은 그런 생각을 떨쳐버리지 못하고 있다. 만일 교회 가운데 그런 사상을 가지고 들어오게 되면 교회는 일반 종교적 색깔만 띠고 있을 뿐 세상과 다르지 않는 가치관을 형성하게 되는 것이다.

그러나 하나님의 자녀들에게는 잠시 지나가는 이 세상에서 얻는 것들이 아무런 자랑거리가 될 수 없다. 그 모든 것들은 멀지 않은 장래에 마치 연기처럼 사라지게 될 것이며 그들이 자랑거리로 생각했던 모든 것들이 옷이 해어지듯 의미를 완전히 상실하게 될 것이다. 그렇게 살던 인간들은 저들의 기대와는 달리 하루살이 벌레처럼 죽음에 직면하게 될 수밖에 없다.

이에 반해 하나님의 자녀들이 소유한 구원은 영원히 존재한다. 또한 그들이 거룩한 하나님으로부터 얻어 소유하게 된 참된 의는 영원토록 소멸되지 않는다. 성숙한 성도들이 소유한 참된 소망은 바로 거기 있으며 그것으로 말미암아 하나님께 찬송과 영광을 돌리게 되는 것이다.

제7장
그리스도의 심판대를 기억하는 성도의 삶

(고후 5:1-10)

1. 땅에 있는 장막과 하늘에 있는 영원한 집 (1-3)

모든 인간들은 생존하는 동안 이 세상에 존재하는 모든 것들과 더불어 살아가게 된다. 따라서 교회에 속한 성도들 역시 타락한 세상에서 하나님의 뜻에 따라 소중한 삶을 살고 있지만 여전히 나그네와 같은 인생이다. 이 세상은 우리에게 일시적으로 지나가는 영역일 뿐 영원한 삶의 터전이 될 수 없다. 사도 바울은 편지 가운데서 그에 연관해 지상의 장막 집(earthly tent)으로 묘사하고 있다.

바울의 그 말은 넓은 의미로 보아 두 가지 의미(dual meanings)를 동시에 내포하고 있는 것으로 보인다. 즉 하나는 성도들이 살아가는 이 세상 자체를 가리키는 것이며, 다른 하나는 인간의 육신을 지칭하는 것으로 이해되는 것이다.

이와 달리 '하늘에 있는 영원한 집'(an eternal house in heaven)이란 세상에 한시적으로 존재하는 장막과 완전히 대비되는 말이다. 인간들은 지상의 거처에서 많은 노력을 기울여 나름대로 그럴듯한 공간을 꾸미며 더 많은 것들을 소유하고자 하지만 그곳은 잠시 머무르는 일시적인 공간에 지나지 않는다.

그러나 천상의 나라에는 성도들이 영원토록 살아갈 아름다운 집이 예비되어 있다. 그 집은 인간들의 두뇌와 손에 의해 건축된 것이 아니라 하나님께서 친히 지으신 집이다. 만일 인간들의 기술력에 의해 지어진 것이라면 완벽하지 않겠지만, 하나님의 지혜로 말미암은 집은 그렇지 않다.

또한 장막에 관련된 바울의 말 가운데는 인간의 몸에 관한 의미가 포함되어 있다. 이 세상에 살아가는 인간의 몸은 시간이 흐르면서 점차 쇠약해져 갈 수밖에 없으며 결국은 죽어 썩어진다. 그러나 하나님의 자녀들에게는 영원한 삶을 누릴 수 있는 완벽한 부활의 몸이 제공된다. 예수님께서 십자가에 달려 돌아가셨다가 사흘만에 부활하신 사건은 그의 자녀인 우리에게 주어질 약속이 이루어진 것이다.

성경본문 가운데서, 성도들이 하늘로부터 오는 처소를 덧입기를 사모한다고 한 말은 그에 연관된 의미이다. 이는 인간의 몸이 본질적으로 변화하게 된다는 사실을 말해주고 있다. 즉 앞에 언급된 '지상의 장막' 이 한정적이고 일시적인 세상에서 영원한 천상의 세계로의 이동을 전제하고 있다면, 나중에 언급된 것은 '인간의 썩어질 육신' 으로부터 부활을 통한 영원한 몸으로의 변화를 의미하고 있는 것이다.

우리가 여기서 유념해야 할 바는 하나님의 성도들은 이땅에서 그 의미 가운데 살아가고 있다는 사실이다. 아직 완벽한 부활의 몸을 입고 있지는 않지만 이미 부활을 소유한 성도로서 살아가고 있는 것이다. 바울이 다른 사람들에 의해 벗은 자로 발견되지 않으려 한다고 한 말은 바로 그런 의미를 지니고 있다. 즉 하나님의 자녀들은 이 세상의 장막 집을 벗을지라도 새로운 몸을 입을 것이기 때문에 벌거벗은 몸으로 드러나지 않는다는 것이다.

사도 바울은 또한 성도들이 타락한 이 세상에 살면서 영원한 천국을 바라보며 탄식하고 있음을 언급했다. 이는 세상에서 신음하고 있는 성도의 삶을 보여주고 있다. 타락한 세상은 결코 하나님의 자녀들을 그냥 두지 않는다. 사탄이 지배하는 죄의 영역과 거룩한 하나님의 교회 사이에는 본질적인 측면에서 상호 조화될 수 없기 때문이다.

지상에 존재하는 하나님의 교회는 사탄이 지배하는 세상에 대해 전투적인 성격을 지니고 있다. 하나님의 백성들은 악한 세력과의 싸움을 위해 잠시도 방관할 수 없는 처지에 놓여 있는 것이다. 그러므로 바울은 에베소 교회 성도들에게 그 선한 싸움을 위해 전신갑주를 입으라고 요구했다.

> "종말로 너희가 주 안에서와 그 힘의 능력으로 강건하여지고 마귀의 궤계를 능히 대적하기 위하여 하나님의 전신갑주를 입으라 우리의 씨름은 혈과 육에 대한 것이 아니요 정사와 권세와 이 어두움의 세상 주관자들과 하늘에 있는 악의 영들에게 대함이라 그러므로 하나님의 전신갑주를 취하라 이는 악한 날에 너희가 능히 대적하고 모든 일을 행한 후에 서기 위함이라 그런즉 서서 진리로 너희 허리 띠를 띠고 의의 흉배를 붙이고 평안의 복음의 예비한 것으로 신을 신고 모든 것 위에 믿음의 방패를 가지고 이로써 능히 악한 자의 모든 화전을 소멸하고 구원의 투구와 성령의 검 곧 하나님의 말씀을 가지라"(엡 6:10-17)

이 싸움은 생명을 건 전투와도 같다. 나아가 일시적으로 발생하는 것이 아니라 항상 일어나고 있다. 그 싸움을 위해 성도들은 온 몸에 전신갑주를 입고 악한 세력에 대항하는 전투에 임해야 한다. 그러나 하나님께서 피로 값주고 사신 거룩한 교회와 그에 속한 성도들은 일반적인 관점에서 볼 때 공격적이거나 파괴적이지 않다. 이에 반해 사탄의 영역이 가진 속성은 공격적이며 파괴적이다.

따라서 세상과 상이한 가치관을 소유하고 있는 교회와 성도들은 세상에서 핍박을 받을 수밖에 없다. 그 핍박은 형식적 세력을 동반한 물리적인 핍박이 될 수도 있지만 눈에 보이지 않는 정신적인 것이 될 수도 있다. 성도들이 악한 세상이 추구하는 일에 동조하지 않으며 그들의 가치관을 배척할 때 상당한 핍박이 따르게 된다. 그것으로 인해 하나님의 자녀들은 세상에서 탄식하며 신음하게 되는 것이다.

그럼에도 불구하고 어린 교인들은 전투중인 사태를 제대로 파악하지 못하고 있다. 총성이 터지고 주변에 지뢰가 가득 깔려 있는데도 그 위태로움에 둔감한 것이다. 따라서 성숙한 성도들은 항상 그들을 일깨우는 일에 게을리 하지 말아야 한다.

이 세상의 장막은 멀지 않은 장래에 완전히 파괴되어 버려야만 할 임시적인 성격을 지니고 있다. 따라서 성도들은 종말의 때가 이르게 되면 천상으로부터 임하는 영원한 처소로 덧입게 된다. 따라서 오늘날 교회에 속한 참된 성도들은 타락한 세상에 소망을 두는 대신 영원한 집을 간절히 사모하고 있는 자들이다.

사도 베드로는 하나님의 자녀들이 지상의 장막에 살 동안 어떤 신앙 자세로 살아가야 할지 교훈하고 있다. 잠시 지나가는 임시적인 과정에 지나지 않는 타락한 세상에 살아가면서 그곳에 궁극적인 소망을 두지 말고 영원한 세계에서 하나님을 경배하며 살게 될 것에 대한 소망을 간직하라는 것이다.

> "이러므로 너희가 이것을 알고 이미 있는 진리에 섰으나 내가 항상 너희로 생각하게 하려 하노라 내가 이 장막에 있을 동안에 너희를 일깨워 생각하게 함이 옳은 줄로 여기노니 이는 우리 주 예수 그리스도께서 내게 지시하신 것 같이 나도 이 장막을 벗어날 것이 임박한 줄을 앎이라"(벧후 1:12-14)

하나님의 백성들은 예수 그리스도와 그의 십자가 사역으로 말미암아 이미 영원한 진리에 서 있는 자들이다. 하지만 이 세상에 살고 있는 동안에는 여전히 연약한 모습을 지니고 있다. 그것은 실패와 패배를 의미하는 것이 아니라 도리어 참된 소망을 갈구하는 방편이 된다는 사실을 말해준다. 그래서 사도 베드로는 항상 그에 연관하여 어린 성도들을 일깨워주고자 애썼다.

하나님의 교회에 속한 성도들은 이 세상에 살 때 임시로 세워진 장막 가운데 살아가고 있다. 장막이란 정착된 것이 아니라 조립과 해체를 되풀이하는 이동식 집을 의미한다. 이는 타락한 세상에 살아가는 성도들의 삶이 지나가는 나그네 인생이라는 사실을 말해주고 있다. 따라서 우리는 이 세상에서 성공하여 안정된 삶을 살기 위해 모든 것을 쏟아붓는 어리석음을 범치 말아야 한다.

사도 베드로는 교회에 속한 성도들이 지상에서의 장막을 완전히 벗어나게 될 때가 임박했다는 사실을 강조하고 있다. 그런데 그 내용이 자신의 지혜가 아니라 예수 그리스도의 계시에 의한 것이라는 점을 강조하고 있다. 사도들과 마찬가지로 모든 성숙한 성도들이 소유해야 할 참된 지혜는 세상에서의 장막을 벗어날 때가 임박했다는 사실을 깨닫는 것이다. 이는 영원한 천상의 세계의 도래와 인간의 죽음을 동시에 의미한다.

2. 이땅의 장막에서의 탄식 (4,5)

하나님의 자녀들은 육신적으로 이 세상에서 살아가고 있지만 이 세상에 속한 자들이 아니다. 성도들은 영원한 천국시민권의 신분을 소유한 자들이기 때문이다. 타락한 인간들이 살고 있는 이 세상은 사망이 지배하고 있지만 영원한 천국에는 참된 생명이 존재하고 있다. 하나님의 자녀들이 천국에 속했다는 사실은 세상에서의 어떤 환난과 핍박도 능히 이길 수 있음을 말해준다. 사도 바울은 빌립보 교회에 편지하면서 성도들의 시민권이 하늘에 있음을 증거하고 있다.

"오직 우리의 시민권은 하늘에 있는지라 거기로서 구원하는 자 곧 주

> 예수 그리스도를 기다리노니 그가 만물을 자기에게 복종케 하실 수 있는 자의 역사로 우리의 낮은 몸을 자기 영광의 몸의 형체와 같이 변케 하시리라"(빌 3:20,21)

우리의 시민권이 이땅이 아니라 영원한 천국에 있다는 사실은 지상 교회와 연관지어 이해할 필요가 있다. 즉 하나님으로부터 구원받은 성도들이 모여 신앙공동체를 이루고 있는 교회는 이땅 위에 존재하지만 세상이 아니라 영원한 천국에 소속되어 있는 것이다.

우리가 날마다 먹고 마시며 숨을 쉬고 살아가는 이 세상에는 다양한 사람들이 어우러져 함께 살아가고 있다. 하지만 외관상 동일한 모습을 띠고 있음에도 불구하고 인간들은 세상에 속한 자와 천국에 속한 자로 크게 나눠진다. 그 양자는 영원한 삶에 대해 서로간 전혀 다른 가치관을 가지고 있다. 따라서 그들 사이에는 항상 근본적인 갈등이 존재하며 본질적으로 융화될 수 없는 관계에 놓여 있다.

하나님의 자녀들은 그런 힘든 형편 가운데서 탄식하며 살아간다. 성도들에게 있어서 죄악이 지배하는 세상에서의 삶은 마치 무거운 짐을 진 듯 힘이 들 것이며, 빨리 그 짐을 내려놓고 싶을 것은 지극히 당연하다. 하지만 성도들은 신음할 수밖에 없는 현실을 벗어나고자 하는 도피를 주된 목적으로 삼지 않는다. 그들에게는 세상의 것을 벗어버리고 새로운 생명을 덧입고자 하는 것이 진정한 소망이 되어 있다. 이는 그것을 통해 사망에 승리하게 될 것이기 때문이다.

그 승리의 함성은 전적으로 천상에 계시는 하나님으로 말미암는 것이며 예수 그리스도를 통해 자기 자녀들 가운데 이루어지게 되었다. 하나님께서는 그에 대한 보증으로 교회와 성도들에게 자신의 성령을 보내주셨다.

또한 '사망이 생명에게 삼킨 바 된다'(고후 5:4)는 사실에 대해서는 바울이 고린도전서에서도 언급한 바 있다. 죽음에 대한 생명의 승리는 예수님의 십자가 사건과 부활을 통해 구체적으로 이루어졌다. 이로 말미암아 예수 그리스도의 몸에 붙어있는 모든 성도들이 그와 동일한 은혜에 참여하게 된다.

> "이 썩을 것이 불가불 썩지 아니할 것을 입겠고 이 죽을 것이 죽지 아니함을 입으리로다 이 썩을 것이 썩지 아니함을 입고 이 죽을 것이 죽지 아니함을 입을 때에는 사망이 이김의 삼킨 바 되리라고 기록된 말씀이 응하리라"(고전 15:53,54)

타락한 세상에 살아가는 모든 인간들의 몸은 후패하고 썩을 수밖에 없다. 무서운 죄에 빠져 지상에 살고 있는 인간들은 세월이 흘러감에 따라 점차 육신이 후패해져 가게 된다. 그것을 피할 수 있는 사람은 결코 있을 수 없다. 역사 가운데는 수많은 인간들이 죽음을 미루고 수명을 연장하고자 온갖 노력을 기울여 왔다. 하지만 그 모든 노력들은 죽음에 대한 근본적인 문제해결이 아닌 일시적인 방편에 지나지 않았다. 인간에게는 죽음을 막을 아무런 방도가 없는 것이다.

창조주이신 하나님께서 예수 그리스도를 통해 허락하신 영원한 생명만이 안전한 보장을 약속할 수 있다. 죄로 말미암아 죽을 수밖에 없는 인간이 영원히 썩지 않을 부활의 몸으로 변화하게 된다는 사실은 놀라운 은혜가 아닐 수 없다. 하나님으로부터 허락된 그 약속에 대한 최종적인 성취가 이루어질 때 '생명'은 사탄에 의해 세상에 들어온 '사망' 위에 궁극적인 승리를 선포하게 되는 것이다.

3. 믿음으로 행하는 삶 (6-8)

하나님의 자녀들은 타락한 세상에 살아가면서 항상 담대한 마음을 가져야 한다. 어떤 엄청난 환난과 핍박을 당한다 해도 결코 위축되거나 기

죽을 필요가 없다. 그들은 세상에서 가난한 것을 부끄럽게 여기지 않으며 세상에서 병약하거나 남 보기에 그럴듯한 형편에 있지 않다고 해서 하나님께 불평하지 않는다.

나아가 세상적인 교육을 많이 받지 못하고 설령 무능한 것처럼 보여 다른 사람들에게 멸시를 당하는 한이 있더라도 그것으로 인해 지나친 분노의 마음을 가지지 않는다. 하나님의 교회에 속한 성도들이 현실적으로 처한 열악한 환경에 상관없이 악한 세상을 능히 이길 수 있는 것은 영원한 천국에 소망을 두고 살아가고 있기 때문이다.

이와 반대로 교회의 성숙한 성도들은 세상에서 부유하며 건강하다고 해서 그것을 대단한 자랑거리로 여기지 않는다. 많이 배워 지식이 넘쳐 여러 사람들에 의해 칭찬과 명예를 얻는다 해도 그것으로 말미암아 교만한 마음을 먹지 않는다. 이는 저들의 그런 삶이 이 세상에서 영원토록 지속되는 것이 아님을 잘 알고 있기 때문이다.

우리가 이 세상에 살아가는 동안에는 육신이 천상에 계시는 주님과 떨어진 상태로 존재한다. 이 사실에 대해서는 누구나 잘 알고 있다. 그렇지만 신체적으로 그리스도와 분리되어 있다고 할지라도 신앙적인 삶의 자세는 분명해야 한다.

천국시민으로서 영원한 천상에 소망을 두고 살아가는 성도들은 주변에 널려있는 가시적인 조건들에 의존하여 살아가지 않는다. 오히려 영원한 세계를 바라보며 육안으로 볼 수 없는 믿음에 따라 행하며 살아간다. 성도들이 궁극적으로 원하는 바는 이 세상이 아니라 주님과 더불어 영원한 천국에 거하는 것이다.

따라서 성숙한 성도들은 지나가는 이 세상에 강한 집착을 보이지 않으며 큰 기대를 하지 않는다. 하나님의 자녀들은 믿음으로 사람들의 눈에 보이지 않는 영원한 천국을 바라보며 살아갈 수 있는 은혜를 입고 있다. 히브리서를 기록한 믿음의 선배들은 그에 대한 분명한 언급을 하고 있다.

> "믿음은 바라는 것들의 실상이요 보지 못하는 것들의 증거니 선진들이 이로써 증거를 얻었느니라"(히 11:1,2)

성도들이 소유한 믿음은 단순한 이론이나 상징이 아니라 구체적인 현실이며 실상이다. 하나님께서 교회 가운데 허락하신 참된 믿음은 육안으로 보거나 손으로 만질 수 없는 것이지만 영원한 것들에 대한 확실한 증거가 된다. 이전의 모든 믿음의 선배들은 그 믿음을 통해 참된 증거를 얻었던 것이다.

그러므로 믿음을 소유한 성도들이 진정으로 원하는 것은 타락한 세상으로부터 최종적인 분리가 이루어지는 죽음이다. 하나님을 알지 못하는 자들은 죽음을 두려워하며 이 세상에서 좀 더 살고자 하는 욕망과 미련을 버리지 못한다. 그렇지만 참된 믿음을 가진 성도들의 자세는 전혀 그렇지 않다.

하나님의 자녀들에게 있어서 최선의 삶은 이 세상에서 오랫동안 생명을 유지하는 것이 아니라 육신의 몸을 떠나 주님과 함께 영원히 살아가는 것이다. 천국에는 타락한 세상과는 달리 진정한 기쁨과 즐거움만 존재하며 하나님에 대한 완벽한 찬송과 경배만 있을 따름이다. 따라서 하나님의 자녀들이 죄로 얼룩진 복잡한 세상을 떠나 영원한 천국을 사모하는 것은 지극히 당연한 일이다.

4. 그리스도의 심판대와 하나님의 자녀들 (9,10)

이 세상에 살아가는 모든 인간들은 때가 되면 죽을 수밖에 없다. 이에 대해서는 어떤 예외도 존재하지 않는다. 어리석은 자들은 이땅에서 영원히 사는 것이 불가능하다는 사실을 뻔히 알고 있으면서도 인생에 대한 미련을 버리지 못한다. 그래서 그들은 세상에서의 욕망을 위해 나름대로 최선의 노력을 기울인다.

그러나 지혜로운 성도들은 제한적인 인생의 의미를 잘 깨달아 알고 있다. 이땅에 태어난 죄에 물든 인간이 죽는 것은 당연한 이치이다. 그렇지만 죽음 이후에는 하나님의 무서운 심판이 따르게 된다. 히브리서 기자는 인간의 죽음에 연관된 하나님의 심판에 관한 기록을 하고 있다.

> "한번 죽는 것은 사람에게 정하신 것이요 그후에는 심판이 있으리니 이와 같이 그리스도도 많은 사람의 죄를 담당하시려고 단번에 드리신 바 되셨고 구원에 이르게 하기 위하여 죄와 상관없이 자기를 바라는 자들에게 두 번째 나타나시리라"(히 9:27,28)

인간은 이땅에서의 생애를 마감하고 죽게 됨으로써 모든 것을 끝낼 수 있는 것이 아니다. 진화론자들과 유물론자들은 불멸의 존재로서 인간에 대해 특별한 의미를 부여하지 않는다. 원시 상태의 미물微物로부터 진화한 인간은 그 근본을 단세포 물질에 두기 때문에 인간들 역시 그 이상의 의미를 지니지 않는다. 즉 인간들은 다른 생명체들과 마찬가지로 진화된 단백질 덩어리에 지나지 않는다. 그러므로 인간이 살다가 죽으면 그것으로 완전히 끝나는 것이라 여기는 것이다.

그들이 그런 어처구니없는 생각을 하면서도 인생이 나름대로 의미 있다고 주장하는 것은 인간 세상을 살아있는 유기체로 이해하기 때문이다. 그들은 인간 자체의 영원성에 관한 의미가 아니라, 유기체로 존재하는 인간사회에서 개별 인간들이 어떤 역할을 하며 인생을 살아가는가에 대한 현상에 그 의미를 두고 있다.

하지만 그것은 어리석기 짝이 없는 사상이자 행위이다. 그런 자들은 삶의 본질을 무시한 엉터리 주장을 하면서도 이 세상에 살면서 가시적인 업적을 남기고 자신의 이름을 남기면 그것이 마치 영원히 갈 것처럼 착각하고 있다. 그들은 인간의 본질적 의미를 전혀 알지 못하므로 가시적인 현상에 강한 집착을 보이고 있는 것이다.

영원한 천상의 세계에 대한 참된 깨달음이 없는 불신자들에게는 진정한 소망이 있을 수 없다. 그에 반해 하나님의 선택을 받아 구원에 참여한 성도들에게는 세상이 알지 못하는 참된 소망이 있다. 신자든 불신자든 이 세상에 태어난 모든 인간들은 반드시 죽게 되므로 그 너머의 세계에 대한 인식이 있지 않으면 안 된다.

인간의 죽음 이후에는 하나님의 무서운 심판이 기다리고 있다. 그 기준은 세상에서의 윤리적 삶과 역사가들이 평가하는 공적이 아니라 인간의 몸을 입고 이 세상에 오신 예수 그리스도와 그의 사역에 밀접하게 연관되어 있다. 그것을 위해 예수님께서 이 세상에 오셔서 십자가에 못박혀 돌아가셨던 것이다.

피조물인 인간의 몸을 입고 이땅에 오신 예수 그리스도께서는 친히 인간의 모든 고통을 체휼하셨으며 결국은 하나님의 섭리와 경륜에 따라 십자가에 달려 돌아가셨다. 그는 죄가 전혀 없는 분이었지만 십자가를 통해 하나님의 심판을 경험하셨다. 그것은 물론 자기 백성들의 죄를 대신지는 의미를 지니고 있으며 그 사역을 통해 거룩한 자신의 몸을 하나님께 속죄와 화목을 위한 제물로 바치셨다.

십자가를 지고 돌아가신 예수님께서는 깜깜한 무덤에 묻히셨다가 사흘 만에 부활하셨다. 그후 여러 성도들이 보는 앞에서 천상의 나라로 승천하셨다. 그때 그는 멀지않은 장래에 올라가신 그대로 재림하시라고 약속하셨다. 그는 마지막 날 심판주가 되어 우리 앞에 다시 오시게 될 것이다.

그 놀라운 사실을 깨달아 알고 있는 성도라면 더 이상 자신의 욕망을 좇아 살지 않는다. 모든 성도들은 자기를 위해 모진 고통을 당하고 십자가를 지고 죽었다가 부활하신 주님을 위해 살게 된다. 사도 바울은 로마교회에 편지하면서 그에 대한 분명한 의미를 설명하고 있다. 그 내용은 그의 은혜를 입은 성도들의 삶과 직접 연관된다.

> "우리 중에 누구든지 자기를 위하여 사는 자가 없고 자기를 위하여 죽는 자도 없도다 우리가 살아도 주를 위하여 살고 죽어도 주를 위하여 죽나니 그러므로 사나 죽으나 우리가 주의 것이로라 이를 위하여 그리스도께서 죽었다가 다시 살으셨으니 곧 죽은 자와 산 자의 주가 되려 하심이니라"(롬 14:7-9)

교회에 속한 성도들의 생명은 이미 개인의 소유가 아니다. 하나님께서 거룩한 피로 값주고 그들을 사셨기 때문이다. 하나님이신 예수 그리스도께서 십자가에 달려 거룩한 피를 흘리신 것은 성도들을 자기에게 속하게 하시기 위해서였다.

따라서 하나님의 몸된 교회에 속한 성도들은 살아도 주님을 위해 살고 죽어도 주님을 위해 죽어야 한다. 그렇게 사는 삶은 결코 스스로 손해를 보거나 하나님을 위해 자신을 희생당하는 것이 아니다. 도리어 그렇게 사는 것이 저들에게 가장 훌륭한 유익이 된다는 사실을 깨닫는 것은 매우 중요하다.

우리는 인간 스스로 삶의 진정한 의미를 창출해 내지 못한다는 사실을 기억해야 한다. 오직 주인이신 예수 그리스도와 그의 통치에 연관되어 있을 때 진정한 인생의 의미가 자연스럽게 드러나게 된다. 따라서 하나님의 자녀들은 살든지 죽든지 항상 주님을 기쁘게 하는 가운데 그에게 속해 있다는 사실을 분명하게 기억하지 않으면 안 된다.

제8장
예수 그리스도의 새로운 피조물

(고후 5:11-21)

1. 하나님 앞에 벌거벗은 채 드러나는 인간들 (11,12)

여호와 하나님은 우리가 경외해야 할 분이시다. 그는 죄인들이 감히 범접할 수조차 없는 거룩한 분이시기 때문이다. 그런 하나님께서 독생자 예수 그리스도를 죄악이 가득한 이땅에 보내신 것은 창세전에 작정하신 언약과 진정한 그의 사랑에 기인한다. 하나님의 사랑은 인간들이 경험한 일반적인 사랑과는 그 성격이 근본적으로 다르다.

오늘날 우리시대에는 하나님을 '사랑의 주님' 으로 인식하면서도 참된 의미를 상실한 채 경거망동하게 대하는 자들이 많다. 그들은 하나님의 사랑을 이야기하지만 실상은 인간의 이성과 경험에 따라 종교적인 감정을 표출하고 있을 따름이다. 성도들은 거룩하신 하나님을 대하면서 마치 인간을 대하듯이 인간적인 구상으로 대해서는 안 된다.

사도 바울은 엄위하신 주님을 잘 알고 있었기 때문에 그에 대한 두려움을 잊어버리지 않도록 권면했다. 그는 자신은 물론 함께 있는 자들이 하나님께 그대로 드러난 상태이며 고린도 교회 성도들에게도 그렇게 된 상태이기를 원한다고 했다. 이 말은 하나님 앞에서는 이 세상의 모든 것이 숨김없이 그대로 드러나야 한다는 사실을 의미한다. 그리고 그에 관련된 진실을 고린도 교회 성도들이 올바르게 깨달아 알기를 원했다.

하나님을 알지 못하는 불신자들은 본질에 대한 무지로 인해 자신의 비밀스런 부끄러운 일들을 누구에게나 숨길 수 있는 것처럼 생각하며 살아간다. 그러다보니 전지전능하신 조물주의 눈길마저도 피할 수 있는 듯이 착각하게 된다. 그들에게는 참 하나님에 대한 기본적인 인식조차 없다. 나아가 어리석은 교인들은 자신의 모습을 정확하게 직시하지 못하기 때문에 자신의 죄악된 본질을 망각한 채 하나님과 교회 앞에서 의롭고 떳떳할 수 있는 것처럼 여기는 것이다.

더러운 죄에 빠진 인간들은 예수 그리스도가 없는 상태에서는 전적으로 부패한 존재일 수밖에 없다. 그 사실을 올바르게 깨달아 알기 위해서는 하나님과 그의 말씀에 온전히 의존해야만 한다. 하나님의 율법은 인간의 모든 죄를 낱낱이 드러내는 역할을 하게 된다. 히브리서 기자는 그에 관한 분명한 교훈을 주고 있다.

> "하나님의 말씀은 살았고 운동력이 있어 좌우에 날선 어떤 검보다도 예리하여 혼과 영과 및 관절과 골수를 찔러 쪼개기까지 하며 또 마음의 생각과 뜻을 감찰하나니 지으신 것이 하나라도 그 앞에 나타나지 않음이 없고 오직 만물이 우리를 상관하시는 자의 눈앞에 벌거벗은 것 같이 드러나느니라"(히 4:12,13)

하나님께서 계시하신 진리의 말씀은 성도들에게 단순한 지식을 전달하는 데 머무르지 않는다. 성경은 지상의 교회들 가운데서 지속적으로 역사하고 있으며 성도들의 마음속에 역동적으로 살아 움직인다. 그 말씀은 강력한 운동력이 있으며 양쪽에 날선 어떤 예리한 칼보다도 더 날카롭다.

따라서 그 말씀의 칼은 인간의 혼과 영과 관절과 골수를 찔러 쪼개기까지 한다. 즉 하나님 앞에서는 인간의 내부에 있는 그 어떤 기관도 숨겨질 수 없다. 나아가 기록된 말씀은 인간들의 마음과 머릿속에 존재하는 생각들을 비롯해 겉으로 드러나지 않는 다양한 사상들조차도 정확하게 분별해 낸다.

그러므로 모든 피조세계와 그 안에 있는 만물들은 거룩하신 하나님 앞에 그대로 드러날 수밖에 없다. 죄악에 물든 우리의 더러운 모습도 마지막 때가 되면 그 앞에서 완전히 발가벗겨지게 된다. 인간들의 모든 것들은 마지막 심판대 앞에 서시게 될 하나님 앞에서 완전히 드러나게 되는 것이다.

그러나 하나님을 경외하지 않는 어리석은 자들은 앞으로 그런 일이 결코 발생하지 않을 것처럼 생각하며 살아가고 있다. 그들은 자신의 인생의 외양外樣을 화려하게 꾸미고 그것을 자랑하는 가운데 교만해져 간다. 하지만 지혜로운 자들은 종말에 임하게 될 하나님의 비밀을 알고 그에 대처하며 살아간다. 따라서 하나님의 자녀들은 주님께서 자신의 더러운 속 모습을 낱낱이 보고 계신다는 사실을 잊지 않는다. 이는 죄에 물들어 둔감하게 된 인간들이 상상조차 할 수 없는 일이다.

피조물인 인간의 특징 가운데 하나는 항상 하나님께 모든 것을 들키고 있는 존재라는 사실이다. 스스로 저지른 더러운 죄악들에 대해 자신만 알고 있는 것처럼 여기며 다른 사람들의 눈을 쉽게 속일 수 있으리라 생각할지 모르지만 감히 전지전능하신 하나님의 눈을 속일 수는 없다. 우리가 그에 대한 사실을 명확하게 깨달아 알고 있다면 거룩하고 전능하신 하나님 앞에서 저절로 낮아지고 겸손해질 수밖에 없다. 이는 다른 인간들 앞에서도 부끄러운 자신의 삶으로 인해 교만하지 않고 겸손하도록 한다.

그런 사실을 잘 알고 있던 바울은 자신을 성도들 앞에 내세우려는 것이 아님을 언급했다. 그 대신 하나님의 말씀을 맡은 사도들의 사역으로 인해 저들에게 자랑할 기회를 주고자 한다고 했다. 바울이 그렇게 말한 것은, 사람들의 진심에는 관심을 기울이지 않은 채 외모를 자랑거리로 삼고 있는 자들에게 부화내동附和雷同하지 말고 정당하게 대응하도록 하기 위해서였다. 인본적인 형식을 내세우는 자들은 하나님께 드러나는 본질적인 내용이 아니라 인간들에게 비쳐지는 외양에만 관심을 가지게 된다. 그렇지만 성숙한 하나님의 자녀들은 결코 그렇지 않다.

2. 오직 하나님을 위한 인생 (13-15)

사도 바울은 하나님과 그의 몸된 교회를 위해 자신의 모든 삶을 바치고 있음을 고백하고 있다. 이는 결코 일반 사람들의 눈에 평범한 모습으로 비쳐지지 않는다. 따라서 그것이 남 보기에 미친 짓으로 비쳐진다 해도 하나님을 위한 것이며, 또한 정신이 온전한 사람처럼 보인다 할지라도 그것은 하나님의 교회를 위한 일이라는 것이었다.

이처럼 하나님의 백성들은 이땅에 살아가면서 자신의 인간적인 목적을 위해 무엇인가 궁극적인 것을 추구하지 않는다. 아직 연약한 인간들이기 때문에 자주 넘어지고 쓰러지기는 하지만 그에 연관된 의미 자체를 잊어서는 안 된다. 바울은 앞서 고린도 교회 성도들을 향해 편지하면서 모든 것을 오직 하나님의 영광을 위해 행하며 교회와 성도들의 유익을 위해 살아가도록 요구했다.

> "그런즉 너희가 먹든지 마시든지 무엇을 하든지 다 하나님의 영광을 위하여 하라 유대인에게나 헬라인에게나 하나님의 교회에나 거치는 자가 되지 말고 나와 같이 모든 일에 모든 사람을 기쁘게 하여 나의 유익을 구치 아니하고 많은 사람의 유익을 구하여 저희로 구원을 얻게 하라"(고전 10:31-33)

올바른 신앙을 소유한 성숙한 성도들은 자기 자신의 욕망을 위한 인생을 살지 않도록 자제하는 마음을 가진다. 그것이 영원하지 않은 일시적인 것에 지나지 않는다는 사실을 잘 알고 있기 때문이다. 그러므로 바울의 말처럼 먹든지 마시든지 무엇을 하든지 오직 하나님의 영광을 위해서 살아가는 것이 성도의 기본 자세이다.

사도 바울이 고린도 교회 성도들에게 유대인에게나 헬라인에게나 교회에나 거치는 자가 되지 말라고 요구한 것은 개인의 종교적인 욕망을 포기하라는 의미를 지니고 있다. 오로지 하나님의 영광을 기억하며 그의 뜻 가운데 살아갈 때 마땅히 복음을 들어야 할 자들에게 하나님의 참된 구원이 선포되는 것이다.

바울은 고린도후서 본문에서 성도들의 그런 삶은 하나님의 진정한 사랑에 기인한다는 사실을 언급했다. 하나님의 아들 예수 그리스도께서 십자가를 지심으로써 자신의 백성을 위해 죽으실 때 그에게 속한 모든 성도들도 그와 더불어 죽게 되었다(고후 5:14).

이는 교회에 속한 성도들은 타락한 세상에 대해 죽었다는 사실을 시사하고 있다. 이 말은 단순히 상징적인 것이 아니라 실제적인 의미를 지니고 있다. 즉 이는 세상에 대한 포기를 요구하는 것으로서 성도들이 세례를 받을 때 그 구체적인 의미가 드러나게 된다. 사도 바울이 쓴 로마서에는 그에 관한 기록이 잘 나타나고 있다.

> "그러므로 우리가 그의 죽으심과 합하여 세례를 받음으로 그와 함께 장사되었나니 이는 아버지의 영광으로 말미암아 그리스도를 죽은 자 가운데서 살리심과 같이 우리로 또한 새 생명 가운데서 행하게 하려 함이니라"(롬 6:4)

바울은 예수 그리스도가 십자가에 달려 돌아가시는 현장에서 그에게 속한 모든 성도들도 그와 함께 죽어 장사되었다는 사실을 밝혔다. 하나님께서는 자신의 영광을 위해 그리스도를 죽은 자 가운데서 다시 살리셨다. 이는 사탄으로 말미암아 훼손된 하나님의 영광을 회복하기 위한 구원사역의 과정으로서 그리스도의 부활을 말해주고 있다. 따라서 하나님의 자녀가 된 우리시대의 성도들 역시 예수 그리스도의 사역으로 인해 하나님의 영광과 더불어 새로운 생명 가운데 거하게 된 것이다.

예수님께서 십자가 사역을 통해 자기 백성들을 죄악 세상의 통치로부터 구원하셨으므로(마 1:21, 참조) 성도들은 더 이상 개인적인 유익을 위해서가 아니라 자기를 위해 대신 죽음을 담당하셨던 그리스도를 위해 살아야만 한다. 만일 그런 삶을 거부한다면 하나님과 예수 그리스도의 은혜를 진정으로 아는 성도라 말할 수 없다. 이는 결코 상징적이거나 형식적인 의미가 아니라 현실의 삶 가운데 구체적으로 드러나야만 한다.

3. 그리스도 안에서 새로운 피조물 (16,17)

사탄의 유혹에 의해 죄에 빠져 타락한 인간들은 항상 세상에서 익힌 자기의 이성과 경험에 따라 모든 것을 가늠하며 판단하고자 한다. 나아가 자신이 추구하고자 하는 욕망에 맞아떨어지는 것들을 지향하는 가운데 주관적인 판단에 의존하게 된다. 그러다보니 다른 사람들을 본질이 아니라 외모로 판단하며 취하게 되는 것이다.

그러나 하나님의 자녀들은 다른 사람들을 외모로 판단하거나 취해서는 안 된다. 이는 단순히 사람의 얼굴을 두고 말하는 것이 아니라 형식적으로 존재하며 드러나는 세상의 모든 형편들을 포함하고 있다. 야고보 선생은 외모를 보고 사람을 취하는 것이 무서운 죄가 된다는 사실을 지적했다.

> "만일 너희가 외모로 사람을 취하면 죄를 짓는 것이니 율법이 너희를 범죄자로 정하리라"(약 2:9)

하나님께 속한 성도들은 세상에서 형성된 주관적인 취향에 따라 함부로 이웃을 평가하려 해서는 안 된다. 모든 인간은 하나님의 말씀에 의해 해석되어야 한다. 이는 하나님의 백성으로서 계시된 말씀에 온전히 순종하는 자세를 소유한 여부를 기준으로 하여 삶이 평가되어야 한다는 것을 의미한다.

아무리 외모가 수려하다 할지라도 인간의 겉치레가 판단의 기준이 되어서는 안 된다. 하나님의 자녀들은 세상에서의 능력과 성공여부에 따라 남을 판단해서는 안 되거니와 그것으로 말미암아 남으로부터 판단받을 필요가 없다. 나아가 일반적인 윤리적 사고와 행동이 참된 인간과 삶의 여부에 대한 평가기준이 되는 것도 아니다.

인간의 삶에 대한 진정한 의미는 오직 하나님의 말씀과 예수 그리스도에 의해 드러나게 될 따름이다. 우리는 항상 그점을 분명히 인식하고 있어야 한다. 그렇지 않고 사람을 외모로 평가하고 취하는 것은 야고보가 말한 것처럼 하나님 앞에서 죄를 짓는 행위가 된다. 인간들의 이성과 경험을 기준으로 하여 다른 사람을 평가하는 자들에 대해서는 하나님께서 율법을 통해 엄중한 심판을 하시게 되는 것이다.

사도 바울은 자기도 그전에는 육체의 판단에 따라 그리스도를 알려고 했다는 사실을 고백하고 있다. 이는 예수님에 대해서도 인간적인 판단에 따라 평가했다는 의미를 포함하고 있는 것으로 보인다. 즉 그리스도에 대한 기대도 그러했지만, 인간의 몸을 입으신 예수님의 나약한 모습이나 겉으로 드러나는 것을 보고 이성과 종교적 경험에 기초한 판단을 했다는 것이다.

그러나 바울은 이제는 더 이상 그렇지 않다는 사실을 동시에 말하고 있다. 영원한 진리를 깨달은 후에는 성경에 기록된 하나님의 약속에 따라 메시아를 알아보게 되었다는 것이다. 따라서 성도들은 인간의 몸을 입고 메시아로 오신 예수님의 모든 사역을 계시된 하나님의 뜻에 의해 알아가야 한다.

하지만 그것은 단순히 인간적인 관심과 노력을 통해 이루어지지 않는다. 성도들은 예수 그리스도 안에 존재할 때 하나님의 은혜로 말미암아 모든 진리들을 깨달아 알게 된다. 이는 인간들이 생각하고 주장하는 것들과는 본질적으로 다르다. 그러므로 그리스도 안에 존재하는 자들은 옛 것을 벗어버리고 새로운 피조물로 변화되는 것이다.

> "그런즉 누구든지 그리스도 안에 있으면 새로운 피조물이라 이전 것은 지나갔으니 보라 새것이 되었도다"(고후 5:17)

예수 그리스도를 통해 새로운 피조물이 되었으면서 옛 상태로 살아가는 것은 지극히 어리석은 행위이다. 하나님의 자녀로서 지위를 회복한 성도들은 이제 천상의 나라를 바라보며 살아가야 한다. 이땅에서의 삶은 궁극적인 가치를 소유하고 있지 않다는 사실을 잘 알고 있기 때문이다.

이땅에 살아가는 모든 성도들은 십자가 위에서 이루어진 예수 그리스도의 죽으심과 함께 이미 역사 가운데 죽어 장사되었다. 따라서 교회와 성도들은 세례를 통해 그것을 확인하고 있다. 즉 예수 그리스도의 십자가 사역으로 인해 하나님의 몸된 교회 가운데서 새 생명을 지닌 피조물로 드러나게 된다. 이는 회복된 하나님의 영광과 직접 연관되는 것이다.

하나님께서 자신의 섭리와 경륜에 따라 예수님을 십자가에 내어주신 것은 사탄으로 말미암아 세상에서 훼손된 자기의 영광을 회복하시기 위해서였다. 따라서 그리스도와 더불어 장사되고 새로운 생명을 얻은 성도들은 하나님의 영광의 대상이 되어야 한다. 그러므로 교회에 속한 하나님의 백성들은 아담으로 인해 죄를 소유하게 되었던 옛 사람과는 다른 새로운 피조물이 된 것이다.

4. 속죄제물과 화목제물이 되신 예수 그리스도 (18-21)

우주 가운데 존재하는 모든 피조물은 하나님으로 말미암아 존재하게 되었다. 하나님께서 홀로 천지만물을 창조하신 조물주인 것이다. 따라서 모든 피조세계는 하나님께 온전히 순종해야만 했다. 더군다나 하나님의 형상을 닮게 창조된 인간이 하나님의 말씀에 인격적으로 순종하는 것은 지극히 당연한 일이다.

그렇지만 사탄의 유혹을 받은 인간은 거룩한 하나님을 배반하고 사악한 사탄의 편에 서게 되었다. 그때 인간은 단독으로 하나님을 떠난 것이 아니라 하나님께서 맡기신 모든 피조세계를 끌어안은 채 멸망으로 빠져들어갔다. 그로 인해 인간을 포함한 모든 피조물은 죄로 오염되어 그것 자체로서는 하나님의 영광의 대상이 될 수 없었다. 이는 인간을 비롯한 만물이 하나님의 심판의 대상이 되었음을 말해주고 있다.

하나님은 본질적으로 사랑을 소유하신 분이다. 그는 창세전에 범죄하기 전의 아담에게 속한 자기자녀들에게 그리스도 안에서 영생을 약속하셨다.[95] 그것은 하나님과 함께 영원토록 살아가는 삶을 의미한다. 그러므로 아담이 범죄했을 때조차도 하나님께서는 인간을 완전히 버리시지 않고 죄 가운데서 구원하실 것을 작정하셨다.

약속에 신실하신 하나님께서는 그 약속을 성취하시기 위해 인간의 몸을 입은 예수 그리스도를 이땅에 보내 인간을 위한 속죄제물과 하나님 자신을 위한 화목제물로 삼으시게 되었다. 그것을 통해 하나님의 자녀들은 죄로부터 벗어나 의롭다함을 받게 되어 하나님과의 관계를 회복하게 된 것이다. 사도 바울은 로마에 있는 교회에 보내는 편지에서도 그점을 설명하고 있다.

> "이 예수를 하나님이 그의 피로 인하여 믿음으로 말미암는 화목 제물로 세우셨으니 이는 하나님께서 길이 참으시는 중에 전에 지은 죄를 간과하심으로 자기의 의로우심을 나타내려 하심이니 곧 이 때에 자기의

---

95) "곧 창세전에 그리스도 안에서 우리를 택하사 우리로 사랑 안에서 그 앞에 거룩하고 흠이 없게 하시려고 그 기쁘신 뜻대로 우리를 예정하사 예수 그리스도로 말미암아 자기의 아들들이 되게 하셨으니 이는 그의 사랑하시는 자 안에서 우리에게 거저 주시는바 그의 은혜의 영광을 찬미하게 하려는 것이라"(엡 1:4-6)

> 의로우심을 나타내사 자기도 의로우시며 또한 예수 믿는 자를 의롭다 하려 하심이니라"(롬 3:25,26)

하나님께서 죄에 빠진 자기 자녀들을 구원하시기 위해 사랑하는 독생자를 이 세상에 보내신 사건은 인간으로서는 상상조차 할 수 없는 최상의 사랑을 보여주고 있는 것이다. 그가 사악한 인간들에 의해 십자가에 못박혀 죽음으로써 아담이 범한 죄의 문제를 완전히 해결하셨다. 즉 타락한 인간이 죽어야 할 자리에서 무죄한 예수님께서 대신 죽으셨기 때문에 더 이상 인간이 죽지 않아도 되었다.

그러므로 하나님께서는 자기 자녀들이 사탄의 유혹에 빠져 죄에 가담했었지만 저들의 죄를 간과하시고 의로운 자로 인정하시게 되었다. 그것으로 말미암아 하나님의 자녀들은 죄 때문에 다시 죽을 필요가 없게 되었다. 예수 그리스도께서 피로 값주고 사신 교회에 속한 성도들은 새로운 생명을 얻게 된 것이다.

그런데 하나님께서는 그 일의 완성을 위해 사도들을 비롯한 교회의 직분자들에게 '화목하게 하는 직책'을 주셨다(고후 5:18). 이는 지상의 교회가 소유하게 된 특별한 역할에 관한 의미를 지니고 있다. 이 말은 하나님께서 계시된 말씀을 저들에게 위임하신 것으로서 복음선포 사역과 밀접하게 연관되는 것이다.

우리는 여기서 하나님의 특별한 책무를 맡은 지상교회의 사명을 떠올리게 된다. 하나님께서 지상에 존재하는 교회에 자신의 거룩한 사역을 맡기셨다는 사실은 자기 백성들에게 깊은 신뢰를 가지고 있음을 의미한다. 이는 예수 그리스도의 십자가 사역으로 말미암아 회복된 관계로 인한 것이다. 따라서 교회와 그에 속한 성도들은 경외감을 가지고 하나님께서 요구하신 그 놀라운 책무에 참여해야 한다.

처음 사람 아담은 하나님의 특별한 위임과 부탁에도 불구하고 사탄의 유혹에 빠져 하나님을 배반하고 말았다. 그것으로 말미암아 아담의 후손인 모든 인간들이 무서운 죄의 굴레에 빠지게 되었다. 하나님의 명령에 불순종한 결과가 그만큼 무서웠던 것이다.

모든 피조세계에 대한 관리를 아담에게 맡기셨던 하나님께서는 이제 교회에 세워진 직분자들에게 '화해의 말씀'(the word of reconciliation)을 맡기셨다. 이는 하나님의 말씀을 세상 가운데서 올바르게 드러내고 선포해야 하는 임무를 의미한다. 만일 지상의 교회가 하나님께서 맡기신 임무를 태만히 하거나 거부한다면 그것은 하나님께 불순종하는 것이 된다. 그런 오만한 태도는 하나님의 말씀을 어기는 배도의 길에 들어서는 것과 마찬가지다.

하나님께서는 화목하게 하는 그 일을 이루시기 위해 항상 그리스도와 그의 몸된 교회 가운데 계신다. 세상에 있는 자기 자녀들의 모든 죄를 용서하고 구원함으로써 진정한 화목을 이루고자 하셨다. 하나님은 교회와 직분자들을 통해 창세전에 택한 자기 백성들을 불러 구원하시므로 저들에게 죄를 묻지 않고자 하셨던 것이다.

그러므로 사도들과 직분자들은 예수 그리스도께서 행하신 대로 하나님의 사신使臣이 되어 택하신 백성들에게 나아가게 된다. 그들은 하나님과 화목할 수 있도록 계시된 말씀으로 저들을 권면하며 예수 그리스도의 이름으로 저들에게 간청한다.

하나님께서 아무런 죄가 없으신 예수님으로 하여금 십자가 위에서 죄책罪責을 대신 감당하게 하신 것은 순전히 자기 백성들을 위한 것이었다. 그것을 통해 죄에 빠진 인간들에게 하나님의 의가 전가될 수 있었다. 교회에 속한 우리는 은혜로 허락된 그 의로움으로 인해 지상에서 성도의 삶을 살며 영원한 천국을 바라볼 수 있게 된 것이다.

제9장
말세에 존재하는 하나님의 교회

(고후 6:1-18)

1. '하나님의 은혜 받을 때'와 '구원의 날' (1,2)

바울은 자신을 '하나님과 함께 일하는 자'로 소개하고 있다. 이는 사도적 언어이다. 즉 이 말은 아무나 함부로 사용할 수 있는 용어가 아니다. 사도들은 하나님의 말씀을 완벽하게 교회에 전달하는 자들이다. 그러므로 오늘날 우리 역시 사도들의 말을 절대적인 교훈으로 받아들이고 있다.[96]

사도 바울은 그런 입장에서 고린도 교회를 향해 특별한 권면을 했다. 그것은 하나님의 은혜를 헛되게 받지 말라는 것이었다. 이 말 가운데는 고린도 지역에 하나님의 은혜를 헛되게 받은 자들이 다수 있었다는 의미를 시사하고 있다. 이는 하나님의 은혜가 아닌 것을 마치 은혜인 양

---

96) 우리시대에는 감히 하나님을 자신의 동역자라 말할 수 있는 자가 없다. 물론 오늘날 교회를 섬기는 사역자들 역시 하나님의 편에서 일하며 그의 계명에 순종하고 있지만 완벽한 자들이 아니다. 사도들은 예수님에 의해 직접 세움을 받았지만 신약시대의 목사, 장로, 집사 등 직분자들은 지상 교회에 의해 선출된 자들이다. 따라서 사도시대 이후의 직분자들은 하나님의 일에 참여하되 늘 온전치 못한 죄인들로서 말씀을 통해 겸손하게 하나님과 그의 몸된 교회를 섬길 따름이다.

착각하고 있는 자들의 사고를 지칭하는 말이기도 하다.

하나님께서는 자기 자녀들에게 놀라운 은혜를 베푸시는 분이다. 그러나 타락한 인간들은 하나님의 은혜를 올바르게 누리지 못하고 자신의 목적에 따라 변형하여 적용하려는 경향이 있다. 따라서 성숙한 성도들은 타락한 인간들의 속성을 제대로 깨달아 하나님의 은혜를 올바르게 받아 적용하고자 노력해야 한다.

구약성경에는 그에 관련된 예언이 나타나고 있다. 하나님께서는 이 세상에 메시아를 보내 사탄의 세력에 의해 멸시를 당하고 억눌려 살던 이스라엘 백성을 일으켜 세우고자 하셨다. 성경에는 그 백성 가운데 오시는 메시아가 이방의 빛이 되어 땅끝까지 이르러 하나님의 구원을 베풀게 되리라는 사실이 예언되었다(사 49:6,7). 사도 바울은 고린도 교회에 편지하면서 그 내용을 다시금 인용하고 있다.

> "여호와께서 또 가라사대 은혜의 때에 내가 네게 응답하였고 구원의 날에 내가 너를 도왔도다 내가 장차 너를 보호하여 너로 백성의 언약을 삼으며 나라를 일으켜 그들로 그 황무하였던 땅을 기업으로 상속케 하리라"(사 49:8)

이사야 선지자는 이 말씀 가운데서 은혜의 때에 이스라엘 백성들 가운데서 역사하신 하나님의 모습을 드러내 확증하고 있다. 하나님께서 때에 따라 이스라엘의 부르짖음에 응답하고 그들을 도와 구원하셨다는 것이다. 하나님은 그것을 통해 장래 이땅에 메시아를 보내 하나님의 자녀들에게 허락된 언약을 성취하며 영원한 나라를 일으켜 세우시겠다는 것이었다. 그렇게 함으로써 하나님의 백성들이 약속의 땅을 기업으로 받아 상속하게 된다.

사도 바울은 이사야서를 통해 예언된 말씀을 인용하며 지금이 곧 그 언약이 이루어지고 있는 때라는 사실을 밝혔다. 이는 예수 그리스도께서 이 세상에 오셔서 십자가 사역을 이룩하셨으므로 하나님의 은혜를 받을 때가 되었다는 의미이다.

그래서 그는 '지금은 구원의 날' 이라는 사실을 선포하고 있다(고후 6:2). 그 은혜의 때를 알고 하나님의 구원을 받아들이는 자들이 진정으로 복된 자들이다. 하나님께서는 이 일을 위해 이스라엘 백성들 가운데 구원을 약속해 오셨던 것이다.

2. 하나님의 일군으로서의 직책 (3-10)

사도들은 하나님으로부터 특별한 직책을 부여받은 자들이다. 나아가 하나님의 교회에 속한 모든 성도들은 하나님을 섬기기 위한 나름대로의 직책을 부여받고 있다. 바울은 자신이 받은 그 직책이 훼방을 받지 않게 하려 한다는 사실을 말하면서 그동안 하나님의 복음사역을 감당하기 위해 아무에게도 거리낌이 없이 일하고자 했다는 사실을 언급했다. 바울은 자신뿐 아니라 함께 사역하는 형제들 역시 하나님의 복음을 위해 모든 것을 참고 견디는 일군으로 추천하고자 했다.

하나님을 섬기는 일군들은 이 세상에서 심한 환란과 핍박을 견뎌내야만 한다. 그들은 대적하는 자들로부터 매를 맞기도 했으며 감옥에 갇혀 고통을 겪는 경우도 있었다. 나아가 항상 수고하지 않으면 안 되었으며 풍족하게 먹고 살아가는 편안한 생활을 자유롭게 유지할 수 있는 처지가 되지 못했다.

그런 가운데서도 하나님의 일군들은 저들이 처한 열악한 형편에 대해 불평하지 않았으며 육신적인 유익을 얻고자 세상의 악한 것들과 타협하지 않았다. 그들은 순결함과 참된 지식을 소유하고 있었으며 오래 참음과 친절함과 거짓 없는 사랑과 진리의 말씀과 하나님의 능력을 가지고 일했다. 그들은 또한 오른손과 왼손에 의의 무기들을 들고 영광과 모욕, 비난과 칭찬을 동시에 겪으며 하나님을 섬겼다.

하나님의 사역자들은 항상 의의 병기를 지니고 있으면서 하나님을 대적하는 사악한 세력에 맞서 싸우기를 주저하지 않았다. 그런 삶으로 말미암아 때로 영광스럽고 아름다운 이름을 얻기도 했지만 악한 자들로부터 비난의 소리를 듣고 심한 모욕을 당하기도 했다. 이는 성도들이 타락한 세상에 살아가면서 온전한 신앙자세를 가지고 행하는 것이 결코 쉽지 않다는 사실을 말해주고 있는 것이다.

그러므로 하나님을 섬기는 일군들은 복음을 모르는 자들이 보기에 속이는 것같이 보이기도 하지만 성도들에게는 진실하며 또 그들은 무명한 것 같으나 유명한 자들이며 죽은 자 같으나 살아있는 자들이다. 또한 그들은 무서운 징벌을 받는 자처럼 힘든 상황에 있으나 결코 죽임을 당하지 않으며 근심에 놓인 것 같으나 항상 기뻐한다. 그리고 가난한 사람처럼 보이지만 실상은 많은 사람들로 하여금 부요하게 한다. 나아가 아무것도 없는 것처럼 보이지만 모든 것을 소유한 자들이다.

혼탁의 극치를 달리고 있는 우리시대에 살아가는 하나님의 백성들은 이에 대한 분명한 깨달음을 가져야만 한다. 지상의 교회와 그에 속한 성도들은 타락한 세상에서 결코 세상적인 복락을 추구하거나 그것을 마음대로 누리는 자들이 될 수 없다. 신앙이 어린 자들 가운데는 하나님을 잘 믿으면 이 세상에서 커다란 축복을 받을 것으로 생각하지만 그것은 사실이 아니다.

도리어 성실한 하나님의 백성들은 참된 신앙으로 인해 더욱 극심한 환난과 고통을 당하게 된다. 그렇지만 그런 어려운 형편 가운데서도 천상에서 허락되는 기쁨으로 인해 감사하는 삶을 살아가게 된다. 그것은 이 세상에서 제공된 복락을 누리는 것과는 본질적으로 다른 의미를 지닌다.

다시 말해 교회와 성도들이 하나님을 온전히 섬김으로써 얻게 되는 축복은 세상 사람들이 생각하는 것과는 전혀 다르다. 그것은 일반 사람들이 보기에 전혀 축복으로 보이지 않으며 도리어 어리석은 행위로 보일 수 있다. 그렇지만 하나님의 자녀들은 천국으로부터 허락된 그 놀라운 비밀을 깨달아 알고 있다. 사도 바울은 자신의 삶을 예로 들면서 지상에 살아가고 있는 성도들의 삶에 관한 의미를 설명하고자 했던 것이다.

3. 교회와 성도들의 심령 (11-13)

바울은 고린도 교회를 향해 저들은 이미 입술을 열어 모든 것을 숨김없이 다 말했다는 사실을 언급했다. 그리고 성도들을 진심으로 받아들이기 위해 저들의 마음문을 활짝 열어놓고 있다는 사실을 말했다. 이는 바울이 아직 나약함 가운데 처해 있는 고린도 교회 성도들을 격려하고 있는 것이다.

그에 반해 고린도 교회 성도들 중에는 아직까지 바울을 비롯해 그와 함께하는 자들에게 마음문을 열지 않고 있는 자들이 다수 있었던 것 같다. 그러므로 바울과 함께하는 성도들이 저들에게 마음문을 닫아놓고 있는 것이 아니라 오히려 저들이 마음문을 열지 않고 있다는 사실을 지적했다.

바울은 마음문을 열지 못하고 있는 고린도 교회의 성도들을 향해 저들을 자신의 친자식처럼 생각하고 간청한다는 말을 하고 있다. 그것은 바울이 저들에게 마음문을 활짝 열었듯이 저들의 마음문도 열어달라고 요청하는 것이었다. 진정한 신뢰와 믿음이 없는 상태에서는 결코 올바른 교제를 나눌 수 없기 때문이었다.

교회에 속한 하나님의 자녀들이 서로간에 마음문을 활짝 여는 것은 매우 중요한 일이다. 이기적인 교인들 가운데는 자신의 마음문을 적절히 닫아 잠그고 있으면서 다른 사람들의 열린 마음을 바라는 경우가 종종 있다. 때로는 자신의 감성을 충족시키기 위해 상대방에게 그것을 은

근히 강요하기도 한다.

그런데 조심스러운 것은 실제로 자신의 마음문을 온전히 열지 않으면서도 자기는 마음문을 열고 있다고 착각하는 경우가 있다는 사실이다. 그런 일은 주로 감성에 의존할 때 발생하는 문제이다. 그런 자들은 자신의 기분여하에 따라 마음문을 여닫기를 되풀이하게 된다. 그러나 하나님의 말씀에 따라 진정으로 마음문을 열게 되면 쉽게 닫혀지지 않는다.

따라서 성도들의 마음문은 하나님의 말씀과 더불어 항상 열려 있어야 하며 그것은 이성과 경험을 배경으로 하는 개인적인 판단과 주장을 보류하는 역할을 하게 된다. 따라서 신앙이 성장해감에 따라 마음문을 열고 다른 성도들을 진심으로 받아들이는 성숙한 신앙 자세가 필요하다.

4. 거룩한 하나님의 성전 (14-16)

예수 그리스도의 십자가 사역을 통해 피로 값주고 사신 교회는 하나님께서 거하시는 거룩한 성전이다. 교회에 속한 모든 성도들은 십자가에 달리셨던 예수 그리스도께 연결되어 그 안에 존재하게 된다. 하지만 교회는 오염된 세상 가운데 있으므로 모든 성도들은 정신을 바짝 차려 세상에 물들지 않도록 애써야 한다.

따라서 하나님의 몸된 교회와 그에 속한 성도들은 하나님께서 요구하시는 성결을 유지하기 위해 항상 자신을 주의 깊게 살피지 않으면 안 된다. 이는 하나님의 백성들은 아담의 타락한 상태를 그대로 유지하고 있는 보통 사람들과 오염된 세상으로부터 구별되어야 함을 의미하고 있다.

그러므로 사도 바울은 사탄의 세력과 그 통치 아래 있는 인간존재에 대한 분명한 깨달음을 가지도록 요구했다. 그는 교회에 속한 성도들은 믿지 않는 자와 멍에를 같이하지 말아야 한다는 사실을 강조했다. 하나님의 거룩한 백성들이 죄를 주도하는 어두움의 세력과 소통할 수 없으며 구별되어야 한다는 것이었다.

> "너희는 믿지 않는 자와 멍에를 같이 하지 말라 의와 불법이 어찌 함께 하며 빛과 어두움이 어찌 사귀며 그리스도와 벨리알이 어찌 조화되며 믿는 자와 믿지 않는 자가 어찌 상관하며 하나님의 성전과 우상이 어찌 일치가 되리요 우리는 살아 계신 하나님의 성전이라 이와 같이 하나님께서 가라사대 '내가 저희 가운데 거하며 두루 행하여 나는 저희 하나님이 되고 저희는 나의 백성이 되리라' 하셨느니라"(고후 6:14-16)

하나님의 거룩한 속성을 회복하여 그의 자녀가 된 성도들이 더러운 세상과 구별되어 성결한 삶을 유지하는 것은 지극히 당연한 일이다. 사도 바울은 모세가 기록한 레위기 26장 12절을 인용하며 그에 대한 분명한 증거를 하고 있다. 하나님께서는 자기 백성들 가운데 거하시며 작정하신 사역을 이루어 가신다. 그것을 통해 하나님과 성도들 사이에 왕과 백성의 관계가 확정되어 가는 것이다,

하나님의 백성들은 죄에 빠진 일반 인간들에게서는 찾아볼 수 없는 속성을 지니고 있으며, 거룩한 하나님께서는 택하신 자녀들 가운데 거하신다. 따라서 지상의 교회와 성도들은 여호와 하나님께서 거하시는 거룩한 성전이므로 죄로 인해 오염된 세상과 확연히 구별되어야 한다. 이는 교회와 세상은 본질적으로 분리되어야 하는 영역이라는 사실을 의미하고 있다. 즉 교회와 그에 속한 성도들은 세상의 것들로부터 상이한 속성을 지니고 있으므로 서로간 조화될 수 없는 것이다.

우리는 구약성경에 기록된 노아홍수 이전의 상황을 통해 그에 관한 중요한 교훈을 얻을 수 있다. 당시의 하나님의 자녀들은 겉보기에 그럴듯한 세상의 인간들을 부러워하며 저들과 화합하고 뒤섞이기를 좋아했다. 그들은 하나님의 것만으로는 만족하지 못하고 저들의 삶 가운데 세상의 것들을 끌어들여왔던 것이다.

그런 삶이 저들에게 일시적인 만족과 즐거움을 가져다주었을 것이 틀림없다. 그러나 그것은 하나님 보시기에는 결코 용납할 수 없는 역겨운 일이었다. 그러므로 대홍수 이전의 사람들의 세상에 대한 탐욕과 수용이 하나님의 무서운 심판을 자초하게 되었다.

> "사람이 땅위에 번성하기 시작할 때에 그들에게서 딸들이 나니 하나님의 아들들이 사람의 딸들의 아름다움을 보고 자기들의 좋아하는 모든 자로 아내를 삼는지라 ... 하나님이 보신즉 땅이 패괴하였으니 이는 땅에서 모든 혈육 있는 자의 행위가 패괴함이었더라"(창 6:1,2,12)

하나님을 따르는 자들이 세상에 대한 탐심을 가지는 것은 하나님께 저항하는 행위가 된다. 타락한 세상에는 궁극적인 부러움의 대상이 없으며 하나님의 자녀로서 세상의 것을 부러워할 하등의 이유가 없다. 세상의 관점에서 보아 그것이 설령 아름답고 우아하게 보인다 할지라도 그것은 죄 가운데 발생한 것 이상이 아니기 때문이다.

그럼에도 불구하고 어리석은 자들은 세상의 것을 부러워하여 그들과 짝하기를 좋아한다. 하지만 그 결과는 하나님의 자녀들을 세속화하게 되고 오염시키게 될 따름이다. 노아홍수 이전의 사람들도 그렇게 함으로써 타락한 세상에 빠지게 되어 결국은 하나님의 진노를 불러일으키게 되었다.

하나님께서는 출애굽한 이스라엘 백성들이 약속의 땅 가나안에 들어가기 전 시내광야에서도 그에 대한 분명한 명령을 하셨다. 이방인들의 어떠한 것도 수용하지 말라는 것이었다. 나아가 이스라엘 백성들로 하여금 그들과 좋은 관계를 유지하려는 태도를 버리라는 요구를 하고 있다.

> "너는 스스로 삼가 네가 들어가는 땅의 거민과 언약을 세우지 말라 그들이 너희 중에 올무가 될까 하노라 너희는 도리어 그들의 단들을 헐

> 고 그들의 주상을 깨뜨리고 그들의 아세라 상을 찍을찌어다 너는 다른 신에게 절하지 말라 여호와는 질투라 이름하는 질투의 하나님임이니라 너는 삼가 그 땅의 거민과 언약을 세우지 말찌니 이는 그들이 모든 신을 음란히 섬기며 그 신들에게 희생을 드리고 너를 청하면 네가 그 희생을 먹을까 함이며 또 네가 그들의 딸들로 네 아들들의 아내를 삼음으로 그들의 딸들이 그 신들을 음란히 섬기며 네 아들로 그들의 신들을 음란히 섬기게 할까 함이니라"(출 34:12-16)

하나님께서는 모세를 통해 자기 자녀들이 타락한 세상과 다시금 화합하기를 원하시지 않는다는 사실을 밝히셨다. 가나안 땅에 들어가는 이스라엘 백성들은 그곳에 있는 이방인들과 좋은 관계를 유지하는 것이 아니라 대적관계에 놓이게 되었던 것이다.

성경은 이 말씀을 통해 가나안 땅에 살고 있던 이방인들이 이스라엘 민족을 향해 타협과 화해의 몸짓을 해오리라는 사실을 시사하고 있다. 그러나 하나님의 백성들은 그것을 단호하게 거부할 수 있어야만 했다. 그들과 좋은 관계를 유지한다는 것은 결국 그들의 세속적인 가치관을 수용하도록 하게 될 따름이다.

그렇게 되면 하나님과 그를 섬기는 일에 있어서도 세속화하는 오류에 빠져들게 된다. 즉 그들은 이방인들의 생활양식을 보며 새롭고 참신한 방식으로 착각하여 그것을 저들의 신앙에 받아들일 위험성이 있다. 그러므로 하나님께서는 저들과 아무런 언약도 맺지 말고 도리어 저들이 섬기는 모든 것들을 파괴하라는 명령을 하셨던 것이다.

여호와 하나님은 질투하는 하나님이시다, 이 말은 모든 것이 하나님의 영광을 위해 존재한다는 배타적 의미를 보여주고 있다. 하나님의 백성이라 주장하면서 그의 말씀에 온전히 순종하지 않고 세상의 것들을 기웃거리며 저들의 방법을 동원하기를 시도한다면 결국 그것들이 올무가 되어 쓰러지게 될 것이다.

5. 하나님의 약속과 성별 (17,18)

하나님께서는 자기 자녀들로 하여금 세상의 부정한 것들을 가까이 하지 못하도록 금지하셨다. 참된 성도들은 약속에 따라 하나님의 자녀가 된 자들이다. 그들은 예수 그리스도의 보혈로 성결하게 됨으로써 하나님의 자녀의 자리에 앉게 되었으며 하나님은 저들의 아버지가 되셨다. 하나님의 이 약속은 항상 교회 가운데 보증으로 남아 있다. 이는 물론 예수님의 십자가 사역을 통해서 이루어지게 된 것이다.

하나님께서 피로 값주고 사신 교회는 십자가에 달려 죽었다가 부활승천하신 예수 그리스도의 거룩한 몸에 속해 있다. 그리스도의 십자가 사역과 상관이 없는 교회라면 형식적인 이름과는 달리 진정한 교회가 될 수 없다. 십자가를 멀리한 채 입술로 하나님을 되풀이 해 부른다고 해서 진정한 교회가 될 수 있는 것은 아니다. 성도들이 십자가에서 흘리신 예수 그리스도의 거룩한 피로써 정결하게 될 때 비로소 참된 교회가 될 수 있다.

그럼에도 불구하고 우리시대의 많은 교회들은 주님의 거룩한 피를 멀리하고 세속주의를 추구함으로써 극도로 혼탁한 상태가 되어 버렸다. 그중에는 교회와 세상 사이에 막힌 담을 허무는 것이 마치 지상교회의 과업이라도 되는 듯 생각하는 자들이 득세하고 있다. 그들은 세상에 대해 관용하고 타협함으로써 모든 것을 수용하는 것을 교회가 행해야 할 덕목인 양 생각하고 있는 것이다.

그렇지만 그것은 하나님을 진정으로 위하는 것이 아니라 도리어 교회를 어지럽히는 행위이다. 그런 자들은 하나님의 이름을 핑계대고 예수님의 이름을 내세워 교회라는 이름으로 활동하고 있지만 그들은 참된 하나님을 섬기는 것이 아니라 인간들의 목적을 추구하는 인본주의적 종교행위를 벗어나지 못하고 있다.

그렇게 되면 하나님을 섬기는 것이 마치 종교적 취미활동을 하는 것처럼 인식되기 십상이다. 그것은 일상적인 삶의 모든 영역에서 그 의미가 드러나게 된다. 우리는 여기서 21세기의 첨단 과학문명 시대에 살아가는 성도로서 현실적인 문제들을 고려해 볼 필요가 있다. 거룩한 하나님께 속한 성도들은 타락한 세상에서 발생하는 다양한 일들에 대해 어느 정도의 즐거움을 누릴 수 있을 것인가?

우리는 흔히 '가치중립'(adiaphora)이라는 용어를 사용한다. 그것은 어떤 사실이나 행동에 대해 좋고 나쁨의 구분이 되는 것이 아니라 단순한 드러남 이상이 아니라는 것이다. 그러므로 그것을 받아들여 행한다고 해서 잘하는 것이 아니며 그렇게 하지 않는다고 해서 잘못하는 것도 아니라는 것이다. 그중에 항상 우리 주변을 떠나지 않고 있는 것이, 현대인들이 푹 빠져있는 예술과 스포츠, 영상문화 등이다.

많은 사람들이 그런 것들을 보며 심취하여 열광할 때 하나님을 경외하는 성도들은 과연 어떤 자세를 취해야 할까? 분명한 점은 그에 대한 판단을 인간들의 다양한 형편에 예속시키려 해서는 안 된다는 사실이다. 즉 주변의 모든 사람들이 그것을 환호하며 열광한다고 해도 우리는 그렇게 따라할 필요가 없다.

중요한 것은 하나님의 입장에 서서 모든 문제들을 바라볼 수 있는 안목이다. 물론 그것은 성경에 계시된 하나님의 말씀을 통하지 않으면 안 된다. 그에 대한 올바른 입장을 소유한다는 것은 결코 쉽지 않은 일이지만 우리는 성경의 교훈을 좇아 그에 대한 분명한 자세를 가지도록 해야 한다.

예를 들어 우리시대에는 각종 스포츠가 우상화되어 있을 만큼 열광적인 분위기를 연출하고 있다. 스포츠 경기에 있어서 우리나라가 매우 좋은 성적을 거두었을 때 우리는 그것을 여유롭게 보는 가운데 객관적인 관심에 참여할 수 있다. 그러나 성도들은 필요이상으로 그에 심취하거나 열광해서는 안 된다.

이는 경계를 짓기에 매우 애매모호한 면이 있으나 원리적으로는 그렇다. 좀 더 구체적인 예를 들어, 한국이 올림픽 경기나 월드컵 축구경기에서 우승을 했다고 치자. 그것을 보는 성도들은 한국의 스포츠 실력이 상당히 향상되었다는 객관성 있는 정도의 생각을 하면 된다. 그러나 교회와 그에 속한 성도들이 그것으로 인해 지나친 만족과 자부심 혹은 즐거움에 취해서는 곤란하다.[97] 이에 대해서는 운동경기에서 형편없는 성적을 냈을 때도 그와 동일한 자세를 가져야 한다.

우리는 하나님께서 대한민국이 올림픽 경기나 월드컵 축구경기에서 우승한 것을 기뻐하실 것인가 하는 점을 냉철하게 생각해보아야 한다. 만일 하나님께서 그것을 크게 기뻐하신다면 우리도 그에 동참해야 한다. 그러나 그렇지 않은 일을 두고 지나치게 환호할 이유가 없다. 자칫 잘못하면 하나님께서 염려하시는 일을 두고 우리가 오히려 기뻐할 우려가 있다.

하나님께서 기뻐하시는 일에는 우리도 기뻐해야 하며 하나님께서 무관심하게 여기는 일에 대해서는 우리도 무관심할 수 있어야 한다. 이는 하나님께서 싫어하시는 일에 대해서는 우리도 싫어할 수 있어야 한다는 사실을 의미하고 있다. 그렇게 하기 위해서는 이 세상에서 일어나는 일들 가운데 하나님께서 무엇에 관심을 가지고 기뻐하시는지 혹은 무엇에 대해 염려하시며 분노하시는지 말씀의 교훈을 좇아 사고할 수 있는 능력을 갖추어야만 한다. 교회에 속한 성도들은 항상 거룩한 하나님이 저들의 아버지라는 사실과 저들이 그의 신실한 자녀라는 사실을 기억하지 않으면 안 된다.

---

97) 한국 사람들이 운동경기의 우승을 보고 열광하고 있을 때 그에 패배한 사람들은 어떤 마음을 가지고 있을까? 경기란 어차피 자기에게 속한 팀이 최종적인 승리를 거두게 될 때 열광하는 것 아니냐고 하는 것은 성숙한 성도들이 가질 자세가 아니다.

제10장
하나님의 약속과 순결한 교회

(고후 7:1-8)

1. 하나님의 약속과 교회 (1)

하나님은 약속에 신실하신 분이시다. 교회에 주어진 가장 소중한 약속들 가운데 하나는 하나님과 그의 백성 사이에 아버지와 아들의 관계가 성립된다는 것이다(고전 6:18). 지상의 교회는 바로 그 약속을 소유한 매우 특별한 공동체이다. 하나님께서 허락하신 그 약속은 타락한 세상의 속성에 연유한 것이 아니라 오직 거룩한 하나님으로 말미암는다. 그러므로 하나님의 자녀들은 그 약속을 소유한 자로서 이 세상에 살아가고 있다.

교회에 속한 성도들은 결코 하나님의 그 약속을 경솔하게 취급하지 않으며 가볍게 생각해서도 안 된다. 지상의 모든 참된 성도들은 아버지 되시는 여호와 하나님에 대해 진정으로 경외하는 마음을 가져야 한다. 그런 온전한 자세를 가짐으로써 전능하신 하나님을 섬기며 그 앞에서 진정으로 낮아질 수 있는 것이다.

하나님께서는 자기 자녀들이 거룩하게 되어 성결한 삶을 살도록 요구하고 계신다. 이는 하나님 자신이 거룩하시므로 그의 자녀가 된 자들 역시 거룩해야 하기 때문이다. 그렇게 되기 위해서는 먼저 타락한 아담에게 속한 인간이 얼마나 더럽고 악한 존재인가 하는 사실을 깨달아야 한다. 하나님을 알게 된 자들은 거룩한 하나님 앞에 서 있는 자신의 불결함을 깨닫지 않을 수 없는 것이다.

사도 베드로는 바울과 마찬가지로 이와 연관하여 하나님께서 거룩하므로 성도들의 모든 행실이 거룩해야 한다는 사실을 강조했다. 그것은 예수 그리스도로 말미암아 소유하게 된 칭의(justification)와 더불어 성도들의 현실적인 삶을 포함하고 있다. 이는 구약성경에 기록된 모세의 율법을 근거로 한 말씀이다.

> "오직 너희를 부르신 거룩한 자처럼 너희도 모든 행실에 거룩한 자가 되라 기록하였으되 내가 거룩하니 너희도 거룩할찌어다 하셨느니라"(벧전 1:15,16);
>
> "나는 여호와 너희 하나님이라 내가 거룩하니 너희도 몸을 구별하여 거룩하게 하고 땅에 기는바 기어다니는 것으로 인하여 스스로 더럽히지 말라 나는 너희의 하나님이 되려고 너희를 애굽 땅에서 인도하여 낸 여호와라 내가 거룩하니 너희도 거룩할찌어다"(레 11:44,45)

하나님께서는 애굽에서 이방생활을 하며 더러운 세속에 물들어 있던 이스라엘 백성들에게 이제 출애굽했으니 저들의 몸을 구별하여 더럽히지 말도록 명하셨다. 여호와께서 그들을 애굽 땅에서 인도해 내신 것은 스스로 저들의 하나님이 되시고자 함이었다. 홍해바다를 통해 새로운 생명을 공급받은 이스라엘 백성들은 더 이상 세상에 있는 것들로 말미암아 더러워져서는 안 되는 성별된 자들이었던 것이다.

사도 베드로는 구약성경에 기록된 모세의 율법을 인용하며 교회에 속한 성도들이 거룩해지도록 요구하고 있다. 베드로전서에서 언급된 위 본문의 내용은 칭의(justification)와는 다른 의미를 지닌다. 즉 하나님께서 예수 그리스도를 통해 자기 자녀들을 의롭게 보시는 것은 상태적인 의미를 말해준다. 그러나 성도들의 모든 행실이 거룩해져야 하는 것(벧전 1:16)은 의롭게 된 자들로부터 거룩한 삶이 드러나야 함을 의미하고 있다. 그러므로 성도들이 모인 교회 공동체 역시 의롭게 된 상태에서 하나님의 의로운 성품을 드러내야 하는 것이다.

사도 바울이 고린도 교회를 향해 그런 거룩한 성품을 드러내도록 요구한 것은 오늘날 우리에게 있어서도 마찬가지다. 하나님께서 피로 값 주고 사신 교회에 속한 성도들은 하나님의 은혜로 말미암아 의롭게 되었을 뿐 아니라 거룩한 모습을 드러낼 수 있어야 한다. 그렇게 하기 위해서는 세상에서 형성된 육신과 영적인 부분의 모든 더러운 것들로부터 자신을 깨끗하게 하지 않으면 안 된다.

이는 물론 인간들의 종교적인 노력에 의해 그렇게 될 수 있는 것이 아니라 거룩하신 하나님의 아들 예수 그리스도 안에 존재함으로써 거룩해질 수 있다. 그와 더불어 하나님의 성령께서 저들 가운데 역사함으로써 거룩함을 이루어가게 된다. 따라서 예수 그리스도 안에 존재하는 성도라면 육과 영의 온갖 더러운 것으로부터 자신을 지켜 정결하게 하도록 힘써야 한다.

그러므로 하나님의 자녀가 된 성도들은 이 세상의 원리를 좇아 아무렇게나 살아갈 수 없다. 그리스도의 보혈로써 구별된 백성들은 항상 경건한 몸과 마음가짐으로 거룩한 삶을 살기 위해 애쓰지 않으면 안 된다. 지상의 교회는 그런 성도들이 모여 하나님을 경배하며 섬기는 구별된 공동체를 이루고 있는 것이다.

2. 사도들을 영접해야 할 교회의 본질 (2-4)

바울을 비롯해 예수 그리스도의 종이 된 사도들은 하나님께서 요구하시는 거룩한 삶을 살기 위해 세상의 모든 욕망을 버리고자 했던 인물들이다. 그들은 이 세상에서 살아가고 있었지만 타락한 세상의 일에 궁극적인 목적을 두지 않았다. 나아가 종교적인 욕망을 추구하면서 자신의 만족스런 삶을 살고자 하지도 않았다. 그들에게는 오직 하나님과 그의 나라가 중심에 놓여 있었을 따름이다.

사도 바울은 고린도 교회를 향해 자신을 비롯해 자기와 함께하는 자들을 영접하라는 요구를 하고 있다. 이 말은 단순히 환영하는 마음으로 따뜻하게 영접해 달라는 말 이상의 의미를 지닌다. 그는 하나님으로부터 보내심을 받은 사도였기 때문에 특별한 의미와 더불어 그 말을 한 것으로 이해해야 한다.

바울은 그전에 데살로니가 교회에 편지하면서 하나님으로부터 받은 특별한 계시에 관한 언급을 한 적이 있다. 그곳에 있던 교회와 성도들이 바울을 비롯해 그와 함께한 형제들의 말을 인간들의 언어로 받아들이지 않고 하나님의 말씀으로 받아들였다는 것이다. 바울은 저들에게 그에 대한 감사의 마음을 전했다. 사도들을 통해 계시된 그 말씀은 곧 하나님의 진리로서 주님의 몸된 교회 가운데 역사하게 되는 것이다.

> "이러므로 우리가 하나님께 쉬지 않고 감사함은 너희가 우리에게 들은바 하나님의 말씀을 받을 때에 사람의 말로 아니하고 하나님의 말씀으로 받음이니 진실로 그러하다 이 말씀이 또한 너희 믿는 자 속에서 역사하느니라"(살전 2:13)

우리는 사도 바울의 이 말을 매우 중요하게 받아들여야 한다. 우리가 가지고 있는 모든 성경은 단순한 인간의 언어가 아니라 하나님으로부터 계시된 진리의 말씀이다. 바울이 위에 기록된 말씀을 통해 그것을 증거하고 있다. 그럼에도 불구하고 우리시대에는 성경을 이스라엘 민족 가운데 형성된 역사적이며 종교적인 산물로 이해하려는 자들이 많다. 나아가 단순히 인간들의 문학작품 정도로 이해하는 자들마저 있다. 그런 자들은 대개 신학자로 행세하고 있지만 위험하기 짝이 없는 자들이다.

바울은 또한 고린도 교회 성도들에게 편지하면서 자신의 개인적인 야망을 위해 그들에게 불의를 행하거나 해롭게 하지 않았으며 그들을 속여 무엇인가 빼앗은 일이 없다는 사실을 언급했다. 우리는 이 말을 매우 주의 깊게 이해해야만 한다. 이는 일상적인 정황 가운데서 어떤 불의와 악행을 저지르거나 탈취를 하지 않았다고 말하는 것과 다른 의미를 지니고 있기 때문이다.

우리는 바울의 이 말을 일반적인 의미가 아니라 교회 지도자가 전하는 종교적인 의미로 받아들이는 것이 자연스럽다. 즉 바울이 그들에게 의도적인 악행을 저지르거나 해를 끼친 일이 없었음은 분명하다. 그리고 그들의 재물을 빼앗지도 않았다. 하지만 고린도에 있는 자들 가운데는 바울을 그런 식으로 오해한 자들이 있었을지도 모른다.

하지만 이 말 가운데 당시의 종교적인 배경이 깔려 있다는 사실을 이해한다면 그 의미가 훨씬 분명해진다. 바울은 고린도 교회 성도들에게 하나님의 이름을 핑계대어 자기의 목적을 추구하며 불의를 저지르는 일을 행하지 않았다. 그리고 겉으로는 종교적인 문제를 앞세워 저들을 이롭게 한다고 하면서 실제로는 저들을 해롭게 하는 악행을 저지르지 않았다. 또한 하나님과 종교를 빗대어 저들을 속여 재물을 빼앗은 적이 없었다.

당시 악한 종교인들 가운데는 어리석은 교인들을 속여 불의를 행하고 해롭게 하며 재물을 탈취하는 자들이 많이 있었다. 특히 유대인들 중에 바리새인과 사두개인 등 이스라엘의 종교지도자들은 하나님의 이름을 핑계대어 백성들을 속이면서 저들의 배를 채우기에 급급했다. 그러나 어리석은 백성들은 그 사실을 전혀 감지하지 못했으며, 도리어 그들의 말에 순종하는 것이 하나님을 열정적으로 섬기는 것이라 착각했다.

이는 오늘날 우리시대에도 지극히 조심해야 할 일이다. 상당수 교회 지도자들은 자신의 종교적 욕망을 달성하기 위해 교인들을 속이며 불의를 행하고 저들의 재물을 우려내고 있다. 물론 그들 가운데 다수는 저들이 하는 행위가 얼마나 악한 것인가 하는 점을 전혀 깨닫지 못하고 있을 수도 있다. 이는 예수님 당시의 바리새인들을 비롯한 종교지도자들이 죄로 인해 타락한 본성 위에 나름대로의 순수한 마음을 가지고 있었던 것과 마찬가지다. 따라서 오늘날의 모든 교회의 지도자들은 두렵고 떨리는 마음으로 항상 자신을 민감하게 살피지 않으면 안 된다,

또한 바울은 고린도 교회의 교인들 가운데 누군가를 정죄하기 위해 그와 연관된 말을 하는 것이 아니라는 사실을 언급했다(고후 7:3). 이 말 가운데는 고린도 교회 지도자들 중에 악한 유대인들의 전철을 밟아 성도들을 속이며 악행을 저지르던 자들이 있었다는 점을 시사하고 있다. 또한 그들 가운데 바울에 대해 악의적인 선전을 한 자들이 있었을지도 모른다. 당사자들의 그에 대한 인정여부와 관계없이 바울은 모든 것들을 정확하게 파악하고 있었음이 분명하다.

하지만 바울은 이제 와서 그들의 책임을 물으려 했던 것이 아니라 새로운 마음가짐으로 그리스도 안에서 함께 죽고 살게 하기 위해서 그 말을 한다고 했다. 바울이 원하는 것은 그들을 정죄하는 것이 아니라 속히 하나님의 말씀으로 돌아오게 하는 것이었다. 그런 자들을 품어 그리스도 안에서 함께 죽고 함께 살기를 원했던 것이다. 이는 지상교회가 궁극적으로 지향하는 바이기도 하다. 바울이 쓴 로마서에는 성도들의 그리스도 안에서 죽고 사는 문제에 연관된 분명한 기록이 나타나고 있다.

> "만일 우리가 그의 죽으심을 본받아 연합한 자가 되었으면 또한 그의 부활을 본받아 연합한 자가 되리라 우리가 알거니와 우리 옛 사람이 예수와 함께 십자가에 못박힌 것은 죄의 몸이 멸하여 다시는 우리가 죄에게 종노릇 하지 아니하려 함이니 이는 죽은 자가 죄에서 벗어나 의롭다 하심을 얻었음이니라 만일 우리가 그리스도와 함께 죽었으면 또한 그와 함께 살 줄을 믿노니 이는 그리스도께서 죽은 자 가운데서 사셨으매 다시 죽지 아니하시고 사망이 다시 그를 주장하지 못할 줄을 앎이로라" (롬 6:5-9)

하나님의 자녀가 된다는 것은 이 세상에서는 죽게 된다는 의미를 내포하고 있다. 과거에 가졌던 종교적인 형태만 바뀐다고 해서 참된 그리스도인이 되는 것은 아니다. 하나님의 몸된 교회에 속한 성도들은 예수 그리스도의 십자가 사역에 포함되어 그와 함께 죽고 그와 함께 살아난 자들이다.

이렇게 하여 새로운 삶을 소유한 자들은 더 이상 세상을 지배하는 죄에 종노릇하는 것이 아니라 그리스도와 함께 의롭게 되었다. 그러므로 의로운 백성들은 사망이 다시금 자기를 주장하지 못하도록 항상 방어적인 삶의 자세를 취한다. 그리하여 최종 심판날이 이르게 되면 부활한 몸을 입고 그리스도와 함께 영원한 삶을 누리게 된다.

또한 사도 바울은 고린도 교회 성도들에게 듣기 좋은 말만 늘어놓은 것이 아니었다. 어떤 말은 그들의 마음을 크게 상하게 할 우려가 있는 내용들도 있었다. 어쩌면 그 말로 인해 일부 반대하는 자들이 바울에게 적의敵意를 품고 심하게 저항할지도 모를 일이었다. 그러나 바울은 담대한 마음으로 직설적인 용어들을 가감없이 사용했다.

그리고 사도 바울은 그들을 위해 칭찬할 만한 자랑거리에 대해서도 언급하고 있다. 그는 고린도 교회 성도들이 올바른 신앙자세를 회복한 사실로 말미암아 많은 위로를 받았음을 전했다. 바울과 함께하는 형제들은 심한 환난 가운데 처해 있으면서도 고린도 교회 성도들의 좋은 소식으로 인해 위로를 받아 기쁨이 넘쳤던 것이다.

3. 마게도니아에서의 고통 (5)

사도 바울은 오래 전 그의 두 번째 전도여행에서 마게도니아 지역을 방문한 적이 있었다. 그는 그때 여러 사람들을 만나 하나님의 복음을 전했으며 그로 말미암아 많은 사건들을 경험했다. 바울은 당시 빌립보를 방문했을 때 복음을 증거하다가 감옥에 갇히게 되어 심한 고생을 했다.

그후 데살로니가와 베뢰아 지역을 방문해 하나님의 말씀을 통해 이땅에 예수 그리스도가 오셨음을 증거했다.

당시 그는 마게도니아 여러 지역을 여행하는 동안 심한 박해를 당했으며 죽을 고비를 숱하게 넘기기도 했다. 복음전파로 인해 사업에 차질을 빚어 손실을 보게 된 불신자들은 바울을 마냥 두고만 보지 않았다. 빌립보뿐 아니라 바울이 가는 곳마다 온갖 핑계거리를 찾는 대적자들이 득실거렸다. 빌립보를 떠난 바울이 데살로니가에 도착했을 때 거기서도 바울을 해하려던 유대인들은 그를 그냥 두지 않았다.

결국 위험을 피해 베뢰아로 피신해 갔을 때 데살로니가에 살고 있던 악한 유대인들은 그 지역까지 뒤따라가 그를 괴롭혔다. 결국 바울은 자신의 생명을 해치려는 그 사람들의 위협을 피해 아테네를 거쳐 고린도 지역으로 갔던 것이다. 그에 관한 내용이 사도행전에 소상히 기록되어 있다.

> "종의 주인들은 자기 이익의 소망이 끊어진 것을 보고 바울과 실라를 잡아 가지고 저자로 관원들에게 끌어갔다가 상관들 앞에 데리고 가서 말하되 이 사람들이 유대인인데 우리 성을 심히 요란케 하여 로마 사람인 우리가 받지도 못하고 행치도 못할 풍속을 전한다 하거늘 무리가 일제히 일어나 송사하니 상관들이 옷을 찢어 벗기고 매로 치라 하여 많이 친 후에 옥에 가두고 간수에게 분부하여 든든히 지키라 하니"(행 16:19-23);
>
> "데살로니가에 있는 유대인들이 바울이 하나님 말씀을 베뢰아에서도 전하는 줄을 알고 거기도 가서 무리를 움직여 소동케 하거늘 형제들이 곧 바울을 내어 보내어 바다까지 가게 하되"(행 17:13,14)

이 세상에서의 바울의 삶은 결코 평탄하거나 안락하지 않았다. 도리어 그는 가는 곳마다 협박을 당했으며 경우에 따라서는 생명의 위협을 당하기도 했다. 바울의 주변에는 항상 자객刺客이 도사리고 있었다 해도 과언이 아니다. 그러나 바울은 하나님의 복음을 위해 자신의 생명을 전혀 아깝게 여기지 않았다. 그런 바울이 유대인들의 눈에는 가시같이 보였을 것이 틀림없다.

그러므로 이번에 바울이 마게도니아를 방문했을 때도 그는 이미 여러 사람들에게 유명인사가 되어 있었다. 아마도 그 지역에는 바울의 이름을 기억하는 자들이 숱하게 많이 있었을 것이다. 하나님의 몸된 교회에 속한 성도들에게는 당연한 일이었지만 바울에게 대적하던 세력에 속해 있던 자들에게도 바울은 여전히 요주의 인물이었을 것이 분명하다.

참된 교회들은 마땅히 그를 하나님의 사도로 알고 반갑게 맞았다. 그러나 바울을 대적하는 세력은 그를 더욱 위험한 인물로 간주했을 것이 틀림없다. 특히 유대 민족주의를 버리고 복음을 통한 세계주의를 부르짖는 그를 반가워할 리 없었다. 그것은 모진 환난과 엄청난 두려움을 가져오게 되었다.

그래서 바울은, '우리의 육체가 편치 못하고 사방으로 환난을 당하며 밖으로는 다툼이요 안으로는 두려움이라' (고후 7:5)고 말했다. 이는 외부로는 진리에 대적하는 세력과 맞서 싸웠지만 연약한 육신을 소유한 인간으로서 내부에서 발생하는 두려움을 어찌할 수 없음을 고백하고 있는 것이다.

그러나 하나님의 자녀들은 그럴 때일수록 아버지이신 하나님을 더욱 의지하게 된다. 그런 관점에서 본다면 세상에서 환난과 고통을 당하는 것이 도리어 복된 일이라 말할 수 있다. 이에 비해 세상의 평안함과 풍요로움은 오염된 세상에 정착하고자 하는 욕망을 부추길 따름이다. 만일 세상의 만족이 하나님을 멀리하도록 만든다면 그것을 진정한 하나님의 복이라 말할 수 없다.

4. 디도를 통한 위로 (6-8)

사도 바울은 고린도 지역으로 가는 도중 마게도니아에 머물고 있을 때 고린도에서 온 디도를 만났다. 디도는 바울이 쓴 고린도전서를 받은 고린도 교회의 반응과 형편에 관한 내용을 소상히 알고 있었다. 바울은 그를 통해 고린도 교회의 긍정적인 소식을 듣고 큰 위로를 받았다. 디도가 고린도로부터 가져온 소식은 바울을 비롯한 여러 형제들에게 반가운 내용이었던 것이다.

그런데 바울은 본문 가운데서 자신을 '비천한 자들'에 견주어 말하고 있다. 이는 단순히 그의 겸손한 마음을 나타내려는 것이 아니라, 하나님을 알지 못하는 세상 사람들이 볼 때는 그가 비천한 모습으로 보일 수밖에 없었음을 시사하고 있다. 교회에 속한 성도들은 항상 '하나님 앞에서'(Coram Deo) 살아가야 하며 세상 사람들의 눈길과 인정을 의식하며 살아가지 않는다.

타락한 이 세상에서는 세상적인 비교가 끊임없이 이루어진다. 물질적인 것이든 정신적인 것이든 항상 그렇다. 어리석은 인간들은 그것을 근거로 하여 사람들을 평하기도 하며 부러워하기도 한다. 그러나 하나님의 교회에서는 결코 그렇지 않다. 세상의 것들을 내세워 성도들을 평가하지 않으며 그것으로 인해 낙망에 빠지지도 않는다. 이는 교회 안에서는 사람을 외모로 판단하는 모든 것을 포기해야 함을 의미하기도 한다.

따라서 사도 바울은 비천한 자들을 위로하시는 하나님에 대해 언급하면서 자신을 그 비천한 자의 위치에 두었다. 그것은 이땅에서 살아가는 모든 성도들의 신앙원리가 된다. 이스라엘 백성들이 출애굽했을 때 하나님께서는 모세를 통해 그에 연관된 율법을 주셨다. 여호와 하나님은 인간적인 능력을 의지하여 교만한 태도를 가진 자들이 아니라 아무런 힘이 없어 하나님을 진심으로 찾는 자들에게 응답하시는 분이시다.

> "너는 이방 나그네를 압제하지 말며 그들을 학대하지 말라 너희도 애굽 땅에서 나그네이었었음이니라 너는 과부나 고아를 해롭게 하지 말라 네가 만일 그들을 해롭게 하므로 그들이 내게 부르짖으면 내가 반드

시 그 부르짖음을 들을찌라"(출 22:21-23)

하나님께서는 구약시대 이스라엘 백성들 가운데 연약하고 비천한 자들이 압제를 받거나 해를 당하는 일이 없어야 함을 강조해 말씀하셨다. 만일 강한 자들이 연약한 자들을 괴롭히고 박해한다면 하나님께서 약한 자들의 부르짖음에 응답하리라는 것이었다. 이는 모세를 통해 허락하신 율법의 원리에 해당된다. 이에 대해서는 신약시대에 살아가는 성도들에게도 여전히 동일한 효력을 지니고 있다.

사도 바울은 고린도 교회 성도들에게 세상적인 가치 기준에서 비천하게 되어 하나님으로부터 진정한 위로를 받게 된 자신의 처지를 고백적으로 말했다. 그리고 고린도지역에서 마게도니아에 도착한 디도가 바울에게 고린도 교회 성도들의 위로의 말과 저들의 사모함과 애통함과 바울에 대한 애틋한 마음을 전했으므로 그는 더욱 기뻐하게 되었다.

그런 위로와 기쁨을 얻은 바울은 그전에 쓴 편지로 인해 그들을 근심하게 한 것을 후회했다는 사실을 언급했다. 이 말은 고린도전서를 자의에 의해 쓴 편지라는 점을 암시하고자 하는 것이 아니다. 바울은 그 말을 통해 고린도 교회에 대한 자신의 관심이 그만큼 크다는 사실을 보여주고 있다. 이는 곧 그것으로 인해 저들이 심한 상처를 입거나 상황이 더욱 복잡해질 것을 우려했기 때문이었던 것으로 보인다.

그렇지만 고린도 교회의 형편에 대한 디도의 말을 들은 후로는 그런 마음을 가지지 않을 수 있었다. 자신이 고린도 교회에 보낸 편지로 인해 잠시 근심했지만 저들이 금방 그 의미를 알아듣고 회개함으로써 하나님 앞으로 나아왔기 때문이었다. 우리는 여기서 고린도 교회를 위해 깊은 애정과 관심을 가지고 애쓰는 사도 바울의 경건한 모습을 보게 된다.

제11장
참된 기쁨과 진정한 회개

(고후 7:9-16)

1. 하나님의 뜻대로 하는 근심과 회개 (9)

사도 바울은 마게도니아에 머무는 동안 육신적으로 심한 환난과 고통을 당했지만 심령으로는 진정한 기쁨을 소유할 수 있었다. 그것은 바울이 고린도 교회 성도들의 잘못과 악행을 지적한 사실 때문이 아니라 그것으로 말미암아 저들이 하나님 앞에서 회개할 수 있었기 때문이다.

바울의 편지를 받은 고린도 교회의 성도들이 처음에는 심한 근심에 빠지게 되었다. 하지만 그 근심으로 인해 그들은 도리어 진정한 회개에 이르는 은혜를 누렸다. 이는 고린도 교회 성도들이 기본적인 신앙을 소유하고 있었기 때문에 가능한 일이었다. 만일 저들에게 올바른 신앙의 기초가 형성되어 있지 않았더라면 상심에 빠졌을 때 회개가 아니라 다른 인간적인 방편을 마련하려 했을 것이다.

인간들은 대개 '근심거리'를 만나게 되면 정반대의 상이한 반응을 보이게 된다. 하나는 자신을 돌이켜보아 반성적 자세를 취하는 것이며, 다른 하나는 문제를 감추려하고 그 근심이 발생하게 된 원인을 원망하며 회피하고자 애쓰는 것이다. 종교적인 양심에 연관되는 경우에는 더욱 그렇다.

사도행전에는 베드로의 설교를 듣고 정반대의 반응을 보였던 사람들에 관한 기록이 나타나고 있다. 베드로가 백성들 가운데 예수 그리스도의 십자가 사건과 더불어 하나님의 말씀을 선포했을 때, 그것을 듣고 마음에 찔려 하나님께 돌아온 자들이 있었던가 하면 도리어 더욱 악해진 자들이 있었다. 동일한 하나님의 복음을 듣게 되었지만 듣는 사람에 따라 반응이 전혀 달랐던 것이다.

> "저희가 이 말을 듣고 마음에 찔려 베드로와 다른 사도들에게 물어 가로되 형제들아 우리가 어찌할꼬 하거늘 베드로가 가로되 너희가 회개하여 각각 예수 그리스도의 이름으로 세례를 받고 죄 사함을 얻으라 ..."(행 2:37,38);
> "저희가 듣고 크게 노하여 사도들을 없이하고자 할 쌔 ..."(행 5:33)

베드로가 하나님의 말씀을 통해 십자가에 못박히신 예수 그리스도를 선포했을 때(행 2:36; 5:30), 하나님을 경외하던 사람들은 그것을 받아들이고 양심에 찔려 순종의 방법을 알고자 하여 어떻게 해야 할지 저들에게 질문했다. 그때 베드로는 상심에 빠진 그들에게 회개를 촉구했다.

그러나 종교적으로 교만한 유대인들은 베드로의 설교를 받아들이지 않았다. 그들은 그의 말을 듣고 도리어 분노에 빠져 소요를 일으키며 사도들에게 강하게 저항했다. 나아가 자기들을 훌륭한 종교인으로 치켜세워주지 않고 불리한 말을 쏟아내는 사도들을 죽여 없애려는 자들마저 많이 있었다.

심판의 개념이 내포된 하나님의 말씀 앞에서는 모든 인간들이 나름대로 선악간의 다양한 반응을 보일 수밖에 없다. 그들 가운데는 그 말씀에 순종하려는 자들이 있는가 하면 그에 무관심하거나 배척하는 자들도 있다. 하나님의 택함을 받은 백성들은 자신의 악한 모습을 돌아보며 하나님 앞에 뉘우치며 회개하게 된다.

고린도 교회의 성도들은 바울의 첫번째 편지를 받은 후 깨달음을 가지고 하나님 앞에서 회개하게 되었다. 그들이 회개할 수 있었던 것은 저들의 악한 모습을 보고 진심으로 부끄러워하며 하나님의 뜻 가운데서 근심했기 때문이다. 그것은 하나님께서 저들에게 베푸신 놀라운 은혜였다.

따라서 고린도 교회 성도들은 바울의 질책과 권면을 통해 진정한 유익을 얻게 되었으며 저들로 하여금 근심에 빠지도록 한 바울의 말이 저들에게 아무런 해를 끼치지 않았다. 그리하여 바울은 고린도 교회 성도들이 근심함으로 인해 회개하게 된 것을 보며 진정으로 기뻐하게 되었던 것이다.

교회의 지도자인 교사가 하나님의 말씀에 따라 성도들을 책망했는데 그것으로 인해 지나친 상처를 입거나 시험에 빠지는 자가 있다면 말씀을 전달한 형제에게도 매우 힘든 일이 아닐 수 없다. 성도들이 성숙하게 자라야 하는 이유는 바로 거기에 있다. 하나님의 말씀에 의해 자신의 잘못을 지적당하여 책망받게 되었을 때 그에 대한 하나님의 뜻 안에서의 올바른 근심을 하고 진심으로 회개한다면 정말 아름다운 일일 것이다.

우리가 여기서 생각해야 할 바는 성도들에게 요구되는 적절한 근심의 필요성이다. 인간이 타락한 세상에 살면서 항상 만족스럽게 즐거움을 누리며 살고자하는 것은 자신의 욕망에 근거하는 것일 뿐이다. 나아가 이 세상에 살아가는 하나님의 성도들에게 하나님의 뜻대로 근심하는 일이 전혀 없다면 진정한 회개에 도달할 수 없다.

하나님의 자녀들이 말씀을 통해 자신의 더러운 모습을 보며 근심할 수 있다는 사실은 감사한 일이다. 그것을 통해 하나님 앞에서 진정으로 회개하는 자세를 가지게 될 것이기 때문이다. 고린도 교회 성도들도 바울의 편지를 받고 그런 과정을 밟게 되었는데 그것은 바울의 편지로 말미암아 심각한 상처를 입거나 해를 받은 것이 아니라 도리어 커다란 유익이 되었음을 말해주고 있다.

2. 참된 근심과 진정한 회개 (10,11)

모든 인간들은 타락한 세상에 살아가면서 나름대로 다양한 형태의 근심거리를 가지게 된다. 상식을 가진 보통 사람들이라면 결코 그것을 피할 수 없다. 신앙적인 삶에 연관되는 문제들 역시 그와 마찬가지다. 그런데 기독교인들이 신앙의 본질에 연관된 근심을 받아들이고 처리하는 방법에 따라서는 그것이 이로운 역할을 하게 되는가 하면 경우에 따라서는 해롭게 될 수도 있다.

하나님을 경외하는 마음으로 올바르게 근심한다면 성도들에게 이로움을 끼치게 된다. 그것은 영원한 구원에 이르는 회개를 동반할 것이기 때문이다. 하지만 세상적인 근심에 빠져 하나님의 뜻에 저항하면서 몸부림친다면 해로울 뿐 아니라 매우 위험한 지경에 이를 수 있다. 그런 근심은 사망에 이르게 할 뿐이기 때문이다.

그러므로 교회에 속한 성도들은 하나님의 뜻 안에서 올바르게 근심할 수 있어야 한다. 그 근심은 곧 갈등양상으로 나타난다. 그것은 인간과 인간 사이의 갈등관계의 형성을 의미하지 않는다. 또한 그 갈등은 이 세상에서의 인생살이 과정에서 발생하는 것과 같지 않다. 여기서 말하는 갈등이란 죄에 대한 본질적인 인식에 근거하는 성도들의 신앙내면의 현상이다. 사도 바울은 로마 교회에 편지하면서 그에 대한 고백적인 기술을 하고 있다.

> "내가 한 법을 깨달았노니 곧 선을 행하기 원하는 나에게 악이 함께 있는 것이로다 내 속 사람으로는 하나님의 법을 즐거워하되 내 지체 속에서 한 다른 법이 내 마음의 법과 싸워 내 지체 속에 있는 죄의 법 아래로 나를 사로잡아 오는 것을 보는도다 오호라 나는 곤고한 사람이로다 이 사망의 몸에서 누가 나를 건져 내랴 우리 주 예수 그리스도로 말미암

아 하나님께 감사하리로다 그런즉 내 자신이 마음으로는 하나님의 법을, 육신으로는 죄의 법을 섬기노라"(롬 7:21-25)

바울은 자기가 깨닫게 된 죄로 말미암아 심한 갈등을 겪고 있음을 표현하고 있다. 물론 그것은 이성과 경험적인 판단에 근거하는 것이 아니라 하나님의 말씀으로 말미암는 것이다. 참된 갈등과 더불어 근심할 수 있는 것은 성도들이 마땅히 소유해야만 할 지혜이다. 올바르고 성숙한 방법으로 그 갈등에 대한 근심을 할 때 구원에 이르는 회개의 마음이 생성되기 때문이다. 하지만 세상적인 잘못된 근심에 빠져 인간적인 목적 추구에 급급하게 되면 사망에 갇히게 된다.

고린도 교회 성도들은 바울의 권면과 충고의 말을 듣고 하나님의 뜻 가운데서 반성적으로 근심했다. 그것으로 말미암아 진지하고 간절한 신앙의 마음을 회복하게 되었으며 저들의 무고함을 증명하기도 했다. 또 어떤 문제에 대해서는 거룩한 분노를 느끼게 되어 깊은 경각심을 갖게 되기도 했다.

그리고 어떤 사안에 대해서는 복음에 대한 간절한 관심과 거룩한 열망을 가졌으며 악행을 저지른 자들에 대해서는 엄한 징계를 하기도 했다. 그리하여 고린도 교회 성도들은 저들의 정결한 삶의 자세를 드러내 보여주었다. 이 모든 것들은 올바른 근심과 더불어 있게 된 참된 회개에 기초하고 있었다. 따라서 우리는 건전한 갈등과 근심에 따른 올바른 회개에 대한 이해를 하지 않으면 안 된다.

그렇다면 참된 회개란 과연 무엇인가? 우리가 분명히 깨달아야 할 바는, 죄에 빠진 인간은 하나님의 도우심이 없이는 올바른 회개를 할 수 있는 존재가 되지 못한다는 사실이다. 신앙이 어린 인간들은 자신이 죄 또는 잘못이라 인정하는 범위 안에서만 회개하고자 한다. 즉 아무리 악하고 위험한 죄라고 할지라도 자신이 악으로 판단하여 승인하지 않는 문제에 대해서는 결코 회개하지 않는다.

이 문제는 특히 종교적인 열성을 동반하는 문제에 있어서 더욱 크게 두드러져 나타난다. 타락한 인간들에게는 자기의 열성적인 종교 행위가 악한 것인지 선한 것인지 제대로 분간할 수 있는 능력이 없다. 예를 들어 하나님께서는 세상에서 성공하고 출세한 자들이 인간적인 능력과 재물로서 교회에서 크게 봉사하는 것을 더 기뻐하시지 않는다. 따라서 하나님은 많은 액수의 연보를 하는 것을 무조건 좋아하는 분이 아니다. 이에 대해서는 성경에 분명히 증거되고 있는 바이다.

하나님께서는 구약시대 호세아 선지자를 통해 자신은 제사와 번제를 좋아하지 않는다는 사실을 말씀하셨다. 신약성경의 히브리서 기자도 그와 동일한 교훈을 주고 있다. 어리석은 인간들은 자신의 재능과 함께 많은 돈을 들여 정성을 다해 제물을 마련해 바치면 그것을 하나님이 무조건 좋아할 것이라 믿고 있다. 그러나 하나님은 결코 그것들 자체를 좋아하시는 분이 아니시다.

> "나는 인애를 원하고 제사를 원치 아니하며 번제보다 하나님을 아는 것을 원하노라"(호 6:6);
>
> "그러므로 주께서 세상에 임하실 때에 이르시되 하나님이 제사와 예물을 원하지 아니하시고 오직 나를 위하여 한 몸을 예비하셨도다 번제와 속죄제는 기뻐하지 아니하시나니 이에 내가 말하기를 하나님이여 보시옵소서 두루마리 책에 나를 가리켜 기록된 것과 같이 하나님의 뜻을 행하러 왔나이다 하셨느니라"(히 10:5-7)

신앙이 어린 교인들과 어리석은 자들은 자신의 능력과 종교적인 판단에 따라 정성껏 준비한 예물을 통해 하나님을 기쁘게 하고자 한다. 그러나 하나님께서는 인간들이 마련한 제사와 제물 자체를 기쁨으로 여기시지 않는다. 그것은 본질을 벗어난 제사 행위는 하나님께 드리는 제물이 지닌 진정한 의미가 아니라 인간들의 목적을 성공적으로 이루기 위한 일종의 뇌물의 성격을 지니고 있을 따름이다. 즉 그것을 통해 자기가 하나님으로부터 이득이 될 만한 것을 얻어내고자 하는 욕망에 결부되어 있는 것이다.

위에 언급된 히브리서 기자의 기록은 그에 대한 분명한 증거가 되고 있다. 하나님은 인간들이 드리는 제사와 제물을 원하시는 분이 아니라 하나님 자신이 친히 예비하신 예수 그리스도의 몸을 원하시는 분이다. 하나님께서는 구약의 제사와 제물을 통해 앞으로 보내실 메시아를 예표해 보여주셨던 것이다.

이에 대해서는 오늘날 우리 역시 그와 동일한 원리를 소유하고 있다. 타락한 인간이 자신의 재능과 능력을 동원해 열심히 연보를 하고 최선을 다해 봉사한다고 해도 그것 자체로서 하나님을 기쁘게 할 수 없다. 다수의 어리석은 인간들은 그런 것을 통해 하나님으로부터 잘 보여 세상에서 복을 받아 잘살고자 한다.

그럼에도 불구하고 우리시대에는 그런 미숙한 생각을 하는 자들이 많이 있다. 우리가 분명히 깨달아야 할 바는 예수 그리스도의 사역과 연관되지 않는 상태에서의 모든 종교적 행위들은 결코 하나님의 기쁨의 대상이 되지 않는다는 사실이다.

하지만 이 세상에 목적을 두고 살아가는 사람들은 자신의 종교적인 행위들을 통해 하나님께 영광을 돌릴 수 있는 것처럼 착각하고 있다. 그러나 성경에 계시된 하나님의 뜻에 따른 것이 아니라면, 저들의 모든 종교 활동은 하나님께 영광을 돌리는 것이 아니라 도리어 욕되게 하는 행위일 수 있다. 이는 마치 예수님 당시의 바리새인들을 비롯한 예루살렘의 지도자들이 악행을 저지르면서도 그것이 마치 하나님을 영화롭게 하는 것인 양 착각했던 것과 마찬가지다.

우리가 여기서 유념해야 할 바는 그런 사람들은 하나님이 보시기에 선하지 않은 악한 행위를 하면서도 절대로 하나님께 회개하지 않는다는 사실이다. 나아가 타락한 인간들은 죄된 본성상 그것을 정확하게 간파하여 회개할 수 있는 능력을 소유하고 있지 않다. 이는 그들이 하나님께서 원하시지 않는 종교적인 행위를 하면서도 스스로 그것을 자랑스럽게 여기고 있기 때문이다.

그러므로 그들은 계시된 하나님의 말씀을 벗어난 종교 활동을 하면서도 그것을 통해 도리어 하나님으로부터 상을 받을 것으로 착각하는 오류에 빠지게 된다. 이러한 일들은 오늘날 우리에게도 항상 일어날 수 있는 일이라는 사실을 기억해야 한다.

현대의 많은 종교인들은 교회에 열심히 충성하고 많은 액수의 연보를 하는 것이 하나님을 기쁘게 할 것이라 막연히 확신하고 있다. 그들은 교회에서 열심히 노래 부르고 열성적인 종교 생활을 하면 하나님이 좋아할 것으로 생각하는 것이다. 그러나 잘못된 교회에서 이기적인 충성심으로 그렇게 한다면 하나님께서 영광을 받으시는 것이 아니라 도리어 그를 역겹게 여기신다면 어떻게 할 것인가?

그러므로 우리는, 죄에 빠져 오염된 세상에 살고 있는 인간들은 올바른 회개조차 할 수 없는 연약한 존재라는 사실을 분명히 깨달아야 한다. 그 깨달음을 통해 성도들의 신앙이 점차 자라나게 된다. 그것이 성숙한 성도들로 하여금 하나님 앞에서 더욱 겸손한 자세를 가지도록 한다.

은혜의 하나님께서는 인간들의 그런 나약성을 잘 알고 계신다. 그러므로 성령 하나님께서는 우리의 연약함을 도우시며 말할 수 없는 탄식으로 우리를 위해 간구하신다. 당연히 빌 바에 대해 알지 못하고 있는 우리를 위해 대신 간구해 주시는 것이다. 거기에는 우리의 회개의 마음도 포함되는 것으로 이해해야 한다. 바울은 로마에 있는 교회에 편지하면서 그점을 언급하고 있다.

> "이와 같이 성령도 우리 연약함을 도우시나니 우리가 마땅히 빌 바를 알지 못하나 오직 성령이 말할 수 없는 탄식으로 우리를 위하여 친히 간

구하시느니라 마음을 감찰하시는 이가 성령의 생각을 아시나니 이는 성령이 하나님의 뜻대로 성도를 위하여 간구하심이니라"(롬 8:26,27)

이 세상에 살아가고 있는 참된 성도들은 거듭난 존재임에도 불구하고 여전히 연약한 존재에 지나지 않는다. 성령 하나님의 도우심이 없이는 인간들이 하나님의 영광을 위해 할 수 있는 일은 아무것도 없다. 그 가운데 우리가 특별히 깨달아야 할 바는 죄에 물들어 있는 인간들은 하나님께 마땅히 기도해야 할 내용조차 올바르게 알지 못하고 있다는 사실이다. 인간 스스로는 전적으로 무능하고 부패한 존재일 따름인 것이다.

따라서 우리는 성령의 도우심에 의해 하나님의 뜻을 알아가며 올바른 기도를 하게 된다. 이는 하나님 앞에서 회개하는 일에도 밀접하게 연관되어 있다. 인간들 스스로는 죄라는 사실을 전혀 인식하지 못하는 것들 가운데 반드시 회개해야 할 무서운 죄악이 도사리고 있는 것이다. 성령 하나님께서 세상에 살아가는 연약한 자기 자녀들을 위해 탄식하며 간구하시는 것은 바로 그런 이유 때문이다.

그러므로 성숙한 성도들은 회개할 때 자기의 이성적이며 경험적인 판단에 따라 회개하는 자리에 머물러 있지 않는다. 자신이 자랑스럽게 생각하는 내용들 가운데 실상은 하나님의 뜻을 벗어난 종교적인 욕망행위가 있지 않은지 민감하게 살피게 된다. 따라서 우리는 그런 것들을 스스로 정확하게 파악할 수 없기에 성령 하나님께 모든 것을 온전히 맡기고 겸손한 마음으로 그에게 의존하는 지혜를 소유해야만 하는 것이다.

3. 바울의 편지와 위로 (12,13)

고린도 교회 내부에는 그 동안 하나님의 뜻을 경시한 채 불의를 행한 자들이 상당수 있었다. 이는 또한 그들의 악행으로 말미암아 불의를 당한 성도들이 많이 있었음을 말해주고 있다. 그러나 바울은 지금에 와서 저들의 과거를 들추어냄으로써 불의를 행한 자나 불의를 당한 자를 어떻게 하기 위해 편지를 쓴 것이 아니라는 사실을 밝히고 있다.

이는 과거에 교회 가운데서 불의를 행했던 자들을 꾸짖고 문책하려는 것이 주된 목적이 아니며, 부당하게 불의를 당한 자들의 편이 되어 저들의 억울함을 풀어주기 위한 것도 아니라는 의미이다. 또한 바울은 악한 불의를 보면서 윤리적 정의를 실천하기 위해 그 편지를 쓴 것이 아니었다.

바울이 그 편지를 쓴 근본적인 목적은 고린도 교회 성도들의 간절한 신앙자세가 하나님 앞에서 온전히 드러나게 하기 위한 것이었다. 바울의 관심은 이땅에 살아가는 교인들의 일반적인 형편을 넘어 하나님을 경배하며 섬기는 주님의 몸된 교회에 있었다. 그의 심중에는 항상 하나님께서 피로 값주고 사신 거룩한 교회가 존재하고 있었던 것이다.

고린도 교회는 첫번째 편지를 받고나서, 바울이 원했던 대로 하나님의 뜻이 순조롭게 이루어져 갔다. 성도들이 바울의 책망과 권면을 들은 후 잠시 동안 근심에 빠졌으나 저들의 잘못을 깊이 뉘우치고 회개함으로써 하나님께로 돌아설 수 있었다. 그에 대한 소식을 들은 바울과 그의 일행은 커다란 위로를 받게 되었다.

바울은 자기에게 그 반가운 소식을 전해준 디도가 고린도 교회에 대해 안심하는 것을 보고 더욱 기쁜 마음을 가질 수 있었다. 교회에 대해 안심한다는 것은 수준 높은 신뢰를 의미한다. 오늘날 지상의 교회들도 항상 그런 신뢰의 자세를 유지할 수 있어야 한다.

지금도 우리는 바울을 비롯한 여러 사도들의 편지를 교회 가운데 두고 있다. 우리는 그 내용을 읽으면서 지식만 얻을 것이 아니라 우리의 부족하고 나태한 모습을 직시하며 하나님의 뜻 안에서 근심하고 회개할 수 있어야 한다. 그것을 통해 우리는 날로 하나님께 더욱 가까이 나아가게 되는 것이다.

4. 참된 자랑과 바울의 기쁨 (14-16)

사도 바울은 디도에게 고린도 교회 성도들에 대해 자랑했음을 밝히고 있다. 그들이 바울의 첫 번째 서신을 받고 진정으로 회개함으로써 신앙적인 삶을 드러내는 실천이 있었다는 것이다. 바울은 사실이 아닌 내용을 그럴듯하게 포장해서 디도에게 말했던 것이 아니라 실제적인 일들을 사실 그대로 말했다.

바울이 디도에게 그런 말을 했을 때 고린도 교회의 삶이 그것을 분명하게 드러내 보여주지 않았더라면 과장하는 표현이 되어 부끄러운 문제가 될 수 있었다. 그러나 고린도 지역의 성도들은 바울이 디도에게 말했던 것처럼 신앙적인 삶을 잘 보여주었다.

그전에 고린도 교회에 전한 바울의 모든 말들은 진실했다. 그와 마찬가지로 바울이 디도에게 저들에 대해 자랑한 내용들도 참된 것이었다. 그 모든 것들이 이제 사실로 드러나게 되었다. 바울은 그점을 칭찬하며 저들에게 감사한 마음을 가졌던 것이다.

하나님의 몸된 교회에서는 예수 그리스도로 말미암은 성도들의 참된 신뢰를 기본적인 요소로 하고 있다. 만일 성도들간에 서로 신뢰하지 못한다면 모든 것이 위선과 거짓으로 가득 찰 수밖에 없다. 바울은 자신이 고린도 교회를 향해 하나님의 진리를 그대로 전했듯이 자신의 편지를 진리로 수용한 고린도 교회를 신뢰했던 것이다.

오늘날 우리 역시 이와 동일한 원리 가운데서 신앙생활을 하며 살아가야 한다. 우리가 바울을 비롯한 여러 사도들을 완전히 신뢰하듯이, 의미상 그들 또한 우리를 신뢰하고 저들의 자랑거리로 말할 수 있어야 한다. 성숙한 교회란 겉보기에 그럴듯한 모습을 띤 자들이 모인 종교집단이 아니라 성경에 기록된 선지자들과 사도들의 신뢰와 인정을 받는 하나님의 백성들의 모임이다.

고린도 교회 성도들은 맨 처음 디도가 고린도 지역에 도착했을 때 그를 두려워하며 떨리는 마음을 가지고 있었다. 이는 단순한 공포를 의미하는 것이 아니라 그가 사도의 요청에 따라 하나님의 말씀을 가지고 온 사실을 깨달아 알고 있었기 때문이다. 디도는 그들이 자기를 영접하여 순종했던 사실을 기억하고 그들에 대한 더욱 깊은 관심과 사랑하는 마음을 지니고 있었다.

그에 관련된 모든 내용들을 디도를 통해 듣게 된 바울은 이제 고린도 교회 성도들을 온전히 신뢰할 수 있게 되어 더욱 기뻐하는 마음을 가지게 되었다. 하나님으로부터 공급되는 진리로 말미암은 온전한 신뢰가 없는 상태에서는 결코 교회 가운데 진정한 감사와 평강이 존재할 수 없다.

제12장 평균케 하는 삶의 원리

(고후 8:1-15)

1. 환난 중에 넘치는 기쁨과 풍성한 연보 (1,2)

사도 바울은 고린도 교회 성도들에게 마게도니아 교회에 허락된 하나님의 은혜에 관한 언급을 했다. 당시 마게도니아 지역에서는 하나님의 교회에 대한 심한 핍박이 있었다. 그러므로 하나님의 자녀들은 배도자들에 의해 많은 시련을 겪을 수밖에 없었다.

그런 가운데서도 마게도니아의 성도들에게는 기쁨이 넘쳐났다. 그것은 이땅에서 생겨나는 것이 아니라 위로부터 허락된 것이었다. 하나님의 자녀들이 교회를 통해 경험하는 특별한 기쁨은 세상 사람들이 맛볼 수 있는 일반적인 기쁨과 본질적으로 다르다.

나아가 당시 마게도니아 교회의 성도들은 평화롭고 풍요로운 여건 가운데서 기쁨을 누렸던 것이 아니다. 그들의 외적인 형편은 환난에 처해 있었으며 경제적으로는 매우 궁핍한 상태였다. 따라서 저들의 일상적인 생활은 극도로 힘들었으며 물질적 풍요로움과는 거리가 먼 형편에 놓여 있었다.

그런데 바울은 마게도니아의 가난한 성도들이 힘든 환경에도 불구하고 오히려 풍성한 연보를 넘치도록 했음을 증거하고 있다. 물론 여기서 풍성하다고 말하는 것은 그들의 생활 형편을 고려해서 이해해야 할 말이다. 바울은 그들의 연보를 하나님의 은혜와 직접 연관짓고 있다.

그렇다면 우리는 하나님께서 마게도니아 교회들에게 은혜를 주셨다고 하는 바울의 말을 구체적으로 어떻게 이해해야 할까? 즉 바울이 말하는 하나님의 은혜란 과연 무엇을 의미하고 있는가? 그 은혜란 환난과 핍박뿐 아니라 극심한 가난 가운데서도 교회와 이웃을 위해 넉넉한 마음으로 연보를 할 수 있는 것이었다.

사람들은 흔히 남으로부터 무엇인가 받는 것을 복으로 생각하고 있다. 신앙이 어린 성도들은 자기에게 필요한 것을 누군가가 나누어주거나 채워주면 그것을 하나님의 은혜라 생각한다. 그러나 성경은, 받는 것이 아니라 도리어 남에게 베푸는 것이 더 복된 것이라 말하고 있다. 사도 바울은 나중 고린도에서 예루살렘으로 돌아가는 길에 밀레도에 들렀다. 그때 그는 에베소 교회의 장로들을 만나(행 20:7) 예수님의 말씀을 인용하며 그에 대한 언급을 한 적이 있다.

> "범사에 너희에게 모본을 보였노니 곧 이같이 수고하여 약한 사람들을 돕고 또 주 예수의 친히 말씀하신 바 주는 것이 받는 것보다 복이 있다 하심을 기억하여야 할찌니라"(행 20:35)

사도 바울은 복음사역을 하는 중 어디를 가든지 항상 연약한 성도들을 도우며 가난한 사람들에게 물질을 나누어주기를 좋아했다. 그것은 사도시대를 비롯한 역사상 모든 시대의 교회와 성도들이 본받아야 할 일이다. 바울은 그에 관한 말을 하면서 그것은 자신의 성품으로 인한 사사로운 판단에 근거하는 것이 아니라 예수님께서 친히 그렇게 말씀하셨기 때문이라는 사실을 말했다.

이처럼 마게도니아 교회에 속한 성도들도 극한 가난 가운데서 연보를 통해 저들의 것을 나누어 주기를 원했다. 그들은 경제적인 여유로움으로 인해 성실하게 연보했던 것이 아니다. 도리어 열악한 환경 가운데서도 그들에게는 하나님으로 말미암는 넘치는 기쁨이 있었으며, 극한 가난이 도리어 풍성한 연보를 하도록 했던 것이다(고후 8:2).

이 말은 과연 무엇을 의미하고 있는가? 경제적으로 가난하기 때문에 오히려 넘치는 연보를 했다는 의미를 어떻게 이해해야 할까? 마게도니아 교회 성도들은 고통의 의미를 알고 있었으므로 고통에 빠진 다른 형제들을 기억할 수 있었던 것이 분명하다. 이 말은 또한 저들의 극한 환난과 가난이 이 세상에 필요 이상의 소망을 두지 않게 했음을 의미하는 것으로 보인다.

그들에게 있어서 가장 소중한 것은 이 세상에서 풍요롭게 살아가는 삶이 아니었다. 그들은 어려운 환경을 경험하여 영원한 천국을 간절히 사모하고 있었다. 따라서 그 천국복음이 세상에서 증거되는 것을 최고의 가치로 여겼던 것이다. 그것이 곧 저들에게 특별히 허락된 하나님의 놀라운 은혜였다.

그러므로 그들이 힘에 넘치도록 연보한 것은 경제적으로 저들보다 더 어려운 형편에 처한 다른 성도들에 대한 기억과 더불어 사도들의 복음 선포사역에 연관된다. 당시 사도들은 장기간 집을 떠나 먼 지역을 여행했기 때문에 상당한 액수의 경비가 필요했다. 하지만 오늘날처럼 은행에 돈을 넣어두었다가 다른 지역에 가서 쉽게 찾아 사용할 수 있는 여건이 되지 못했다.

따라서 복음 선포를 위해 다른 지역을 여행하는 성도들은 방문하는 지역의 교회로부터 재정적 지원을 받아 그것으로 생활하며 또 다른 지역으로 이동했다. 즉 그들은 항상 방문하는 지역의 교회의 재정적 후원을 받았던 것이다. 바울은 로마 교회에 보내는 그의 편지에서 그에 연관된 내용을 시사하고 있다.

"이제는 이 지방에 일할 곳이 없고 또 여러 해 전부터 언제든지 서바나로 갈 때에 너희에게 가려는 원이 있었으니 이는 지나가는 길에 너희를 보고 먼저 너희와 교제하여 약간 만족을 받은 후에 너희의 그리로 보내줌을 바람이라"(롬 15:23,24)

바울은 고린도 지역에 머물고 있을 때 로마 교회에 편지를 쓰면서, 나중 로마를 방문했다가 서바나(스페인)로 가고자 하는데 그때 재정적 후원을 해주기를 바란다고 말했다. 물론 복음사역자들은 교회를 통해 거두어진 연보를 자기들만을 위해서 사용하지 않았을 것이 분명하다. 다른 지역을 방문하면서 현지교회의 성도들의 궁핍함을 보면 저들이 가진 돈을 나누어 주었을 것이다.

이는 교회와 사도들을 비롯한 모든 성도들이 하나님의 복음사역에 깊은 관심을 가지고 있었음을 말해주고 있다. 바울은 혼자 다닌 것이 아니라 여러 형제들이 일행을 이루어 다녔기 때문에 경비가 많이 들었을 것이 틀림없다. 이에 대해서는 바울뿐 아니라 베드로를 비롯한 다른 사도들 역시 여러 지역을 여행하면서 동일한 형편이었을 것이다.

우리는 여기서 보편교회의 원리를 보게 된다. 즉 세상에 흩어진 교회들이 개교회주의적이지 않고, 다양한 지역에 있는 모든 교회들이 예수 그리스도께 속한 한 교회임을 알 수 있다. 사도교회 시대의 성숙한 성도들은 인간적인 친소親疎 관계에 따라 연보를 통해 지원한 것이 아니라 하나님의 복음으로 인해 그렇게 했다. 지상 교회에 있어서 가장 중요한 사역은 하나님의 말씀이 온 세상에 온전히 선포되고 증거되는 것이다.

2. 헌신적인 섬김 (3-5)

마게도니아 교회의 성도들은 힘이 닿는 대로 연보했을 뿐 아니라 경우에 따라서는 힘에 지나도록 자원하는 마음으로 연보했다. 그것은 결코 사도들이나 교회 지도자들의 강요에 의한 것이 아니었다. 하나님의 말씀을 올바르게 깨닫게 된 성도들은 자발적인 자세로 교회적 연보에 참여했다.

마게도니아 교회에 비추어 볼 때 우리시대의 일부 조직교회와 지도자들이 성도들에게 연보를 강요하는 것은 적잖은 문제성을 지니고 있다. 하지만 연보를 강요하는 것에 대한 반발로 인해 정작 있어야 할 자발적인 마음마저 사라지는 것은 또 다른 문제를 야기하게 된다. 그러한 잘못된 분위기는 성도들로 하여금 자발적으로 연보하는 자세가 아니라 경직된 의무감을 가지게 한다. 즉 연보에 대한 종교적인 의무를 감당하려 함으로써 자원하는 마음이 사라지게 되는 것이다.

교회 가운데서 아무도 연보를 강요하거나 강조하지 않지만 자발적인 마음이 생겨난다면 그것이 곧 하나님의 은혜이다. 그것은 자신의 종교적인 임무나 공로를 들여다보게 하는 것이 아니라 어려움을 당하는 다른 성도들과 하나님의 복음사역을 바라보게 한다. 이는 물론 하나님의 뜻 안에서 형성되는 신뢰를 바탕으로 한다.

마게도니아의 성도들은 교회를 섬기기 위한 연보에 참여하기 위해 사도들에게 간절히 부탁했다. 자발적인 연보를 할 수 있도록 간곡하게 당부했던 것이다. 성경에 기록된 문맥을 살펴보건데 바울을 비롯한 사도들은 환난 가운데서 궁핍한 생활을 하고 있는 저들에게 연보하는 일에 대해 어느 정도 만류했던 것으로 보인다.

그들은 단순히 물질로 연보하는 것을 신앙에 대한 최선의 표현이라 생각지 않았다. 사도들은 결코 마게도니아 교회의 성도들로부터 과분한 연보를 기대하지 않았다. 또한 그들이 그렇게 하도록 요구하지 않았으나 성도들은 스스로 헌신적인 자세를 가졌다. 그들은 먼저 자신을 하나님께 온전히 드렸으며 하나님의 뜻에 따라 물심양면으로 사도들을 성실하게 섬겼던 것이다.

성도들의 교회를 통한 연보는 단순한 물질적인 기부행위가 아니다. 특히 공예배 시간에 연보를 하는 것은 삶에 대한 고백적 의미를 동반하고 있다. 하나님과 교회에 대한 진정한 믿음의 고백이 없는 상태에서 돈을 내는 행위는 아무런 의미가 없다.

교회에 속한 모든 성도들은 연보를 통해 하나님에 대한 헌신을 고백하게 된다. 우리는 하나님께서 공급하시는 은혜로 말미암아 이 세상에서 날마다 음식을 먹으며 살아가고 있다. 우리가 의식주 생활과 더불어 이 세상에서 살아갈 수 있는 것은 전적인 하나님의 은혜로 인한 것이다. 하나님께서 허락하신 건강과 일할 수 있는 능력과 기회를 통해 물질을 얻어 생활해 나가게 된다. 그러므로 우리가 소유한 물질 가운데 일부를 연보하는 것은 그에 연관된 고백적 의미가 포함되어 있다.

3. 은혜의 성취 (6-8)

사도 바울은 그전에 디도를 고린도 교회에 보내면서 그곳 성도들로 하여금 은혜의 연보에 참여하도록 권면하게 했었는데 이제 그에 대한 사실을 언급하고 있다. 우리는, 하나님과 교회를 기억하며 연보하는 일이 성도들에게 베풀어진 '은혜의 사역'(the act of grace)이라고 표현한 바울의 말에 주의를 기울여야 한다.

바울은 디도를 통해 그 은혜의 연보에 참여한 성도들로 하여금 그 일을 끝까지 잘 마무리하도록 권면했다. 이는 당시의 연보가 특별한 목적에 연관되어 있었던 것으로 보여진다. 거기에는 아마도 사도들의 복음전파 사역과 더불어 예루살렘 교회의 기근문제가 포함되어 있었을 것이다(고전 16:1-3, 참조).

사도는 고린도 교회 성도들이 그 일을 위해 최선을 다할 것을 요구했다. 그들은 믿음과 말씀, 지식, 열심, 그리고 사도들에 대한 사랑 등 모든 일에 풍성한 자들이었다. 그런 성도들인 만큼 복음사역과 이웃을 위한 연보에 참여하는 일에도 성실하게 참여하는 것이 중요하다는 점을 말하고 있다.

그러나 바울은 그것이 저들에게 명령하는 것이 아님을 강조했다. 단지 다른 지역의 교회 즉 지금 그가 머무르고 있는 마게도니아 교회 성도들의 연보에 대한 열성을 전함으로써 고린도 교회 성도들이 가진 사랑의 진실함을 드러내 보이기를 원한다는 것이었다.

오늘날 우리도 항상 세상에 흩어져 존재하는 보편교회를 기억해야 한다. 어느 지역에 존재하는 교회이든지 다른 지역에서 신앙생활을 하는 성도들을 잊지 않도록 해야 한다. 만일 그들이 환난과 궁핍에 처하게 되어 형제들의 도움을 필요로 한다면 언제든지 그들에게 적절한 도움을 줄 준비를 갖추고 있어야 하는 것이다.

이는 단순히 신체적이며 물질적인 문제들에 국한되지 않는다. 즉 연약한 교회들의 영적인 문제와 말씀의 기근을 위해서 더욱 깊은 신경을 써야 한다. 오늘날 우리시대의 성도들 또한 지상에 흩어진 보편교회 가운데 속해 있으면서 어려운 여건에 처한 성도들을 기억해야 하는 것이다.

하지만 현실적으로는 그에 대처하기가 매우 어려운 것이 사실이다. 어지러운 교회 시대에 살아가면서 어느 교회가 진실로 하나님의 보편교회에 속한 참된 교회와 성도들인지 분간하기가 쉽지 않기 때문이다.

말씀의 기근에 처한 마지막 시대에, 개 교회주의를 탈피하고 전 세계에 흩어진 성도들을 기억하는 것은 매우 중요하다. 우리는 그 형제들을 위해 관심을 가지고 연보에 참여할 필요가 있다. 이는 우리시대의 각 교회의 재정 가운데는 흩어진 다른 형제들을 위해 사용되어야 할 분량이 포함되어 있음을 의미하고 있다. 하나님과 그의 몸된 교회에 속한 성도들은 이에 대한 올바른 이해를 하지 않으면 안 된다.

4. 낮아지신 주 예수 그리스도의 은혜 (9)

하나님의 피로 값주고 사신 교회는 주 예수 그리스도의 은혜를 소유한 공동체이다. 우리는 그 은혜에 대한 올바른 깨달음을 가져야만 한다. 하나님의 은혜가 없는 교회란 존재할 수 없으며 그 은혜가 교회의 본질이어야 한다.

여호와 하나님은 원래부터 전지전능하신 분이시다. 창세전부터 계시던 성부 성자 성령 하나님께는 모든 것에 풍부하시기 때문에 부족한 것이 전혀 없다. 삼위일체 하나님의 한 위이신 예수님은 우주만물을 창조하신 분으로서 만유의 주인이 되신다.

그 성자 하나님께서 친히 인간의 몸을 입고 타락한 이 세상에 오셔서 모든 면에 있어 가난한 자처럼 되셨다. 그는 자기 백성들을 죄악으로부터 구원하시기 위해 인간의 연약함을 체휼하시며 스스로를 비천한 자의 자리에 두셨던 것이다. 바울은 빌립보 교회에 편지하면서 그에 대한 기록을 하고 있다.

> "너희 안에 이 마음을 품으라 곧 그리스도 예수의 마음이니 그는 근본 하나님의 본체시나 하나님과 동등됨을 취할 것으로 여기지 아니하시고 오히려 자기를 비어 종의 형체를 가져 사람들과 같이 되었고 사람의 모양으로 나타나셨으매 자기를 낮추시고 죽기까지 복종하셨으니 곧 십자가에 죽으심이라"(빌 2:5-8)

하나님의 아들이신 예수 그리스도는 하나님 자신이면서 인간들의 눈에 하나님과 동등한 자로 비쳐지지 않으셨으며 도리어 인간의 몸을 입고 종의 형체로 보이셨다. 하나님께서 스스로 자신을 비천하고 가난한 자리에까지 낮추셨던 것이다. 결국은 가장 처참한 십자가 위에서 악한 인간들에 의해 죽임을 당하셨다.

예수님께서 비천하게 되신 것은 자기 자녀들을 사탄의 세력으로부터 구원하시기 위해서였다. 이는 또한 그가 가난하게 되심으로 교회에 속한 자기 백성들을 부요케 하시기 위한 것이었다. 그의 십자가 사역으로 말미암아 하나님의 백성들은 영원한 천국을 상속받을 수 있게 되었다.

따라서 지상에 존재하는 하나님의 교회는 천상의 나라를 상속받게 될 성도들이 모인 매우 특별한 공동체이다. 교회에 속한 우리가 부요하게 된 것은 인간적인 능력과 재주로 세상의 것들을 많이 끌어모았기 때문이 아니다. 도리어 교회는 앞으로 있게 될 것에 대한 상속의 보증으로 인해 부요한 자가 되어 있다.

이는 마치 현재 화려한 옷을 입고 값비싼 음식을 먹으며 살아가는 것은 아니지만 엄청난 금액의 보증수표를 소유하고 있는 것과 마찬가지다. 하나님께서는 자기 백성들에게 예수 그리스도의 십자가 사역을 통해 영원한 천상의 나라를 상속받을 수 있는 보증수표를 허락하셨던 것이다.

그러므로 우리는, 자신을 낮추어 인간의 몸을 입으심으로써 우리를 죄에서 구원하신 예수 그리스도의 겸손한 마음을 가져야 한다. 즉 하나님의 아들이신 그리스도께서 친히 인간의 몸을 입고 가난한 자가 되었듯이 우리 역시 그 의미를 알고 겸손한 자세로 이 세상의 삶을 살아가야 한다.

따라서 하나님의 몸된 교회에 속한 성도는 세상의 것을 좀 더 많이 소유하기 위한 욕망을 추구해서는 안 된다. 도리어 자신의 것을 다른 이웃들을 위해 베풀며 내어주는 가운데 자신을 가난한 자리에 놓을 때 진정으로 부요하게 되는 것이다.

5. 고린도 교회를 향한 요청 (10-12)

사도 바울은 고린도 교회 성도들에게 예수 그리스도의 지상에서의 삶을 언급하며 그에게 속한 모든 성도들도 이 세상에서 그렇게 살아야 함을 말하고 있다. 하나님의 자녀들은 예수님처럼 남을 위해 자신의 삶을 내어줄 준비를 갖추고 있어야 한다. 이는 성도들의 인생은 자기 개인을 위한 것이 아님을 의미하고 있다. 교회에 속한 성도들에게는 하나님의 뜻대로 사는 것이 최선의 삶이 된다.

그러므로 바울은 성도들에게 자신의 뜻을 드러내 보이며 그에 대한 권면을 하고 있다. 그것은 복음전파와 궁핍한 이웃의 삶을 기억하는 것과 관련된다. 이는 성도들의 연보와 연관되는데 성실하게 연보에 참여하는 것이 저들에게 유익이 된다는 것이다. 그것은 바울이 이 편지를 쓰기 일 년 전부터 저들이 스스로 자원해서 시행해온 일이었다.

바울은 고린도 교회 성도들이 원해서 시작한 그 일을 성실하게 잘 마무리 짓도록 권면하고 있다. 하지만 사도는, 그들이 자신의 형편을 생각지 않고 무리하게 연보하는 것을 원하지 않았다. 소유한 물질 가운데서 분별 있는 연보를 할 때 하나님께서 기쁘게 받으시겠지만, 있지도 않은 것을 만용을 부려 바치는 것을 기뻐하시지 않는다.

어리석은 인간들 가운데는 아직 있지도 않은 것을 미리 바침으로써 자신의 신앙을 나타내 보이려는 자들이 있다. 예를 들어, 앞으로 엄청난 부자가 될 것을 기대하고 미리 거액의 연보를 약정한다든지, 장래 자신이 얼마나 많은 수의 교회당을 짓겠다고 약속하는 것 등이 그렇다. 그러나 그것은 자신의 종교적인 욕망을 드러내는 것일 뿐 하나님께 드리는 진정한 은혜의 연보가 되지 않는다.

6. 평균케 하는 삶의 원리 (13-15)

하나님의 자녀들이 교회를 위해 연보하는 것은 지상에 존재하는 전체 교회를 위한 보편적인 성격을 지니는 동시에 개체 교회의 공동체적인 의미를 지니고 있다. 이는 가까이서 함께 신앙생활을 하는 성도들에 관한 것이기도 하지만, 지상에 흩어져 살아가는 개인적으로 알지 못하는 성도들 역시 그 범주에 들어간다는 사실을 말해준다.

교회에 속한 성도들은 자신의 재물 가운데 일부를 연보함으로써 다른 사람들을 어느 정도 평안케 해줄 수 있다. 그렇다고 해서 연보하는 성도들이 그것으로 말미암아 더욱 어려운 지경에 빠지게 되는 것은 아니다. 성도들이 이웃을 기억하여 연보하는 것은 도움을 받는 성도들뿐 아니라 연보를 하는 성도들을 비롯한 모든 성도들이 그것을 통해 다 같이 유익을 얻게 된다.

그러므로 우리가 기억해야 할 바는 연보의 목적 가운데 하나는 성도들의 삶을 평균케 하기 위한 것이라는 사실이다. 이는 일상적인 의식주와 밀접하게 연관되는 것으로서 어떤 성도들은 형편이 좋아 날마다 배불리 먹고 살지만 그렇지 못한 다른 성도들은 가난에 처해 먹을 것이 없어서 고통당한다면 온당한 일이 될 수 없다.

타락한 인간들은 본성상 무엇이든지 비교하기를 좋아한다. 그들은 끊임없이 상호 비교하는 가운데 다른 사람들에 비해 자신이 우월하다는 것을 확인하면서 유치한 자만심을 가지고 살아가고자 하는 것이다. 그러나 그것은 신앙이 어리거나 잘못된 사람들이 가진 어리석은 태도라 할 수 있다.

성숙한 하나님의 자녀들은 결코 그렇게 하지 않는다. 이 세상에 살아가는 인간들의 외모와 저들의 현실적 형편은 언제 어떤 식으로 변하게 될지 아무도 알지 못한다. 우리 가운데 자신과 자신의 사랑하는 자녀들이 인생을 마감할 때까지 지금처럼 여유롭게 생활하며 먹고 살아갈 수 있다는 보장을 받은 자는 없다. 하나님의 자녀들이 살아왔던 과거의 세상 역사가 그것을 잘 말해주고 있다.

그러므로 바울은 지금 연보를 할 수 있을 때 이웃을 염려하는 마음으로 그렇게 하라고 권면했다. 그러면 나중 자신이 궁핍한 형편에 처하게 될 때 여유로운 형제들에 의해 그들과 함께 살아가는 은혜를 입게 된다는 것이다. 이는 성도들이 서로간의 삶을 돌아보며 상호 물질적 보충이 이루어지므로 평균케 된다는 사실을 말해준다(고후 8:14). 바울은 그 일에 대해 고린도 교회 성도들을 교훈하고 있다.

하나님의 자녀들이 공평하게 먹고 살아가는 문제에 대해서는 이스라엘 민족의 역사속에서 특별한 형편 가운데 있었던 실제적인 삶을 통해 잘 드러나고 있다. 애굽에서 탈출한 구약시대 이스라엘 백성들은 홍해 바다를 건너 시내광야에 머물면서 40년간 날마다 아침저녁으로 만나와 메추라기를 먹고 살았다. 모세는 그에 대한 분명한 기록을 남기고 있다.

> "여호와께서 모세에게 일러 가라사대 내가 이스라엘 자손의 원망함을 들었노라 그들에게 고하여 이르기를 너희가 해 질 때에는 고기를 먹고 아침에는 떡으로 배부르리니 나는 여호와 너희의 하나님인줄 알리라 하라 하시니라 저녁에는 메추라기가 와서 진에 덮이고 아침에는 이슬이 진 사면에 있더니 그 이슬이 마른 후에 광야 지면에 작고 둥글며 서리 같이 세미한 것이 있는지라 이스라엘 자손이 보고 그것이 무엇인지 알지 못하여 서로 이르되 이것이 무엇이냐 하니 모세가 그들에게 이르되 이는 여호와께서 너희에게 주어 먹게 하신 양식이라 여호와께서 이같이 명하시기를 너희 각 사람의 식량대로 이것을 거둘지니 곧 너희 인수대로 매명에 한 오멜씩 취하되 각 사람이 그 장막에 있는 자들을 위하여 취할지니라 하셨느니라 이스라엘 자손이 그같이 하였더니 그 거둔 것이 많기도 하고 적기도 하나 오멜로 되어 본즉 많이 거둔 자도 남음이 없고 적게 거둔 자도 부족함이 없이 각기 식량대로 거두었더라" (출 16:11-18)

출애굽한 이스라엘 백성들은 먹고 마시며 생활하는 문제에 있어서 서로간 아무런 차등이 없었다. 부자도 가난한 자도 따로 있지 않았다. 젊은이, 노인, 어린이, 건강한 자, 병약한 자, 과부 등에 차이 없이 모든 사람들이 평등한 의식주 생활을 했다. 시내광야의 모든 백성들은 만나와 메추라기를 먹고 장막에서 생활하며 살아갔던 것이다.

우리가 여기서 기억해야 할 바는 시내광야의 이스라엘 백성들은 저들의 노력에 의해 식량을 생산한 것이 아니었다는 사실이다. 애굽에 살던 이스라엘 백성들은 저들의 노동력을 제공함으로써 얻은 물질을 통해 먹고 살았었다. 그것은 개인적인 능력에 따라 차등적인 음식을 먹고 살았음을 말해준다. 건강하고 능력이 있어 수입이 많은 사람들은 그렇지 못한 사람들에 비해 생활 정도가 차이날 수밖에 없었다.

그러나 시내광야에 살던 이스라엘 백성들에게는 그렇지 않았다. 인간들의 능력이나 노력에 따라 식량이 차등 공급된 것이 아니라 전적으로 하나님에 의해 양식이 공급되었다. 따라서 모든 백성들은 동일한 음식을 먹었으며 날마다 거두는 만나와 메추라기의 분량에 아무런 차등이 없었다. 그 날 먹을 양식을 많이 거둔 자도 남지 않았으며 적게 거둔 자도 모자라지 않았다. 모든 이스라엘 백성이 하나님 앞에서 차별 없는 식생활을 할 수 있었다. 적어도 먹을 양식이 없어 굶주리는 사람은 아무도 없었던 것이다.

우리는 그것을 성도의 삶에 있어서 기본 원리적인 교훈으로 받아들여야 한다. 그러므로 사도 바울은 이스라엘 백성의 시내광야에서의 삶을 특별히 인용하며 교회에 속한 성도들 역시 그러해야 함을 말하고 있다(출 16:18). 동일한 교회에 속한 성도들이라 할지라도 이 세상에 살아가는 동안 개별적인 형편에 차이가 날 수 있다. 그렇지만 적어도 교회 안에 먹을 음식이 없어 굶주리는 자가 있어서는 안 된다.

따라서 교회는 성도들 가운데 먹는 음식으로 인해 고통을 당하는 자가 있지 않은지 항상 살펴야 한다. 그것이 교회의 직분자들에게 맡겨진 중요한 사역이다. 또한 경제적으로 여유가 있는 성도들은 가난한 이웃을 염두에 두고 있어야 한다. 즉 언제든지 기회가 닿으면 자신의 것을 지혜롭게 나눌 준비를 갖추고 있어야 하는 것이다. 이는 교회 안에서는 전체적으로 평균케 하는 삶의 원리가 적용되어야 함을 말해주고 있다.

7. 교회와 구제의 의미의 그 한계

사람들이 일반적으로 말하는 구제란 가난한 이웃들에게 물질을 나누어주는 것을 의미한다. 즉 구제는 경제적인 여유가 있는 자들이 생활에 궁핍한 사람들에게 물질적인 도움을 주는 것과 연관된다. 그러나 엄밀한 의미에서 볼 때 개체 교회 안에서는 일반적인 의미의 구제개념이 존재하지 않는다. 다시 말해 그보다 한 단계 위에서 이해되는 나눔의 의미가 존재한다는 것이다.

이를 이해하기 위해 우리는 가정을 예로 들어 생각해 볼 수 있다. 한 가족인 부모와 자식사이, 형제사이에서는 구제라는 용어가 사용되는 것이 적절하지 않다. 그것은 구제가 아니라 당연히 행해야 할 의무에 해당되는 것이기 때문이다.

우리는 가정에서 경제적인 어려움을 당하는 부모나 형제에게 경제적인 도움을 주는 것을 구제라 말하지 않는다. 이처럼 교회에서 가난한 성도들에게 물질적 도움을 제공하는 것은 일반적인 구제의 의미와는 전혀 다르다. 그것은 하나님 앞에서 당연히 나누어야만 할 소중한 삶의 방편인 것이다.

일반적인 의미의 구제는 남에게 물질로 도와주는 것을 말하는 것으로서 그것은 당연한 의무에 해당하는 것이라 할 수 없다. 즉 개인의 형편에 따라 그렇게 할 수도 있지만 그렇게 하지 않을 수도 있다. 따라서 사람들은 그것을 선행이라 말한다. 그러나 가정과 교회에서 형제들을 위해 물질을 나누는 것을 구제나 선행이라 말하지 않는다. 우리는 이에 대한 이해를 분명히 해야 할 필요가 있다.

또한 우리가 반드시 기억해야 할 점은 게으르고 나태하여 성실한 삶을 살지 않는 어리석은 자들에 대한 문제이다. 어떤 일이든 나름대로 성실하게 일하는데도 불구하고 생활이 어려운 교인이 있다면 교회는 당연히 그에게 도움을 주어야 한다. 그리고 성도들 가운데 병약하거나 노동을 할 수 없는 형편에 놓인 자가 있을 경우에는 교회가 함께 그 짐을 나누어 져야 한다.

하지만 게으르거나 나태하기 때문에 일하기 싫어하는 사람들에 대해서는 사정이 전혀 다르다. 그들에게는 물질적인 도움을 줄 것이 아니라 도리어 권징을 시행하고 책망해야만 한다. 그런 자들을 위해 물질적으로 도와준다는 것은 오히려 그들의 삶을 피폐하게 만드는 결과를 초래하게 될 따름이다.

바울은 하나님의 말씀을 맡은 사도로서 항상 그런 자세를 유지하고 있었다. 그래서 누구든지 일하기 싫어하거든 먹지도 말게 하라는 단호한 말을 했다. 그것은 단순한 권면이 아니라 매우 엄격한 명령이었다. 그는 데살로니가에 있는 교회에 편지하면서 그점을 분명히 기록하고 있다.

> "우리가 너희와 함께 있을 때에도 너희에게 명하기를 누구든지 일하기 싫어하거든 먹지도 말게 하라 하였더니 우리가 들은즉 너희 가운데 규모 없이 행하여 도무지 일하지 아니하고 일만 만드는 자들이 있다 하니 이런 자들에게 우리가 명하고 주 예수 그리스도 안에서 권하기를 종용히 일하여 자기 양식을 먹으라 하노라"(살전 3:10-12)

사도 바울이 편지를 쓸 당시 데살로니가 교회에는 규모 없이 행하는 자들이 다수 있었던 것으로 보인다. 그런 사람들은 마땅히 해야 할 일은 하지 않고 남의 일에 부당하게 참견하면서 도리어 일만 만드는 자들이었다.

그들 가운데는 가난한 자들뿐 아니라 부자들도 없지 않았을 것으로 보인다. 열심히 일하지 않아도 나름대로 배불리 먹고 부유하게 살아갈 만한 여건이 되는 사람들이 다수 있었으리라는 것이다. 즉 부모로부터 많은 재산을 상속받았다든지, 구태여 힘든 일을 하지 않고 놀아도 안락한 삶을 살 만한 사람들이 있었을지도 모를 일이다,

그러나 사도 바울은 위의 본문에서 노동력이 있는 모든 사람들은 성실하게 일해야 한다는 사실을 강조하고 있다. 가난한 사람이든 부유한 사람이든 간에 어떤 형태의 일이든 노동하지 않아도 좋을 사람은 아무도 없다. 이러할진대 나태함으로 인해 일하지 않는 게으른 교인들에게는 교회가 도움을 주어서는 안 된다.

그런 자들에게 물질적 도움을 주는 것은 형제들로 하여금 더욱 나태하게 만들 우려가 있다. 따라서 교회는 말씀의 교훈과 권면을 통해 그들을 도와주어야 한다. 교회에 속한 모든 성도들은 삶에 대한 진지한 자세를 가지고 하나님을 진정으로 경외함으로써 성실하게 일해야 할 의무가 있기 때문이다.

제13장
복음을 위한 신실한 동역자들

(고후 8:16-24)

1. 바울의 동역자 디도 (16,17)

하나님의 몸된 교회에 속한 성도들의 교회에 대한 마음 자세는 매우 중요하다. 그것은 교회를 위한 애절함과 간절함으로 나타나야 한다. 우리는 지상의 교회에 속하여 여러 성도들과 더불어 교회를 이루어 신앙생활을 하면서 마치 종교적 취미생활을 하듯이 가볍게 임해서는 안 된다.

현대의 많은 교인들이 교회에 출석하면서 그곳을 중심으로 하여 자기가 원하는 종교적 욕망을 성취하려고 애쓰는 것은 여간 심각한 문제가 아닐 수 없다. 즉 음악을 좋아하는 사람들이 교회에서 성가대 활동을 하면서 그것을 가장 의미 있는 것으로 생각한다든지, 다양한 봉사활동을 하면서 그것을 통해 자신의 인생을 의미 있게 꾸미고자 하는 것은 바람직하지 않다. 또한 목회자가 자신의 종교적인 성공을 위해서 모든 노력을 경주하는 것도 심각한 문제가 된다.

그런 식으로 교회에 출석하면서 현실적인 즐거움과 만족감을 느끼며 종교적인 활동을 하게 되면 영원한 삶에 대한 간절한 마음을 가지지 못할 우려가 있다. 하나님의 말씀을 통해 소유하게 된 영원한 천상의 나라와 참된 교회에 대한 간절함이 개인을 위한 종교적인 욕망에 의해 크게 반감될 수 있는 것이다.

사도교회 시대의 성숙한 성도들은 하나님의 교회에 대한 간절한 마음을 소유하고 있었다. 특히 사도들은 항상 주님의 몸된 교회를 위한 마음이 절실했다. 바울은 고린도 교회 성도들에게 편지하면서 디도에게도 교회를 위한 간절한 마음을 허락하신 하나님께 감사하노라고 말했다. 디도는 사도들의 권면을 받고 더욱 간절한 마음과 더불어 자원하는 심정으로 고린도 교회로 나아갔던 것이다. 그가 그런 마음을 가졌던 것은 고린도 지역에 있는 성도들을 진정으로 돕기 위해서였다.

21세기에 살아가는 우리는 교회에 대하여 과연 어떤 마음을 가지고 있는지 자성해 볼 필요가 있다. 교회는 결코 종교적인 피신처가 아니며 종교적 취미활동을 하는 영역이 되어서도 안 된다. 영원한 천상의 나라에 소망을 둔 하나님의 자녀들에게는 항상 자신을 포함한 교회 공동체에 대한 애틋한 간절함이 있어야 한다.

특히 하나님의 말씀을 증거하며 가르치는 목회자들은 이를 귀담아 듣지 않으면 안 된다. 특별한 소명을 받아 교회의 교사가 된 성도들은 오직 하나님의 진리를 전할 따름이다. 결코 하나님께서 피로 값주고 사신 교회에 속한 성도들을 도구화하여 자신의 종교적인 욕망을 추구하는 어리석음에 빠지지 말아야 하는 것이다.

2. 모든 교회에서 칭찬받는 신실한 동역자 (18,19)

디도는 혼자 고린도 교회를 방문했던 것이 아니라 다른 신실한 형제들과 함께 갔다. 그들은 한결같이 교회의 칭찬을 받는 인물들이었다. 그것은 일반 윤리적인 관점에서의 칭찬이 아니라 하나님의 복음과 연관된 내용의 칭찬이었다. 그들은 또한 하나님의 영광과 사도들이 원하는 바를 교회 가운데 온전히 드러내는 자들이었다.

우리는 이에 대한 올바른 이해를 하지 않으면 안 된다. 교회의 모든 사역자들과 그에 속한 성도들에게는 하나님의 영광을 온전히 드러내는 것이 삶의 주된 목적이다. 하나님의 말씀에 순종함으로써 그의 영광을 드러내야 할 사명을 망각한 채 자신의 욕망을 추구하는 것은 오만한 태도에 지나지 않는다.

또한 교회의 직분자들을 포함한 모든 성도들은 하나님의 진리를 직접 계시받아 교회 가운데 전달한 사도들의 교훈과 요구에 온전히 순종해야 한다. 사도들이 원하는 바 진리를 드러내는 것이 저들의 사역의 목적이었듯이 오늘날 우리에게 있어서도 그와 동일하다. 우리가 기록으로 계시된 하나님의 말씀을 주의 깊게 살피는 것은 바로 그러한 이유 때문이다.

그리고 바울은 디도와 함께 동행하는 형제가 여러 교회들로부터 선택받은 인물이라는 사실을 증거했다. 우리가 여기서 특별히 관심을 기울여야 할 바는 그가 한 교회가 아니라 모든 교회들(all the churches)로부터 칭찬을 들었으며 여러 교회들(churches)로부터 택함을 입었다는 사실이다. 이는 지상에 흩어진 교회들 상호간에 진리를 보존하기 위한 공조가 이루어졌다는 사실을 말해주고 있다.

이 말은 개 교회주의를 용납하지 않음과 동시에, 교인들의 이기적인 판단이나 행동이 교회 안에서 허용되지 않는다는 사실을 보여준다. 하나님의 사역을 맡은 모든 성도들은 개별적인 판단에 따른 목적을 추구하는 자들이 아니라 교회가 저들에게 맡긴 일들을 감당해야만 했다. 그들은 곧 사도들에게 맡겨진 은혜의 일을 수행하며 사도들과 동행하는 자들이었던 것이다.

따라서 교회의 택함을 받은 사역자들의 임무와 사명은 분명하다. 거기에는 개인의 종교적 욕망을 내세운 임의적인 선택의 여지가 없다. 이에 대해서는 오늘날 우리시대의 교회에 있어서 직분자를 세우는 것 역시 이와 직접 연관된다. 모든 직분은 개인이 원해서 맡게 되는 것이 아니며 스스로 쟁취하는 것이 아니다. 특히 교회의 교사인 목사 직분을 가진 형제들은 이에 대해 더욱 분명한 이해를 하지 않으면 안 된다.

교회에서 목사를 청빙할 때나 교회로부터 이명移名을 해 갈 때 이명증서를 주는 것 역시 이와 밀접하게 연관되어 있다. 이는 여러 교회들이 공동으로 성도들을 보증해야 한다는 사실을 말해준다. 그래야만 하나님의 말씀을 버린 악한 자들이 비밀리에 교회 안으로 숨어들어가 어린 교인들을 미혹하거나 교회를 어지럽힐 수 없게 된다. 교회가 그에 관한 기능을 상실하게 되면 급속히 약화될 수밖에 없다.

3. 거액의 연보와 사도들의 자세 (20,21)

인간은 예외 없이 이 세상에서 의식주衣食住 생활을 하며 살아가게 된다. 그것을 위해서는 경제활동을 할 수밖에 없다. 그 가운데 가장 중심자리를 돈이 차지하고 있다. 돈은 실질적인 것들에 대한 교환가치를 가지고 있기 때문에 그것 자체로서 엄청난 의미를 가지고 있는 것이다.

따라서 돈은 항상 올바른 자세로 조심해서 다루어야 한다. 돈을 더 많이 벌기 위해 지나친 욕심을 부리다가 패망하는 자들이 있는가 하면, 돈에 집착하다가 그보다 훨씬 더 소중한 것들을 잃어버리는 예도 많이 있다. 그래서 성경은 돈을 사랑하는 것은 일만 악의 근원이 된다는 분명한 교훈을 주고 있다. 바울은 사랑하는 제자 디모데에게 편지하면서 그점을 언급했다.

> "돈을 사랑함이 일만 악의 뿌리가 되나니 이것을 사모하는 자들이 미혹을 받아 믿음에서 떠나 많은 근심으로써 자기를 찔렀도다"(딤전 6:10)

하나님의 자녀들은 돈에 대한 올바른 이해를 하지 않으면 안 된다. 성경은 돈을 사랑하는 것이 일만 악의 뿌리가 된다는 사실을 강조하고 있다. 따라서 성도들은 어떤 경우에도 돈을 사랑해서는 안 된다. 돈에 대한 잘못된 가치관을 가지거나 잘못 사용하게 되면 그것이 자신을 찌르는 흉기의 역할을 하게 되는 것이다.

그러나 돈을 무가치한 것으로 여겨 가볍게 생각하거나 아무 것도 아닌 듯이 생각해서도 안 된다. 중요한 사실은 돈을 하나님의 뜻에 따라 올바르게 사용해야 한다는 점이다. 성숙한 성도들은 자신이 소유한 돈을 적절하게 잘 사용하는 데 훈련되어 있다. 이를 위해서는 돈을 적절하게 잘 관리하는 것이 필수적이다.

돈을 성실하게 관리하는 일은 개인 성도들에게 뿐 아니라 교회 공동체에 있어서도 매우 중요하다. 사도 바울은 고린도 교회에 편지하면서 그에 연관된 사실을 언급하고 있다. 바울 일행이 마게도니아 교회로부터 모으게 된 연보는 당시 성도들의 형편에 비추어 볼 때 거액巨額이었다.

사도 바울은 많은 액수의 연보가 도리어 바람직하지 못한 시험거리가 될 수 있음을 지적하고 있다. 그 돈으로 인해 교회와 성도들을 훼방하는 위험한 자들이 생겨나게 될지 모른다는 것이었다. 따라서 교회의 지도자들은 어느 누구도 그 연보 때문에 교회의 사역을 방해하지 못하도록 해야 한다.

어리석은 자들 가운데는 교회의 재정이 많아지는 것 자체를 하나님의 축복인 양 생각하는 자들이 없잖아 많이 있다. 그러나 현명한 자들은 그것이 도리어 저들을 훼방하는 역할을 할 수 있다는 사실을 알고 지혜롭게 대처하게 된다.

성경에는 돈에 대한 욕심 때문에 패망한 사람들의 경우가 많이 나타난다. 그들은 하나님께 온전히 의지하기보다 돈을 더 사랑하다가 인생을 망치게 되었던 것이다. 우리는 그 대표적인 예로 사도교회 시대의 아나니아와 삽비라를 기억한다. 그들 부부는 돈을 사랑했기 때문에 하나님과 교회에 했던 약속을 저버리고 땅을 판 값 가운데 일부를 몰래 감추었다. 그들은 돈에 의지하여 그것으로 인해 저들의 인생을 살찌우고자 했지만 사도들은 그들을 죽음에 내어주었다.

> "아나니아라 하는 사람이 그 아내 삽비라로 더불어 소유를 팔아 그 값에서 얼마를 감추매 그 아내도 알더라 얼마를 가져다가 사도들의 발 앞에 두니 베드로가 가로되 아나니아야 어찌하여 사단이 네 마음에 가득하여 네가 성령을 속이고 땅값 얼마를 감추었느냐 땅이 그대로 있을 때에는 네 땅이 아니며 판 후에도 네 임의로 할 수가 없더냐 어찌하여 이 일을 네 마음에 두었느냐 사람에게 거짓말 한 것이 아니요 하나님께로다 아나니아가 이 말을 듣고 엎드러져 혼이 떠나니 이 일을 듣는 사람이 다 크게 두려워하더라 젊은 사람들이 일어나 시신을 싸서 메고 나가 장사하니라"(행 5:1-6)

돈을 교회 몰래 따로 챙겨 잘 살려는 계획을 가지고 있던 아나니아에게는 전혀 예기치 못한 정반대의 상황이 발생했다. 사도 베드로가 하나님과 교회를 속인 그를 죽음에 내어주었던 것이다. 베드로는 그때 저가 하나님의 성령을 속이고 사탄의 말을 청종한 것으로 선포하고 있다. 그로 인해 아나니아가 급작스럽게 죽게 되었으며, 불과 몇 시간이 지나지 않아 그의 아내 삽비라도 뒤따라 죽을 수밖에 없었다. 아나니아 부부의 갑작스런 죽음은 하나님과 그의 몸된 교회를 속였기 때문이다.

우리가 여기서 분명히 기억해야 할 바는 아나니아와 삽비라는 결코 저들이 하나님을 의도적으로 속이지 않았으며 교회에 거짓말을 했다고 생각지 않았을 것이란 사실이다. 그들은 아마도 원래의 생각을 바꾸어 자신의 재산 가운데 일부를 취했을 따름이지 달리 하나님을 속이려 하지 않았을지도 모른다.

그럼에도 불구하고 베드로는 그들이 하나님과 거룩한 교회를 속이고 거짓말을 한 것이라고 말했다. 그 말이 있고 난 후 아나니아와 삽비라는 즉시 죽음에 처하게 되었던 것이다. 그 사건으로 말미암아 교회와 그에 속한 성도들은 물론 그 이야기를 들은 많은 사람들이 하나님을 두려워하지 않을 수 없었다. 그것은 돈에 연관된 하나님의 엄격한 징계였다. 지상의 모든 교회들은 그 사건이 주는 교훈을 올바르게 받아들여야만 한다.

사도행전은 그 사건을 통해 돈에 연관된 성도들의 자세에 관한 기본적인 교훈을 주고 있다. 아나니아와 삽비라는 하나님과 교회가 아니라 저들이 소유한 돈을 더 사랑했다. 그들은 돈이 자신의 인생을 보장하며 의미 있게 꾸며 줄 것이라 생각했다. 그러나 그것은 저들의 삶을 빛나게 했던 것이 아니라 도리어 패망하게 만들었던 것이다.

그러므로 사도 바울은 돈으로 인해, '주님 앞에서 뿐 아니라 사람들 앞에서도 선한 일에 조심하려 한다' (고후 8:21)는 사실을 말했다. 여기서 말하는 사람 앞에서라는 말은 교회 앞이라는 말과 통하는 의미로 이해된다. 이처럼 모든 성도들은 개인의 물질뿐 아니라 교회의 연보에 연관된 문제에 대해서도 여간 신중한 자세를 가지지 않으면 안 된다.

4. 여러 번의 시험을 거친 동역자 (22)

하나님의 자녀들은 누구에게든지 무분별한 관용을 베풀어서는 안 된다. 도리어 많은 경우에 있어서 신앙이 확실하지 않은 교인들에 대해 건전한 관심을 가지고 저들의 신앙자세를 시험해보아야 한다. 그들이 과연 진심으로 하나님을 믿는 백성인지 아니면 형식적인 종교인인지 적절하게 검증해야 하는 것이다.

그것은 교회의 순결을 유지하기 위한 중요한 방편이 된다. 따라서 교회를 위해서는 항상 세속적 가치의 유입을 경계해야 한다. 그런 것들은 대개 인간들의 두뇌에 의해 생성 발전해 가게 된다.

그러므로 성숙한 성도들은 세상의 잘못된 사상과 가치관을 가지고 거룩한 하나님의 교회를 어지럽히는 자들이 있지 않은지 확인해야 한다. 그렇게 하는 것이 교회를 진정으로 사랑하는 방편이 되며 당사자뿐 아니라 모든 성도들에게 참된 유익이 된다. 요한은 외형상 교회에 속한 자들이 행하는 것들이라 할지라도 무조건 받아들여서는 안 된다는 사실을 말해주고 있다.

> "사랑하는 자들아 영을 다 믿지 말고 오직 영들이 하나님께 속하였나 시험하라 많은 거짓 선지자가 세상에 나왔음이니라"(요일 4:1)

하나님의 사랑을 오해하는 자들은 다른 사람들을 무조건 신뢰하고 받아들이는 것이 마치 성도들이 취해야 할 자세인 양 생각한다. 그러나 그것은 도리어 매우 위험할 따름이다. 요한은 교회 안에서 말하고 행동하는 자들의 모든 것을 다 믿지 말고 과연 그것들이 하나님으로 말미암은 것인지 시험해보도록 요구하고 있다.

이 세상에는 예수 그리스도의 이름을 핑계대며 자신의 종교적인 욕망을 추구하는 거짓 선지자들이 많다. 그들은 교회 안으로 몰래 숨어 들어와 어리석은 교인들을 속이며 교회를 어지럽히게 된다. 나아가 공개적으로 거짓된 종교방식을 통해 교회를 어지럽히며 해악을 끼치는 종교지도자들도 많이 있다. 교회가 그런 자들에 대해 분명한 경계를 하지 않으면 신앙이 어린 교인들이 그에 미혹될지 모른다. 예수님께서는 산상수훈에서 그와 연관하여 제자들에게 말씀하셨다.

> "나더러 주여 주여 하는 자마다 천국에 다 들어갈 것이 아니요 다만 하늘에 계신 내 아버지의 뜻대로 행하는 자라야 들어가리라 그 날에 많은 사람이 나더러 이르되 주여 주여 우리가 주의 이름으로 선지자 노릇하며 주의 이름으로 귀신을 쫓아 내며 주의 이름으로 많은 권능을 행치 아니하였나이까 하리니 그때에 내가 저희에게 밝히 말하되 내가 너희

를 도무지 알지 못하니 불법을 행하는 자들아 내게서 떠나가라 하리라" (마 7:21-23)

예수님께서는 제자들에게 사람들의 언어적인 표현이나 나타나는 현상을 보고 저들의 신앙을 가늠하지 말도록 주의하셨다. 그들은 종교적인 열정을 가졌을 뿐 아니라 다양한 이적들을 동반하고 있다. 하지만 그런 것들 자체로서 저들이 올바른 신앙을 가졌다는 보증을 하지 않는다.

위의 말씀에 비추어 보건데, 이에 대해서는 특히 교회의 지도자들을 시험해보아야 한다. 그들의 말과 주장, 나타나는 종교적 현상들 등 모든 것들을 계시된 말씀을 통해 교회적 시험을 거쳐야만 하는 것이다. 따라서 하나님의 복음전파 사역에 동참하겠다는 자들에 대해서는 더욱 신중한 검증이 필요하다.

하나님의 말씀에 수종드는 모든 사역은 인간들의 이성과 경험적인 판단에 근거하지 말아야 한다. 즉 개인이 그 일을 도모하고자 하는 열정을 가진 것이 문제가 아니라 교회의 진정한 보증이 요구되는 것이다.

사도 바울은 디도와 함께 고린도에 보낸 형제에 대해 다양한 측면에서 충분히 시험했음을 언급하고 있다. 그들이 과연 하나님으로 말미암은 진정한 열정을 소유했는지 여러 번 시험했다는 것이다. 바울을 비롯한 그와 함께한 성도들은 그 형제의 여러 가지 면에 대해 여러 차례 시험함으로써 그의 진정성을 확인했다.

그런 온전한 신앙 정신을 소유한 형제는 고린도 교회에 대한 깊은 신뢰를 가지고 있으므로 성도들을 위해 성실한 자세로 임하게 될 것이다. 바울을 비롯한 형제들이 그를 여러모로 시험했던 것은 하나님의 몸된 교회를 위한 것이었다. 즉 충분한 교회적 검증이 없는 상태에서 어떤 형제를 다른 교회에 파송한다는 것은 해당 교회뿐 아니라 여러 사람들에게 해악을 끼칠 우려가 있는 것이다.

이는 우리시대의 목회자들의 사역지 이동이나 선교사 파송에 있어서 깊은 주의를 기울여야 할 점이다. 목회자가 한 교회에서 다른 교회로 이동해 갈 경우에는 그곳으로 보내는 교회와 그를 받아들이는 교회가 서로간 철저하게 검증하지 않으면 안 된다. 또한 선교사를 해외로 보내거나 전도자를 파송할 경우에도 여러 가지 신앙적인 내용에 대해 다양한 측면에서 시험해야만 하는 것이다.

5. 사도의 신실한 동역자인 디도와 여러 교회의 사자들 (23,24)

사도 바울은 여기서 다시금 디도에 대한 언급을 하고 있다. 디도는 바울의 신실한 친구(friend)로서 교회를 섬기기 위한 동역자였다. 바울은 앞에서 이미 디도에 관해 여러 차례 말했었는데 여기서는 또다시 강조해 언급했다.

디도는 바울의 절대적인 신뢰를 받는 친구이자 그의 신실한 제자였다. 그에게는 사도 바울의 가르침에 따라 참된 교회를 세우는 것이 가장 중요한 사역이었다. 바울은 그를 직접 데리고 여러 지역을 여행하기도 했으며 교회를 온전히 세우기 위해 다른 지역에 보내거나 특정 지역에 남겨두기도 했다.

바울은 나중 디도에게 편지(디도서)를 써 보내게 되는데, 그때 디도는 그레데[98]에 머물면서 하나님의 교회를 온전히 세우기 위해 최선을 다했다(딛 1:5). 그는 그레데에 있는 교회들을 위해 여러 직분자들을 세우는 일을 했다. 지상교회에는 하나님의 말씀을 통해 교회를 올바르게 감독하는 장로들이 필요했던 것이다.

당시 그레데 지역에는 이단자들이 나타나 하나님의 교회를 심히 어지럽히고 있었다(딛 3:9-11). 직분을 통해 교회가 안전하게 서지 않으면 이

98) 지금도 그레데(Crete)에 가면 디도를 기념해 그의 이름을 딴 '디도교회'가 있다. 물론 커다란 교회당과 그에 속한 교인들이 성경적으로 충실한 교회라 말할 수는 없지만 우리로 하여금 과거의 역사를 되돌아보게 한다.

단들이 더욱 성행할 것이며 신앙이 어린 교인들은 그에 미혹받을 수밖에 없는 상황이었다. 그런 위태로운 형편 가운데 사도 바울은 디도를 그곳에 남겨두어 감독자인 장로들을 세워 이단자들을 경계하며 교회를 바르게 세우고자 했던 것이다(딛 1:5-9).

이는 바울이 디도를 절대로 신뢰했다는 사실을 잘 보여주고 있다. 바울과 디도는 끝까지 예수 그리스도 안에서 신뢰할 수 있는 관계를 유지했다. 예수 그리스도 안에서 형성된 이러한 신뢰 관계는 우리에게 소중한 귀감이 된다. 참되고 겸손한 성도들은 교회 앞에서 무례하게 자신을 주장하지 않고 주님께서 오시는 그날까지 신뢰를 이어갈 수 있어야 하며 그것이 성도들에게 주어진 최상의 축복이다.

사도 바울은 또한 디도와 함께 고린도 교회에 보냈던 모든 형제들에 대한 보증을 하고 있다. 바울은 그들을 '여러 교회의 사자들' 이라 표현하며 '그리스도의 영광' 이라고 말했다. 이는 그 형제들은 사람들이 아무렇게나 대해도 좋을 인물들이 아니라 하나님의 사자라는 사실을 말해준다.

그러므로 고린도 교회로 하여금 여러 성도들 앞에서 저들의 진정한 사랑을 보여줄 것을 요구했다. 또한 고린도 교회를 보증하고 있는 바울 자신과 형제들이 자랑했던 그 증거를 저들에게 보여주라는 말을 하고 있다. 이는 저들의 상호 신뢰관계가 분명히 드러나야 함을 의미하는 것이다.

우리는 여기서 보편교회의 분명한 원리를 보게 된다. 여러 교회들이 형제들을 공적으로 보내서 또 다른 여러 교회들을 위해 사역하게 한다는 것은 보편교회에 속한 교회들이 마땅히 가져야 할 관계에 대한 원리를 잘 보여주고 있는 것이다.

이에 대해서는 오늘날 우리시대 교회들 역시 마찬가지다. 우리는 세상 사람들의 인정을 받는 것을 최선의 목적이라 생각지 않는다. 나아가 일반 교인들로부터 호감을 사고 저들과 형식적인 우호관계를 유지하는 것도 주된 목적이 될 수 없다. 교회의 직분자들을 비롯한 모든 성도들은 사도들의 분명한 보증을 받아야 한다.

이는 성경과 성령의 도우심과 하나님의 몸된 교회의 보증을 통해 구체적으로 드러나게 된다. 그것은 지상의 교회가 유지해야만 할 본질에 속하는 것이다. 교회 가운데 온전한 신뢰관계가 형성될 때 교회를 위한 모든 사역자들은 교회의 사자들로서 그리스도의 영광이 될 수 있는 것이다.

제14장
교회와 복음사역을 위한 신실한 연보

(고후 9:1-15)

1. 의무감과 책임감을 요구하는 연보 (1-4)

영원한 천국에 소망을 두고 살아가는 성도들이 타락한 이 세상에 살아가면서 서로간 보살피며 섬기는 일은 지극히 마땅한 일이다. 우리가 명심해야 할 바는 하나님의 몸된 교회에는 계층적으로 신분상 높고 낮음이나 빈부귀천이 존재하지 않는다는 사실이다. 따라서 교회의 직분자들은 성도들 위에 군림하는 위치에 있는 것이 아니라 저들을 돌아보며 섬기는 일을 위해 최선을 다해야 한다.

이에 대해서는 사도들이 먼저 본을 보였으며 신앙이 성숙한 성도라면 누구나 저들을 따르게 되어 있다. 그것은 물론 겉으로 드러나는 유형적인 것들뿐 아니라 이웃을 위한 보이지 않는 무형적인 면들을 포함하게 된다. 성도들이 그런 온전한 신앙자세를 가지게 되면 저절로 주변의 어려운 이웃들을 돌아볼 수밖에 없다. 하나님의 몸된 교회에 속한 모든 성도들이 그런 삶의 자세를 가지게 될 때 진정한 교회다움이 드러나게 되는 것이다.

모든 하나님의 백성들은, 성경에 기록된 말씀을 통해 성령께서 요구하시는 음성에 귀를 기울여야 한다. 교회에 속한 성도들은 자신 혹은 자신의 가족만 이땅에서 안전한 삶을 누리며 잘 살고자 하는 이기적인 욕망을 버리지 않으면 안 된다. 이는 자기보다 어렵고 힘든 형편에 놓여있는 다른 성도들을 배려하고자 하는 마음을 항상 가지고 있어야 함을 말해준다. 예수님께서는 산상수훈 가운데서, 성도들이 이웃에 대해 가지고 있어야 할 기본적인 내용을 제자들에게 교훈하셨다.

> "그러므로 무엇이든지 남에게 대접을 받고자 하는 대로 너희도 남을 대접하라 이것이 율법이요 선지자니라"(마 7:12)

이 말씀은 하나님의 자녀들 상호간에 어떤 삶의 자세를 가져야 하는지에 대한 교훈으로서 일반적인 윤리를 말하고자 하는 것이 아니다. 이는 구속사에 연관된 진리를 내포하고 있으며 하나님께서 교회 가운데 성령을 보내신 것과 밀접하게 연관되어 있다(마 7:11; 눅 11:13, 참조).[99] 교회에 속한 성도들의 삶은 하나님께서 저들에게 성령을 보내주셨듯이, 그의 뜻을 온전히 따르는 삶의 자세가 기본적인 원리가 되어야 한다. 이는 물론 그리스도의 사역과 밀접하게 연관되어 있지만 교회 공동체를 이루고 있는 성도들이 성령의 도우심에 따라 함께 살아가야 하는 삶의 원리를 말해주고 있다.

주변의 가난한 이웃들을 배려하지 않은 채 자신의 삶을 챙기려는 이기적인 자세는 일시적인 만족을 제공할지 모르지만 진정한 보장성은 없다. 그들이 바라는 바 세상의 욕구에 대한 목적은 분명할지라도 그 결과는 알 수 없는 것이다. 그러나 함께 살아가고 있는 어려운 사람들을 기억하며 저들을 위해 자신의 것들을 나누어 가질 수 있는 자들에게는 하나님으로부터 허락되는 안정된 삶이 보장된다.

---

99) 이광호, 『에세이 산상수훈』(서울: 칼빈 아카데미, 2006), pp.228-232. 참조.

사도 바울은 고린도 교회 성도들에게 그에 관한 사실을 교훈하고 있다. 이에 대해서는 고린도 교회 성도들도 이미 잘 알고 있는 바였다. 따라서 바울은 성도들을 섬기는 일에 관련된 저들의 자세와 의지를 알고 있었으므로 다시금 그에 대해 쓸 필요가 없다는 말을 했다. 그들은 그전부터 어려움에 처한 이웃을 기억하는 삶을 일상적인 신앙생활 가운데 실천하고 있었던 것이다.

그러므로 바울은 마게도니아 교회의 성도들에게, 아가야 지역 곧 고린도 지역의 교회에 속한 성도들이 이미 오래 전부터 경제적으로 고통을 당하는 다른 지역의 어려운 형제들을 위한 연보에 힘쓰고 있다는 사실을 자랑했었다. 고린도 교회 성도들의 이웃을 기억하는 성실한 삶은 여러 지역에 흩어져 있던 교회들과 성도들로 하여금 분발하도록 하는 역할을 하게 되었다.

그런 가운데 바울이 여러 형제들을 고린도 교회에 보낸 것은, 그동안 그들에 대해 자신이 자랑했던 내용이 허망하게 되지 않도록 성실하게 준비할 수 있게 하기 위해서라는 사실을 언급했다. 혹시라도 나중에 마게도니아 교회의 형제들이 고린도 지역을 방문하게 될 때, 그들이 아무것도 준비하지 않은 것을 보면 고린도의 성도들은 물론 그들에 대해 자랑을 아끼지 않았던 바울 자신조차도 신뢰를 잃게 되어 부끄러움을 당하지 않을까 두려워한다고 말했던 것이다.

바울이 마게도니아 교회와 고린도 교회 성도들을 의식하는 가운데 이런 말을 하고 있는 것은 서로간 격려와 위로를 받고 모두가 예수 그리스도 안에서 더욱 성실한 삶을 살도록 하기 위함이었다. 자신이 소속한 교회 내부뿐 아니라, 비록 얼굴을 알지 못한다 할지라도 보편교회에 속한 흩어진 성도들을 기억하는 마음은 매우 소중하다. 이에 대해서는 이땅에 살아가는 모든 성도들이 항상 기억하고 있어야 할 내용이다.

2. 연보에 대한 약속 (5-7)

하나님의 자녀가 된 성도들간에 서로 섬기는 모습을 보여야 한다는 사실을 말했던 바울은 이제 고린도 교회 성도들에게 그전에 약속한 연보를 미리 준비하도록 권면했다. 극심한 궁핍에 처한 성도들을 기억하면서 형편에 따라 미리 조금씩 준비하여 연보하는 것이 참 연보답고 억지가 아니라 말하고 있다.

여기에는 일시적인 감정이나 임기응변적인 태도로 연보하는 것을 피하도록 하는 의미가 담겨있다. 무조건 많은 액수의 돈을 내는 행위 자체가 중요한 것이 아니다. 올바른 신앙자세를 가지고 하나님께서 원하시는 바에 따라 연보다운 연보를 하는 것이 바람직한 일이라는 것이다.

하나님의 자녀들은 이 세상에 살아가면서 자기 자신을 위한 이기적인 삶을 추구하지 말아야 한다. 경제적으로 여유가 있는 성도들이라면 항상 어려움을 겪고 있는 교회와 주변의 이웃들을 기억하지 않으면 안 된다. 자신의 인생을 위해 부를 축적하고 풍요로움을 추구한다고 해서 반드시 행복하고 만족스런 삶을 살게 되는 것은 아니다. 도리어 그 결과는 기대하는 바와는 정반대로 나타날 수 있다.

또한 이웃을 위해 자기가 소유한 것들을 아낌없이 나누어 주는데도 더욱 부유하게 되는 경우가 많이 있다. 굳이 자기의 소유물들을 움켜잡고 욕심을 부리지 않는다 해서 여유로운 삶을 포기하는 것이 아니다. 가진 것들을 가난한 이웃들과 넉넉히 나눈다 해도 여전히 영육간의 풍요로운 삶을 유지할 수 있는 것이다.

사도 바울은 그에 관련된 언급을 하며 구약성경에 기록된 말씀을 인용하고 있다. '적게 심는 자는 적게 거두고 많이 심는 자는 많이 거둔다' 는 언급을 했던 것이다. 우리는 이 말씀을 여간 주의 깊게 이해하지 않으면 안 된다.

바울이 말하고자 하는 바는 많은 액수의 연보를 하면 할수록 이 세상에서 더욱 풍요롭게 되어 소위 물질적 축복을 더 크게 누릴 수 있게 된다는 의미가 아니다. 만일 그런 논리를 앞세우게 되면 생활이 궁핍하여 연보를 제대로 할 형편이 되지 못하는 성도들에 대해서는 어떻게 설명할 수 있을 것인가? 그들은 연보를 못하거나 적게 하기 때문에 과연 이 세상에서 물질적 고통을 동반한 채 살아야 한다는 말인가?

바울의 말은 결코 그런 뜻이 아니다. 즉 그 말의 의미는 단순히 산술적인 수치에 관한 것이 아니라 이기적인 욕심을 버리고 자신의 재물을 복음사역과 교회 및 이웃을 위해 적절히 나누는 것과 연관된다. 이는 하나님의 자녀들이 함께 살아가야 함을 말해준다. 구약성경 잠언서에는 그와 연관된 교훈이 기록되어 있다.

> "흩어 구제하여도 더욱 부하게 되는 일이 있나니 과도히 아껴도 가난하게 될 뿐이니라 구제를 좋아하는 자는 풍족하여질 것이요 남을 윤택하게 하는 자는 자기도 윤택하여지리라 곡식을 내놓지 아니하는 자는 백성에게 저주를 받을 것이나 파는 자는 그의 머리에 복이 임하리라" (잠 11:24-26)

잠언서에 기록된 이 말씀은 타락한 세상에서 나그네가 되어 살아가는 모든 성도들의 기본적인 삶의 원리가 되어야 한다. 자기의 목숨과 개인적인 화려한 인생을 꾸미기 위해 과도한 욕심을 부린다면 의도와는 달리 도리어 예기치 못한 위험을 초래할 따름이다. 잠언은, 이웃이 먹을 음식이 부족해 심각한 어려움에 빠져 있는데도 저들과 나누지 않고 자기의 배를 채우기 위해 곡식을 비축하기만 한다면 저주를 받게 될 것이라 말하고 있다.

우리가 이웃을 위해 재물을 나누는 일은 결코 생색내기에 그쳐서는 안 된다. 그것은 부자들의 천박한 심리적 취향에 지나지 않을 수 있다. 따라서 교회의 연보와 이웃을 위한 구제행위를 통해 내심 자기의 만족을 추구하려 해서는 안 된다. 즉 자기의 기쁨과 즐거움을 추구하기 위한 방편으로 연보를 하거나 가난한 이웃을 위해 구제하는 행위는 올바른 자세라 할 수 없다. 예수님께서는 구제할 때, 왼손이 하는 것을 오른손이 모르게 하라는 요구를 하고 있다(마 6:3).

그렇다고 해서 자신의 형편을 살피지 않는 채 무분별한 일시적인 종교적 감정에 의해 연보를 하거나 구제를 결정해서도 안 된다. 정체성이 없는 그런 연보는 오래지 않아 자신의 경솔함으로 인해 후회하게 될지도 모른다. 그런 미성숙한 태도는 성도의 올바른 신앙 자세가 아니기 때문이다. 성숙한 성도들은 마음에 결정한 대로 형편에 맞게 신중한 자세로 연보에 참여할 수 있어야 한다.

이와 동시에 교회와 복음사역을 위해 연보하는 성도들은 인색함으로나 억지로 해서는 안 된다. 또한 다른 사람들의 강요에 의해서 연보해서도 안 되며 종교적인 분위기나 주변 사람들의 눈치를 보아 연보해서도 안 된다. 외부적인 부담을 해소하기 위해 연보와 구제를 하는 것은 결코 바람직하지 않은 것이다.

연보하는 성도들은 항상 영원한 구원에 관한 하나님의 놀라운 은혜를 기억하는 가운데 자신의 삶을 돌아보며 이웃을 위해 즐거운 마음으로 연보해야 한다. 그렇게 해야 하는 것은 자신이 아니라 하나님과 이웃을 위한 진정한 사랑의 마음을 동반하고 있기 때문이다. 하나님께서는 그런 자들의 마음을 보시며 그런 성도들의 연보를 기쁘게 받으신다.

3. 연보하는 자에게 넘치는 은혜 (8-11)

하나님께서는 자기 자녀들에게 모든 은혜를 넘치도록 허락하시는 분이시다. 그는 자기 백성들을 위해 모든 일에 있어서 모든 것들이 항상 넉넉하도록 하셨다(고후 9:8). 그것을 통해 하나님께서 원하시는 모든 선한 일이 넘치도록 하시고자 했던 것이다. 사도 바울은 고린도 교회 성도들에게 그에 대한 분명한 교훈을 주고 있다.

성도들이 세상에 살아갈 때 일상생활을 위한 절대 필요조건이 되는 재물과 식량에 대해서도 마찬가지다. 사람들이 날마다 먹고 살아가야 하는 생존문제에 있어서조차 어려운 일이 발생하는 까닭은, 이기심에 가득 찬 사람들이 개인을 위해 물질을 과잉 비축하거나 혼자 배불리 먹고 살고자 하는 욕망 때문에 일어나는 문제이다. 그러나 모든 사람들이 개인적인 욕심을 버리고 이웃과 함께 나누어 먹을 수만 있다면 그런 어려움에 빠지지 않는다.

모든 성도들이 부지런히 일하며 검소한 삶을 살아가면서, 자신의 소유를 가난에 처한 자들과 나누어 가질 수 있다면 다 같이 하나님께 감사하며 살아갈 수 있을 것이다. 바울은 구약성경에 기록된 교훈을 염두에 두고, '기록한 바 저가 흩어 가난한 자들에게 주었으니 그의 의가 영원토록 있느니라 함과 같다' (고후 9:9)는 말을 하고 있다. 이 말씀은 예수 그리스도와 연관된 것으로서 시편에 기록된 내용을 인용한 것이다.

> "저가 재물을 흩어 빈궁한 자에게 주었으니 그 의가 영원히 있고 그 뿔이 영화로이 들리리로다 악인은 이를 보고 한하여 이를 갈면서 소멸하리니 악인의 소욕은 멸망하리로다"(시 112:9,10)

시편 기자가 노래했던 이 내용은 메시아 예언에 연관된 말씀이다. 죄에 빠진 자기 백성들을 사망의 구렁텅이에서 구원하시기 위해 인간의 몸을 입고 이땅에 오시게 될 메시아는, 원래부터 자신이 소유한 모든 것들을 가난한 자들에게 나누어 주기를 기뻐하시는 분이다(시 112:3). 이는 비단 재물에만 국한되는 것이 아니라 삶의 모든 영역에 적용되는 의미를 지니고 있다. 그것으로 말미암아 하나님의 자녀들을 통해 그의 의가 영원히 드러나며 그의 뿔이 영화롭게 들리게 되는 것이다.

그러나 하나님을 알지 못하는 악한 자들은 그것을 보고 감사하는 마음을 가지는 것이 아니라 도리어 심히 분노하게 되며 이를 갈며 대응하게 된다. 어처구니없는 그러한 태도는 저들을 패망의 길로 이끌어간다. 결국 악한 자들의 욕망은 아무런 의미 없는 물거품이 될 수밖에 없다. 바울은 그에 연관된 말씀을 전하며 고린도 교회 성도들에게 그리스도께 속한 성도들의 삶에 대한 교훈을 주고 있다.

하나님께서는 곡식을 심는 자들에게 씨앗과 더불어 그들이 먹을 양식을 주신다(고후 9:10). 그 씨앗을 통해 많은 곡식을 추수해 더욱 풍성하게 되도록 하신다는 것이다. 하나님의 자녀들은 그것으로 말미암아 의의 열매를 맺게 된다. 즉 저들이, 육신이 섭취하게 되는 양식을 가난한 이웃들과 나눔으로써 하나님께서 저들로 하여금 영적인 열매를 더하게 하시는 것이다.

따라서 하나님의 자녀들은 모든 것에 부요하여 교회와 가난한 이웃을 위해 너그럽게 연보에 참여할 수 있어야 한다. 그것을 통해 복음사역과 더불어 형편이 어려운 가난한 교회를 위한 성도들의 사랑이 드러나게 된다. 그러므로 교회와 그에 속한 모든 성도들은 성숙한 나눔으로 말미암아 하나님께 감사할 수 있게 되는 것이다.

오늘날 메마르고 각박한 시대에 살고 있는 우리 역시 이에 대한 올바른 깨달음을 가지는 것은 매우 중요하다. 우리는 항상 교회의 복음전파 사역과 주변의 이웃들을 살펴보며 어려움과 고통에 빠진 자들을 기억해야 한다. 그것이 하나님께서 지상 교회에 속한 모든 성도들에게 요구하시는 바이기 때문이다.

또한 교회는 공적으로 세상에 흩어져 존재하는 보편교회를 기억해야 한다. 동시에 개체 교회는 가까운 이웃 가운데 경제적으로 극심한 어려움에 빠진 형제들이 있지 않은지 주의 깊게 살피며 저들을 돌아볼 수 있어야 한다. 어려움에 처해 있으면서 다른 성도들을 통해 힘을 얻게 되는 연약한 교회와 성도들은 그것으로 인해 하나님께 깊은 감사와 찬송을 돌리게 되는 것이다.

4. 연보로 인한 감사와 하나님의 영광 (12-15)

하나님의 몸된 교회를 섬기기 위한 연보를 통해 이루어지는 봉사의 직무는 가난한 성도들에게 필요한 물질을 채워주는 역할을 하게 된다. 이를 통해 앞에서 언급된 '평균케 하는 원리'(고후 8:14)가 구체적으로 적용된다. 그것은 단순한 나눔이라기보다 세상을 살아가는 성도들의 생존과 밀접하게 연관되어 있다.

뿐만 아니라 그것은 하나님의 교회에 속한 모든 성도들로 하여금 하나님께 감사하도록 하는 역할을 감당한다. 이는 그것을 통해, 하나님의 자녀들이 서로간 관심을 가지게 되는 교회 공동체의 진정한 의미가 드러나기 때문이다. 즉 성도들은 하나님을 예배하며 섬기는 일을 행하는 것과 동시에 성도들간의 선한 의무를 상호 감당함으로써 지상의 교회를 세워나가게 되는 것이다.

그러므로 성도들의 성실하고 자발적인 연보는, 교회에 속한 하나님의 백성들이 예수 그리스도의 복음을 온전히 믿고 순종하고 있다는 사실을 겉으로 드러내 보여준다. 또한 그것이 가난한 이웃들에게 아낌없는 도움을 준다는 사실에 대한 분명한 증거로 나타나게 된다. 따라서 성숙한 자세로 연보하는 삶은 모든 성도들로 하여금 하나님께 감사하며 찬양을 돌리는 동기를 부여하는 역할을 하게 되는 것이다.

교회적 연보를 통한 삶의 나눔은, 직접 도움을 입게 되는 성도들로 하여금 하나님의 넘치는 은총으로 인해 도움을 베풀어준 형제들을 진심으로 사모하게 된다. 그들은 저들의 성숙한 신앙을 보며 그들 또한 그러한 신앙을 본받게 되기를 원하는 것이다. 그리고 그들은 저들을 위해 기도하는 간절한 마음을 가지게 된다. 그런 삶은 말로 형용할 수 없는 놀라운 하나님의 은혜로 말미암아 하나님께 진정한 감사를 돌리지 않을 수 없게 한다.

하나님의 자녀들이 감사하게 되는 것은 단순히 물질적인 문제가 어느 정도 해결되기 때문만이 아니다. 그리고 도움을 받는 사람들이 반드시 양식을 공급받게 되었다고 해서 하나님께 더 크게 감사하는 것도 아니다. 중요한 것은 하나님의 몸된 교회가 성도들의 자발적인 연보와 사랑의 나눔을 통해 복잡하고 어려운 세상 가운데서도 온전히 세워져 가게 된다는 점이다. 우리는 그것이 모든 성도들에게 허용되는 가장 감사한 일이라는 사실을 기억해야만 한다.

제15장
사도 바울의 영적인 권위

(고후 10:1-18)

1. 항상 성실해야 할 성도들 (1,2)

성실한 성도들은 항상 하나님 앞에서(Coram Deo) 살아야 한다는 사실을 알고 그렇게 살아가고자 노력한다. 다른 사람들이 자기를 보고 있든지 그렇지 않든지 언제나 온전한 신앙의 자세를 유지하려고 애쓰는 것이다. 그러나 어리석은 자들은 주변 사람들의 눈을 의식하며 종교적인 생활을 하려는 습성을 가지게 된다.

누군가 자기를 보고 있거나 다른 사람들에게 알려질 만한 일로 여겨지면 모든 노력을 다하는 것처럼 행동하다가 아무도 보지 않고 외부로 드러나지 않을 것 같으면 신앙적 최선을 다하지 않게 되는 것이다. 그런 형태의 종교적 행위를 하는 것은 하나님과 자신을 속이는 잘못된 신앙으로 말미암는다.

하나님의 역사적 보편교회의 기초가 놓이던 사도시대에도 그런 자들이 많이 있었다. 사도들을 비롯한 교회 지도자들이 보는 앞에서는 열심히 행하는 척하다가 그들의 눈에서 벗어나게 되면 맘대로 신앙생활을 하던 자들이 많았던 것이다. 고린도 교회 내에도 그런 사람들이 상당수 있었던 것으로 보인다.

그런 자들은 바울이 함께 있을 때는 최선을 다해 신앙생활을 하는 듯이 행동했다. 그러나 그가 다른 먼 지역으로 떠나가고 가까이 있지 않을 때는 하나님의 말씀에서 벗어나 제멋대로 살아갔다. 그런 사람들은 살아계신 하나님보다 주변의 시선을 의식해 신앙생활을 하는 어리석은 교인들이었던 것이다.

바울은 저들의 얼굴을 마주 대하고 있을 때는 항상 유순하게 말했다. 이는 그들이 최선을 다해 신앙생활을 하는 모습을 보였기 때문이다. 하지만 바울이 저들로부터 멀리 떠나 있을 때는 그들에게 단호한 언사言辭를 아끼지 않았다. 그 사람들은 바울이 없는 동안에는 하나님을 진심으로 경외하기보다 도리어 주관적인 판단에 따른 행동을 했기 때문이다.

그러므로 바울은 예수 그리스도의 온유하심과 관대하심을 힘입어 그들에게 간청했다. 사도들이 저들과 함께 있든지 그렇지 않든지 항상 하나님을 진정으로 경외하는 일관성 있는 신앙생활을 하라는 것이었다. 교회에 속한 성도들이 늘 그런 온전한 신앙을 이어간다면, 사도들이 저들에게 강경한 모습을 보일 필요가 없었을 것이 분명하다.

하지만 바울은 주님의 말씀을 벗어나 방자하게 행하는 자들에게 결코 부드러운 자세로 대할 수 없다는 사실을 분명히 말했다. 인간의 종교적인 욕망에 따라 처신하는 자들은 자기중심적인 이기주의자들이다. 그런 자들은 개인적인 목적을 달성하기 위해 자신을 속일 뿐 아니라 남을 헐뜯게 된다. 사도 바울은 그런 신앙태도를 가진 자들에게 강경한 자세를 취하는 것은 지극히 당연한 것이라 말하고 있다.

이에 대해서는 오늘날 우리 역시 그와 동일한 자세를 취하지 않으면 안 된다. 먼저 우리는 누가 보든지 보지 않든지 항상 하나님 앞에서 일관성 있는 겸손한 신앙자세를 유지해야만 한다. 나아가 다른 사람들의 시선을 의식하지 않고 하나님을 진정으로 경외하는 가운데 온전한 처신을 하도록 해야 한다.

그리고 우리시대 교회와 직분자들 또한 하나님을 경외하며 겸손하게 신앙생활을 하는 자들에 대해서는 부드러운 자세를 유지해야 한다. 그런 성도들에게 굳이 강경한 자세를 취할 까닭이 없기 때문이다. 하지만 자기의 종교적 욕망을 채우기 위해 오만한 태도를 가진 자들에 대해서는 강경한 입장을 취해야만 한다. 이는 하나님의 말씀으로써 저들을 강하게 책망해야 함을 말해주고 있다. 그것은 개별적인 권면을 통해 드러날 수도 있지만 공예배 시간에 선포되는 말씀 속에서 그 의미가 분명히 드러나게 된다.

2. 우리의 병기 (3-6)

하나님의 백성들은 죄에 물들어 타락한 이 세상에 살아가면서 항상 사탄의 세력과 맞서 싸우는 전투 중에 있다. 그래서 우리는 지상의 교회를 일컬어 '전투하는 교회' 라는 표현을 하게 된다. 전투 중에 있는 교회와 성도들은 자신이 처한 긴박한 상황을 정확하게 인식해야 하며 적군과 아군에 대한 선명한 분별력을 가져야만 한다.

전쟁터에 나가 있는 사람이 긴박한 상황을 전혀 파악하지 못한 채 해이한 태도로 살아간다면 더 큰 위험에 빠질 수밖에 없다. 또한 적군과 아군을 분명하게 식별하지 못한다면 치명적인 타격을 입을 수 있다. 나아가 우리가 심각하게 생각해야 할 점은 지상 교회와 우리 주변에는 무수한 첩자들이 들어와 있다는 사실이다.

교회 주변으로 침투한 악한 세력의 첩자들은 자신의 본 모습을 숨기기 위해 그럴듯한 기독교인으로 가장하여 행세한다. 그들은 남 보기에 더욱 세련된 모습을 지니고 기독교의 형식적인 면들에 익숙해 있지만 근본적으로 잘못된 본질을 소유하고 있다. 따라서 성숙한 교회와 성도들은 항상 주변 상황을 민감하게 살펴 첩자들이 어린 성도들을 미혹하지 못하도록 경계해야 한다.

그러므로 하나님을 진정으로 경외하며 영원한 천국을 바라보는 성도들은 이 세상을 즐기며 살아가려 하지 않는다. 그들은 인생을 누리며 호사롭게 살아가려는 욕망을 버리게 된다. 지상 교회의 주변에는 항상 약삭빠른 첩자들이 어린 교인들을 미혹하기 위해 호시탐탐 노리고 있으며, 세상은 마치 위험한 지뢰밭과 같아서 여간 정신을 바짝 차리지 않으면 안 되는 것이다.

따라서 교회와 그에 속한 성도들은 항상 어둠의 세력과 맞서 싸우는 일을 지속하게 된다. 하지만 성도들이 인간의 육신을 입고 있다고 해서 육체적인 방법으로 전투에 임하지는 않는다. 따라서 우리가 전쟁을 수행하기 위해 사용하는 무기는 육체의 무기가 아니라 이 세상의 것과는 성격이 전혀 다른 강력한 하나님의 무기이다.

그 무기는 아무리 견고한 난공불락難攻不落의 요새라 할지라도 능히 무너뜨릴 수 있다. 우리는 그 특별한 무기를 소유하고 하나님을 아는 지식을 가로막는 악한 자들의 모든 교만을 쳐부수게 되며 저들의 어리석은 이론들을 파괴하여 예수 그리스도 앞에 굴복시킨다. 그 일은 세상이 완전히 끝나는 날까지 진행될 것이며, 마지막까지 하나님께 복종하기를 거부하는 자들에게는 하나님의 무서운 심판이 임하게 된다.

그러나 이 세상에서의 그 싸움은 결코 만만하지 않다. 사도 바울은 에베소 교회에 편지를 쓰면서 그점에 관한 자세한 설명을 하고 있다. 세상의 악한 세력과 맞서 전투에 임하는 성도들은 하나님께서 허락하신 진리와 말씀으로 완전군장을 하지 않으면 안 된다는 것이다. 따라서 하나님의 백성들은 무사안일한 태도를 버리고 항상 전투태세를 갖추고 있어야 한다.

> "마귀의 궤계를 능히 대적하기 위하여 하나님의 전신갑주를 입으라 우리의 싸움은 혈과 육에 대한 것이 아니요 정사와 권세와 이 어두움의 세상 주관자들과 하늘에 있는 악의 영들에게 대함이라 그러므로 하나

> 님의 전신갑주를 취하라 이는 악한 날에 너희가 능히 대적하고 모든 일을 행한 후에 서기 위함이라 그런즉 서서 진리로 너희 허리 띠를 띠고 의의 흉배를 붙이고 평안의 복음의 예비한 것으로 신을 신고 모든 것 위에 믿음의 방패를 가지고 이로써 능히 악한 자의 모든 화전을 소멸하고 구원의 투구와 성령의 검 곧 하나님의 말씀을 가지라"(엡 6:11-17)

사도 바울은, 성도들이 살아가는 이 세상이 피를 흘리며 싸워야 하는 전쟁터와 같다는 사실을 강조해 말하고 있다. 예수 그리스도를 십자가에 못박아 죽인 악한 세력의 편에 선 인간들은 하나님의 편에 선 교회와 성도들을 약화시키기 위해 호시탐탐 노린다. 뿐만 아니라 그들은 교회를 공격하기 위한 치밀한 작전을 세워두고 있다.

그러므로 모든 성도들은 하나님께서 제시하신 경건한 요소들로서 완전군장을 해야만 한다. 만일 하나님의 백성들이 그 긴박한 상황을 염두에 두지 않고 방심한다면 엄청난 상처를 입게 될 것이 분명하다. 나아가 전쟁을 치루기 위해 영원한 진리와 성령의 검인 하나님의 말씀으로 하지 않고는 저들의 세력에 맞서 싸울 수 있는 능력이 없다. 따라서 성경이 요구하는 바대로 진리로써 완전무장을 한 채 경계의 끈을 잠시도 늦추지 말아야 한다.

오늘날 우리 역시 그와 동일한 형편에 놓여 있다. 따라서 단순히 세상에 대해 경계만 하면 되는 것이 아니라 현실적인 전투가 끊임없이 발생하고 있다는 사실을 직시해야 한다. 전투 중에 있으면서 긴박한 상황을 전혀 파악하지 못한 채 무사안일주의에 빠져 있다면 여간 심각한 문제가 아닐 수 없다.

우리시대에 있어서 심각한 문제는, 연약한 교회와 거짓 교회들이 피아彼我가 없는 세상으로 만들어 가려는 허망한 노력을 지속하고 있다는 사실이다. 현대에는 하나님의 편에 서 있다고 주장하는 자들이, 생명을 걸고 맞서 싸워야 할 원수인 악한 세력을 도리어 끌어안으려는 이상한 현상이 발생하고 있다. 그런 자들은 거룩한 영적 전쟁이 아니라 타락한 세상과 부당한 화해를 시도하고 있는 것이다. 그러한 태도는 예수 그리스도를 십자가에 못박아 죽이고 하나님의 일을 방해하는 원수들을 교회의 이름으로 끌어안으려 하는 어처구니없는 위험한 타협에 지나지 않는다.

배도에 빠진 우리시대에는 안타깝게도 교회가 마땅히 지녀야 할 신령한 전투의 개념이 점차 사라지고 있다. 지상의 곳곳에 위험한 요소들이 널려 있고 사악한 첩자와 적군들이 설쳐대고 있지만 그것을 전혀 인식하지 못하고 있는 것이다. 이는 마치 철부지 어린아이들이 지뢰밭 위에서 맘대로 뛰놀며 즐거워하는 것과 마찬가지다. 또한 주변에 사탕을 손에 들고 삼킬 자를 찾아 눈을 번들거리는 유괴범들이 득실거리고 있는데도 어린아이들이 아무것도 모른 채 놀기에만 정신이 팔려 있는 것과도 같다.

그러는 사이 원수로부터 흉기가 모습을 드러내고 지뢰가 터지면 저들에게 심각한 상처를 입히게 된다. 위험한 상황을 방치하게 될 경우 사악한 자들에 의해 어린 자들이 엄청난 피해를 입게 될 것이 틀림없는 것이다. 그럼에도 불구하고 어른들이 상황을 착각하고 있다면 여간 심각한 문제가 아닐 수 없다. 따라서 성숙한 성도들은 이에 더욱 민감하게 대처하지 않으면 안 된다.

사도 바울은 교회에 속한 성도들에게 하나님의 말씀에 온전히 순종하도록 요구하고 있다. 그렇게 함으로써 교회와 성도들을 악한 세력으로부터 지켜낼 것이기 때문이다. 최종심판의 날이 이르게 되면 하나님께서는 사도들을 통해 허락하신 진리의 말씀으로써 그에 복종하지 않는 자들에게 궁극적인 심판을 내리시게 될 것이다.

3. 예수 그리스도께 속한 성도들 (7,8)

하나님의 몸된 교회와 그에 속한 모든 성도들은 눈앞에 펼쳐져 있는 긴박한 현실을 정확하게 직시할 수 있어야 한다. 상황을 오판하게 되면 그에 대응하는 기본적인 개념 자체에 커다란 변화가 생기게 된다. 그럼에도 불구하고 신앙이 어린 성도들이나 어리석은 교인들 가운데는 세상에 대한 올바른 판단을 하지 못하는 경우가 많다.

하나님의 자녀라 말하면서 패망하는 세상에 소망을 두고 살아간다면 어리석은 행위일 수밖에 없다. 겉으로 그럴 듯하고 탐스러운 모습을 보이는 세상의 것들이 도리어 하나님을 대적하거나 위험한 것일 수 있다는 사실을 깨닫는 것은 매우 중요하다. 지혜로운 자들은 하나님의 말씀을 통해 모든 것을 올바르게 판단할 수 있어야 한다.

따라서 예수 그리스도께 속한 성숙한 성도라면 거룩한 하나님께 속한 자의 신분으로 이 세상을 살아가는 것이 지극히 당연하다. 나아가 그런 자들은, 바울을 비롯한 사도들이 그리스도께 온전히 속해 있다는 사실을 분명히 깨달아야 한다. 이는 저들이 사도들의 가르침을 그대로 받아들여야 한다는 점을 시사해주고 있다.

하나님의 자녀들은 예수 그리스도의 특별한 부르심을 통해 사명을 받은 사도들의 권세를 분명히 기억하지 않으면 안 된다. 사도들이 전하는 말을 듣지 않고 거스르는 것은 그들을 교회 가운데로 보내신 하나님과 예수 그리스도를 거부하는 것과 마찬가지다. 하나님께서는 인간들의 통상적인 방법이나 일상생활을 통해 말씀하시는 것이 아니라 특별히 사도들을 통해 거룩한 뜻을 계시하시기 때문이다.

그러므로 바울은, 자기가 설령 주님께서 허락하신 특별한 권세에 대해 강조하여 주장했다고 하더라도 그것은 결코 지나친 말이 아니라는 사실을 언급했다. 그 권세는 하나님의 교회를 넘어뜨리게 하지 않는다. 그것은 도리어 지상의 교회를 더욱 견고히 세우도록 주신 은혜의 방편이므로 그것으로 인해 부끄러워할 이유가 없다는 것이다.

우리시대에는 사도들의 권위가 심각한 도전을 받고 있다. 이 말은 계시된 하나님의 말씀인 성경의 권위에 도전하는 자들이 넘쳐나고 있다는 의미이다. 이성주의와 경험주의가 만연한 현대에 이르러서는 사악한 인간들이 스스로 성경위에 군림하려는 오만한 태도를 보이고 있다. 그런 자들은 성경을 인간의 이성과 경험의 잣대로 아무렇게나 분해하며 난자질하면서도 그에 대한 죄책감이 전혀 없다.

그러나 참된 교회에 속한 온전한 성도들은 계시된 말씀을 통해 거룩한 하나님을 알아가며 그에 온전히 순종하고자 한다. 이는 사도들이 기록한 성경을 절대 표준으로 삼고 있음을 의미하고 있다. 현대교회는 이에 대해 더욱 분명하고 민감한 자세를 취하지 않으면 안 된다. 우리의 원수인 사탄의 세력은 지금 이 시간에도 그런 악한 주장을 통해 교회를 향한 공격을 잠시도 쉬지 않고 있다.

4. 일관성 있는 신앙과 삶 (9-11)

사도 바울은 편지를 통한 자신의 강경한 어조가 고린도 교회 성도들에게는 위협적으로 들릴지 모른다는 사실을 잘 알고 있었다. 그러나 그에게는 교인들을 겁주고자 하는 마음이 전혀 없었다. 그럼에도 불구하고 교인들 가운데 일부는 바울의 강경한 말을 그런 식으로 왜곡하여 받아들였던 것으로 보인다.

고린도 교회에는 진리를 위해 강경한 언어를 사용하는 바울에 대해 부정적인 판단을 하는 자들의 영향이 적지 않았다. 그들 중에는 단순히 생각으로만 머물렀던 것이 아니라 도리어 바울을 공공연하게 비난하는 자들도 없지 않았던 것이다. 그들은, 바울이 편지를 쓸 때는 매우 분명하고 무게 있는 말을 하면서도, 함께 생활하며 직접 대면할 때는 언사가 명확하지 않은 나약한 자라고 폄하貶下하는 소문을 퍼뜨렸다.

바울은 자기에 대해 그런 주장을 하는 자들이 악의에 가득 차 있다는 사실을 잘 알고 있었다. 하지만 보다 중요한 문제는, 바울에 대해 부정적으로 말하는 당사자들이 아니라 악의에 찬 그들의 말을 듣고 바울을 오해하는 성도들이 생겨날지 모른다는 사실이었다. 따라서 바울을 비롯해 그와 함께하는 형제들은 항상 저들에게 보내는 편지에 기록된 내용대로 사고하며 행동하고 있다는 사실을 강조해 말했던 것이다.

5. 성도의 삶에 대한 정체성 (12)

타락한 인간은 본성적으로 다른 사람들 앞에서 자기를 내세우며 과시하기를 좋아한다. 실상은 그런 외부적 조건을 전혀 가지지 못한 자들조차도 그와 같은 욕망에서 벗어나지 못하고 있다. 따라서 그런 자들은 세속적으로 성공해 보이고 주변의 평판이 괜찮은 사람들 축에 스스로 끼워넣어 은근히 자신을 과시하고자 하는 것이다.

그런 사람들은 항상 자기와 다른 사람들을 비교하는 가운데 주변에 있는 이웃들을 서로간 비교하기를 되풀이 하게 된다. 그들은 자기보다 못한 것으로 판단되는 사람들 앞에서는 우월감을 가지고 저들을 멸시하기도 한다. 또한 자기보다 월등하게 낫다고 판단되는 사람들 앞에서는 불필요한 열등감을 가지고 비굴하게 되기도 한다.

그러나 하나님의 자녀들은 절대로 그런 잘못된 자세를 가져서는 안된다. 바울을 비롯한 성숙한 성도들은 결코 그렇게 처신하지 않았다. 성숙한 교인들이라면 다른 사람들 앞에서 자기를 내세우며 과시하려는 생각을 하지 말아야 한다. 그렇게 되면 스스로 소위 세상에서 성공한 자들이나 자기보다 괜찮아 보이는 자들을 찾아 자기를 그 대열에 끼워넣으려는 미련한 태도를 가지게 된다.

어리석은 인간들은 스스로 만든 척도로 자신을 평가하며 자기가 세운 표준에 따라 저들을 견주어 보면서 나름대로의 점수를 매기고 있다. 그들은 스스로 정한 기준에 자기를 맞추기 위해 온갖 방법들을 동원하게 된다. 그러나 저들이 다양한 노력을 기울인다고 해서 반드시 그 기준에 도달하게 되는 것은 아니다. 도리어 대다수 사람들은 엄청난 노력에도 불구하고 결국 그에 미달할 수밖에 없다.

인간들은 자기가 원하는 기준에 미치지 못할 때 엉뚱한 곳에서 다른 방도를 찾아 나서게 된다. 그 가운데 하나가 자기 주변의 소위 성공한 자들의 이름을 들먹이며 자기를 그들의 축에 끼워 넣어 스스로 자부심을 가지는 것이다. 그런 자들은 세상에서 성공한 사람들과 자신을 동일시하는 효과를 노리며 남에게 자랑하기를 좋아한다. 이는 자기도 충분히 그렇게 될 수 있는 능력을 갖춘 인물이지만 여러 가지 여건상 그렇게 되지 못했을 뿐 그들과 동류라는 뜻이다.

이러한 현상은 비교에 익숙한 오늘날 우리시대에는 더욱 심하게 일어나고 있다. 연약한 사람들일수록 그런 것을 통해 자신의 열등감을 해소하려는 경향이 있다. 그러나 하나님께서 기뻐하시지 않고 인정하지 않는 것을 인간들 스스로 승인하는 그런 어리석은 행위는 아무런 의미가 없을 뿐더러 복음의 본질에서 더욱 멀어지게 할 따름이다.

6. 인간의 한계와 분수 (13-15)

피조물인 인간은 전능하신 하나님 앞에서 완전히 무능한 존재일 수밖에 없다. 하나님의 은혜와 그가 특별히 허락하시는 신령한 능력이 없다면, 죄에 빠진 인간은 하나님을 위해 할 수 있는 일이 아무것도 없다. 지상 교회에 속한 모든 성도들은 그에 대한 분명한 깨달음을 가져야 한다.

따라서 타락한 인간으로서 자신의 한계와 분수를 깨닫는 것은 매우 중요하다. 그러나 인간 스스로는 그것을 알아갈 수 있는 방법이 없다. 하나님의 은혜를 입지 못한 자들은 결코 그 사실에 접근하지 못한다. 설령 겉보기에 그에 대해 어느 정도 이해를 하는 것처럼 보이는 자가 있다고 할지라도 참 성도가 아니라면 그것은 진리와 상관없는 윤리적인 사고와 행위에 지나지 않는다.

그에 연관된 올바른 지식을 가진 성숙한 성도들이라면 마땅한 정도 이상의 것을 자기를 위해 자랑하려고 해서는 안 된다. 이는 일상적인 신앙생활에서 뿐 아니라 복음전파 사역에 있어서도 마찬가지다. 하나님의 복음을 증거하는 근본적인 주체는 하나님 자신이시며 인간들이 될 수 없다. 하나님의 자녀들은 하나님께서 원하시는 대로 그의 소중한 도구가 되어 순종할 수 있을 따름이다.

그러므로 사도 바울은 고린도 교회를 향해, 그전에 저들을 방문하여 하나님의 복음을 선포한 것도 하나님께서 정해주신 한계 안에서 이루어진 일이라는 사실을 밝혔다. 따라서 바울 일행이 고린도 지역에 가서 복음을 전파한 것은 하나님께서 정하신 한계 안에서 이루어진 것이므로 저들에게 행했던 모든 사역은 하나님 안에서 자연스러운 일이었다는 것이다.

바울은 하나님의 복음을 증거할 때 일반적인 이성과 경험에 따라 아무렇게나 판단하거나 행동하지 않았다. 그 대신 과연 하나님의 인도하심이 있는지에 대해 민감하게 반응했다. 그는 결코 자신의 종교적인 욕망을 충족시키기 위해 사역에 매진하는 행위 따위는 하지 않았다. 그에 관한 분명한 기록이 사도행전에 나타나고 있다.

> "성령이 아시아에서 말씀을 전하지 못하게 하시거늘 그들이 브루기아와 갈라디아 땅으로 다녀가 무시아 앞에 이르러 비두니아로 가고자 애쓰되 예수의 영이 허락하지 아니하시는지라"(행 16:6,7)

사도 바울은 그전에 아시아 지역으로 가서 하나님의 말씀을 증거하고자 했지만 성령께서 그 길을 막으셨다. 그래서 다음에는 비두니아 지역으로 가려고 했으나 예수 그리스도께서 그것도 허락하지 않으셨다. 그러므로 그는 나중 하나님의 인도하심에 따라 마게도니아 지역으로 건너가 복음을 증거하게 되었던 것이다(행 16:10).

우리가 여기서 주의 깊게 이해해야 할 바는 복음전파를 위한 이런 구체적인 과정은 사도인 바울에게 특별히 적용된 내용이었다는 사실이다. 즉 그는 사도였기 때문에 하나님의 완벽한 인도를 받을 수 있었다. 그것은 바울이 자신의 느낌이나 감정으로써 그렇게 판단한 것이 아니라 하나님의 구체적인 계시에 의한 것이었음을 말해주고 있다.

이는 우리시대에 있어서 복음전파 과정에 연관된 기본적인 원리를 보여주고 있다. 하나님의 복음은 인간들의 이성적인 판단에 따라 진행되어서는 안 된다. 지상에서의 복음전파 사역은 원천적으로 성령 하나님과 그의 몸된 교회에 맡겨진 거룩한 사역인 것이다.

따라서 오늘날 우리는 종교적인 감정이나 상황에 따라 아무렇게나 판단을 내리지 못한다. 우리시대의 어떤 교인이 자기가 처한 형편을 나름대로 분석하면서 하나님께서 특정 지역으로 가지 못하게 하셨거나 가도록 하셨다는 말을 쉽게 해서는 안 된다. 우리는 바울의 경우를 통해, 복음전파가 전적으로 하나님께 속한 사역이라는 사실과 우리는 그의 뜻에 온전히 순종하는 자세를 가져야만 한다는 원리적인 교훈을 배우게 되는 것이다.

또한 사도 바울은 다른 사람들이 수고한 결실을 가지고 자신의 자랑거리로 만들려 하지 않는다는 사실을 밝혔다. 다만 복음을 영접한 성도들의 믿음이 성장해감에 따라 자기를 비롯한 사도들의 활동 범위가 더욱 넓게 확장되었을 말하고 있다. 바울은 그것을 통해 지상에 존재하는 하나님의 교회가 더욱 풍성하게 되기를 원했던 것이다.

이에 대해서는 오늘날 우리 또한 매우 주의 깊은 이해를 해야만 한다. 최첨단 과학문명이 발달하고 인간 문화가 절대화된 현대인들은 이성과 경험을 배경으로 한 자기 판단에 따라 모든 것을 마음대로 생각하고 단정짓고자 하는 경향성을 지니고 있다. 그런 세속적인 사상은 하나님의 몸된 교회 안에까지 깊숙이 침투해 들어와 있다.

특히 선교나 봉사에 있어서는 신앙이 어린 교인들일수록 앞뒤를 가리지 않고 덤벼드는 경향이 있다. 어리석은 교인들은 그것을 믿음이라 여기며 무조건 많이 선교하고 많이 봉사하는 것이 하나님을 기쁘시게 하는 것인 양 착각한다. 그러나 우리는 바울의 교훈을 통해, 반드시 그런 것은 아니라는 사실을 기억하지 않으면 안 된다. 사도 바울조차도 복음 전파를 위해 자의自意로 행하지 않고 하나님께서 정해주신 한계를 벗어나지 않았음을 밝힌 의도를 기억해야만 하는 것이다.

그러므로 성숙한 교회는 그런 선한 일을 감당함에 있어서도 하나님의 말씀을 깊이 묵상하는 가운데 신중한 교회적 결의에 따라 행해야 한다. 선교와 봉사라 할지라도 결코 인간의 종교적 욕망을 이룩하려는 것이 목적이 될 수는 없다. 나아가 그런 것들이 인간들의 공로가 되거나 자랑거리가 되어서는 안 된다.

7. "주안에서 자랑하라" (16-18)

사도 바울은, 다른 형제들이 그 지역에서 이미 이루어 놓은 일을 두고 자기를 위해 자랑하려는 어리석음을 범하지 않았다. 단지 저들의 복음 전파 사역의 지경地境을 넘어서서 복음을 증거하려고 했다. 이는 앞선 사역자들이 행한 일을 더욱 견고하게 하고자 하는 그의 마음을 보여주고 있다.

이는 공간적인 면과 정신적인 면을 동시에 포함하고 있는 것으로 이해해야 한다. 즉 앞서 수고한 형제들의 사역을 통해 고린도 교회 성도들이 복음을 잘 깨닫게 되었다면, 바울은 저들의 사역을 바탕으로 하여 더 넓은 지역에까지 복음이 증거되기를 원했다. 모든 참된 복음사역자들은 개인의 실적을 내세우고자 한 것이 아니라 하나님의 진리가 세상 가운데 선포되기를 원하고 있었던 것이다.

또한 그들이 앞선 사역자들로 말미암아 복음에 대한 올바른 깨달음을 얻게 되었다면, 바울은 저들에게 더욱 깊은 진리의 가르침을 베풀고자 했다. 그것을 통해 성도들의 신앙이 더욱 성장해 가게 될 것이기 때문이었다. 그러한 과정을 거쳐 하나님의 교회가 지상에서 더욱 견고히 세워져 가게 된다.

그러므로 사도 바울은 자신의 공적을 쌓고 자랑거리를 만들기 위해 복음을 전파하는 것이 아님을 분명히 말했다. 만일 무엇인가 자랑하게 된다면 오직 예수 그리스도 안에서 자랑해야 한다. 이 말은 그리스도 안에서 자기 자랑을 늘어놓을 수 있다는 말이 아니다. 도리어 하나님의 말씀에 순종함으로써 온전하게 행하여 자랑할 수 있는 모든 복음사역의 내용들은 그리스도 안에 존재한다는 의미를 지니고 있다.

따라서 성숙한 성도들은 자기 자신을 위해 자랑할 만한 것이 이땅에 아무 것도 없다는 사실을 깨달아 알아야 한다. 교회로부터 참으로 인정받을 만한 성도가 있다면, 그는 결코 자신을 자랑스럽게 생각지 않는다. 진정으로 성숙한 성도라면 스스로 자신을 내세우는 것이 아니라 하나님께서 세워주시게 된다.

오늘날 우리는 과연 누구의 인정을 받고 싶어하는가? 어리석은 자들은 주변 사람들로부터 인정받는 것을 만족스러워 한다. 또한 어떤 어리석은 자들은 역사 가운데 자기 이름을 남기고 후세의 사람들에게 기억되며 좋은 평가를 받고자 한다. 그런 자들은 마치 세상의 역사가 영원히 존속될 것처럼 착각하고 있는 것이다.

그러나 우리는 그러한 모든 욕망들이 부질없는 것이라는 사실을 올바르게 깨닫지 않으면 안 된다. 중요한 점은 하나님의 인정을 받는 것이며 사도들의 가르침으로부터 인정받는 것이다. 그것은 인간들이 인정받고자 노력하고 애씀으로써 획득할 수 있는 것이 아니라 전적인 하나님의 은혜로 말미암아 허락되는 선물이다.

제16장
거짓 선지자에 대한 경고

(고후 11:1-15)

1. 사도의 역할 (1,2)

바울은 예수 그리스도의 사도임에도 불구하고 자신을 완벽하게 지혜로운 자로 내세우지 않았다. 그는 도리어 자신이 상당히 어리석은 자임을 고백하고 있다. 이는 단순히 그의 겸손한 자세를 드러내기 위해서 한 말이 아니었다. 바울은 자신이 타락한 아담의 속성을 지닌 부족한 인간일 수밖에 없다는 사실을 잘 알고 있었던 것이다.

이 세상에 살아가는 인간들 중에 완벽한 자가 없을 뿐더러 자신을 어리석은 자가 아니라 할 정도로 지혜로운 자는 아무도 없다. 따라서 자기가 최고인 듯 주장하며 자랑하는 것은 어리석음의 발로일 따름이다.

따라서 오늘날 우리시대의 교회와 성도들 가운데 자기 혹은 자기 무리가 하나님 앞에서 최고라 주장할 수 있는 사람은 아무도 없다. 만일 그런 자가 있다면 극도로 교만한 태도를 드러내고 있을 뿐 아니라 오히려 다른 사람들보다 더욱 미련한 자일 수 있다. 그런 자들은 주변의 잘못된 사람들을 적절히 비교하면서 자신의 상대적 우위를 살피며 교만에 빠지게 되는 것이다.

하지만 안타까운 점은 타락한 기독교 시대에는 하나님을 올바르게 믿고 섬기려는 자들 가운데도 그런 교만한 현상이 일어나게 된다는 사실이다. 우리시대에 개혁주의, 복음주의, 보수주의를 부르짖는 교인들에게조차도 그런 경향성이 강하게 나타나고 있다. 그렇게 되면 하나님과 말씀을 왜곡하는 비진리에 대해 저항해야 할 사람들이 자기의 주관에 따라 연약한 하나님의 교회를 폄하하는 오류에 빠지게 된다,

그런 왜곡된 사조에 물들게 되면 하나님께서 진정으로 사랑하시는 백성들에 대한 관심보다 자신의 눈에 띄는 자들을 동류로 만들어 그 범주를 중심으로 하여 스스로 최고의 평가를 내리는 잘못된 종교적 사색에 빠지게 된다. 성숙한 성도들이라면 그런 인본주의적 사고에서 벗어나야만 한다.

그러므로 사도 바울 자신은 '하나님의 열심' 으로써 '교회를 위한 열심' 을 낸다고 말했다. 이는 인간적인 자기 열심에 기초한 열심이 아님을 의미한다. 자기의 종교이성적 판단에 따른 열심을 내게 되면 천박한 공적주의功績主義로 흐르기 십상이다. 타락한 인간의 속성을 지니고 있는 상태에서는 하나님의 자녀라 할지라도 그에 대해 민감하지 않을 수 없다.

우리는 사도들의 겸손한 신앙자세를 삶 가운데서 배워 익히도록 해야 한다. 그들의 주된 관심은 자기의 열성과 우월성을 드러내고자 하는 것이 아니라 오로지 하나님과 그의 몸된 교회를 온전히 세우는 데 있었다. 나아가 그들은 종교적인 자랑거리를 만들고자 하지 않았으며 하나님께서 피로 값주고 사신 숨은 성도들을 찾아 저들에게 영원한 진리를 전파하고자 애썼다.

그와 연관하여 바울은 자기가 그리스도와 그의 순결한 교회를 중매하여 정혼시키는 것으로 묘사하고 있다. 사도들이 감당했던 중요한 역할은 거룩한 신랑인 예수 그리스도와 순결한 신부인 교회를 중매하는 것

이었다. 이에 대해서는 오늘날 우리시대에도 여전히 그 일이 진행되고 있다.

교회에 속한 모든 성도들은 사도들의 교훈을 좇아 신랑이신 예수 그리스도를 알고 그의 신부가 된 자들이다. 신랑과 신부의 관계란 온전한 신뢰를 바탕으로 한 사랑의 관계가 형성되었음을 의미한다. 따라서 신랑은 신부로 말미암아 기쁨을 취하게 되며 신부 또한 신랑의 기쁨에 참여하게 된다. 성경은 그리스도와 교회를 신랑과 신부의 관계로 설명하면서 궁극적으로 도래하게 될 혼인잔치에 관해 언급한다. 사도 요한은 계시록을 통해 그에 대한 선명한 묘사를 하고 있다.

> "또 내가 보매 거룩한 성 새 예루살렘이 하나님께로부터 하늘에서 내려오니 그 예비한 것이 신부가 남편을 위하여 단장한 것 같더라"(계 21:2);
>
> "일곱 대접을 가지고 마지막 일곱 재앙을 담은 일곱 천사중 하나가 나아와서 내게 말하여 가로되 이리 오라 내가 신부 곧 어린 양의 아내를 네게 보이리라 하고 성령으로 나를 데리고 크고 높은 산으로 올라가 하나님께로부터 하늘에서 내려오는 거룩한 성 예루살렘을 보이니 하나님의 영광이 있으매 그 성의 빛이 지극히 귀한 보석 같고 벽옥과 수정 같이 맑더라"(계 21:9-11)

하나님께서 자기 백성들을 구원하시고자 하는 궁극적인 목적은 신랑이신 예수 그리스도와 신부인 교회의 온전한 결합에 있다. 그러므로 사도들은 그에 대한 비밀을 지상에 존재하는 교회와 성도들에게 끊임없이 드러내 보여주고 있는 것이다.

예수 그리스도로 말미암아 죄가 말갛게 씻긴 성도들의 무리인 교회의 모습은 순결하고 아름다운 신부의 모습이다. 종말이 되면 거룩한 성 새 예루살렘이 아름다운 단장을 하고 하늘로부터 내려온다. 이는 예수 그리스도의 신부인 교회로서 그 가운데 하나님의 영광이 나타나는 것과

직접 연관된다.[100)]

따라서 지상의 교회는 궁극적으로 있게 될 혼인잔치를 기억하며 세상 가운데서 순결을 유지하도록 애써야 한다. 이 일을 위해 교회 가운데는 직분을 통한 말씀사역과 성례, 그리고 권징사역이 지속되고 있다. 그것을 신령한 방편으로 하여 지상의 교회가 역사 속에서 상속을 이루어가게 되는 것이다.

2. '아담' (Adam)이 아니라 '하와' (Eve)가 먼저 미혹당함 (3)

창조로부터 남성과 여성 사이에는 엄연한 차이가 있다. 하나님께서는 처음부터 남자와 여자를 구분되게 창조하셨다. 이는 남녀간에 신분상의 높고 낮음이 있다는 것을 의미하지 않는다. 하나님께서는 남녀를 서로 다르게 지음으로써 혼인을 통한 결합과 세상에 존재하게 될 인간들에 대한 작정을 보이셨던 것이다.

그러므로 인간들은 남녀의 차이를 보면서 하나님의 섭리와 창조에 연관된 그의 놀라운 뜻을 깨달을 수 있어야 한다. 그럼에도 불구하고 극도로 타락한 우리시대에는 남녀의 성적구분이 모호한 시대가 되어 버렸다. 생물학적 차이를 제외하고는 사회적 역할이나 기능상의 차이는 거의 사라졌다.

문제는 현대의 타락한 시대적 특성이 마땅히 구분되어야 할 중요한 성적인 구별에 대한 원래의 의미마저도 사라지게 했다는 사실이다. 세상에서의 분위기가 그렇게 되자 성도들의 가정과 하나님의 교회마저 그런 잘못된 풍조에 편승하는 안타까움에 빠지게 되었다. 결국 연약한 교회에서는 남녀의 구별된 의미를 등한시하게 된 것이다.

우리가 명심해야 할 바는 타락한 세상은 어떠할지라도 하나님의 몸된

---

100) 이광호, 『요한계시록』(서울: 도서출판 깔뱅, 2009), pp.285-302. 참조.

교회와 그에 속한 성도들의 가정 가운데서는 남녀의 성적인 구별이 드러나야 한다는 사실이다. 그것은 가정의 질서와 더불어 교회의 질서를 지탱하는 섭리적인 교훈을 담고 있기 때문이다. 하나님의 교회가 지상에서 온전히 보존되고 상속되기 위해서는 창조질서에 관한 근본적인 의미를 소중하게 기억하지 않으면 안 된다.

이에 대해서는 교회의 직분사역에 있어서 특별히 요구되고 있다. 성경은 그 사실에 관해 명시적인 기록을 하고 있다. 사도 바울은 사랑하는 제자 디모데에게 보내는 편지에서 남녀간의 엄연한 차이와 그에 따른 엄격한 질서가 존재함을 분명히 말하고 있다.

> "여자는 일체 순종함으로 조용히 배우라 여자가 가르치는 것과 남자를 주관하는 것을 허락하지 아니하노니 오직 조용할지니라 이는 아담이 먼저 지음을 받고 하와가 그후며 아담이 속은 것이 아니고 여자가 속아 죄에 빠졌음이라"(딤전 2:11-14)

사도 바울은 여기서 남녀의 관계를 하나님의 창조질서와 연관지어 언급하고 있다. 그것은 결코 시대적인 배경이나 사회적인 형편을 고려한 것이 아니었다. 나아가 단순히 질서유지를 권면하는 차원에 그치는 것이 아니라 강한 어조로 명령하듯이 말하고 있다.

성경이 교훈하고 있는 바는 교회 안에서는 여자가 남자를 주관하거나 가르치는 것을 허락지 않는다는 사실이다. 이는 남녀 사이의 차별적인 지식이나 재능을 염두에 두고 하는 말이 아니다. 사도는 하나님의 창조사역과 인간들이 사탄에 의해 죄에 빠지게 된 과정을 통해 교회가 마땅히 받아들여야만 할 교훈을 언급하고 있는 것이다.

그것은 교회의 근본적인 질서에 연관되어 있다. 하나님의 교회는 어느 시대 어느 지역에 존재한다 할지라도 항상 하나님의 창조질서와 인간들의 처음 죄를 기억하지 않으면 안 된다. 그것이 지상에 존재하는 교회와 성도들이 깨달아야만 할 본질적인 내용이다.

위 본문에 언급된 바울의 가르침은 교회의 직분에 밀접하게 연관되어 있다. 직분제도는 하나님께서 자신의 교회에 허락하신 특별한 은혜의 방편으로서 인간들의 편의에 따라 제정된 것이 아니다. 나아가 인간들이 지상교회를 위해 추구하는 효율성을 기초로 한 것도 아니다. 타락한 세상 가운데 올바른 교회를 세워나가고 상속해가는 방편으로서 직분은 절대로 중요한 것이다.

건전한 교회와 성숙한 성도들은 그에 대한 분명한 인식을 하지 않으면 안 된다. 그것이 곧 성도들의 가정과 개인적인 삶에 직접적인 영향을 끼칠 것이 분명하기 때문이다. 남녀의 성적인 역할이 혼탁하게 된 위기의 시대에 살고 있는 우리는 말씀을 통해 원리를 좇지 않으면 안 된다.

나아가 이에 대해서는 교회에 속한 어린 성도들 곧 교회의 자녀들에게 잘 교육되어야 한다. 그들이 대를 이어 교회를 상속받음으로써 주님 오시는 그 날까지 사탄의 세력과 대치하는 가운데 예수 그리스도의 신부로서 순결을 보존해야 할 것이다. 지금 이미 걷잡을 수 없는 형편이 되어버렸지만, 남녀평등과 여권주의(feminism)에 대한 위험한 사고는 앞으로 더욱 기승을 부릴 것이 분명하다.

그러므로 장성한 성인들이 자녀들을 올바르게 양육하지 않는다면 건전한 다음 세대를 기대하기 어렵다. 거룩해야 할 하나님의 교회가 순결한 신부의 모습에서 멀어지게 된다면 결국 부패해져 갈 수밖에 없다. 사도 바울은 고린도 교회를 향해 바로 그점을 우려하며 경고했던 것이다.

3. '다른 예수, 다른 영, 다른 복음' (4)

타락한 인간들은 원래부터 존재하는 창조주 하나님에 대한 관심을 버리고 자기 취향에 맞는 신을 끊임없이 창출해 내려고 한다. 인간들은 성경에 계시된 거룩한 하나님을 거부하고 자기가 원하는 모든 것을 들어

주는 인위적인 신을 만듦으로써 그 거짓 신과 교제하고자 하는 것이다.

예수님에 대해서도 마찬가지다. 악한 인간들은 성경에 계시된 예수 그리스도가 아니라 자기가 원하는 '예수 만들기' 를 시도한다. 어리석은 자들은 자신의 이성과 경험에 따라 인간의 개인적 혹은 사회적 집단 두뇌 안에 정형화된 예수를 조작하는 것이다. 그런 자들은 변형된 예수를 만들어 두고 그에게 저들이 원하는 종교적인 역할을 부여하는 졸렬한 사고 속에 진입해 들어간다.

그것은 성경이 말하는 복음과는 전혀 다른 내용이다. 종교성에 익숙해진 입술을 통해 형식상으로는 복음을 되풀이 언급하고 있을지라도 실제로는 거짓으로 위장된 종교적 욕망을 발산하는 것에 지나지 않는다. 그러므로 성숙한 성도들은 항상 거짓 교사들의 가르침을 주의 깊게 살피고 그것을 폭로해야만 한다. 그것을 통해 어린 성도들이 거짓을 방어하고 피하려는 마음을 가지게 된다.

그러나 성경에 계시된 진리를 떠난 교활한 인간들의 종교화 작업은 끊임없이 진행되고 있다. 따라서 자신의 종교적인 목적을 추구하기 위해 예수의 이름을 들먹이며 거짓 영들을 내세워 어린 성도들을 미혹하게 된다. 하나님께 속한 성도들은 종교인들의 입술에서 나오는 말들을 아무런 분별없이 무조건 수용하려 해서는 안 된다. 사도 요한은 그의 서신에서 그에 대한 구체적인 교훈을 주고 있다.

> "사랑하는 자들아 영을 다 믿지 말고 오직 영들이 하나님께 속하였나 분별하라 많은 거짓 선지자가 세상에 나왔음이라 이로써 너희가 하나님의 영을 알지니 곧 예수 그리스도께서 육체로 오신 것을 시인하는 영마다 하나님께 속한 것이요 예수를 시인하지 아니하는 영마다 하나님께 속한 것이 아니니 이것이 곧 적그리스도의 영이니라 오리라 한 말을 너희가 들었거니와 지금 벌써 세상에 있느니라"(요일 4:1-3)

하나님의 모든 진리는 기록된 성경 말씀을 통해 지상 교회 가운데 구체적으로 드러나게 된다. 따라서 성경의 교훈에 반하는 예수는 이름만 동일할 뿐 참된 예수 그리스도와는 아무런 상관이 없는 다른 존재이다. 그리고 사도들이 증거하고 있는 예수 그리스도로 말미암지 않은 영은 성령이 아니라 귀신과 연관된 악령일 따름이다.

지상교회 주변에는 항상 자칭 사도라 주장하는 거짓 교사들이 분주하게 활동하고 있다. 사탄은 복음으로 덧칠하여 외견상 그럴듯하게 보이는 거짓 복음을 퍼뜨림으로써 하나님의 교회를 허물고자 애쓴다. 그러므로 성숙한 성도들은 거짓 교사들을 찾아내어 교회 가운데 용납하지 않도록 해야 한다.

지상에 존재하는 건전한 교회라면 어느 시대 어디에 있든지 그에 민감하게 신경쓰지 않으면 안 된다. 자칫 잘못하면 저들의 유화적인 태도에 넘어가 그들을 용납하게 된다. 사도 요한은 계시록 가운데서 에베소 교회를 향해 그에 관한 말을 하고 있다. 그는 악한 거짓 교사들을 시험하여 저들의 거짓을 폭로한 점에 대해 칭찬하고 있다.

> "내가 네 행위와 수고와 네 인내를 알고 또 악한 자들을 용납하지 아니한 것과 자칭 사도라 하되 아닌 자들을 시험하여 그의 거짓된 것을 네가 드러낸 것과 또 네가 참고 내 이름을 위하여 견디고 게으르지 아니한 것을 아노라"(계 2:2,3)

교회가 세속화된 시대에는 개인의 주장을 성경적 확인 없이 받아들이려는 경향이 있다. 어떤 사람이 스스로 목사라 주장하면 어리석은 자들은 아무런 판단 없이 저를 받아들이게 된다. 즉 교회가 공적으로 세운 성경교사인지 아니면 자칭 그렇게 주장하는 것인지 확인하는 과정을 등한시 하는 것이다.

우리시대에 더욱 어려운 현실은 목회자를 양성하는 신학교 문제이다. 만일 어떤 자가 목사가 되고자 할 때 신학교에 입학하여 몇 년간의 과정을 마치고 나면 별 문제없이 목사가 될 수 있다. 그러나 목사가 되기 위해 신학교에 입학하고자 한다면 개인의 종교적 결단이 아니라 교회의 공적인 요청이 선행되어야 한다.

이는 자기가 신학교에 입학하고 싶은데 교회의 추천서를 써달라고 요구하는 것에 대해 말하는 것이 아니다. 본인의 종교적인 열망보다 교사를 필요로 하는 교회의 의사가 더욱 소중하다. 교회의 공적인 요청이 있을 때 비로소 추천받은 형제가 전문적인 말씀훈련을 받기 위해 목회자 양성기관인 신학교에 입학하게 되는 것이다.

이러한 과정과 온전한 절차 없이 신학교를 졸업한 후, 교회의 분명한 보증과 청빙이 없는 상태에서 목사가 된다면 그는 교회와 상관없는 '자칭 목사'에 지나지 않는다. 사실 이에 대해서는 개인 당사자들보다 무분별하게 목사안수를 하는 종교 단체와 잘못된 기독교 지도자들이 문제이다. 그런 자들은 저들이 원하는 종교적인 활동을 위해 개체교회의 보증과 청빙이 없는 상태에서 목사임직을 시행하고 있다.

정당한 절차 없이 목사 안수를 받는 당사자들은 아직 그 의미를 잘 모르기 때문에 그렇게 한다손치더라도 기독교 지도자를 자처하는 사람들은 그것이 배도의 길이라는 사실을 분명히 깨달아야 한다. 그러므로 우리는 배도의 시대에 살면서 항상 성경에 기록된 말씀을 통해 모든 것을 면밀히 살피며 지속적인 검증을 하지 않으면 안 된다.

4. 바울 자신의 사도성에 대한 증언 (5-7)

하나님께서는 세상 가운데 자신의 몸된 교회를 세우시기 위해 특별히 사도들을 선택하여 부르셨다. 사도들은 구약성경을 통해 이땅에 오신 메시아를 증거했으며, 하나님의 말씀을 선포하며 성도들에게 영원한 진리를 가르쳤다. 또한 하나님께서는 사도들 중 일부를 선택해 보편교회를 위한 기록된 말씀들을 계시하셨다.

우리가 여기서 분명히 깨달아야 할 바는 사도들의 절대적 특이성에 관한 문제이다. 그들은 우리와 동일한 성정을 가진 사람들이었지만 교회를 위한 공적인 사역에 있어서는 완벽한 자들이었다.[101] 즉 평소의 일상생활에서는 완벽하지 않았으나 당시 회당과 교회 등 하나님의 백성들이 모인 곳에서 선포하며 가르쳤던 모든 말씀들은 완전한 진리였다.

이는 사도교회 시대가 끝난 보편교회 시대에는 어느 곳에서도 찾아볼 수 없는 배타적 개념이다. 따라서 우리시대의 교회 가운데 목회를 하며 성경을 풀어 가르치는 목사들의 언어와 사역은 결코 완전할 수 없다. 그 가운데는 항상 인간의 부족함으로 인한 해석상 오류가 따를 수 있다. 그럼에도 불구하고 현대 교회의 목회자와 설교자들은 성경에 계시된 진리를 온전하게 선포하고자 하는 기본적인 자세를 유지해야만 한다.

사도교회 시대에는 많은 사도들이 생존해 있었다. 그들 가운데는 예수 그리스도를 직접 따라다녔던 제자들이 있었던가 하면 나중에 특별한 부르심을 받아 사도가 된 자들도 있었다. 그렇지만 그런 개별적인 배경으로 말미암아 사도들 사이에 계급상 높고 낮음이 구분되지는 않았다.

예수님을 따라다니며 함께 생활했던 사도들이라 해서 나중 부르심을 받은 바울보다 더 큰 권위가 있었던 것이 아니다. 그러므로 바울은 안디옥에서 율법에 연관하여 외식을 취하던 베드로를 향해 엄한 책망을 하기도 했다. 예수님을 삼년간 따라 다녔을 뿐 아니라 열두 제자들에 대한 대표성을 띠고 있던 베드로를 바울이 직접 책망했던 것은 사도직에 관한 많은 점을 시사해주고 있다.

"게바가 안디옥에 이르렀을 때에 책망 받을 일이 있기로 내가 그를

101) 사도들의 공적인 사역이 완벽했다고 해서 그들의 일상생활이 완벽했던 것은 아니다. 그들은 성숙한 신앙인으로서 삶을 살았을 것이 분명하지만 여전히 일반 사람들처럼 성정(性情)을 가지고 있었다. 이는 그들에게도 죄로 인한 갈등과 실수가 있었던 것이다. 그렇지만 하나님의 교회를 위한 공적인 사역에 있어서는 하나님께서 특별히 세우신 사도로서 그들은 완벽한 진리를 전달했었다.

대면하여 책망하였노라 야고보에게서 온 어떤 이들이 이르기 전에 게바가 이방인과 함께 먹다가 그들이 오매 그가 할례자들을 두려워하여 떠나 물러가매 남은 유대인들도 그와 같이 외식하므로 바나바도 그들의 외식에 유혹되었느니라 그러므로 나는 그들이 복음의 진리를 따라 바르게 행하지 아니함을 보고 모든 자 앞에서 게바에게 이르되 네가 유대인으로서 이방인을 따르고 유대인답게 살지 아니하면서 어찌하여 억지로 이방인을 유대인답게 살게 하려느냐 하였노라"(갈 2:11-14)

모든 사도들은 예수님께서 직접 부르신 자들이다. 그 가운데 어느 누구도 인간적인 판단에 따라 사도가 되고자 지원한 사람이 없었다. 그러므로 사도들은 주님께 속해 있으면서 그가 시키는 일에 순종했을 따름이며 저들 가운데 계급적 높낮이는 존재하지 않았다. 모든 사도들은 예수 그리스도 안에서 평등한 사역자들이었던 것이다.

사도들 사이에 아무런 차등이 없었다는 사실에 대한 교훈은 오늘날 교회의 직분에 있어서도 그 정신을 그대로 적용해야 함을 말해준다. 즉 교회에 세워진 다양한 직분자들 사이에는 어떤 경우에도 계급상 높고 낮음이 존재하지 않는다.[102] 만일 교회 안에서 직분으로 인해 종교적 지배구조가 형성된다면 그것은 인간들의 타락한 속성의 잔재라 할 수밖에 없다.

또한 바울은 고린도 교회 성도들을 높이기 위해 자신을 낮추었음을 언급하고 있다. 이는 하나님의 교회를 온전히 세우고자 하는 것이 사역

102) 현대 한국교회에서 목사, 장로, 집사를 마치 교회 가운데 존재하는 계급처럼 인식하고 있는 것은 근본적으로 잘못된 것이다. 모든 직분자들은 교회가 세워 그들에게 적절한 사역을 맡긴 것이다. 그러므로 직분자들은 하나님을 경외하는 가운데 자기에게 맡겨진 사역을 성실하게 감당해야 할 의무가 있다. 그리고 한국의 다수 교회들에는 한 교회에 여러 명의 목사들이 있는 경우가 있다. 그들 가운데 계층을 두어 지배체제를 갖추고 높낮이를 두는 것은 매우 잘못된 것이다. 교회가 세운 목사라면 상호 협력해서 복음 사역을 감당해야 하며 목사들 사이에 어떤 계급적 높낮이가 있는 것은 아니다.

의 목적이라는 사실을 말해준다. 따라서 바울은 결코 교회 위에 군림하고자하는 어처구니없는 생각을 하지 않았다.

동시에 바울은 고린도 교회를 위한 사역을 하면서 저들로부터 자기를 위한 급료를 받지 않았음을 언급했다. 그는 저들에게 그점을 상기시키면서, 복음을 위한 순수한 마음으로 아무 대가를 받지 않고 복음을 전한 것이 잘못되었느냐며 반문하고 있다. 어떤 사도들은 복음을 전하고 적절한 액수의 물질적 지원을 받았지만 바울 자신은 저들로부터 아무것도 받지 않았다. 그가 물질적인 대가를 받지 않았다고 해서 그의 복음사역이 다른 사도들에 비해 열등하거나 잘못된 것이 아니었다.

오늘날 한국교회에서는 목회자들을 비롯한 기독교 지도자들이 설교를 하거나 강의를 하면서 돈을 주고받는 것이 마치 관행처럼 되어 있다. 우리는 이에 대한 분명한 이해를 하지 않으면 안 된다. 원칙적으로 생각해 볼 때, 설교를 하고 돈을 받는 행위는 잘못이다. 그러나 강의를 하고 강사료를 받을 수는 있다. 이는 하나님을 경배하는 시간에 말씀을 선포하는 설교는 신성한 예배참여인데 반해 일반적인 강의는 지적인 노동행위에 해당되기 때문이다.

어떤 목사가 다른 교회에서 예배 시간에 설교를 하도록 초대받았다면 그것은 개인적인 일이 아니라 교회와 교회 사이의 공적인 일이다. 그러므로 설교를 하기 위해 다른 교회를 방문하기 위해 드는 실제적인 소요경비는 양쪽 교회 가운데 어느 한 교회가 부담해도 상관이 없다. 만일 설교자를 초대하는 교회가 재정적으로 힘든 형편이라면 설교자를 보내는 교회에서 그 경비를 부담하는 것이 바람직하다.

이에 반해 강의는 강사를 초청하는 교회와 강사 개인의 문제이다. 따라서 강사료는 그를 초대하는 쪽에서 부담하는 것이 자연스럽다. 물론 가난한 교회가 있어서 강사료를 감당하기 어려운 형편이라면 강사 자신이 필요경비를 부담하거나 그가 속한 교회나 주변 교회들이 공동으로 경비를 부담하는 것도 한 방법이 될 수 있다.

우리는 하나님의 말씀과 교회에 연관된 강의를 하면서 반드시 강사료를 지급해야 한다는 생각을 버릴 수 있어야 한다. 서로간 원만한 대화를 할 수 있다면 강사료에 관한 부담 없이 훌륭한 강의를 들을 수 있을 것이다. 교회 안에서 행해지는 모든 강의는 하나님의 몸된 교회와 성도들을 위한 신령한 목적을 지니고 있기 때문이다.

하지만 물질화된 타락한 교회시대에는 모든 것이 돈으로 환산되는 것이 일반적이다. 교회 가운데 행해지는 설교와 강의에 있어서도 책이나 특산품 등을 통한 감사의 표시가 아니라 거의 돈으로 그 대가가 지급되고 있다. 더구나 목사와 강사의 인지도에 따른 등급이 있어서 그 액수가 차등적으로 지급되는 것이 보통이다. 동일한 분량의 설교나 강의를 했는데도 어떤 사람에게는 고액의 돈을 지급하는가 하면 또 다른 어떤 사람에게는 소액을 지급하는 것이 한국교회의 실정이다.

우리는 예수님께서 제자들에게 "거저 받았으니 거저 주라"(마 10:8)고 하신 말씀을 기억해야 한다. 교회의 직분자들인 목사, 장로, 집사 직분 사이에는 높고 낮음이 없으며 지배구조를 가지지 않는다. 직분자들 사이에서는 결코 상하계급에 따라 명령하고 복종하는 관계에 놓여 있지 않다. 모든 직분자들은 돈을 목적으로 하지 말아야 하며 오직 주님의 계시된 말씀에 귀 기울이며 그에 순종해야 할 따름이다.

5. 교회와 복음사역을 위한 재정적 협력 (7-9)

하나님의 사역자들이 복음을 증거하는 일에 최선을 다하는 것은 자신의 생계를 유지하고자 하는 수단이 될 수 없다. 나아가 그것이 종교적인 성공과 출세를 위한 삶의 방편이 아닌 것은 물론이다. 직분자로서의 모든 성도들은 오로지 하나님과 그의 몸된 교회를 위한 복음사역자들일 따름이다.

사도 바울은 본문 가운데서 고린도 교회를 섬기는 일을 위해 다른 지역에 있는 교회들로부터 재정적인 후원을 받았다는 사실을 언급했다. 그는 고린도의 성도들 때문에 여러 교회들의 돈을 강탈했다(robbed)는 표현까지 사용하고 있다(고후 11:8). 그것은 개인적인 욕심 때문이 아니라 순전히 고린도 교회를 위한 것이었으며 그들에 대한 바울의 관심이 얼마나 간절했던가 하는 점을 보여준다.

바울을 비롯한 믿음의 형제들에게 절실한 것은 돈이 아니라 지상의 교회를 온전히 보호하는 일과 하나님의 복음을 바르게 증거하는 것이었다. 따라서 바울은 재정이 부족했을지라도 고린도 지역의 형제들에게 누를 끼치지 않았음을 언급하고 있다. 그가 그럴 수 있었던 것은 모든 형편을 잘 아는 마게도니아 출신의 형제들이 자발적으로 자신의 부족분을 채워주었기 때문이다.

이처럼 바울은 자기로 말미암아 다른 형제들이 지나친 부담을 느끼지 않도록 하기 위해 스스로 조심했다. 그는 그 사실을 언급하면서 앞으로도 재정적인 문제에 대해서는 극히 조심하겠다는 결심을 밝혔다. 이에 대해서는 오늘날 우리 역시 그와 동일한 자세를 가지지 않으면 안 된다.

사도 바울은 하나님의 말씀을 선포하는 사역에 임하면서 자비량自備糧하려고 애썼다. 이는 자기로 인해 다른 형제들에게 부담을 주지 않도록 하기 위한 방편이었다. 우리는 이에 대해 매우 주의 깊은 생각을 해야만 한다. 우선 바울이 자비량하는 것을 자랑할 수 있었던 것은 그가 하나님의 말씀에 대한 완벽한 사도였기 때문이었다.

그러나 오늘날 우리시대에 자비량하여 복음전파 사역에 참여하겠다는 것은 충분한 검토가 뒤따라야 한다. 바울이 자비량했기 때문에 지금도 그렇게 하는 것이 가장 바람직한 것이라 쉽게 말할 수는 없다. 특히 교회의 목회 사역자에게는 더욱 그렇다. 세상에 살아가는 모든 인간들은 매우 연약한 존재에 지나지 않으므로 사역자들은 교회의 건전한 간섭아래 놓여있지 않으면 안 된다.

스스로 재정을 확충하며 자비량하여 사역하게 되면 다른 성도들의 간섭을 받지 않고 제 맘대로 하려는 유혹을 받기 쉽다. 교회로부터 재정적 지원을 받지 않기 때문에 자기의 판단에 부합하지 않는 다른 성도들의 권면을 거부함으로써 자기중심적인 종교체제를 구축하고자 하는 유혹에 빠지기 쉬운 것이다. 특히 교회의 교사로 세워진 목사와 전담 사역자로서 선교사역에 참여하는 성도들의 경우에는 더욱 그렇다.

사도 바울은 디모데후서와 고린도전서에서 복음사역자와 연관된 문제를 설명하기 위해 군인의 실상을 예로 들고 있다. 군인은 자기 자신을 위해 생활하는 자가 아니라 자기를 모병한 국가를 위해 생명을 버릴 각오가 되어 있다는 것이다. 이처럼 예수 그리스도의 군사가 된 자들도 그와 마찬가지일 수밖에 없다.

> "네가 그리스도 예수의 좋은 군사로 나와 함께 고난을 받을찌니 군사로 다니는 자는 자기 생활에 얽매이는 자가 하나도 없나니 이는 군사로 모집한 자를 기쁘게 하려 함이라"(딤후 2:3,4);
> "누가 자비량하고 병정을 다니겠느냐"(고전 9:7)

사도 바울이 이 본문들 가운데서 말하는 군사란 특별히 하나님의 복음사역을 감당하는 성도들을 지칭하고 있다. 그들은 개인의 목적을 달성하기 위해 일하는 자가 아니라 예수 그리스도의 신실한 군인으로서 자기의 생명을 내어놓고 신령한 사역을 감당해야 하는 자들이다. 그런 성도들은 특별한 사역을 위해 자기를 부르신 주님을 기쁘시게 하기 위해 최선을 다해야만 한다.

군사로 모병한 자는 그 일을 감당하게 된 자들을 위해 식량을 공급한다. 군대에 간 사람이 자기 먹을 것을 스스로 준비한다면 군인으로서 자기 지위를 유지하기 어렵다. 그렇게 되면 세상적인 능력에 따라 계층이 생겨나게 될 것이며 병사로서 지위를 온전히 지킬 수 없을 것이기 때문이다. 이는 물론 바울 자신에 대한 변증을 포함하고 있지만 교회 시대의 모든 복음사역자들에게 적용될 수 있는 중요한 내용이다.

6. 그리스도의 진리를 담고 있는 사도와 교회 (10-12)

예수 그리스도의 진리는 단순한 허상이나 상징에 그치는 것이 아니다. 그 진리의 내용은 사도들 가운데 실제로 존재한다. 따라서 바울은 사도인 자기 속에 진리가 존재한다는 사실을 언급했다. 바울이 자신을 자랑스러워했던 까닭은 자기에게 하나님의 영원한 진리가 담겨있었기 때문이다.

바울이 고린도 교회의 성도들을 사랑하는 까닭은 자기 속에 존재하는 하나님의 진리 때문이라는 사실을 고백했다. 이는 그 사랑이 인간적인 결단에 의해 생겨난 것이 아니라는 사실을 말해 주고 있다. 바울은 다른 성도들을 위해 자신이 존재하고 있다는 사실을 밝히 말했던 것이다. 이에 대해서는 고린도전서에서도 그와 연관된 고백을 하며 자신의 삶을 본받도록 요구하고 있다.

> "나와 같이 모든 일에 모든 사람을 기쁘게 하여 나의 유익을 구치 아니하고 많은 사람의 유익을 구하여 저희로 구원을 얻게 하라"(고전 10:33)

사도 바울은 모든 복음사역을 행함에 있어서 자신의 유익이 아니라 하나님의 몸된 교회와 성도들을 위한 신앙자세를 가지고 있었다. 그가 많은 사람들의 유익을 구했던 이유는 저들로 하여금 하나님의 구원에 참여하도록 하기 위해서였다.

이에 대해서는 오늘날 우리 역시 그와 동일한 신앙자세를 가져야만 한다. 어리석은 인간들은 자신의 인생을 꾸미기 위해 열심히 살아가는 것을 최상의 삶이라 여긴다. 하지만 우리는 자신을 위한 이기적인 삶을 살지 않고 다른 이웃을 위해 살 때 진정한 삶의 의미가 드러나게 된다는 사실을 깨달아야 한다.

성도 개인이 지닌 건강, 지식, 물질, 재능 등 모든 것들은 하나님으로부터 선물을 부여받은 것으로서 자신만이 아니라 함께 살아가는 여러 이웃들을 위해 사용할 수 있어야 한다. 그러므로 하나님의 자녀들은 교회와 성도들을 위해 자신의 것을 나누게 될 때 하나님의 복음 안에서 살아가는 성도의 참된 삶의 의미가 드러나게 되는 것이다.

그러나 이기심에 가득 찬 악한 인간들은 그에 대한 아무런 인식이 없다. 복음에서 멀리 떨어진 종교인들은 자신의 욕망을 추구하면서도 저들도 사도들과 똑 같은 일을 행한다고 주장한다. 그들은 항상 그것을 이용해 자랑거리로 만들고자 기회를 엿보고 있다. 그러나 사도 바울은 그런 자들의 기회를 끊어버리는 것이 합당한 것으로 생각했다. 이는 저들의 거짓된 종교적 활동이 어린 성도들을 미혹할 수 있기 때문이다.

하나님을 적절히 이용하거나 그의 이름을 핑계삼아 자기의 유익을 추구하는 것은 매우 악한 행위이다. 그런 자들은 스스로 자신을 교회를 위해 일하는 유능한 사역자나 일군으로 내세우고 있다. 그러나 종교적인 욕망을 추구하기 위해 교회를 이용하는 자들은 하나님을 섬기는 자들이 아니라 도리어 자기의 목적을 위해 하나님의 이름을 더럽히는 자들에 지나지 않는다.

7. 광명한 천사로 가장한 거짓 사도들 (13-15)

지상에 존재하는 교회의 주변에는 항상 거짓 교사들이 득실거린다. 그런데 그들은 다른 사람들 앞에서 자신을 충성된 사역자로 내세우고 있다. 문제가 되는 것은 그들에게는 남 보기에 그럴듯한 나름대로의 종교적인 열성이 넘친다는 사실이다. 예수님 당시에도 그런 자들이 숱하게 많이 있었다. 그러므로 주님께서는 제자들에게 양의 탈을 쓴 거짓 선지자들을 경계하도록 당부하셨다.

> "거짓 선지자들을 삼가라 양의 옷을 입고 너희에게 나아오나 속에는 노략질하는 이리라"(마 7:15)

우리가 명심해야 할 바는 가짜가 오히려 더 진짜 같이 행세한다는 사실이다. 거짓 교사들은 세련된 종교인의 행세를 하며 청산유수靑山流水와 같은 입담을 자랑할지도 모른다. 주변 사람들에게 친절한 모습을 보일 수도 있으며 윤리적인 실천에 상당한 힘을 기울일지도 모른다. 그러나 그들은 자기의 본 모습을 은폐하기 위해 온갖 수단을 다 사용한다. 신앙이 어린 성도들이나 어리석은 교인들은 저들의 겉모습으로 인해 진가眞假를 식별하기가 어려울 수밖에 없다.

그러므로 성숙한 성도들은 하나님의 말씀을 통해 참된 교사와 거짓 교사를 식별할 수 있는 능력을 갖추어야 한다. 양의 탈을 쓴 이리들이 어린 교인들을 미혹하기 위해 위선적인 행동을 할 때 그것을 경계할 수 있어야 하는 것이다. 주님의 말씀에 충실한 참된 교사들은 가식 없이 있는 그대로의 삶을 진솔하게 보여주려 하지만 거짓 교사들은 본질을 속이기 위해 더욱 그럴듯한 모습을 보이려 애쓰게 된다.

예수님 당시와 사도교회 시대에도 사악한 종교지도자들 가운데 그런 자들이 많이 있었다. 하나님을 대적하던 제사장들과 서기관들, 그리고 수많은 바리새인들과 사두개인들이 그러했다. 어리석은 백성들은 그들의 종교적인 행위를 보고 하나님을 위해 충성을 다하는 사역자들로 착각했던 것이다. 그러나 그런 자들은 하나님의 이름을 앞세우고 있었지만 실상은 하나님을 대적하는 거짓 선지자들이었다.

예수님의 십자가 및 부활 승천 사건이 있은 후, 사도들을 통해 교회가 온 세상으로 전파되어 갈 때 역시 거짓 사도들이 등장했다. 그들은 하나님의 보내심을 받지 않았음에도 불구하고 스스로 그런 주장을 하며 순진한 교인들을 농락하게 되었다. 그러나 어리석고 순진한 성도들은 그에 대한 확실한 경계심을 가지고 있지 못했다.

그러므로 바울은 그런 자들은 하나님의 백성들을 속이며 진리를 어지럽히는 자들임을 밝히 말했다. 입술을 통한 저들의 미사여구美辭麗句와 겉으로 드러나는 종교적인 행동을 믿지 말고 그들이 참 하나님의 사도인지 말씀을 통해 살펴봐야 한다는 것이었다. 그런 자들은 사탄에게 속한 자들이면서 하나님의 일군으로 가장해 성도들을 미혹하려 했던 것이다.

> "저런 사람들은 거짓 사도요 궤휼의 역군이니 자기를 그리스도의 사도로 가장하는 자들이니라 이것이 이상한 일이 아니라 사단도 자기를 광명의 천사로 가장하나니 그러므로 사단의 일군들도 자기를 의의 일군으로 가장하는 것이 또한 큰 일이 아니라 저희의 결국은 그 행위대로 되리라"(고후 11:13-15)

타락한 사탄과 거룩한 하나님의 천사는 정반대의 속성을 지니고 있다. 따라서 지상에서 행하는 저들의 역할도 전혀 다르다. 천사는 하나님의 백성들을 위해 하나님께 온전히 순종하며 사역하지만 사탄과 그의 세력에 속한 자들은 하나님께 저항하며 지상의 교회를 훼방하기 위해 온갖 계략을 다 꾸민다.

어쩌면 사탄의 손에는 달콤한 사탕이 가득 들려 있을지 모른다. 또한 천사들의 손에 매서운 채찍이 들려 있을 수 있다. 사탄은 온유하고 화사한 모습을 띠고 있는데 반해 천사는 냉정하고 엄격한 모습을 하고 있을지도 모른다. 이는 사탄에게 속한 거짓 교사들은 사람들이 보기에 화사한 종교인으로 나타나는 반면, 진정한 교사들은 천사와 같이 하나님의 뜻에 온전히 순종함으로써 사람들의 취향이나 구미에 맞는 말을 골라하지 않는다는 사실을 보여준다.

그러나 하나님의 마지막 심판날이 임하게 되면 선악간의 모든 것이 백일하에 드러나게 된다. 하나님을 알지 못하면서 예수 그리스도의 이름을 핑계대어 자기의 유익을 도모했던 자들은 하나님의 무서운 심판을 피할 수 없다. 저들은 자신의 종교적인 행위를 내세워 잘했다고 항변하겠지만 주님께서는 추호의 여지도 없이 그들을 엄하게 심판하신다. 예수님께서는 제자들에게 그에 관한 분명한 교훈을 주셨다.

> "그 날에 많은 사람이 나더러 이르되 주여 주여 우리가 주의 이름으로 선지자 노릇하며 주의 이름으로 귀신을 쫓아내며 주의 이름으로 많은 권능을 행치 아니하였나이까 하리니 그때에 내가 저희에게 밝히 말하되 내가 너희를 도무지 알지 못하니 불법을 행하는 자들아 내게서 떠나가라 하리라"(마 7:22,23)

하나님의 진리를 어지럽히는 자들은 예수님 당시뿐 아니라 기독교 역사 가운데 항상 있어왔다. 이는 우리시대 역시 예외가 될 수 없다. 지금도 세계에 흩어진 교회 주변에는, 사악한 이리떼들이 하나님과 예수 그리스도의 이름을 들먹이며 순진한 성도들을 미혹하기 위해 온갖 계략을 다 꾸미며 부지런히 활동하고 있다.

그러므로 현대를 살아가는 성숙한 성도들은 그에 대한 경계심을 늦추어서는 안 된다. 어리석은 자들은 종교인들의 외형을 보고 판단하거나 평가하기를 좋아하지만 그것은 매우 위험하다. 인간들의 잘못된 종교적 열성이 도리어 하나님 보시기에 무서운 불법일 수 있다는 사실을 기억하지 않으면 안 된다.

이를 위해 교회 가운데는 항상 하나님의 말씀이 올바르게 선포되어야 하며 참된 성례와 더불어 권징사역이 지속적으로 이루어져야 한다. 지상 교회에 권징사역이 필수적으로 요구되는 것은 그런 거짓 교사들과 저들의 악한 사상이 발붙이지 못하도록 하기 위해서이다. 교회와 장로들은 그에 대해 민감한 자세를 가짐으로써 하나님의 교회가 지상에서 온전히 성장해갈 수 있도록 최선을 다해야 한다.

제17장
교회를 위한 바울의 염려

(고후 11:16-33)

1. 바울의 자랑 (16-18)

인간들은 항상 자신을 내세우며 남에게 무엇인가 자랑하려고 한다. 좀 더 약삭빠른 자들은 떠벌리지 않은 채 은근슬쩍 자신을 드러냄으로써 다른 사람들이 자기를 알아주기를 바란다. 그러한 성향은 인간의 일반적인 생리라 할 수 있다. 남이 가지지 않은 것을 좀 더 많이 가지게 되면 우쭐거리며, 없는 사람은 가진 사람을 부러워하게 된다. 그것이 결국 자랑거리가 될 수 있는 것이다.

그러나 하나님의 자녀들에게 있어서는 불신자와 구별되는 무엇인가 다른 면이 있어야 한다. 과연 타락한 인간들에게 자랑할 만한 궁극적인 요소가 있기는 한 것인가? 우리는 하나님을 배반한 인간들에게는 진정한 자랑거리가 아무것도 없다는 사실을 깨닫는 것이 중요하다. 남의 부러움을 사는 어떤 대상이 존재한다면 그것은 전적으로 타락한 인간의 욕망과 연관되어 있을 따름이다.

하지만 하나님의 자녀들은 세상의 굴절된 가치관에 빠진 어리석은 자의 자리에 머물러 있어서는 안 된다. 성도들은 하나님으로 말미암는 참된 지혜를 소유한 자가 되어야 한다. 그러므로 사도 바울은 고린도 교회 성도들에게 자신을 어리석은 자로 여기지 말도록 당부했다. 설령 다른 사람들이 부정적인 평가를 내린다고 할지라도 자기에게는 진정으로 자랑할 만한 것이 있음을 말했다. 그가 자랑하고자 한 것은 세상 사람들과는 달리 하나님의 복음에 연관된 것이었다.

바울은 주님의 이름과 권위를 핑계삼아 사람들 앞에서 자신의 행위를 자랑하고자 했던 것이 아니다. 그는 비록 자신에 대해 온전하다고 생각지 않았지만 예수 그리스도 안에서 확신에 찬 신앙을 자랑하고자 했다. 그는 개인의 인간적인 면모를 드러내려 한 것이 아니라 복음에 참여하는 자신의 진실한 모습을 보여주려는 것이었다. 많은 사람들이 육신의 것을 드러내며 자랑하고 있는 것처럼, 바울은 하나님께 순종하는 자신의 삶을 드러내고자 했던 것이다.

하나님의 몸된 교회를 위해 최선을 다해 섬겨 온 바울이었지만 자신의 삶을 사람들 앞에서 세상의 자랑거리로 삼을 생각은 없었다. 그럼에도 불구하고 자신의 신앙을 자랑하려 했던 것은 고린도 교회 성도들에게 깨달음을 주기 위해서였다. 그렇게 함으로써 모든 성도들이 진정한 신앙의 삶을 본받을 수 있을 것이었기 때문이다.

2. 정신을 바짝 차려야 할 지상의 교회 (19-21)

하나님의 백성들은 어지러운 세상 가운데 살아가면서 정신을 바짝 차리고 있어야 한다. 주변에는 항상 거짓 선지자들이 나타나 교회 안으로 이단 사상을 끌어들이기 위해 부단히 애쓸 것이기 때문이다. 그런 자들은 하나님을 핑계삼아 호색好色 즉 음란한 분위기를 조성하면서 자기의 목적 추구와 함께 세상에 대한 탐심을 드러내게 된다.

어리석은 지도자들은 교회의 본질적인 면을 지키려 하기보다 종교적인 형식을 치장하기에 급급하다. 그들은 영적인 면과 인간의 정신내면이 위험한 사상으로 인해 부패해 들어가도 그 절박성을 제대로 깨닫지 못한다. 사도 베드로는 자신의 편지에서 그에 대한 강력한 경고를 하고 있다. 이는 신앙이 어린 교인들이 저들의 잘못된 사상에 미혹되지 않도록 하기 위함이었다.

> "그러나 민간에 또한 거짓 선지자들이 일어났었나니 이와 같이 너희 중에도 거짓 선생들이 있으리라 저희는 멸망케 할 이단을 가만히 끌어 들여 자기들을 사신 주를 부인하고 임박한 멸망을 스스로 취하는 자들이라 여럿이 저희 호색하는 것을 좇으리니 이로 인하여 진리의 도가 훼방을 받을 것이요 저희가 탐심을 인하여 지은 말을 가지고 너희로 이를 삼으니 저희 심판은 옛적부터 지체하지 아니하며 저희 멸망은 자지 아니하느니라"(벧후 2:1-3)

어리석은 교인들은 매 주일 교회에 출석하면서도 저들의 악한 행위를 뒤따라가며 세상을 즐기려 할 것이 틀림없다. 신앙이 없거나 어린 교인들은 겉보기에 유능해 보이는 종교 지도자들의 세속적인 행태를 거의 비판 없이 받아들인다. 특히 눈앞에 보이는 그럴듯한 현상들을 통해 세상에서의 성공적인 결과를 도출할 수 있는 듯이 선전하면 쉽게 그에 편승하게 되는 것이다.

죄에 물든 이기적인 인간들은 강한 자에게 약한 모습을 보이는 반면 약한 자에게는 강한 면모를 보이는 것이 일반적이다. 이기심과 자기 보존 열망에 익숙한 인간들은 자기중심적인 대처를 통해 개인적인 안도감을 획득하고자 한다. 이에 대해서는 타락한 아담의 속성을 지닌 하나님의 자녀들에게도 여전히 그 속성이 남아 있다.

고린도 교회 성도들 역시 그런 조악粗惡한 태도를 버리지 못하고 있었다. 그들은 하나님의 복음을 소유한 자들로서 예수 그리스도 안에서 지혜로워야 했지만 양의 가면을 쓴 늑대인 거짓 교사들을 쉽게 받아들였다. 그들은 교회 가운데 악한 누룩을 용납하면서도 그것이 마치 교회를 위한 것인 양 주장했다. 하나님의 참된 지혜를 가져야 할 교인들이 도리어 세상의 미련한 것들을 소유하고 있으면서 그것을 지혜라 여기고 있었던 것이다.

사악한 자들은 항상 자기의 목적을 달성하기 위해 다른 사람들을 적절히 이용하려 한다. 하나님의 이름을 핑계대는 종교인들은 '교회'라는 이름을 앞세워 자기의 속셈을 채우기에 급급하다. 그런 자들은 달콤한 언술로써 어리석은 교인들을 미혹하여 저들을 이용하며 하인처럼 부리거나 집어 삼키고자 한다. 심지어 그들은 자기 마음대로 되지 않으면 강압적인 폭행마저 서슴지 않았다. 그럼에도 불구하고 어린 자들은 그들과 그들의 위험한 사상을 세속적 가치와 융화시켜 자연스럽게 받아들이게 된다.

그러나 하나님을 경외하는 사도 바울은 배도에 빠진 악한 자들과 달리 고린도 교회 성도들에게 진지한 자세로 임했다. 그는 결코 자기의 목적을 위해 하나님의 백성들을 이용하거나 부릴 수 없었던 것이다. 그렇지만 바울에게는 거짓 교사들이 스스로를 위해 조작한 논리대로 자랑하는 것 이상의 진정한 자랑거리가 있었다. 바울은 그것이 자신에게 어리석은 자랑인 줄 알지만, 교회를 어지럽히는 자들의 악한 태도를 증명해 보이기 위해서라도 자기를 자랑해 보이겠노라고 말했다.

3. 바울의 자신에 대한 변증 (22-27)

거짓 교사들은 항상 자기 속의 거짓을 감추기 위해 온갖 노력들을 다 기울인다. 그들은 본질을 벗어난 형식을 자랑하며 그것이 마치 대단한 의義라도 되는 양 내세워 어리석은 자들로 하여금 안도하게 한다. 특히 종교적인 열정을 강조하는 과정에서 그런 성향이 더욱 두드러지게 나타난다.

고린도 교회를 어지럽히는 악한 자들은 자신을 가장하기 위해 스스로 정통성을 주장하며 히브리인으로서 아브라함의 혈통을 지닌 것을 자랑삼아 말했다. 그리고 마치 자기가 그리스도의 충성스런 일군이라도 되는 양 주장하고 있었다. 그들은 정통 이스라엘 민족의 혈통을 가진 자로서 그리스도를 위해 엄청난 수고를 한 듯이 떠벌리고 다녔던 것이다.

그러므로 사도 바울은 자신의 태생적 신분과 형편을 언급하며 그런 정도라면 저들과 똑같은 식으로 비교한다고 해도 저들보다 부족할 것이 전혀 없다는 사실을 강조해 말했다. 유대인의 혈통을 보든지 예수 그리스도를 위해 수고한 내용을 보든지 저들에게 뒤질 것은 하나도 없다는 것이다.

바울은 아브라함의 자손인 정통 히브리인의 혈통을 지니고 있으면서, 저들과는 비교가 되지 않을 만큼 예수 그리스도로 인해 심한 고생과 수고를 했음을 구체적으로 밝혔다. 그는 결코 자신의 영예로운 삶을 추구하기 위한 인생을 살지 않았다. 이는 그가 하나님의 말씀에 온전히 순종하기 위해 최선을 다했다는 의미를 담고 있다.

그는 하나님의 특별한 부르심을 받은 사도로서 복음을 전파하는 동안 얼마나 힘겨운 삶을 살았는지 고백적으로 말했다. 바울의 고통스런 삶은 고린도 교회 성도들뿐 아니라 일반 성도들의 삶과는 완전히 동떨어진 내용이었다. 어리석은 자들은 바울이 살아왔던 어려운 삶을 보며 하나님의 존재에 대해 의아하게 생각할지 모를 일이었다. 그런 상황에서 바울은 예수 그리스도의 사도인 자신의 삶에 대한 힘든 과정을 분명한 어조로 말했다. 세상에서 그가 당한 삶은 어느 누구도 부러워하지 않을 고통스런 삶의 연속이었다.

사도 바울은, 하나님의 말씀을 통해 예수 그리스도를 선포했다는 이유만으로 악한 자들에 의해 수없이 많은 매를 맞았으며 사십에 하나 감한 매를 다섯 번이나 맞았다. 사십에 하나 감한 매란 서른아홉 번의 매를 의미하는 것으로서, 이는 죽지 않을 만큼 매질하는 무서운 형벌이었다. 바울은 그런 매를 한두 번이 아니라 다섯 번씩이나 맞았던 것이다.

그리고 세 번의 태장笞杖 곧 채찍으로 맞는 형벌을 받았으며[103] 돌에 맞아 죽을 고비를 넘긴 사실에 대해서도 언급하고 있다. 바울은 첫번째 이방 지역을 위한 복음전파 사역 동안 루스드라에서 돌에 맞아 죽게 되었으나 다시 살아난 적이 있었는데 그것을 두고 말하는 것으로 보인다(행 14:19).

또한 배를 타고 깊은 바다를 항해하다가 세 번이나 파선을 당해 심각한 위기에 직면했던 적이 있으며 밤낮 하루를 꼬박 바다에서 헤매기도 했다. 그는 무자비한 강도들로부터 위협을 당하기도 했으며 자기를 시기하는 사람들로부터 생명에 대한 협박을 당하기도 했다. 배도에 빠진 유대인들이 예수 그리스도의 사도인 바울을 대적하기도 했으며 하나님을 알지 못하는 이방인들도 저들의 이익추구에 방해가 되는 바울을 위협하기도 했다.

뿐만 아니라 사람들이 붐비는 도시들에서의 위험과 황량한 광야에서의 위험, 바다에서 발생하는 다양한 형태의 위험에 처하기도 했다. 거기다가 복음을 가장한 거짓 형제들의 저항과 모함도 많았다. 그들은 자신의 원래 모습을 감추고 슬며시 교회 안으로 들어와 진리를 허물며 하나님의 교회를 어지럽히기 위해 온갖 계략을 다 꾸미고 있었다.

그러므로 바울은 항상 교회와 성도들을 말씀으로 온전히 지키기 위해 힘을 다하여 수고할 수밖에 없었다. 그 삶 가운데는 보통 사람들이 생각하는 편안함과 안락함이란 찾아보기 힘들었다. 거기다가 마음 편히 잠을 자지도 못했으며 굶주리고 목마름으로 인한 심한 고충을 감내해야만 했다.

그는 또한 매서운 추위에 떨면서 의복이 충분치 못해 헐벗은 채 살아

---

103) 이는 로마시민에게는 금지된 끔찍한 형벌이었다. 채찍 끝에 납을 달아서 치는 잔인한 형벌이므로 죽는 경우도 많이 있었다고 한다.

가야 할 때가 많았다. 그에게 있어서 풍요로운 삶은 항상 먼 거리에 존재했던 것이다. 바울에게 있어서 그런 끔찍한 고통들은 가끔씩 찾아오는 것이 아니라 주변에 항상 도사리고 있는 일상생활과 같은 것이었다. 바울은 그후에도, 이 세상에서의 생명을 마감하는 날까지 위에서 언급한 것들보다 훨씬 심하고 많은 고통을 겪어야만 했다.

우리 가운데 누가 과연 바울보다 더 큰 어려움을 겪었으며 겪고 있는가? 바울은 많은 경우에 사람들로부터 인간적인 대우조차 받지 못했으며 조직적인 음해세력에 의해 심한 고통을 당하기도 했다. 나아가 자연적인 재해나 위험으로 인해 엄청난 고생을 하기도 했다. 바울은 고린도전서에서도 그에 대한 분명한 기록을 한 적이 있다.

> "내가 생각건대 하나님이 사도인 우리를 죽이기로 작정한 자 같이 미말에 두셨으매 우리는 세계 곧 천사와 사람에게 구경거리가 되었노라 우리는 그리스도의 연고로 미련하되 너희는 그리스도 안에서 지혜롭고 우리는 약하되 너희는 강하고 너희는 존귀하되 우리는 비천하여 바로 이 시간까지 우리가 주리고 목마르며 헐벗고 매 맞으며 정처가 없고 또 수고하여 친히 손으로 일을 하며 후욕을 당한즉 축복하고 핍박을 당한즉 참고 비방을 당한즉 권면하니 우리가 지금까지 세상의 더러운 것과 만물의 찌끼 같이 되었도다"(고전 4:9-13)

사도 바울은 하나님의 복음을 전파하는 과정에서 말로는 이루 형언하기조차 어려운 엄청난 고통을 겪었다. 오죽 했으면 남들이 보기에 하나님께서 자신을 죽이기로 작정한 것으로 보일 만큼 심한 고통을 당한다고 말했을까! 사도뿐 아니라 그와 함께하는 성도들은 모든 사람들의 맨 마지막에 서 있는 하찮은 인간처럼 보였으며 세상의 더러운 것과 만물의 찌꺼기같이 되었다. 그런 모습을 보는 많은 사람들은 사도들에 대해 하나님의 저주를 받은 것이 아니냐며 손가락질했을 것이 분명하다.

세상적인 안락을 추구하며 그에 듬뿍 취해 있는 오늘날 우리에게 바울과 같이 그런 끔찍한 환난이 닥친다면 과연 그 상황을 능히 대처하며 이겨낼 수 있을까? 예수를 열심히 믿어 이 세상에서의 복락을 누리려 하는 사람들이라면 바울이 당했던 핍박이 임하게 될 때 어떻게 그것을 극복할 수 있겠는가?

누가 예수를 열심히 잘 믿으면 타락한 이 세상에서 성공하고 출세하여 잘 먹고 잘 사는 복을 받는다면서 잘못된 선전을 하고 있는가? 만일 그런 달콤한 논리를 내세워 주장한다면 복음으로 인해 엄청난 고통을 당해야만 했던 사도들을 욕하는 것과 전혀 다르지 않다. 바울을 비롯한 주님의 사도들은 결코 이 세상에서 복락을 누리는 그런 삶을 제공받지 못했기 때문이다.

4. 교회를 위한 바울의 염려 (28)

죄로 말미암아 타락한 이 세상에서 살아가는 모든 인간들은 나름대로 다양한 염려가운데 살아가고 있다. 세상의 염려는 차라리 살아있는 존재라는 표식이 될지도 모를 만큼 인간과 밀착되어 있는 상태이다. 그렇지만 우리가 명심해야 할 바는 하나님의 몸된 교회를 위한 바람직한 건설적인 염려가 있는가 하면 인간 본성으로 인한 무가치한 염려도 없지 않다는 사실이다.

교회에 속한 성도들은 진리에 무지한 불신자들과 다른 관점에서 그에 대한 선명한 이해를 해야만 한다. 세상 사람들은 이땅에서 살아갈 문제에 관한 염려를 하고 있지만 천상의 나라에 소망을 두고 살아가는 하나님의 자녀들에게 있어서는 전혀 그렇지 않다.

예수님께서는 하나님을 알지 못하는 불신자들의 염려와 하나님께 속한 성도들의 염려는 근본적으로 다르다는 사실을 말씀하셨다. 그는 지상에 세워질 교회의 기초가 되는 제자들에게 한시적인 세상에서 살아가는 문제로 인한 염려를 하지 말도록 요구하셨던 것이다.

> "그러므로 염려하여 이르기를 무엇을 먹을까 무엇을 마실까 무엇을 입을까 하지 말라 이는 다 이방인들이 구하는 것이라 너희 천부께서 이 모든 것이 너희에게 있어야 할 줄을 아시느니라 너희는 먼저 그의 나라와 그의 의를 구하라 그리하면 이 모든 것을 너희에게 더하시리라"(마 6:31-33)

타락한 세상에 뜻을 두고 살아가는 자들은 자기의 인생 자체가 곧 삶의 목적이 된다. 그들에게는 잠시 지나가는 이 세상에서 남부럽지 않게 잘 먹고 잘 입음으로써 풍족하게 살아가는 것이 매우 중요하다. 그것을 추구한 결과 원하는 것들을 소유하게 되면 삶의 만족을 느끼게 되는 것이다.

그러나 거룩한 하나님의 자녀들은 오염된 세상의 것들을 추구하는 삶을 살지 않는다. 세상에서의 풍족한 의식주衣食住 생활을 영위하고자 하여 하나님께 간구하지 않을 뿐더러 먹을 양식이 부족하고 남 보기에 그럴듯하게 입을 만한 옷이 없다고 할지라도 그것 자체를 얻기 위해 하나님께 매어달리며 기도하지 않는다.

하나님께서는 자기 자녀들에게 필요한 것이 무엇인지 이미 잘 알고 계신다. 따라서 굳이 그런 것들을 달라며 적극적으로 기도하지 않아도 하나님은 성실하게 살아가는 자기 자녀들을 위해 필요에 따라 일용할 양식을 허락하시게 된다. 세상에서 잘 먹고 잘 살기 위해 염려하는 것은 타락한 인간에게서 나타나는 욕망의 발산에 지나지 않는다. 그것은 결국 지나가는 세상살이에 대해 지나치게 집착하도록 할 수밖에 없다.

그러므로 교회에 속한 성숙한 성도들은 먼저 하나님의 나라와 그의 의를 구해야 한다(마 6:33). 그것은 하나님의 영원한 뜻과 그에 대한 관심을 요구하고 있다. 성도들이 천상의 나라를 바라보며 온전한 삶을 살게 되면, 하나님께서는 자기 자녀들이 이 세상에서 교만하지 않은 적절한 삶을 살도록 도와주신다.

사도 바울은 항상 그런 마음을 가지고 성숙한 신앙인의 삶을 이어갔다. 그는 이 세상에 살아가는 문제로 인해 지나친 염려를 하지 않았다. 바울은 고린도후서의 성경 본문에 언급된 다양한 형태의 고난과 함께 엄청난 위협을 당하고 있었지만 그것이 본질적인 문제가 될 수 없었다. 그에게는 항상 하나님의 몸된 교회와 성도들에 대한 진정한 염려로 가득 차 있었던 것이다.

바울은 자기가 당하는 힘든 고통과는 별도로, 날마다 지상의 모든 교회를 위한 염려가 자신을 억누르고 있음을 고백했다. 그는 한두 교회에 대한 염려가 아니라 '모든 교회'를 위하여 염려한다고 말했다(고후 11:28). 이는 보편교회에 대한 관심을 드러내는 것으로서 지상에 세워지는 하나님의 거룩한 교회에 대한 그의 간절한 관심을 보여주고 있다.

오늘날 우리는 과연 어떤가? 이 세상에서의 개인적인 영달榮達을 위해 인생을 허비하지는 않는가? 자신의 종교적인 목적을 이루기 위해 감히 하나님의 몸된 교회를 이용하려고 하지는 않는가? 혹은 지상에 존재하는 보편교회를 의식하지 않고 자기가 속한 교회만을 내세우고자 하는 개 교회주의에 빠져 있지는 않은가? 우리는, 사도 바울이 날마다 염려한다고 하는 보편교회에 대한 올바른 관심을 가지지 않으면 안 된다.

5. 교회와 성도들을 향한 바울의 진심 (29-33)

하나님의 백성들은 자신만을 위한 이기적인 삶을 살지 말아야 한다. 그 대신 이웃들을 위해 자신이 소유한 모든 것들을 적절하게 나눌 수 있어야 한다. 자기 자신이 처한 현실적인 문제에 집착하기보다 다른 성도들의 문제를 염려하며 그 어려움에 동참할 수 있는 마음을 가져야 하는 것이다.

사도 바울은 주변 성도들의 아픔에 진정으로 동참할 수 있는 성숙한 신앙인이었다. 하나님의 자녀들이 심한 고통을 당하게 되면 자기도 그에 대해 아픈 마음을 가졌다. 그것은 단지 정신적인 동정에 그친 것이 아니라 실제적인 삶 가운데 구체적으로 드러나는 것이었다. 그는 하나님께서 특별히 부르신 교회의 탁월한 지도자였지만 결코 교만하거나 고압적인 태도를 취하지 않았다.

그러므로 성도들 가운데 누가 실족이라도 하게 되면 그것을 보며 안타까워하는 마음을 가졌다. 바울은 고린도 교회 성도들을 향해 자신의 그런 삶의 자세를 자랑하노라고 말했다. 교회가 경배하는 전능하신 하나님께서 자기의 그러한 삶과 언어에 대한 증인이 된다는 사실도 밝혔다. 이는 다른 성도들도 자신과 같이 주변의 이웃을 기억하는 삶을 살아가도록 독려하는 의미를 지니고 있다.

따라서 교회에 속한 성도들은 항상 하나님을 진정으로 경외하는 가운데 다른 이웃을 기억하며 살아가야 한다. 하나님의 자녀들에게 교만한 태도로 아무렇게나 대하는 것은 하나님을 진노하게 하는 행위가 될 수 있다. 그러므로 예수님께서는 제자들에게, 자기를 믿는 보잘것없어 보이는 자들 가운데 어느 한 사람이라도 실족케 하지 않도록 조심해야 한다는 사실을 말씀하셨다.

> "누구든지 나를 믿는 이 소자 중 하나를 실족케 하면 차라리 연자 맷돌을 그 목에 달리우고 깊은 바다에 빠뜨리우는 것이 나으니라 실족케 하는 일들이 있음을 인하여 세상에 화가 있도다 실족케 하는 일이 없을 수는 없으나 실족케 하는 그 사람에게는 화가 있도다"(마 18:6,7)

하나님께서 사랑하시는 성도를 타락한 인간들이 감히 함부로 대해서는 안 된다. 이는 거룩하신 하나님을 욕되게 하는 배도자들에 대해 단호한 태도를 취해야 하는 것과 크게 대비된다. 그러므로 우리는 주님의 이름을 들먹이는 자들이 과연 진정한 하나님의 자녀인지 아니면 위선된 거짓 교사인지 살펴보아야 한다. 물론 우리는 사람의 외모를 보고 그것을 정확하게 분별하지 못하기 때문에 하나님의 말씀을 중심으로 더욱 신중한 자세로써 신앙생활을 해야 하는 것이다.

예수 그리스도의 십자가 사역을 통해 하나님의 자녀가 된 성도들을 실족케 하는 자는 엄한 심판을 받게 된다. 예수님께서는, 그런 자들은 연자맷돌을 그 목에 달고 깊은 바다에 빠지는 것이 차라리 낫다는 말씀을 하셨다.

그런데 안타까운 점은 타락한 세상 가운데서 그런 일이 항상 일어날 수 있다는 사실이다. 그것이 통상적으로 일어날 수 있다면 성도들은 교회 주변을 맴도는 위험한 인물들에 대해 여간 민감하지 않을 수 없다. 하지만 하나님께서 택하신 자녀로 하여금 실족케 하는 자들에게는 무서운 저주가 임하게 될 따름이다.

바울은 그에 관한 언급을 하면서, 예수 그리스도를 통해 복음을 온전히 깨달은 후 다메섹에서 당했던 위협과 고통에 대한 말을 했다. 그가 하나님의 몸된 교회를 핍박하기 위해 다메섹으로 가던 길에 주님을 만나고 나서 그 도시에 잠시 머물렀었다. 그때 아레다(Aretas) 왕의 신하들이 복음전파의 전면에 서게 된 바울을 체포하기 위해 다메섹 성을 경비하고 있었다.

이처럼 사도 바울은 복음을 깨달은 후 처음부터 유대인들과 이방인들의 세력에 갇히게 되었다. 즉 유대인과 이방인이 공조체제를 구축해 바울을 해하려 했던 것이다. 그런 위급한 정황 중에 바울은 들창문을 열고 광주리를 타고 성벽을 내려가 탈출했었다.

바울이 여기서 이 말을 한 것은 세상의 공격 가운데서 교회를 위해 자기에게 베풀어진 하나님의 놀라운 은혜를 고백하기 위해서였다. 바울의 그런 행동은 생명에 연관된 매우 위험한 행동이었음이 틀림없다. 그럼에도 불구하고 그가 위험한 탈출을 시도했던 것은 지상에 세워지는 하나님의 몸된 교회를 위한 사도의 역할과 그것을 위한 담대한 마음이 있었기 때문이다.

이처럼 성숙한 하나님의 자녀들은, 항상 자신의 유익이 아니라 교회와 이웃을 기억해야 한다. 이에 대해서는 오늘날 우리 역시 예외가 될 수 없다. 따라서 하나님의 몸된 교회에 속한 참된 성도들은 항상 예수 그리스도와 그의 십자가 사역을 마음속 깊이 새기는 가운데 하나님께서 피로 값주고 사신 모든 백성들에 대해 겸손한 자세로 임해야 한다.

제18장
바울에게 허락된 하나님의 특별계시

(고후 12:1-10)

1. 바울의 체험과 하나님 나라에 관한 이해 (1-3)

(1) 바울의 특별한 체험

사도 바울은 보통 사람들이 겪을 수 없는 매우 특이한 천상의 체험을 했다. 그것은 일반 종교적인 경험이 아니라 사도에게 허락하신 하나님의 특별한 계시였다. 이는 사도 이외에 어느 누구도 체험할 수 없는 절대적인 의미를 지닌다.

하지만 바울은 그에 대한 자신의 체험을 다른 사람들 앞에서 자랑삼아 드러내는 것이 무익하다는 사실을 언급하고 있다. 이는 그가 자신의 체험을 기록하게 된 것은 스스로 자랑하려는 것이 아니라 성도들에게 하나님의 놀라운 영역에 관한 교훈을 주고자 한다는 사실을 말해준다.

그러므로 우리시대의 어떤 사람이 바울과 유사한 천국을 체험했다고 주장한다면 그것은 엉터리일 수밖에 없다. 어떤 사람이 천상에 다녀왔다든지 하나님의 비밀스런 영역을 직접 목격했다고 주장하는 것은 거짓말이거나 종교적인 착각에 지나지 않는다. 나아가 바울과 같은 신비한 체험을 하기 위해 기도에 몰입하는 태도를 가지는 것은 어리석기 짝이 없는 행위이다.

사도 바울은 고린도후서를 쓸 당시로부터 14년 전에 셋째 하늘에 이끌려갔음을 고백하고 있다. 그는 자신에 대해 3인칭을 사용하면서 객관적인 표현을 했다. 바울은 자기가 갔던 그곳이 매우 아름다운 낙원이었음을 밝혔다. 이는 그가 보았던 셋째 하늘이 이 세상에서는 전혀 경험할 수 없는 아름다운 영역이라는 사실을 말해준다.

영원한 낙원인 셋째 하늘에 올라간 바울은, 그때 자신이 몸 안에 있었는지 몸 밖에 존재했었는지 모른다고 했다. 그에 대해서는 오직 하나님만 아신다는 것이었다. 이는 바울의 몸이 실제로 셋째 하늘로 올라갔다가 내려왔는지 아니면 그의 몸은 땅에 있는 채 특별한 계시의 방법으로 그곳을 체험했는지 아무도 알 수 없다는 사실을 말해준다.

바울은 그때 셋째 하늘을 방문하여 이루 형언할 수 없는 놀라운 말을 들었다. 이는 하나님께서 친히 말씀하시는 것을 직접 들었음을 의미하고 있는 것으로 보인다. 아마도 바울은 천상에 계시는 하나님의 놀라운 계시의 말씀을 듣고 진리에 대한 구체적인 깨달음을 가졌을 것이다.

그렇다면 바울은 지상의 어디에 머물고 있을 때 그 놀라운 체험을 하게 되었을까? 물론 그것 자체가 중요한 일이 아닐 수는 있다. 그러나 그것이 구체적인 사건이었다는 점에서는 생각해 볼 만한 문제이다. 바울이 마게도니아 지역에서 고린도후서를 쓸 때로부터 14년 전이라면 과연 어디서였을까?

사도 바울이 고린도후서를 기록한 연대가 대략 AD 55-56년경이라면 그로부터 14년 전이란 41-42년경이 된다. 그때는 바울이 다메섹 도상에서 회심을 한 후, 삼년간 아라비아에 갔다가 예루살렘을 방문한 다음 고향 다소에 와 있던 시기와 일치한다.[104] 바울의 공사역의 시작이

104) 이광호, 『바울의 생애와 바울서신』(서울: 도서출판 깔뱅, 2007), p.17. 참조.

예루살렘 공의회로부터 공적인 인정을 받은 것으로 보이는 안디옥에서의 사역으로 이해한다면 당시는 바울이 아직 공사역을 시작하기 전이었다.

그런 관점에서 볼 때 하나님께서 바울을 셋째 하늘로 불러올리신 사건에는 고향 다소에 내려와 있던 바울에게 사도권을 부여하셨다는 의미가 담겨 있는 것으로 이해된다. 아마 그때부터 바울은 사도로서의 자기의 공적인 지위를 깨달아 알았을 것이다. 이는 바울의 사도직 시행의 근원이 되는 사건으로서 매우 중요한 의미를 지니고 있다. 그것은 나중 예루살렘 공의회가 바울을 사도로 인정해 안디옥으로 초청하여 이방인의 사도로 공인하는 것과 연관된다.

또한 우리가 분명히 이해해야 할 점은 바울의 체험이 오늘날 우리시대의 성도들이 체험할 수 있는 보편적 성격을 지닌 것이 아니라는 사실이다. 나아가 그것은 바울이 원해서 경험할 수 있었던 것이 아니라 전적인 하나님의 주권적인 의도에 의한 것이었다. 하나님의 전적인 주권이 바울을 예수 그리스도를 위한 사도로 부르셨던 것이다.

(2) 셋째 하늘(the third heaven)과 낙원(paradise)

바울이 하나님에 의해 이끌려 올라갔던 셋째 하늘은 과연 어디였을까?[105] 물론 우리는 그곳을 일반적으로 상상하는 물리적인 우주 공간만으로 이해할 수는 없다. 이는 그에 넘어서는 신령한 장소적 개념을 내포하고 있다는 의미이다. 그곳은 아마도 에녹과 엘리야가 살아있는 몸으로 올라가 있는 영역일 것이다. 그리고 부활하신 예수님이 구름을 타고

---

105) 우리는 바울이 올라갔던 셋째 하늘을 천문학적 논리로 이해하려 해서는 안 된다. 지구의 대기권과 그 위에 있는 하늘을 첫째와 둘째 하늘로 보며 그 밖을 셋째 하늘로 보는 것은 올바르지 않다. 바울이 말하는 셋째 하늘은 사람들이 볼 수 없고 알지 못하는 영적인 내용을 포함하는 특별한 영역이다.

승천하여 올라가 계신 곳일 것이다.

에녹과 엘리야는 그곳에 올라가 지금까지 머물고 있다. 그에 반해 사도 바울의 몸은 그곳에 잠시 올라갔다가 지상으로 다시 내려왔을 수 있다. 바울이 그때 '자기가 몸 안에 있었는지 몸 밖에 있었는지 모른다'(고후 12:2,3)고 한 말은 그에 밀접하게 연관되어 있다. 그 영역은 나중 사도 요한이 천상으로 이끌려 올라가 열린 '하늘 문'을 통해 직접 목격한 곳(계 4:1)과 일치하고 있음이 틀림없다.

(3) '원상原狀의 나라', '천상天上의 나라', '천국'天國, '하늘과 땅', '새 하늘과 새 땅'

우리가 살고 있는 이 세상은 한시적인 영역이다. 성경을 통해 알 수 있는 거룩한 영역은 일반적으로 생각하듯이 단일 영역이 아니라 하나로 연결되어 있으면서도 다양한 모습을 보여주고 있다. 물론 우리로서는 그에 대해 완벽한 지식을 가질 수 없다. 단지 기록된 말씀을 통해 조심스런 짐작을 함으로써 무한하신 하나님을 경배할 수 있을 따름이다.

우리는 우선 하나님의 거룩한 영역인 원상의 나라의 존재를 기억해야 한다. 하나님께서 천지만물을 창조하시기 전부터 원래 계시던 영역이 곧 원상의 나라이다. 우리는 그곳에 대해 구체적인 지식을 가질 수 없다. 성경은 그에 관하여 완전히 침묵하고 있기 때문이다. 그렇지만 우리가 알 수 있는 사실은 그곳이 처음부터 거룩한 하나님의 영광으로 가득 차 있었다는 점이다.

하나님은 원래부터 삼위일체 하나님으로 존재하시는 분이다. 삼위가 아닌 하나님께서 타락한 인간들을 죄악 세상으로부터 구원하시기 위한 목적으로 삼위 하나님으로 변화된 것이 아니라는 것이다. 삼위일체 하나님은 우주 만물을 창조하시기 전에도 원상의 나라에서 삼위 하나님 상호간에 무한한 영광을 돌리는 신비한 분으로 존재하셨던 것이다.

타락한 인간으로서 원상의 나라에 관한 구체적인 정보를 가진다는 것은 불가능하다. 우리가 알 수 있는 유일하면서도 분명한 사실은 그곳은 인간들이 상상조차 할 수 없는 놀라운 영광과 위엄이 넘치는 영역이라는 점이다. 그 나라는 거룩한 하나님의 속성과 그의 영화로움이 충만한 곳으로서 피조물인 인간들이 감히 넘볼 수 없다.

또한 우리가 기억해야 할 바는 원상의 나라와 구별되는 천상의 나라(heaven)이다. 인간들은 천상의 나라에 대해서도 성경의 계시에 따라 지극히 부분적인 내용만 알고 있을 따름이다. 그곳은 원상의 나라와 밀접하게 연관되어 있지만 서로간 어떤 관계에 놓여있는지 정확하게 알지 못한다.

분명한 사실은 천상의 나라에는 살아 승천한 몇몇 성도들과 이 세상에서의 생애를 마감하고 죽은 여러 성도들이 가 있다는 사실이다.[106] 그곳에는 에녹과 엘리야처럼 살아있는 채로 올라간 성도들과 노아, 아브라함, 모세, 다윗을 비롯한 구약시대의 많은 선지자들과 제사장들이 가 있다. 또한 베드로와 바울을 비롯한 사도들과 신약교회 시대에 살았던 모든 믿음의 선배들이 그곳에 가 있다.

사도 바울이 하나님에 의해 이끌려 올라갔던 셋째 하늘은 바로 여기서 언급하고 있는 천상의 나라일 것이다. 주님께서 제자들에게 가르치신 기도 가운데 '하늘에 계신 우리 아버지'(마 6:9)라고 말씀하셨을 때 그 하늘은 곧 천상의 나라로 이해된다. 물론 이에 대해서는 '원상의 나라'와 '천상의 나라' 사이의 구별과 연관성을 염두에 두어야 한다.

그리고 성경에는 천국(Kingdom of God)에 관한 기록을 하고 있다. 신약

---

106) 웨스트민스터 신앙고백서 제32장 1항; 이광호, 『웨스트민스터 신앙고백서』(서울: 도서출판 깔뱅, 2007,[2010]), pp.422,423. 참조.

성경은 우리에게 천국복음에 관해 언급하고 있는 것이다. 넓은 의미에서 볼 때 천국은 하나님의 영원한 나라로 이해할 수 있다. 그렇지만 좁은 의미에서의 천국은 성도들이 죽어서 가게 될 왕국이 아니라 이 세상에 강림하신 메시아와 연관되는 개념이다.

세례 요한은 예수 그리스도의 공사역을 앞두고 '회개하라 천국이 가까웠느니라' (마 3:2)고 외치면서 이스라엘 민족이 인간의 몸을 입고 이땅에 강림하신 참 메시아에게로 돌아설 것을 촉구했다. 그에 뒤이어 예수님께서도 동일한 선포를 하셨다(마 4:17).

세례 요한과 예수님께서 선포하신 천국은 하나님의 자녀들이 죽어서 가는 하나님 나라가 아니라 이 세상에 침투해 들어오는 세력이라는 사실을 깨닫는 것이 매우 중요하다. 이는 사탄으로 말미암아 타락한 세상에 대한 전투적 개념을 지니고 있음이 분명하다. 창세기 3장 15절에 약속된 '그 여자의 후손' 이 세상에 강림하심으로써 아담을 파멸에 빠뜨린 사탄을 응징하는 천국 세력이 임했다는 것이다. 그 '여자의 후손' 은 때가 되어 왕으로서 나라를 이끌고 이 세상에 침투해 들어오게 되었음을 선포하고 있다.

> "내가 너로 여자와 원수가 되게 하고 너의 후손도 여자의 후손과 원수가 되게 하리니 여자의 후손은 네 머리를 상하게 할 것이요 너는 그의 발꿈치를 상하게 할 것이니라"(창 3:15);
>
> "세례 요한의 때부터 지금까지 천국은 침노를 당하나니 침노하는 자는 빼앗느니라"(마 11:12)[107]

하나님께서 파멸에 빠진 자기 백성들을 구원하시기 위한 '여자의 후손' 에 연관된 언약이 예수 그리스도의 탄생으로 인해 성취되었다. 이 세

107) 이에 대한 번역으로는 한글 '표준새번역' 이 의미상 올바르게 번역되어 있다: "세례자 요한 때로부터 지금까지, 하늘나라는 힘을 떨치고 있다. 그리고 힘을 쓰는 사람들이 그것을 차지한다"(마 11:12).

상에서 펼쳐지는 천국은 메시아의 도래와 직접 연관되며 그 천국이 세상에 침투해 들어옴으로써 하나님의 몸된 교회로 세워지게 된다. 그러므로 우리는 지상교회를 사탄의 세력에 맞서 싸우는 전투하는 교회로 이해한다. 이는 곧 천국이 지상의 교회를 통해 구속救贖에 대한 하나님의 뜻을 이루어 가게 됨을 말해주고 있다.

또한 처음부터 인간들에게는 삶의 터전으로서 하늘과 땅이 주어졌다. 하나님께서는 태초에 천지와 그 가운데 있는 만물을 창조하셨다(창 1장). 타락한 인간들이 현재 살고 있는 하늘과 땅은 하나님께서 처음 창조하신 영역이다.

물론 죄로 인해 오염되기 전의 우주만물은 깨끗한 영역이었다. 그러나 인간이 사탄의 유혹에 빠져 하나님께 범죄함으로써 오염된 상태가 되어 버렸다. 그러므로 우리가 거주하는 이 세상은 거룩한 하나님의 심판의 대상이 될 수밖에 없다. 마지막 심판날이 이르게 되면 처음 하늘과 땅은 범죄한 인간과 더불어 심판을 받아 종언을 고하게 된다.

그러므로 창세전에 하나님의 선택을 받은 백성들에게는 영원한 새 하늘과 새 땅이 약속되어 있다. 하나님께서는 처음 창조하셨던 하늘과 땅 대신 자기 자녀들을 위해 새 하늘과 새 땅을 예비하신다. 그곳은 의미상 처음 세상과 연관성이 있으면서도 영역은 단절되어 있다. 예수 그리스도의 십자가 사역을 통해 하나님의 구속을 받은 백성들은 그곳에서 하나님을 찬양하며 영원한 즐거움을 누리게 된다.

그 새로운 세계는 하나님의 자녀들이 영원히 거할 아름다운 영역이다. 예수 그리스도를 통해 하나님의 형상을 완전히 회복한 인간들은 하나님께서 처음 인간을 지으셨을 때와 같이 영원토록 하나님을 기쁨으로 섬기며 성도들의 교제를 나누며 살아가게 되는 것이다. 이것이 하나님의 자녀들이 가지게 되는 궁극적인 소망이다.

2. 주의해야 할 지나친 사색 (4-6)

사도 바울은 하나님에 의해 셋째 하늘인 낙원으로 이끌려가서 사람들이 형언하기조차 어려운 놀라운 말을 들었다는 사실을 말했다. 하나님께서 친히 그에게 말씀하셨던 것이다. 그러나 바울은 그 구체적인 내용에 대해서는 침묵하고 있다.

바울이 특별히 체험했던 하나님의 은총은 엄밀한 의미에서 볼 때 자기 자신을 위한 것이 아니라 지상에 있는 하나님의 교회를 위한 것이었다. 그는 그에 대한 사실을 분명히 깨닫고 있었다. 따라서 자기가 셋째 하늘에서 목격하고 들었던 사실에 관한 것을 사람들 앞에서 자랑삼아 떠벌려 이야기하지 않았다.

바울은 자신을 객관적인 인물로 묘사하면서, 그런 사람의 체험을 교회 가운데 드러내 널리 알릴 만 하지만 그것을 자랑거리로 삼는 것이 목적이 되어서는 안 된다는 점을 말했다. 그는 자기의 약한 것들 외에 아무것도 자랑할 것이 없음을 고백했다. 바울이 자신의 연약한 부분을 자랑한다는 말은, 교회를 위해 당하는 모든 어려움과 성도들 가운데 자신을 겸손하게 낮추는 것밖에는 자랑할 내용이 없다는 것이었다.

그렇지만 설령 자기가 하나님께서 역사하신 점을 자랑한다고 해도 그것이 결코 헛된 자랑은 아니라는 말을 덧붙였다. 이는 그의 자랑이 거짓이거나 과장된 말이 아니라 하나님의 교회를 위한 것이라는 점을 말해주고 있다. 하지만 바울은 자신의 말을 듣고 어린 교인들이 그에 대한 지나친 상상을 함으로써 하나님께서 말씀하시고자 하는 범위를 넘어서려는 오류에 빠질까봐 염려했다.

죄에 빠진 인간들 스스로는 결코 하나님과 그의 거룩한 세계에 대해 올바른 지식을 가질 수 없다. 거듭난 하나님의 자녀라 할지라도 그 지식을 완벽하게 가지지 못한다. 단지 하나님께서 기록된 말씀을 통해 계시해 주신 만큼 알아갈 수 있을 따름이다.

그렇지만 타락한 인간들은 자신의 종교에 연관된 지적 욕망을 채우기 위해 애쓰는 경향이 있다. 불신자들은 하나님의 뜻과 아무런 상관이 없는 것을 상상함으로써 우상을 만들어낸다. 이에 대해서는 기독교인들 또한 유사한 유혹을 받게 된다. 그들은 기록된 성경의 교훈을 넘어 마음대로 추론하며 상상하기를 좋아한다. 그러나 그런 것들은 정확한 지식이 아니라 인간들의 종교적 욕망의 산물에 지나지 않는다.

3. '육체의 가시' 를 통한 하나님의 은혜 (7,8)

사도 바울은 자기에게 견디기 어려운 고통의 가시가 있음을 고백적으로 언급하고 있다. 신앙이 어린 교인들은, 하나님을 성실하게 믿는 성도들에게는 이 세상에서 허락되는 하나님의 가시적可視的인 축복이 있을 것으로 생각한다. 그러므로 열심히 신앙생활을 하는 자들에게는 인생을 괴롭히는 부정적인 요소들이 사라지게 되리라 믿는 것이다.

이런 잘못된 생각은 초기 교회시대에도 널리 퍼져있었다. 어리석은 자들은, 하나님께서 자기 자녀들을 평안하게 지키는 능력이 있으므로 하나님에 의해 세상의 만족을 누릴 수 있는 것처럼 믿었다. 더구나 하나님의 특별한 사도인 바울에게는 더욱 큰 하나님의 물질적인 공급이 있을 것이라 생각했을지도 모른다.

그런데 바울에게는 보통 사람들이 가지지 않은 '육체의 가시' 를 지니고 있었다. 그것은 바울에게 견디기 힘든 고통을 지속적으로 안겨주었다. 하지만 그것은 말씀을 맡은 하나님의 종으로서 바울이 너무 교만하지 않도록 하기 위한 하나님의 특별한 은총에 해당되는 것이었다. 그렇다면 바울이 언급한 '육체의 가시' 란 어떤 성격을 지니고 있었을까?

바울의 말 가운데는 우리가 추론해 볼 수 있는 분명한 두 가지 사실이 드러나고 있다. 그중에 하나는 그것이 '사탄의 사자' 로 칭해졌다는 점이다. 그리고 또 다른 하나는 그것이 바울에게서 즉시 떠나갈 수 있는 성질을 지녔다는 사실이다.

바울은 '육체의 가시' 로 인해 고통을 당하고 있었으므로 매우 힘든 삶을 살았다. 그래서 그는 자기에게 존재하는 '사탄의 사자' 로 칭해진 그 가시가 떠나가도록 세 번 기도했음을 밝혔다. 그가 세 번 기도했다는 말은 그것을 위해 하나님께 간절히 기도했다는 의미를 담고 있다. 그러나 하나님께서 그의 간청을 들어주시지 않자 그것을 하나님의 뜻으로 받아들였다. 따라서 바울은 이제 그것이 자기의 몸에서 떠나가게 해달라는 기도를 하나님께 하지 않겠노라는 말을 했다.

그렇다면 바울이 말하는 '육체의 가시' 즉 '사탄의 사자' 란 구체적으로 무엇을 의미하고 있는 것일까? 이에 대해서는 다양한 견해들이 있을 수 있지만 우리는 몇 가지 가능성을 염두에 두고 생각해 볼 수 있다. 그것은 우선 바울의 주변을 맴도는 거짓 교사들을 지칭하는 것일 수 있다. 바울은 자신을 괴롭히는 유대인 거짓 교사들을 '육체의 가시' 곧 '사탄의 사자' 로 묘사하며 그것이 떠나기를 간구했을 수 있다.

그리고 그것이 신체적인 질병일 가능성이 없지 않다. 물론 오늘날 우리가 바울의 몸에 어떤 질병이 있었는지 구체적으로 알기 어렵다. 학자들은 그것이 '안질' 이거나 '간질' 일 것이라 짐작하기도 한다.

물론 우리는 그 '사탄의 사자' 가 유대인 거짓 교사인지 신체적 질병인지 단정적으로 확정짓기 쉽지 않다. 그러나 분명한 사실은, 경우에 따라 그것이 바울에게서 완전히 떠나갈 수 있는 성격을 지녔다는 점이다. 그것은 바울을 심하게 괴롭혔지만 그로부터 즉시 떠나갈 수도 있는 성질을 지니고 있었던 것이다.

우리가 여기서 반드시 기억해야 할 것은, '사탄의 사자' 인 '육체의 가시' 가 자기의 유익을 위해 허락된 것으로 바울이 받아들이고 있다는 사실이다. 즉 자기를 괴롭히는 육체의 가시가 자연발생적으로 생겨난 것이 아니라 하나님께서 자기에게 베푸신 특별한 은총의 방편으로 받아들였던 것이다.

바울은 자기에게 존재하는 '육체의 가시' 인 '사탄의 사자' 로 인해 견디기 어려운 괴로움을 겪었음이 분명하다. 그것은 하나님께서 바울에게 엄청난 고난을 주시는 것이었다. 그런데 그 고난은 복음을 증거하는 바울에게 가시적으로 나타나고 있었다. 이는 또한 복음을 증거하는 과정에서 겪게 되는 명분에 연관되어 있다.

만일 바울이 복음전파와 연관된 고통을 겪었다면 많은 성도들로부터 존경받았을 것이다. 그러나 인간의 몸에 있는 심각한 질병으로 인해 견디기 어려운 고통을 당했다면 그것 자체로 인해 존경받지는 못했을 것이다. 도리어 신앙이 어린 자들 가운데는 그것을 두고 하나님의 징계를 받은 것으로 생각하는 자들이 있었을지도 모를 일이다.

하여튼 우리는 바울이 가졌던 고통스런 '육체의 가시' 가 궁극적으로는 하나님의 은혜의 표시였다는 사실을 간과하지 말아야 한다. 하나님께서 바울에게 고통의 요소를 두셨던 것은 그로 하여금 자고自高하지 않도록 하기 위해서였다. 물론 바울은 그것이 자기를 향한 하나님의 놀라운 사랑과 은혜의 표시라는 사실을 잘 깨닫고 있었다.

이에 대해서는 오늘날 우리 역시 중요한 깨달음을 가져야 한다. 우리에게 견디기 어려운 핍박이나 치유하기 어려운 질병이 존재한다면 무조건 그것을 제거해 달라는 기도만 해서 될 일이 아니다. 그럼에도 불구하고 어리석은 자들 가운데는 다양한 방법을 동원해 모든 문제들을 해결할 수 있는 것처럼 주장하기도 한다.

하지만 성숙한 성도들은 바울에게 주어진 '육체의 가시' 곧 '사탄의 사자' 와 연관된 의미를 통해 소중한 교훈을 얻게 된다. 그것은 하나님께서 자기 자녀들을 견고하게 훈련시키시는 방편으로서 '육체의 가시' 를 허락하시기도 한다는 사실이다. 그것을 단순히 육신의 고통으로만 받아들일 것이 아니라, 하나님의 섭리 가운데서 이해하는 것이 성숙한 성도의 바람직한 자세임에 틀림없다.

4. "내 은혜가 네게 족하도다" (8,9)

어리석은 교인들은 이 세상에서 누릴 수 있는 하나님의 복을 추구한다. 그들은 타락한 세상에서 살아가는 특별한 방편으로서의 복을 최고의 값어치로 여긴다. 그러나 성숙한 하나님의 자녀들에게는 하나님께서 베푸신 영원한 은혜만으로 더 이상 부족할 것이 아무 것도 없다.

사도 바울은 '사탄의 사자'로 묘사한 '육체의 가시'를 자기에게서 제거해 주시도록 하나님께 간절히 간구했다. 그러나 하나님께서는 바울이 간구하는 바대로 응답하지 않으셨다. 즉 그의 고통을 제거해주심으로써 응답하신 것이 아니라 그대로 고통 가운데 살아가도록 응답하셨다. 성숙한 신앙인이자 특별한 사도였지만 그에게는 육체의 고통을 끌어안은 채 이 세상을 살아가는 것이 도리어 유익이 되었던 것이다.

그러므로 하나님께서는 바울에게 베풀어진 자신의 은혜가 풍족하다는 사실을 말씀하셨다. 고통을 제거해주시기를 바라는 바울의 간절한 기도에도 불구하고 하나님께서는 그에게 평안하고 안락한 삶을 허락지 않으셨다. 오히려 바울로 하여금 그 고통을 육체 속에 두고 살아가도록 요구하셨다. 그것은 매우 힘든 일이었지만 바울은 예수 그리스도의 사도로서 그에 대한 분명한 깨달음을 가졌다.

> "이것이 내게서 떠나기 위하여 내가 세번 주께 간구하였더니 내게 이르시기를 내 은혜가 네게 족하도다 이는 내 능력이 약한 데서 온전하여짐이라 하신지라 이러므로 도리어 크게 기뻐함으로 나의 여러 약한 것들에 대하여 자랑하리니 이는 그리스도의 능력으로 내게 머물게 하려 함이라"(고후 12:8,9)

우리는 여기서 성숙한 바울의 신앙자세를 보게 된다. 그는 하나님의 뜻을 깨달은 후 자신의 평화로운 삶을 위해 필요이상으로 하나님께 매달리지 않았다. 바울은 아마도 자기보다 훨씬 어려운 형편 가운데 살아가는 성도들이 많이 있다는 사실을 알고 있었을 것이다. 나아가 자신에게 있는 가시를 통해 얻게 되는 진정한 유익을 분명히 깨닫고 있었다. 그런 상황에서 자기를 위해 지속적으로 기도한다면 그것은 하나님에 대한 순종행위가 아니라 도리어 불신앙 행위를 되풀이하는 것에 지나지 않는다.

사도 바울은 자신을 고통 가운데 두시는 하나님에 대해 전혀 원망하지 않았다. 원망은커녕 도리어 그로 말미암아 더욱 기뻐했다. 육체의 심한 고통 가운데서도 그것을 통해 더욱 하나님을 의존하게 하고자 하는 하나님의 뜻을 감사하게 받아들였던 것이다. 그러므로 그는 자신의 연약한 부분으로 인해 더욱 자랑스러워할 수 있었다.

이는 연약한 인간으로서 자기 스스로는 도저히 그 고통을 감당할 수 없지만 그에게 머무는 그리스도의 능력이 그로 하여금 감사하게 살아가도록 했기 때문이다. 우리가 여기서 신중하게 깨달아야 할 사실은 성도의 기쁨은 자신이 처한 형편이나 주변의 환경에서 발생하지 않는다는 사실이다. 아무리 어려운 고통중에 놓여 있다 할지라도 여전히 하나님으로 인한 참된 기쁨이 존재하는 것이다.

이는 또한 우리에게 매우 중요한 점을 시사해주고 있다. 설령 현실적으로 당하는 고통이 아니라 외형적으로 즐거운 형편에 처하게 된다 할지라도 하나님의 자녀들은 그것 때문에 지나치게 기뻐해서는 안 된다. 그런 것들은 일시적인 현상으로서 잠시 존재하다가 곧 소멸할 것이 분명하기 때문이다.

성숙한 하나님의 백성들은 자신이 처한 형편에 상관없이 항상 하나님으로 말미암아 기뻐하게 된다. 바울은 다른 사도들과 마찬가지로 엄청난 고통 가운데 있었지만 항상 기뻐하는 삶을 살았다. 그러므로 그는 환난중에 있던 데살로니가 교회 성도들을 향해 "항상 기뻐하라"(살전 5:17)

고 말할 수 있었던 것이다.

5. 성도의 진정한 기쁨 (10)

인간은 누구나 이 세상에서 풍요를 누리며 즐겁게 살아가기를 원한다. 일시적이나마 그것이 상당한 만족과 기쁨을 제공하게 될 것이기 때문이다. 하나님의 은혜로 말미암아 성도가 된 자들 역시 그와 같은 속성을 완전히 버리지 못하고 있다.

따라서 신앙이 어린 교인들은 자기의 삶을 즐겁게 누리기 위해 하나님께 기도하기를 좋아한다. 그렇게 열심히 간구하면 하나님께서 자신이 원하는 대로 응답해 주시리라 믿고 있기 때문이다. 그러나 그것은 하나님으로 말미암은 올바른 신앙이 아니라 타락한 인간의 욕망에 기인하는 것이다.

예수 그리스도의 사도들뿐 아니라 참된 믿음의 선배들은 전혀 그렇지 않았다. 어린 성도들은 자신의 욕망을 위해 하나님께 간구하면서, 거기에 종교적인 내용이 포함되어 있으면 그것이 마치 하나님을 위한 것인 양 착각하게 된다.

하지만 성숙한 성도들은 그런 이기적인 신앙 자세가 얼마나 잘못되었는가 하는 점을 깨달아야 한다. 따라서 교회가 올바른 신앙을 소유하여 보존하기 위해서는 사도들이 가졌던 성숙한 삶을 본받을 준비를 갖추지 않으면 안 된다. 우리의 신앙은 결코 타락한 인간의 속성에서 정립될 수 없다.

그러므로 보통 사람들의 상식적인 시각을 통해 신앙적인 삶과 그에 대하여 이해하려 해서는 안 된다. 사도 바울은 이 세상에서 고통을 당하는 중에도 항상 기뻐하며 살았다. 몸에 견디기 어려운 고통의 가시를 지니고 있으면서도 그의 참된 기쁨은 항상 충만했다. 그것은 이 세상에서 무엇인가 소유하거나 어떤 목적을 성취했기 때문이 아니었다.

바울을 비롯한 믿음의 선배들은 결코 타락한 세상에서 복락을 누리며 살아가는 것을 목적으로 삼지 않았다. 나아가 자기의 멋진 인생을 꾸리기 위해 다양한 종교적인 노력을 기울이지도 않았다. 하나님을 섬기며 복음을 선포하는 사역을 감당할 때 개인적인 인생이 아니라 말씀에 순종하는 삶이 그렇게 드러났을 따름이다.

그들은 하나님에 대한 충성심으로 인해 자기에게 돌아올 공로가 전혀 없다는 사실을 잘 알고 있었다. 따라서 사도 바울은 자기가 예수 그리스도를 위해 약한 것들과 능욕과 궁핍과 핍박과 곤란을 기뻐한다는 사실을 말했다. 세상에서의 모든 것이 형통해 잘 될 때가 아니라 도리어 연약하여 힘들 때 더욱 기뻐한다는 것이었다.

일반적인 안목으로 볼 때 과연 그것이 가능한 일인가? 사도 바울은 고린도 교회를 향해 그에 대한 분명한 설명을 했다. 그가 그런 고통스러운 일을 당하면서도 진정으로 기뻐할 수 있었던 것은, 그런 일을 겪을 때 무능하고 나약한 자신을 돌아보며 하나님께 더욱 의존하는 믿음을 가졌기 때문이다. 그 사실을 두고 바울은, '내가 약할 그때에 곧 강함이니라' (고후 12:10)는 고백을 하고 있다.

제19장
바울의 사랑과 호소

(고후 12:11-21)

1. 사도의 표 (11-13)

바울은 자기가 체험한 천상에 관련된 사실을 드러낸 점을 두고 어리석은 말을 한 것으로 언급하고 있다. 그것은 다른 사람들이 보기에 단순한 자랑처럼 인식될 수 있음에 대한 해명이었다. 그러나 바울이 그 사실에 대해 밝힌 것은 순전히 고린도 교회를 비롯한 여러 성도들을 위한 것이었음을 말했다. 바울이 하나님의 보내심을 받아 진리의 말씀을 증거 하는 사도라는 사실을 깨달아 알고 받아들이는 것은 무엇보다 중요하다.

그러므로 바울은, 자기가 셋째 하늘에 관한 기록을 하게 된 것은 고린도 교회 성도들이 억지로 그렇게 하도록 만들었기 때문이라고 했다. 그들 가운데는 바울의 사도직과 그에 따른 영적인 권위를 의심하는 자들이 있었다. 또한 그를 의도적으로 모함하거나 폄하하는 거짓 교사들도 없지 않았다. 신앙을 떠난 저들의 잘못된 태도가 바울로 하여금 셋째 하늘에 대한 기록을 하도록 만들었던 것이다.

따라서 바울은 자신의 특별한 천상체험에 대한 기록으로 말미암아 성도들로부터 사도로서 진정한 보증이 되는 것이 당연하다고 했다. 이는 그것이 개인적인 자랑을 늘어놓고자 한 것이 아니라 고린도 교회와 여러 성도들을 위한 것이었기 때문이다.

우리는 여기서 바울이 셋째 하늘에서의 체험과 더불어 자신의 사도직에 연관된 언급을 하고 있다는 사실을 이해하지 않으면 안 된다. 이는 바울이 가지게 된 사도직에 있어서 매우 중요한 의미를 지니고 있기 때문이다. 우리는 바울이 언제부터 어떤 연유로 예수 그리스도의 사도가 되었는지, 그리고 어떻게 예루살렘 공의회를 비롯한 다른 사도들로부터 진정한 사도로 인정받았는지에 대한 관심을 가져볼 필요가 있다.

바울은 예수 그리스도의 공사역 동안 직접 그를 따라다니던 제자가 아니었다. 오히려 그는 예수님의 공사역 기간 동안 그에 대해 강력히 대적하며 교회와 성도들을 앞장서 핍박하던 잔인한 인물이었다. 바울은 지상에 세워져 가는 하나님의 교회를 박멸하기 위해 스데반을 비롯한 여러 성도들의 생명을 박탈하기까지 했다(행 7:57-60). 이처럼 산헤드린 공회에 속한 그는 철저한 유대 민족주의자로서 예수님과 그를 따르는 무리들의 '반 율법적인 행동들' 을 결코 받아들일 수 없었다.

예수님은 자신을 하나님과 동등한 자로 드러내면서 모세의 율법과 예루살렘 성전을 자기와 연관지어 해석했다. 또한 안식일에 대하여 새로운 해석과 적용을 하기에 주저하지 않았다. 나아가 세리와 같은 반민족주의자들을 적극적으로 수용하며 천박한 사마리아인들을 감싸 안는 것처럼 보였다. 그의 제자들 역시 마찬가지였다. 극렬 유대주의자들의 눈에는 하나님과 이스라엘 민족에 대한 저들의 모든 언행들이 도전적으로 보일 수밖에 없었다.

그러므로 당시 산헤드린 공회에 속한 유대 민족지도자들은 예수님을 신랄하게 비난했으며 회심하기 전의 바울 또한 그들 가운데 크게 한몫했던 인물이었다. 그런 부정적인 배경을 지니고 있던 바울이 회심을 해서 하나님의 교회에 속한 신실한 성도로 인정받았다. 그렇다고 하더라도 그가 감히 말씀 사역에 절대적인 권위를 지닌 사도들의 반열에 서게 된다는 것은 전혀 별개의 문제였다. 일반적인 관점에서 본다면 예수님을 따라다니던 제자가 아니었을 뿐더러 그와 그의 몸된 교회를 심각하게 박해한 인물을 사도들과 동등한 지위에 둘 수는 없었던 것이다.

그렇지만 바울은 고린도 교회를 향해, 자기가 지극히 큰 사도들 곧 베드로를 비롯한 예수님을 직접 따라다니며 가르침을 받았던 여러 사도들보다 조금도 부족한 점이 없다는 사실을 분명히 말했다. 이는 그가 셋째 하늘에 이끌려 올라간 사건은 다른 사도들이 전혀 체험해보지 못한 것으로서 그 사건을 통해 자기가 예수 그리스도의 사도가 되었음을 시사하고 있다. 즉 하나님께서 자신을 천상으로 불러올려 특별한 사명을 부여하셨음에 대한 언급을 했던 것이다.

셋째 하늘에 올라간 그 사건으로 말미암아 바울은 사도의 표(the signs of an apostle)를 지니게 되었다. 그 결과 그는 교회 가운데 사역하면서 온갖 환난과 고통을 이길 수 있었다. 그는 하나님의 몸된 교회를 위해 모든 어려움을 참고 견뎌냈던 것이다. 그리고 예수 그리스도를 증거하기 위한 사도로서 하나님의 역사하심에 따라 다양한 표적과 이적과 능력을 베풀었다.

그러나 사도 바울은 고린도 교회 성도들에게 조금이라도 폐를 끼치지 않으려고 애썼다. 이는 다른 지역의 교회에 속한 성도들에게 상당한 신세를 지며 그들로부터 재정적 지원을 받은 사실과 비교된다. 어쩌면 바울의 그런 태도로 말미암아 고린도 교회 성도들 가운데 서운하게 생각한 자들이 많이 있었을지도 모른다.

그들은 바울이 고린도 교회의 지원을 받으려 하지 않는 것이 저들을 무시하거나 덜 미더워하는 것으로 받아들였을 수도 있다. 그러므로 바울은 그에 관한 언급을 하며 그에 대해 공평치 못하게 행동한 자신을 용서해달라고 말했던 것이다. 물론 바울에게는 저들을 무시하는 마음이 전혀 있지 않았음이 분명하다.

2. 성도와 성도의 재물 (14,15)

여러 가지 문제들이 산재해 있었지만 사도 바울은 고린도 교회와 상당히 친숙한 관계를 유지해 오고 있었다. 그는 전에 그들을 두 번이나 방문한 적이 있었으며 이제 세 번째 방문하고자 한다고 했다. 첫 번째 방문은 그의 두 번째 복음전파 여행 중에 빌립보와 데살로니가, 베뢰아 등 마게도니아 여러 지역을 방문한 후 아테네를 거쳐 고린도에 갔을 때였다.

당시 그는 거기서 로마제국의 클라우디우스(Claudius) 황제의 '로마 추방령'(행 18:2)으로 인해 고린도에 와있던 브리스길라와 아굴라 부부를 만나 복음을 증거하며 하나님의 교회를 세웠다. 그때 바울은 저들과 함께 일 년 반을 머물면서 심한 환난을 당하면서도 복음사역을 감당했다.

그렇지만 우리는 두 번째 그의 고린도 방문에 대해서는 명확하게 알 수 없다. 성경이 그에 대해 침묵하고 있기 때문이다. 우리가 짐작할 수 있는 것은 그가 에베소에서 삼 년간 머무는 동안 잠시 고린도 지역을 방문하지 않았을까 하는 점이다. 소아시아 지역에 있는 항구도시 에베소에서 펠로폰네소스 반도 북단의 항구도시 고린도를 선박을 이용해 에게해를 건넌다면 그리 오랜 시간이 걸리지 않는다.

사도 바울은 고린도 교회에 두 번째 보내는 그의 편지 가운데서 이번에 방문할 때도 저들에게 물질적인 폐를 끼치지 않겠노라는 말을 하고 있다. 그전에도 그러했지만 지금도 그에 대한 자기의 생각에는 전혀 변화가 없다는 것이었다. 바울이 그 말을 되풀이하고 있는 것은 다른 지역의 교회와는 달리 고린도 지역의 교인들 가운데는 바울을 오해하는 자들이 상당수 있었을 것이란 사실을 보여주고 있다.

사도 바울은 자기가 고린도 교회 성도들로부터 재물을 원하는 것이 아니라는 점을 강조했다. 복음전파를 위해 교회의 재정적 지원을 필요로 하는 것은 사실이지만 그것 자체가 주된 목적이 될 수는 없었다.

그래서 바울이 원했던 것은 저들이 소유한 재물이 아니라 저들 자신이었다. 즉 바울의 관심은 사역을 위해 필요한 돈이 아니라 하나님께서 피로 값주고 사신 백성들 자신이었다. 다시 말해 바울을 비롯한 사도들에게 중요한 대상은 교회에 속한 성도들이지 그들이 가진 재력이나 돈이 아니라는 것이었다.

그에 대한 이해를 돕기 위해 바울은 적절한 예를 들고 있다. 그것은 어린아이가 부모를 위해 돈을 저축하는 것이 아니라 부모가 어린 자녀를 위해 저축한다는 사실이다. 이 말을 통해 바울은 고린도 교회를 어린아이 같은 수준임을 말하면서 자기를 부모와 같은 마음을 지닌 어른으로 묘사하고 있다. 즉 일반 성도들이 바울을 위해 무언가를 해주는 것이 아니라 사도인 바울이 저들을 위해 일한다는 것이었다.

바울의 관심은 고린도 지역의 성도들 곧 하나님께서 피로 값주고 사신 거룩한 교회였다. 비록 돈이 복음사역을 위한 소중한 방편으로 사용된다고 하더라도 그것은 어디까지나 성도들의 영혼을 위한 것이어야 한다. 따라서 바울은 고린도 교회에 속한 성도들의 영혼을 위해서라면 자신이 소유한 재물을 기쁜 마음으로 사용할 수 있음을 언급했다. 나아가 하나님의 교회를 위해서라면 자기가 가지고 있는 모든 재물뿐 아니라 자기 자신까지 기꺼이 내어줄 수 있음을 밝혔다.

이런 언사들을 통해 바울은 예수 그리스도 안에서 고린도 교회를 위한 자신의 진정한 사랑을 나타냈다. 자신의 모든 것을 아낌없이 바쳐 저들을 진심으로 사랑하고 있다는 것이었다. 그럼에도 불구하고 일부 교인들로부터 터무니없는 오해를 받고 있음에 대해서도 언급하고 있다.

바울 자신은 진심으로 저들을 사랑하고 있지만 도리어 저들로부터는 사랑은커녕 오해를 받고 있음에 대한 안타까운 마음을 감추지 않았다.

그것은 거짓 교사들의 모함으로 인한 것이었다. 따라서 바울은 이 모든 말들을 통해 자기가 고린도 교회를 얼마나 사랑하고 있는지 자신의 심경을 토로하고 있다.

오늘날 우리시대의 기독교 지도자들은 하나님의 교회를 향한 바울의 신앙자세에서 참된 교훈을 받아들여야 한다. 바울은 자신의 종교적 목적을 달성하기 위해 활동하지 않았으며, 하나님의 몸된 교회를 위해 자신의 모든 것을 바쳤다. 교회의 지도자라 하면서 개인의 목적을 이룩하기 위해 감히 하나님의 백성들을 이용한다는 것은 결코 있을 수 없는 일이다. 따라서 성도들은 교회의 외양을 통해 특정 종교인의 성공여부를 가늠하는 일을 중단하지 않으면 안 된다.

3. 악한 자들의 모함 (16-18)

예수 그리스도로 말미암은 진정한 사랑에도 불구하고, 사도 바울은 고린도 지역의 일부 교인들로부터 많은 오해를 받고 있었다. 하나님께 저항하는 악한 자들은 공교한 말로써 바울에 대한 헛소문을 퍼뜨렸다. 그가 겉으로 드러나게 자기를 위해 고린도 교회에 어떤 짐을 지우지는 않았지만 교묘한 방법을 동원해 교인들의 재물을 착취했다는 것이다.

그러므로 바울은 자기가 그렇게 하지 않았음은 물론 그가 보낸 자들 가운데 그런 악행을 저지른 자가 있었느냐고 반문했다. 이는 그에 대한 가능성을 염두에 두고 한 말이 아니라 아무도 그런 악행을 저지른 자가 없다는 사실을 강조하는 것이었다. 바울은 그전에 디도를 비롯한 여러 형제들을 고린도 지역에 보낸 적이 있었다.

그들은 결코 교인들이 소유하고 있는 재물을 탐낼 자들이 아니었다. 바울은 그들을 전적으로 신뢰하고 있었으며 하나님을 경외하는 그들의 신앙을 잘 알고 있었다. 동일한 성령 하나님의 인도와 간섭을 받고 있는 성도들은 언제 어디에 있든지 동일한 신앙자세를 가지기 마련이다. 바울은 고린도 교회 성도들에게 그점을 강조해 말했던 것이다.

우리가 여기서 기억해야 할 점은 당시 악한 지도자들 가운데는 교인들의 재물을 탐하는 자들이 많이 있었다는 사실이다. 그들은 하나님의 이름과 종교적인 사업을 핑계대며 교인들의 재물을 긁어내려 했다. 어리석은 자들은 그들의 어그러진 말을 듣고 많은 돈을 냄으로써 하나님과 상관없는 종교적인 만족감을 누렸다. 오늘날 우리시대에는 그와 같은 일이 발생하지 않는지 냉철하게 살펴보아야 한다.

4. 교회의 덕을 세움 (19)

사도 바울의 주된 관심은 이땅에 하나님의 교회를 온전히 세우는 일이었다. 그 일을 위해서는 어떠한 어려움과 고통도 기꺼이 견딜 자세가 준비되어 있었다. 바울은 그 일을 위해 신앙이 어린 성도들을 간절히 권면하기도 했으며 자기를 오해하는 자들을 위해서는 적극적으로 해명하기도 했다.

하지만 배도에 빠진 악한 교사들과 어리석은 교인들은 바울의 진심어린 말을 알아듣지 못했다. 그들은 잘못된 사고에 빠져있는 자신의 수준에 따라 바울을 판단했을 따름이다. 따라서 그들은 바울의 해명을 듣고서도 그가 자신의 부정을 감추기 위해 변명하는 것으로 여겼다. 즉 그들은 바울이 성도들의 재물을 탐하여 착취하고 있으면서 그것이 외부로 드러나자 자신을 변명하고 있는 것으로 여겼던 것이다.

그러나 바울은 결코 그렇지 않다는 사실을 강조해 말했다. 그는 예수 그리스도 안에 있으면서 하나님 앞에 숨김없이 모든 것을 사실 그대로 밝힌다고 했다. 이는 바울을 비롯한 형제들이 결단코 교인들의 재물을 탐하여 그에 관심을 가지거나 억지로 착취하지 않았다는 사실을 말해준다.

바울이 성도들을 향해 말하고 행동했던 모든 것은 교회의 덕을 세우기 위함이었다. 이는 바울의 복음전파 사역은 개인의 종교적인 욕망이나 이기적인 야망을 충족하기 위해 취한 행동이 아니라는 사실을 말해준다. 그에게는 오로지 예수 그리스도께서 피로 값주고 사신 하나님의 몸된 교회를 이땅에 온전히 세우는 것이 소중했을 따름이다.

5. 바울의 염려 (20,21)

사도 바울은 자신을 비롯한 신실한 형제들에 대해 거짓 소문을 퍼뜨리는 자들과 어처구니없는 오해를 하고 있는 고린도 교회 성도들이 심히 염려되었다. 신앙이 어린 어리석은 성도들은 양의 탈을 쓰고 교회 가운데 들어와 진리를 어지럽히는 악한 이리들을 제대로 분간하지 못한다. 그런 자들은 거짓된 정보에 의해 신앙이 흔들려 혼란에 빠지기 쉽다.

그러므로 바울은 자기가 고린도 지역에 도착할 때, 교회가 올바른 신앙 위에 서 있지 못하고 그들이 여전히 자신을 오해하고 있지 않을까 두려워했다. 또한 그들 사이에 다툼과 시기와 분노에 빠져 파당과 중상모략을 일삼으면서 수군거리며 거만한 태도를 가진 자들이 득세하여 교회가 어지러운 분위기에 빠져 있지는 않을지 걱정했다. 만일 그렇게 되면 바울이 고린도 교회를 향해 엄격하고 단호하게 대함으로써 어린 성도들은 부담스런 마음을 가지게 될 수밖에 없다.

또한 바울이 두려워했던 것은 하나님께서 고린도 교회 성도들 앞에서 자신을 낮추실까 하는 점이었다. 이는 바울 자신이 당하는 고통과 밀접하게 연관되어 있다. 앞에서 이미 말한 것처럼 바울은 숱하게 많은 경우 고난을 당함으로써 자신이 낮아졌다. 그것은 하나님께서 바울에게 지우시는 무거운 짐이었다. 앞에 썼던 고린도전서에서 그는 자신이 처한 처참한 형편에 대한 묘사를 하고 있다.

> "내가 생각건대 하나님이 사도인 우리를 죽이기로 작정한 자 같이 미말에 두셨으매 우리는 세계 곧 천사와 사람에게 구경거리가 되었노라" (고전 4:9)

하나님께서 사랑하시는 사도들 역시 세상에서는 엄청난 고난을 당했다. 사도 바울은 하나님께서 자신을 낮추어 고통의 자리에 두시는 것을 두려워했다. 그 이유는 우선 악한 자들에 의해 조롱당하는 자기의 모습을 보는 어린 성도들의 신앙이 함께 약해지게 될지 모른다는 염려 때문이었다.

바울은 물론 자신이 당하게 되는 고통에 대해 상당한 두려움을 가지고 있었다. 핍박을 당하는 성도들에게는 항상 당하는 고통이기 때문에 두려울 것이 없다고 말하는 것은 옳지 않다. 성숙한 성도들이라 해서 어떤 핍박이라 할지라도 두려워하지 않는다고 말할 수 없다. 외부로부터 가해지는 핍박이나 내부에서 발생하는 고통이 바울에게는 동일하게 견디기 힘든 일이었다. 그렇지만 영원한 천국에 소망을 두고 있기에 하나님의 도우심에 따라 그 역경을 능히 이겨낼 수 있었던 것이다.

또한 바울은 그전에 사악한 세력에 빠진 자들이 행한 바 더러움과 음란淫亂과 호색好色을 회개하지 않은 채 여전히 교회를 어지럽히고 있지 않을까 염려했다. 하나님을 모르는 악한 인간들은 자신이 저지른 더러운 죄를 진정으로 회개하는 것이 아니라 도리어 합리화하려는 경향성을 지니고 있다. 그렇게 되면 그것이 어린 교인들 가운데 무서운 누룩이 되어 쉽게 퍼져나가게 된다.

참된 하나님의 성도라면 결코 교회 가운데 그런 더러운 것들을 용납하지 않는다. 그와 같은 악행은 하나님의 거룩한 교회로부터 마땅히 제거되어야 할 대상이다. 따라서 사도 바울은 자기가 고린도 지역에 도착할 때 하나님의 교회 안에 그런 악한 것들이 청산되지 않고 잔존해 있을까봐 염려했던 것이다.

제20장
바울의 단호한 경고

(고후 13:1-10)

1. 교회와 권징사역 (1,2)

사도 바울은 자신의 편지 가운데서 이번에 세 번째 고린도 교회를 방문하게 된다는 사실을 상기시키고 있다. 이는 그가 고린도 교회의 다양한 사정을 잘 알고 있다는 사실을 암시한다. 고린도 지역에 거주하는 다수의 성도들은 바울을 개인적으로 잘 알고 있었으며, 바울은 신앙이 성숙한 성도들과 그렇지 않은 자들의 신앙정도를 파악하고 있었다.

나아가 잘못된 신앙을 가졌거나 신앙이 없으면서 교회를 어지럽히는 거짓 교사들에 대해서도 알고 있었을 것이 틀림없다. 그전부터 고린도 교회 내부에는 기독교신앙을 덧칠한 악한 자들이 숨어들어와 성도들을 혼란스럽게 하고 있었다. 그것은 여간 심각한 문제가 아닐 수 없었다.

바울은 지난 번 고린도 지역을 방문했을 때도 그런 자들에 대해 엄하게 책망한 적이 있었다. 그러나 신앙이 없는 사악한 자들은 거짓 교사가 되어 도리어 바울을 비난하며 하나님의 교회를 어지럽히는 일을 중단하지 않았다. 저들의 목적은 종교를 앞세워 성도들을 이용해 자신의 이익을 추구하는 것이었다.

그러므로 그는 이번 고린도 지역 방문 때 하나님의 교회를 어지럽히는 자들을 엄하게 대하리라는 언급을 하고 있다. 저들의 악행에 대해 두세 증인을 세워 잘못을 확증하리라고 말했다. 이는 하나님의 말씀에 저항하는 자들의 악행을 분명히 밝혀 교회를 온전히 세우겠다는 그의 의지를 보여주는 것이다.

지상교회에 있어서 정당한 '권징사역' 의 시행은 필수적이다.[108] 세상의 타락한 속성이 어리석은 자들을 통해 교회 안으로 끊임없이 밀려들어오기 때문이다. 따라서 성숙한 성도들은 교회 내부에서 하나님의 말씀에 반하는 세상의 가치를 활성화하거나 불의를 저지르는 자들을 그냥 방치해서는 안 된다. 교회를 어지럽히는 자들의 악행을 모르는 체 눈감아주는 일은 결코 바람직할 수 없는 것이다.

나아가 비록 의도적이지 않고 양심이 무디어져 부지중에 저지르는 잘못된 행위[109]라 할지라도 아무런 대책 없이 그것을 감싸안으려 해서는 안 된다. 세속적인 관용으로 인한 그런 태도는 결코 진정한 하나님의 사랑에 기인하는 것이 아니다. 만일 하나님의 뜻에 역행하는 행동이 무엇인지 잘 모르는 채 세속화된 시류를 따라가는 자들이 있다면 하나님의 말씀을 통해 그것을 일깨워 주어야만 한다. 그렇게 하지 않으면 저들의 양심은 더욱 무디어져 가게 될 것이 분명하기 때문이다.

---

108) 벨직(Belgic) 신앙고백서 제29장에서는 참된 교회와 거짓 교회를 구분하고 있다. 교회의 표지로서 올바른 말씀선포 및 성례의 시행과 더불어 정당한 권징사역이 이루어지고 있다면 참된 교회이지만, 그렇지 않는 경우에는 겉보기에 아무리 그럴듯한 종교적인 모습을 띠고 있다고 할지라도 거짓 교회에 지나지 않는다는 사실을 규정하고 있는 것이다.

109) 세상은 불건전한 사회적 여건을 끊임없이 조성하게 된다. 즉 각 시대에 발생하는 독특한 문화는 사회윤리를 결정짓는 역할을 한다. 예를 들어 우리시대의 과격한 스포츠나 성에 연관된 영상매체 등은 성도들이 경계해야 할 위험한 대상임에도 불구하고 이미 보편문화로 자리매김해 버림으로써 교회마저도 그에 무감각하게 되어버린 상태이다.

물론 교회의 공적인 권징은 개인적인 판단이나 사사로운 감정에 의해서가 아니라 성경의 교훈을 배경으로 하여 정당한 절차에 따라 시행되어야 한다. 예수님께서는 지상 교회의 순결을 유지하기 위해 제자들에게 권징사역에 관한 엄격한 교훈을 주셨다. 마태복음에는 그에 관한 분명한 기록이 나타나고 있다.

> "네 형제가 죄를 범하거든 가서 너와 그 사람과만 상대하여 권고하라 만일 들으면 네가 네 형제를 얻은 것이요 만일 듣지 않거든 한 두 사람을 데리고 가서 두 세 증인의 입으로 말마다 증참케 하라 만일 그들의 말도 듣지 않거든 교회에 말하고 교회의 말도 듣지 않거든 이방인과 세리와 같이 여기라"(마 18:15-17)

예수님께서는 교회 안에서 하나님의 뜻에 반하는 죄를 범하는 자가 있거든 그 사실을 알게 된 자가 우선 당사자에게 가서 직접 권고하라고 말씀하셨다. 만일 그가 형제의 말을 듣고 뉘우쳐 반성한다면 더 이상 계속해서 문제 삼을 필요가 없다. 그러나 그 권고를 받아들이지 않고 자신의 범죄행위를 정당화하거나 중단하지 않는다면 몇몇 성도들이 함께 가서 저의 잘못된 악행을 뉘우치고 회개하도록 권면하는 가운데 두세 사람의 증인을 통해 그의 죄를 확증해야 한다.[110)]

그럼에도 불구하고 범죄한 당사자가 저들의 권면을 거부한다면 교회에 말하여 공적으로 그 문제를 해결하도록 해야 한다. 이를 위해 교회로부터 위임받은 장로회(당회)는 사건의 실상을 살펴 그를 권면하며 책망하게 된다. 그러나 만일 그 사람이 교회의 공적인 권고도 듣지 않는다면 이방인과 세리같이 여길 수밖에 없다. 이는 그가 하나님의 교회에 주어

---

110) 이는 신명기에 기록된 모세 율법과 조화되는 내용이다: "사람이 아무 악이든지 무릇 범한 죄는 한 증인으로만 정할 것이 아니요 두 증인의 입으로나 세 증인의 입으로 그 사건을 확정할 것이며"(신 19:15).

진 권위를 무시함으로써 하나님을 능멸하는 로마인이나 하나님을 욕되게 하는 배도자와 마찬가지임을 선포하는 것이다.

이 말은 하나님의 거룩한 교회 안에 그런 악한 자들을 용납해서는 안 된다는 사실을 보여주고 있다. 그런 자들을 방치하게 되면 악한 누룩이 되어 전체로 퍼져나가 신앙이 어린 교인들에게 심각한 피해를 끼치게 된다. 이는 물론 말씀사역을 감당하는 교회의 장로들에게 맡겨진 상시적인 사역과 밀접하게 연관되어 있다.

사도 바울은 이와 같은 말씀의 원리에 따라, 이번 기회에 고린도 교회를 방문하면 악행을 저지르며 교회를 어지럽히는 자들을 소상히 살펴 엄하게 징계하겠다는 말을 했다. 자신이 저지른 죄악을 회개하지 않고 도리어 성도들을 혼란케 하는 자들을 결코 용서하지 않겠다는 것이다. 이는 단순한 감정으로 인해 하는 말이 아니라 주님의 몸된 교회를 온전히 지키기 위한 당연한 사역이다.

오늘날 우리도 예수 그리스도의 교훈과 사도 바울의 사역을 통해 분명한 교훈을 받아야 한다. 바울은 하나님의 말씀에 온전히 순종하는 신실한 사도였다. 악한 죄에 빠져 있으면서 돌이켜 회개하지 않는 고린도 교회의 거짓 교인들을 결코 용서하지 않겠노라고 강한 어조로 말하는 그가 지금도 우리의 본이 되고 있다.

우리는 바울의 단호한 태도가 하나님의 몸된 교회를 위한 진정한 사랑의 표현이라는 점을 기억해야 한다. 어리석은 인간들은 바울의 엄격한 태도를 두고 사랑이 부족하기 때문이라 여길지 모르지만 그것이 교회와 저들에 대한 최선의 사랑이다. 이에 대해서는 오늘날 우리 역시 올바른 자세를 견지하지 않으면 안 된다.

2. 하나님의 증거와 능력 (3,4)

하나님께서는 구약시대의 선지자들과 신약시대의 사도들을 택하여

부르셔서 자신의 말씀을 계시하셨다. 이는 시대와 장소에 관계없이 언제든지 보편적으로 발생하게 되는 일이 아니다. 하나님은 구속사 가운데서 특별히 부르신 선지자들과 사도들을 통해 자신의 거룩한 뜻을 계시하셨던 것이다.

그러므로 계시가 종결[111]된 우리시대에는 더 이상 그런 일이 발생하지 않는다. 하나님께서는 인간 역사의 특정한 시대와 장소 가운데서 자신의 구원계획을 드러내시며 그것을 점차적으로 이루어가셨다. 이 계시는 구약의 그림자가 예수 그리스도의 십자가 사역을 통해 성취되고 예루살렘 성전의 구속사적 의미가 완성됨으로써 종료되게 된다. 이는 창세전에 택하신 백성들을 구원하시기 위해서는 하나님의 기록계시인 신구약 성경 66권으로 충분하다는 사실을 의미하고 있다.

하나님의 특별계시가 주어지던 사도교회 시대의 바울은 천상의 계시를 받는 사도였다. 바울은 이를 두고 '자기를 통해 말씀하시는 그리스도' (고후 13:3)라 표현했다. 하지만 고린도 교회 성도들 가운데는 예수 그리스도께서 과연 바울을 통해 말씀하고 계시는가에 대한 가시적인 증거를 찾고자 하는 사람들이 있었다.

사도 바울은 그점을 상기시키면서 이번에 자기가 고린도를 방문하게 되면 그에 관한 명백한 증거를 보여주게 될 것이라 말했다. 이는 물론 사도로서의 그의 영적인 권위가 드러나게 될 것을 시사하고 있다. 또한 그는 이번 방문길에 교회 안에서 악을 행하는 자들에 대해서는 엄격하게 대응하리라는 사실을 강조하여 언급했다.

예수 그리스도께서는 지상교회 가운데서 항상 부드럽게 자기 백성들을 대하시는 분이 아니라 때로는 오히려 엄한 모습으로 나타나신다. 많

---

111) 장로교의 표준문서인 웨스트민스터 신앙고백서 제1장 1항에서 그에 대한 명시적인 기록을 하고 있다; 이광호, 『웨스트민스터 신앙고백』(서울: 도서출판 깔뱅), pp.70-72. 참조.

은 사람들이 예수님을 무조건 사랑을 베푸는 분인 양 생각하며 세상으로부터 들어온 악에 대해 흐지부지 넘어가려고 한다. 그러나 예수님은 악에 대해 적절한 대응을 하지 않은 채 아무런 조건 없이 모든 것을 수용하고 묵인하시는 분이 아니다.

우리가 여기서 분명히 기억해야 할 바는 예수 그리스도께서 연약한 자가 되어 십자가를 지고 돌아가신 것이 우리를 위해서라는 사실이다. 즉 그는 포악한 인간들에 비해 힘과 권세가 부족하므로 말미암아 나약한 분이었던 것이 아니다. 그러나 그는 전능하신 하나님이심에도 불구하고 택하신 자기 백성들을 위해 모진 고난을 당하시고 스스로 십자가의 형벌에 내어주셨다.

예수님께서는 전지전능하신 하나님의 아들로서 모든 권세를 지닌 분이시다. 그는 하나님의 그 놀라운 권능으로 항상 우리 가운데 살아계신다. 이처럼 하나님의 사도인 바울을 비롯한 모든 성도들 역시 세상에서 연약한 모습을 보이고 있지만 하나님의 권능으로 그리스도와 함께 살아가는 자들이다. 이번에 바울 일행이 고린도를 방문하게 되면 그 하나님의 능력으로 저들을 대하게 될 것이다.

3. 순결해야 할 하나님의 교회 (5-7)

하나님의 자녀들은 자신의 신앙을 시험해보고 점검(examine)해보아야 한다. 말씀과 교회를 통한 명백한 점검 없이 스스로 자기의 신앙을 승인한다면 주관적일 뿐 객관성 있는 증거능력을 갖춘 신앙이 되지 않는다. 많은 사람들이 자기자신을 신앙이 훌륭한 기독교인이라 주장하고 있지만 겉보기의 종교적 형식만 그럴듯할 뿐 실상은 전혀 그렇지 않은 경우가 허다하다.

따라서 사도 바울은 고린도 교회 성도들에게 자신을 점검함으로써 신앙을 확증하라고 요구했다. 그들은 저들 가운데 예수 그리스도가 계신다는 사실을 알고 그의 뜻에 온전히 순종해야만 한다. 만일 그리스도께서 자기와 함께 계신 줄 모르고 있다면 그런 사람들은 하나님과 아무런 상관이 없는 자들이다. 그 결과 주님께서 항상 지켜보고 계시는데도 불구하고 하나님의 뜻을 멸시하고 제멋대로 행동하게 되는 것이다.

그런데 문제는 하나님의 자녀들이 과연 어떤 방법으로 자신의 신앙을 올바르게 시험하여 검증할 수 있는가 하는 점이다. 이는 세상에 대한 진정한 포기와 영원한 천국에 대한 참된 소망에 대한 확인을 통해 이루어진다. 자신을 돌아보아 아직도 잠시 지나가는 세상에 미련을 두고 세상의 영광을 추구한다면 아직 신앙이 어린 자라 할 수밖에 없다.

그러므로 예수님께서는 제자들에게, 누구든지 자기를 따르려거든 자기 십자가를 지고 따르라는 명령을 하셨다. 이는 타락한 세상에 대해서는 죽은 자가 되라는 요구로서 세상의 모든 욕망을 포기하라는 의미이다. 이에 대해서는 예수님 스스로 십자가를 지고 돌아가심으로써 친히 본을 보이셨다.

> "예수께서 제자들에게 이르시되 아무든지 나를 따라 오려거든 자기를 부인하고 자기 십자가를 지고 나를 좇을 것이니라 누구든지 제 목숨을 구원코자 하면 잃을 것이요 누구든지 나를 위하여 제 목숨을 잃으면 찾으리라"(마 16:24,25)

어떤 성도가 성숙한 자인가 하는 것은 교인들의 종교적인 세련미에 달려있지 않다. 나아가 최선을 다해 봉사하고 이웃에 대한 구제에 열정적인 관심을 가지는 것에 달려 있는 것도 아니다. 또한 성가대 활동을 하고 교회의 다양한 행사에 적극적으로 참여하는 것만으로 저들의 진정한 신앙을 가늠할 수 없다.

우리시대에는 교인들의 직분을 가지고 영적인 성장여부를 가늠하려는 자들이 많다. 즉 목사, 장로, 집사가 일반 성도들보다 신앙이 나은 것으로 여기는 것이다. 교회가 건강하고 올바르게 성장했을 경우에는 그 것이 틀린 말이 아닐 수도 있다. 그러나 타락한 교회시대에는 그런 식으로 쉽게 단정지을 수 없다. 안타깝게도 우리시대의 거창한 이름만 가진 교회들은 영적인 건강을 제대로 유지하지 못하고 있다.

사도 바울 당시에도 어리석은 자들 가운데 그런 양상이 두드러지게 나타났다. 교회에서 형식상 지도자 행세를 하는 자들이 마치 하나님께 충성을 다하는 자로 간주되었던 것이다. 그러나 거짓 교사들이 득세하여 심각한 영향력을 끼치는 상황에서 그것은 잘못된 평가가 될 수밖에 없다.

따라서 바울은 그에 연관된 고린도 교회의 형편을 언급하며, 자기는 항상 그리스도와 함께 거하므로 하나님께 속해 있다는 사실을 말했다. 그는 육신 가운데 살아가고 있지만 본질상 타락한 세상에 속한 자가 아니라는 것이다. 이는 겉으로 드러나는 외형이 아니라 본질의 소중함을 말해주고 있다.

바울이 과연 누구에게 소속된 인물인가 하는 점을 깨닫는 것은 매우 중요한 문제였다. 따라서 고린도 교회 성도들은 바울을 비롯해 그와 함께하는 형제들이 하나님께 속한 성도들이라는 사실을 깨달아 알아야만 했다. 그래야만 그들이 바울의 사도적인 권위를 온전히 받아들일 수 있을 것이었기 때문이다.

나아가 바울은 교회와 그에 속한 모든 성도들이 타락한 세상의 악을 떠나 하나님의 선을 행하는 것이 마땅함을 언급했다. 따라서 바울은, 하나님께서 성도들로 하여금 어떤 악행도 저지르지 않게 해주시도록 간구한다고 말했다.[112] 그런데 성도라 할지라도 이 세상에 살아가는 인간으로서 아무런 악도 행하지 않는다는 것이 가능한 일인가? 분명한 점은

---

112) "Now we pray to God that you will not do anything wrong"(2Cor. 13:7).

하나님의 백성이라 해도 악을 전혀 행치 않는다는 것은 불가능하다는 사실이다. 그럼에도 불구하고 바울은 교회의 성결과 연관지어 그렇게 말하고 있다.

이 말씀에 대해 우리가 이해해야 할 바는 바울이 지금 단순히 윤리적인 삶을 염두에 두고 하는 말이 아니라는 사실이다. 바울은 이를 통해 진리에 관한 중요한 의미를 언급하고 있다. 그것은 타락한 세상을 떠나 거룩한 하나님께 속한 성도들이 소유하게 된 삶의 본질과 밀접한 연관성을 지닌다.

그러므로 하나님께서는 구약시대의 이스라엘 백성들에게 거룩하게 될 것을 요구하셨다. 이는 그들의 하나님이신 여호와께서 거룩하기 때문에 그의 백성된 자들이 거룩하게 되는 것은 지극히 당연한 일이라는 것이다. 이에 대해서는 예수님께서도 제자들에게 친히 말씀하셨다. 그리고 사도 베드로는 구약성경을 인용하며 교회와 성도들을 향해 동일한 요구를 했다. 이와 마찬가지로 바울은 하나님의 자녀들이 세상의 악한 속성을 버리고 거룩한 하나님의 속성을 소유해야 한다는 사실에 연관지어 말하고 있다(고후 13:7).

> "나는 너희의 하나님이 되려고 너희를 애굽 땅에서 인도하여 낸 여호와라 내가 거룩하니 너희도 거룩할찌어다"(레 11:45);
> "또 저희를 위하여 내가 나를 거룩하게 하오니 이는 저희도 진리로 거룩함을 얻게 하려 함이니이다"(요 17:19);
> "오직 너희를 부르신 거룩한 자처럼 너희도 모든 행실에 거룩한 자가 되라 기록하였으되 내가 거룩하니 너희도 거룩할찌어다 하셨느니라"(벧전 1:15,16)

예수 그리스도로 말미암아 옛 것을 완전히 버리고 새로운 생명을 소유한 성도들은 타락한 세상의 속성을 떠나 거룩한 하나님의 속성을 소유하게 되었다. 이에 대해서는 하나님께서 친히 자신의 거룩한 성품을 언급하시며 계시된 말씀을 통해 강조하셨다. 그리고 예수님과 그의 제자들도 진리 안에 거하는 성도들이 거룩해야 한다는 교훈을 주고 있다. 그에 대한 의미를 분명히 깨달아 알고 있던 사도 바울은 고린도 교회를 향해 성도들의 성결한 삶을 요구했던 것이다.

바울이 고린도 교회 성도들에게 더러운 악에서 완전히 떠나도록 요구한 것은 자기를 비롯해 함께하는 자들의 정당성을 나타내고자 하는 것이 아니었다. 바울 일행은, 하나님으로부터 버림받은 자들로 보일 만큼 이루 형언할 수 없을 정도의 심한 핍박을 당했지만 고린도 교회에 속한 성도들로 하여금 하나님의 선을 행할 수 있게 하기를 원했다.

4. 진리 보존과 하나님의 교회 (8-10)

하나님의 몸된 교회는 영원한 진리를 소유하고 있는 신령한 공동체이다. 이는 교회 밖의 세상에는 결코 참된 진리가 존재하지 않는다는 사실을 말해준다. 세상에서 사람들이 일반적으로 언급하는 진리란, 인간의 이성과 경험에 의해 형성된 개념일 뿐 진정한 진리와는 상관이 없다.

따라서 하나님의 성숙한 자녀들은 교회가 소유한 참된 진리를 올바르게 깨달아 알고 그에 온전히 순종하는 자세를 가져야만 한다. 그 진리는 하나님과 그로부터 계시된 말씀을 통해 드러나게 된다. 그것은 세상의 일반적인 논리에 반하는 것으로서 오직 예수 그리스도를 통해 확증될 따름이다.

우리가 여기서 명심해야 할 바는 진리와 비 진리 곧 거짓은 서로 뒤섞일 수 없다는 사실이다. 이는 진리를 소유한 교회와 그것이 결여된 타락한 세상이 서로 융화될 수 없음을 의미한다. 그럼에도 불구하고 세속화된 종교지도자들이 상호 아무런 연관성이 없는 교회와 세상을 융화시키기 위해 노력하는 것은 세속을 향한 타협의 몸짓에 지나지 않는다.

그러므로 사도 바울은 고린도 교회 성도들에게 교회 가운데서 모든 악을 제거하고 진리를 온전히 세워나가도록 요구하고 있다. 바울은 자기가 복음을 위해 사역하는 근본적인 목적은 진리를 거스르는 것이 아니라 오로지 진리를 온전히 세우기 위함이라는 사실을 말했다. 진리를 거스른다는 말은 타락한 세상의 가치관에 따른 논리에 의해 사고하며 행동하는 것을 의미한다. 그러나 하나님을 경외하는 성도들은 결코 그럴 수 없다.

바울은 예수 그리스도의 사도로서 자기와 함께하는 형제들의 연약한 모습에 대해 언급하고 있다. 이는 그들이 세상의 악한 사람들에 의해 항상 엄청난 환난과 핍박에 직면해 있으면서도 그에 대해 아무런 저항을 하지 못한 채 고통을 당하는 현실을 말하는 것이다. 바울은 자기를 비롯한 여러 형제들의 고통으로 말미암아 지상교회에 속한 일반 백성들이 강건하게 되었음을 강변했다.

바울이 환난과 고통 가운데서도 기뻐할 수 있었던 것은 개인적인 목적 성취가 아니라 교회와 성도들이 강건하게 자라가는 것을 볼 수 있었기 때문이다. 그것이 사도로 하여금 진정한 기쁨을 깨달아 누리게 했던 것이다. 그러므로 바울은 그들이 예수 그리스도 안에서 더욱 강건해지도록 당부하고 있다. 그것을 통해 하나님의 교회가 지상에서 온전히 성숙해 갈 수 있기 때문이다.

바로 그 일을 위해 바울은 멀리 떨어져 있는 동안 하나님의 계시에 따라 고린도 교회 성도들에게 진솔한 편지를 쓰고 있다. 고린도 지역의 성도들이 그의 말을 온전히 받아들이도록 하기 위함이었다. 바울이 그에 대한 분명한 언급을 함으로써 고린도의 성도들은 넘어지지 않고 온전히 세워져 갈 수 있게 된다. 또한 그들이 바울의 말을 듣고 순종한다면 하나님께서 허락하신 권세의 채찍을 엄하게 사용하지 않게 되는 것이다.

지상에 존재하는 하나님의 교회는 그와 같은 원리를 통해 역사 가운데 지속적으로 상속되어 간다. 따라서 사도교회 시대 이후 세워졌던 보편교회에 속한 모든 성도들은 계시된 하나님의 말씀을 좇아 그에 순종하게 된다. 참된 교회들은 사도가 언급한 대로 항상 하나님께서 사도들에게 허락하신 엄중한 권세를 기억하지 않으면 안 된다.

제21장
바울의 기원과 축도

(고후 13:11-13)

1. "기뻐하라" (11a)

바울은 고린도후서를 마무리하면서 몇 가지 중요한 당부를 했다. 그것은 성도들의 실제적인 삶의 자세와 연관되어 있다. 이는 이땅에서 살아가는 성도들이 가장 기본적으로 깨달아야 할 내용들이다. 이에 대한 분명한 깨달음을 가지지 못하면 성숙한 성도로서 삶을 유지하기 어렵다.

그는 먼저 성도들에게 기뻐하라고 말했다. 그러나 그 기쁨은 마음에 생겨나는 즐거운 감정을 의미하지 않는다. 앞에서 이미 살펴본 것처럼 일반적인 관점에서 본다면 고린도 교회 성도들에게는 기뻐할 만한 요소가 그다지 많지 않았다. 오히려 그들은 힘든 문제들을 이겨나가는 자세로 신앙을 고수해야 했으며 적잖은 근심에 휩싸여 있었다.

그럼에도 불구하고 바울이 그들에게 기뻐하는 삶을 살도록 요구했던 것은 저들의 소망이 이땅에 있지 않고 예수 그리스도와 함께하는 영원한 천국에 있었기 때문이다. 이 세상에서 당하는 고통과 상관없이 천상의 기쁨을 누리는 것이 성도들의 삶의 자세이다. 그러므로 사도 바울은 비단 고린도 교회뿐 아니라 여러 교회들을 향해 동일한 교훈을 주고 있다. 그는 데살로니가 교회와 빌립보 교회를 향해서도 항상 기뻐하라는 말을 했다.

> "항상 기뻐하라"(살전 5:16);
> "주 안에서 항상 기뻐하라 내가 다시 말하노니 기뻐하라"(빌 4:4)

바울은 그전에 마게도니아 지역을 방문했을 때 상상을 초월하는 심한 환난들을 겪어야 했다. 그가 생명을 위협하는 사람들의 세력을 피해 고린도에 당도하여 데살로니가 교회를 향해 편지할 당시에도 마게도니아에 살던 성도들은 엄청난 고통을 당하고 있었다. 바울이 배도에 빠진 유대인들의 협박으로 인해 그곳을 떠난 후에도 그들은 하나님의 교회를 심하게 핍박했던 것이다.

그런 험난한 형편을 잘 알고 있던 바울이 저들을 향해 항상 기뻐하라는 요구를 했다. 이는 그가 말하는 기쁨은 타락한 세상에서 누릴 수 있는 일반적인 기쁨과는 본질적으로 다르다는 사실을 말해주고 있다. 하나님을 알지 못하는 사람들은 이땅에서 발생하는 여건들에 따라 기쁨을 누리게 된다. 그렇지만 하나님의 교회에 속한 성도들은 예수 그리스도와 함께 약속된 영원한 천국으로 인해 기뻐한다.

또한 바울이 빌립보 교회에 편지를 쓸 때는 감옥에서 심한 고통의 시간을 보내고 있을 때였다. 하나님의 복음으로 말미암아 힘겨운 감옥살이를 하고 있던 바울이, 자유롭게 살아가고 있으면서 여러 가지 문제들에 봉착해 있는 빌립보 지역의 성도들에게 항상 기뻐하는 삶을 살도록 거듭 강조했다.

바울이 여러 교회들을 향해 기쁘게 살아가도록 요구한 것은 자신에게 넘치는 기쁨이 있었기 때문이다. 만일 자기에게 진정한 기쁨이 없었다면 다른 성도들에게 기뻐하라는 요구를 할 수 없었을 것이다. 바울은 항상 많은 핍박을 당했으며 견디기 어려운 고통을 겪었다. 나아가 악한 자들과 대적해 싸우면서 심하게 분노하기도 했다. 그런 모든 힘든 여건들 가운데서도 바울은 하나님으로 말미암은 참된 기쁨을 잃지 않았다. 이는 그의 삶이 이 세상이 아니라 예수 그리스도와 연관된 영원한 천국에 온전히 속해 있었음을 말해주고 있다. 바울은 타락한 세상에서 극심한 환난과 고통을 당한다 할지라도 하나님의 섭리와 경륜에 관한 진리를 소유하고 있었던 것이다.

우리가 깨달아야 할 바는, 하나님의 자녀들이 세상에서 기뻐할 수 있는 것은 그리스도와 그의 나라로 말미암는다는 사실이다. 구약시대의 믿음의 선배들 역시 그로 인해 진정한 기쁨을 누릴 수 있었다. 이사야 선지자는 이와 연관하여 고통에 처한 이스라엘 민족 가운데 하나님께서 메시아를 보내시게 될 것을 예언했다. 그것이 이스라엘 민족에게 진정한 기쁨이 되었던 것이다.

> “여호와께서 이르시되 내가 아이를 갖도록 하였은즉 해산하게 하지 아니하겠느냐 네 하나님이 이르시되 나는 해산하게 하는 이인즉 어찌 태를 닫겠느냐 하시니라 예루살렘을 사랑하는 자들이여 다 그 성읍과 함께 기뻐하라 다 그 성읍과 함께 즐거워하라 그 성을 위하여 슬퍼하는 자들이여 다 그 성의 기쁨으로 말미암아 그 성과 함께 기뻐하라”(사 66:9.10)

하나님께서는 사탄의 세력이 장악하고 있는 이 세상에 독생자 예수 그리스도를 보내기 위해 인간 역사 가운데 친히 개입하셨다. 그를 통해 죄의 굴레에 빠진 자기 백성들을 구원하시고자 했던 것이다. 영원한 구원에 연관된 그 사역은 죄에 빠진 인간들 스스로는 결코 감당할 수 없는 일이었다.

하지만 구약시대 배도에 빠진 유대인들은 하나님께서 메시아를 보내시기 위해 예비하신 예루살렘과 성전을 멸시했다. 예루살렘은 메시아를 보내시기 위해 특별히 선정된 하나님의 언약의 장소였다. 그럼에도 불구하고 악한 유대인들은 예루살렘을 통해 하나님의 긍휼을 바라보는 참된 성도들을 핍박하며 괴롭혔다. 핍박을 당하는 하나님의 자녀들은 그로 말미암아 슬픔에 잠길 수밖에 없었다.

그리하여 하나님을 진정으로 경외하는 자들은 거룩한 성 예루살렘을 바라보며 슬픔에 빠지게 되었다. 하나님께서는 그런 고통스런 형편에 처한 믿음의 선배들에게 그전부터 선포되어 온 영원한 언약을 확증하셨다. 죄와 연관된 모든 문제들을 해결하고 궁극적인 승리를 이끌게 될 메시아를 보내시겠다는 것이었다.

그러므로 하나님의 말씀을 믿는 성도들은 예루살렘 성읍과 그 가운데 오시게 될 메시아로 인해 진정한 기쁨을 누릴 수 있었다. 이사야 선지자는 백성들에게 그 사실을 기억하며 기뻐하고 즐거워하도록 요구했다. 그들의 기쁨은 이땅에서 일어나는 일반적인 사건이 아니라 영원한 하나님의 약속에 달려 있었던 것이다.

이처럼 오늘날 우리의 참된 기쁨은 이사야를 비롯한 구약의 모든 선지자들의 예언이 예수 그리스도를 통해 성취된 사실과 연관되어 있다. 우리가 기뻐할 수 있는 것은 타락한 세상에서 얻게 되는 일시적인 만족감 때문이 아니다. 성도들은 이 세상에는 영원한 기쁨이 존재하지 않는다는 사실을 올바르게 깨닫는 것이 중요하다. 그래야만 세상에서 어떤 어려운 일을 겪는다 할지라도 예수 그리스도의 구원사역과 그의 영원한 나라로 인해 항상 기뻐할 수 있는 것이다.

2. "온전케 되며 위로를 받으며 마음을 같이 하며 평안할지어다" (11b)

하나님의 백성들은 타락한 이 세상에 자신의 삶을 전적으로 의존하지 않는다. 세상에는 항상 인간들의 이기적인 욕망으로 말미암은 시기와 질투가 넘쳐날 수밖에 없다. 설령 그런 추한 모습이 겉으로 뚜렷하게 드러나지 않는다 할지라도 죄악 세상 가운데는 항상 그것들이 잠복되어 있다.

그러나 하나님을 믿음으로써 세상을 포기한 자들은 세상에서 발생하는 것들에 대해 목숨을 걸고 발버둥칠 필요가 없다. 세상에 속한 인간들은 자신의 성공적인 삶을 추구하기 위해 수단방법을 가리지 않는다. 그러다가 자기의 목적에 역행하는 일이 앞을 가리면 분노하게 된다. 그리고 자기 인생을 위해서라면 다른 사람들의 삶을 훼방하는 것을 대수롭지 않게 여긴다.

바울은 에베소 교회에 편지하면서 인간들의 악한 본성으로 인한 삶의 행태를 지적하며 하나님의 자녀들은 그 모든 것들을 버리도록 요구했다. 이는 예수 그리스도 안에서 성도들간의 참된 삶을 나누라는 의미를 포함하고 있다. 하나님의 교회에 속한 성도들은 불신자들과 본질적으로 다른 삶을 살아야 하는 것이다.

> "너희는 모든 악독과 노함과 분 냄과 떠드는 것과 훼방하는 것을 모든 악의와 함께 버리고 서로 인자하게 하며 불쌍히 여기며 서로 용서하기를 하나님이 그리스도 안에서 너희를 용서하심과 같이 하라"(엡 4:31,32)

사도 바울은 여기서 하나님의 자녀가 된 자라면 죄에 빠진 인간들의 삶의 방식을 버려야 함을 강조했다. 그 대신 인자한 마음으로 서로 불쌍히 여기는 가운데 용서하며 살아가도록 요구하고 있다. 이에 대해서는 하나님께서 독생자 예수 그리스도를 이땅에 보내심으로써 완벽한 본을 보이셨다.

이처럼 바울은 고린도 교회 성도들을 향해서도 그와 같은 삶의 자세를 가지도록 당부했다. 그리하여 모든 성도들은 지상에 하나님의 교회를 온전히 세워가는 가운데 마음을 같이함으로써 진정한 위로를 받게 된다. 또한 하나님의 백성들은 이를 통해 참된 평강을 누린다. 이는 타락한 세상에서 원하는 바 목적을 성취하는 것 때문이 아니라 천상에 연결된 성도들의 교회적 삶을 통해 그 의미가 드러나게 되는 것이다.

3. 사랑과 평강의 하나님의 동행 (11c)

하나님께서는 본질적으로 사랑과 평강의 성품을 지니고 계신다. 하지만 그는 타락한 세상의 모든 것들이 아니라 택하신 자기 백성들을 사랑하시는 분이시다. 그러므로 하나님의 자녀들은 그 놀라운 사랑을 깨닫게 되지만 하나님과 상관 없는 자들은 결코 그 사랑을 깨달을 수 없다.

또한 하나님께서는 자기 자녀들에게 진정한 평안을 제공하신다. 그 평안은 인간들이 세상에서 경험하는 일반적인 것들과는 전혀 다른 성격을 지니고 있다. 인간들의 보편적인 삶 가운데서 느끼는 평안한 상태는 그것 자체로서 값어치를 가질지 모르지만 영원한 보장성을 가지지는 못한다.

그런데 문제는, 신앙이 어린 성도들은 이 세상에서 경험했던 것과 동일한 평안을 누리고자 하는 욕망을 버리지 못하고 있다는 사실이다. 그러나 하나님의 자녀들은 세상의 것과는 성격이 전혀 다른 영원한 평안에 대한 깨달음을 소유하지 않으면 안 된다. 그러므로 예수님께서는 그에 관한 구체적인 교훈을 주셨다. 자신이 제자들에게 주는 평안은 이 세상이 주는 것과 다르다는 것이었다.

> "평안을 너희에게 끼치노니 곧 나의 평안을 너희에게 주노라 내가 너희에게 주는 것은 세상이 주는 것 같지 아니하니라 너희는 마음에 근심도 말고 두려워하지도 말라"(요 14:27)

사탄으로 말미암아 더러운 죄악에 빠진 이 세상은 항상 불안한 영역이다. 외부에서 사회적으로 발생하는 원인과 인간 내부에서 개인적으로 생성되는 문제들이 끊어지지 않는다. 따라서 일반 인간들은 자기의 불안을 해소하기 위해 열심히 노력하기도 하며, 그에 미치지 못하면 쉽게 좌절하기도 한다.

나아가 교회에 속한 하나님의 자녀들에게도 항상 여러 가지 문제들이 일어난다. 즉 복음을 배척하는 악한 자들로 인해 근심거리와 더불어 두려워할 만한 일들이 발생하는 것이다. 그러나 그런 것들이 성도들의 신앙을 본질적으로 훼손할 수는 없다. 하나님이 저들을 지키시기 때문이다.

또한 사도 바울은 사랑과 평강의 하나님께서 항상 자기 자녀들과 함께 계시리라는 사실을 언급했다. 이에 대해서는 십자가 위에서 모진 고통을 동반한 사역을 완성하고 무덤에서 부활하신 주님께서도 자기 제자들에게 분명히 약속하신 바 있다. 마태복음의 맨 마지막에는 그에 대한 분명한 기록이 나타나고 있다.

> "볼찌어다 내가 세상 끝 날까지 너희와 항상 함께 있으리라 하시니라"(마 28:20)

예수 그리스도께서는 이처럼 항상 자기 자녀들과 함께 계시리라는 약속을 남기셨다. 부활하신 주님께서 자신이 친히 세우게 될 교회를 떠나지 않겠다는 말씀을 하셨던 것이다. 이는 그가 곧 천상의 나라로 승천하시게 되지만 재림하실 때까지 자기 자녀들을 떠나지 않으리라는 약속이다.

예수님의 승천 이후 성령 하나님께서 교회 가운데 강림하셨다. 그러므로 삼위일체 하나님께서는 항상 천상과 지상의 교회에 계시면서 자기 자녀들을 눈동자처럼 지키고 계신다. 이에 대해서는 구약시대의 성도들에게도 동일하게 적용되었다. 시편기자는 그에 관련된 노래를 통해 하나님을 찬양하고 있다.

> "여호와께서 너로 실족지 않게 하시며 너를 지키시는 자가 졸지 아니하시리로다 이스라엘을 지키시는 자는 졸지도 아니하고 주무시지도 아니하시리로다 여호와는 너를 지키시는 자라 여호와께서 네 우편에서 네 그늘이 되시나니 낮의 해가 너를 상치 아니하며 밤의 달도 너를 해치 아니하리로다 여호와께서 너를 지켜 모든 환난을 면케 하시며 또 네 영혼을 지키시리로다 여호와께서 너의 출입을 지금부터 영원까지 지키시리로다"(시 121:3-8)

하나님께서는 시공時空을 초월해 항상 자기 자녀들과 함께 계신다. 이는 인간들의 느낌 여부와 아무런 상관이 없다. 즉 교회에 속한 성도들이 그에 대해 전혀 인식하지 못하고 있을 때조차도 하나님께서는 항상 저들을 떠나시지 않는다.

그러나 신앙이 어린 성도들은 하나님의 동행에도 불구하고 그 사실을 구체적으로 인식하지 못하고 있는 경우가 많다. 그들은 말로는 하나님이 항상 저들과 함께 계신다는 사실을 인정하는 것 같지만 실제로는 믿지 않고 있는 것이다. 즉 그들은 하나님의 동행을 현실이 아니라 자기의 인식과 판단 여부에 따라 결정짓게 된다.

우리가 여기서 분명히 깨달아야 할 바는 하나님께서는 약속하신 대로 자기 자녀들과 항상 함께 계신다는 사실이다. 그는 낮이나 밤이나 때와 장소를 가리지 않고 자기의 피로 값주고 사신 백성들을 잠시도 떠나지 않은 채 지키고 계신다. 따라서 하나님께서 늘 옆에 계시는데도 불구하고 또다시 함께 계시기를 원한다는 말을 되풀이하는 것은 하나님에 대한 불신에 기인하는 말이다.

그런데 오늘날 우리 자신은 항상 하나님과 동행하는 현실을 어떻게 받아들이고 있는가? 신앙이 어린 교인들은 자기가 원할 경우에만 하나님이 자기와 함께 계시기를 원한다. 즉 두렵고 힘든 상황 가운데서는 하나님께서 자기와 함께 계시기를 원하지만 악하고 부끄러운 범죄의 자리에 있을 때는 자기로부터 잠시 떠나주기를 바라는 것이다. 그것은 전적으로 죄에 빠진 인간들의 타락한 이기심에 기인한다.

그렇지만 분명한 사실은 인간들의 소원과 요구에 상관없이 하나님께서는 자기 자녀들을 떠나지 않고 항상 함께 계신다는 사실이다. 따라서 인간들은 어떤 경우에도 자기의 모든 삶과 생각을 하나님의 눈길로부터 피할 길이 없다. 아무도 모르게 혼자 더러운 생각을 하며 홀로 파렴치한 악행을 저지른다고 여길 때도 우리의 하나님께서는 그 모든 사실들을 바로 가까이서 지켜보고 계신다.

그러므로 모든 인간들은 결코 하나님 앞에 떳떳할 수 없다. 남 보기에 아무리 경건해 보이는 기독교 지도자라 할지라도 자신의 모든 것을 완전히 벌거벗긴 상태가 된 인간으로서 하나님 앞에 자랑할 거리가 있을 수 없는 것이다. 물론 하나님께서는 항상 자기 백성들과 함께 계시면서 저들을 지켜 보호하시지만 인간들은 악하고 더러운 모든 치부恥部들을 하나님 앞에 그대로 드러내놓고 있는 것이다.

4. "거룩하게 입맞춤으로 서로 문안하라" (11d)

하나님의 교회에서는 성도들 사이에 예수 그리스도로 인한 진정한 교제가 지속적으로 이루어진다. 그러나 그 교제는 단순한 형식에 머무는 것이 아니라 신령한 본질적 의미를 지니고 있다. 즉 어떤 모임이나 시장 같은데서 한번씩 만나는 사람들과 인사를 주고받는 정도의 관계가 아닌 것이다. 이는 개별적인 이해관계가 없는 상태에서 웃는 얼굴로 악수하며 신사적인 교제를 나누는 것 이상의 의미를 지니고 있음을 의미하고 있다.

이를 이해하기 위해서는 가족을 염두에 두고 생각해 볼 수 있다. 가정에 속한 식구들은 한번씩 만나 좋은 인상을 보이며 인사를 나누는 관계가 아니다. 가족들간에는 항상 서로 부대끼며 삶을 이어간다. 그러므로 때로 참고 인내해야 할 경우도 있으며 이해하고 받아들여야 할 경우도 생긴다. 그 바탕에는 기본적인 신뢰가 깔려 있으며 그것을 통해 가족의 의미가 발생하게 되는 것이다.

이처럼 예수 그리스도의 피로 인해 구원받은 성도들의 모임인 교회에서도 신뢰의 교제가 이루어져야 한다. 사도 바울은 이를 염두에 두고 성도들간에 서로 입맞춤으로 인사를 나누도록 요구하고 있다. 바울은 고린도후서에서 뿐 아니라 그의 다른 여러 서신들에서 성도들간에 거룩한 입맞춤으로 인사하도록 당부했다(살전 5:26; 고전 16:20; 롬 16:16).

이에 대해서는 사도 베드로 역시 그와 동일한 요구를 하고 있다(벧전 5:14). 이에 관한 명시적인 요구를 하지 않는 사도들과 성도들이라 할지라도 그와 같은 삶의 자세를 가지고 있었음이 분명하다. 따라서 오늘날 우리시대의 교회들 또한 성도들간에 신뢰를 배경으로 한 거룩한 입맞춤으로 사랑의 인사를 나눌 수 있어야 한다.

근본적인 신뢰가 없는 상태에서 이와 같은 문안인사를 나누는 것은 위선에 지나지 않는다. 서로간에 신뢰하는 마음이 전혀 없으면서 형식적인 입맞춤으로 인사를 하는 자들에게는 무서운 음모가 숨어있을 수 있다. 그런 자들은 억지로 그렇게 함으로써 상대방에게 환심을 사서 자기의 목적하는 바를 이루려 한다. 따라서 구약성경의 잠언서 기자는 그에 관한 교훈을 주고 있다.

> "친구의 아픈 책망은 충직으로 말미암는 것이나 원수의 잦은 입맞춤은 거짓에서 난 것이니라"(잠 27:6)

우리가 여기서 명심해야 할 바는 원수들이 입맞춤의 인사를 나누려고 하는 경우가 종종 발생한다는 사실이다. 이는 속내를 숨기고 성도들을 기만하기 위한 저들의 위선적인 전술이라 할 수 있다. 즉 하나님을 욕되게 하는 배도자들은 자신의 거짓을 숨기기 위해 형식적인 인간관계의 그럴듯한 방편을 취함으로써 어리석은 자들을 속이려 하는 것이다.

하지만 성숙한 성도들은 겉으로 드러나는 형식자체로 인해 본질에 영향을 받지 않는다. 진정한 이웃이라면 형제의 잘못에 대해 타당한 책망을 함으로써 저를 올바른 길로 돌이키게 한다. 그러므로 형제로부터의 아픈 책망이 있을 때 그 진정한 의미를 깨닫고 받아들이는 것이 참된 성도들이 소유해야 할 지혜이다.

거짓 입맞춤을 통한 악행에 대해서는 예수님을 판 가룟 유다에게서 그 전형을 찾아볼 수 있다. 유다는 배도에 빠져 하나님을 대적하는 유대인들에게 예수님을 팔아넘기는 과정에서 그와 입맞춤으로 위선적인 인사를 나누었다(눅 22:48). 다른 사람들이 보기에 신뢰의 인사를 나누는듯한 태도를 보이면서 도리어 그것을 수년간 같이 생활했던 선생을 원수의 손에 팔아넘기기 위한 수단으로 악용했던 것이다.

5. 보편교회와 성도들의 문안 (12)

우리는 사도 바울의 마지막 언급 가운데 매우 중요한 의미를 보게 된다. 그것은 보편교회에 대한 바울의 자세이다. 신앙이 어린 교인들은 항상 개교회주의에 빠지게 될 위태로운 가능성에 직면해 있다. 이는 멀리 떨어진 이웃 교회들을 생각지 않고 자기가 속한 교회만 염두에 두는 것이다. 만일 그렇게 되면 교회가 '하나님의 교회' 가 아니라 '자기 교회' 혹은 '자기들의 교회' 로 인식될 우려가 있다.

그러나 지상의 모든 참된 교회들은 예외 없이 하나님께 속한 교회이다. 이는 하나님의 거룩하신 피로써 값주고 사신 바 되었기 때문이다(행 20:28). 그러므로 성숙한 성도들은 자기가 소속한 교회를 올바르게 세우려는 자세와 더불어 지상의 다른 참된 교회들을 기억하는 가운데 신앙생활을 해야 한다.

바울은 고린도 교회에 편지하면서 '모든 교회가 너희에게 문안하느니라'(고후 13:12)고 말하고 있다. 여기서 말하는 '모든 교회'란 일차적으로 바울이 고린도후서를 쓰고 있을 당시의 마게도니아 지역에 있는 여러 교회들을 포함하고 있다. 동시에 그가 알고 있는 다른 지역의 교회들을 염두에 두고 있었을 것이다. 또한 이 가운데는 자기가 개인적으로 알지 못하는 세상에 흩어져 존재하는 교회와 성도들을 그 인사에 포함시키고 있음이 분명하다.

그러므로 사도 바울은 나중 고린도 지역을 방문해서 로마에 있는 교회들에 편지하면서도 그와 동일한 인사를 전하고 있다. 고린도 교회를 향해 거룩한 입맞춤으로 서로 문안하도록 요구한 바울이 그리스도의 모든 교회들이 로마에 있는 성도들에게 문안하고 있음을 전달했던 것이다.

> "너희가 거룩하게 입맞춤으로 서로 문안하라 그리스도의 모든 교회가 다 너희에게 문안하느니라"(롬 16:16)

바울은 이 말 가운데서 지상의 모든 교회들이 하나로 연결되어 있음을 시사하고 있다. 하나님께 속한 참된 교회라면 어느 지역에 있든지 하나의 보편교회를 구성하고 있는 것이다. 그러므로 보편교회에 속한 모든 성도들은 일면식 없이 전혀 모르는 다른 지역의 형제들이라 할지라도 저들을 형제로 인식하고 대할 수 있어야 한다.

그러나 오늘날의 교인들은 원만한 신앙을 가졌다고 주장하면서도 자칫 잘못하면 보편교회를 등한시한 채 자기 혹은 자기 그룹 중심의 배타적인 교회를 세워나가려는 오류에 빠질 우려가 있다. 자기들과 동일한 획일적 입장을 취해야만 비로소 저들의 신앙을 인정할 수 있다는 것처럼 생각한다면 스스로 교회에 대한 승인자가 되려는 영적교만에 이르게 될 우려가 있는 것이다.

따라서 우리가 분명히 깨달아야 할 바는 보편교회로 말미암은 교회에 대한 객관적 기준이 존재한다는 사실이다. 비록 눈으로 직접 볼 수 없고 손으로 만질 수 없다 할지라도 동일한 성경을 가지고 동일한 성령의 인도하심을 받아 하나님을 진정으로 경외하는 교회라면 형제의 범주에 두어야 하는 것이다.

물론 '교회'라는 이름을 형식적으로 달고 있으면서 하나님을 경외하지 않고 망령된 사상을 가지고 있다면 당연히 그들을 엄중하게 책망해야 한다. 그들이 참된 성도들이라면 하나님의 은혜로 말미암아 돌이키게 될 것이며 만일 그렇지 않다면 제 갈 길을 가게 될 것이다. 그러나 중요한 사실은 이 세상 어느 누구 혹은 그 어떤 교회공동체라 할지라도 자신의 완벽함을 내세울 수 없다는 점이다.

그러므로 지구상에 흩어져 존재하는 모든 참된 교회와 성도들은 하나님을 진정으로 경외함으로써 그의 말씀에 온전히 순종하려는 자세를 소유해야 한다. 그것을 통해 언어와 문화가 다른 지역에 흩어져 있는 여러 형제들을 기억하게 된다. 그런 자세를 지님으로써 바울이 말하는 모든 교회들의 '문안' 가운데 존재할 수 있게 되는 것이다.

5. 삼위일체 하나님 (13-①)

바울은 편지의 맨 마지막 부분에서 삼위일체 하나님에 관한 언급을 하고 있다. 우리가 알고 있듯이 성경에는 '삼위일체'라는 직접적인 용어가 나타나지 않는다. 그 용어는 역사적 교회의 합의에 따라 정립된 용어이다. 그렇다고 해서 역사상의 교회가 회의를 통해 여호와 하나님을 삼위일체 하나님으로 규정하여 결정하기로 합의한 것은 아니다.

하나님은 우주만물을 창조하시기 전 원래부터 삼위일체 하나님으로 존재하셨다. 하나님으로부터 계시된 성경이 그에 관한 사실을 밝히고 있다. 이에 대해서는 성경의 여러 곳에 명시적으로 증거되어 나타난다.

사도 바울은 고린도후서 말미에 삼위일체 하나님과 그의 사역적 특성에 관해 기록하고 있다. '예수 그리스도의 은혜'와 '하나님의 사랑'과 '성령의 교통'에 대한 언급은 삼위일체 하나님의 구속사역과 연관된다. 이는 삼위일체의 본질을 지닌 하나님의 교회를 위한 사역에 밀접하게 연관되어 있다.

'예수 그리스도의 은혜'란 통상적으로 말하는 의미가 아니라 그의 십자가 사역과 관련된다. 그가 자신의 거룩한 생명을 처참한 죽음에 내어줌으로써 자기 백성들에게 신령한 생명을 공급하신 것은 무한한 은혜가 아닐 수 없다. '하나님의 사랑' 역시 일반적인 개념을 넘어서는 의미를 지닌다. 즉 인간들의 배신행위에도 불구하고 하나님께서는 창세전에 자기 자녀들을 향해 맺으셨던 언약과 밀접한 연관성이 있다.

이는 하나님께서 자신의 심오한 계획에 따라 택하신 백성들을 죄악세상으로부터 구원하신 사실과 밀접하게 연관된다. 삼위일체 하나님의 구원사역으로 인해 역사 가운데 살아가는 모든 성도들이 부름을 받아 거룩한 교회로 세워졌다. 이로써 재창조를 통한 하나님의 영원한 사역이 완성되어 가는 것이다.

지상 교회 가운데는 이런 놀라운 의미가 그대로 드러나고 있다. 예수 그리스도의 피로 값주고 사신 교회는 삼위일체 하나님과 직접 연관되어 있으며 그와 더불어 지속적으로 세워져 가게 된다. 십자가 사역을 마치고 죽음에서 부활하신 예수님께서는 제자들에게 지상교회와 연관하여 그 사실을 설명하셨다.

> "그러므로 너희는 가서 모든 족속으로 제자를 삼아 아버지와 아들과 성령의 이름으로 세례를 주고 내가 너희에게 분부한 모든 것을 가르쳐 지키게 하라 볼찌어다 내가 세상 끝날까지 너희와 항상 함께 있으리라 하시니라"(마 28:19,20)

예수님께서는 이 말씀을 통해 교회의 기초로 세워진 사도들이 하나님의 택한 백성들을 교회로 불러모아 성부 성자 성령이신 삼위일체 하나님의 이름으로 세례를 주어 자기에게 속하도록 하셨다. 사도들은 영원한 구원에 참여하게 된 하나님의 자녀들에게 예수 그리스도께서 명하신 모든 진리를 가르쳐 지키도록 해야 한다. 그것이 곧 지상에 존재하는 하나님의 교회의 기초가 된다.

하나님께서는 자신의 약속에 따라 예수 그리스도의 십자가 사역으로 인해 지상에 세워진 교회 가운데 세상 끝날까지 함께 계신다. 사탄의 세력으로부터 하나님의 편으로 돌아옴으로써 세상과 원수가 된 교회는 상당한 핍박을 당하겠지만 함께 계시는 하나님으로 말미암아 새 힘을 얻게 되는 것이다.

6. 축도 (13-②)

경건한 교회들에서는 매주일 시행되는 공예배 가운데 항상 말씀을 맡은 교사를 통해 축도가 선포된다. 이는 교회의 상속과 더불어 성도들의 정체성을 확인하는 의미를 지닌다. 어린 교인들 중에는 축도에 대한 오해를 하는 자들이 많이 있다. 흔히 축도(benediction)를 축복기도(blessing prayer)라 여기는 것이다.

그러나 축도와 축복기도를 동일한 것으로 여겨서는 안 된다. 그럼에도 불구하고 많은 사람들이 예배시간의 축도가 성도들에게 복을 비는 것으로 오해하고 있는 것은 심각한 문제가 아닐 수 없다. 만일 축도를 일반적으로 정의되는 복과 연관짓는다면 상당한 문제가 발생하게 된다. 이는 사도 바울 자신은 고린도후서 13장 13절에서 기원한 바와 같은 복을 받지 못했기 때문이다. 바울은 세상에서 누릴 수 있는 그런 복을 받기는커녕 도리어 엄청난 고난을 당했다.

사도 바울은 성자 성부 성령의 삼위일체 하나님의 사역을 통해 그의 언약이 지상교회 가운데 임하기를 기원했다. 하나님의 말씀과 그의 절대적인 뜻에 추종하고자 원하는 개혁주의 교회들에서는 대개 바울이 고린도 교회를 향해 기원한 그 내용을 교회의 공적인 축도로 사용하고 있다.

> "주 예수 그리스도의 은혜와 하나님의 사랑과 성령의 교통하심이 너희 무리와 함께 있을지어다"(고후 13:13)

이 말씀은 하나님의 언약과 그로 말미암은 사역이 지상에 존재하는 그의 몸된 교회 가운데 지속적으로 상속되어 감을 보여주고 있다. 축도는 아무나 원하는 자가 임의로 하는 것이 아니라 말씀을 맡은 교사인 목사 직분자가 행하게 된다. 그렇다고 해서 목사에게 특별한 권한이 주어진 것으로 말할 수는 없다. 즉 말씀을 맡은 교사가 축도를 할 수 있는 것은 개인적인 권위 때문이 아니다.

따라서 축도하는 자는 개인의 의도를 거기에 섞어 넣으려 해서는 안된다. 즉 축도하는 자가 개인의 생각을 보태 교인들에게 원하는 대로 축복해 줄 수 있는 것이 아니다. 나아가 축도의 자리에 참여한 성도들이 그것을 통해 세상에서 번영하는 축복을 받을 수 있는 것으로 생각해서는 안 된다.

공예배 시간의 축도를 통해 사람들이 세상에서 누릴 만한 특별한 축복을 받을 수는 없다. 그 대신 이 세상의 일시적인 복과는 비교가 되지 않는 놀라운 천상의 복이 그 가운데 존재하고 있다. 그 신령한 복이 지상에 존재하는 교회들을 통해 인간역사 가운데 지속적으로 상속되어 가는 것이다.

또한 우리가 유념해야 할 바는 축도는 원칙적으로 공예배 시간에 선포되어야 한다는 사실이다. 개인적인 집회는 물론 교회의 일반적인 모임에서 축도가 선포되는 것이 아니다. 또한 노회나 총회 등 공적인 회의를 위한 자리에서 축도가 행해지는 것도 바람직하지 않다. 그렇지만 우리시대는 무분별하게 축도가 행해지는 안타까움에 처해 있다.[113]

신앙이 어린 교인들은 축도를 많이 하면 할수록 좋은 것으로 생각하는 경향이 있다. 이는 그렇게 함으로써 더 많은 복을 받아 누릴 수 있을 것처럼 여기기 때문이다. 그러나 축도는 공예배 시간에 행해짐으로써 하나님의 언약이 확인되며 지상교회의 지속적인 상속을 선포하게 되는 것이다.

축도는 말씀선포와 성례에 밀접하게 연관되어 있다. 그러므로 공예배 시간에 축도가 행해져야 하는 것은 말씀선포와 세례 및 성찬이 베풀어지는 자리에서 하나님의 언약이 선포되어야 함을 의미한다. 이 가운데는 축도의 공적인 성격과 더불어 보편교회에 속한 교회의 언약적인 의미가 드러나게 된다.

그렇다면 우리는 이제 교회의 공예배 시간에 축도가 행해지는 성경적인 근거를 확인해야 할 필요가 있다. 축도는 교회 역사 가운데 생성된 종교적인 산물이 아니다. 축도에 관해서는 구약시대의 제사장들을 통한 사역에서 그 진정한 의미가 발견된다. 하나님께서는 모세의 율법을 통해 이스라엘 민족의 제사장들에게 그에 연관된 요구를 하고 있다.

구약시대의 예루살렘 성전에 속한 제사장들은 하나님의 명령에 따라 이스라엘 백성들을 위해 축복하는 사역을 감당했다(민 6:22). 이는 저들을 향해 베풀어지는 하나님의 언약의 선포를 의미한다. 따라서 하나님께서는 제사장들에게 성소로부터 제사를 마치고 나와서 이스라엘 자손

113) 현대 한국교회에서는 결혼식이나 장례식 같은 데서도 축도가 행해지는 것을 쉽게 볼 수 있다. 또한 신학교의 경건회와 입학식 및 졸업식에서도 축도를 한다. 그리고 노회나 총회 같은 회의를 앞둔 경건회에서도 축도를 한다. 그러나 우리시대에 축도를 남용하는 것은 올바른 신학적 입장에 따른 것이 아니라 일종의 신학적 무지에서 나온 것이라 할 수 있다.

들에게 축복하도록 하셨던 것이다.

> "여호와는 네게 복을 주시고 너를 지키시기를 원하며 여호와는 그 얼굴로 네게 비취사 은혜 베푸시기를 원하며 여호와는 그 얼굴을 네게로 향하여 드사 평강 주시기를 원하노라"(민 6:24-26)

제사장들의 축복선언은 단순히 이 세상에서 말하는 번영의 복을 비는 행위가 아니라 메시아 언약과 연관된다. 즉 그것은 세상에서의 단순한 복을 기원하는 것이 아니었다. 구약시대의 제사장들이 성소에서 하나님께 바치는 제물祭物은 앞으로 오시게 될 영원한 양이신 메시아와 밀접하게 연관되어 있었다. 그 제사를 마치고 나와서 선포하는 복은 당연히 메시아와 연관된 복인 것이다.

그러므로 오늘날 교회의 공예배 가운데 행해지는 축도는 메시아에 연관된 하나님의 언약에 직접 연결되어 있다. 성도들이 공예배 시간에 나누어지는 예수 그리스도의 피와 살을 상징하는 포도주와 떡을 마시고 먹음으로써 그 완성된 의미가 분명히 드러나게 된다. 따라서 하나님의 언약과 더불어 선포되는 축도는 주님께서 재림하실 때까지 교회 가운데 지속되어야 한다.